大学入試シリーズ
59

横浜国立大学

理系
理工・都市科〈建築・都市基盤・環境リスク共生〉学部

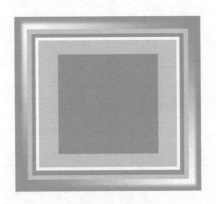

教学社

は し が き

　入力した質問に対して，まるで人間が答えているかのような自然な文章で，しかも人間よりもはるかに速いスピードで回答することができるという，自然言語による対話型の AI（人工知能）の登場は，社会に大きな衝撃を与えました。回答の内容の信憑性については依然として課題があると言われるものの，AI 技術の目覚ましい進歩に驚かされ，人間の活動を助けるさまざまな可能性が期待される一方で，悪用される危険性や，将来人間を脅かす存在になるのではないかという危惧を覚える人もいるのではないでしょうか。

　大学教育においても，本来は学生本人が作成すべきレポートや論文などが，AI のみに頼って作成されることが懸念されており，AI の使用についての注意点などを発表している大学もあります。たとえば東京大学では，「回答を批判的に確認し，適宜修正することが必要」，「人間自身が勉強や研究を怠ることはできない」といったことが述べられています。

　16 〜 17 世紀のイギリスの哲学者フランシス・ベーコンは，『随筆集』の中で，「悪賢い人は勉強を軽蔑し，単純な人は勉強を称賛し，賢い人は勉強を利用する」と記しています。これは勉強や学問に取り組む姿勢について述べたものですが，このような新たな技術に対しても，侮ったり，反対に盲信したりするのではなく，その利点と欠点を十分に検討し，特性をよく理解した上で賢く利用していくことが必要といえるでしょう。

　受験勉強においても，単にテクニックを覚えるのではなく，基礎的な知識を習得することを目指して正攻法で取り組み，大学で教養や専門知識を学ぶための確固とした土台を作り，こうした大きな変革の時代にあっても自分を見失わず，揺るぎない力を身につけてほしいと願っています。

＊　　　＊　　　＊

　本書刊行に際しまして，入試問題や資料をご提供いただいた大学関係者各位，掲載許可をいただいた著作権者の皆様，各科目の解答や対策の執筆にあたられた先生方に，心より御礼を申し上げます。

編者しるす

赤本の使い方

そもそも **赤本**とは…

受験生のための大学入試の過去問題集！

60年以上の歴史を誇る赤本は，600点を超える刊行点数で全都道府県の370大学以上を網羅しており，過去問の代名詞として受験生の必須アイテムとなっています。

Q. なぜ受験に過去問が必要なの？

A. 大学入試は大学によって問題形式や頻出分野が大きく異なるからです。

マーク式か記述式か，試験時間に対する問題量はどうか，基本問題中心か応用問題中心か，論述問題や計算問題は出るのか——これらの出題形式や頻出分野などの傾向は大学によって違うので，とるべき対策も大学によって違ってきます。
出題傾向をつかみ，その大学にあわせた対策をとるために過去問が必要なのです。

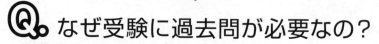

赤本で志望校を研究しよう！

赤本の掲載内容

傾向と対策

これまでの出題内容から、問題の**「傾向」**を分析し、来年度の入試にむけて具体的な**「対策」**の方法を紹介しています。

問題編・解答編

年度ごとに問題とその解答を掲載しています。
「問題編」ではその年度の試験概要を確認したうえで、実際に出題された過去問に取り組むことができます。
「解答編」には高校・予備校の先生方による解答が載っています。

ページの見方

ページの上部に年度や日程、科目などを示しています。見たいコンテンツを探すときは、この部分に注目してください。

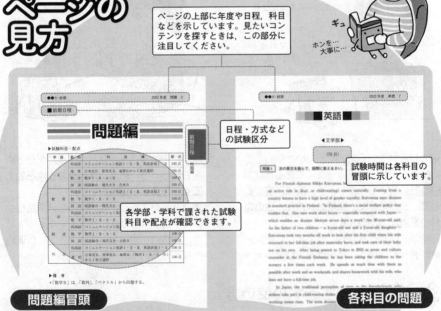

日程・方式などの試験区分

各学部・学科で課された試験科目や配点が確認できます。

試験時間は各科目の冒頭に示しています。

問題編冒頭　　　　　**各科目の問題**

他にも赤本によって、大学の基本情報や、先輩受験生の合格体験記、在学生からのメッセージなどが載っています。

● 掲載内容について ●

著作権上の理由やその他編集上の都合により問題や解答の一部を割愛している場合があります。なお、指定校推薦入試、社会人入試、編入学試験、帰国生入試などの特別入試、英語以外の外国語科目、商業・工業科目は、原則として掲載しておりません。また試験科目は変更される場合がありますので、あらかじめご了承ください。

赤本の使い方

受験勉強は過去問に始まり，過去問に終わる。

STEP 1 まずは解いてみる

STEP 2 弱点を分析する

過去問をいつから解いたらいいか悩むかもしれませんが，まずは一度，**できるだけ早いうちに解いてみましょう。実際に解くことで，出題の傾向，問題のレベル，今の自分の実力がつかめます。**
赤本の「傾向と対策」にも，詳しい傾向分析が載っています。必ず目を通しましょう。

解いた後は，ノートなどを使って自己分析をしましょう。**間違いは自分の弱点を教えてくれる貴重な情報源です。**
弱点を分析することで，今の自分に足りない力や苦手な分野などが見えてくるはずです。合格点を取るためには，こうした弱点をなくしていくのが近道です。

合格者があかす赤本の使い方

傾向と対策を熟読
（Fさん／国立大合格）

大学の出題傾向を調べることが大事だと思ったので，赤本に載っている「傾向と対策」を熟読しました。解答・解説もすべて目を通し，自分と違う解き方を学びました。

目標点を決める
（Yさん／私立大合格）

赤本によっては合格者最低点が載っているものもあるので，まずその点数を超えられるように目標を決めるのもいいかもしれません。

時間配分を確認
（Kさん／公立大合格）

過去問を本番の試験と同様の時間内に解くことで，どのような時間配分にするか，どの設問から解くかを決めました。

過去問を解いてみて,まずは自分のレベルとのギャップを知りましょう。それを克服できるように学習計画を立て,苦手分野の対策をします。そして,また過去問を解いてみる,というサイクルを繰り返すことで効果的に学習ができます。

STEP 3 重点対策をする（志望校にあわせて）

STEP 1▶2▶3… 実践を繰り返す（サイクルが大事！）

分析した結果をもとに,参考書や問題集を活用して**苦手な分野の重点対策**をしていきます。赤本を指針にして,何をどんな方法で強化すればよいかを考え,**具体的な学習計画を立てましょう**。
「傾向と対策」のアドバイスも参考にしてください。

ステップ1～3を繰り返し,足りない知識の補強や,よりよい解き方を研究して,実力アップにつなげましょう。
繰り返し解いて**出題形式に慣れること**や,試験時間に合わせて**実戦演習を行うこと**も大切です。

添削してもらう
（Sさん／国立大合格）

記述式の問題は自分で採点しにくいので,先生に添削してもらうとよいです。人に見てもらうことで自分の弱点に気づきやすくなると思います。

繰り返し解く
（Tさん／国立大合格）

1周目は問題のレベル確認程度に使い,2周目は復習兼頻出事項の見極めとして,3周目はしっかり得点できる状態を目指して使いました。

他学部の過去問も活用
（Kさん／私立大合格）

自分の志望学部の問題はもちろん,同じ大学の他の学部の過去問も解くようにしました。同じ大学であれば,傾向が似ていることが多いので,これはオススメです。

目 次

大 学 情 報 1

◆ 在学生メッセージ　22
◆ 合格体験記　26

傾向と対策 35

2023年度
問 題 と 解 答

■前期日程

英　　語	4	解答 51
数　　学	12	解答 62
物　　理	15	解答 72
化　　学	21	解答 82
生　　物	34	解答 93
地　　学	43	解答 104

※解答用紙は赤本ウェブサイト（akahon.net）に掲載しています。

■後期日程

数　　学	116	解答 135
物　　理	119	解答 147
化　　学	125	解答 153
小 論 文	133	解答 —

※解答用紙は赤本ウェブサイト（akahon.net）に掲載しています。

2022年度
問 題 と 解 答

■前期日程

英　　語	4	解答 49
数　　学	13	解答 61
物　　理	17	解答 74
化　　学	23	解答 80
生　　物	32	解答 90
地　　学	43	解答 98

※解答用紙は赤本ウェブサイト（akahon.net）に掲載しています。

横浜国立大-理系 ◀目次▶

■後期日程

数　　学 …………………………… 106 ／ 解答 129

物　　理 …………………………… 110 ／ 解答 142

化　　学 …………………………… 115 ／ 解答 147

小 論 文 …………………………… 125 ／ 解答 ―

※解答用紙は赤本ウェブサイト（akahon.net）に掲載しています。

2020年度
問 題 と 解 答

■前期日程

英　　語 ……………………………… 4 ／ 解答 52

数　　学 …………………………… 11 ／ 解答 61

物　　理 …………………………… 14 ／ 解答 71

化　　学 …………………………… 20 ／ 解答 78

生　　物 …………………………… 34 ／ 解答 90

地　　学 …………………………… 45 ／ 解答 98

※解答用紙は赤本ウェブサイト（akahon.net）に掲載しています。

■後期日程

数　　学 …………………………… 106 ／ 解答 125

物　　理 …………………………… 109 ／ 解答 135

化　　学 …………………………… 116 ／ 解答 141

小 論 文 …………………………… 123 ／ 解答 ―

※解答用紙は赤本ウェブサイト（akahon.net）に掲載しています。

2019年度
問 題 と 解 答

前期日程

英　　語 ……………………………… 4 ／ 解答 48

数　　学 …………………………… 11 ／ 解答 58

物　　理 …………………………… 14 ／ 解答 67

化　　学 …………………………… 20 ／ 解答 75

生　　物 …………………………… 29 ／ 解答 84

地　　学 …………………………… 37 ／ 解答 91

※解答用紙は赤本ウェブサイト（akahon.net）に掲載しています。

■後期日程

数　　学 …………………………… 98 ／ 解答 117

物　　理 …………………………… 101 ／ 解答 127

横浜国立大-理系 ◀目次▶

化　学 …………………………… 106 ／ 解答 132

小 論 文 …………………………… 114 ／ 解答 ―

※解答用紙は赤本ウェブサイト（akahon.net）に掲載しています。

掲載内容についてのお断り

- 2021 年度の前期日程・後期日程は，新型コロナウイルス感染症対策に伴い個別学力検査等が中止されたため，収載していません。
- 総合型選抜，学校推薦型選抜は掲載していません。
- 都市科学部都市社会共生学科については，No. 58『横浜国立大学（文系）』に掲載しています。
- 著作権の都合上，下記の内容を省略しています。
  2022 年度：後期日程「小論文」の課題文

下記の問題に使用されている著作物は，2023 年 7 月 3 日に著作権法第 67 条の 2 第 1 項の規定に基づく申請を行い，同条同項の規定の適用を受けて掲載しているものです。
　2023 年度：前期日程「英語」大問 I

University Guide

大学情報

大学の基本情報

学部・学科の構成

大　学

教育学部
　学校教員養成課程（言語・文化・社会系教育コース，自然・生活系教育コース，芸術・身体・発達支援系教育コース）

経済学部[※1]
　経済学科

※1　以下の教育プログラムが設置されている。
GBEEP：Global Business and Economics 教育プログラム
LBEEP：Lawcal Business Economics 教育プログラム
DSEP-Econ.（経済学部 DSEP）：Data Science 教育プログラム

経営学部[※2]
　経営学科

※2　以下の教育プログラムが設置されている。
GBEEP-Biz：Global Business and Economics 教育プログラム
DSEP-Biz.（経営学部 DSEP）：Data Science 教育プログラム

理工学部
　機械・材料・海洋系学科（機械工学教育プログラム，材料工学教育プログラム，海洋空間のシステムデザイン教育プログラム）
　化学・生命系学科（化学教育プログラム，化学応用教育プログラム，バイオ教育プログラム）
　数物・電子情報系学科（数理科学教育プログラム，物理工学教育プログラム，電子情報システム教育プログラム，情報工学教育プログラム）

都市科学部
　都市社会共生学科
　建築学科
　都市基盤学科
　環境リスク共生学科

横浜国立大／大学情報　3

大学院

教育学研究科 / 国際社会科学府 / 理工学府 / 環境情報学府 / 都市イノベーション学府 / 先進実践学環

大学所在地

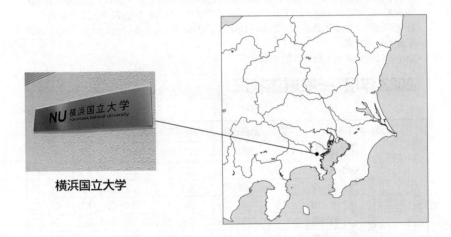

横浜国立大学

〒240-8501　横浜市保土ケ谷区常盤台79-8

入試データ

入試状況（志願者数・競争率など）

- 2021年度は経済学部・経営学部・理工学部・都市科学部において，個別学力検査等は実施されず，大学入学共通テストの成績のみで選抜された。また，教育学部においては，個別学力検査等の内容が，写真や動画，レポート等の提出に変更になった。
- 教育学部では，2021年4月に組織改編が実施された。
- 経済学部の「LBEEP：Lawcal Business Economics 教育プログラム」および「DSEP-Econ.（経済学部DSEP）：Data Science 教育プログラム」は2021年度からの設置。
- 経営学部の「DSEP-Biz.（経営学部DSEP）：Data Science 教育プログラム」は2021年度からの設置。
- 競争率は受験者数÷合格者数で算出。

2023年度 一般選抜状況

（　）内は女子内数

学部・学科等			募集人員	志願者数	受験者数	合格者数	競争率	入学者数
教育	前期日程	学校教員養成 言語・文化・社会系	32	109(43)	101(38)	41(19)	2.5	38(17)
教育	前期日程	自然・生活系	29	83(31)	82(31)	37(15)	2.2	36(14)
教育	前期日程	芸術・身体・発達支援系 音楽	7	12(7)	10(5)	7(3)	1.4	7(3)
教育	前期日程	美術	5	6(5)	5(4)	5(4)	1.0	5(4)
教育	前期日程	保健体育	7	16(4)	15(3)	9(2)	1.7	9(2)
教育	前期日程	心理学	8	37(24)	36(23)	10(8)	3.6	10(8)
教育	前期日程	特別支援教育	12	26(24)	24(22)	15(15)	1.6	15(15)
経済	前期日程	経済 一般	125	815(165)	780(153)	162(25)	4.8	134(18)
経済	前期日程	経済 DSEP	10	61(12)	59(11)	11(5)	5.4	11(5)
経済	前期日程	経済 LBEEP	10	34(10)	33(10)	8(4)	4.1	7(4)
経済	後期日程	経済 一般	75	1,464(319)	666(145)	119(23)	5.6	86(18)
経済	後期日程	経済 DSEP	10	113(20)	74(11)	10(3)	7.4	7(2)
経済	後期日程	経済 LBEEP	5	69(21)	31(9)	6(1)	5.2	6(1)
経営	前期日程	経営 一般	148	766(228)	737(219)	201(63)	3.7	155(52)
経営	前期日程	経営 DSEP	7	61(6)	58(5)	10(1)	5.8	9(1)
経営	後期日程	経営 一般	78	1,062(294)	406(116)	83(38)	4.9	69(30)
経営	後期日程	経営 DSEP	3	99(27)	37(10)	4(1)	9.3	3(0)

（表つづく）

横浜国立大／大学情報　5

学部・学科等				募集人員	志願者数	受験者数	合格者数	競争率	入学者数
理	前期日程	機械・海洋・材料系	機械工学	56	208(19)	203(19)	61(10)	3.3	55(8)
			材料工学	18	70(9)	62(6)	21(2)	3.0	18(2)
			海洋空間のシステムデザイン	17	76(5)	71(5)	19(2)	3.7	19(2)
		化学・生命系	化学／化学応用	71	251(91)	214(71)	75(27)	2.9	72(25)
			バイオ	15	81(38)	77(35)	17(9)	4.5	14(7)
		数物・電子情報系	数理科学	20	61(3)	60(3)	27(4)	2.2	27(4)
			物理工学	60	242(28)	234(26)	71(5)	3.3	69(5)
			電子情報システム	63	197(17)	195(17)	80(8)	2.4	77(8)
			情報工学	30	163(29)	154(29)	32(5)	4.8	27(5)
工	後期日程	機械・海洋・材料系	機械工学	50	415(45)	199(24)	71(5)	2.8	58(4)
			材料工学	16	85(12)	31(4)	23(2)	1.3	17(2)
			海洋空間のシステムデザイン	8	76(7)	33(1)	11(0)	3.0	9(0)
		化学・生命系	化学／化学応用	56	358(104)	128(36)	69(18)	1.9	55(13)
			バイオ	10	156(60)	66(27)	14(6)	4.7	10(4)
		数物・電子情報系	数理科学	15	132(9)	45(3)	18(0)	2.5	13(0)
			物理工学	30	305(26)	124(12)	33(3)	3.8	21(3)
			電子情報システム	50	313(21)	147(11)	62(4)	2.4	49(4)
			情報工学	17	394(37)	163(15)	28(1)	5.8	23(1)
都市科	前期日程		都市社会共生	33	101(54)	83(43)	33(19)	2.5	28(17)
			建築	40	235(81)	229(79)	43(12)	5.3	41(12)
			都市基盤	18	36(6)	32(4)	25(4)	1.3	21(4)
			環境リスク共生	30	122(35)	114(28)	35(8)	3.3	34(7)
	後期日程		都市社会共生	12	82(42)	25(8)	13(5)	1.9	9(4)
			建築	19	317(110)	147(55)	24(10)	6.1	22(9)
			都市基盤	12	85(14)	41(6)	23(5)	1.8	18(4)
			環境リスク共生	10	77(26)	39(11)	12(1)	3.3	11(1)
合　　　計				1,347	9,471 (2,168)	6,070 (1,393)	1,678 (406)	—	1,424 (349)

（備考）
- 追加合格者はなし。
- 追試験申請者については各項目において内数として集計。
- 教育学部学校教員養成課程では後期日程の募集は行わない。
- 理工学部〈化学・生命系学科を除く〉（前期・後期），都市科学部〈都市社会共生学科および環境リスク共生学科を除く〉（前期・後期）では，志願者数および受験者数は第1志望の学科・教育プログラムで，合格者数および入学者数は合格した学科・教育プログラムで集計。

2022年度 一般選抜状況

（ ）内は女子内数

学部・学科等			募集人員	志願者数	受験者数	合格者数	競争率	入学者数
教育	前期日程 学校教員養成	言語・文化・社会系	32	72(24)	70(22)	44(15)	1.6	41(15)
		自然・生活系	29	90(33)	81(27)	43(15)	1.9	43(16)
		芸術・身体・発達支援系 音楽	7	13(11)	12(10)	7(6)	1.7	6(5)
		美術	5	10(8)	9(8)	6(5)	1.5	6(5)
		保健体育	7	48(12)	45(11)	10(3)	4.5	10(3)
		心理学	8	22(15)	16(10)	8(6)	2.0	8(6)
		特別支援教育	12	19(7)	16(7)	12(5)	1.3	10(3)
経済	前期日程 経済	一般	125	309(61)	292(58)	180(41)	1.6	156(36)
		DSEP	5	11(3)	11(3)	6(2)	1.8	5(1)
		LBEEP	10	15(6)	14(5)	10(3)	1.4	9(3)
	後期日程	一般	75	900(186)	374(81)	116(19)	3.2	84(11)
		DSEP	5	46(9)	15(1)	6(1)	2.5	3(0)
経営	前期日程 経営	一般	148	686(203)	651(194)	186(62)	3.5	139(44)
		DSEP	7	33(3)	31(3)	10(0)	3.1	9(0)
	後期日程	一般	78	910(247)	321(73)	126(27)	2.5	105(24)
		DSEP	3	64(20)	28(5)	3(0)	9.3	2(0)
理工	前期日程 機械・材料・海洋系	機械工学	56	156(6)	149(5)	63(5)	2.4	58(5)
		材料工学	18	28(5)	22(4)	24(1)	—	23(1)
		海洋空間のシステムデザイン	17	49(8)	42(6)	18(3)	2.3	17(3)
	化学・生命系	化学/化学応用	71	261(84)	225(65)	79(25)	2.8	71(20)
		バイオ	15	46(27)	39(21)	16(9)	2.4	15(9)
	数物・電子情報系	数理科学	20	58(8)	54(6)	24(3)	2.3	24(3)
		物理工学	60	164(12)	156(12)	70(4)	2.2	66(3)
		電子情報システム	63	191(19)	183(18)	76(9)	2.4	72(7)
		情報工学	30	132(19)	126(19)	32(3)	3.9	29(2)

（表つづく）

横浜国立大／大学情報　7

学部・学科等			募集人員	志願者数	受験者数	合格者数	競争率	入学者数
理工	後期日程	機械・材料・海洋系 機械工学	50	372(27)	137(10)	69(7)	2.0	57(6)
		材料工学	16	61(9)	30(5)	16(2)	1.9	12(2)
		海洋空間のシステムデザイン	8	57(14)	31(11)	10(4)	3.1	6(3)
		化学・生命系 化学 化学応用	56	434(133)	185(52)	72(15)	2.6	62(14)
		バイオ	10	76(25)	37(10)	12(4)	3.1	10(4)
		数物・電子情報系 数理科学	15	120(12)	49(7)	20(0)	2.5	13(0)
		物理工学	30	201(20)	90(11)	33(1)	2.7	21(1)
		電子情報システム	50	288(23)	122(11)	61(4)	2.0	38(3)
		情報工学	17	329(40)	122(14)	23(2)	5.3	16(2)
都市科	前期日程	都市社会共生	33	107(51)	89(40)	33(21)	2.7	30(21)
		建築	40	207(59)	200(59)	47(10)	4.3	45(9)
		都市基盤	18	32(4)	28(4)	27(10)	1.0	20(8)
		環境リスク共生	30	83(24)	78(20)	39(11)	2.0	35(9)
	後期日程	都市社会共生	12	209(90)	82(41)	13(8)	6.3	11(6)
		建築	19	281(102)	144(52)	19(7)	7.6	14(4)
		都市基盤	12	81(22)	41(9)	23(8)	1.8	14(5)
		環境リスク共生	10	29(5)	14(3)	10(2)	1.4	8(2)
合　　計			1,332	7,300 (1,692)	4,461 (1,032)	1,702 (388)	―	1,423 (324)

（備考）

・追加合格者はなし。

・追試験については，受験者数と合格者数には含まない。合格者数は，教育学部前期の自然・生活系に1名，経済学部後期の一般に1名，経営学部前期の一般に2名，経営学部後期の一般に2名，理工学部前期の数理科学に1名，電子情報システムに1名，理工学部後期の機械工学に1名，情報工学に1名。

・教育学部学校教員養成課程および経済学部 LBEEP では後期日程の募集は行わない。

・理工学部〈化学・生命系学科を除く〉（前期・後期），都市科学部〈都市社会共生学科および環境リスク共生学科を除く〉（前期・後期）では，志願者数および受験者数は第1志望の学科・教育プログラムで，合格者数および入学者数は合格した学科・教育プログラムで集計。

2021年度 一般選抜状況

（　）内は女子内数

学部・学科等			募集人員	志願者数	受験者数	合格者数	競争率	入学者数
教育	前期日程 学校教員養成	語・文化・社会系 自然・生活系	61	160(61)	155(58)	80(29)	1.9	73(26)
		芸術・身体・発達支援系	39	61(38)	59(36)	40(22)	1.5	38(21)
経済	前期日程 経済	一般	125	310(61)	308(61)	217(41)	1.4	169(28)
		DSEP	5	17(3)	17(3)	7(2)	2.4	5(1)
		LBEEP	10	23(4)	23(4)	12(3)	1.9	10(2)
	後期日程	一般	75	510(100)	509(100)	184(38)	2.8	59(10)
		DSEP	5	31(6)	31(6)	12(3)	2.6	4(0)
経営	前期日程 経営	一般	148	351(103)	350(103)	222(65)	1.6	149(44)
		DSEP	7	20(2)	20(2)	10(0)	2.0	5(0)
	後期日程	一般	78	432(99)	432(99)	149(29)	2.9	81(23)
		DSEP	3	49(12)	49(12)	11(1)	4.5	7(0)
理	前期日程 機械・材料・海洋系	機械工学	56	89(5)	89(5)	68(7)	1.3	59(6)
		材料工学	18	51(9)	51(9)	33(3)	1.5	26(1)
		海洋空間のシステムデザイン	17	29(3)	29(3)	17(1)	1.7	14(1)
	化学・生命系	化学 化学応用	71	99(35)	99(35)	76(25)	1.3	70(23)
		バイオ	15	38(13)	38(13)	21(9)	1.8	16(8)
	数物・電子情報系	数理科学	20	38(5)	38(5)	26(4)	1.5	23(4)
		物理工学	60	97(7)	97(7)	74(8)	1.3	63(6)
		電子情報システム	63	111(7)	111(7)	85(7)	1.3	76(6)
		情報工学	30	73(7)	73(7)	36(1)	2.0	29(0)
工	後期日程 機械・材料・海洋系	機械工学	50	189(9)	189(9)	67(4)	2.8	26(3)
		材料工学	16	53(2)	53(2)	22(1)	2.4	13(1)
		海洋空間のシステムデザイン	8	35(7)	35(7)	15(2)	2.3	9(1)
	化学・生命系	化学 化学応用	56	214(54)	214(54)	99(26)	2.2	35(9)
		バイオ	10	36(9)	36(9)	12(2)	3.0	7(1)
	数物・電子情報系	数理科学	15	72(5)	72(5)	21(1)	3.4	7(0)
		物理工学	30	95(5)	95(5)	37(0)	2.6	18(0)
		電子情報システム	50	134(9)	134(9)	62(6)	2.2	31(3)
		情報工学	17	169(9)	169(9)	27(2)	6.3	10(2)

（表つづく）

学部・学科等			募集人員	志願者数	受験者数	合格者数	競争率	入学者数
都市科	前期日程	都市社会共生	30	80(37)	80(37)	44(20)	1.8	33(15)
		建築	40	91(29)	91(29)	43(11)	2.1	36(9)
		都市基盤	18	27(7)	27(7)	22(3)	1.2	20(3)
		環境リスク共生	30	97(18)	96(18)	40(3)	2.4	38(3)
	後期日程	都市社会共生	12	70(28)	70(28)	20(6)	3.5	8(5)
		建築	19	115(30)	115(30)	31(6)	3.7	16(3)
		都市基盤	12	35(4)	35(4)	16(5)	2.2	12(2)
		環境リスク共生	10	88(27)	88(27)	10(4)	8.8	6(3)
合計			1,329	4,189 (869)	4,177 (864)	1,968 (399)	—	1,301 (273)

（備考）

- 合格者数に追加合格者は含まない。追加合格者数は，経営学部後期の一般に 41 名，理工学部後期の機械工学に 4 名，材料工学に 2 名，バイオに 1 名，数理科学に 1 名，物理工学に 6 名，電子情報システムに 6 名，情報工学に 6 名，都市科学部後期の都市社会共生に 3 名，建築に 1 名，都市基盤に 2 名。
- 教育学部学校教員養成課程および経済学部 LBEEP では後期日程の募集は行わない。
- 理工学部〈化学・生命系学科を除く〉（前期・後期），都市科学部〈都市社会共生学科および環境リスク共生学科を除く〉（前期・後期）では，志願者数および受験者数は第 1 志望の学科・教育プログラムで，合格者数および入学者数は合格した学科・教育プログラムで集計。

10 横浜国立大／大学情報

2020年度 一般入試状況

（ ）内は女子内数

学部・学科等			募集人員	志願者数	受験者数	合格者数	競争率	入学者数
教育	前期日程	学校教育 人間形成教科教育	118	284(124)	267(114)	140(71)	1.9	133(68)
		特別支援教育	16	27(17)	26(16)	18(12)	1.4	16(10)
経済	前期日程	経　　済	125	539(107)	511(100)	177(41)	2.9	146(35)
	後期日程	経　　済	90	1,127(218)	453(73)	125(28)	3.6	99(20)
経営	前期日程	経　　営	128	266(97)	265(97)	186(67)	1.4	129(44)
	後期日程	経　　営	98	884(232)	339(95)	133(34)	2.5	116(30)
理	前期日程	機械・材料・海洋系 機械工学	56	196(17)	187(17)	65(9)	2.9	58(6)
		材料工学	18	51(6)	49(6)	25(4)	2.0	22(2)
		海洋空間のシステムデザイン	17	62(10)	58(10)	20(2)	2.9	19(2)
		化学・生命系 化学 化学応用	75	274(86)	260(81)	89(24)	2.9	82(21)
		バイオ	15	45(18)	39(16)	18(8)	2.2	18(8)
		数物・電子情報系 数理科学	20	54(9)	53(9)	28(4)	1.9	27(4)
		物理工学	60	195(16)	186(16)	70(5)	2.7	67(5)
		電子情報システム	63	203(12)	197(12)	73(3)	2.7	66(3)
		情報工学	30	159(19)	149(16)	32(3)	4.7	31(3)
工	後期日程	機械・材料・海洋系 機械工学	50	405(41)	188(23)	66(7)	2.8	43(6)
		材料工学	16	102(14)	49(7)	17(2)	2.9	16(2)
		海洋空間のシステムデザイン	8	74(12)	31(7)	9(1)	3.4	6(1)
		化学・生命系 化学 化学応用	60	481(125)	213(59)	80(16)	2.7	64(14)
		バイオ	10	84(25)	43(12)	11(3)	3.9	10(3)
		数物・電子情報系 数理科学	15	118(15)	46(8)	19(3)	2.4	15(3)
		物理工学	30	276(18)	119(7)	36(2)	3.3	30(2)
		電子情報システム	50	304(15)	136(4)	63(0)	2.2	47(0)
		情報工学	17	361(33)	148(13)	24(0)	6.2	18(0)

（表つづく）

横浜国立大／大学情報　11

学部・学科等			募集人員	志願者数	受験者数	合格者数	競争率	入学者数
都市科	前期日程	都市社会共生	30	95(42)	84(37)	30(15)	2.8	26(14)
		建　　　築	41	234(78)	226(74)	46(13)	4.9	45(13)
		都 市 基 盤	18	35(10)	33(10)	22(5)	1.5	16(2)
		環境リスク共生	30	110(32)	100(27)	34(11)	2.9	27(10)
	後期日程	都市社会共生	20	138(57)	61(25)	24(8)	2.5	16(6)
		建　　　築	20	255(84)	117(43)	20(7)	5.9	14(6)
		都 市 基 盤	12	86(15)	47(10)	25(7)	1.9	17(6)
		環境リスク共生	10	57(15)	29(7)	20(4)	1.5	19(4)
合　　　計			1,366	7,581 (1,619)	4,709 (1,051)	1,745 (419)	—	1,458 (353)

（備考）
・追加合格者はなし。
・教育学部学校教育課程では後期日程の募集は行わない。
・理工学部〈化学・生命系学科を除く〉（前期・後期），都市科学部〈都市社会共生学科および環境リスク共生学科を除く〉（前期・後期）では，志願者数および受験者数は第1志望の学科・教育プログラムで，合格者数および入学者数は合格した学科・教育プログラムで集計。

2019年度 一般入試状況

（　）内は女子内数

学部・学科等				募集人員	志願者数	受験者数	合格者数	競争率	入学者数
教育	前期日程	学校教育	人間形成教科教育	118	287(114)	272(107)	138(61)	2.0	130(57)
			特別支援教育	16	21(16)	20(15)	12(10)	1.7	12(10)
経済	前期日程	経　　　済		125	542(106)	522(101)	179(41)	2.9	155(38)
	後期日程	経　　　済		90	1,151(192)	501(82)	120(22)	4.2	96(18)
経営	前期日程	経　　　営		128	390(122)	388(122)	185(55)	2.1	145(43)
	後期日程	経　　　営		98	1,235(341)	503(144)	120(36)	4.2	102(29)
理	前期日程	機械・材料・海洋系	機械工学	56	200(13)	198(13)	63(4)	3.1	61(4)
			材料工学	18	54(6)	51(6)	24(4)	2.1	22(4)
			海洋空間のシステムデザイン	17	71(9)	66(8)	19(2)	3.5	18(2)
		化学・生命系	化　学化学応用	75	224(62)	201(51)	83(20)	2.4	75(17)
			バイオ	15	80(31)	72(27)	17(7)	4.2	13(4)
		数物・電子情報系	数理科学	20	67(18)	64(18)	27(9)	2.4	25(8)
			物理工学	60	146(20)	141(17)	67(9)	2.1	64(8)
			電子情報システム	63	179(14)	176(13)	71(4)	2.5	64(4)
			情報工学	30	123(16)	119(15)	31(2)	3.8	25(2)
工	後期日程	機械・材料・海洋系	機械工学	50	471(43)	202(19)	59(8)	3.4	44(7)
			材料工学	16	156(30)	81(13)	24(1)	3.4	19(1)
			海洋空間のシステムデザイン	8	106(16)	58(11)	10(4)	5.8	8(3)
		化学・生命系	化　学化学応用	60	446(121)	205(56)	80(21)	2.6	62(19)
			バイオ	10	63(19)	27(9)	17(6)	1.6	11(3)
		数物・電子情報系	数理科学	15	128(10)	66(6)	19(1)	3.5	11(0)
			物理工学	30	228(16)	97(7)	35(3)	2.8	25(3)
			電子情報システム	50	283(21)	132(13)	63(5)	2.1	47(4)
			情報工学	17	321(32)	128(16)	32(3)	4.0	26(3)

（表つづく）

横浜国立大／大学情報　13

学部・学科等			募集人員	志願者数	受験者数	合格者数	競争率	入学者数
都市科	前期日程	都市社会共生	30	97(52)	90(49)	30(16)	3.0	28(15)
		建　築	41	236(91)	228(86)	46(12)	5.0	40(11)
		都市基盤	18	35(3)	35(3)	22(7)	1.6	19(5)
		環境リスク共生	30	82(26)	73(23)	33(10)	2.2	31(9)
	後期日程	都市社会共生	20	152(69)	71(36)	21(10)	3.4	18(7)
		建　築	20	314(99)	150(56)	23(8)	6.5	19(7)
		都市基盤	12	86(18)	41(5)	18(3)	2.3	13(3)
		環境リスク共生	10	42(10)	18(6)	13(3)	1.4	10(3)
合　　　計			1,366	8,016 (1,756)	4,996 (1,153)	1,701 (407)	—	1,438 (351)

（備考）

• 追加合格者はなし。

• 教育学部学校教育課程では後期日程の募集は行わない。

• 理工学部〈化学・生命系学科を除く〉（前期・後期），都市科学部〈都市社会共生学科および環境リスク共生学科を除く〉（前期・後期）では，志願者数および受験者数は第1志望の学科・教育プログラムで，合格者数および入学者数は合格した学科・教育プログラムで集計。

合格者最低点（一般選抜）

2023年度

学部・学科等			前期日程		後期日程	
			合格最低点	満点	合格最低点	満点
教育	学校教員養成	言語・文化・社会系	911.40	1,300		
		自然・生活系	908.40	1,300		
		芸術・身体・発達支援系 音楽	655.60	1,300		
		美術	779.00	1,300		
		保健体育	904.80	1,300		
		心理学	878.80	1,300		
		特別支援教育	808.40	1,300		
経済	経済	一般，DSEP，LBEEP	1,101.40 (113.723)	1,700	1,003.40 (116.005)	1,600
経営	経営	一般，DSEP	838.60 (168.993)	1,200	570.20	800
理工	機械・材料・海洋系	機械工学	1,281.20	2,100	1,094.10	1,550
		材料工学	1,279.80	2,100	1,035.40	1,550
		海洋空間のシステムデザイン	1,273.40	2,100	1,097.80	1,550
	化学・生命系	化学・化学応用	1,274.60	2,100	946.60	1,550
		バイオ	1,319.80	2,100	1,112.10	1,550
	数物・電子情報系	数理科学	1,253.60	2,100	1,100.20	1,550
		物理工学	1,272.80	2,100	1,154.70	1,550
		電子情報システム	1,292.80	2,100	1,123.20	1,550
		情報工学	1,379.60	2,100	1,212.10	1,550
都市科		都市社会共生	985.50	1,400	784.00	1,100
		建築	1,435.20	2,100	1,202.60	1,550
		都市基盤	1,341.40	2,100	1,103.70	1,550
		環境リスク共生	1,266.80	2,100	1,120.05	1,750

（備考）
- 経済学部の前期日程・後期日程および経営学部の前期日程では，大学入学共通テストの合計点と個別学力検査の合計点をそれぞれ偏差値に換算し，それらを経済学部では1対1，経営学部前期日程では2対1の比率で合計した偏差値を（ ）内に併記している。なお，大学入学共通テストの偏差値は，個別学力検査受験者全体（追試験受験者は除く）のものである。
- 追試験合格者は選抜方法や合格基準が異なるため含めていない。

横浜国立大／大学情報　15

■■ 2022 年度

学部・学科等			前期日程		後期日程	
			合格最低点	満点	合格最低点	満点
教育	学校教員養成	言語・文化・社会系	818.20	1,300		
		自 然 ・ 生 活 系	879.00	1,300		
		芸術・身体・発達支援系 音　楽	845.60	1,300		
		美　術	831.80	1,300		
		保健体育	863.80	1,300		
		心 理 学	860.80	1,300		
		特 別 支援 教 育	708.40	1,300		
経済	経　済	一 般 ， Ｄ Ｓ Ｅ Ｐ ，ＬＢＥＥＰ（前期）	946.20(96.304)	1,700	905.60(108.850)	1,600
経営	経　営	一 般 ， Ｄ Ｓ Ｅ Ｐ	710.00(167.052)	1,200	483.80	800
理工	機械・材料・海洋系	機　械　工　学	1,226.20	2,100	939.60	1,550
		材　料　工　学	1,166.40	2,100	935.60	1,550
		海洋空間のシステムデザイン	1,251.20	2,100	987.00	1,550
	化学・生命系	化 学 ・ 化 学 応 用	1,272.20	2,100	982.80	1,550
		バ　　イ　　オ	1,271.60	2,100	980.00	1,550
	数物・電子情報系	数　理　科　学	1,289.60	2,100	1,032.40	1,550
		物　理　工　学	1,266.80	2,100	1,034.40	1,550
		電 子 情 報 シ ス テ ム	1,323.20	2,100	1,009.20	1,550
		情　報　工　学	1,391.40	2,100	1,082.50	1,550
都市科	都　市　社　会　共　生		834.00	1,400	821.00	1,100
	建　　　　　　　　　築		1,422.20	2,100	1,156.40	1,550
	都　　市　　基　　盤		1,314.00	2,100	1,066.80	1,550
	環　境　リ　ス　ク　共　生		1,221.20	2,100	842.55	1,750

（備考）
- 経済学部の前期日程・後期日程および経営学部の前期日程では，大学入学共通テストの合計点と個別学力検査の合計点をそれぞれ偏差値に換算し，それらを経済学部では1対1，経営学部前期日程では2対1の比率で合計した偏差値を（　）内に併記している。なお，大学入学共通テストの偏差値は，個別学力検査受験者全体（追試験受験者は除く）のものである。
- 追試験合格者は選抜方法や合格基準が異なるため含めていない。

2021 年度

学部・学科等				前期日程		後期日程	
				合格最低点	満点	合格最低点	満点
教育	学校教員養成	言語・文化・社会系		983.40	1,300		
		自 然 ・ 生 活 系		914.00	1,300		
		芸術・身体・発達支援系	音　　楽	920.60	1,300		
			美　　術	※	1,300		
			保健体育	618.20	1,300		
			心 理 学	929.00	1,300		
			特 別 支 援 教 育	821.80	1,300		
経済	経済	一 般, Ｄ Ｓ Ｅ Ｐ, ＬＢＥＥＰ（前期）		1,690.60	2,100	1,572.00 (442.298)	1,800
経営	経営	一 般, Ｄ Ｓ Ｅ Ｐ		967.00 (153.152)	1,200	673.00	800
理工	機械・材料・海洋系	機 械 工 学		1,632.75	2,100	1,233.50	1,550
		材 料 工 学		1,653.50	2,100	1,240.05	1,550
		海洋空間のシステムデザイン		1,646.50	2,100	1,233.65	1,550
	化学・生命系	化 学 ・ 化 学 応 用		1,458.00	2,100	1,130.45	1,550
		バ イ オ		1,681.00	2,100	1,200.15	1,550
	数物・電子情報系	数 理 科 学		1,669.50	2,100	1,355.30	1,550
		物 理 工 学		1,666.25	2,100	1,334.45	1,550
		電 子 情 報 シ ス テ ム		1,714.25	2,100	1,339.95	1,550
		情 報 工 学		1,785.00	2,100	1,403.25	1,550
都市科	都 市 社 会 共 生			1,042.00	1,300	923.00	1,100
	建 築			1,791.25	2,100	1,332.60	1,550
	都 市 基 盤			1,664.00	2,100	1,176.75	1,550
	環 境 リ ス ク 共 生			1,681.00	2,100	1,504.85	1,750

（備考）

※合格者が5名未満のため非公表。

• 経済学部・経営学部・理工学部・都市科学部においては，個別学力検査等は実施せず，大学入学共通テストの成績で代替している。

• 経済学部の後期日程および経営学部の前期日程では，大学入学共通テストの合計点と個別学力検査の成績とみなした大学入学共通テストの得点をそれぞれ偏差値に換算し，それらを経済学部では4対5，経営学部では2対1の比率で合計した偏差値を（ ）内に併記している。なお，大学入学共通テストの偏差値は，志願者（受験無資格者を除く）全体のものである。

• 追加合格者および欠員補充第2次募集合格者は含めていない。

横浜国立大／大学情報　17

■■ 2020 年度

学部・学科等			前期日程		後期日程	
			合格最低点	満点	合格最低点	満点
教育	学校教育	人間形成 教科教育 小論文	907.20	1,300		
		音楽	786.20	1,300		
		美術	784.20	1,300		
		体育	976.40	1,300		
		特別支援教育	823.60	1,300		
経済	経済		1,135.00 (107.889)	1,700	1,099.60 (111.271)	1,700
経営	経営		717.40	900	548.20	800
理工	機械・材料・海洋系	機械工学	1,497.20	2,100	1,045.80	1,550
		材料工学	1,457.40	2,100	1,027.50	1,550
		海洋空間のシステムデザイン	1,472.40	2,100	1,050.50	1,550
	化学・生命系	化学・化学応用	1,439.00	2,100	983.50	1,550
		バイオ	1,392.60	2,100	1,041.70	1,550
	数物・電子情報系	数理科学	1,483.60	2,100	1,067.80	1,550
		物理工学	1,470.80	2,100	1,059.60	1,550
		電子情報システム	1,508.40	2,100	1,066.40	1,550
		情報工学	1,573.00	2,100	1,154.00	1,550
都市科	都市社会共生		1,116.80	1,500	947.60	1,500
	建築		1,617.40	2,100	1,132.20	1,550
	都市基盤		1,557.40	2,100	1,056.50	1,550
	環境リスク共生		1,443.00	2,100	972.70	1,750

（備考）
• 経済学部では，大学入試センター試験の合計点と個別学力検査の得点（前期日程では教科の合計点）をそれぞれ偏差値に換算し，1対1の比率で合計した偏差値を（ ）内に併記している。なお，大学入試センター試験の偏差値は，個別学力検査受験者全体のなかでのものである。

18 横浜国立大／大学情報

■■ 2019 年度

学部・学科等				合格最低点	満点
教育	前期日程	学校教育	人間形成教科教育	小論文	979.20	1,300
				音楽	924.60	1,300
				美術	921.40	1,300
				体育	941.00	1,300
			特別支援教育		870.40	1,300
経済	前期日程	経　　済			1,164.20 (109.558)	1,700
	後期日程	経　　済			1,147.80 (112.730)	1,700
経営	前期日程	経　　営			765.60	900
	後期日程	経　　営			567.60	800
理工	前期日程	機械・海洋・材料系	機械工学		1,412.80	2,100
			材料工学		1,397.80	2,100
			海洋空間のシステムデザイン		1,444.40	2,100
		化学・生命系	化学・化学応用		1,387.60	2,100
			バイオ		1,509.00	2,100
		数物・電子情報系	数理科学		1,396.00	2,100
			物理工学		1,390.80	2,100
			電子情報システム		1,423.40	2,100
			情報工学		1,481.60	2,100
	後期日程	機械・海洋・材料系	機械工学		1,095.10	1,550
			材料工学		1,075.30	1,550
			海洋空間のシステムデザイン		1,099.80	1,550
		化学・生命系	化学・化学応用		1,043.60	1,550
			バイオ		982.00	1,550
		数物・電子情報系	数理科学		1,150.70	1,550
			物理工学		1,073.20	1,550
			電子情報システム		1,062.70	1,550
			情報工学		1,152.80	1,550

（表つづく）

学部・学科等			合格最低点	満点
都市科	前期日程	都 市 社 会 共 生	1,126.40	1,500
		建 築	1,496.60	2,100
		都 市 基 盤	1,458.40	2,100
		環 境 リ ス ク 共 生	1,340.00	2,100
	後期日程	都 市 社 会 共 生	1,052.80	1,500
		建 築	1,163.40	1,550
		都 市 基 盤	1,123.30	1,550
		環 境 リ ス ク 共 生	1,092.65	1,750

(備考)
• 経済学部では，大学入試センター試験の合計点と個別学力検査の得点（前期日程では教科の合計点）をそれぞれ偏差値に換算し，1対1の比率で合計した偏差値を（　）内に併記している。なお，大学入試センター試験の偏差値は，個別学力検査受験者全体のなかでのものである。

募集要項（出願書類）の入手方法

　一般選抜および特別選抜の学生募集要項は，冊子での発行はありません。大学のウェブサイトからダウンロードしてください。

問い合わせ先
　　横浜国立大学　学務・国際戦略部入試課
　　〒240-8501　横浜市保土ケ谷区常盤台 79-8
　　TEL　045(339)3121
　　E-mail　nyushi1@ynu.ac.jp
　　（注）問い合わせは，志願者本人が行うこと。
ウェブサイト　　https://www.ynu.ac.jp/

横浜国立大学のテレメールによる資料請求方法

- スマートフォンから　QRコードからアクセスしガイダンスに従ってご請求ください。
- パソコンから　教学社 赤本ウェブサイト(akahon.net)から請求できます。

合格体験記 募集

　2024年春に入学される方を対象に，本大学の「合格体験記」を募集します。お寄せいただいた合格体験記は，編集部で選考の上，小社刊行物やウェブサイト等に掲載いたします。お寄せいただいた方には小社規定の謝礼を進呈いたしますので，ふるってご応募ください。

応募方法

下記URLまたはQRコードより応募サイトにアクセスできます。ウェブフォームに必要事項をご記入の上，ご応募ください。
折り返し執筆要領をメールにてお送りします。
（※入学が決まっている一大学のみ応募できます）

⇨ http://akahon.net/exp/

応募の締め切り

総合型選抜・学校推薦型選抜	2024年2月23日
私立大学の一般選抜	2024年3月10日
国公立大学の一般選抜	2024年3月24日

  受験川柳 募集

受験にまつわる川柳を募集します。
入選者には賞品を進呈！　ふるってご応募ください。

応募方法

http://akahon.net/senryu/ にアクセス！

在学生メッセージ

大学ってどんなところ？　大学生活ってどんな感じ？
ちょっと気になることを，在学生に聞いてみました。

(注) 以下の内容は 2022 年度入学生のアンケート回答に基づくものです。
　　 ここで触れられている内容は今後変更となる場合もありますのでご
　　 注意ください。

大学生になったと実感！

　自分で考えて動くことが圧倒的に増えたと感じています。勉強ひとつとっても，高校までは学校側がかなりリードしてくれていましたが，大学ではすべて自分で考えて動かなければなりません。授業の時間割は自分で決めますし，教室も自分で調べなくてはなりません。「好きな時間割にできる！」と聞くと自由で楽しそうに思えますが，そのぶん責任が伴います。当然，履修を組み間違えると，単位が取れず進級・卒業に影響が出ます。そういった面からも，大学生になったなと実感しています。

大学生活に必要なもの

　衣類です。高校まではずっと制服だったので，毎日同じ格好でよかったのですが，大学は私服なので，たくさんの洋服を購入しました。また，塾講師をしているので，スーツも数着新調しました。一人暮らしなので出費が多くなるのは気になりますが，周りの友だちも衣服にお金をかけている人は多いです。

──────メッセージを書いてくれた先輩──────
《教育学部》T.T. さん

この授業がおもしろい！

　一般教養科目として受講している経営学部開講のマネジメントの講義です。私は教育学部生なので教育関係の授業をメインで受けていますが，畑違いということもあり，講義のたびに新鮮さを感じています。もともとビジネスには興味があったので，楽しく受けることができています。講義では，ベンチャー企業で成功された方々を週替わりで講師として迎え，体験談や学生に向けたアドバイスなどの様々な話を聞いています。この講義の元受講生で，ベンチャー企業を立ち上げて成功されている方も多く，刺激的な講義です。

大学の学びで困ったこと＆対処法

　とにかく，自己責任の部分が多いところです。良く言えば自由が増えたということですが，実際は責任が圧倒的に増した，と言うほうが正しいと思います。大学は中学・高校のように一人ひとり面倒を見てくれるなんてことはありません。自分ですべてを完璧にこなすにはやることが多すぎるので，友人・仲間を見つけることが本当に大切です。私は幸い友だちに恵まれたので，なんとか上手くできていると思います。助けて・助けられての毎日です。

交友関係は？

　多岐にわたります。授業に加え，部活やアルバイト先など，大学内外で色々な人に接する機会が多いので，様々な友人がいます。高校とは違って授業が人によってバラバラなので，授業内でできる友人は高校の頃と比べると多くないですが，色々な場所で出会いがあるので，私はその一つひとつをとても大切にしています。大学生活における出会いは，一期一会という言葉を具現化したようなものです。

いま「これ」を頑張っています

　大学での勉強はもちろんなので，それ以外で挙げるなら，塾での仕事です。講師として勤務していますが，受験生を多く担当していることもあり，授業以外の時間でも自分にできるサポートをしています。志望理由書や特別入試に向けた準備などを引き受けています。時間や金銭的な面で言うと割に合う仕事かわかりませんが，私は教育に興味があって大学に入ったので，塾での仕事も，担当している生徒が受験に成功するためなら，時間・金銭面は気になりません。自分の好きなことをしているので，ある意味部活をしているときと同じ感覚かもしれません。

普段の生活で気をつけていることや心掛けていること

　お金の使い方です。空き時間はアルバイトをすることが多いので，収入は比較的多いですが，貯蓄を増やすには収入を増やすことと同じくらい支出をおさえることが大切です。無駄な支出を減らせば，その分を自分が本当に欲しいもの，買いたいものに回すことができます。実家暮らしを20年弱続けた後，急に一人暮らしを始めると，なかなかお金の使い方は難しいですが，それも日々の勉強かなと思い，頑張っています。

おススメ・お気に入りスポット

　三ツ沢公園です。大学のすぐ近くにありますが，横浜FCが本拠地としているニッパツ三ツ沢球技場などを含む，多くのスポーツ施設が集まっている総合運動公園です。近くを通ることはよくありますが，利用したことはまだなく，一度行ってみたいなと思っています。

入学してよかった！

　正直，挙げ始めるとキリがありません。今の大学生活はとても充実していますし，この大学を選んだ自分の選択に満足しています。当然，不満や文句を言いたいこともありますが，それはどこの大学に行っても多少なりともあるはずですし，まったくもって許容範囲内です。大学では好きな勉強をできていて，ここでしか学べないことも多く，学習面でも非常に満足しています。胸を張って，この大学が大好きだと言えます。

 ## 高校生のときに「これ」をやっておけばよかった

　実はありません。当然ながら，あの時こうしていれば違っていただろうに，と思うことは色々あります。ですが，あの時あの選択をしたから今の自分があり，自分自身今の生活に満足しているので，こうしておけばよかったと思うことはありません。もしあの時違う選択をしていれば，よりよい方向に行っていたというようなことはあるとは思います。ただ，その時点ではよりよい方向に行ったと思ったとしても，結果として今よりよいという保証はまったくありませんし，現時点で今よりももっとよい生活ができていれば，とは思っていませんので，高校生のときにもっとしておけばよかったと思うことはありません。それだけいい大学に入れたということかもしれません。

合格体験記

　みごと合格を手にした先輩に，入試突破のためのカギを伺いました。入試までの限られた時間を有効に活用するために，ぜひ役立ててください。

（注）ここでの内容は，先輩が受験された当時のものです。2024年度入試では当てはまらないこともありますのでご注意ください。

アドバイスをお寄せいただいた先輩

S.S.さん　理工学部（数物・電子情報系学科）
前期日程 2023 年度合格，神奈川県出身

　とにかくキツくなったら休むことです。受験生というとずーっと勉強しているイメージがあるかもしれませんが，それで心や体が壊れてしまっては元も子もないです。いつでも休んでいいんだと思えば，ちょっと心に余裕ができると思います。

T.H.さん　理工学部（数物・電子情報系学科）
前期日程 2023 年度合格，神奈川県出身

　思うようにいかないときも，絶対に受かるという強い気持ちをもって努力し続けることが大切です。最後の最後まで諦めずに頑張ってください。

その他の合格大学　青山学院大（理工），中央大（理工），工学院大（工），東京都市大（理工）

T. Y. さん 理工学部（数物・電子情報系学科）
前期日程 2023 年度合格，神奈川県出身

　本番で「周りは受験料を納めるだけかもしれないけど自分は受かりにきてる」と思うことです。そう思えるような努力ができれば勝ちです。

　その他の合格大学　青山学院大（理工）

K. Y. さん 都市科学部（都市基盤学科）
前期日程 2022 年度合格，埼玉県出身

　最後まで諦めないことです。月並みな言葉かもしれませんが，それが一番大事です。私自身，私立全落ち（追加合格を除く）のうえ，国立もリサーチで E 判定と，国立の結果が出るまで浪人の危機と隣り合わせでした。この期間，私は今までにないほど勉強をして，逆転合格をすることができました。現役生は特に，最後まで伸びるので諦めず頑張ってください。

　その他の合格大学　東京理科大（工）

入試なんでもQ&A

受験生のみなさんからよく寄せられる，入試に関する疑問・質問に答えていただきました。

Q 「赤本」の効果的な使い方を教えてください。

A まずは過去問を解く前に傾向と対策を読み，自分でルーズリーフに傾向をまとめました。そして，過去問を最新年度から本番を想定して解き，演習を通じて気づいたことをルーズリーフにまとめるという作業を繰り返しました。その中で自分にとってベストな時間配分，解く順番を身につけました。また，このルーズリーフは試験当日も持参し，試験直前の確認にも使うことができるので，過去問の傾向と対策は熟知していて当然ですが，紙に実際に書いて文字化することをおすすめします。　（T.H.さん／理工）

A 解説はもちろん「講評」をじっくり読みました。入試では全問正解する必要はありません。「講評」を見ることによって，どの問題は解けなければいけないのか，どの問題なら本番で解く必要はないのかを見分ける力をつけられました。　（T.Y.さん／理工）

A 戦略を立てるのに使いました。私は研究に研究を重ねて，数学，化学，物理のどこの分野が出やすいかを過去7年分くらい調べて，そこから考えられる今年の出題範囲を予想することを細かくやっていました。たとえば，化学ならこの語句を問う問題が出そうだとか，有機ならこの構造辺りを描かせるかなという感じで予想していました。結果として，半分以上の出題範囲を当てることができました。　（K.Y.さん／都市科）

Q 共通テストと個別試験（二次試験）とでは，それぞれの対策の仕方や勉強の時間配分をどのようにしましたか？

A 共通テストは科目数が多くて膨大な知識を覚えなくてはならないので，とにかくスキマ時間を使って暗記をしていました。また，二次試験よりもスピードや時間配分が本当に重要になってくるので，演習では時間を計って本番と同じように解くようにしました。二次試験はじっくり考える

系の問題が多くて，一回一回の演習でエネルギーを使うので，スキマ時間は好きな音楽を聴いたりしてリラックスし，演習とその復習に全力で頭を使うように心がけました。　　　　　　　　　　　　（S. S. さん／理工）

　　A　共通テストも個別試験も過去問演習を重視しました。どちらの過去問も夏休み中に時間を計って解きました。すべての問題を解いて傾向を知ることが目的なので，共通テストの過去問は制限時間内に解き切れないこともありましたが，解ける問題はすべて解くようにしました。そして，傾向をつかんで苦手な部分を問題集で補うという勉強をしました。夏休み前までは全科目をまんべんなく勉強し，夏休み中は共通テスト対策の後に個別試験対策をしました。主に秋以降は，共通テスト直前を除いて個別試験の対策がほとんどになりました。　　　　　　　（T. H. さん／理工）

Q どのように学習計画を立て，受験勉強を進めていましたか？

　　A　私は少し予定が詰まっているくらいが好きなので，1日の予定は詰めて立てていました。だいたい達成できませんでしたが，そのぶん学習計画を1週間ごとに立て，日曜日は調整できるように設定していました。また，計画を立てるのは基本的に隙間時間にしていました。そうすることで，無駄にスマホを使わないようにして，常に勉強のことだけを考えられるようにしていました。勉強の区切りは2時間ごとくらいに設定して手帳に書き込んでいましたが，気分によって入れ替えていました。

（K. Y. さん／都市科）

Q 時間をうまく使うためにしていた工夫があれば，教えてください。

　　A　スキマ時間を最大限に活用することです。夏までは部活もあり，勉強にすべての時間を費やすことはできませんでした。そのため，登校時には単語帳を使い，下校時にはアプリでリスニング対策をしていました。また，授業と授業の合間の時間や昼休みにも勉強をしていました。空きコマには教室で話をしたりゲームをしたりしている人もいましたが，私は友達と自習室で勉強をしていました。受験勉強において時間ほど貴重なものはないという意識をもって，時間を最大限有効活用することが大切です。

（T. H. さん／理工）

Q 横浜国立大学を攻略するうえで，特に重要な科目は何ですか？

A 数学がもっとも重要だと思います。数学は物理や化学，英語に比べて配点が大きいです。理系数学は毎年大問1が積分ですが，難問ではないので，ここで完答できるようにしました。最初に完答できれば，それ以降の問題を解くときも精神的に余裕が出てきます。典型問題ばかりなので，コツコツ勉強していたら得点率も上がっていきました。数学がうまくいけば他の教科で多少ミスしてもカバーできます。共通テスト前も毎日1問だけでも積分問題に触れ，感覚を鈍らせないようにしました。

(T. Y. さん／理工)

Q 苦手な科目はどのように克服しましたか？

A 化学が苦手だったので，化学だけは入試直前でも教科書でやるような基礎をずっとやっていました。共通テストや二次試験のレベルと比べると明らかに易しいのですが，そこができていない状態で難しい問題が解けるようになっても，それはただ解答を暗記したことにしかなっていないと思ったので，まずはそこを押さえることを第一に考えました。逆に，基礎をちゃんと押さえておけば，どんな問題にもその場で対応できる力がつくと思います。

(S. S. さん／理工)

A 英語が苦手でした。横国の英語は比較的簡単で，ここを落としてしまうとなかなか厳しい戦いになると思っていました。なので，早い時期から英語の苦手意識をなくすために，音読やシャドーイングを繰り返していました。また，電車でも英単語を1日に合計40分見るようにしていました。その成果もあり，すらすら長文が読めるようになり，結果的に苦手意識は薄れました。苦手だと思うとなかなか上達しないので，苦手意識を取り払うようにしましょう。

(K. Y. さん／都市科)

横浜国立大-理系／合格体験記　31

Q スランプのときはどのように抜け出しましたか？

A メンタルの強さは人それぞれなので，落ち込みやすい人はメンタルの強い人の真似をしようとせず，スランプのときは迷わず受験のことを忘れて休むことが大切だと思います。ゲームをしてもいいし，YouTube を見てもいいし，友達や家族と話してもいいし，どこかに散歩に行ったりするのも全然ありです。ずっと我慢して勉強し続けるよりも効率が良くなると思います。メンタルを回復させるために休むことに関しては，後ろめたさを感じる必要はないです。　　　　　　　　　　　　　（S. S. さん／理工）

Q 模試の上手な活用法を教えてください。

A 解いた問題をそのままにしないことです。私自身は面倒くさがりなところもあるので，模試の自己採点は模試を受けたその日のうちに済ませ，そのあとすぐに復習するようにしました。ここでのポイントは，間違えた問題だけでなく正解した問題も復習することです。自分の解法と模範解答を照らし合わせ，自分の答案に不備がないか，自分では思いつかなかった方針がなかったかなどを確認することで，模試を通じてより多くのことを学べます。また，間違えた問題は，なぜ間違えたのか，あるいは解けなかったのかを文字化すると，復習もしやすいのでおすすめです

（T. H. さん／理工）

Q 併願をするうえで重視したことは何ですか？ また，注意すべき点があれば教えてください。

A 併願する大学はレベル別にバランスよく決めるといいと思います。具体的には挑戦校を 2 校程度，実力相応校を 4 校程度，安全校を 2 校程度受けることです。必ず受かるような安全校を受験することは，入試の手応えをつかみ合格をすることで自信につながり，それ以降の受験での流れをつかみやすくなります。そして，日程を組むときは，受験日を最大でも 2 日連続までにするように注意するといいです。受験は 1 日がかりになり，疲労もたまりやすく，受験をする中で調整をしていく必要もあるので，なるべく受験日が連続しないように日程を組むことをおすすめします。

（T. H. さん／理工）

Q 失敗談や後悔していることを教えてください。

A 共通テストの勉強をしっかりすべきでした。共通テストは決して簡単ではありません。私は直前まで苦手科目の勉強をサボっていたので、共通テスト本番では合格に必要な点数を取ることができませんでした。共通テストだけで合否は決まりませんが、二次試験までの心の余裕がだいぶ変わります。自分に必要な点数から逆算して、いつから勉強すれば間に合うのかを確認し、計画を立て、その通りに勉強すべきでした。また、共通テスト対策ばかりしていると二次試験の力がなくなっていくので、たまには二次試験レベルの問題も解いておくべきでした。　　　　（T.Y.さん／理工）

Q 受験生へアドバイスをお願いします。

A 模試での判定は気にしすぎないでください。私は夏から直前までE判定でしたが、そのぶん勉強をして合格を勝ち取ることができました。E判定ならそれをバネに頑張り、A判定ならお守りとしておくくらいの気持ちでいいと思います。周りの友達に抜かされたり、模試で良くない結果を突きつけられることもあるかもしれません。そんな状況でも諦めずに勉強する受験生が受かると思います。ぜひ後悔のない受験生活を送ってください。楽しい未来が待っているはずです。　　　　（T.Y.さん／理工）

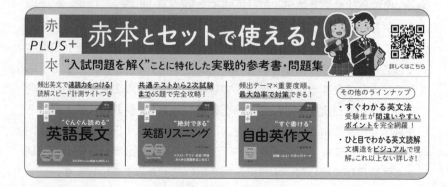

科目別攻略アドバイス

　みごと入試を突破された先輩に，独自の攻略法やおすすめの参考書・問題集を，科目ごとに紹介していただきました。

■■英語

　大問Ⅲの空所補充，大問Ⅳの英作文を着実に解いてから，残った時間を大問Ⅰ，大問Ⅱの長文に費やすのがおすすめです。大問Ⅳのテーマ英作文は，ミスなく書くことがポイントです。基本的に，文法，単語などのミスで減点をする方式だと思われるので，ミスなく正確に書くことができれば，確実な得点源になります。よく使う表現を覚えるなど，十分に対策をしましょう。　　　　　　　　　（T. H. さん／理工）

おすすめ参考書　『やっておきたい英語長文500』（河合出版）

　英作文で失点をしないことです。普段から先生などに添削してもらいましょう。　　　　　　　　　　　　　　　　　　　（T. Y. さん／理工）

おすすめ参考書　『関正生の英語長文ポラリス』（KADOKAWA）

■■数学

　1つ前や2つ前の設問をどう活かすかを考えると，完答できる確率が上がると思います。　　　　　　　　　　　　　　　（S. S. さん／理工）

おすすめ参考書　『理系数学入試の核心 標準編』（Z会）

　大問1の微積の問題を確実に得点にしたいところです。全体的に難度は高いので，入試標準レベルの問題の解き方（主に方針の出し方）を一通り習得することが重要です。　　　　　　　　　（T. H. さん／理工）

おすすめ参考書　『チャート式 基礎からの数学』シリーズ（数研出版）

■■物理

　力学，電磁気学だけでなく，原子物理学からも出題されているので，全分野まんべんなく対策する必要があります。主に空所補充での出題が多いので，誘導にうまく乗れるよう過去問を通じて慣れることも大切です。どの問題も物理の本質的な現象を捉えているかを問うことが多いので，物理を体系的に学習しておくといいです。

(T. H. さん／理工)

おすすめ参考書　『やまぐち健一の わくわく物理探検隊 NEO』シリーズ（技術評論社）

　見たことのある問題をしっかり解ければ受かります。

(T. Y. さん／理工)

おすすめ参考書　『良問の風 物理』（河合出版）

■■化学

　幅広い知識が求められるので，共通テストが終わった後も細かい知識は忘れないようにするといいと思います。　　　(S. S. さん／理工)

おすすめ参考書　『実戦 化学重要問題集 化学基礎・化学』（数研出版）

　理論化学，無機化学，有機化学が毎年大問１題ずつ出題されており，無機化学，有機化学からはかなり細かい知識が問われることもあるので，まずは教科書などを熟読して現象を理解した上で知識をインプットし，演習を通じてアウトプットすることが重要です。

(T. H. さん／理工)

おすすめ参考書　『サイエンスビュー化学総合資料』（実教出版）

Trend
& Steps

傾向と対策

36　横浜国立大-理系／傾向と対策

傾向と対策を読む前に

　科目ごとに問題の「傾向」を分析し，具体的にどのような「対策」をすればよいか紹介しています。まずは出題内容をまとめた分析表を見て，試験の概要を把握しましょう。

■注意

　「傾向と対策」で示している，出題科目・出題範囲・試験時間等については，2023 年度までに実施された入試の内容に基づいています。2024 年度入試の選抜方法については，各大学が発表する学生募集要項を必ずご確認ください。

　また，新型コロナウイルスの感染拡大の状況によっては，募集期間や選抜方法が変更される可能性もあります。各大学のホームページで最新の情報をご確認ください。

■掲載日程・方式・学部について

　2021 年度一般選抜は新型コロナウイルス感染症対策に伴い個別学力検査等が中止された。

英　語

▶前期日程

年度	番号	項目		内　　容
2023	〔1〕	読	解	イラストの完成，内容説明，空所補充
	〔2〕	読	解	内容説明，空所補充
	〔3〕	会 話	文	空所補充
	〔4〕	英 作	文	テーマ英作文（100 語）
2022	〔1〕	読	解	内容説明，空所補充
	〔2〕	読	解	内容説明，内容真偽
	〔3〕	会 話	文	空所補充
	〔4〕	英 作	文	テーマ英作文（100 語）
2020	〔1〕	読	解	内容説明，内容真偽
	〔2〕	読	解	内容説明
	〔3〕	会 話	文	空所補充
	〔4〕	英 作	文	テーマ英作文（100 語）
2019	〔1〕	読	解	内容説明
	〔2〕	読	解	同意表現，内容説明，計算
	〔3〕	会 話	文	空所補充
	〔4〕	英 作	文	テーマ英作文（100 語）

（注）　文系学部と共通問題。

▶読解英文の主題

年度	番号	主　　題
2023	〔1〕	8 の書き方を初めて習った時の体験
	〔2〕	「修理する権利」の目的とその影響
2022	〔1〕	ロボットをよちよち歩きの幼児用の保育所へ送り込む
	〔2〕	机の上に植物を置けば職場のストレスを軽減できる
2020	〔1〕	車の色と交通事故率
	〔2〕	子供が語尾 -er や 's の用法を間違える理由
2019	〔1〕	結婚式に職場の同僚を招待する場合
	〔2〕	不用品や遺品の整理をする業者

38 横浜国立大-理系／傾向と対策

傾　向　語彙レベルの高い読解問題とテーマ英作文に注意
日本語・英語両方の表現力が必要

1 出題形式は？

　例年大問4題で，読解が2題，会話文が1題，英作文が1題という出題。設問文は英語である。ほとんどの問題が記述式で，試験時間は90分。

2 出題内容はどうか？

　〈読解問題〉　英文のテーマは，学問，人間の行動，言語，教育，経済など，多岐にわたる。設問文や語注は英語で与えられており，日本語で解答する内容説明問題が中心である。該当箇所を見つけて，和訳（要約）することで解ける問題がほとんどだが，字数が指定されていないため，解答欄の大きさに合わせて，どの程度まで説明するのが適当か判断しなければならない問題もある。

　〈会話文問題〉　例年，会話文の空所補充問題が出題されている。会話文といっても適切な単語を補充する，文法・語彙問題に近いものとなっている。

　〈英作文問題〉　例年，英文の指示に従って書くテーマ英作文で，友人からのメールへの返事を75～100語で書くという形式。

3 難易度は？

　読解問題の内容説明は，該当箇所が特定できても，どの程度まで詳しく説明するかの判断が難しい。しかし，英文の内容はわかりやすく，一部の語彙レベルは高いものの，全体的な難易度としては標準的といえる。時間配分については，読解問題1題につき20～25分が目安となるだろう。

対　策

1 読解問題

　硬質の評論文・報道文を中心に，さまざまなタイプの英文に意識的にふれるようにしよう。出題される英文の一部の語彙レベルが高いので，語彙・文法・構文を確かなものにしながら，長文にふれる機会を増やしていくというオーソドックスな勉強法が求められており，『英文読解の着

眼点』(駿台文庫),『大学入試 ぐんぐん読める英語長文〔STANDARD〕』(教学社) などがテキストとして適している。文系と共通問題であるが,理系らしい内容の文章も出題されているので,他の国公立大学の問題文などからも,そうしたものを探して読み慣れておこう。できれば英字新聞などで時事的な内容にもなじんでおきたい。記述式の内容説明が中心なので,表現力をつけることも必要である。

2 英作文問題

テーマ英作文が重視されているので,十分な対策を立てておきたい。『[自由英作文編] 英作文のトレーニング』(Z会) などを使って,大学入試でのテーマ英作文のコツを体得し,できるだけシンプルな表現で充実した内容を書くことを目指そう。また,赤本プラス『大学入試 すぐ書ける自由英作文』(教学社) は頻出・重要テーマがカバーされており参考になる。機会があれば,書いたものを英語の先生やネイティブスピーカーに見てもらうことも重要である。また,テーマ英作文の前提として,語彙・熟語,さらには基本例文の暗記といった地道な作業も不可欠である。

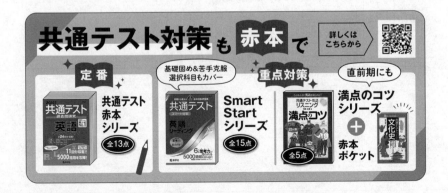

40 横浜国立大-理系／傾向と対策

数　学

▶前期日程

年度	番号	項　　目	内　　　　　容
2023	〔1〕	積　分　法	三角方程式，三角関数の合成・相互関係・2倍角の公式，置換積分法，曲線と直線で囲まれた部分の面積
	〔2〕	確　　率	さいころを投げたときの確率，条件付き確率
	〔3〕	複素数平面	複素数平面上で正三角形の3頂点で表される点，三角形の重心の絶対値の最大値
	〔4〕	極　　限	無理方程式，数学的帰納法，平均値の定理，はさみうちの原理　　　　　　　　　　　　　　　⇨証明
	〔5〕	微分法, 極限	不等式の証明，数列の和，部分分数分解，数列の極限　　　　　　　　　　　　　　　　　　⇨証明
2022	〔1〕	積　分　法	部分積分法，媒介変数表示された曲線と面積
	〔2〕	場 合 の 数	平面上の点の移動の仕方の数
	〔3〕	複素数平面	不等式の表す図形　　　　　　　　　　　　⇨図示
	〔4〕	ベ ク ト ル	内分点のベクトル，重心のベクトル，共線条件，三角形の面積，関数の最小値
	〔5〕	微　分　法	微分，極値の個数，極値の存在　　　　　　⇨証明
2020	〔1〕	微・積 分 法	関数のグラフ，置換積分　　　　　　　　　⇨図示
	〔2〕	複 素 数, 整数の性質	複素数の除法，整数の決定
	〔3〕	確　　率	箱から玉を取り出すときの確率，条件付き確率
	〔4〕	ベ ク ト ル, 積 分 法	空間の直線のベクトル方程式，回転体の体積
	〔5〕	積　分　法	不等式の証明，部分積分法　　　　　　　　⇨証明
2019	〔1〕	積　分　法	余弦定理，区分求積法，置換積分
	〔2〕	ベ ク ト ル	ベクトルの内積，1次独立性
	〔3〕	確　　率	さいころを n 回投げたときの確率
	〔4〕	図形と方程式, 積 分 法	線分の通過領域とその面積　　　　　　　　⇨図示
	〔5〕	微・積 分 法	関数の増減，回転体の体積，部分積分法

横浜国立大-理系／傾向と対策　41

▶後期日程

年度	番号	項　目	内　　容
2023	〔1〕	積　分　法	置換積分，部分積分
	〔2〕	ベクトル	共面条件，平面と直線の垂直，4次関数の最小値
	〔3〕	複素数平面，数　列	複素数の漸化式，周期性，同一円周上にあることの証明　⇨証明・図示
	〔4〕	整数の性質	合同式，方程式の解
	〔5〕	微・積分法	関数の増減・グラフ，曲線と直線で囲まれた部分の面積，置換積分　⇨図示
2022	〔1〕	微・積分法	置換積分法，極値
	〔2〕	確　　率	条件付き確率
	〔3〕	数　　列	関数の漸化式，数学的帰納法，漸化式
	〔4〕	整数の性質，数　列	ペル方程式，数学的帰納法　⇨証明
	〔5〕	数列，極限，積　分　法	合成関数の導関数，不等式の証明，数列の極限　⇨証明
2020	〔1〕	微・積分法	関数の増減，極値，曲線の凹凸，変曲点，三角関数の2倍角・3倍角の公式，置換積分法　⇨図示
	〔2〕	数　　列	数列の和の公式
	〔3〕	確　　率	さいころの確率
	〔4〕	図形と方程式	不等式の表す領域，領域における最大値
	〔5〕	微・積分法	解と係数の関係，関数の微分，最小　⇨証明
2019	〔1〕	微・積分法	関数の増減，極値，曲線の凹凸，曲線と直線に囲まれる部分の面積　⇨図示
	〔2〕	確　　率	さいころを投げたときの反復試行の確率
	〔3〕	三角関数，極　　限	三角比，2倍角の公式，三角関数の極限
	〔4〕	複素数平面	1の7乗根，ド・モアブルの公式
	〔5〕	微・積分法	等比数列の和，微・積分法の応用（不等式の証明）　⇨証明

傾　向　微・積分法が出題の中心

1　出題形式は？

　前期・後期日程ともに大問5題，試験時間は150分である。いずれも全問記述式で，小問に分けて段階的に解かせる問題が多い。また，図示・証明問題もよくみられる。解答用紙は大問1題につきB4判大の用紙が1枚与えられているが，計算量が多いので，簡潔に答案をまとめる必要がある。

42　横浜国立大-理系／傾向と対策

② 出題内容はどうか？

　出題範囲は両日程ともに「数学Ⅰ・Ⅱ・Ⅲ・Ａ・Ｂ（数列，ベクトル）」である。

　出題範囲から幅広く出題されているが，なかでも微・積分法は，出題の半分以上を占めることもあり，微分法と積分法の融合問題を中心に，さまざまなタイプの問題がみられる。また，数列の問題も多く，漸化式，数学的帰納法による証明問題などがみられる。そのほか，ベクトル，確率，複素数平面にも注意が必要。

③ 難易度は？

　標準的な問題が多い。2022 年度後期日程は難化したが，2023 年度は従来の難易度に戻った。かなりの計算量なので，確実な計算力と計算方法の工夫が必要である。大問 1 題を 30 分以内に解くことを目安にしよう。

対　策

① 基礎学力の充実

　まずは基礎となる重要事項を確実に身につけておくこと。教科書や傍用問題集にしっかり取り組み，さらに参考書などで肉づけし，基本事項をその活用の仕方まで含めて，自分なりにノートにまとめておこう。

② 標準的な入試問題集で十分な演習を行う

　入試では限られた時間内に問題を解かなければならない。その際，演習経験の有無は得点を大きく左右する。基礎力がついたら，できるだけ多くの入試問題を解くこと。本書の過去問にも必ずあたっておこう。

③ 融合問題に慣れる

　融合問題が多いので，演習にあたっては特に力を入れたい。その際，基本事項をまとめたノートを活用するとよい。

④ 計算力の養成をはかる

　計算量が多いので，平素の学習から，解答の方針を決めてよしとするのではなく，きちんと最後まで計算するようにしたい。こうした積み重ねがあってはじめて確実な計算力をつけることができる。また，同じ計算をするのでも，ちょっとした要領や工夫で格段に楽になることがある。常に計算全体を眺め，簡便な方法を見つけていくように心がけること。

物　　理

▶前期日程

年度	番号	項	目	内　　容
2023	〔1〕	力	学	おもりをつりさげた糸の張力を向心力とする円運動
	〔2〕	電 磁 気		電源を直流と交流に切り替える LCR 回路
	〔3〕	波	動	風の吹く場所での音源と移動する反射板によって生じるうなり
2022	〔1〕	力	学	円錐形の台上で円運動する物体の運動
	〔2〕	電 磁 気		磁場中を落下するコイルに発生する電流と磁場から受ける力
	〔3〕	波	動	部分的に音速が変わるクインケ管による音の干渉
2020 .	〔1〕	力	学	傾いたシーソーを動かさずに静止あるいは移動する物体
	〔2〕	電 磁 気		球形の導体からなるコンデンサー
	〔3〕	波	動	全反射を使った光ファイバーの原理
2019	〔1〕	力	学	ばねによって初速度を与えられた物体のあらい面上での斜衝突
	〔2〕	電 磁 気		コイルに生じる誘導起電力，変圧器に接続された CR 回路
	〔3〕	原	子	光電管を使った光電効果の実験

▶後期日程

年度	番号	項	目	内　　容
2023	〔1〕	熱 力 学		ピストン間に密閉された気体の状態変化
	〔2〕	電 磁 気, 原 子		電場または磁場からの力で円運動をする光電子
2022	〔1〕	力	学	弾性力による円運動と単振動　　　　　　　　　　⇨描図
	〔2〕	電 磁 気		コイル・コンデンサー・抵抗を含む直流回路
2020	〔1〕	電 磁 気, 熱 力 学		コンデンサー・抵抗・ダイオードを含む直列回路，単原子分子気体の定圧変化
	〔2〕	熱 力 学, 原 子		気体分子の平板への衝突と電磁波による運動量変化　　　　　　　　　　　　　　　　　　　⇨論述
2019	〔1〕	電 磁 気		電源により電流が流れた状態で磁場を垂直に横切る導体棒
	〔2〕	力 学, 熱 力 学		回転するシリンダー内のばねを含む力のつりあいと気体の状態変化

44 横浜国立大-理系／傾向と対策

傾　向　よく工夫された標準的良問
　　　　複雑な文字式・数値に対応できる計算力が必要

1 出題形式は？

　前期日程は，理科2科目150分の試験時間で大問3題。後期日程は，理科2科目120分の試験時間で大問2題。

　例年，問題量に対して試験時間が短めである。空所補充と小問に答える形式である。解答用紙には解答のみを記述する方式なので，計算ミスのない確実な計算力が求められる。論述問題や，グラフの概形を描く描図問題も出題されている。

2 出題内容はどうか？

　出題範囲は両日程ともに「物理基礎・物理」である。

　前期日程は力学と電磁気がほぼ必出であり，残りは年度によって熱力学，波動，原子の分野から出題されている。後期日程も力学と電磁気を中心に出題されているが，2020・2023年度後期日程では力学分野からの出題は大問としてはなかった。ただし，他の分野の中で力学の知識は問われている。また，いずれの日程でも複数の分野にわたる融合問題も出題されているので，偏りなく学習しておく必要がある。

3 難易度は？

　全般的には標準的な問題と言える。工夫を凝らした良問が多く，知識を問うというよりも，物理現象をよく考えさせるような設定がなされている。時間配分の目安としては，大問1題につき，前期日程は25分，後期日程は30分。小問については10問以上あることが多いので，誘導されている内容を正しく理解してから取り組むべきである。再び最初から解き直すといった時間はないだろう。

対　策

1 基礎をしっかりと

　教科書の内容を中心に，全範囲について基本事項を深く理解しておくこと。特に，重要な法則・公式の意味やその導き方を確実に自分のものにしておきたい。発展的な内容も出題されているので，教科書の隅々まで学習しておこう。

横浜国立大-理系／傾向と対策　45

2 豊富な問題演習

　基礎的問題から標準的問題までを繰り返し練習しておくこと。なかでも各分野の代表的・典型的問題は確実にマスターしておいてほしい。

3 考察力の養成

　難問を選んで取り組む必要はないが，限られた時間内に問題文の内容，ポイントをしっかりつかめるようなトレーニングは十分にやっておきたい。そういう意味において，少し難しい問題にチャレンジすることも必要であろう。

4 確実な計算力を

　解答欄に答えのみを記入する形式では，計算ミスは許されない。公式の確認のような問題もあるが，その結果を問題の最後まで使うことがあるので，注意が必要である。少々複雑な文字式や数値が入っていても，正確な計算ができるように十分なトレーニングを積んでおきたい。数値を使った計算問題もあるので，有効数字や単位についても注意すること。

5 時間配分を考えて

　問題の量に対して試験時間が短めである。できる問題を確実に解いておき，残った時間で難しい問題に取り組むといった，全体を見渡した上での時間配分の工夫が必要である。設問に従って解いていけば解答へつながる問題が多いが，発展的な内容も理解しておけば見通しが立てやすく，時間の短縮にもなるだろう。

化　学

▶前期日程

年度	番号	項 目	内　　　　　容
2023	〔1〕	有機・理論	染料・医薬品，合成樹脂，元素分析　　　　　　　　⇨計算
	〔2〕	無機・理論	金属イオンの沈殿，金属の反応，結晶格子　　　　⇨計算
	〔3〕	理　　論	弱酸の電離平衡，電気分解　　　　　　　　　　　⇨計算
2022	〔1〕	有機・理論	炭化水素，医薬品，合成ゴム，エステルの加水分解　⇨計算
	〔2〕	無機・理論	金・銀・銅の性質，金属の結晶格子，溶解度積，電気分解　⇨計算
	〔3〕	理　　論	気体の法則，理想気体と実在気体，分子と分子結晶，電離平衡，結合エネルギー　　　　　　　　　　⇨計算
2020	〔1〕	有機・理論	アルコール・アルケンの反応，樹脂，天然ゴム，芳香族の反応　　　　　　　　　　　　　　　　　⇨計算
	〔2〕	無機・理論	元素，接触法，硫酸の性質　　　　　　　　　　　⇨計算
	〔3〕	理　　論	気体分子の運動エネルギーの分布，化学平衡と平衡移動，濃度平衡定数と圧平衡定数，アレニウスプロットと活性化エネルギー　　　　　　　　　　　　　⇨計算・描図
2019	〔1〕	有機・理論	アルケンの付加反応，芳香族化合物の反応，タンパク質，酵素　　　　　　　　　　　　　　　　　⇨計算
	〔2〕	理　　論	水の特性と三態，固体の溶解度，希薄溶液の性質，反応速度と平衡　　　　　　　　　　　　　　　⇨計算
	〔3〕	無機・理論	元素，イオン結晶と単位格子，オストワルト法　　⇨計算

▶後期日程

年度	番号	項 目	内　　　　　容
2023	〔1〕	無機・理論	分子の極性，希薄溶液の性質，コロイド，ヘスの法則，アルミニウム・鉄の性質，理想気体と実在気体　⇨計算
	〔2〕	有機・理論	糖類，C_4H_8 のアルケンの構造決定，油脂・セッケン　⇨計算
2022	〔1〕	無機・理論	銅・亜鉛の性質，水和物，合金，金属の結晶格子　⇨計算・描図
	〔2〕	有機・理論	脂肪族化合物，フェノールの製法と反応，蒸留，有機化合物の用途　　　　　　　　　　　　　　　⇨計算
2020	〔1〕	理　　論	結晶格子，溶解度積，結合エネルギー，凝固点降下，蒸気圧　　　　　　　　　　　　　　　　　　　⇨計算
	〔2〕	有機・理論	アセチレンの反応と性質，アニリンの製法と反応，油脂　⇨計算

2019	〔1〕	無機・理論	銅・アルミニウム・銀の性質，熱化学方程式，電気分解，溶解度積，金属イオンの系統分離　⇨計算
	〔2〕	有機・理論	合成樹脂，有機化合物の反応と性質，リサイクル　⇨計算

傾　向　標準問題の中に理解力をみる応用問題を含む
反応速度や化学平衡が頻出

1　出題形式は？

　前期日程は大問3題の出題で，試験時間は理科2科目150分。後期日程は大問2題の出題で，試験時間は理科2科目120分。

　いずれの日程も，記述・計算問題を中心に，選択・描図問題などもみられる。計算問題では，途中の計算式を書かせることはないが，最終結果の数値については，有効数字の指定がある場合が多い。

2　出題内容はどうか？

　出題範囲は両日程ともに「化学基礎・化学」である。

　前期日程は〔1〕で有機と理論，〔2〕〔3〕で無機と理論について問われる構成となっており，後期日程は〔1〕で無機と理論，〔2〕で有機と理論について問われる構成となっている。

　両日程ともに，「化学基礎」に比べて「化学」からの出題が多い。無機や有機の大問にも，反応量計算や元素分析など理論を含む設問が出題されるため，理論の割合が大きい。

3　難易度は？

　計算問題や思考力を試す問題がよく出されている。また，一部に応用力を試す標準以上の問題も出されており，公式一辺倒の学習では歯が立たない。計算問題では，物理や数学の力も要求されることがあるので，レベルの高い問題集にもあたっておきたい。また，前期日程2科目150分，後期日程2科目120分と，分量に対して試験時間が短いので，時間が不足するおそれがある。易しい設問から確実に答えていくなど，時間配分に注意しなければならない。大問1題につき前期日程は25分，後期日程は30分が目安となるだろう。

対　策

1　理　論

　出題の中心であり，どの分野からも偏りなく出題されているので，苦手分野が残らないよう，計画を立てて学習を進めておきたい。「化学」の出題率が高いため，1つの単元を発展的な内容まで掘り下げるよりも，すべての単元にわたって基本から標準レベルの問題演習を行うことが合格への近道となるだろう。

2　有　機

　前期日程，後期日程ともに必ず1題は出題されている。高分子を含めて，有機の全分野から出題されるが，特に基本的な化合物の性質や合成法は必ず覚えておくこと。また，元素分析の結果は続く設問でも利用することが多く，間違えると大きな失点となる。確実にマスターしておかなければならない。脂肪族では，エチレン，アセチレン，エタノール，芳香族では，フェノール，アニリン，サリチル酸などについて，これらの物質の合成や，誘導される各化合物の反応系統図を自分で作成し，物質の名称や構造式，性質，反応名，触媒などを書き込むと，出題の流れに沿った学習ができる。

3　無　機

　理論や有機よりも出題数は少ないが，ほぼ毎年出題されている。性質の似た元素をまとめて，単体や化合物の性質を覚えていこう。周期表と関連づけて，同族元素の類似性や結合の分類を理解すると効率的である。気体の製法，沈殿生成反応，錯イオン形成反応，金属と酸の反応については，化学反応式を書けるよう練習しておきたい。暗記が中心となるので，表やカードにまとめることも効果的である。

4　過去問演習で実力を伸ばそう

　基本的な問題が解けるようになれば，時間配分を意識して過去問演習を行おう。例年，同形式・同傾向の問題が出題されているので，特徴を把握したり，合格への目標を設定したりするなど，得られるものが大きい。計算問題では，問題演習を通じて，立式と過程の記述，有効数字を意識した解答を練習しておくこと。

横浜国立大-理系／傾向と対策　49

生　物

▶前期日程

年度	番号	項　目	内　　　　　容
2023	〔1〕	遺 伝 情 報	遺伝暗号の解読，タンパク質の合成・輸送（150字）⇨論述
	〔2〕	体 内 環 境	体液濃度の調節，血糖値，排出，尿生成，酸素解離曲線⇨計算
	〔3〕	生　　　態，進化・系統	暖温帯のバイオームと多様性，分子系統樹（100・200字）⇨論述・描図
	〔4〕	生　　　態	相互作用，生態系の食物連鎖，水質の富栄養化（50・200字）⇨計算・論述
2022	〔1〕	細　　　胞，遺 伝 情 報	細胞の構造，突然変異とミトコンドリア DNA（50字2問，60・120字）⇨論述
	〔2〕	生殖・発生	カエルの形態形成と誘導（70字，100字2問）⇨論述
	〔3〕	生　　　態	生態系のエネルギー効率，生態系多様性（80・160字）⇨論述・計算
	〔4〕	進化・系統	生物の進化と系統
2020	〔1〕	遺 伝 情 報	DNA の複製，PCR 法，人工的なプロモーター配列の作成（12字，40字3問）⇨論述・計算
	〔2〕	動物の反応，体 内 環 境	刺激の受容と反応，ホルモンと内分泌腺（35字）⇨論述
	〔3〕	生　　　態	森林を構成する樹木の特徴と環境の違い（240字）⇨論述
	〔4〕	進化・系統	動物の分類と系統，生物の進化と変遷（80字）⇨論述
2019	〔1〕	生態，代謝	遷移の初期に見られる生物の代謝と環境形成作用（10字）⇨論述
	〔2〕	生態，代謝	生態系の成り立ちと生態系における物質生産⇨計算
	〔3〕	植物の反応，遺 伝 情 報	植物の環境応答と植物ホルモン，植物への遺伝子導入（40・80字）⇨論述
	〔4〕	植物の反応，生　　　態	生物の環境応答，里山における生物学的季節の移行（30字，40字2問）⇨論述

傾　向　　生態分野は頻出
理解度と考察力を問う論述問題がポイント

1　出題形式は？

　大問数は4題，試験時間は理科2科目150分である。解答形式は記述式が中心で，論述問題や計算問題も出題される。2023年度は描図問題も出題されたのが目新しい。論述問題はすべて字数制限があるもので，

50　横浜国立大-理系／傾向と対策

80字以下の比較的短いものと100字以上のやや長めのものが両方出題
されている。

2　出題内容はどうか？

出題範囲は「生物基礎・生物」である。

生態からの出題が毎年みられ，遺伝情報，進化・系統からもよく出題
されている。関連する他の分野の知識も併せて問われる問題が多く，幅
広い分野の内容を含む出題である。

3　難易度は？

全体的には教科書に準じた標準レベルの問題が多い。用語の空所補充
問題では一部にやや細かい知識を問うものが含まれる。論述問題では，
現象を説明する基本的なもの，理由や仕組みを問うもの，実験考察型の
ものなどが出題されており，知識，理解，思考力，論述力が総合的に問
われる。全体的な難易度はやや高めの標準レベルである。大問4題では，
1題あたり15〜20分程度なので，時間配分を考え，時間のかかる問題
に多く時間をまわせるようにしたい。

対　策

■　まんべんなく正確な知識を身につけよう

主に空所補充の形で用語の記述問題が多数出題されており，全分野に
わたって，正確な知識が必要となる。穴のない学習をしておかないと意
外にミスしやすく，ここで高得点を取れるかどうかは大きなポイントと
なる。第一に，教科書をしっかりと読み込み，注や図，表の説明文，参
考や発展として扱われている事項も見落とさないように丁寧に学習して
おこう。さらに，必要に応じて図説を参照し，標準レベルの問題集で，
知識の定着を確認する。単に「覚える」「知る」ではなく，さまざまな
生命現象の仕組みや意義について「理解する」，キーワードを過不足な
く用いて「説明できる」というレベルまで学習することが大切である。

■　読解力を養う

限られた時間の中で問題文を読み，すばやく解答するには，①その内
容に関する知識が自分の中にあるか，②似た内容について考えた経験が
あるか，の2点が大きく影響する。そのため，教科書の学習だけでなく，

関連する分野の本を読んだり，ニュースなどで取り上げられる自然科学の話題に触れたりすることも役立つだろう。また，入試問題には新しいテーマを扱ったものも多いので，他の国公立大学の二次試験の問題などに取り組むのも有効である。

3 論述問題対策

論述問題は数多く出題されており，万全の対策を立てておく必要がある。わかっている，知っていると思っていたことでも，実際に書いてみると意味の通らない文章になるということは意外に多い。頻出項目については，説明のポイントになることを箇条書きにして整理する習慣をつけておくと，字数に合わせて書く力がつくだろう。過去問や論述問題が多い問題集を使って自分で答案を作成し，先生などに添削してもらおう。手間はかかるが，地道な学習が論述力を向上させる近道である。

52 横浜国立大-理系／傾向と対策

地 学

▶前期日程

年度	番号	項 目	内 容
2023	〔1〕	宇宙・地球	太陽の構造と活動 ⇨計算・論述
	〔2〕	地質・地史	地層と地質調査, 示準化石 ⇨論述
	〔3〕	大 気	大気の安定性, 台風, 雲 ⇨論述
2022	〔1〕	地球・岩石	地球内部構造, 火成岩 ⇨論述
	〔2〕	地質・地史	堆積岩, 地質図, 地層の形成と重なり, 化石 ⇨論述
	〔3〕	大 気	大気の構造, 雲, 温帯低気圧, 天気図 (30字, 60字2問) ⇨論述・計算
2020	〔1〕	地球・岩石	島弧―海溝系, マグマの発生, 遠洋性堆積物 (80字2問) ⇨論述
	〔2〕	大気・海洋	水循環, 熱収支, 風化, 海水中の炭素の除去 (80字2問) ⇨計算・論述
	〔3〕	地質・地史	地質断面図の作成, 地質時代 (80字) ⇨描図・論述
2019	〔1〕	地球・岩石	地球の構造, ホットスポットとプレート運動, 放射性年代, 海底地形 (60字) ⇨計算・論述
	〔2〕	地質・地史	スカンディナヴィア半島の地質と地理 (50字, 70字2問, 100字) ⇨論述・計算
	〔3〕	海 洋	海洋の構造, 海水の水温と塩分の分布 (20字2問, 40・50・80字) ⇨論述

傾 向　基本事項中心の出題
幅広い分野から問われる

1 出題形式は？

　例年, 大問3題で試験時間は理科2科目150分。選択・記述・論述・計算・描図などの形式がみられ, 論述問題は例年, 20〜100字の字数制限で出題されていたが, 2023年度はすべて字数制限のないものになった。

2 出題内容はどうか？

　出題範囲は「地学基礎・地学」である。

　宇宙, 地質・地史, 地球, 岩石, 大気, 海洋と幅広く出題されている。教科書に載っている基本的な知識や用語の理解を問う出題が多いが, 地

質図やグラフの読図問題，地質断面図に関する問題も出題されている。

3 難易度は？

　出題分野ごとに基本的な事項を問う問題が多い。論述問題は地学用語や事象の理解を問う内容のものが多く，計算問題や地質図などの読図問題も標準的なものである。全体的な難易度は標準であり，試験時間内で十分解けると考えられる。

対　策

1 基礎知識の充実

　教科書の基本事項（地学用語，図，グラフなど）の理解を確実にすることがまず重要である。分野の偏りなく出題されているので，教科書全体をよく読んでおこう。教科書の例題にしっかりと取り組んでおくほか，問題集も使って各単元の知識に抜けがないように確認しておきたい。加えて，細かい知識であっても教科書の図中に示されているようなものや，示準化石の生物分類や地理と関連する分野といった周辺知識なども押さえておくと，なおよい。用語は，その説明と写真やイラストを用いた図を併せて視覚的にも印象づけておくと，論述問題や読図問題の対策にもなる。

2 論述・計算・読図・描図問題対策

　論述問題への対策で最も重要なのは，要点をまとめて説明する練習を繰り返しておくことである。教科書で説明されている用語や事象について，読んで理解するだけでなく，整理して説明できるようにしておこう。他大学の過去問の論述問題も使って練習しておくとよい。

　計算問題は，まず教科書の例題を丹念に解くこと。重要な公式については，暗記するだけでなく，教科書レベルでよいのでその導出過程についても理解し，書けるようにしておきたい。その上で，具体的な数値を当てはめ，電卓を使用せずに解く練習をしておこう。

　地質図などの読図や描図問題は，見るだけでなく，実際に手を動かして作図しながら理解することを心がけよう。地質図からの地史の解読も含め，教科書や他大学の過去問，問題集を利用し，なるべく多くのパターンの問題に触れておきたい。グラフなどについては，自分でも描いて

みるほか，そのグラフの要素や特徴を説明する練習をしておくと，読図だけでなく論述の対策にもなる。

なお，地学だけでなく他分野の知識が求められる問題も出題されているので，科学番組や読書を通じて幅広い知識を身につけておくとよい。

横浜国立大-理系／傾向と対策　55

小論文

▶都市科（環境リスク共生）学部：後期日程

年度	内　　　　　　容
2023	今後の人間社会と AI の関係について 意見論述（400 字 2 問）
2022	環境保護に配慮した開発 内容説明（100 字），意見論述（300・600 字）
2020	一般消費者と食品安全専門家の認識の相違　　　　　　　＜グラフ＞ 意見論述（400・600 字）
2019	リスク社会論の課題 要約（400 字），意見論述（800 字）

傾　　向　　文理融合の総合的な知識と論理的思考力が問われる

1 出題形式は？

2019・2022 年度は文章がやや長めのもの，2020 年度はグラフを読み取って答えるものであったが，2023 年度は短い文章を読んで設問に答える形式であった。2019 年度は要約 1 問と意見論述 1 問で総字数は 1,200 字，2020 年度は意見論述 2 問で総字数 1,000 字，2022 年度は内容説明 1 問と意見論述 2 問で総字数は 1,000 字，2023 年度は意見論述 2 問で総字数は 800 字であった。試験時間は 90 分。

2 出題内容はどうか？

2019 年度は，社会学者のやや長めの文章で，リスク社会論をテーマに，筆者の主張の要約問題と，筆者の主張に対する意見論述問題であった。2020 年度は，日本の現代の食生活等におけるリスク認識の調査グラフを読み取り，一般消費者と食品安全の専門家の間でみられる認識の相違が発生する原因と対応策について意見を述べる問題であった。2022 年度は，経済学者のやや長めの文章で，環境と都市開発をテーマに，筆者の考えの内容説明と，都市開発のあり方や問題点についての意見論述問題であった。2023 年度は，AI に関する説明文をヒントにして，人間

社会と AI の関係を論じる問題であった。

③ 難易度は？

論述字数が 90 分で 800 〜 1,200 字とやや多い。問題を分析したうえで，散漫にならないよう自分の意見をまとめるためには，十分に論述の訓練を積むことが必要であり，難易度としてはやや難である。

対　策

■ 論理的構成力を高める

自分の主張のみによって構成された文章は，小論文とは呼べない。論拠となる事実の裏付けがあってこそ，説得力のある小論文となる。説得力のある文章を書くためには，設問文を読んでいきなり書き始めるのではなく，あらかじめ文章の設計図を作っておく必要がある。すなわち，設問文が求めていることは何かを確認してメモし，その答えにあたる文章とその論拠をあらかじめメモ書きして，論拠が主張を裏付けるものとしてふさわしいかをチェックしたうえで答案を作成するのである。

構成を考えずに文章を書き始めると，書き進めるうちに考えが別の方向に流れてしまい，結果的に一貫性を欠いた小論文となってしまいかねない。そのような失敗を避けるため，前述の方法は答案作成の指針として非常に有効なので，対策として何度も繰り返し行っておきたい。

② 自然と社会の関係に関心を持ち，考えを深める

都市科学部環境リスク共生学科は，自然環境および社会環境のリスクに関わる基本原理を理解し，文理融合の総合的な知識により，リスクとの共生を実践し，都市の持続的発展に貢献できる人材の育成を目的としている。したがって，受験生に期待される資質とは，今日の自然や社会の諸問題に対して興味を持ち，それらを複眼的に分析する姿勢である。新聞，テレビのニュース，インターネットなどを活用して，環境リスクについての知識を増やし，一つの視点だけではなくさまざまな立場から問題を検討する姿勢を身につけよう。そして，日頃からそれらの問題に対する自分の意見や考えを持ち，自分の言葉で表現する作業を行っておこう。

2023 年度

問題と解答

横浜国立大-理系前期　　　　　　　　　　　　　2023 年度　問題　*3*

■ 前期日程

問題編

前期日程

問題編

▶試験科目・配点

学 部 等		教 科	科　　　　　　目	配　点
理	機械・材料・海洋系 化 学 ・ 生 命 系 (化学EP・化学応用EP) 数物・電子情報系	外国語	コミュニケーション英語Ⅰ・Ⅱ・Ⅲ，英語表現Ⅰ・Ⅱ	300 点
		数　学	数学Ⅰ・Ⅱ・Ⅲ・A・B	450 点
		理　科	「物理基礎・物理」「化学基礎・化学」	450 点
工	化 学 ・ 生 命 系 （バイオ EP）	外国語	コミュニケーション英語Ⅰ・Ⅱ・Ⅲ，英語表現Ⅰ・Ⅱ	300 点
		数　学	数学Ⅰ・Ⅱ・Ⅲ・A・B	450 点
		理　科	「物理基礎・物理」「化学基礎・化学」「生物基礎・生物」から2科目選択	450 点
都 市 科	建　　築 都　市　基　盤	外国語	コミュニケーション英語Ⅰ・Ⅱ・Ⅲ，英語表現Ⅰ・Ⅱ	300 点
		数　学	数学Ⅰ・Ⅱ・Ⅲ・A・B	450 点
		理　科	「物理基礎・物理」「化学基礎・化学」	450 点
	環 境 リ ス ク 共 生	外国語	コミュニケーション英語Ⅰ・Ⅱ・Ⅲ，英語表現Ⅰ・Ⅱ	300 点
		数　学	数学Ⅰ・Ⅱ・Ⅲ・A・B	450 点
		理　科	「物理基礎・物理」「化学基礎・化学」「生物基礎・生物」「地学基礎・地学」から2科目選択	450 点

▶備　考

「数学B」は「数列，ベクトル」を出題範囲とする。

英語

（90 分）

I. Read the passage below about the children learning how to write numbers at a Catholic school, and answer the questions that follow.

I sat quietly, admiring Sister Mary Jonathum's demonstration on the blackboard of how to write the number eight. It looked even more complicated than the number two, which had confused my hand for the first seventeen tries, yet she effortlessly drew it while explaining precisely how we too could gain the skill.

She insisted that we avoid an hourglass*1 figure and drew one skillfully. "Notice how the pinched middle can hardly hold the top steady. Imagine your head on such a thin neck!"

She warned us against simply drawing two circles, and two lopsided*2 loops took their places, one above the other, on the board. "Look how skinny they are. Who would want doughnuts like these? Not a soul!"

Two seats in front of me, Jimmy Ray Seifert offered a suggestion. "They look like those shiny things on angels' heads."

Sister Mary Jonathum smiled through her patient explanation. "They can't qualify as haloes because no one has two." She tossed the stub*3 of her chalk in a graceful arc. It clanged into the trash can, ten feet away.

She chose a new piece of chalk. "If you follow my instructions precisely, I promise beauty and grace will follow." She turned her back to the class, pulled her right sleeve up to her elbow, and extended her arm so everyone could observe what she wrote. (A)"See how this eight has one little piece where the end doesn't meet it exactly? It's sticking up on one side like a kitten's ear." She added two dots and a short curve below them to the space in the top half of the figure, and then added a long wavy line extending from the side opposite to the ear in the bottom half. "The poor thing needs another ear. Is it lying flat on its head? Or was it lost in some terrible accident?" Her laughter traveled across the room.

Linda Townsend, the girl to my left, had a worried expression.

Sister Mary Jonathum smiled at her. "I'm sure there was no accident. That ear is timid and doesn't want to be seen. Just like mine!" She turned her back to us, pulled up her sleeve again, and erased the kitten.

She then invited us to pick up our pencils and follow her lead by writing our own eight in our tablets[*4].

My pencil was as thick as my breakfast sausage. (B)Yet I could manage the pencil better as a pupil than now, when I have become accustomed to slender mechanical pencils. I opened my tablet to the last page, the only one that had not been filled already. I was confident. I did not even have to bite my tongue in concentration. When I came to the center turning point of the eight, I glanced at the board. Sister was moving her chalk slowly, deliberately, all the while describing the creation of the figure.

She turned, beamed from the interior of her nun's habit[*5], and said, "Everyone, write a page of eights." She moved toward the far side of the room and walked down the aisle between the desks, pausing here and there to lean low and correct, refine, or encourage as needed. One student near the back of the room required a lot of attention.

I finished the entire page of eights. I laid my fat pencil on the desk. I surveyed my effort with satisfaction. It was a good day.

The other students became restless. A murmur began. Sister Mary Jonathum stood up straight and spoke in a gently authoritative voice, undoubtedly unaware of the consequences of her simple request. "Everyone, if you've finished one page, do another." She bent again to help the other student.

Another page? This was my last one. I had been asked to do the impossible. There was only one solution. I burst into tears. Life as I knew it had ended forever. There was no salvation for me.

Sister Mary Jonathum was at my side. "What's wrong?"

(　　　　　i　　　　　)

"You have space between your eights. You can write between them."

(　　　　　ii　　　　　)

"Can anyone give Mark a page?"

(　　　　　iii　　　　　)

Linda Townsend tore one sheet from the abundance in her tablet and handed it to me, gaining my lifelong gratitude with one small gesture.

When I arrived home, my mother handed me a new tablet. "What happened at school today?"

"Nothing."

"Your teacher called me."

"Oh." I took my new tablet to my room and placed it on my desk beside the birdcage.

[Adapted from *Still Life* by Matthew Stramoski]

[*1] hourglass: a device used to measure time in hours by passing sand from one glass bulb through a narrow tube into a lower bulb

[*2] lopsided: having one side lower, smaller, or heavier than the other

[*3] stub: the short remaining part of a cigarette, pencil, etc.

[*4] tablet: pieces of paper for writing fixed together at one end with glue

[*5] habit: a long loose piece of clothing worn by a monk or nun

Questions

1. Read underlined part (A). From the figures on the answer sheet, choose the one closest to the picture Sister Mary Jonathum drew on the blackboard. Then complete it by adding the necessary parts.

〔解答欄〕

横浜国立大-理系前期　　　　　　　　　　　　　　　　　2023 年度　英語　7

2. Explain the content of underlined part (B). **Answer in Japanese**.

3. For blanks (i), (ii) and (iii), choose the most suitable answer among a, b and
　　c below. Each answer may be used only once.
　　　　a. This was the ultimate embarrassment.
　　　　b. I cried my eyes out in despair. "No — more — paper."
　　　　c. I cried even harder.

II.　Read the passage below and answer the questions that follow.

　　　U.S. President Joe Biden signed an executive order[1] requiring tech
companies to let consumers repair their own devices — or use the technician of
their choice — instead of having to use authorized repair technicians. This is
known as 'right to repair.'

　　　The President wants to require large manufacturers — including tech
companies such as Apple, Amazon, Microsoft and Tesla[2] — to make available
to everyone their repair manuals, tools, and components and parts, as well as
proprietary[3] software code that allows components to function. This may even
force manufacturers to rethink how products are made to ensure they're more
durable and more easily repairable.

　　　Biden's executive order is part of a growing recent movement to let
consumers repair their own devices. Since 2019, more than a dozen U.S. states
have introduced new legislation that would force companies to provide
necessary materials for repair.

　　　For proponents, the issue is largely an environmental one. Americans
discard 6.9 million tons of electronic waste per year, which can leak toxic[4]
elements like lead, mercury, and cadmium into landfills, according to a report
by the Public Interest Research Group, a consumer advocacy group
campaigning for the right to repair.

　　　Today's products are made to be manufactured easily but not made to be pulled apart, relying on glue or tiny screws, said Gay Gordon-Byrne, executive director of the Repair Association, a trade group that has pushed for right to repair laws since 2013. "(A)We need products that are more durable and repairable," she said, "as opposed to just shinier and prettier."

Tesla has fought back against previous right to repair (B   ), arguing they threaten data security and cybersecurity. The carmaker also avoided inclusion in Massachusetts's 2012 right to repair legislation covering vehicles, because it didn't have franchised dealerships. In 2020, however, Massachusetts citizens approved a measure[5] to expand the scope of that law, which could force Tesla to comply with provisions[6] to give consumers access to and control of their vehicle mechanical data, including the ability to direct that data to independent repair shops where they have their cars repaired.

Already, Apple, which has been criticized for its lack of repairability, has taken some steps on its own to reduce its contribution to e-waste[7] and to extend consumer access to repairs. It expanded its free, independent repair provider program to more than 200 countries and opened access to genuine parts, tools, repair manuals, and diagnostics[8] for out-of-warranty repairs. Microsoft also improved the battery and hard drive of its third-generation Surface Laptop after a repair company complained that replacing batteries for previous versions was impossible, calling it "a glue-filled monstrosity[9]."

[Adapted from *Fortune*, July 10, 2021. https://fortune.com/2021/07/09/right-to-repair-order-biden-apple-tesla-hacks/]

[1] executive order: an official instruction by the President of the United States

[2] Tesla: an automotive company manufacturing electric vehicles

[3] proprietary: owning or controlling something

[4] toxic: poisonous

[5] measure: an official action for dealing with a problem

[6] provision: a statement within a law that a particular thing must be done

[7] e-waste: thrown away or no longer needed electronic products

*8 diagnostic: a process to discover the cause of a problem in a system or machine

*9 monstrosity: very ugly and very large

Questions

1. Regarding underlined part (A), why are today's products less repairable? **Answer in Japanese.**

2. Which of the following is most suitable for blank (B)?

    initiatives / opponents / independents / centrists

3. According to the passage, what have tech companies already done to protect the right to repair? **Give two examples of specific actions. Answer in Japanese.**

III. **Steve**, a buyer in an office in Yokohama, is talking to his colleague, **Kenji**. Read their conversation and fill in the blanks 1 to 6 with <u>the most appropriate</u> words from the list below.

Steve: Kenji, did you have a good time during Golden Week?

Kenji: Not really. We had planned to make a few daytrips, but my brother-in-law came to stay with us.

Steve: No advance warning?

Kenji: No. He just turned up out of the (1   ).

Steve: That must have been stressful.

Kenji: It was. I mean, generally, he is a nice guy, and the girls regard him as their favorite uncle. To his credit, he did spend a lot of time playing with his (2   ). But he doesn't observe the usual social norms, like contacting us before he comes to visit.

10 2023 年度　英語 　　　　　　　　　　　　　　　横浜国立大-理系前期

Steve: What did your wife say about it?

Kenji: Akiko thinks her little brother can do no (　3　). When she was in high school, she had a few problems fitting in, and he really took care of her. Ever since, she has idolized the guy.

Steve: Did he stay long?

Kenji: Yeah, for five nights. The thing is, on the day he left, he borrowed money from Akiko.

Steve: Oh dear, he sounds like a real handful. Did he promise to pay her back?

Kenji: He did, but the last time he came to visit, I ended up (　4　) him money. He seems to have forgotten all about it. I never told Akiko, and Akiko only told me about the money she gave him this time after he left. On top of that, he said he had a job working for a well-known hotel. I called them, and they told me they let him (　5　) six months ago.

Steve: It sounds like he needs to talk to someone and (　6　) his life out.

Kenji: Yes. I think even Akiko realizes now that he has problems and they need to be dealt with.

1:	gold	silver	blue	green	white
2:	kids	children	nephews	nieces	cousins
3:	good	bad	right	wrong	thing
4:	lending	borrowing	asking	taking	exchanging
5:	work	depart	come	go	stay
6:	fix	sort	mend	heal	speak

横浜国立大-理系前期 2023 年度 英語 *11*

IV. You received this email from your friend in London. Write an email in reply (75-100 words, not including "Hi Jason, Thank you for your email."). **DO NOT** write your name in your answer. **Answer in English.**

Hi _____,

I hope you are fine. This April I will be coming to Japan to live for the next few years. I already have a job and an apartment, and I'm really looking forward to moving to Japan. All my life I've had pets and I would like to have one in Japan as well. I know that Japanese apartments are small, so I wanted to ask you what kind of pet would be good to have in Japan. What do you think would be the best pet for someone living alone to get, and if you could give me three or four reasons why, I would appreciate it.

Jason

Hi Jason,

Thank you for your email.

■数学■

（150分）

1 n を正の整数とする。xy 平面において，以下の 2 つの曲線 C_1，C_2 を考える。

$$C_1 : y = (\cos x)^n \quad \left(0 \leq x \leq \frac{\pi}{2}\right)$$

$$C_2 : y = (\sin x)^n \quad \left(0 \leq x \leq \frac{\pi}{2}\right)$$

次の問いに答えよ。

(1) C_1 と C_2 の交点の座標を求めよ。

(2) $n = 4$ のとき，C_1，C_2 と y 軸で囲まれる部分の面積を求めよ。

(3) $n = 8$ のとき，C_1，C_2 と y 軸で囲まれる部分の面積を求めよ。

2 さいころ A とさいころ B がある。はじめに，さいころ A を 2 回投げ，1 回目に出た目を a_1，2 回目に出た目を a_2 とする。次に，さいころ B を 2 回投げ，1 回目に出た目を b_1，2 回目に出た目を b_2 とする。次の問いに答えよ。

(1) $a_1 \geq b_1 + b_2$ となる確率を求めよ。

(2) $a_1 + a_2 > b_1 + b_2$ となる確率を求めよ。

(3) $a_1 + a_2 > b_1 + b_2$ という条件のもとで，$a_2 = 1$ となる条件付き確率を求めよ。

横浜国立大-理系前期   2023 年度　数学　*13*

3 複素数平面上に 3 点 A(α)，B(β)，C(γ) を頂点とする正三角形 ABC がある。次の問いに答えよ。

(1) $\gamma = (1-v)\alpha + v\beta$（$v$ は複素数）と表すとき，v をすべて求めよ。

(2) 三角形 ABC の重心を G(z) とする。α, β, γ が次の条件 ($*$) をみたしながら動くとき，$|z|$ の最大値を求めよ。

($*$) $\begin{cases} |\alpha| = 1, \quad \beta = \alpha^2, \quad |\gamma| \geqq 1, \\ \alpha \text{ の偏角 } \theta \text{ は } 0 < \theta \leqq \dfrac{\pi}{2} \text{ の範囲にある。} \end{cases}$

4 数列 $\{a_n\}$ は

$$a_1 = 1, \quad a_{n+1} = \sqrt{2 + 7\sqrt{a_n}} \quad (n = 1, 2, 3, \cdots)$$

をみたす。次の問いに答えよ。

(1) $\alpha = \sqrt{2 + 7\sqrt{\alpha}}$ をみたす $\sqrt{2}$ より大きい実数 α がただ 1 つ存在することを示し，α を求めよ。

(2) (1) で求めた α に対して，$a_n < \alpha$ $(n = 1, 2, 3, \cdots)$ を示せ。

(3) 数列 $\{a_n\}$ の極限を調べ，収束する場合はその極限値を求めよ。

14 2023 年度　数学　　　　　　　　　　　　　　　　　　　　横浜国立大-理系前期

5 関数 $f(x) = e^{-x}$ を考える。次の問いに答えよ。

(1) 正の実数 x に対して，以下の不等式を示せ。

$$1 - x < f(x) < 1 - x + \frac{x^2}{2}$$

2 以上の整数 n, N（ただし $N \geqq n$）に対して

$$S_{n,N} = \sum_{k=n}^{N} \frac{1}{k^2 - 1} f\left(\frac{1}{k}\right)$$

とおく。

(2) 2 以上の整数 n, N（ただし $N \geqq n$）に対して，次の不等式を示せ。

$$\frac{1}{n} - \frac{1}{N+1} < S_{n,N} < \left(\frac{1}{n} - \frac{1}{N+1}\right)\left(1 + \frac{1}{2n(n-1)}\right)$$

(3) 各 n に対して，極限値 $\displaystyle\lim_{N \to \infty} S_{n,N}$ は存在し，その極限値を S_n とおく。
S_9 の小数第 3 位まで（小数第 4 位切り捨て）を求めよ。

物理

（2科目：150分）

I 次の文章の (1) ～ (34) に適切な答えを入れよ。 (12) , (13) , (18) では欄内に与えられた選択肢から適切な答えを選ぶこと。他の問題については，どの記号を用いて答えるべきかを文脈から判断し式で答えること。

図のように，重さの無視できる糸の両端に質量 M と m の質点が結び付けられており，その糸が滑らかな水平面の中央にある大きさの無視できる小さな穴を通っている状況を考える。質量 m の質点が平面上にあり，質量 M の質点がぶら下がっているとする。質点 M は鉛直方向のみに運動するものとする。また重力加速度は g とする。

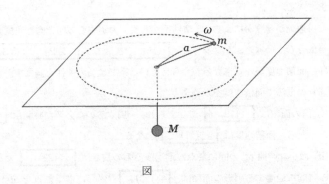

図

問1．まず質点 m が半径 a の円周上を等速運動している場合を考える。

この円運動の角速度 ω はここまでに定義した物理量を用いて (1) と表される。

a, m, g, ω の単位は，国際単位系(SI)の基本単位 m, kg, s を用いて表すと，それぞれ (2) (3) (4) (5) と表される。ただし，ここで

16 2023年度 物理　　　　　　　　　　　　　　　　　　横浜国立大-理系前期

は弧度法による角度は国際単位系(SI)の意味では単位を持たない量（ただの数）として扱うことに注意せよ。

　基本単位としては他の組み合わせを使うこともある。ここではエネルギーJ，光速 c，プランク定数 h を基本単位として使うことを考える。J, c, h の単位は国際単位系(SI)の基本単位 m, kg, s を用いるとこの順番に　(6)　　(7)　　(8)　と表される。したがって，J, c, h を基本単位とする系では例えば質量 m の単位は J/c² となる。同様に a, g, ω の単位はそれぞれ　(9)　　(10)　　(11)　となる。

問2. あらためて半径 a 角速度 ω の円運動を考える。

　この円運動は　(12)　ア：糸の張力，イ：質点 M にかかる重力，ウ：張力と重力　による向心力が働くことによる運動であると慣性系にいる観測者には見える。その力の大きさは　(13)　ア：糸の運動，イ：質点 M の運動，ウ：糸と質点 M の運動　を考えることで　(14)　となることが分かる。一方で，質点 m と共に動く観測者から見る運動は，中心から遠ざかる方向を正の向きに取ると，遠心力　(15)　と向心力　(16)　が働き，その合力　(17)　が 0，すなわち力が働いていない場合の運動であり，したがって初期の運動状態を維持している運動であると解釈できる。

　円運動かどうかによらず，慣性系から見て力が中心方向を向き角度方向に大きさが依存しない場合，ケプラーの　(18)　ア：第 1，イ：第 2，ウ：第 3　法則と同様に面積速度が一定になる。今考えている系ではこの条件を満たす。さて以下の二通りの方法で面積速度を求めよう。

(i) 円の面積は　(19)　で与えられ，一周するのに必要な時間は　(20)　であるから，面積速度は　(21)　となる。

(ii) 微小な時間 δt の間に質点が通過する弧の長さは　(22)　であるから，この時間に通過する扇形の面積は　(23)　となるので，これを δt で割って面積速度は　(21)　となる。

問3. 半径 a_1 で角速度 ω_0 の等速円運動を行っていた質点 m を $t = 0$ で円周方向に加速し，その直後の角速度が $\omega_1 (> \omega_0)$ になったとする。

　質点 m と共に動く観測者から見ると加速された直後には遠心力　(24)　が

働き，これは加速前の遠心力 (25) より大きい。加速前の力の釣り合いを考えると (25) - (26) = 0 であるから，加速直後の合力は (27) となる。これは正の量なので，半径が大きくなる方向の運動が起こることがわかる。

　力学的エネルギーの保存則と面積速度が一定であるという事実を使うと半径に上限があることがわかる。この半径を a_2，そのときの角速度を ω_2 とする。まず，面積速度が一定であることから a_2, ω_2 と a_1, ω_1 の間には (28) という関係が成立する。

　さらに力学的エネルギーが保存するということからもう一つの違う関係も成立する。加速前の力学的エネルギーを運動エネルギー・位置エネルギー共にエネルギーの原点とする（加速前の状態がエネルギーが 0 であるという基準をとる）と，加速直後の力学的エネルギーは (29) である。半径が a_2 になった瞬間の力学的エネルギーは，その運動エネルギーが (30) であり重力による位置エネルギーは (31) であることから， (32) となる。力学的エネルギーが保存することから (29) = (32) という関係が導かれる。

　以上から a_2, ω_2 を加速直後に与えられている量で表そう。 (32) は加速前の力の釣り合いを考えると M を用いないで書くこともできる。さらに，$\delta a = a_2 - a_1$, $\delta \omega = \omega_2 - \omega_1$ とすると (28) を援用して (32) を書き直した式から δa と $\delta \omega$ の関係が (33) のように ω_0, ω_1, a_1 を用いて表すことができる。これを再度 (28) の関係式に代入すると，物理的な条件まで含めることで唯一の解が加速前後の物理量 ω_1, ω_0, a_1 の関数として求まる。それは $\delta a =$ (34) となる。

18 2023 年度 物理   横浜国立大-理系前期

Ⅱ 次の文章の (1) ～ (12) に適切な式を入れよ。 (6) 以外の解
答には，国際単位系 (SI) に基づいた単位を解答欄の[ ]内に併記すること。

起電力 $E_1[\mathrm{V}]$ の直流電源，起電力の実効値 $E_2[\mathrm{V}]$ の交流電源，抵抗値の初期値が
$R_1[\Omega]$ である可変抵抗，抵抗値 $R_2[\Omega]$，$R_3[\Omega]$ の抵抗，電気容量 $C[\mathrm{F}]$ の平行板コン
デンサー，自己インダクタンス $L[\mathrm{H}]$ のコイル，スイッチ S_1 および S_2 から成る図 1
の電気回路を考える。S_1 ははじめ開かれており，S_2 は右側の接点を A と B のいず
れかに切り替えるスイッチである。コンデンサーの極板間は真空であり，極板間距
離は $d[\mathrm{m}]$，真空の誘電率は $\varepsilon_0[\mathrm{F/m}]$ とする。また，交流電源の角周波数は可変で
ある。

問1. S_2 を A 側に閉じ，さらに S_1 を閉じて十分に時間が経過した後，コンデンサ
ーの極板間の電圧は (1) となる。このとき，コンデンサーに蓄えら
れている電荷量は (2) ，静電エネルギーは (3) と表すことが
できる。また，コイルの電磁エネルギーは (4) となる。
  (ア) ここで S_1 を再び開いた場合，振動電流が収束するまでの間に失われる
    ジュール熱は (5) と表される。
  (イ) S_1 を閉じたまま，図 2 に示すように極板間に厚さ $d_0[\mathrm{m}]$，比誘電率 ε_r の
    誘電体を挿入すると，コンデンサーの電気容量は元の (6) 倍と
    なる。このとき，コンデンサーに蓄えられる電荷量を (2) とす
    るためには，可変抵抗の大きさを (7) とすればよい。

問2. S_1 を開き，コンデンサーに挿入した誘電体を取り外し，S_2 を B 側に切り替え
て十分に時間が経過したものとする。抵抗値 $R_3[\Omega]$ の抵抗にかかる電圧と点
D-F 間にかかる電圧のそれぞれの実効値が等しいとき，交流電源の角周波数
は (8) ，交流電源から供給される電流の実効値は (9) となる。
この状態で 1 時間が経過する間に消費される電力量は (10) である。
また，交流電源の角周波数を調整して (11) とすると，交流電源から
供給される電流の実効値は最大となり，その値は (12) となる。

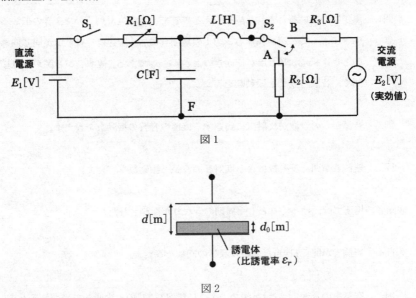

図1

図2

Ⅲ 図1のように観測者,振動数fの音源,音波の反射板が一直線上にならんでいる。観測者と音源は地面に対して静止しており,反射板は速さv_Rで観測者に近づいている。ただし,音源は観測者に対して左にあり,反射板は常に右側にある場合を考える。また速さv_Wの風が地面に対して左向きに吹いている。ただし,無風状態での音速をVとし,$V > v_W + v_R$ とする。

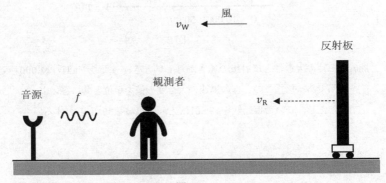

図1

問1. 風が吹いているとき，音波を伝える媒質である空気が動くので，音の伝わる向きによって音速が異なる。図1の観測者に届く音速は，音と風が同じ向きのとき $V+v_W$，音と風が逆向きのとき $V-v_W$ である。観測者が音源から直接聞く，音波の波長と振動数を答えよ。

問2. 音源からの音波が反射板に到達する直前の音波の振動数を答えよ。

問3. 観測者が聞く反射板による反射音の波長と振動数を答えよ。

観測者の場所では，ゆっくりとした周期のうなりが観測された。

問4. 観測者が聞く1秒当たりのうなりの回数を答えよ。

問5. 空気中の音速 V[m/s]が図2のように気温 T[℃]の一次関数で表されるとき，V を変数 T で表せ。

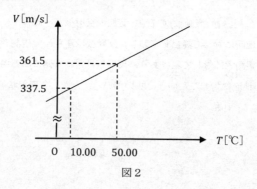

図2

問6. 風速の大きさと反射板の速さが等しいとき，うなりの回数は1.000秒間に1回であった。このときの風速の大きさの値を単位と共に答えよ。
ただし，音源の振動数を49.50Hzとし，気温を30.00℃とする。

横浜国立大-理系前期　　　　　　　　　　　　　　2023 年度　化学　*21*

■■■■化学■■■

（2 科目：150 分）

問題を解くにあたって必要があれば，原子量として，H = 1.0, C = 12.0, N = 14.0, O = 16.0 を，気体定数として 8.31×10^3 Pa·L /(K·mol)，ファラデー定数として 9.65×10^4 C/mol を用いよ。

Ⅰ　以下の問い（問 1，問 2）に答えよ。

なお，構造式については記入例にならって示せ。

記入例：

問 1.　次の文章を読み，以下の設問(1)～(8)に答えよ。

　　太陽光のような無色に感じられる光を白色光といい，物質がこの白色光のうちの特定の光を吸収し，残りの光を散乱あるいは透過すると，ものが色づいて見える。物質がすべての可視光を吸収すると黒色になる。物質を着色するための材料を色素といい，色素は我々が肉眼で見ることができる可視光線（波長およそ 400～800 nm）の一部を吸収し，それ以外の光を散乱あるいは透過して固有の色を示す。私たちは可視光のうち，色素によって吸収されなかった光の色（補色）を見ている。例えば，(i) アイの葉を原料としたインジゴは青色，アカネの根を原料としたアリザリンは赤色の色素であり，このような色素を　(あ)　染料という。19

22 2023 年度　化学　　　　　　　　　　　　　　　　　横浜国立大-理系前期

世紀になると多くの染料が化学的につくられるようになり，主に石油を原料とし
てつくられる染料を　(い)　染料という。中和滴定に用いられるメチルオレ
ンジやメチルレッド，食品添加物に用いられる食用黄色 5 号は代表的な
　(い)　染料で，分子中に　(う)　基をもつ芳香族　(う)　化合物
である。

　(う)　染料の原料の一つである分子量 93 の芳香族化合物 A は水にほとん
ど溶けないが，酸性水溶液には化合物 B となってよく溶ける。化合物 A を硫酸酸
性の二クロム酸カリウム水溶液で十分に酸化すると，水に不溶な黒色物質が生
じ，これは極めて安定な黒色染料として用いられる。化合物 A にさらし粉水溶液
を加えると酸化され，赤紫色を呈する。化合物 A に無水酢酸を作用させると，化
合物 A の　(え)　基が　(お)　化され，　(か)　結合をもつ化合
物 C が生成する。アミノ酸同士の　(き)　によって生成する　(か)　結
合は，特に，　(く)　結合という。化合物 A と　(a)　を氷冷しながら
亜硝酸ナトリウム水溶液を加えると，化合物 D が得られる。化合物 D は低温では
安定に存在するが，温度が上がると分解して窒素を発生し，化合物 E と塩酸を生
じる。さらに，(iii)化合物 D の水溶液に化合物 F の水溶液を加えると，橙色の化合
物 G が生成する。化合物 F は化合物 E が水酸化ナトリウム水溶液と反応すると生
じる。(iv)化合物 E に混酸を加えて反応させると　(け)　化されて，3 つの
　(け)　基をもつ化合物 H を生じる。化合物 F に高温・高圧の下で二酸化炭
素を反応させて得られる化合物 I は　(b)　を作用させると，(v)塩化鉄(III)水
溶液によって赤紫色を呈する化合物 J を生じる。化合物 J にメタノールと少量の
　(c)　（触媒）を作用させ，加熱すると，　(こ)　化が起こり，消炎鎮
痛剤として用いられる化合物 K が得られる。

(1) 文中の空欄　(あ)　～　(こ)　にあてはまる適切な語句を，以下の
　　語群から一つ選び，記号で答えよ。

(A) 天然	(B) 人工	(C) アゾ	(D) 有機	(E) アセチル
(F) カルボキシ	(G) 重合	(H) アミノ	(I) 脱水縮合	(J) 染色
(K) エステル	(L) 合成	(M) アミド	(N) アルデヒド	(O) 付加
(P) ヒドロキシ	(Q) 工業	(R) カルボニル	(S) ペプチド	(T) ニトロ

(2) 文中の空欄 (a) , (b) , (c) にあてはまる適切な語句の組み合わせを，表1から一つ選び，番号で答えよ。

表1

番号	(a)	(b)	(c)
①	濃硫酸	希塩酸	希塩酸
②	希塩酸	濃硫酸	濃硫酸
③	希塩酸	希塩酸	希硫酸
④	濃硫酸	希硫酸	希塩酸
⑤	希塩酸	希硫酸	濃硫酸
⑥	希塩酸	希塩酸	希塩酸
⑦	希硫酸	濃硫酸	希硫酸

(3) 下線部(i)に関して，アリザリンのような赤い色素は490〜510 nmの青緑色の光を主に吸収するため，12色相環（図1）から，補色である赤色に見える。インジゴのような青い色素が主に吸収する光の波長範囲として最適なものを以下の①〜⑤の中から一つ選び，番号で答えよ。

① 400 〜 430 nm 紫色光
② 430 〜 490 nm 青色光
③ 510 〜 530 nm 緑色光
④ 560 〜 590 nm 黄色光
⑤ 610 〜 730 nm 赤色光

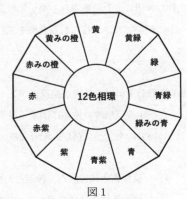

図1

(4) 化合物Aの構造式を，記入例にならって示せ。

24 2023 年度　化学　　　　　　　　　　　　　　　　　　　　　　横浜国立大-理系前期

(5) 下線部(ⅱ)に関して，水に不溶な黒色物質の名称を記せ。

(6) 下線部(ⅲ)に関して，0.500 mol/L の化合物 D の水溶液 10.0 mL に 0.300 mol/L
の化合物 F の水溶液 20.0 mL を加えた。完全に反応が進行した場合，理論上得
られる化合物 G の質量[g]を計算し，有効数字 2 桁で求めよ。

(7) 下線部(ⅳ)の反応に関して，化合物 E と化合物 H の構造式を，記入例にならっ
て示せ。

(8) 下線(ⅴ)に関して，化合物 A から化合物 K（化合物 J を除く）の中で，同様の
呈色反応（青紫～赤紫）を示すものをすべて選び，記号 A～K で答えよ。

問2.　次の文章を読み，以下の設問(1)～(5)に答えよ。

　プラスチック（合成樹脂）は一般に安定であり自然界では分解されにくい。2030
年に SDGs（持続可能な開発目標）の達成に向けて，私たちの生活に身近なプラス
チックの廃棄と再利用は課題の一つとなっている。回収が難しく自然界に廃棄さ
れる恐れのあるプラスチック製品には，土壌や水中の微生物によって分解される
生分解性高分子（生分解性樹脂）が，外科手術用の縫合糸には，体内の酵素や微
生物の作用により分解される生分解性高分子が使われている。生分解性高分子の
一つにデンプンから得られる乳酸を原料としたポリ乳酸がある。

(1) 乳酸分子には，不斉炭素原子がある。不斉炭素原子を 1 つもつと鏡像異性体が
存在する。鏡像異性体に関する説明として，以下の（あ）～（か）の中から正
しいものをすべて選び，記号で答えよ。

（あ）鏡像異性体は融点，沸点や密度が同じである。
（い）鏡像異性体は構造異性体の一種である。
（う）鏡像異性体は味やにおいなどの生理作用が同じである。
（え）鏡像異性体は反応性などの化学的性質が同じで，幾何異性体である。

横浜国立大-理系前期　　　　　　　　　　　　　　　　　2023 年度　化学　25

　　（お）鏡像異性体は一方の鏡像異性体のみを選択的に合成することができる。

　　（か）鏡像異性体は立体異性体であり，光（偏光）に対する性質が異なる。

(2) 乳酸の縮合重合により得られる低分子量のポリ乳酸の繰り返し単位の構造式を，記入例にならって示せ。

(3) 平均分子量 1.8×10^5 の高分子量のポリ乳酸 1 分子の平均重合度はいくつか。有効数字 2 桁で求めよ。

(4) 縮合重合で得られる合成高分子の原料 A および原料 B について次の実験を行った。炭素，水素，窒素からなる分子量 120 前後の原料 A 116.0 mg を酸素中において完全燃焼させたところ，水 144.0 mg と二酸化炭素 264.0 mg が得られた。また，炭素，水素，酸素からなる分子量 200 前後の原料 B 101.0 mg を酸素中において完全燃焼させたところ，水 81.0 mg と二酸化炭素 220.0 mg が得られた。原料 A および原料 B の分子式を求めよ。

(5) (4)で求めた原料 A および原料 B の構造について調べると，原料 A は不飽和結合をもたない 2 価の直鎖状脂肪族アミン，原料 B は 2 価の直鎖状飽和カルボン酸であった。この原料 A と原料 B の縮合重合により得られる合成高分子の分子量は 9.87×10^4 であった。この合成高分子 1 分子の生成にともない生じる水分子の数を整数で求めよ。

26 2023 年度　化学 横浜国立大-理系前期

Ⅱ 次の文章を読み，以下の問い（問 1〜問 8）に答えよ。

　　金属の物理的，機械的，化学的性質は多様であり，古くから人類はそれぞれの金属の性質に応じた利用法を開発してきた。以下に 5 つの金属元素の性質を述べる。

　　 (a) 　の原子は 2 個の価電子をもち，酸化数が+1，+2 の化合物をつくる。単体の融点は 234 K である。この元素の 2 価の陽イオンの水溶液に硫化水素を通 (i) じると　 (ア) 　色沈殿が生じる。この沈殿を加熱，昇華させると　 (イ) 　色に変化する。この粉末は，歴史的には塗料や色素として用いられた。かつてはさまざまな応用分野で利用されたが，現在では人体や環境に対する毒性が問題とされ，新たには使用されなくなっている。

　　 (b) 　の単体は銀白色のやわらかい金属である。2 価の陽イオンになりやすい。希塩酸とも，水酸化ナトリウム水溶液とも反応して水素を発生して溶解する。 (ii) この金属は黄銅の材料になる。

　　 (c) 　の原子は 3 個の価電子をもち，3 価の陽イオンになりやすい。地殻中に存在する金属元素としては，質量比で最も多い。工業的には，鉱石を純度の高い酸化物に精製し，添加物とともに高温に熱し，液体の状態で電気分解を行い，金属 (iii) を得る。この金属の粉末を酸化鉄(Ⅲ)と混合して適当な方法で点火すると非常に (iv) 大きな反応熱が発生し，鉄が生じる。

　　 (d) 　は常温大気中では表面が酸化されて暗灰色になるやわらかい金属である。元素としては，質量数が非常に大きな安定同位体から構成されている。化 (v) 合物中では通常 2 価の陽イオンとなる。水に溶解している 2 価の陽イオンがクロム酸イオンと反応すると　 (ウ) 　色の沈殿が生じる。

　　 (e) 　は 2 価の陽イオンになりやすい。その溶液は黄緑色の炎色反応を示す。炭酸塩は水に不溶であるが，水酸化物は水に溶け，塩基性を示す。その水溶液に希硫酸を加えると　 (エ) 　色沈殿を生じる。

問1. 文中の　 (a) 　〜　 (e) 　にあてはまる最も適切な元素を元素記号で答えよ。同じ元素記号は一か所にしか入らない。

問2. 文中の　 (ア) 　〜　 (エ) 　にあてはまる最も適切な色をそれぞれ漢字1 文字で答えよ。

問3. 下線部(i)の化学反応を反応式で表せ。気体，沈殿が生じる場合，それぞれ↑，↓を物質を表す化学式の右側に付記すること。

問4. 下線部(ii)に関して，それぞれの化学反応を反応式で表せ。気体，沈殿が生じる場合，それぞれ↑，↓を物質を表す化学式の右側に付記すること。

問5. 下線部(iii)に関して，このような電気分解は一般に何と呼ばれるか。漢字5文字で答えよ。

問6. 下線部(iv)に関して，この元素の単体金属の強い還元性を利用して，金属酸化物を還元する方法を一般に何というか。

問7. 以下の①～⑤の文は， (d) 単体の金属または酸化物の用途に関する記述である。この中から下線部(v)の特徴に最も深く関係する記述を一つ選び，番号で答えよ。

① この金属はX線の遮蔽材料として用いられてきた。
② この金属は電池の電極として用いられてきた。
③ この金属は練り歯磨き粉の容器として用いられていた。
④ この金属で製造された水道管はかつて広く設置された。
⑤ この酸化物は，プラスチック製造の際の硬化剤として用いられてきた。

問8. 現実の分析では分析方法によって測定精度が大きく異なる。つまり得られるデータの有効数字は多様となる。それらのデータから目的とする定数や物理量を算出しなければならない。一方，未知試料が何であるかを知るためには，さまざまな元素，物質に関する既知の数値との照合は分析の基本である。これらの二点に気をつけて，以下の問いに答えよ。

(a) ， (b) ， (d) ， (e) のいずれかの単体固体を分析したところ，密度は 3.6 g/cm³，結晶構造は一辺が 5.028×10^{-8} cm の立方体を単位とする体心立方格子からなるという結果が得られた。一方，2価の陽イオンになりやすい金属元素の原子量を一覧表で調べると，下記の数値①～⑯であった。またアボガドロ定数を文献で調べたところ，$N_A = 6.02214076 \times 10^{23}$ /mol

28 2023 年度 化学　　　　　　　　　　　　　　　　横浜国立大-理系前期

と記載されていた。これらの結果から考えられるこの元素の原子量を以下から一つ選び，番号で答えよ。必要であれば，$5.028^2 = 2.528×10$，$5.028^3 = 1.271×10^2$ を用いよ。

①	9.0121831	②	24.304	③	40.078	④	54.938043
⑤	55.845	⑥	58.933194	⑦	58.6934	⑧	63.546
⑨	65.38	⑩	87.62	⑪	106.42	⑫	112.414
⑬	118.710	⑭	137.327	⑮	200.592	⑯	207.2

Ⅲ　以下の問い（問 1〜問 2）に答えよ。

問 1.　次の文章を読み，以下の設問(1)〜(3)に答えよ。

　　1 価の弱酸HAは水溶液中でその一部が電離して次のような平衡状態となる。

$$HA \rightleftarrows A^- + H^+ \qquad\qquad ①$$

ここで，A^-とH^+はこの弱酸が電離した際に生じる陰イオンと水素イオンである。この平衡における平衡定数をK_aとおくと，次式が成り立つ。

$$K_a = \frac{[A^-][H^+]}{[HA]} \qquad\qquad ②$$

このK_aは酸の電離定数とよばれ，一定温度では一定の値となる。例えば，25 ℃における酢酸のK_aは$1.76 × 10^{-5}$ mol/Lである。K_aの値は，水素イオン濃度がpHで表されるのと同様に対数値で示される場合が多い。そこで，pK_aを次のように定義する。

$$pK_a = -\log_{10}K_a \qquad\qquad ③$$

pHの定義と③式を用いて②式を書き換えると次式が得られる。

$$pH = pK_a + \log_{10}\frac{[A^-]}{[HA]} \qquad\qquad ④$$

④式は，水溶液中において弱酸HAが関与する平衡状態を調べるのに広く用いることができる。

横浜国立大-理系前期 2023 年度 化学 *29*

(1) 次の文章の （あ） ～ （か） に入る語句の組み合わせとして最も
ふさわしいものを表 2 から選び，(a)～(f)の記号で答えよ。

　　上の文章の①～③式より，弱酸はpK_aが小さいほど，酸としては （あ） こ
とがわかる。さて，あるpHの水溶液にあるpK_aをもつ弱酸HAを少量溶解させる
ことを考える。ただし，この弱酸を溶解させる前の水溶液には，HAもA^-も存在
しないものとする。

　　この水溶液のpHが弱酸のpK_aと等しい場合，この弱酸は半分の量が水溶液中
で電離する。水溶液のpHが弱酸のpK_aより （い） 場合，電離している弱
酸の濃度（[A^-]）は電離していない弱酸の濃度（[HA]）より （う） 。

　　一方，水溶液のpHが弱酸のpK_aより （え） 場合，[A^-]は[HA]より
（お） 。あるpK_aの値をもつ弱酸をできるだけ多く電離させるためには，
できるだけpHの （か） 水溶液を用いるとよい。

表 2

		語　句					
		（あ）	（い）	（う）	（え）	（お）	（か）
記号	(a)	強い	大きい	高い	小さい	低い	小さい
	(b)	弱い	大きい	低い	小さい	高い	大きい
	(c)	弱い	小さい	低い	大きい	高い	小さい
	(d)	強い	小さい	高い	大きい	低い	大きい
	(e)	弱い	大きい	高い	小さい	低い	小さい
	(f)	強い	小さい	低い	大きい	高い	大きい

(2) 電離平衡状態である①式において，電離していない弱酸の濃度と電離した弱
酸の濃度の和に対する電離した弱酸の濃度の比（$\dfrac{[A^-]}{[HA]+[A^-]}$）を電離度という。
25 ℃において，ギ酸（HCOOH）を純水に溶解させたとき，ギ酸の電離度が20%
であった。この水溶液のpHを小数点以下第 2 位を四捨五入して，小数点以下第
1 位までで答えよ。ただし，25 ℃におけるギ酸のpK_aは3.80とする。必要であれ
ば，$\log_{10}2 = 0.30$，$\log_{10}3 = 0.48$，$\log_{10}5 = 0.70$ を用いよ。

(3)　消化器官における物質の吸収は分子が細胞膜を透過して血流に入ることでおこる。疎水性の分子や電荷をもたない分子は，親水性の分子や電荷をもつ分子より細胞膜を透過しやすい。例えば，経口投与した薬は消化器官で電離するものがあるので，そのような薬の吸収は薬のpK_aと消化器官のpHに大きく左右されることがある。

　　解熱鎮痛薬として知られるアスピリン（アセチルサリチル酸）は電離する官能基としてカルボキシ基を1つもつ弱酸で，体内の温度（36℃）におけるpK_aは3.50とする。また，胃の酸性度をpH = 2.00，小腸の酸性度をpH = 5.00とする。これらのpHと等しい2つの水溶液に少量のアスピリンを溶解させて平衡に達したとき，それぞれの水溶液中において，電離していないアスピリンの濃度[HA]と電離したアスピリンの濃度 [A⁻] の和に対する電離していないアスピリンの濃度 [HA] の比（$\frac{[HA]}{[HA]+[A^-]}$）を百分率で答えよ。なお，アスピリンを溶解させる前の水溶液には，HAもA⁻も存在せず，アスピリンの溶解で水溶液のpHは変わらないものとし，水温は36℃とする。答えは小数点以下を四捨五入して整数で示せ。必要であれば，$10^{-1.50} = 0.032$，$10^{1.50} = 32$ を用いよ。

問2. 次の文章を読み，以下の設問(1)〜(5)に答えよ。

電解槽 A に0.010 mol/Lの水酸化ナトリウム水溶液，電解槽 B に x [mol] の硝酸銀を溶解させた0.010 mol/Lの硝酸水溶液をそれぞれ500 mL入れ，2つの電解槽を図2のように並列に接続し，全ての電極に白金を用いて電気分解を行った。電解槽 A および電解槽 B に流れた電気量は，それぞれ Q_1 [C]および Q_2 [C]であった。ここで，$x > 0$，$Q_1 > 0$，$Q_2 > 0$である。なお，電解槽 B の陰極では，イオン化傾向の小さいイオンから順番に還元され，あるイオンの還元反応がすべて終了した後に，次のイオンが還元されるものとする。

この電気分解は室温298 K，圧力 1.01×10^5 Paで行われ，電気分解による水溶液の体積変化は無視できるものとする。また，発生する気体は理想気体とし，電解槽Aと電解槽Bの水溶液には溶けず，その体積は標準状態（温度 273 K, 圧力 1.01×10^5 Pa）に換算して求められたものとする。ファラデー定数はFと表記する。

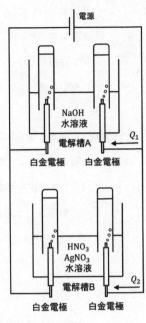

図2

(1) 電解槽 A の陰極と陽極ではそれぞれ次の反応により気体が発生する。次の反応式の (ア) 〜 (カ) に最も適した化学式またはイオン式を答えよ。

(陰極) 2 (ア) + 2e⁻ → (イ) + 2 (ウ)

(陽極) 4 (エ) → (オ) + 2 (カ) + 4e⁻

(2) 電解槽 B に流れた電子の物質量 $\frac{Q_2}{F}$ [mol]は，電解槽 B に溶解させた硝酸銀の物質量 x [mol]より小さかった ($\frac{Q_2}{F} < x$)。また，電解槽 A と電解槽 B に流れた

電気量に $2Q_1 < Q_2$ の関係があった。このとき，電解槽 A の陰極と陽極で発生する気体の体積をそれぞれ V_1 [L]，V_2 [L]，電解槽 B の陰極と陽極で発生する気体の体積をそれぞれ V_3 [L]，V_4 [L] とする。発生した気体の体積 V_1〜V_4 を小さい順に左から並べて答えよ。

(3) 電解槽 B に流れた電子の物質量 $\dfrac{Q_2}{F}$ [mol] は，電解槽 B に溶解させた硝酸銀の物質量 x [mol] より大きかった（$\dfrac{Q_2}{F} > x$）。このとき，電解槽 B の陰極と陽極で発生した気体の物質量をそれぞれ n_c [mol]，n_a [mol] とする。これらの気体の体積と溶解させた硝酸銀の物質量 x [mol] の関係を表すグラフの概略を以下の (a)〜(f) の中から一つ選べ。実線は n_c を，破線は n_a を表す。

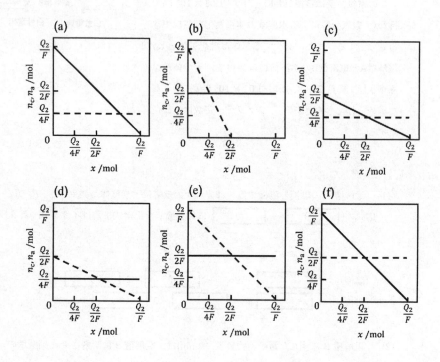

横浜国立大-理系前期 2023 年度 化学 *33*

(4) 電解槽 B に流れた電気量が1.93×10^2 Cであるとき，電解槽 B の陽極で発生した気体の体積は標準状態で何Lか。有効数字 2 桁で答えよ。

(5) 電解槽 B に流れた電気量が6.00×10^3 C，溶解させた硝酸銀の物質量が$x = 0.025$ molであるとき，電解槽 B の水溶液のpHはいくつか。小数点以下第 2 位を四捨五入して，小数点以下第 1 位までで答えよ。ただし，この水溶液は均一に混合されているものとする。

必要であれば，$\log_{10} 2 = 0.30$, $\log_{10} 3 = 0.48$, $\log_{10} 5 = 0.70$を用いよ。

生物

（2科目：150分）

I 次の文章を読み，問い（問1〜問5）に答えよ。

DNA が塩基配列として保持する遺伝情報は，まず(a)mRNA の塩基配列情報に変換され，次に，mRNA は (b) 細胞質に存在するリボソームに結合し，その塩基配列の情報がポリペプチド配列に変換される。さらに，合成されたポリペプチドが折りたたまれて，機能を持つタンパク質となる。すなわち，DNA を構成する塩基の配列情報をもとに，化学的性質の全く異なるアミノ酸の配列情報に変換される。ポリペプチドの合成は，(c) リボソーム上において多段階の反応で進行する。当初，mRNA 上の何個の塩基が1つのアミノ酸を指定するのかが大きな疑問としてあった。生物は原則，　A　種類のアミノ酸を使用して，多種多様なタンパク質を合成する。もし1塩基で1アミノ酸を指定する場合，アミノ酸は　B　種類しか指定できない。さらに，連続する2塩基で1アミノ酸を指定する場合は，　C　種類のアミノ酸を指定できるものの，　A　種類のアミノ酸には及ばない。そこで，連続する3塩基で1アミノ酸を指定する仮説が提唱された。なお，この3塩基の並びはコドンと呼ばれる。その場合，コドンは計算上　D　種類のアミノ酸を指定することができ，生物が使用している　A　種類のアミノ酸の数を超える。その後，(d) 数多くの研究によって，mRNA 上のコドンが1アミノ酸を指定する仮説は正しいことが実験的に証明された。

問1. 問題文中の　A　〜　D　に当てはまる適切な数値を答えよ。

問2. 下線部(a)と(b)の過程は何と呼ばれるか。適切な語句をそれぞれ漢字二文字で答えよ。

問3. 細胞内で合成されたタンパク質の輸送に関する以下の問いに答えよ。
（1）真核細胞の細胞質には，リボソームが付着した小胞体が存在する。その名称を答えよ。
（2）真核細胞において，分泌型のタンパク質はどのような過程を経て細胞外へ分泌されるか。そのタンパク質合成から分泌までの過程を 150 字以内で説明せよ。なお，句読点も字数に含む。

問4．下線部(c)に関して（ア）〜（ク）の中から誤っているものをすべて選び記号で答えよ。さらに，正しいものに関して，ポリペプチド合成の開始から終結までを適切な順序に並び替えて記号で答えよ。

- （ア）　DNAポリメラーゼによってDNAが複製する。
- （イ）　リボソームがmRNA上を3′→5′方向に移動しながらポリペプチド鎖が伸長する。
- （ウ）　リボソームがmRNAの終止コドンに到達すると，ポリペプチドがリボソームから離れる。
- （エ）　スプライシングによって，成熟したmRNAが生成する。
- （オ）　アミノ酸を結合したtRNAがリボソームに結合し，リボソームのはたらきによって，伸長中のポリペプチドの末端にアミノ酸を結合する。
- （カ）　mRNA上の開始コドンに対して，メチオニンと結合したtRNAが結合する。
- （キ）　リボソームの小サブユニットにmRNAが結合する。
- （ク）　リボソームの大サブユニットが小サブユニットに結合し，ペプチドの伸長が可能になる。

問5．下線部(d)に関連する以下の文章を読み，問いに答えよ。

　mRNA上のどのようなコドンが1アミノ酸を指定するのか，という疑問に対して，米国のニーレンバーグやコラーナらが行った実験がある。彼らは，大腸菌からタンパク質合成に必要な成分を含んだ抽出液を調製し，その抽出液に人工的に合成したRNAを添加した。次に，その人工RNAを鋳型として合成されたポリペプチドのアミノ酸配列を解析した。

　次の表は，それら実験結果の一部をまとめたものである。表の結果から，5種類のコドンと，それらが指定するアミノ酸がわかる。AACをアスパラギンのコドンとするとき，他の4種類のコドンとそれぞれに対応するアミノ酸を答えよ。

表　ニーレンバーグとコラーナらの実験結果

	添加した人工RNA	合成されたポリペプチド
実験1	【ウラシルのみで構成された配列】 …UUUUUUUUU…	フェニルアラニンのみからなる配列
実験2	【シトシンとアデニンの繰返し配列】 …CACACACAC…	トレオニンとヒスチジンの繰返し配列
実験3	【シトシンと連続したアデニンの繰返し配列】 …CAACAACAA…	・アスパラギンのみからなる配列 ・グルタミンのみからなる配列 ・トレオニンのみからなる配列 <div align="right">の3種類</div>

36 2023 年度 生物 横浜国立大-理系前期

Ⅱ 次の文章を読み，問い（問 1 ～問 7 ）に答えよ。

　多くの動物では，構成する細胞は体液中に存在し，体外の環境に直接
触れているわけではない。そして，体外環境が変化しても，体液の無機
塩類・酸素・pH などは一定に保たれるしくみがある。特に水生生物は，
体表面が海水や淡水などの体外環境に接しており塩類濃度の影響を受
けやすいため，さまざまな調節機構が備わっている。たとえば，単細胞
生物であるゾウリムシは，細胞が直接外界に接しているが，生息する淡
水よりも細胞内の浸透圧が高いため，細胞膜を通して細胞内に水が浸透
してくる。そこで水を排出するために，ゾウリムシには　　A　　という
細胞小器官が発達している。一方，(a)海水にすむ無脊椎動物の場合は，
体液の塩類濃度は海水とほぼ同じであり，塩類濃度の調節のしくみは発
達していない。塩類濃度の大きく変動する(b)河口域にすむ無脊椎動物や，
(c)川と海を往復する無脊椎動物は，外界の塩類濃度が低下しても体液の
塩類濃度があまり下がらないように調節するしくみが備わっている。ま
た，多くの魚類は硬骨魚類に分類されるが，その体液の塩類濃度は，他
の脊椎動物と同様に海水の 1/3～1/4 の範囲に保たれている。この濃度
範囲は，海水魚と淡水魚においてほぼ同じであるが，生息する外界の塩
類濃度が異なるため，(d)その調節のしくみも大きく異なっている。

　ヒトの体液の調節には，いくつかの臓器が重要な役割を果たしている。
肝臓は他の臓器と異なり動脈だけでなく　　B　　という静脈からも血
液が流れ込む。この静脈血には，消化管で吸収された(e)グルコースやア
ミノ酸などを豊富に含む。体内でタンパク質やアミノ酸が分解されると
有毒な　　C　　が生じるが，肝臓のオルニチン回路で毒性の低い(f)尿素
につくり変えて，腎臓から排出する。腎臓には，尿素や無機塩類を含む
不要な成分を(g)尿として排出するはたらきが備わっている。また，タン
パク質に加え，炭水化物や脂肪が代謝されると老廃物として二酸化炭素
が生じる。二酸化炭素は(h)ヘモグロビンと結合し，肺から体外へ排出さ
れる。

問 1．上記文中の　　A　　～　　C　　にあてはまる適切な語句を答えよ。

問 2．下線部 (a)，(b)，(c) の例として適切な組み合わせを（ア）～（ウ）
のうちから 1 つ選べ。

	(a)	(b)	(c)
（ア）	モクズガニ	ケアシガニ	ガザミ （ワタリガニ）
（イ）	ガザミ （ワタリガニ）	モクズガニ	ケアシガニ
（ウ）	ケアシガニ	ガザミ （ワタリガニ）	モクズガニ

問3．下線部 (d) について，以下の問いに答えよ。

（1）海水魚または淡水魚のエラ，口（くち），腎臓における塩類濃度の調節に関する説明として，最も適切なものをそれぞれ選び，記号で答えよ。

エラ：

（ア）水は侵入し，塩類は取り込まれる。

（イ）水は流出し，塩類は取り込まれる。

（ウ）水は侵入し，塩類は排出される。

（エ）水は流出し，塩類は排出される。

口（くち）：

（ア）水を飲む。

（イ）水を飲まない。

腎臓：

（ア）体液より低濃度の尿を少量つくる。

（イ）体液より低濃度の尿を大量につくる。

（ウ）体液と等濃度の尿を少量つくる。

（エ）体液と等濃度の尿を大量につくる。

（2）サケやウナギは成長過程で生活環境を川から海へ，海から川へと変えるが，どのようにして塩類濃度を維持しているか。次の中から最も適切なものを1つ選び，記号で答えよ。

（ア）エラや腎臓ではなく，塩類濃度の調節のための特殊な器官を備えている。

（イ）エラや腎臓における塩類濃度の調節機能を環境に合わせて切り替えている。

（ウ）体外環境が変化しても，エラや体表から水や塩類が侵入・流出しないようになっている。

38 2023 年度 生物　　　　　　　　　　　　　　　　　　　　横浜国立大-理系前期

（エ）尿素を体内に蓄積することで，塩類濃度を調節している。

問４．下線部 (e) について，以下の問いに答えよ。
（1）血糖値についても一定に保たれるしくみがある。血糖値の調節作用を担っている間脳にある中枢の名称を答えよ。
（2）血糖濃度が低い場合に，副腎髄質，副腎皮質，すい臓ランゲルハンス島から分泌されるホルモンの名称をそれぞれ答えよ。

問５．下線部 (f) について，以下の問いに答えよ。
（1）尿素の化学式を答えよ。
（2）哺乳類はアンモニアを主に尿素に変換して排出するが，他の動物は生活環境によってアンモニアの排出のしかたが異なる。排出のしかたを大きく分けると，（ア）アンモニアのままで排出，（イ）尿素として排出，（ウ）尿酸として排出，の３つがある。硬骨魚類，両生類（成体），は虫類，鳥類，昆虫類について最も適切なものを記号で答えよ。

問６．下線部 (g) について，以下の問いに答えよ。
（1）体液の塩類濃度が上昇すると脳下垂体後葉からホルモンが分泌されて尿量が減少する。このホルモンの名称を答えよ。
（2）健康なヒトの血しょう，ろ過直後の原尿および尿を採取し，それぞれに含まれる成分の濃度（mg/mL）を調べ，表の結果を得た。ただし，イヌリンはろ過されるが，再吸収されない物質である。以下の①〜③に答えよ。

表　健康なヒトの血しょう，原尿，尿の成分濃度（mg/mL）

	イヌリン	タンパク質	グルコース	尿素	クレアチニン
血しょう	0.50	70.0	0.9	0.15	0.009
原尿	0.50	（ア）	（ウ）	0.15	0.009
尿	60.0	（イ）	（エ）	9.0	0.99

① 表中の（ア）〜（エ）に入る数値を答えよ。
② イヌリンの値を用いて１日にろ過された原尿量（L）を求めよ。ただし，尿は１日に 1.5 L 作られるとする。
③ １日の尿素の再吸収量（g）を求めよ。

問7．下線部（h）に関して，酸素濃度（相対値）と酸素と結合したヘモグロビン（酸素ヘモグロビン）の割合（％）を調べたところ，図のような結果を得た。以下の問いに答えよ。

（1）曲線AとBは，それぞれ肺胞または組織における酸素解離曲線である。肺胞における酸素解離曲線を記号で答えよ。

（2）肺胞における酸素濃度を100，組織における酸素濃度を30とすると，肺胞において酸素と結合したヘモグロビンの何％が組織において酸素を放出するか答えよ。答えは整数値で書け。

（3）ヘモグロビンと酸素の結合のしやすさは，pHや温度によっても変化する。pHまたは温度のみを上昇させた場合に，図の曲線は右または左のどちらに変化するかそれぞれ答えよ。

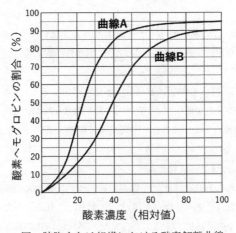

図　肺胞または組織における酸素解離曲線

40 2023 年度 生物 横浜国立大-理系前期

III 次の①，②の文章を読み，問い（問1〜問3）に答えよ。

　① 本学のキャンパスは緑が多い。直径が1メートル近くもあるクスノキをはじめ，スダジイ，アラカシなどのカシ類，タブノキなどの高木も多い。それらがまとまって生育する場所には，下層にヤブツバキ，シロダモ，さらに下層にヤツデ，ヤブランなども加わって，これらが共存する多様性の高い植生が形成されている。

　② キャンパスの他の場所では，春には<u>ソメイヨシノ</u>のほか何種類もの桜が咲き，<u>ノビル</u>（単子葉類），<u>ゼンマイ</u>（シダ植物）といった山菜や，<u>アミガサタケ</u>（子のう菌類）も生え，秋には<u>イチョウ</u>が黄金色の葉とギンナンを散らす。キツツキの<u>コゲラ</u>が木をたたく音，<u>ヒグラシ</u>の声，最近では<u>タイワンリス</u>の鳴き声など，さまざまな動物の気配も身近に感じられる。都会の中でも五感で自然を楽しみ，学ぶことができるキャンパスなのである。

問1．①に関して，この地域のバイオームはどのようなものか。名称を述べ，100字以内で環境と植生の特徴を説明せよ。なお，句読点も字数に含む。

問2．①に関して，群落の内部にそうした多様性が生じるしくみについて，次の[　]内の単語のうち4つ以上を使い，200字以内で説明せよ。なお，句読点も字数に含む。
[環境形成作用，環境収容力，共進化，中規模攪乱仮説，適応，ニッチ，光，密度効果]

問3．以下の（1），（2）に答えよ。
（1）②の文中にある下線を付けた8種の生物について，DNAの塩基配列の比較にもとづく系統樹（分子系統樹）を描け。ただし，これらすべての共通祖先を出発点とした一つの系統樹とすること。また，系統樹の枝の長さは考慮しなくてよい。
（2）単細胞生物から多細胞生物への進化はどの時点で起きたと推定されているか。（1）で描いた分子系統樹に矢印を加えてその位置を示せ。

横浜国立大-理系前期   2023年度　生物　41

Ⅳ　次の文章を読み，問い（問1～問4）に答えよ。

　生物のあいだにはさまざまな関係が見られる。湖においては，植物プランクトンと
沈水植物は，光や栄養塩類など同じ資源を利用するため，　　A　　関係にある。一般
に，植物プランクトンは水中に浮遊しているため，湖底に根を張り植物体が水中に沈
んでいる沈水植物にくらべて，光の利用において有利である。また，(a)植物プランク
トンとミジンコは，　B　　関係にある。栄養段階では植物プランクトンは　　C　
に，これらを食べるミジンコは　　D　　に位置づけられる。さらに，ミジンコを食べ
る魚や，魚を食べる魚などを含め，これら一連の生物のつながりは　　E　　と呼ばれ
る。　　E　　は複雑に絡み合って　　F　　を形成している。
　生物の個体数や量は一定の範囲で変動しながらバランスが保たれている。また生態
系のバランスも，非生物環境と生物とが影響を及ぼしあうことによって保たれている。
たとえば(b)沈水植物が繁茂する湖では，植物プランクトンの増殖は抑制され，水の透
明度は高く保たれる。一方，(c)沈水植物が生育していない湖では，多くの植物プラン
クトンが発生し，水の透明度は低い。

問1．文中の　　A　　～　　F　　に入る適切な語句を記入せよ。

問2．下線部(a)について，ミジンコはすべての植物プランクトンを利用できるわけで
はない。植物プランクトンの大きさや毒素の有無により，ミジンコの増殖率は異なる。
ミジンコの生育に適した種類を調べるために，緑藻もしくはシアノバクテリアを餌と
して与え，ミジンコの増殖率を比較した。同じ親から産まれた同じ大きさのミジンコ
18個体を用いて，3個体ずつ6個のビーカーに入れた。3つのビーカーには緑藻を，
残り3つのビーカーにはシアノバクテリアを十分量与え，10日間飼育したところ，表
の結果を得た。なお，すべてのビーカーの環境条件や餌の量は同一であった。餌の種類
ごとにミジンコの増殖率の平均値を次の式から求め，緑藻とシアノバクテリアのどち
らがミジンコの生育に適しているか，答えよ。なお，四捨五入して小数点第三位まで
求めよ。

増殖率＝（飼育終了時の個体数 － 開始時の個体数）÷ 開始時の個体数 ÷ 飼育日数

　表　ミジンコの飼育終了時の個体数

餌の種類	緑藻			シアノバクテリア		
ミジンコの個体数	10	12	11	5	4	6

問3．下線部(b)について，以下の問いに答えよ。
（1）沈水植物の繁茂が水の透明度を高く保つ機構の一つに，栄養塩類の吸収，除去があげられる。沈水植物自体が栄養塩類を吸収するだけでなく，沈水植物の根周辺の酸素がなくなることで水中の硝酸イオンが窒素分子（N_2）に変えられ，大気中に戻る。このような作用を何というか，答えよ。
（2）沈水植物の繁茂により，メダカなどの小魚は動物プランクトンを見つけにくくなる。そのことが，どのような過程で水の透明度に影響すると考えられるか，50字以内で説明せよ。なお，句読点も文字数に含む。

問4．下線部(c)について，以下の問いに答えよ。
（1）湖において，シアノバクテリアが大発生し水面が青緑色になる。この現象を何というか，答えよ。
（2）図のように，湖の栄養塩類の濃度が増加し（矢印1），ある閾値（分岐点A）を超えると，沈水植物が消滅し，水の透明度が急激に低下する（矢印2）。この濁った状態に移行すると，栄養塩類の濃度が閾値（分岐点A）まで低下しても，容易にはもとの透明な状態には戻らない。もとの状態に戻すには（矢印4），分岐点Bまで栄養塩類の濃度が低下しなければならない（矢印3）。このように，透明な状態から濁った状態に移行すると，濁った状態が維持され，透明な状態に戻りにくいのはなぜか。その理由について，これまでの文章や問いを参考に考察し，200字以内で説明せよ。なお，句読点も文字数に含む。

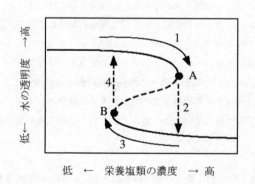

図　栄養塩類の濃度変化にともなう水の透明度の変化

横浜国立大-理系前期　　　　　　　　　　　　　　　　　　　　　2023 年度　地学　*43*

■地学■

（2科目：150 分）

I　太陽に関する以下の文章を読み，問い（問1〜問6）に答えよ。

太陽は　(A)　とヘリウムが主成分で，直径は約 140 万 km（地球の約　(あ)　倍）であり，表面温度は約　(い)　K（ケルビン）で，中心核は 1600 万 K と非常に高温である。太陽の中心部では　(A)　の核融合反応が起きている。中心部で発生したエネルギーは，(B)　によってエネルギーが外側へ伝わっていき，太陽表面から深さ約 20 万 km に達すると，エネルギーは主に　(C)　によって伝わる。私達が可視光線で太陽を見たときの表面は光球とよばれ，光球には ⒜黒点，白斑，粒状斑が見られる。光球の外側にある厚さ約 3000 km の層は　(D)　とよばれ，日食のときには薄紅色に輝く。(D)　上部の温度は 1 万 K ほどだが，その外側では温度は数百万 K まで上昇する。この高温で希薄な大気のことを　(E)　とよぶ。(E)　は非常に高温で，そこから ⒝高エネルギーな荷電粒子が宇宙空間に放出されており，この放出された荷電粒子の流れのことを　(F)　とよぶ。太陽光のスペクトルには紫から赤まで様々な色が含まれるが，ところどころに　(G)　線とよばれる暗線が存在し，⒞この暗線から太陽大気に存在する元素の種類が分かる。地球は太陽から　(B)　というかたちでエネルギーを受け取っている。

問1.　(A)　から　(G)　にあてはまる適切な語句をそれぞれ答えよ。

問2.　(あ)　と　(い)　にあてはまる数値として最も適切なものを以下の①〜⑤からそれぞれ選び，番号で答えよ。

　　　① 110　　　② 1300　　　③ 5800　　　④ 15000　　　⑤ 40000

問3.　下線部 ⒜ に関して，それぞれの特徴を説明せよ。

問4. 太陽赤道部にある黒点を地球上から観察したところ,太陽の東端に現れてから西端に達するまでに13.5日かかった。このときの太陽赤道部の自転周期を小数点第一位まで計算し,計算式とともに答えよ。ただし,1年を365日とする。

問5. 下線部 (b) に関して,太陽から放出された荷電粒子は,地球では地上へ直接到達することはない。これはなぜか説明せよ。

問6. 下線部 (c) に関して,なぜ暗線の存在から元素の種類が分かるのか説明せよ。

Ⅱ 地層についての問い (問1〜問8) に答えよ。

地層の層理面の走向や傾斜を計測する際,下の図1のような道具が一般的に用いられる。

図1. 地層の走向と傾斜を計測する道具

問1. 図1の道具の名称を答えよ。

問2. 図1の道具では目盛りの東（E）と西（W）が，通常の方位磁針と逆になっている。その理由を答えよ。

問3. 走向と傾斜を計測する際の，層理面に対する図1の道具の当て方として最も適切なものを以下の①〜④からそれぞれ選び，番号で答えよ。

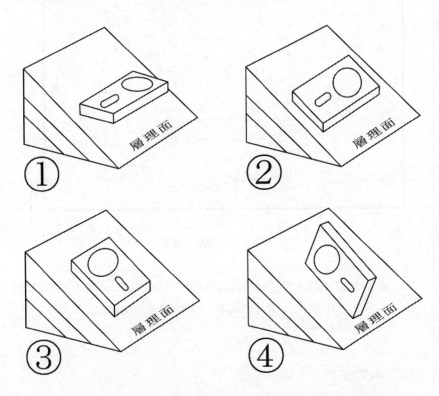

問4. 計測した走向などの方位データを地図上に示す際，偏角を補正する必要がある。なぜ補正する必要があるのか，その理由を答えよ。

下の図2はある地域の地図であり，P点で計測した走向と傾斜が記号で記入されている。P点では火山灰層からなる鍵層が観察され，X点ではイノセラムスの貝殻密集層が観察された。ただし，この地域内では地層の走向・傾斜は一定で，地層の逆転も生じていない。また，この地域には断層も存在しない。

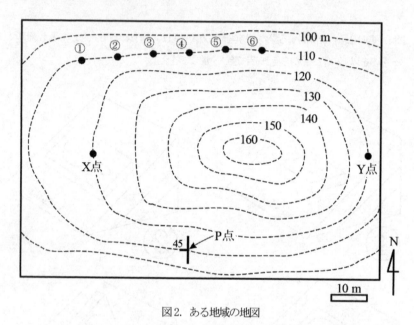

図2. ある地域の地図

問5. 図2のY点で産出する可能性がない化石を以下の①〜⑦から2つ選び，番号で答えよ。また，なぜそのように考えられるか，その理由を簡潔に答えよ。

　　① クックソニア

　　② ディッキンソニア

　　③ ビカリア

　　④ ヌンムリテス（貨幣石）

　　⑤ アンモナイト

　　⑥ 三葉虫

　　⑦ シアノバクテリア

横浜国立大-理系前期 2023 年度 地学 *47*

問6. 次の文の （あ） と （い） にあてはまる語句の組み合わせとして最も適切なものを以下の①〜⑧から選び，番号で答えよ。

イノセラムスは，絶滅した （あ） の一種である。一般に， （あ） の殻は， （い） によって大きくなるため，生まれてから死亡するまでの成長の記録が殻に保存されている。

	（あ）	（い）
①	軟体動物	付加成長
②	軟体動物	脱皮
③	節足動物	付加成長
④	節足動物	脱皮
⑤	原生生物	付加成長
⑥	原生生物	脱皮
⑦	刺胞動物	付加成長
⑧	刺胞動物	脱皮

問7. 図2のP点で見られた火山灰層からなる鍵層が露出する地点として最も適切なものを図2中の①〜⑥から選び，番号で答えよ。

問8. 図2のP点で見られるような火山灰層とは，直径2 mm以下の粒子である火山灰で主に構成される地層のことである。日本列島などの中緯度帯で火山が噴火した場合，火山の西方よりも東方に向かって火山灰層が広範囲に形成される傾向がある。なぜそのような傾向となるのか，その理由を答えよ。

Ⅲ 気象に関する以下の文章を読み，問い（問1～問8）に答えよ。

地球大気の対流圏で，ある空気塊の温度が周囲の気温より (A) 場合，その空気塊は上昇する。上昇すると周囲の気圧は高度とともに下がるため，空気塊は膨張する。膨張すると空気塊の温度は (B) 。図1は気温の鉛直分布をもとに大気の安定性を表現した図である。水蒸気に対して未飽和の（相対湿度が100%未満の）空気塊が上昇するとき，空気塊の温度変化率はほぼ一定であり，100 m につき (C) の割合である。この過程の温度変化率を (あ) という。一方，飽和状態にある（相対湿度が100%の）空気塊の温度変化率は，水蒸気の凝結熱により暖まる効果を加味して100 m につき (D) で，この場合の温度変化率を (い) という。

熱帯海洋上で大気の鉛直温度分布が図1の(G)の領域にあり，(a) その他の条件が整うと台風が発生することがある。図2は台風の鉛直断面の模式図である。台風の中心の雲が少ない場所を (E) と呼ぶ。 (E) の周囲には壁雲と呼ばれる (b) 雷雨を伴う背の高い対流雲があり，台風の外側下層には (c) 背の低い対流雲がある。防災・減災には，大気の安定性を含め，台風が発生しやすい条件を理解することが肝要である。

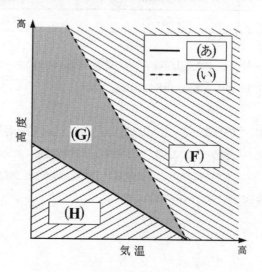

図1．大気の安定性を表すグラフ

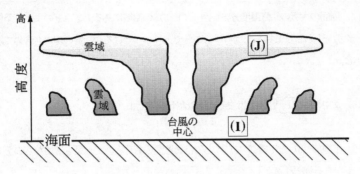

図2. 台風の鉛直断面の模式図

問1. (A) から (D) にあてはまる語句の組み合わせとして最も適切なものを以下の①〜⑧から選び,番号で答えよ。

	(A)	(B)	(C)	(D)
①	高い	上がる	約1 ℃	約0.5 ℃
②	高い	上がる	約0.5 ℃	約1 ℃
③	高い	下がる	約1 ℃	約0.5 ℃
④	高い	下がる	約0.5 ℃	約1 ℃
⑤	低い	上がる	約1 ℃	約0.5 ℃
⑥	低い	上がる	約0.5 ℃	約1 ℃
⑦	低い	下がる	約1 ℃	約0.5 ℃
⑧	低い	下がる	約0.5 ℃	約1 ℃

問2. 文中の (あ) と (い) にあてはまる適切な語句をそれぞれ答えよ。ただし,図1の (あ) と (い) は文中の (あ) と (い) と同じものを指す。

問3. 図1の (F) と (H) の領域における大気の安定性を表す適切な語句をそれぞれ答えよ。

50 2023 年度 地学　　　　　　　　　　　　　　　　横浜国立大-理系前期

問4. 周囲の大気の鉛直温度分布が図1の (G) の領域にあるとき，どのような条件の空気塊であれば少し持ち上げられることで上昇しつづけるか，その理由も含めて説明せよ。

問5. 文中の (E) にあてはまる適切な語句を答えよ。

問6. 下線部 (b) と下線部 (c) にあてはまる雲の名称として，最も適切なものを十種雲形からそれぞれ答えよ。

問7. 図2の (I) と (J) の場所で観測される空気の流れとして，最も適切な方向を矢印で答えよ。ただし，この流れの方向は図2で示した鉛直断面上の成分とする。

問8. 下線部 (a) について，台風が発生しやすい条件を1つ答えよ。

解答編

英語

I 解答 1．下図。

2．今は細いシャープペンシルに慣れてしまっているが，小学生の時は朝食のソーセージぐらいの太さの鉛筆を今よりもうまく使うことができたこと。

3．(i)— b　(ii)— c　(iii)— a

◆全　訳◆

≪8の書き方を初めて習った時の体験≫

　私は静かに座って，シスター・メアリ＝ジョナサムが数字の8の書き方を黒板で実際にやってみせるのを感心して眺めていた。数字の2は，初めて17回試し書きをしている間，私の手をまごつかせたのだが，数字の8はそれよりもずっと複雑に見えるのに，彼女は，どのようにしたら私たちもその技能を学習できるかを正確に説明しながら，それをすらすらと書いた。

　彼女は，私たちに砂時計の形は避けるように求め，8を1つ上手に描いた。「真ん中がくびれていると，上部が安定しないことに注意しなさい。頭がこんなに細い首に乗っていると想像しなさい！」

　彼女は，私たちに単に2つの円を描くのは避けるように注意し，もう1つの輪の上に1つの輪を乗せ，2つの大きさが異なる輪が黒板に描かれた。「ご覧なさい，なんてやせこけているの。こんなドーナツを欲しい人がいるかしら？　一人もいないわ！」

　私の2つ前の席にいるジミー＝レイ＝サイフェルトが思いついたことを

言った。「天使の頭の上の輝いているものに似ているよ」

シスター・メアリ＝ジョナサムは微笑んで我慢強く説明した。「どの天使にも輪が２つはないので，それらは天使の輪にはふさわしくないわね」彼女はチョークの残りを優雅な弓形を描いて投げた。それは10フィート離れたくず入れの中にカラーンと鳴って入った。

彼女は新しいチョークを選んだ。「私の指示に正確に従えば，間違いなく美しく優雅に描けますよ」 彼女はクラスに背を向けて，右のそでを肘まで引き上げ，みんなが彼女の書くものを見られるように腕を伸ばした。「ご覧なさい，この８には端が正確に合わないところに小さな切れ端があるでしょう？ 片側が子猫の耳のように突き出ているわ」 彼女は数字の上半分の空間に２つの点とその下に短い曲線を書き加え，次に，下半分に耳とは反対側から伸びる長い波線を書き加えた。「かわいそうな子猫は，もう１つ耳が必要ね。その耳は頭にぴったりくっついているのかしら？あるいは，ひどい事故で失ったのかしら？」 彼女の笑いは部屋の反対側まで届いた。

私の左側の女の子リンダ＝タウンゼンドは心配そうな顔をしていた。

シスター・メアリ＝ジョナサムは彼女に微笑んだ。「きっと事故はなかったのよ。その耳は内気だから見られたくないのね。私の耳のようにね！」 彼女は私たちに背を向けて，再びそでを引き上げて，子猫を消した。

それから，彼女は私たちが鉛筆を手にとって，彼女の手本にならって自分自身の８をレポート用紙の束に書くように促した。

私の鉛筆は朝食のソーセージと同じくらい太かった。しかし，細いシャープペンシルに慣れてしまっているが，小学生の時は今よりもその太い鉛筆をうまく使うことができた。私はレポート用紙の最後のページ，まだ空きのある唯一のページを開けた。私には自信があった。私は集中して口を閉ざしている必要さえなかった。８の真ん中の方向転換点に来た時，私は黒板をちらりと見た。シスターはゆっくりと慎重にチョークを動かして，その間じゅう，その数字の書き方の手本を示していた。

彼女は振り返って，修道服の内部から笑顔を見せて，「皆さん，８を１ページ分書きましょう」と言った。彼女は部屋の反対側に向かって移動し，机の間の通路を歩き，あちらこちらで立ち止まり，身をかがめて必要に応

横浜国立大-理系前期　　　　　　　　　　　　　　2023 年度　英語〈解答〉　53

じて訂正したり，調整したり，励ましたりした。部屋の後ろ近くの1人の
生徒が多くの世話を必要とした。

　私はまるまる1ページ分の8を書き終えた。私は机に太い鉛筆を置いた。
私は満足して出来映えを眺めた。良い日であった。

　他の生徒たちが落ち着かなくなった。ささやき声が始まった。シスタ
ー・メアリ＝ジョナサムはまっすぐに立って，明らかに自分の簡単な要求
の結果に気づかずに，優しいが命令的な声で言った。「皆さん，1ページ
を終えたなら，もう1ページやりなさい」彼女は他の生徒を助けるため
に再び身をかがめた。

　もう1ページだって？　これは私の最後の1ページであった。私は不可
能なことをするように求められたのだ。解決策は1つしかなかった。私は
わっと泣き出した。私が知っているような人生は永久に終わってしまった。
私には救済手段が全くなかった。

　シスター・メアリ＝ジョナサムが私の傍らに来た。「どうしたの？」

　私はどうしようもなくてひどく泣いていた。「もう紙がないんです」

　「8の間のスペースがあるでしょう。間に書けますよ」

　私はさらに激しく泣いた。

　「誰かマークに紙を1枚あげてちょうだい」

　これは恥ずかしさの極みであった。

　リンダ＝タウンゼンドが，たくさんあるレポート用紙の束から1枚を引
き裂いて，私に渡してくれ，小さいジェスチャーで終生変わらない感謝の
気持ちを受け取った。

　私が家に着いた時，母が私に新しいレポート用紙の束を手渡した。「今
日学校で何があったの？」

　「何もないよ」

　「あなたの先生が電話をしてきたのよ」

　「へえー」私はレポート用紙の束を自分の部屋に持って行き，それを机
の上の鳥かごの横に置いた。

━━━━━━━◀解　説▶━━━━━━━

1．全訳下線部(A)参照。下線部の1・2文目は，数字8の右上で2つの線
が正確に合わず，下から来る線が上に突き出ていることを説明している。
よって，真ん中のイラストを使用する。2文目は，その突き出た線が子猫

54 2023 年度　英語〈解答〉　　　　　　　　　　　　　横浜国立大-理系前期

の耳のようだと述べている。3文目では，シスターが8の上半分を子猫の顔に見立てて，2つの点で目を，短い曲線で口を書き加え，下半分を子猫の体に見立てて，耳とは反対側に長い波線で尾を書き加えたのである。where「〜するところに」 end「端」 meet「(線などが) 合う」 stick up「突き出る」 add *A* to *B*「*B* に *A* を書き加える」 below them ＝ below the two dots　the top half「上半分」 figure「数字」 現在分詞 extending … the ear は a long wavy line を修飾。*A* opposite to *B*「*B* とは反対側の *A*」 the bottom half「下半分」

2．全訳下線部(B)参照。下線部直前の文に「私の鉛筆は朝食のソーセージと同じくらい太かった」とある。下線部の the pencil にこの説明をつけ加える。manage「〜をうまく使う」 as a pupil「生徒〔小学生〕の時は」 as は時を表す。pupil は米国では一般的に小学生に使われる。when「(譲歩) 〜なのに，〜だけれども」 have become は完了を表す。become accustomed to〜「〜に慣れる」 slender「細い」 mechanical pencil「シャープペンシル」 以上をまとめて解答を作成する。

3．(i)空所直前でシスター・メアリ＝ジョナサムが「どうしたの？」と聞いているので，それに対する返事が入る。レポート用紙がなくなって泣いているので，b が正解。cry *one's* eyes out「ひどく泣く」 in despair「どうしようもなくて」

(ii)空所直前でシスターが「8の間のスペースがあるでしょう。間に書けますよ」と言ったことに対する反応を表す表現が入る。すでに泣いている場面なので，c が正解。even harder「さらに激しく」

(iii)空所直前でシスターが「誰かマークに紙を1枚あげてちょうだい」と言ったので，レポート用紙がないことがクラス中に知れ渡ってしまった。よって，a が正解。ultimate embarrassment「恥ずかしさの極み」

Ⅱ　解答

1．今日の製品は，接着剤や小さいねじに頼っているため分解しにくいから。

2．initiatives

3．アップルは無料の修理業者向けプログラムの提供を広げ，保証期間外の修理でも純正部品などの情報が手に入るようにした。バッテリーを取り替えられないという苦情を受けて，マイクロソフトも新製品のバッテリー

とハードドライブを改善した。

―――――――◆全　訳◆―――――――

≪「修理する権利」の目的とその影響≫

　ジョー゠バイデン合衆国大統領は，テクノロジー企業が，消費者が公認の修理技術者を使用しなければならないのではなく，自分の端末を修理する，あるいは自分の選んだ技術者を使用するのを認めるよう命令する大統領令に署名した。これは「修理する権利」として知られている。

　大統領は，大きなメーカー――アップル，アマゾン，マイクロソフト，テスラなどのテクノロジー企業を含む――に，構成する部品を機能させるための，独占しているソフトウェアコードだけでなく，修理マニュアル，工具，部品やパーツがすべての人の手に入るよう命令したいと考えている。これによって，メーカーは製品がもっと長持ちし，もっと簡単に修理ができるのを保証するために，製品の製造方法を考え直さざるを得ないかもしれない。

　バイデンの大統領令は，最近高まっている，消費者に自分の端末の修理を認める運動の一部である。2019 年以降，合衆国の十数以上の州が，会社に修理に必要な材料を提供させる新しい法律を導入している。

　提案者にとって，問題は主に環境問題である。修理する権利の運動をしている消費者擁護団体である公共利益調査グループの報告によると，アメリカ人は年間 690 万トンの電子機器廃棄物を捨てていて，それが鉛，水銀，カドミウムのような有害物質をゴミ埋立地に漏らす可能性がある。

　今日の製品は容易に製造できるように作られているが，接着剤や小さいねじに頼っているので，分解できるようには作られていないと，2013 年以来，修理する権利の法律を要求してきた業界団体の修理協会常任理事であるゲイ゠ゴードン゠バーンは言った。「私たちは，ただ，ぴかぴかしてきれいなだけではなく，より長持ちして修理可能な製品を必要としています」と彼女は言った。

　テスラはデータ機密保護とサイバーセキュリティを脅かすと主張して，以前の修理する権利に関する発議に抵抗している。その自動車メーカーは，マサチューセッツ州が 2012 年に定めた，乗り物を含めた修理する権利の法律の対象になるのも逃れていた。理由は，そのメーカーにはフランチャイズ権を与えている販売代理店がなかったからである。しかしながら，

2020年に，マサチューセッツ州の市民は，その法律の範囲を広げる議案を承認し，そのためにテスラは，自分の車を修理してもらう，テスラのチェーン店ではない修理店にそのデータを送ることができることを含めて，消費者が乗り物の機械に関するデータにアクセスしコントロールできるという条項に従わざるを得なかった。

　アップルは，リペア性が不足していることで批判されているので，電子機器廃棄物の排出を減らし，消費者の修理関連へのアクセスを広げる独自の措置を，すでにいくつか講じている。アップルは，無料の，独立系修理プロバイダプログラムを200以上の国に広げ，保証範囲外の修理でも純正部品，工具，修理マニュアル，修理診断が手に入るようにした。マイクロソフトも，修理会社が「接着剤がいっぱい入った醜悪な巨体」と呼んで，旧バージョンのバッテリーを取り替えるのが不可能であることに苦情を言った後に，第三世代のサーフェス・ラップトップのバッテリーとハードドライブを改善した。

■■■■■◀解　説▶■■■■■

1．第5段第1文（Today's products are …）に「今日の製品は…接着剤や小さいねじに頼っているので，分解できるようには作られていない」とあるので，これをまとめて解答を作成する。pull apart ～「～を分解する」 rely on ～「～に頼る」

2．第6段第2文（The carmaker also …）「その自動車メーカーは，マサチューセッツ州が2012年に定めた，乗り物を含めた修理する権利の法律の対象になるのも逃れていた」の中に right to repair legislation「修理する権利の法律」という表現がある。空所には legislation「法律」と近い意味の語が入ると考えられる。よって，initiatives「発議」が正解。

3．「修理する権利」に向けて，すでに取り組みをしている企業の例は最終段に述べられている。第2文（It expanded its …）にはアップルの例が，最終文（Microsoft also improved …）にはマイクロソフトの例が挙げられているので，これらの企業がしたことをまとめて解答を作成する。expand *A* to *B*「*A*を*B*に広げる」 free「無料の」 independent「チェーン店ではない」 repair provider「修理業者」 open access to ～「～にアクセスできるようにする」 genuine parts「純正部品」 out-of-warranty「保証期間外の」 complain that ～「～と苦情を言う」 replace「～を取

り替える」 calling 以下は分詞構文。call *A B*「*A* を *B* と言う」 glue-filled「接着剤がいっぱい入った」

Ⅲ 解答

1. blue 2. nieces 3. wrong 4. lending
5. go 6. sort

◆全 訳◆

≪手の焼ける義弟≫

スティーブ：ケンジ，ゴールデンウィークの間は楽しく過ごしましたか？

ケンジ　　：いや，別に。ちょっとした日帰りの旅行をする予定だったんですが，義理の弟がうちに泊まりに来ましてね。

スティーブ：事前の知らせはなかったのですか？

ケンジ　　：なかったんですよ。彼はまったく突然現れたんです。

スティーブ：それはきっとストレスが多かったでしょうね。

ケンジ　　：その通りですよ。いや，一般的に言えば，彼はいい人で，娘たちは彼をお気に入りの叔父さんだと考えています。感心なことに，確かに彼は娘たちと遊んで多くの時間を過ごしてくれました。だけど，彼は訪ねて来る前に連絡をくれるような，普通の社会的なルールを守らないんですよ。

スティーブ：君の奥さんはそれについてどう言っているんですか？

ケンジ　　：アキコは，弟は間違ったことをするはずがないと思っていますよ。高校生のころ，彼女には学校に馴染めないという問題がちょっとあって，彼がとてもよく彼女の面倒をみてくれたそうです。それ以来，彼女はやつを偶像視しているんですよ。

スティーブ：彼は長くいたんですか？

ケンジ　　：そう，5泊もね。実を言うと，帰る日に，彼はアキコからお金を借りていきました。

スティーブ：おやおや，彼は本当に手に負えない人のようですね。彼は彼女にお金を返すと約束したんですか？

ケンジ　　：約束はしましたが，前回訪ねて来た時には，結局私が彼にお金を貸すことになったんですよ。彼はそれについてはまったく忘れてしまったようなんです。私はアキコには話してなかったんですが，アキコが彼にあげたお金のことを話してくれ

58 2023 年度 英語〈解答〉　　　　　　　　　　　　　横浜国立大-理系前期

たのは，今回彼が帰った後になってからなんです。その上に，彼は有名なホテルで仕事をしていると言っていました。私がそこに電話をすると，彼を6カ月前に解雇したと言われました。

スティーブ：彼は誰かと話をして生活を立て直す必要があるようですね。

ケンジ　　：そうですね。アキコも，今では彼が問題を抱えていて，その問題に対処する必要があることに気づいていると思います。

━━━━━━◀解　説▶━━━━━━

1．スティーブが2番目の発言で「事前の知らせはなかったのですか？」と聞いている。ケンジは2番目の発言で「なかった」と答えている。したがって，義弟は突然訪ねてきたことになる。よって，blue を用いた out of the blue「突然，出し抜けに」が正解。

2．ケンジの3番目の発言の2文目（I mean, …）に「娘たちは彼をお気に入りの叔父さんだと考えています」とあるので，ケンジには2人以上の娘がいることがわかる。義弟から見れば，ケンジの娘たちは姪になる。よって，nieces「姪」が正解。

3．ケンジの4番目の発言の最終文（Ever since, …）に「彼女はやつを偶像視している」とあるので，アキコは弟のことを悪くは思っていないと考えられる。よって，wrong を用いた can do no wrong「間違ったことをするはずがない」が正解。

4．ケンジの6番目の発言の2文目（He seems to …）に「彼はそれについてはまったく忘れてしまったようなんです」とあるので，その前には，ケンジは義弟にお金を貸したという内容が来ると思われる。よって，lending が正解。end up *doing*「結局～することになる」

5．空所直後に「6カ月前に」とあるので，義弟が仕事を辞めていることが連想される。よって，go が正解。let *A* go「*A* を解雇する」

6．借金をして，仕事を辞めているケンジの義弟に対して，「生活を立て直す」必要があると言っている。空所後にある out と結びついて慣用句となる語を考える。よって，sort を用いた sort *A* out「*A* を立て直す，*A* を改善する」が正解。fix，mend，heal は，空所に入る形で out を伴うことはない。speak は会話の流れに合わない。

横浜国立大-理系前期　　　　　　　　　　　　　　2023 年度　英語〈解答〉　*59*

IV　解答例

(Hi, Jason,

Thank you for your email.) I'm glad to hear that you're coming here this April. Big pets such as cats and dogs are often not allowed in rented apartments here. So, I recommend tiny fish, say, goldfish or angelfish. First, you will surely feel comforted and at peace when you watch them swimming slowly and quietly. Second, you don't need a large space and much money to keep them. Third, they make no noise and don't annoy your neighbors. Finally, you can go out, leaving them alone. Anyway, let's talk more about your pet when you come here. I'm looking forward to seeing you soon.（75～100 語）

■━━━━━◀解　説▶━━━━━■

　友人からのＥメールへの返事という設定の英作文である。指定された語数は，返信欄（解答欄）にあらかじめ記入されている部分を含めずに 75～100 語。また，返信メールの最後に自分の名前を書いてはいけないという指示もある。

メールの和訳：

「○○へ，

お元気のことと思います。私はこの４月に日本へ行って，それから数年暮らすことにしています。すでに仕事とアパートも決まっていて，日本に移り住むのを本当に楽しみにしています。今までずっとペットを飼ってきたので，日本でもペットを飼いたいと思っています。日本のアパートが狭いことは知っていますので，日本で飼うのにはどんなペットが良いか，あなたにお尋ねしたいのです。一人暮らしの人が手に入れられる最適なペットは何だと思いますか，そしてその理由を３～４つ挙げていただけると幸いです。

ジェイソン」

　返信メールの内容は，「日本に移り住む一人暮らしの英国人がアパートで飼うのに最適なペットは何か，またその理由を３～４つ挙げてください」という質問に答えるものになる。日本の狭いアパート事情を考えて小さいペットを選ぶと書きやすいであろう。理由を挙げる場合は，First(ly)，Second(ly) などの列挙の語句を使うと，内容を整理して書き

60 2023 年度 英語〈解答〉 横浜国立大-理系前期

やすくなる。

　自分のよく知っている単語・構文を用いて書くように心がけてほしい。当然のことながら，文法的な間違いをしないように気をつけること。

〔解答例〕の和訳：

「（ジェイソンへ，

メールありがとう。）あなたがこの４月にこちらに来ることになっていると聞いてうれしく思います。こちらの賃貸アパートでは，猫や犬のような大きなペットは認められていないことが多いです。そこで，金魚やエンジェルフィッシュのような小さい魚をお勧めします。１番目に，魚がゆっくり静かに泳いでいるのを見ると，きっとあなたは安心して癒やされた気持ちになるでしょう。２番目に，それらを飼うのには，あまり大きなスペースやお金を必要としません。３番目に，それらは物音をたてないので，隣の人々をいらいらさせることがありません。最後に，それらを放っておいて，外出することもできます。とにかく，あなたがこちらに来られたら，ペットについてもっとお話しましょう。すぐにお会いできることを楽しみにしています」

❖講　評

　例年通り大問４題の構成で，2023 年度は読解問題２題，会話文問題１題，英作文問題１題という出題であった。

　Ⅰの読解英文は，カトリックの学校でシスターが生徒に数字の８の書き方を教えている情景を描いた英文である。語彙レベルは標準的だが，場面を把握できていないと，理解が容易でない部分もある。１は下線部の内容から判断して解答用紙のイラストを選び，それを完成させる新傾向の問題である。２の内容説明問題は実質的には英文和訳だが，前文の内容も加味して解答する。３は空所補充問題で，前後の文脈をしっかりと確認して答える必要がある。

　Ⅱの読解英文は，「修理する権利」の目的と，それがアメリカの大企業に与える影響を取り上げた論説文である。語彙レベルは少し高めだが，脚注を参考にすれば，読み進めるのは難しくない。１は内容説明問題で，該当箇所の特定は容易である。２は空所補充問題で，後方に同様の表現があるので特に難しいものではない。３は内容説明問題で，最終段の該

当箇所の特定は容易だが，要領よくまとめることが求められている。

Ⅲの会話文は，会社の同僚間の会話で，ある社員の義弟が普通の社会的なルールを守らず，現在失業中で問題を抱えていることが話題の中心になっている。会話文の英文は平易で読みやすい内容である。設問は英文中の空所に単語を補充する問題で，空所ごとに5個の選択肢の中から1つ選ぶ形式である。場面設定や会話の流れから判断する問題が多い。

Ⅳは電子メールへの返信という従来通りの形式のテーマ英作文。2023年度は「日本に移り住む英国人がアパートで飼うのに最適なペットは何か，またその理由を3～4つ挙げよ」という設問で，その英国の友人にアドバイスをする形式になっている。

全体としての難度は標準レベルだが，記述量が多いこと，そして解答にふさわしいまとめ方の難しさなどから，時間的な余裕はないと思われる。読解力，英作文力を問うバランスのとれた出題だといえる。

数学

1 **解答** (1) 曲線 C_1 と C_2 の交点の x 座標は
$$(\cos x)^n = (\sin x)^n$$

をみたす。$0 \leqq x \leqq \dfrac{\pi}{2}$ のとき，$\cos x \geqq 0$，$\sin x \geqq 0$ より

$$\cos x = \sin x$$
$$\sin x - \cos x = 0$$
$$\sqrt{2}\sin\left(x - \frac{\pi}{4}\right) = 0$$

$-\dfrac{\pi}{4} \leqq x - \dfrac{\pi}{4} \leqq \dfrac{\pi}{4}$ より

$$x - \frac{\pi}{4} = 0 \qquad \therefore \quad x = \frac{\pi}{4}$$

このとき $\quad y = \left(\dfrac{1}{\sqrt{2}}\right)^n = \left(\dfrac{\sqrt{2}}{2}\right)^n$

したがって，交点の座標は $\quad \left(\dfrac{\pi}{4},\ \left(\dfrac{\sqrt{2}}{2}\right)^n\right)$ ……(答)

(2) $n = 4$ のとき，C_1，C_2 と y 軸で囲まれる部分の面積 S_1 は

$$S_1 = \int_0^{\frac{\pi}{4}} (\cos^4 x - \sin^4 x)\,dx$$

$$= \int_0^{\frac{\pi}{4}} (\cos^2 x - \sin^2 x)(\cos^2 x + \sin^2 x)\,dx$$

$$= \int_0^{\frac{\pi}{4}} (\cos^2 x - \sin^2 x)\,dx$$

$$= \int_0^{\frac{\pi}{4}} \cos 2x\,dx = \left[\frac{1}{2}\sin 2x\right]_0^{\frac{\pi}{4}} = \frac{1}{2} \quad \text{……(答)}$$

(3) $n = 8$ のとき，C_1，C_2 と y 軸で囲まれる部分の面積 S_2 は

$$S_2 = \int_0^{\frac{\pi}{4}} (\cos^8 x - \sin^8 x)\,dx$$

$$= \int_0^{\frac{\pi}{4}} (\cos^2 x - \sin^2 x)(\cos^2 x + \sin^2 x)(\cos^4 x + \sin^4 x)\,dx$$

横浜国立大-理系前期　　　　　　　　　　　　　　2023 年度　数学〈解答〉 63

$$= \int_0^{\frac{\pi}{4}} (\cos^2 x - \sin^2 x)(\cos^4 x + \sin^4 x)\,dx$$

$$= \int_0^{\frac{\pi}{4}} \cos 2x\{(\cos^2 x + \sin^2 x)^2 - 2\sin^2 x\cos^2 x\}\,dx$$

$$= \int_0^{\frac{\pi}{4}} \cos 2x\left(1 - \frac{1}{2}\sin^2 2x\right)dx$$

$$= \int_0^{\frac{\pi}{4}} \cos 2x\,dx - \frac{1}{4}\int_0^{\frac{\pi}{4}} (\sin 2x)'\sin^2 2x\,dx$$

$$= \left[\frac{1}{2}\sin 2x\right]_0^{\frac{\pi}{4}} - \frac{1}{4}\left[\frac{1}{3}\sin^3 2x\right]_0^{\frac{\pi}{4}}$$

$$= \frac{1}{2}(1-0) - \frac{1}{12}(1-0)$$

$$= \frac{5}{12} \quad \cdots\cdots(答)$$

◀解　説▶

≪三角方程式，三角関数の合成・相互関係・2 倍角の公式，置換積分法，曲線と直線で囲まれた部分の面積≫

(1)　三角関数を合成する。

(2)・(3)　三角関数の相互関係，2 倍角の公式などを用いて，三角関数の次数を下げてから積分する。

2 解答

(1)　$2 \le b_1 + b_2 \le a_1 \le 6$　$\cdots\cdots$①

$b_1 + b_2 = k$ $(k = 2, 3, \cdots, 6)$ のとき，①を満たす a_1 は

$a_1 = k,\ k+1,\ \cdots,\ 6$ の $7-k$ 個

組 (b_1, b_2) は

$(b_1, b_2) = (1, k-1),\ \cdots,\ (k-1, 1)$ の $k-1$ 個

したがって，①を満たす組 (a_1, b_1, b_2) の個数は

$$\sum_{k=2}^{6}(7-k)(k-1) = 5\cdot1 + 4\cdot2 + 3\cdot3 + 2\cdot4 + 1\cdot5$$

$$= 5 + 8 + 9 + 8 + 5 = 35$$

よって，求める確率は

$$\frac{35}{6^3} = \frac{35}{216} \quad \cdots\cdots(答)$$

64 2023 年度 数学〈解答〉 横浜国立大-理系前期

(2) $2 \leq b_1 + b_2 = a_1 + a_2 \leq 12$ となる組 (a_1, a_2, b_1, b_2) の個数 N_1 を考える。$a_1 + a_2 = k$ $(k = 2, 3, \cdots, 12)$ となる組 (a_1, a_2) は

[1] $2 \leq k \leq 7$ のときは

$\qquad (a_1, a_2) = (1, k-1), \cdots, (k-1, 1)$ の $k-1$ 個

[2] $8 \leq k \leq 12$ のときは

$\qquad (a_1, a_2) = (k-6, 6), \cdots, (6, k-6)$ の $13-k$ 個

同数だけ $b_1 + b_2 = k$ を満たす (b_1, b_2) があるので

$$N_1 = \sum_{k=2}^{7} (k-1)^2 + \sum_{k=8}^{12} (13-k)^2$$

$$= (1^2 + 2^2 + 3^2 + 4^2 + 5^2) \times 2 + 6^2 = 146$$

$a_1 + a_2 < b_1 + b_2$ となる組 (a_1, a_2, b_1, b_2) の個数と，$a_1 + a_2 > b_1 + b_2$ となる組 (a_1, a_2, b_1, b_2) の個数は等しい。

したがって，$a_1 + a_2 > b_1 + b_2$ となる確率は

$$\frac{(6^4 - 146) \div 2}{6^4} = \frac{3 \cdot 6^3 - 73}{6^4} = \frac{648 - 73}{6^4}$$

$$= \frac{575}{1296} \quad \cdots \cdots (答)$$

(3) $a_1 + a_2 > b_1 + b_2$, $a_2 = 1$ となるのは

$$a_1 \geq b_1 + b_2, \ a_2 = 1$$

となるときだから，求める条件付き確率は，(1), (2)より

$$\frac{\dfrac{35}{216} \cdot \dfrac{1}{6}}{\dfrac{575}{1296}} = \frac{35}{575} = \frac{7}{115} \quad \cdots \cdots (答)$$

━━━━━━ ◀解 説▶ ━━━━━━

≪さいころを投げたときの確率，条件付き確率≫

(2) $A < B$, $A = B$, $A > B$ のいずれかが成り立つ。

(3) (1), (2)を利用して条件付き確率を求める。

3 解答

(1) $\gamma = (1-v)\alpha + v\beta$ より

$\qquad (\beta - \alpha)v = \gamma - \alpha$

また，三角形 ABC は正三角形 ……① より，$\beta \neq \alpha$ だから

$$v = \frac{\gamma - \alpha}{\beta - \alpha}$$

横浜国立大-理系前期 2023 年度 数学〈解答〉 *65*

さらに, ①より

$$|v| = \left| \frac{\gamma - \alpha}{\beta - \alpha} \right| = \frac{|\gamma - \alpha|}{|\beta - \alpha|} = \frac{\mathrm{AC}}{\mathrm{AB}} = 1$$

$$\arg v = \arg \frac{\gamma - \alpha}{\beta - \alpha} = \pm \frac{\pi}{3}$$

ゆえに

$$v = \cos\left(\pm\frac{\pi}{3}\right) + i\sin\left(\pm\frac{\pi}{3}\right) = \frac{1 \pm \sqrt{3}\,i}{2} \quad \cdots\cdots(答)$$

(2) $\gamma = (1-v)\alpha + v\beta, \ \beta = \alpha^2$ より

$$\gamma = (1-v)\alpha + v\alpha^2$$

$|\gamma| \geqq 1, \ |\alpha| = 1$ より

$$1 \leqq |\alpha\{(1-v) + v\alpha\}| = |\alpha||(1-v) + v\alpha|$$
$$= |(1-v) + v\alpha| \quad \cdots\cdots②$$

ここで

$$1 - v = 1 - \frac{1 \pm \sqrt{3}\,i}{2} = \frac{1 \mp \sqrt{3}\,i}{2} = \overline{v}$$

だから, ②より

$$1 \leqq |\overline{v} + v\alpha|^2 = (\overline{v} + v\alpha)(v + \overline{v\alpha})$$
$$= |\overline{v}|^2 + v^2\alpha + \overline{v^2\alpha} + |v|^2|\alpha|^2$$

$|\alpha| = 1, \ |v| = |\overline{v}| = 1$ だから

$$-1 \leqq v^2\alpha + \overline{v^2\alpha}$$

$$\therefore \quad -\frac{1}{2} \leqq \frac{v^2\alpha + \overline{v^2\alpha}}{2} = \mathrm{Re}(v^2\alpha) \quad \cdots\cdots③$$

ただし, $\mathrm{Re}(w)$ は複素数 w の実部である。また

$$0 < \arg\alpha \leqq \frac{\pi}{2}, \ \arg(v^2\alpha) = 2\arg v + \arg\alpha$$
$$|v^2\alpha| = |v|^2|\alpha| = 1$$

より

[1] $\arg v = \dfrac{\pi}{3}$ のとき

$$\frac{2}{3}\pi < \arg(v^2\alpha) \leqq \frac{7}{6}\pi \quad \therefore \quad -1 \leqq \mathrm{Re}(v^2\alpha) < -\frac{1}{2}$$

これは, ③に反するので $\quad \arg v \neq \dfrac{\pi}{3}$

[2] $\arg v = -\dfrac{\pi}{3}$ のとき

$$-\dfrac{2}{3}\pi < \arg(v^2\alpha) \leqq -\dfrac{\pi}{6}$$

$$\therefore \quad -\dfrac{1}{2} < \mathrm{Re}(v^2\alpha) \leqq \dfrac{\sqrt{3}}{2}$$

これは, ③に適するので $\quad \arg v = -\dfrac{\pi}{3}$

[1], [2]より, $v = \dfrac{1-\sqrt{3}\,i}{2}$ であり

$$\gamma = \bar{v}\alpha + v\alpha^2$$

さらに, z は $\triangle$ABC の重心だから

$$z = \dfrac{\alpha+\beta+\gamma}{3} = \dfrac{\alpha+\alpha^2+(\bar{v}\alpha+v\alpha^2)}{3}$$

$$= \dfrac{(1+\bar{v})\alpha + (1+v)\alpha^2}{3}$$

$$= \dfrac{\alpha}{6}\{(3+\sqrt{3}\,i) + (3-\sqrt{3}\,i)\alpha\}$$

よって

$$|z| = \dfrac{|\alpha|}{6}\,|3-\sqrt{3}\,i|\left|\alpha+\dfrac{3+\sqrt{3}\,i}{3-\sqrt{3}\,i}\right| = \dfrac{\sqrt{3}}{3}\left|\alpha+\dfrac{1+\sqrt{3}\,i}{2}\right|$$

である。

$$\alpha = \cos\theta + i\sin\theta \quad \left(0 < \theta \leqq \dfrac{\pi}{2}\right)$$

より

$$|z| = \dfrac{\sqrt{3}}{3}\left|\left(\cos\theta+\dfrac{1}{2}\right) + \left(\sin\theta+\dfrac{\sqrt{3}}{2}\right)i\right|$$

だから

$$|z| = \dfrac{\sqrt{3}}{3}\sqrt{\left(\cos\theta+\dfrac{1}{2}\right)^2 + \left(\sin\theta+\dfrac{\sqrt{3}}{2}\right)^2}$$

$$= \dfrac{\sqrt{3}}{3}\sqrt{(\cos^2\theta+\sin^2\theta) + (\cos\theta+\sqrt{3}\sin\theta) + \dfrac{1}{4} + \dfrac{3}{4}}$$

$$= \frac{\sqrt{3}}{3}\sqrt{2\sin\left(\theta+\frac{\pi}{6}\right)+2} = \frac{\sqrt{6}}{3}\sqrt{\sin\left(\theta+\frac{\pi}{6}\right)+1}$$

$0<\theta\leqq\dfrac{\pi}{2}$ より，$\dfrac{\pi}{6}<\theta+\dfrac{\pi}{6}\leqq\dfrac{2}{3}\pi$ だから，$|z|$ は $\theta+\dfrac{\pi}{6}=\dfrac{\pi}{2}$，すなわち，

$\theta=\dfrac{\pi}{3}$ のとき，最大値

$$\frac{\sqrt{6}}{3}\sqrt{1+1} = \frac{2\sqrt{3}}{3} \quad \cdots\cdots(\text{答})$$

をとる。

━━━━◀解　説▶━━━━

≪複素数平面上で正三角形の3頂点で表される点，三角形の重心の絶対値の最大値≫

(1) $A(\alpha)$，$B(\beta)$，$C(\gamma)$ のとき

$$AB=|\beta-\alpha|, \quad \angle BAC=\arg\left(\frac{\gamma-\alpha}{\beta-\alpha}\right)$$

(2) 与えられた条件をもとに $|z|$ の最大値を求める。重心 $z=\dfrac{\alpha+\beta+\gamma}{3}$

や三角関数の合成などを利用する。

4 解答

(1) $\alpha>\sqrt{2}$ とする。

$\alpha=\sqrt{2+7\sqrt{\alpha}} \quad \cdots\cdots①$ より $\alpha^2=2+7\sqrt{\alpha}$

$\alpha>\sqrt{2}$ より $(\alpha^2-2)^2=49\alpha$

$\alpha^4-4\alpha^2-49\alpha+4=0 \quad \cdots\cdots②$

$(\alpha-4)(\alpha^3+4\alpha^2+12\alpha-1)=0$

$\alpha>\sqrt{2}$ のとき，$\alpha^3+4\alpha^2+12\alpha-1$ は単調増加であり

$(\sqrt{2})^3+4(\sqrt{2})^2+12\sqrt{2}-1>0$

より，②の解は，$\alpha=4$ のみである。また，$\alpha=4$ は，①をみたす。

以上より，①の解はただ1つ存在し，その値は

$\alpha=4 \quad \cdots\cdots(\text{答})$

である。

(証明終)

(2) 数学的帰納法により

任意の自然数 n について，$a_n<4 \quad \cdots\cdots③$

であることを証明する。

〔1〕 $a_1=1<4$ より，③は $n=1$ のときに成り立つ。

〔2〕 $n=k$（k は自然数）のとき，③が成り立つと仮定すると

$$a_k<4 \quad\cdots\cdots④$$

このとき，④より

$$a_{k+1}=\sqrt{2+7\sqrt{a_k}}<\sqrt{2+7\sqrt{4}}=4$$

したがって，③は $n=k+1$ のときも成り立つ。

以上より，任意の自然数 n について，③が成り立つ。　　　　（証明終）

(3) まず

すべての自然数 n について，$a_n\geqq1 \quad\cdots\cdots⑤$

であることを数学的帰納法で証明する。

〔1〕 $a_1=1\geqq1$ より，⑤は $n=1$ のとき成り立つ。

〔2〕 $n=k$ のとき，⑤が成り立つと仮定する。

$$a_{k+1}=\sqrt{2+7\sqrt{a_k}}\geqq\sqrt{2+7\sqrt{1}}=3\geqq1$$

より，⑤は $n=k+1$ のときも成り立つ。

〔1〕，〔2〕より示せた。

次に，$f(x)=\sqrt{2+7\sqrt{x}}$ とおくと，$f(x)$ は $[1,\ 4]$ で連続，$(1,\ 4)$ で微分可能だから，平均値の定理より

$$\frac{f(4)-f(a_n)}{4-a_n}=f'(c)$$

をみたす c（$1\leqq a_n<c<4$）が存在する。

$$f(a_n)=\sqrt{2+7\sqrt{a_n}}=a_{n+1},\ f(4)=4$$

より

$$|4-a_{n+1}|=|f'(c)||4-a_n|$$

ここで

$$f'(x)=\frac{\dfrac{7}{2\sqrt{x}}}{2\sqrt{2+7\sqrt{x}}}=\frac{7}{4\sqrt{2x+7x\sqrt{x}}}$$

であり，$f'(x)$ は $x>0$ で単調減少で，$f'(x)>0$ だから

$$0<f'(x)\leqq f'(c)\leqq f'(1)=\frac{7}{12}$$

ゆえに

$$0\leqq|4-a_{n+1}|\leqq\frac{7}{12}|4-a_n|\leqq\cdots\leqq\left(\frac{7}{12}\right)^{n-1}|4-a_1|=3\left(\frac{7}{12}\right)^{n-1}$$

横浜国立大-理系前期　　　　　　　　　　　　　　2023 年度　数学〈解答〉　69

$\lim\limits_{n\to\infty}3\left(\dfrac{7}{12}\right)^{n-1}=0$ だから，はさみうちの原理より

$\qquad \lim\limits_{n\to\infty}a_n=4$

したがって，数列 $\{a_n\}$ は収束し，極限値は 4 である。　……(答)

◀解　説▶

≪無理方程式，数学的帰納法，平均値の定理，はさみうちの原理≫

(2)　数学的帰納法で証明する。

(3)　関数 $f(x)$ が $[a, b]$ で連続，(a, b) で微分可能なとき

$$\frac{f(b)-f(a)}{b-a}=f'(c), \quad a<c<b$$

となる c が存在する（平均値の定理）。

5　解答　(1)　$g(x)=f(x)-(1-x)$，$h(x)=1-x+\dfrac{x^2}{2}-f(x)$ と

おく。

$\qquad g'(x)=-e^{-x}+1$，$h'(x)=-1+x+e^{-x}$

$x>0$ のとき，$g'(x)>0$ より，$g(x)$ は単調増加である。

よって　　$g(x)>g(0)=0$　　∴　$1-x<f(x)$

さらに

$\qquad h''(x)=1-e^{-x}=g'(x)>0 \quad (x>0)$

より，$h'(x)$ は単調増加であり

$\qquad h'(x)>h'(0)=0$

ゆえに，$h(x)$ は単調減少であり

$\qquad h(x)>h(0)=0$　　∴　$f(x)<1-x+\dfrac{x^2}{2}$

以上より

$$1-x<f(x)<1-x+\frac{x^2}{2} \qquad\qquad （証明終）$$

(2)　(1)より，任意の自然数 k $(k\geqq2)$ に対し

$$1-\frac{1}{k}<f\left(\frac{1}{k}\right)<1-\frac{1}{k}+\frac{1}{2k^2}$$

$\dfrac{1}{k^2-1}$ (>0) をかけて

70 2023 年度　数学〈解答〉

横浜国立大-理系前期

$$\frac{1}{k^2-1}\Big(1-\frac{1}{k}\Big)<\frac{1}{k^2-1}f\Big(\frac{1}{k}\Big)<\frac{1}{k^2-1}\Big(1-\frac{1}{k}+\frac{1}{2k^2}\Big)$$

よって

$$\frac{1}{(k-1)(k+1)}\cdot\frac{k-1}{k}<\frac{1}{k^2-1}f\Big(\frac{1}{k}\Big)$$

$$<\frac{1}{k^2-1}\Big(1-\frac{1}{k}\Big)+\frac{1}{2k^2(k-1)(k+1)}$$

$$\therefore\quad \frac{1}{k(k+1)}<\frac{1}{k^2-1}f\Big(\frac{1}{k}\Big)<\frac{1}{k(k+1)}\Big(1+\frac{1}{2(k-1)k}\Big)$$

したがって

$$\sum_{k=n}^{N}\frac{1}{k(k+1)}<S_{n,N}<\sum_{k=n}^{N}\frac{1}{k(k+1)}\Big(1+\frac{1}{2(k-1)k}\Big)$$

である。

$$\sum_{k=n}^{N}\frac{1}{k(k+1)}=\sum_{k=n}^{N}\Big(\frac{1}{k}-\frac{1}{k+1}\Big)=\frac{1}{n}-\frac{1}{N+1}$$

また，$n\leqq k\leqq N$ のとき，$\dfrac{1}{2(k-1)k}\leqq\dfrac{1}{2(n-1)n}$ より

$$\sum_{k=n}^{N}\frac{1}{k(k+1)}\Big(1+\frac{1}{2(k-1)k}\Big)$$

$$<\sum_{k=n}^{N}\frac{1}{k(k+1)}\Big(1+\frac{1}{2(n-1)n}\Big)$$

$$=\Big(\frac{1}{n}-\frac{1}{N+1}\Big)\Big(1+\frac{1}{2(n-1)n}\Big)$$

以上より

$$\frac{1}{n}-\frac{1}{N+1}<S_{n,N}<\Big(\frac{1}{n}-\frac{1}{N+1}\Big)\Big(1+\frac{1}{2n(n-1)}\Big)\quad\text{（証明終）}$$

(3)　$\displaystyle\lim_{N\to\infty}\frac{1}{N+1}=0$ より

$$\frac{1}{n}<S_n<\frac{1}{n}\Big(1+\frac{1}{2(n-1)n}\Big)$$

$$\therefore\quad \frac{1}{9}<S_9<\frac{1}{9}\Big(1+\frac{1}{2\cdot8\cdot9}\Big)=\frac{145}{1296}$$

ここで

$$\frac{1}{9}=0.1111\cdots,\quad \frac{145}{1296}=0.1118\cdots$$

横浜国立大-理系前期 2023 年度 数学〈解答〉 *71*

より，S_9 の小数第 3 位まで（小数第 4 位を切り捨て）を求めると

$\qquad S_9 = 0.111$ ……(答)

━━━━ ◀解　説▶ ━━━━

≪不等式の証明，数列の和，部分分数分解，数列の極限≫

(1) 微分して増減を調べる。第 1 次導関数の増減を調べるために第 2 次導関数を調べる。

(2) (1)の不等式，部分分数分解を利用する。

(3) (2)の不等式を利用し，極限の近似値を求める。

❖講　評

　大問 5 題の出題で，「数学 A」から 1 題，「数学Ⅲ」から 4 題の出題であった。

　1　(1)は三角関数を合成して三角方程式を解く。(2)・(3)は三角関数の相互関係の式，2 倍角の公式を利用して，三角関数の次数を下げて処理する。標準的な問題なので確実に得点したい。

　2　(1)，(2)が(3)の誘導になっている。標準的な問題なので，押さえておきたい。

　3　(1)は与えられた等式を変形して絶対値と偏角を考える。(2)は与えられた条件を丁寧に処理していく。標準的な問題だが，慣れていないと(2)は苦戦したかもしれない。

　4　(1)の方程式は計算途中で同値性が崩れるので十分性の確認が必要。(2)は，数学的帰納法の基本的な問題。ここまでは基本的な問題なので確実に得点したい。(3)は平均値の定理の標準的な問題だが，慣れていないと難しいかもしれない。差がついた問題と思われる。

　5　(1)は，微分法の応用による不等式の証明で頻出問題。(2)は(1)を利用して証明するが，これも頻出パターンの問題。(3)も(2)を用いる。誘導にうまく乗れば難しくないであろう。

　2023 年度は「数学Ⅲ」からの出題が多かった。試行錯誤をしたり，うまく計算の工夫をしたりしないと正解にたどり着けない問題が出題されるが，基本問題や典型問題をしっかり学習し，計算力をつけておけば対応できる。実力の差が大きく出る出題であろう。

72　2023 年度　物理〈解答〉　　　　　　　　　　　　　　横浜国立大-理系前期

物理

I **解答**　問 1 . (1) $\sqrt{\dfrac{Mg}{ma}}$　(2) m　(3) kg　(4) m/s^2　(5) 1/s

(6) kgm^2/s^2　(7) m/s　(8) kgm^2/s　(9) ch/J　(10) Jc/h　(11) J/h

問 2 . (12)—ア　(13)—ウ　(14) Mg　(15) $ma\omega^2$　(16) $-Mg$　(17) $ma\omega^2-Mg$

(18)—イ　(19) πa^2　(20) $\dfrac{2\pi}{\omega}$　(21) $\dfrac{a^2\omega}{2}$　(22) $a\omega\delta t$　(23) $\dfrac{a^2\omega\delta t}{2}$

問 3 . (24) $ma_1\omega_1^2$　(25) $ma_1\omega_0^2$　(26) Mg　(27) $ma_1(\omega_1^2-\omega_0^2)$

(28) $a_1^2\omega_1=a_2^2\omega_2$　(29) $\dfrac{1}{2}ma_1^2(\omega_1^2-\omega_0^2)$

(30) $\dfrac{1}{2}m(a_2^2\omega_2^2-a_1^2\omega_0^2)$　(31) $Mg(a_2-a_1)$

(32) $\dfrac{1}{2}m(a_2^2\omega_2^2-a_1^2\omega_0^2)+Mg(a_2-a_1)$　(33) $\delta a=-\dfrac{a_1\omega_1}{2\omega_0^2}\delta\omega$

(34) $\dfrac{a_1}{4\omega_0^2}(\omega_1^2-4\omega_0^2+\omega_1\sqrt{\omega_1^2+8\omega_0^2})$

━━━━■◀解　説▶■━━━━

≪おもりをつりさげた糸の張力を向心力とする円運動≫

問 1 . (1)　質点 m は糸から受ける張力を向心力として円運動をしている。つりさげられた質量 M の質点にはたらく力のつりあいから，糸の張力は Mg になる。よって

$$Mg=ma\omega^2\quad\therefore\quad\omega=\sqrt{\dfrac{Mg}{ma}}$$

(2)　半径なので，長さの単位 [m]。

(3)　質量なので [kg]。

(4)　重力加速度は加速度の単位なので [m/s^2]。

(5)　角速度の単位は [rad/s] であるが，弧度法の角度は単位をもたないので [1/s]。

(6)　エネルギーの単位は仕事の単位と等しいので，(力)×(移動距離) で

横浜国立大-理系前期 　　　　　　　　　　2023 年度　物理〈解答〉　73

表される。単位も $[J]=[N \cdot m]$ なので

$$[J]=[kg \cdot m/s^2 \cdot m]=[kg \cdot m^2/s^2]$$

(7)　光速は速さの単位なので $[m/s]$。

(8)　プランク定数と光の振動数を使って光子のエネルギーを表すことができる。光子の振動数を ν とすると，$h\nu$ がエネルギーの単位になるので，振動数の単位が $[1/s]$ であることから，プランク定数の単位は

$$[J/(1/s)]=[J \cdot s]=[kg \cdot m^2/s]$$

(9)　長さの単位なので，$[m]$ となるように計算すると，$[ch/J]$ となる。

(10)　加速度の単位なので，$[m/s^2]$ となるように計算すると，$[Jc/h]$ となる。

(11)　角速度の単位なので，$[1/s]$ となるように計算すると，$[J/h]$ となる。

問 2．(12)　円運動を起こす力は円の中心方向にはたらく向心力である。質点 m に接しているのは糸なので，糸の張力である。

(13)・(14)　糸と質量 M の質点に注目する。静止している物体にはたらく力はつりあっているので，糸の張力と重力がつりあっている。糸の質量は考えなくてよいので，糸の張力は両端で等しく Mg である。

(15)〜(17)　質点 m とともに円運動をする観測者からは，慣性力である遠心力 $ma\omega^2$ と張力 Mg がつりあって静止して見える。

$$ma\omega^2-Mg=0$$

(18)　面積速度一定はケプラーの第 2 法則。

(19)〜(21)　円の面積を周期で割ると，質点 m の動径部分が単位時間に移動する面積になる。

$$\pi a^2 \div \frac{2\pi}{\omega}=\frac{a^2\omega}{2}$$

これが面積速度である。

(22)　微小時間 δt の間に回転する角度は $\omega\delta t$ なので，このときの弧の長さは $a\omega\delta t$ となる。

(23)　扇形の面積は円弧の長さと半径から

$$\frac{1}{2}a \times a\omega\delta t=\frac{a^2\omega\delta t}{2}$$

問 3．(24)　加速された直後には半径は変化していないので，遠心力は $ma_1\omega_1^2$ となる。

⑤ 加速される前の遠心力は，半径と角速度から $ma_1\omega_0{}^2$ である。

⑥ 等速円運動をしている状態の力のつりあいから，⑭と同様に張力の大きさは Mg となる。

⑦ 中心から遠ざかる向きを正とすると，加速直後の質点にはたらく力は

$$ma_1\omega_1{}^2 - Mg = ma_1\omega_1{}^2 - ma_1\omega_0{}^2$$
$$= ma_1(\omega_1{}^2 - \omega_0{}^2)$$

⑧ 面積速度一定なので，単位時間に質量 m の質点の動径部分がつくる扇形の面積は等しい。

$$\frac{a_1{}^2\omega_1}{2} = \frac{a_2{}^2\omega_2}{2} \qquad a_1{}^2\omega_1 = a_2{}^2\omega_2$$

⑨ 加速前の質点 m がもつ運動エネルギーは $\dfrac{1}{2}ma_1{}^2\omega_0{}^2$

この状態を基準とするので，加速直後の運動エネルギーは

$$\frac{1}{2}ma_1{}^2\omega_1{}^2 - \frac{1}{2}ma_1{}^2\omega_0{}^2 = \frac{1}{2}ma_1{}^2(\omega_1{}^2 - \omega_0{}^2)$$

円運動の半径は変わらないので，質点 M の位置エネルギーは変化していない。そのため，運動エネルギーが力学的エネルギーと等しい。

⑩ 加速前を基準に考えると運動エネルギーは

$$\frac{1}{2}ma_2{}^2\omega_2{}^2 - \frac{1}{2}ma_1{}^2\omega_0{}^2 = \frac{1}{2}m(a_2{}^2\omega_2{}^2 - a_1{}^2\omega_0{}^2)$$

⑪ このとき質量 M の質点は半径の変化 $(a_2 - a_1)$ だけ上昇しているので，位置エネルギーの増加は

$$Mg(a_2 - a_1)$$

⑫ 力学的エネルギーは，⑩と⑪の和となるので

$$\frac{1}{2}m(a_2{}^2\omega_2{}^2 - a_1{}^2\omega_0{}^2) + Mg(a_2 - a_1)$$

⑬ 力学的エネルギー保存則から，⑨と⑫が等しいので

$$\frac{1}{2}ma_1{}^2(\omega_1{}^2 - \omega_0{}^2) = \frac{1}{2}m(a_2{}^2\omega_2{}^2 - a_1{}^2\omega_0{}^2) + Mg(a_2 - a_1)$$

$$\frac{1}{2}ma_1{}^2\omega_1{}^2 = \frac{1}{2}ma_2{}^2\omega_2{}^2 + Mg(a_2 - a_1)$$

$$\frac{1}{2}ma_1{}^2\omega_1{}^2 = \frac{1}{2}ma_2{}^2\omega_2{}^2 + ma_1\omega_0{}^2(a_2 - a_1)$$

運動エネルギーの a_2 を(28)の面積速度一定の式を使って書き換えると

$$\frac{1}{2}ma_1{}^2\omega_1{}^2 = \frac{1}{2}ma_1{}^2\omega_1\omega_2 + ma_1\omega_0{}^2(a_2-a_1)$$

$$-a_1\omega_0{}^2(a_2-a_1) = \frac{1}{2}a_1{}^2\omega_1(\omega_2-\omega_1)$$

$$a_2-a_1 = -\frac{a_1\omega_1}{2\omega_0{}^2}(\omega_2-\omega_1)$$

よって　$\delta a = -\dfrac{a_1\omega_1}{2\omega_0{}^2}\delta\omega$

(34)　(28)を変形して

$$\omega_2 = \frac{a_1{}^2\omega_1}{a_2{}^2}$$

これを(33)の途中式に代入し，ω_2 を消去する。

$$a_2-a_1 = -\frac{a_1\omega_1}{2\omega_0{}^2}\left(\frac{a_1{}^2\omega_1}{a_2{}^2}-\omega_1\right)$$

$$a_2-a_1 = \frac{a_1\omega_1{}^2}{2\omega_0{}^2}\left(\frac{a_2{}^2-a_1{}^2}{a_2{}^2}\right)$$

$a_2-a_1 \neq 0$ なので，辺々を (a_2-a_1) で割って

$$1 = \frac{a_1\omega_1{}^2}{2\omega_0{}^2}\left(\frac{a_2+a_1}{a_2{}^2}\right)$$

$$2\omega_0{}^2a_2{}^2 - \omega_1{}^2a_1a_2 - \omega_1{}^2a_1{}^2 = 0$$

$$a_2 = \frac{\omega_1{}^2a_1 \pm \sqrt{\omega_1{}^4a_1{}^2 + 8\omega_0{}^2\omega_1{}^2a_1{}^2}}{4\omega_0{}^2}$$

$a_2 > 0$ なので

$$a_2 = \frac{\omega_1{}^2a_1 + \omega_1a_1\sqrt{\omega_1{}^2 + 8\omega_0{}^2}}{4\omega_0{}^2}$$

したがって

$$a_2-a_1 = \frac{\omega_1{}^2a_1 + \omega_1a_1\sqrt{\omega_1{}^2 + 8\omega_0{}^2} - 4\omega_0{}^2a_1}{4\omega_0{}^2}$$

$$= \frac{a_1}{4\omega_0{}^2}\left(\omega_1{}^2 - 4\omega_0{}^2 + \omega_1\sqrt{\omega_1{}^2 + 8\omega_0{}^2}\right)$$

76 2023年度 物理〈解答〉　　　　横浜国立大-理系前期

II 解答

問1．(1) $\dfrac{R_2E_1}{R_1+R_2}$〔V〕　(2) $\dfrac{CE_1R_2}{R_1+R_2}$〔C〕

(3) $\dfrac{CE_1{}^2R_2{}^2}{2(R_1+R_2)^2}$〔J〕　(4) $\dfrac{LE_1{}^2}{2(R_1+R_2)^2}$〔J〕　(5) $\dfrac{(CR_2{}^2+L)E_1{}^2}{2(R_1+R_2)^2}$〔J〕

(6) $\dfrac{\varepsilon_r d}{\varepsilon_r d+d_0(1-\varepsilon_r)}$　(7) $\dfrac{\varepsilon_r dR_1+(\varepsilon_r-1)d_0R_2}{\varepsilon_r d+d_0(1-\varepsilon_r)}$〔Ω〕

問2．(8) $\dfrac{\pm CR_3+\sqrt{C^2R_3{}^2+4LC}}{2LC}$〔rad/s〕　(9) $\dfrac{E_2}{\sqrt{2}\,R_3}$〔A〕

(10) $\dfrac{1800E_2{}^2}{R_3}$〔J〕　(11) $\dfrac{1}{\sqrt{LC}}$〔rad/s〕　(12) $\dfrac{E_2}{R_3}$〔A〕

━━━━●◀解　説▶━━━━

≪電源を直流と交流に切り替える LCR 回路≫

問1．(1) 十分に時間がたったとき，コンデンサーには電流は流れず，コンデンサー以外に流れる電流を I_1〔A〕とする。オームの法則から

$$I_1=\frac{E_1}{R_1+R_2}$$

となり，R_2 の抵抗にかかる電圧は

$$R_2I_1=\frac{R_2E_1}{R_1+R_2}\text{〔V〕}$$

このとき，コイルに誘導起電力は生じていないので，これはコンデンサーにかかる電圧に等しい。

(2) 電荷量を Q〔C〕とすると，コンデンサーにかかる電圧から

$$Q=\frac{CE_1R_2}{R_1+R_2}\text{〔C〕}$$

(3) コンデンサーの電圧と電荷量から，静電エネルギーは

$$\frac{1}{2}\times\frac{CE_1R_2}{R_1+R_2}\times\frac{E_1R_2}{R_1+R_2}=\frac{CE_1{}^2R_2{}^2}{2(R_1+R_2)^2}\text{〔J〕}$$

(4) コイルに流れる電流から，コイルの電磁エネルギーは

$$\frac{1}{2}LI_1{}^2=\frac{LE_1{}^2}{2(R_1+R_2)^2}\text{〔J〕}$$

(5) コイルとコンデンサーに蓄えられていたエネルギーがジュール熱に変わるので，(3)と(4)の和になる。

$$\frac{CE_1{}^2R_2{}^2}{2(R_1+R_2)^2}+\frac{LE_1{}^2}{2(R_1+R_2)^2}=\frac{(CR_2{}^2+L)E_1{}^2}{2(R_1+R_2)^2}\,[\mathrm{J}]$$

(6) 新たな電気容量は，極板間の距離が $(d-d_0)$ になった電気容量 $\dfrac{d}{d-d_0}C$ のコンデンサーと，極板間の距離が d_0 になったものに誘電体を挿入した電気容量 $\dfrac{\varepsilon_\mathrm{r}d}{d_0}C$ の2つのコンデンサーの直列接続と考えればよい。合成容量を $C'\,[\mathrm{F}]$ とすると

$$\frac{1}{C'}=\frac{d-d_0}{dC}+\frac{d_0}{\varepsilon_\mathrm{r}dC}$$

$$\frac{1}{C'}=\frac{\varepsilon_\mathrm{r}(d-d_0)+d_0}{\varepsilon_\mathrm{r}dC}$$

$$C'=\frac{\varepsilon_\mathrm{r}dC}{\varepsilon_\mathrm{r}d+d_0(1-\varepsilon_\mathrm{r})}\,[\mathrm{F}]$$

よって，$\dfrac{\varepsilon_\mathrm{r}d}{\varepsilon_\mathrm{r}d+d_0(1-\varepsilon_\mathrm{r})}$ 倍となる。

(7) コンデンサーの電気容量が変化しても電荷量が同じになるようにするには，電気容量の変化の逆比となる $\dfrac{\varepsilon_\mathrm{r}d+d_0(1-\varepsilon_\mathrm{r})}{\varepsilon_\mathrm{r}d}$ 倍の電圧がコンデンサーにかかるようにすればよい。可変抵抗の抵抗値が $R_1{}'\,[\Omega]$ となってこの関係が満たされるとすると

$$\frac{R_2E_1}{R_1{}'+R_2}=\frac{R_2E_1}{R_1+R_2}\times\frac{\varepsilon_\mathrm{r}d+d_0(1-\varepsilon_\mathrm{r})}{\varepsilon_\mathrm{r}d}$$

$$R_1{}'+R_2=\frac{\varepsilon_\mathrm{r}d(R_1+R_2)}{\varepsilon_\mathrm{r}d+d_0(1-\varepsilon_\mathrm{r})}$$

$$R_1{}'=\frac{\varepsilon_\mathrm{r}d(R_1+R_2)-R_2\{\varepsilon_\mathrm{r}d+d_0(1-\varepsilon_\mathrm{r})\}}{\varepsilon_\mathrm{r}d+d_0(1-\varepsilon_\mathrm{r})}$$

$$R_1{}'=\frac{\varepsilon_\mathrm{r}dR_1+(\varepsilon_\mathrm{r}-1)d_0R_2}{\varepsilon_\mathrm{r}d+d_0(1-\varepsilon_\mathrm{r})}\,[\Omega]$$

問2．(8) 回路は直列なので，すべての素子に流れる電流は等しい。この電流の実効値を $I_\mathrm{e}\,[\mathrm{A}]$ とすると，抵抗にかかる電圧の実効値は R_3I_e となる。一方，D-F間のリアクタンスは，角周波数を $\omega\,[\mathrm{rad/s}]$ とすると，$\left|\omega L-\dfrac{1}{\omega C}\right|$ になるので，電圧の実効値は $\left|\omega L-\dfrac{1}{\omega C}\right|I_\mathrm{e}$ となる。これら

が等しいので

$$\left|\omega L - \frac{1}{\omega C}\right| = R_3$$

$\omega L > \dfrac{1}{\omega C}$ のときは

$$\omega L - \frac{1}{\omega C} = R_3$$

$$\omega^2 LC - \omega CR_3 - 1 = 0$$

$$\omega = \frac{CR_3 \pm \sqrt{C^2 R_3{}^2 + 4LC}}{2LC}$$

$\omega > 0$ なので

$$\omega = \frac{CR_3 + \sqrt{C^2 R_3{}^2 + 4LC}}{2LC}$$

$\omega L < \dfrac{1}{\omega C}$ のときは

$$-\left(\omega L - \frac{1}{\omega C}\right) = R_3$$

$$\omega^2 LC + \omega CR_3 - 1 = 0$$

$$\omega = \frac{-CR_3 + \sqrt{C^2 R_3{}^2 + 4LC}}{2LC}$$

となるので，これらをまとめて

$$\omega = \frac{\pm CR_3 + \sqrt{C^2 R_3{}^2 + 4LC}}{2LC} \ \text{[rad/s]}$$

⑼ R_3 の抵抗と D−F 間の電圧の実効値が等しいので，リアクタンスの和も R_3 になる。回路のインピーダンス Z は

$$Z = \sqrt{R_3{}^2 + \left(\omega L - \frac{1}{\omega C}\right)^2} = \sqrt{R_3{}^2 + R_3{}^2} = \sqrt{2}\,R_3$$

電源の実効値 E_2 より，電流の実効値は

$$I_e = \frac{E_2}{\sqrt{2}\,R_3} \ \text{[A]}$$

⑽ 電力を消費するのは抵抗だけなので，抵抗での消費電力は

$$I_e{}^2 R_3 = \frac{E_2{}^2}{2R_3}$$

横浜国立大-理系前期　　　　　　　　　　　　　　　2023 年度　物理〈解答〉　79

電力量は電力と時間の積であり，1 時間は 3600 s だから

$$\frac{E_2{}^2}{2R_3}\times 3600=\frac{1800E_2{}^2}{R_3}〔\text{J}〕$$

⑾・⑿　電流を最大にするにはインピーダンスを最小にすればよいので，角周波数を変えてリアクタンスの和が 0 になればよい。

$$\omega L-\frac{1}{\omega C}=0$$

$$\omega=\frac{1}{\sqrt{LC}}〔\text{rad/s}〕$$

このときのインピーダンスは R_3 に等しいから，電流の実効値は $\dfrac{E_2}{R_3}〔\text{A}〕$

となる。

Ⅲ　**解答**　問 1．波長：$\dfrac{V-v_{\mathrm{W}}}{f}$　振動数：f　問 2．$\dfrac{V-v_{\mathrm{W}}+v_{\mathrm{R}}}{V-v_{\mathrm{W}}}f$

問 3．波長：$\dfrac{(V+v_{\mathrm{W}}-v_{\mathrm{R}})(V-v_{\mathrm{W}})}{(V-v_{\mathrm{W}}+v_{\mathrm{R}})f}$　振動数：$\dfrac{(V-v_{\mathrm{W}}+v_{\mathrm{R}})(V+v_{\mathrm{W}})}{(V+v_{\mathrm{W}}-v_{\mathrm{R}})(V-v_{\mathrm{W}})}f$

問 4．$\dfrac{2Vv_{\mathrm{R}}}{(V+v_{\mathrm{W}}-v_{\mathrm{R}})(V-v_{\mathrm{W}})}f$　問 5．$V=331.5+0.600T$

問 6．3.495 m/s

◀解　説▶

≪風の吹く場所での音源と移動する反射板によって生じるうなり≫

問 1．音源からの音の速度 $(V-v_{\mathrm{W}})$ で f 個の波が届くので，波長は

$\dfrac{V-v_{\mathrm{W}}}{f}$，音速が変化しても振動数の変化はなく f である。

問 2．反射板に到達する直前で観測する波の振動数を f_1 とする。反射板は速さ v_{R} で音源に近づいているため，観測される振動数は，ドップラー効果の公式を使って

$$f_1=\frac{V-v_{\mathrm{W}}+v_{\mathrm{R}}}{V-v_{\mathrm{W}}}f$$

問 3．反射板は f_1 の振動数を出しながら観測者に v_{R} の速さで近づいており，このときの音速が $V+v_{\mathrm{W}}$ になることに注意して，反射板の進行方向の波長を λ_2 とすると，距離 $(V+v_{\mathrm{W}}-v_{\mathrm{R}})$ の中に f_1 個の波が入っている

ので

$$\lambda_2 = \frac{V + v_W - v_R}{f_1}$$

$$= \frac{(V + v_W - v_R)(V - v_W)}{(V - v_W + v_R)f}$$

また，このときの振動数を f_2 とすると

$$f_2 = \frac{V + v_W}{\lambda_2}$$

$$= \frac{(V - v_W + v_R)(V + v_W)}{(V + v_W - v_R)(V - v_W)}f$$

問4．音源から直接観測する振動数 f と反射板から聞こえる振動数 f_2 の差がうなりとして観測されるので

$$f_2 - f = \left\{ \frac{(V - v_W + v_R)(V + v_W)}{(V + v_W - v_R)(V - v_W)} - 1 \right\}f$$

$$= \frac{(V - v_W + v_R)(V + v_W) - (V + v_W - v_R)(V - v_W)}{(V + v_W - v_R)(V - v_W)}f$$

$$= \frac{2Vv_R}{(V + v_W - v_R)(V - v_W)}f$$

問5．グラフから V と T の一次関数の傾きを求めると

$$\frac{361.5 - 337.5}{50.00 - 10.00} = 0.600$$

一次関数の切片を b とし，グラフ上の1点の値を代入すると

$$337.5 = 0.600 \times 10.00 + b$$

$$\therefore \quad b = 331.5$$

したがって

$$V = 331.5 + 0.600T$$

問6．気温を問5の結果に代入し，音速を計算する。

$$V = 331.5 + 0.600 \times 30.00 = 349.5$$

$v_W = v_R$ とその他の数値を，問4の式に代入すると

$$1 = \frac{2 \times 349.5 v_W}{349.5(349.5 - v_W)} \times 49.50$$

$$349.5 - v_W = 99.00 v_W \quad \therefore \quad v_W = 3.495 \, [\text{m/s}]$$

横浜国立大-理系前期　　　　　　　　　　　　　　　　2023 年度　物理〈解答〉　*81*

❖講　評

Ⅰ　小問の数が 34 個と多くなっているが，前半は単位の次元を問う問題で，基本単位が変わった場合の諸量の単位を尋ねているため，解答個数が増えている。物理量の単位がわかっていれば式の変形の問題だが，計算量が多く，要領よく計算しないとかなり手間取るおそれがある。主な問題の設定は，糸でつりさげられたおもりを向心力として円運動をしている質点に半径方向の加速度を生じさせ，その後，円運動の半径の変化を力学的エネルギー保存則，面積速度一定の法則を使って導いている。

Ⅱ　問 1 は，直流電源に抵抗と並列に接続したコンデンサーの充電と，振動回路に接続した抵抗で消費されるジュール熱，コンデンサーの極板間の一部に誘電体を挿入したときの電気容量の変化など，直流回路を中心とした問題。問 2 は，交流電源にコイル，コンデンサー，抵抗を直列に接続した回路。直列に接続されているので電流が等しいことから各素子のリアクタンスを角周波数を使って表す。電源の角周波数を変化させて共振の状態にしている問題もある。

Ⅲ　静止している音源から出る音を，近づく反射板によるドップラー効果により音源より高い振動数として観測し，音源から直接聞く音とのうなりに関する問題。風が吹いているので，音の伝わる方向により音速が変化することに注意。音源が移動する場合には，波長の変化が起こることも確認しておく。

82 2023 年度 化学〈解答〉　　　　　　　　　　　　　　　横浜国立大-理系前期

化学

I 解答

問 1. (1)(あ)—(A)　(い)—(L)　(う)—(C)　(え)—(H)　(お)—(E)
(か)—(M)　(き)—(I)　(く)—(S)　(け)—(T)　(こ)—(K)

(2)—⑤　(3)—④

(4) [ベンゼン環に NH_2 基が結合した構造式]

(5)アニリンブラック　(6)0.99 g

(7)**E** の構造式： [ベンゼン環に OH が結合した構造式]　　**H** の構造式： [ベンゼン環に OH と O_2N, NO_2, NO_2 が結合した構造式]

(8)—**E**・**K**

問 2. (1)—(あ)・(お)・(か)　(2) $\left[O-CH-C \atop CH_3\ O \right]_n$

(3)2.5×10^3　(4)原料 **A**：$C_6H_{16}N_2$　原料 **B**：$C_{10}H_{18}O_4$　(5)700

◀解　説▶

≪染料・医薬品，合成樹脂，元素分析≫

問 1. (1)・(2)・(4)・(7)　物体が色づいて見えるとき，その色を示す物質を色素という。水や有機溶媒に溶け，繊維などの染色に用いられる色素を染料という。染料には動植物から得られる天然染料と，石油などを原料として合成される合成染料がある。合成染料では分子中にアゾ基 −N=N− をもつ芳香族アゾ化合物が代表的である。

アゾ染料の原料の一つである分子量 93 の芳香族化合物 **A**（アニリン）は水にほとんど溶けないが，酸性水溶液には中和された塩である化合物 **B** となり，よく溶ける。

アニリンに無水酢酸を作用させると，アニリンのアミノ基がアセチル化され，アミド結合をもつ化合物 **C**（アセトアニリド）が生成する。また，アミノ酸同士の脱水縮合によって生成するアミド結合は特別にペプチド結合とよばれる。

横浜国立大-理系前期 2023 年度 化学〈解答〉 83

$$A:アニリン \xrightarrow{(CH_3CO)_2O} C:アセトアニリド$$

（A のベンゼン環に NH_2 が結合、C はベンゼン環に $\overset{H}{\underset{}{N}}-\overset{O}{\underset{}{C}}-CH_3$ が結合）

アニリンと希塩酸を氷冷しながら亜硝酸ナトリウム水溶液に加えると，化合物 D（塩化ベンゼンジアゾニウム）が得られる。塩化ベンゼンジアゾニウムは低温では安定に存在するが，温度が上がると分解して窒素を発生し，化合物 E（フェノール）と塩酸を生じる。塩化ベンゼンジアゾニウムの水溶液に化合物 F（ナトリウムフェノキシド）の水溶液を加えると，ジアゾカップリング（カップリング反応）が起こり，橙色の化合物 G（p-ヒドロキシアゾベンゼン）が生じる。

$$ベンゼン環-NH_2 \xrightarrow{HCl,\ NaNO_2} ベンゼン環-N^+\equiv NCl^-$$
D：塩化ベンゼンジアゾニウム

$$ベンゼン環-N^+\equiv NCl^- \xrightarrow{H_2O} ベンゼン環-OH$$
D　　　　　　　　　　　E：フェノール

$$ベンゼン環-N^+\equiv NCl^- \quad + \quad ベンゼン環-ONa$$
D　　　　　　　　　F：ナトリウムフェノキシド

$$\longrightarrow ベンゼン環-N=N-ベンゼン環-OH$$
G：p-ヒドロキシアゾベンゼン

フェノールに濃硫酸と濃硝酸の混合物（混酸）を加えて反応させるとニトロ化されて，3 つのニトロ基をもつ化合物 H（2,4,6-トリニトロフェノール〔ピクリン酸〕）を生じる。ピクリン酸は黄色の結晶で，爆薬の原料として用いられていた。

$$ベンゼン環-OH \xrightarrow{H_2SO_4,\ HNO_3} 2,4,6-トリニトロフェノール（O_2N,\ NO_2,\ NO_2 を置換）$$
E　　　　　　　　　　　H：ピクリン酸

ナトリウムフェノキシドに高温・高圧の下で二酸化炭素を反応させて得られる化合物 I（サリチル酸ナトリウム）に希硫酸を作用させると，弱酸遊

離反応により化合物 **J**（サリチル酸）が生じる。これにメタノールと脱水触媒である濃硫酸を少量加えて加熱すると，エステル化が起こり，消炎鎮痛剤として用いられる化合物 **K**（サリチル酸メチル）が得られる。

$$F \xrightarrow[\text{高温・高圧}]{CO_2} I：サリチル酸ナトリウム \xrightarrow{\text{希硫酸}} J：サリチル酸$$

$$J \xrightarrow{\text{メタノール，濃硫酸}} K：サリチル酸メチル$$

(3) 太陽光の下で物体が色づいて見えるのは，色素によって吸収された光の波長の対角に位置する補色を見ているためである。例えば，天然染料のインジゴは青色の色素であるが，これは $560 \sim 590\,\mathrm{nm}$ の黄色光を吸収するため，その補色である青色に見えるのである。

(5) アニリン（化合物 **A**）は酸化されやすく，硫酸酸性の二クロム酸カリウム水溶液で十分に酸化すると，水に不溶な黒色染料であるアニリンブラックが生じる。

(6) 化合物 **D**（塩化ベンゼンジアゾニウム）$5.0 \times 10^{-3}\,\mathrm{mol}$ に化合物 **F**（ナトリウムフェノキシド）$6.0 \times 10^{-3}\,\mathrm{mol}$ を加えて完全に反応が進行すると，理論上，化合物 **G**（p-ヒドロキシアゾベンゼン，分子量 198.0）は $5.0 \times 10^{-3}\,\mathrm{mol}$ 生じるので，その質量は

$$5.0 \times 10^{-3} \times 198.0 = 0.99\,[\mathrm{g}]$$

(8) 塩化鉄(Ⅲ)水溶液によって青紫〜赤紫色を呈するのは，ベンゼン環に直接ヒドロキシ基が結合した，フェノール性ヒドロキシ基を有する化合物である。

なお，ピクリン酸（**H**），サリチル酸ナトリウム（**I**），p-ヒドロキシアゾベンゼン（**G**）はフェノール類であるが，塩化鉄(Ⅲ)水溶液で呈色しないと考えられる。

問2．(1) 不斉炭素原子を1つもつ化合物には，1対の鏡像異性体が存在する。鏡像異性体は，沸点や密度といった物理的性質や，反応性といった化学的性質は同じであるが，光（偏光）に対する性質や，味やにおいといった生理作用が異なるため，両者は区別することができる。また，鏡像異

性体は反応性が同じなので，通常，つくり分けは不可能で，2種類の鏡像異性体が1：1の存在比の混合物しか得られないが，特殊な触媒を用いると鏡像異性体の一方のみが合成できる不斉合成が可能である。

(2) 乳酸の縮合重合により，低分子量のポリ乳酸が得られる。

$$\text{HO-CH-C-OH} \longrightarrow \left[\text{O-CH-C}\right]_n$$
$$\quad\quad \text{CH}_3\ \text{O} \quad\quad\quad\quad \text{CH}_3\ \text{O}$$

(3) 平均重合度を n とすると，ポリ乳酸の平均分子量は $72.0n$ と表されるので

$$72.0n = 1.8 \times 10^5 \qquad \therefore \quad n = 2.5 \times 10^3$$

(4) 炭素，水素，窒素からなる原料 **A** の C，H，N の質量を，それぞれ W_C，W_H，W_N とすると

$$W_C = 264.0 \times \frac{12.0}{44.0} = 72.0 \, \text{[mg]}$$

$$W_H = 144.0 \times \frac{2.0}{18.0} = 16.0 \, \text{[mg]}$$

$$W_N = 116.0 - (72.0 + 16.0) = 28.0 \, \text{[mg]}$$

原子数比は

$$\text{C} : \text{H} : \text{N} = \frac{72.0}{12.0} : \frac{16.0}{1.0} : \frac{28.0}{14.0} = 3 : 8 : 1$$

組成式 C_3H_8N の式量は 58.0 で，**A** の分子量は 120 前後より，分子式は C_3H_8N の2倍の $C_6H_{16}N_2$（分子量 116.0）と決まる。

一方，炭素，水素，酸素からなる原料 **B** の C，H，O の質量を，それぞれ W_C，W_H，W_O とすると

$$W_C = 220.0 \times \frac{12.0}{44.0} = 60.0 \, \text{[mg]}$$

$$W_H = 81.0 \times \frac{2.0}{18.0} = 9.0 \, \text{[mg]}$$

$$W_O = 101.0 - (60.0 + 9.0) = 32.0 \, \text{[mg]}$$

原子数比は

$$\text{C} : \text{H} : \text{O} = \frac{60.0}{12.0} : \frac{9.0}{1.0} : \frac{32.0}{16.0} = 5 : 9 : 2$$

組成式 $C_5H_9O_2$ の式量は 101.0 で，**B** の分子量は 200 前後より，分子式は $C_5H_9O_2$ の2倍の $C_{10}H_{18}O_4$（分子量 202.0）と決まる。

86 2023 年度　化学〈解答〉　　　　　　　　　　　　　　横浜国立大-理系前期

(5)　原料 **A** は不飽和結合をもたない 2 価の直鎖状脂肪族アミンで，原料 **B** は 2 価の直鎖状飽和カルボン酸であるので，それぞれの構造式は以下の通りと考えられる。

$$H_2N-(CH_2)_6-NH_2 \qquad HOOC-(CH_2)_8-COOH$$
　　　　原料 **A**　　　　　　　　　　原料 **B**

これらの原料の縮合重合により，合成高分子のポリアミドができる。この合成高分子の平均分子量は，重合度 n を用いて表すと

$$(116.0+202.0-2\times18.0)n=282.0n$$

分子量は 9.87×10^4 より

$$282.0n=9.87\times10^4 \qquad \therefore \quad n=350$$

この合成高分子は，繰り返し単位あたり 2 つのアミド結合を有し，生じたアミド結合の数だけ水分子が生じるので，この合成高分子 1 分子の生成にともない生じる水分子の数は

$$2n=2\times350=700$$

II　**解答**　問1．(a)Hg　(b)Zn　(c)Al　(d)Pb　(e)Ba
　　　　　　　問2．(ア)黒　(イ)赤　(ウ)黄　(エ)白

問3．$Hg^{2+}+H_2S \longrightarrow HgS\downarrow+2H^+$

問4．希塩酸との反応：$Zn+2HCl \longrightarrow ZnCl_2+H_2\uparrow$

水酸化ナトリウム水溶液との反応：

$$Zn+2NaOH+2H_2O \longrightarrow Na_2[Zn(OH)_4]+H_2\uparrow$$

問5．溶融塩電解（融解塩電解も可）

問6．テルミット反応（テルミット法，ゴールドシュミット法も可）

問7．①　問8．⑭

━━━━━━　◀解　説▶　━━━━━━

≪金属イオンの沈殿，金属の反応，結晶格子≫

問1・問2．(a)・(ア)・(イ)　水銀 Hg の単体は常温・常圧で液体である。原子は 2 個の価電子をもち，2 価の陽イオン Hg^{2+} の水溶液に硫化水素を通じると黒色沈殿 HgS が生じる。この沈殿を加熱，昇華させると安定な赤色の粉末に変わる。この赤色のものは，かつては顔料として用いられた。

(b)　亜鉛 Zn は黄銅（主成分を Cu と Zn とする合金）の原料である。

(c)　アルミニウム Al の原子は 3 価の陽イオンになりやすい。また，地殻

中に存在する元素の質量パーセント濃度は多い順に酸素，ケイ素，アルミニウム，鉄，…と続き，アルミニウムは金属元素の中で質量比が最も大きい。

(d)・(ウ)　鉛 Pb はやわらかい金属で，化合物中では 2 価の陽イオンとなる。2 価の陽イオン Pb^{2+} がクロム酸イオン $CrO_4{}^{2-}$ と反応すると，黄色のクロム酸鉛(Ⅱ)$PbCrO_4$ の沈殿が生じる。

(e)・(エ)　バリウム Ba は 2 価の陽イオンになりやすく，その溶液の炎色反応は黄緑色を示す。炭酸塩 $BaCO_3$ は水に不溶であるが，水酸化物 $Ba(OH)_2$ は水に溶け強塩基性を示す。その水溶液に希硫酸を加えると，$BaSO_4$ の白色沈殿を生じる。

$$Ba(OH)_2 + H_2SO_4 \longrightarrow BaSO_4\downarrow + 2H_2O$$

問4．亜鉛 Zn の単体は両性金属で，酸や塩基の水溶液と反応して水素を生じる。また，同じく両性金属のアルミニウム Al，鉛 Pb，スズ Sn でも同様の反応が起こる。

問5．アルミニウムはイオン化傾向の大きい金属のため，金属イオン Al^{3+} を含む水溶液を電気分解しても，金属イオンよりも水分子が電子を受け取って還元されやすいため，金属イオンは単体へと還元されない。そのため，水を含まない状態で電気分解する必要がある。このように，塩や酸化物を融解させて電気分解する方法を，溶融塩電解（融解塩電解）という。

問6．アルミニウムの単体はイオン化傾向が大きく還元力が高い。これを用いて，酸化鉄(Ⅲ)のような金属酸化物を還元する反応をテルミット反応という。

$$2Al + Fe_2O_3 \longrightarrow 2Fe + Al_2O_3$$

問7．鉛は質量数が非常に大きな安定同位体から構成されているので，密度が非常に大きく放射線を遮蔽することができる。

問8．体心立方格子は，単位格子中の原子数は 2 個で，単位格子一辺の長さを a〔cm〕，原子量を M，密度を d〔g/cm³〕とすると

$$d = \frac{2M}{a^3 N_A}$$

$$M = \frac{a^3 d N_A}{2} = \frac{(5.028 \times 10^{-8})^3 \times 3.6 \times 6.02214076 \times 10^{23}}{2} \fallingdotseq 137$$

よって，最も近い値は⑭ 137.327 となる。

88　2023 年度　化学〈解答〉　　　　　　　　横浜国立大-理系前期

Ⅲ　**解答**　問 1．(1)—(f)
　　　　　　(2) 3.2

(3) pH＝2.00 の水溶液中：97%，pH＝5.00 の水溶液中： 3 %

問 2．(1) (ア) H_2O　(イ) H_2　(ウ) OH^-　(エ) OH^-　(オ) O_2　(カ) H_2O

(2) V_3，V_2，V_1，V_4　(3)—(c)　(4) 1.1×10^{-2} L　(5) 1.2

━━━━━━━◀解　説▶━━━━━━━

≪弱酸の電離平衡，電気分解≫

問 1．(1)　弱酸は電離定数 K_a の値が大きいほど，つまり pK_a が小さいほ
ど酸としては強い。水溶液の pH が弱酸の pK_a より大きい場合，電離し
ている弱酸の濃度（$[A^-]$）は電離していない弱酸の濃度（$[HA]$）より
高い。この弱酸は pH の大きい水溶液中では，弱酸の電離平衡
$HA \rightleftarrows H^+ + A^-$ が右へ移動し，電離が進行する。

(2)　ギ酸の電離度が 20%のとき，化学種の割合は

$$\frac{[A^-]}{[HA]+[A^-]}=0.20 \Longleftrightarrow \frac{[A^-]}{[HA]}=\frac{1}{4}$$

25℃におけるギ酸の pK_a を 3.80 とすると，この水溶液の pH は

$$pH=pK_a+\log_{10}\frac{[A^-]}{[HA]}$$

$$=3.80+\log_{10}\frac{1}{4}=3.80-2\times0.30=3.20\fallingdotseq3.2$$

(3)　体温（36℃）でのアスピリンの pK_a を 3.50 とすると，pH＝2.00 の
ときの $\dfrac{[HA]}{[HA]+[A^-]}$ は

$$2.00=3.50+\log_{10}\frac{[A^-]}{[HA]} \Longleftrightarrow \log_{10}\frac{[A^-]}{[HA]}=-1.50$$

$$\Longleftrightarrow \frac{[A^-]}{[HA]}=10^{-1.50}=0.032$$

$$\frac{[HA]}{[HA]+[A^-]}=\frac{1}{1+\dfrac{[A^-]}{[HA]}}=\frac{1}{1+0.032}=0.968 \quad \therefore \quad 97\%$$

同様に，pH＝5.00 のとき

$$5.00=3.50+\log_{10}\frac{[A^-]}{[HA]} \Longleftrightarrow \log_{10}\frac{[A^-]}{[HA]}=1.50$$

$$\Longleftrightarrow \frac{[A^-]}{[HA]}=10^{1.50}=32$$

$$\frac{[HA]}{[HA]+[A^-]}=\frac{1}{1+32}=0.030 \quad \therefore \quad 3.0\%$$

問2. (1) 電解槽 A の水酸化ナトリウム水溶液の電気分解では，それぞれの極で次の反応が起こる。

(陰極) $2H_2O+2e^- \longrightarrow H_2+2OH^-$

(陽極) $4OH^- \longrightarrow O_2+2H_2O+4e^-$

(2) 電解槽 A で流れた電気量を Q_1[C]，電解槽 A の陰極で発生した H_2 と陽極で発生した O_2 の標準状態に換算した体積を，それぞれ V_1[L]，V_2[L] とすると

$$V_1=\frac{Q_1}{F}\times\frac{1}{2}\times22.4\,[L], \quad V_2=\frac{Q_1}{F}\times\frac{1}{4}\times22.4\,[L]$$

よって $V_2<V_1$

電解槽 B の硝酸銀・硝酸水溶液の電気分解では，電解槽 B で流れた電子の物質量 $\frac{Q_2}{F}$[mol] が，硝酸銀の物質量 x[mol] より小さいとき $\left(\frac{Q_2}{F}<x\right)$，十分量の銀イオンが存在するため，陰極での気体発生はなく，銀の析出のみが起こる。一方，陽極では水が酸化されるので，それぞれの反応式は

(陰極) $Ag^++e^- \longrightarrow Ag$

(陽極) $2H_2O \longrightarrow O_2+4H^++4e^-$

電解槽 B の陰極と陽極で発生した気体の標準状態での体積を，それぞれ V_3[L]，V_4[L] とすると

$$V_3=0\,[L], \quad V_4=\frac{Q_2}{F}\times\frac{1}{4}\times22.4\,[L]$$

$2Q_1<Q_2$ の関係があるとき

$$V_1=\frac{2Q_1}{F}\times\frac{1}{4}\times22.4\,[L]<V_4$$

よって $V_3<V_2<V_1<V_4$

(3) 電解槽 B で流れた電子の物質量 $\frac{Q_2}{F}$[mol] が，硝酸銀の物質量

x[mol] より大きいとき $\left(\dfrac{Q_2}{F}>x\right)$，まず陰極では電子 x[mol] が銀の析出につかわれ，残りの電子 $\left(\dfrac{Q_2}{F}-x\right)$[mol] が硝酸由来の水素イオンの還元につかわれる。

（陰極） $Ag^+ + e^- \longrightarrow Ag$

$$2H^+ + 2e^- \longrightarrow H_2$$

陰極で発生した気体は水素で，その物質量 n_c[mol] は

$$n_c = \left(\dfrac{Q_2}{F} - x\right) \times \dfrac{1}{2}\,\text{[mol]}$$

一方，陽極では電子 $\dfrac{Q_2}{F}$[mol] はすべて水の酸化につかわれ，発生した気体は酸素で，その物質量 n_a[mol] は一定値となる。

$$n_a = \dfrac{Q_2}{F} \times \dfrac{1}{4}\,\text{[mol]}$$

よって，これを満たすグラフは(c)。

(4)　電解槽 B に流れた電気量が $1.93 \times 10^2\,C$ のとき，陽極で発生した酸素の標準状態での体積は

$$\dfrac{1.93 \times 10^2}{9.65 \times 10^4} \times \dfrac{1}{4} \times 22.4 = 1.12 \times 10^{-2} \fallingdotseq 1.1 \times 10^{-2}\,\text{[L]}$$

(5)　電解槽 B に流れた電気量が $6.00 \times 10^3\,C$，溶解させた硝酸銀の物質量が $x = 0.025$[mol] であるとすると，まず流れた電子の物質量は

$$\dfrac{6.00 \times 10^3}{9.65 \times 10^4} = 0.0621\,\text{[mol]}$$

陰極では 0.025 mol の電子が銀の析出でつかわれ，残りの電子 $(0.0621 - 0.025)$[mol] が水素イオンの還元につかわれるため，水素イオンは $(0.0621 - 0.025)$[mol] 消費される。一方，陽極では 0.0621 mol の電子が水の酸化につかわれ，水素イオンが 0.0621 mol 生じる。

よって，電気分解後の電解槽 B 内の水素イオンの物質量は，0.010 mol/L，500 mL の硝酸由来の水素イオンと合わせて

$$0.010 \times \dfrac{500}{1000} + 0.0621 - (0.0621 - 0.025) = 0.0300\,\text{[mol]}$$

電気分解の前後で水溶液の体積変化はないので，電気分解後の電解槽 B

500 mL 中の水素イオン濃度は

$$[H^+]=\frac{0.0300}{0.500}=6.00\times10^{-2}[\text{mol/L}]$$

よって，電解槽 B の水溶液の pH は

$$pH=2-(\log_{10}2+\log_{10}3)=2-(0.30+0.48)=1.22\fallingdotseq1.2$$

❖講　評

　試験時間は理科 2 科目 150 分。大問 3 題の出題である。難易度は基本 ～やや難レベル。理論，無機，有機の分野から偏りなく出題されている。

　Ⅰ　問 1 (1)・(2)・(4)・(5)・(7)は染料・医薬品に関する知識とその合成 過程，誘導体に関する典型的な問題で確実に正答したい。(3)は色素の色 の識別であるが，リード文を読めば正答できるはずである。(6)は p-ヒ ドロキシアゾベンゼンの理論収量〔g〕で，分子量さえ間違えずに算出 できれば，計算自体は簡単である。(8)の塩化鉄（Ⅲ）水溶液での呈色に関 しては，フェノール性ヒドロキシ基を有していても呈色反応を示さない ものがあり，ピクリン酸は教科書に記載があるが，サリチル酸ナトリウ ムと p-ヒドロキシアゾベンゼンは記載がないため，戸惑う受験生が多 かったと思われる。問 2 (1)は鏡像異性体に関する基本的な出題であった。 (2)・(3)はポリ乳酸の構造式がきちんと書ければ正答できたであろう。 (4)・(5)は元素分析の計算で時間がかかってしまったと思われるが，難易 度は標準的であった。

　Ⅱ　問 1 ～問 6 では金属イオンの沈殿や色，金属単体の反応に関する 典型的な問題が多く問われていた。例年よく出題される内容でもあるの で，満遍なくきちんと対策しておきたい。問 7 は，下線部にある鉛が 「質量数が非常に大きな安定同位体から構成されている」という点と関 連する性質を選ぶ。問 8 は，有効数字に関する計算問題。計算自体は煩 雑であるが，文中に与えられている密度が有効数字 2 桁だが，選択肢に よって桁数が異なっている。

　Ⅲ　問 1 (1)は弱酸の pK_a，pH 変化による化学種比の変化に関する問 題であった。電離定数 K_a の対数値が pK_a なので，その大小関係でミス のないように注意したい。(2)・(3)はリード文の式に当てはめて題意に沿 って解答できれば，計算もしやすく正答できたであろう。問 2 (1)・(2)は

電気分解の典型的な問題であった。(3)～(5)は，銀イオンの物質量が流れた電子の物質量に対して十分量存在せず，電気分解の過程ですべて析出しきってしまい，残りの電子は電解液中の水素イオンの還元につかわれることが理解できているかどうかがポイントであった。難度の高い問題であるが，どこまで得点できたかが合否を分けたと思われるので，時間配分に気をつけて，できるだけ正答しておきたい。

横浜国立大-理系前期　　　　　　　　　　　2023 年度　生物〈解答〉　93

生物

I 解答

問 1．A．20　B．4　C．16　D．64
問 2．(a)転写　(b)翻訳

問 3．(1)粗面小胞体

(2)粗面小胞体上のリボソームで合成されたタンパク質は粗面小胞体内に入り，フォールディングおよび修飾を受ける。その後，小胞によりゴルジ体へ輸送され，ゴルジ体内でさらに修飾や濃縮を受ける。タンパク質はその後，分泌小胞により細胞膜へ運ばれ，分泌小胞が細胞膜と融合することで，細胞外へ分泌される。(150 字以内)

問 4．誤っているもの：(ア)・(イ)・(エ)

適切な順序：(キ)→(カ)→(ク)→(オ)→(ウ)

問 5．コドン：UUU →アミノ酸：フェニルアラニン
コドン：ACA →アミノ酸：トレオニン
コドン：CAC →アミノ酸：ヒスチジン
コドン：CAA →アミノ酸：グルタミン

◀解　説▶

≪遺伝暗号の解読，タンパク質の合成・輸送≫

問 1．B．mRNA を構成するヌクレオチドの塩基は A（アデニン），U（ウラシル），G（グアニン），C（シトシン）の 4 種類しかないため，1 塩基で 1 アミノ酸を指定する場合，アミノ酸は 4 種類しか指定できない。C・D．連続する 2 塩基で 1 アミノ酸を指定する場合は，4×4＝16 種類のアミノ酸を指定できる。一方，連続する 3 塩基で 1 アミノ酸を指定する場合は，4×4×4＝64 種類のアミノ酸を指定できる。

問 3．(2)　分泌型のタンパク質が合成されてから分泌されるまでの過程は次の通りである。

　粗面小胞体上のリボソームでタンパク質が合成される。

　→タンパク質は粗面小胞体内へ入り，フォールディング（ポリペプチドの折りたたみ），および，糖鎖による修飾（付加）を受ける。

　→小胞によってゴルジ体へ輸送される。

→ゴルジ体内でさらにさまざまな修飾や濃縮を受ける。
→分泌小胞によって細胞膜へ運ばれ，細胞膜と融合することで細胞外へ放出（エキソサイトーシス）される。

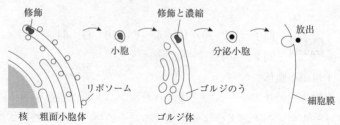

本問においては，リボソームから粗面小胞体に入り，ゴルジ体を経由してエキソサイトーシスにより細胞外へ分泌されるという経路を正確に答えたい。

問4．翻訳の過程は次の通りである。

　(キ)mRNAとリボソームの小サブユニットが結合する。

→(カ)開始コドンに対応するメチオニンと結合したtRNAが，小サブユニットと結合したmRNA上の開始コドンに結合する。

→(ク)リボソームの大サブユニットが小サブユニットに引き寄せられ，翻訳が開始される。

→(オ)アミノ酸を結合したtRNAが，アンチコドンに対応するmRNA上のコドンに結合し，アミノ酸どうしがペプチド結合によって連結され，ポリペプチドが伸長される。

→(ウ)リボソームが終止コドンに到達すると，ポリペプチドが放出され，リボソームは2つのサブユニットに解離してmRNAから離れる。

(ア)　誤文。翻訳の過程において，DNAポリメラーゼによる複製は生じない。

(イ)　誤文。リボソームはmRNA上を$5'→3'$方向に移動しながらポリペプチド鎖を伸長する。$3'→5'$方向ではない。

(エ)　誤文。翻訳の過程において，スプライシングによる成熟型mRNAの生成は生じない。

問5．実験1において，Uのみで構成された塩基配列より，フェニルアラニンのみからなるアミノ酸配列が生じたことから，UUUはフェニルアラニンを指定していることがわかる。

　　　　　…UUUUUUUU…
　　　　　　フェニルアラニン

また，実験2において，CとAの繰り返しの塩基配列より，トレオニンとヒスチジンの繰り返しのアミノ酸配列が生じたことから，CACまたはACAは，トレオニンかヒスチジンのどちらかを指定していることがわかる。

$$\cdots CACACACAC \cdots$$

CAC ⎫
ACA ⎭ トレオニン または ヒスチジン

さらに，実験3において，Cと2つのAの繰り返しの塩基配列より，アスパラギンのみからなるアミノ酸配列，グルタミンのみからなるアミノ酸配列，トレオニンのみからなるアミノ酸配列が生じたこと，および，問題文中に「AACをアスパラギンのコドンとするとき」と記載されていることから，CAAまたはACAは，グルタミンかトレオニンのどちらかを指定していることがわかる。

したがって，実験2・3ともにトレオニンが生じていることから，ACAはトレオニンを指定していることがわかり，また，そのことより，実験2で生じたヒスチジンはCACによって指定されていること，および，実験3で生じたグルタミンはCAAによって指定されていることがわかる。

Ⅱ 解答

問1．A．収縮胞　B．肝門脈　C．アンモニア
問2．(ウ)
問3．(1)（海水魚）エラ：(エ)　口（くち）：(ア)　腎臓：(ウ)
（淡水魚）エラ：(ア)　口（くち）：(イ)　腎臓：(イ)
(2)—(イ)
問4．(1)視床下部
(2)副腎髄質：アドレナリン
副腎皮質：糖質コルチコイド

すい臓ランゲルハンス島：グルカゴン

問5．(1)$CO(NH_2)_2$

(2)硬骨魚類：(ア)　両生類（成体）：(イ)　は虫類：(ウ)　鳥類：(ウ)

昆虫類：(ウ)

問6．(1)バソプレシン

(2)①(ア)0.0　(イ)0.0　(ウ)0.9　(エ)0.0

②180L　③13.5g

問7．(1)—A　(2)68%　(3)温度上昇：右　pH上昇：左

━━━━━ ◀解 説▶ ━━━━━

≪体液濃度の調節，血糖値，排出，尿生成，酸素解離曲線≫

問1．B．肝臓とつながっている静脈には，肝臓から出る血液が流れる肝静脈と，消化管から出る静脈が合流したもので，グルコースやアミノ酸などを豊富に含む血液が流れる肝門脈の2種類がある。文脈より，本問では肝門脈が正解となる。

問3．(2)(ア)　誤文。(イ)　正文。

(ウ)　誤文。サケやウナギなどの淡水や海水を行き来する魚は，エラや腎臓を使って，塩類濃度の調節機能を環境に合わせて切り替えている。淡水ではエラを使って塩類を取り込み，腎臓を使って体液より低濃度の尿を大量につくる。また，海水ではエラを使って塩類を排出し，腎臓を使って体液と等濃度の尿を少量つくる。

(エ)　誤文。尿素を体内に蓄積することで塩類濃度を調節しているのは，サケやウナギではなく，サメやエイなどの海産軟骨魚類である。

問5．(2)　さまざまな動物の窒素排出物の種類は，次の通りである。

尿中の主な窒素化合物	アンモニア	尿素	尿酸
毒性	高	比較的　低	低
可溶性	非常に大	大	不溶
動物	水生無脊椎動物 硬骨魚類 両生類の幼生	哺乳類 両生類の成体 軟骨魚類	鳥類 は虫類 昆虫類
生活様式	水中	陸上	
発生様式	殻のない卵 （拡散によって排出）	哺乳類は胎生 （胎盤を通じて排出）	殻のある卵 （ふ化まで蓄積）

問6．(2)①㋐・㋑　健康なヒトでは，タンパク質は糸球体からボーマンのうへこし出されないため，原尿中にも尿中にも一切含まれない。

㋒・㋓　健康なヒトでは，グルコースは糸球体からボーマンのうへこし出されるが，細尿管ですべて再吸収されるため，原尿中には血しょう中と同じ濃度で含まれるが，尿中には一切含まれない。

②　イヌリンは腎臓で再吸収も分泌もされない物質であるため，イヌリンの原尿中の量と尿中の量は同じである。したがって，以下の式が成立する。

原尿量×イヌリンの原尿中の濃度＝尿量×イヌリンの尿中の濃度

よって

（1日あたりの）原尿量

$$＝（1日あたりの）尿量×\frac{イヌリンの尿中の濃度}{イヌリンの原尿中の濃度}$$

となる。

上記の式に

- イヌリンの原尿中の濃度：$0.50\,\text{mg/mL}$
- イヌリンの尿中の濃度：$60.0\,\text{mg/mL}$
- 1日あたりの尿量：$1.5\,\text{L}$

を代入すると

$$1日あたりの原尿量＝1.5×\frac{60.0}{0.50}＝1.5×120＝180\,〔L〕$$

となり，1日あたりの原尿量は $180\,\text{L}$ となる。

③　1日あたりの尿素の再吸収量は，1日あたりの原尿（$180\,\text{L}$）中に含まれる尿素の量と1日あたりの尿（$1.5\,\text{L}$）中に含まれる尿素の量との差である。したがって，1日あたりの原尿中に含まれる尿素の量は

$$0.15〔mg/mL〕×180000〔mL〕＝27000〔mg〕＝27〔g〕$$

1日あたりの尿中に含まれる尿素の量は

$$9.0〔mg/mL〕×1500〔mL〕＝13500〔mg〕＝13.5〔g〕$$

となり，1日あたりの尿素の再吸収量は

$$27－13.5＝13.5〔g〕$$

となる。

問7．(1)・(3)　酸素ヘモグロビンの性質は，次の通りである。

①血液中に

98 2023 年度 生物〈解答〉 横浜国立大-理系前期

- 二酸化炭素分圧が高いほど
- pH が低いほど
- 温度が高いほど

酸素を解離しやすい。

②血液中に

- 二酸化炭素分圧が低いほど
- pH が高いほど
- 温度が低いほど

酸素を解離しにくい。

①の条件だと酸素解離曲線は右へ移動して，②の条件だと左へ移動することから，二酸化炭素分圧が低い肺胞は，図では左側の曲線 A である。また，pH が上昇すると曲線は左へ，温度が上昇すると曲線は右へ移動する。

(2) 肺胞における酸素解離曲線が A で，かつ，肺胞における酸素濃度が100であることから，横軸 100 のときにおける曲線 A の縦軸の値である95％が，肺胞における酸素ヘモグロビンの割合である。また，組織における酸素解離曲線が B で，かつ，組織における酸素濃度が 30 であることから，横軸 30 のときにおける曲線 B の縦軸の値である 30％が，組織における酸素ヘモグロビンの割合である。本問では「肺胞において酸素と結合したヘモグロビン（95％）の何％が組織において酸素を放出するか」について問われていることから，次のように立式する。

$$\frac{95[\%]-30[\%]}{95[\%]} \times 100 = 68.4 \fallingdotseq 68[\%]$$

III **解答** 問 1．バイオームの名称：照葉樹林

年平均気温 12〜20℃，年降水量 1000 mm 以上の暖温帯に成立し，夏に雨が多い地域で発達する。常緑広葉樹林であるため，林内は一年中暗い。また，葉はクチクラ層が発達しているため，光沢がある。（100 字以内）

問 2．高木が十分に伸びることで階層構造が発達しており，その環境形成作用により，各階層に応じて光や温度などが変化した多様なニッチが生じていると考えられる。そして，そのニッチそれぞれに適応した陰樹や草本などが生育することで多様性が増加し，さらに大学構内という人に近い環

境で人為的な攪乱が加えられることで，中規模攪乱仮説でいうところの中規模の攪乱により，多様性が維持されていると考えられる。(200字以内)
問3．(1)・(2)

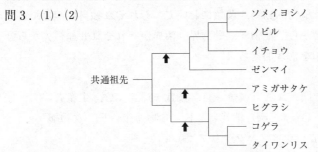

━━━━◀解　説▶━━━━

≪暖温帯のバイオームと多様性，分子系統樹≫

問1．①の文章中に「直径が1メートル近くもあるクスノキをはじめ，スダジイ，アラカシなどのカシ類，タブノキなどの高木も多い」と記載されていることから，この地域の気候は暖温帯で，バイオームは照葉樹林であると考えられる。本問では，暖温帯と照葉樹林の特徴について論述すればよい。その際に「温暖湿潤気候で夏に雨が多い」「常緑広葉樹林である」「発達したクチクラ層により，葉は光沢がある」の3点を盛り込みたい。

問2．まずは，高木の存在から階層構造の発達が考えられ，その環境形成作用により，多様なニッチが生じていることが考えられる。さらに，大学構内での森林なので，里山において多様な生物が生存するのと同様に，一定の攪乱が加えられていることで，多様性が維持されている面も述べておきたい。

問3．(1)　②の文章中に記載されている各生物の分類群をもとに，分子系統樹を作成していく。

＜②の文章中に記載されている各生物とその分類群＞

　　ソメイヨシノ：被子植物（双子葉類），ノビル：被子植物（単子葉類），ゼンマイ：シダ植物，アミガサタケ：子のう菌類，イチョウ：裸子植物，コゲラ：脊椎動物（鳥類），ヒグラシ：節足動物，タイワンリス：脊椎動物（哺乳類）

ソメイヨシノ，ノビル，ゼンマイ，イチョウは植物界に属するが，ソメイヨシノとノビルが特に近縁であるため，ここをもとにイチョウ，ゼンマイを加えた系統樹を作成していく。また，コゲラ，ヒグラシ，タイワンリスは動物界に属するが，コゲラとタイワンリスが特に近縁であるため，植物

100 2023 年度 生物〈解答〉 横浜国立大-理系前期

界と同様，ここをもとにヒグラシを加えた系統樹を作成していく。最後に，菌界に属するアミガサタケを動物界に近い形でつけ加えればよい。

(2) 多細胞化は，植物，動物，菌類において，それぞれ独自に起きたと考えられていることから，植物界，動物界，菌界がそれぞれ共通祖先から分岐する位置に矢印を描き加える。

Ⅳ 解答

問1．A．競争　B．被食―捕食　C．生産者　D．（一次）消費者　E．食物連鎖　F．食物網

問2．緑藻：0.267　シアノバクテリア：0.067

緑藻（の方が適している）

問3．(1)脱窒

(2)動物プランクトンの個体数が多くなることで，植物プランクトンが多く捕食され，水の透明度が高く保たれる。（50字以内）

問4．(1)アオコ（水の華）

(2)沈水植物が消滅し水が濁った状態では，湖内の栄養塩類の吸収や除去が起こらない。また，沈水植物の消滅により小魚が動物プランクトンを見つけやすくなり，さらにシアノバクテリアの大発生により，動物プランクトンの増殖が抑制される。これにより植物プランクトンが盛んに増殖することとなり，浮遊する植物プランクトンによって光が遮られるため，沈水植物の発芽や成長，新たな侵入が起こりにくくなり，透明な状態には戻りにくい。（200字以内）

◀解　説▶

≪相互作用，生態系の食物連鎖，水質の富栄養化≫

問2．問題文に記載されている式に，表の数値を代入していき，緑藻およびシアノバクテリアを餌として与えたときのミジンコの増殖率の平均値を算出していけばよい。

＜緑藻を餌としたときのミジンコの増殖率＞

- $(10-3)\div 3\div 10=\dfrac{7}{30}$

- $(12-3)\div 3\div 10=\dfrac{9}{30}$

- $(11-3)\div 3\div 10=\dfrac{8}{30}$

平均値は

$$\left(\frac{7}{30}+\frac{9}{30}+\frac{8}{30}\right)\div3=0.2666\fallingdotseq0.267$$

＜シアノバクテリアを餌としたときのミジンコの増殖率＞

- $(5-3)\div3\div10=\dfrac{2}{30}$

- $(4-3)\div3\div10=\dfrac{1}{30}$

- $(6-3)\div3\div10=\dfrac{3}{30}$

平均値は

$$\left(\frac{2}{30}+\frac{1}{30}+\frac{3}{30}\right)\div3=0.0666\fallingdotseq0.067$$

したがって，ミジンコの生育には，シアノバクテリアよりも緑藻の方が適していることがわかる。

問3.(2) 沈水植物の繁茂が，水の透明性を高く保つしくみを考察していく。まず，リード文，および問2より，植物プランクトンは水の透明度が低下する現象を促進すること，および植物プランクトンは動物プランクトンに捕食されることがわかる。また，設問文より，沈水植物の繁茂により，メダカなどの小魚が動物プランクトンを見つけにくくなることがわかる。したがって，沈水植物が繁茂することにより動物プランクトンの個体数が多くなり，捕食される植物プランクトンの個体数が増加して，結果的にその数が少なくなることで水の透明度が高く保たれることが考察される。字数制限が厳しいが，「動物プランクトンの個体数が多くなる」「植物プランクトンが多く捕食される（植物プランクトンの個体数が結果的に少なくなる）」の2点を盛り込みたい。

問4.(2) 富栄養化した湖が，もとの透明な状態に戻りにくい理由を，これまでの文章や問いを参考にして考察していく問題である。次に，解答のヒントとなる内容の一部を列挙する。

- 問3(1)より：沈水植物は湖内の栄養塩類の吸収や除去を行う。

 →沈水植物が消滅すると，湖内の栄養塩類の吸収や除去が起こらない。

- 問3(2)より：沈水植物が繁茂していると，動物プランクトンの個体数が多くなる。

102 2023 年度　生物〈解答〉　　　　　　　　　　　　　　　横浜国立大-理系前期

　　→沈水植物が消滅すると，動物プランクトンの個体数が少なくなり，植
　　　物プランクトンの個体数が多くなる。
・問2より：ミジンコの餌としての利用効率は，藻類よりもシアノバクテ
　リアの方が低い。
　　→シアノバクテリアが大発生した湖では，シアノバクテリアを食べるミ
　　　ジンコの増殖率が低く，植物プランクトンの増殖が抑制されない。
・リード文より：植物プランクトンは沈水植物に比べて，光の利用効率が
　高い。
　　→植物プランクトンが多く浮遊している状態の湖では，植物プランクト
　　　ンより光の利用効率が低い沈水植物が新たに侵入しにくい。
以上，4つの項目に注目して論述していくとよい。

❖講　評

　　例年通り，大問4題の出題であった。200字の論述が2問，全体の論
述量が700字あり，2022年度同様，論述問題の比率が高かった。Ⅰが
遺伝情報，Ⅱが体内環境，Ⅲが生態や進化・系統，Ⅳが生態から出題さ
れており，2022年度と同じく生態からの出題が続いている。全体的な
難易度は標準レベルで，2022年度よりやや易化した印象を受けた。
　　Ⅰ　遺伝暗号の解読やタンパク質の合成・輸送に関する標準的な問題。
問3(2)では，タンパク質の輸送に関する知識を150字の論述で問われた。
ここに多くの時間を取られた受験生が多かったであろう。
　　Ⅱ　体液濃度の調節や酸素解離曲線に関する標準的な問題。問6と問
7は尿生成や酸素運搬に関する計算問題であったが，いずれも教科書で
取り扱いのある内容をもとにした基本的な問題であり，ここで確実に得
点したい。
　　Ⅲ　暖温帯のバイオームと多様性や分子系統樹に関する標準的な問題。
問1は暖温帯のバイオームの特徴を100字で論述する問題，問2はバイ
オームの多様性を，指定された語句群のうち4つ以上を使って200字で
論述する問題であった。問3では，横浜国立大学には珍しく，描図問題
が出題された。大部分が論述および描図問題であり，ここに多くの時間
を割きたい。
　　Ⅳ　生態系の食物連鎖や水質の富栄養化に関する，他の大問と比べる

と，ややレベルの高い標準的な問題。問 3(2)と問 4(2)の論述問題では，リード文や問いの情報を整理し，解析・考察していく必要があった。特に，問 4(2)の 200 字の論述に多くの時間を取られた受験生が多かったであろう。

地学

Ⅰ **解答** 問1．(A)水素　(B)放射　(C)対流　(D)彩層　(E)コロナ
(F)太陽風　(G)吸収（フラウンホーファー）

問2．(あ)—①　(い)—③

問3．黒点：周囲よりも磁場が強いため内部からの対流が抑えられ，エネルギーが運ばれにくい。そのため，周囲より温度が低く，黒く見える。

白斑：光球よりも明るく輝く点で，周囲より温度が高い。黒点の周りや，光球の周縁部に見られる。

粒状斑：光球全面に見られる細かい粒状の斑点である。内部から熱いガスが浮き上がって表面に熱を運び，冷えたガスは沈んでいく，という熱対流の様子が粒状の斑点として見えている。

問4．地球は太陽の周りを13.5日の間に，角度にして $360° \times \dfrac{13.5}{365}$ 公転している。よって，黒点は地球から見て太陽赤道部の東端から西端に移動する間に，実際は角度にして $\left(180° + 360° \times \dfrac{13.5}{365}\right)$ だけ，自転している。

太陽赤道部の自転周期を T 日とすると

$$T\,日 : 13.5\,日 = 360° : \left(180° + 360° \times \dfrac{13.5}{365}\right)$$

$$T \times \left(180° + 360° \times \dfrac{13.5}{365}\right) = 360° \times 13.5$$

∴　$T = 25.14 ≒ 25.1$ 日　……（答）

問5．荷電粒子は，地球磁場によって進路を曲げられたり，捕らえられたりするため。

問6．元素の種類によって吸収される光の波長が決まっているので，暗線の位置で太陽大気に存在する元素の種類を知ることができる。

◀解　説▶

≪太陽の構造と活動≫

問1．(A)　軽い核である水素の原子核4つが融合してヘリウム原子核になるとき，反応の前後で質量が減少して，その分がエネルギーに変換されて

いる。この反応の燃料が水素，燃えカスがヘリウムである。

(B)・(C)　太陽の中心核で核融合反応によって生じた熱エネルギーは，放射によって約 30 万 km（放射層）を伝わり，その後，対流によって約 20 万 km（対流層）を伝わり，約 300 km の光球（太陽表面）を経て宇宙空間へ放射されていく。

(D)　彩層は光球の外側にある薄いガスの層で，ここでは太陽フレア（太陽面爆発）や，プロミネンスが観測される。これらの現象は普段は肉眼で見ることはできないが，皆既日食時や特殊なフィルターを使うことで観測することができる。

(E)　コロナは，彩層より上空にある希薄なガス層で，温度は数百万 K まで上昇する。なぜ，上空に行くと急激に超高温になるのかはわかっていない。

(F)　コロナのような超高温のところでは，気体はイオンと電子に電離したプラズマ状態になっていて，この荷電粒子が絶えず宇宙空間に放出されており，これを太陽風とよんでいる。特に太陽面爆発（フレア）のときには多量に放出され，地球磁場にも大きな影響を与え，オーロラが激しくなったり，通信障害や送電障害を起こすことがある。

(G)　暗線を詳細に調べたフラウンホーファーにちなんで，フラウンホーファー線とよぶこともある。

問 2．(あ)　地球の直径は約 12800 km であるから

$$1400000 \text{(km)} \div 12800 \text{(km)} = 109.37 \fallingdotseq 109.4$$

選択肢の中で，この値に最も近いのは①の 110 倍である。

(い)　太陽の表面温度は約 5800 K といわれている。これは以下のような方法で推定できる。

- 地球に届く太陽からの放射エネルギーをもとに，太陽の単位面積当たりから単位時間に放射されるエネルギーを求め，その値からシュテファン・ボルツマンの法則を用いて，表面温度を推定する方法
- 太陽からやってくる光のスペクトル（波長別のエネルギー分布）を調べ，最も強い光の波長からウィーンの変位則を用いて，表面温度を推定する方法

問 3．黒点：温度が周囲より 1000 K〜1500 K 低いため黒く見える。大きさは数百 km〜数万 km，寿命は数日〜 1 カ月程度である。黒点の数は太

陽活動の活発さによって増減していて，その平均周期は約11年である。

白斑：温度が周囲より数百 K 高く，明るく輝いて見える。光球の周縁部や黒点の周りで観察される。中央部にもあるが，周囲との明るさの差がほとんどないので観察できない。

粒状斑：大きさが1000km程度の白い粒状の斑点で，光球全面に見られる。この粒は，対流の最上部において，内部から熱いガスがわき上がり表面で熱を放出して，冷えて粒と粒の間に沈んでいく。寿命は数分程度である。

問4．太陽を北側から見た右図において，地球①の方向から見て太陽の赤道部の東端①に現れた黒点は，太陽の自転にともなって移動していくが，その間に地球も太陽の周りを公転しているので，地球②の方向から見て太陽の西端②に黒点が達したときには，黒点は自転で（$180°+α°$）回転したことになる。
$α°$ は，地球が13.5日間に公転する角度であるから

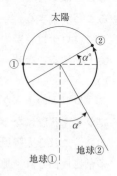

$$α° = 360° × \frac{13.5}{365}$$

で求めることができる。また，下記のようにして求めることもできる。

別解 黒点を内惑星，地球を外惑星と考えて，黒点の公転周期（＝太陽赤道部の自転周期）を P 日，地球の公転周期を $E=365$ 日，会合周期を $S=13.5×2=27$ 日とすると

$$\frac{1}{P} - \frac{1}{E} = \frac{1}{S}$$

$$\frac{1}{P} = \frac{1}{E} + \frac{1}{S} = \frac{E+S}{ES}$$

$$∴ P = \frac{ES}{E+S} = \frac{365 × 27}{365 + 27}$$

$$= 25.14 ≒ 25.1 \text{ 日}$$

問5．荷電粒子は，地球磁場から力を受けて進路を曲げられたり，捕らえられたりするので，地上まで直接到達できない。地球磁場は，地上の生命にとって有害な太陽風や宇宙線などの荷電粒子から守るバリアの役割をしている。

問6．暗線は，太陽の大気中にある分子・原子・イオンによって光が吸収

されることによって起こる。元素によって，また，元素の状態（分子・原子・イオン）によって吸収する光の波長が異なるので，逆に，暗線の位置を調べれば元素の種類やその状態を知ることができる。たとえば，大気中に黄色い光を吸収する原子があって，黄色い光だけが大気中で吸収され，その他の波長の光は大気を素通りするとしよう。このとき，原子に吸収された黄色い光は同じ量だけ四方八方へ向けて再放射されるので，我々の視線方向にやってくる黄色い光は，そのごく一部になる。やってきた光を分光すると，黄色い光は他の波長の光に比べてずっと暗くなっているため，暗線として観測されることになる。

実際には，大気中にはいろいろな種類の原子やイオンがあるので，たくさんの暗線が見られる。また，吸収する粒子数が多ければ吸収線は強く現れる。これらの原理から，スペクトルを分析すれば，大気中にどんな物質がどんな状態でどのくらいあるのかがわかる。

II 解答
問1．クリノメーター

問2．水平にしたクリノメーターの長辺方向を北から東方向に振ると，磁針は西方向に回転する。つまり，クリノメーターの長辺の振れる方向と磁針の動きが逆になるので，直読できるようにEとWを逆に印してある。

問3．走向：①　傾斜：④

問4．地図が真北を基準に作られているのに対し，方位磁針が示す方向は，その地点から見た磁北の方向であって，一般に真北からズレているため，そのズレ角である偏角の分を補正する必要がある。

問5．番号：③・④

理由：この地域の地層は真西に45°傾斜していることから，X点の真東にあって同じ標高のY点は，X点より下位に位置する古い地層であると判断できる。したがって，X点のイノセラムス（中生代）より新しい時代の化石は産出しない。

問6．①

問7．④

問8．中緯度地方の上空では，偏西風とよばれる西からの風が卓越しているため，上空まで噴き上がった火山灰はこの風によって東方に流され，落

下して堆積するから。

━━━━━━ ◀解 説▶ ━━━━━━

≪地層と地質調査，示準化石≫

問2・問3．走向を計測するには，①のように，クリノメーターの長辺を傾斜した層理面に当て，水準器の泡が中央になるように調整してクリノメーター全体が水平になるようにする。このとき，クリノメーターの長辺の方向が水平面と層理面の交線（走向線）になる。この方向を走向といい，外側の目盛りを使って，NからE（W）へ何度なのかを方位磁針が指す角度で読み取る。

また，傾斜を計測するには，④のように，クリノメーターを立てて走向線と直交する方向にクリノメーターの長辺面を層理面に当て，垂針（傾斜測定用の振り子）が示す角度を内側の目盛りで読み取る。

問4．日本における偏角は，西向きに約$11.2°$〜約$0.2°$と場所によってかなりの差がある。なお，偏角は時代によっても変動している。これは，地球磁場が変動しているからである。

問5．P点での地層の走向は南北方向で傾斜は西へ$45°$である。この地域では，走向・傾斜が一定で地層の逆転や断層がないので，東西方向にあるX点とY点を通る線で断面図を描いても地層の傾斜は変わらず$45°$となる。Y点とX点は同じ標高なので，Y点の地層はX点の地層より下位になる。地層累重の法則より，Y点の地層はX点の地層より古い時代に堆積したことになる。X点で観察された化石のイノセラムスが生息した時代は中生代ジュラ紀〜白亜紀であるから，Y点で発見される可能性がない化石は，それより新しい時代の③ビカリア（新生代第三紀：巻き貝の仲間）と④ヌンムリテス（貨幣石）（新生代古第三紀：大型の有孔虫）である。

①　誤り。クックソニアは，古生代シルル紀〜デボン紀の陸上植物である。

②　誤り。ディッキンソニアは，先カンブリア時代エディアカラ紀に海中に生息していた動物である。

⑤　誤り。アンモナイトは，古生代シルル紀〜中生代白亜紀に繁栄した頭足類である。

⑥　誤り。三葉虫は，古生代カンブリア紀〜ペルム紀を代表する節足動物である。

⑦　誤り。シアノバクテリアは，先カンブリア時代～現在にわたって生息している，光合成を行うラン藻である。

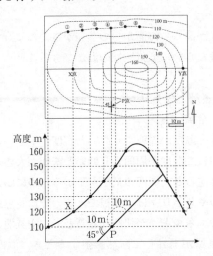

問6．イノセラムスは貝類で，骨格がない軟体動物の仲間である。貝殻は結晶が付加されながら大きくなる（付加成長）。

問7．P点から走向線を伸ばして同じ110ｍの等高線と交わる点が④である。この地域では，走向・傾斜が一定で，地層の逆転もなく断層もないこと，また，P点と距離が離れていないことから，④にはP点と同じ火山灰層があると考えられる。

問8．日本列島など中緯度の上空には，西から東に向かって吹く風が卓越している。これを偏西風という。この風によって，火山から噴出して上空まで達した軽い火山灰は東方へ流されやすく，やがて落下して降り積もる地域も火山の東方に広がる傾向がある。

III 解答

問1．③
問2．㋐乾燥断熱減率　㋑湿潤断熱減率
問3．(F)絶対安定　(H)（絶対）不安定
問4．空気塊が飽和状態にあれば，少し持ち上げたとき湿潤断熱減率で温度が下がるが，この割合は(G)の領域にある周囲の大気の温度減率よりも小さい。よって，同じ高度で比べると，この飽和空気塊の温度は周囲の大気より高く，密度が小さいので，浮力を受けて上昇し続ける。

110 2023 年度　地学〈解答〉　　　　　　　　　　　横浜国立大-理系前期

問 5．(台風の) 目

問 6．(b)積乱雲　(c)積雲

問 7．(I) ←　(J) →

問 8．・海面水温が高く，海面からの蒸発がさかんに行われること。

・コリオリ力がはたらいて低気圧性の渦ができること。

(から 1 つ)

━━━━━ ◀解　説▶ ━━━━━

≪大気の安定性，台風，雲≫

問 1．(A)　空気塊の温度が周囲より高いと密度が小さいので，浮力がはたらき上昇する。逆に，温度が周囲より低いと密度が大きいので下降する。

(B)　空気塊が上昇すると，周囲の気圧が下がるために膨張する。この変化は，周囲との熱のやりとりがほぼ無視できるので，断熱膨張とみなせる。このとき，膨張にエネルギーが使われることで，空気塊の温度は低下する。

(C)　未飽和の空気塊が上昇して断熱膨張するとき，温度が下がる割合は 100 m につき約 1℃ である。

(D)　飽和状態にある空気塊が上昇して断熱膨張するとき，温度が下がる割合は 100 m につき約 0.5℃ である。

問 2．(あ)　問 1 (C)の割合を乾燥断熱減率という。未飽和の（乾燥した）空気塊が下降するときは，断熱圧縮により同じ割合で温度が上がる。

(い)　問 1 (D)の割合を湿潤断熱減率という。飽和状態の空気塊が下降するときは，断熱圧縮により同じ割合で温度が上がる。

飽和状態にあるということは，その温度での飽和水蒸気量（空気中に含むことができる最大水蒸気量）に等しい水蒸気を含んでいるということである。空気塊が上昇して温度が下がると飽和水蒸気量が少なくなってしまうので，含まれることができなくなった余分な水蒸気は凝結して水滴になる。この状態変化の際に熱が放出される（凝結熱）。この効果で空気塊が暖められるので，飽和状態にある場合の温度低下の割合（湿潤断熱減率）は，乾燥断熱減率よりも小さくなる。

問3．(F)の領域に周囲の大気の鉛直温度分布がある場合，未飽和空気塊も飽和空気塊も，持ち上げられたとき周囲の大気より温度が低くなるため，元の高度に戻ろうとする。このときの大気の状態を絶対安定という。

一方，(H)の領域に周囲の大気の鉛直温度分布がある場合，未飽和空気塊も飽和空気塊も，持ち上げられたとき周囲の大気より温度が高くなるため，上昇を続ける。このときの大気の状態を（絶対）不安定という。

問4．(G)の領域に周囲の大気の鉛直温度分布がある場合，飽和空気塊は，持ち上げられたとき周囲の大気より温度が高くなるため，上昇を続ける（不安定）。一方，未飽和空気塊は，持ち上げられたとき周囲の大気より温度が低くなるため，元の高度に戻ろうとする（安定）。このときの大気の状態を条件付き不安定という。

問5．台風では強い風が中心に向かって吹き込む。勢力が増すと中心部では空気が高速回転して外向きに強い遠心力がはたらくので，湿った空気が吹き込めなくなる領域ができる。これが，台風の目である。台風の目では，下降気流があって雲が少なく青空が見えることがある。

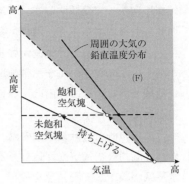

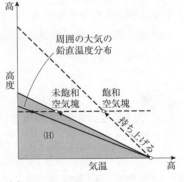

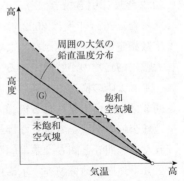

問6．十種雲形のうち対流雲にあたるのは積乱雲と積雲の2種である。このうち，(b)「雷雨を伴う背の高い対流雲」に対応するのは積乱雲であり，(c)「背の低い対流雲」に対応するのは積雲である。

問7．下層(I)では，台風の中心に向かう空気の流れ，上層(J)では，台風の

外側に向かって発散する空気の流れが観測される。

問8．台風のエネルギー源は，多量の水蒸気の凝結による凝結熱の放出で空気が暖められて上昇気流が強まることにある。そのため，台風は海水温が高くて蒸発がさかんな熱帯地域で発生するが，赤道ではなく，少し離れた地域である。その理由は，赤道ではコリオリ力がはたらかないので空気の渦ができないからである。

熱帯地域の海上に低気圧性の渦（熱帯低気圧）ができると，渦の中心に向かって湿潤な空気が流れ込む → 上昇気流が発生し積乱雲が発達 → 多量の水蒸気が凝結して凝結熱を放出 → 周りの空気を暖め上昇気流が強まる → 中心に吹き込む風が強くなる → …。

この繰り返しで熱帯低気圧が発達して台風（最大風速 17.2 m/s 以上）となる。

❖講　評

　2023 年度も，2022 年度と同じく大問 3 題の出題で，試験時間は理科 2 科目で 150 分であった。出題形式は，論述問題，空所補充問題，選択問題，記述問題，計算問題であった。描図を求める問題はなかったが，2022 年度に引き続き，与えられた地形図に補助線を入れて解く問題があった。2023 年度は 2022 年度と比べ，論述問題の出題数が増加した。字数指定の論述問題がなくなった代わりに，字数指定なしの論述問題が大幅に増えたのが特徴である。

　Ⅰ　太陽の構造や活動に関する出題。問 1・問 2 は基本事項の確認。問 3 は太陽面で見られる模様の説明。問 4 の太陽自転周期の計算問題は，地球公転の影響を考慮しなければならない問題で，少し戸惑ったかもしれない。問 5 と問 6 は基本的な論述問題であった。

　Ⅱ　地層と地質調査，示準化石に関する出題。問 1 〜問 4 は，クリノメーターの使い方に関する出題で，道具の使い方にも精通しておく必要がある。問 5 は，ある地点の走向・傾斜のデータと地形図から地層の立体構造をとらえて，その新旧を読み取り，示準化石との関連を問う総合問題で，知識がしっかりしていないと解けない問題であった。地質時代とその示準化石を正確に把握しておく必要がある。問 6 は貝類の動物分類や成長様式を問う問題で，分野が少し異なるので戸惑ったかもしれな

い。問7・問8は火山灰層に関する問題で，地層の広がりと，上空の風から，どの方角に火山灰が降り積もる傾向があるかを問う問題であった。

Ⅲ　大気の安定性，台風に関する出題。問1・問2は空気塊の断熱膨張と温度変化の関係，問3・問4は大気の鉛直温度分布と大気の安定性の関連を問う問題。教科書に載っている基本的なグラフであるが，深く理解しておく必要がある。問5〜問8は台風に関する問題で，その構造と十種雲形・空気の流れの関係，大気の安定性を絡めた台風の発生条件など，多岐にわたる出題であった。教科書の探究課題や発展・写真のページにもよく目を通しておく必要がある。

横浜国立大-理系後期　　　　　　　　　　　　　　　　2023 年度　問題　*115*

■後期日程

問題編

▶試験科目・配点

学　部　等		教　科	科　　　　目	配　点
理　　　　　　　　　工		数　学	数学 I・II・III・A・B	450 点
		理　科	「物理基礎・物理」「化学基礎・化学」	450 点
都市科	建　　築　都 市 基 盤	数　学	数学 I・II・III・A・B	450 点
		理　科	「物理基礎・物理」「化学基礎・化学」	450 点
	環 境 リ ス ク 共 生	数　学	数学 I・II・III・A・B	450 点
		小論文	自然環境や生態環境，社会環境の様々なリスクに関連して提示された素材に関し，内容把握の読解力，問題点を解決するための発想力，考えを表現するための論理的思考力や表現力を評価する。	200 点

▶備　考

「数学 B」は「数列，ベクトル」を出題範囲とする。

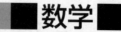

(150 分)

1 次の問いに答えよ。ただし，e は自然対数の底である。

(1) 関数 $f(x)$ は $x > 0$ において以下をみたす。
$$f(x) = (\log x)^2 - \int_1^e f(t)\,dt$$
このとき，$f(x)$ を求めよ。

(2) 定積分
$$\int_{\log \frac{\pi}{4}}^{\log \frac{\pi}{2}} \frac{e^{2x}}{(\sin(e^x))^2}\,dx$$
を求めよ。

横浜国立大-理系後期 2023 年度 数学 *117*

2 O を原点とする xyz 空間に 3 点 A$(6, -6, 0)$, B$(1, 1, 0)$, C$(1, 0, 1)$ がある。3 点 O, B, C を通る平面を α とする。また、点 D を、線分 AD が平面 α と垂直に交わり、その交点は AD の中点であるように定める。次の問いに答えよ。

(1) D の座標を求めよ。

xy 平面上に点 E がある。点 P が α 上を動くとき、線分 AP, PE の長さの和 AP + PE の最小値を m とし、その最小値をとる点を P_0 とする。

(2) E の座標が $(10, 6, 0)$ のとき、P_0 の座標を求めよ。

(3) E が xy 平面内の曲線 $y = -(x-5)^2$ 上を動くとき、m が最小となる点 E の座標を求めよ。

3 複素数 α, β は $\alpha - \overline{\alpha} = 2i$, $\alpha = \overline{\alpha}\beta$, $\alpha \neq -\overline{\alpha}$ をみたすとする。複素数 z_n を以下で定める。
$$z_1 = 2i, \qquad z_{n+1} = \frac{\overline{\alpha}\, z_n}{z_n + \alpha} \quad (n = 1, 2, 3, \cdots)$$

次の問いに答えよ。

(1) z_n $(n = 1, 2, 3, \cdots)$ を、n, β の式で表せ。

(2) $z_{n+4} = z_n$ $(n = 1, 2, 3, \cdots)$ をみたすとき、(α, β) をすべて求めよ。

(3) 複素数平面上の点 z_n $(n = 1, 2, 3, \cdots)$ は、n によらない円 C 上にあることを示し、C の中心と半径を求めよ。また、C を図示せよ。

4 正の整数 a, b, c に対して,

$$2a^3 + b^3 = c^3 + 2023$$

が成り立つとする. 次の問いに答えよ.

(1) $b - c = 3k + r$ (k, r は整数であり, r は $-1 \leqq r \leqq 1$ をみたす) と表すとき, $b^2 + bc + c^2$ を 3 で割った余りを, r の式で表せ.

(2) a を 3 で割った余りが 2 であるとき, $b - c, b^2 + bc + c^2$ をそれぞれ 3 で割った余りを求めよ.

(3) $a = 8$ のとき, (b, c) をすべて求めよ.

5 関数 $f(x) = x^2 + 2x^2\sqrt{2 - x^2}$ ($0 \leqq x \leqq \sqrt{2}$) に対して, $y = f(x)$ の表す曲線を C とする. 次の問いに答えよ.

(1) $f(x)$ の増減, 極値を調べ, C の概形を描け. ただし, C の凹凸, 変曲点は調べなくてよい.

(2) C と x 軸と直線 $x = 1$ および $x = \sqrt{2}$ で囲まれた部分の面積を求めよ.

物理

（2科目：120分）

I 次の文章の空欄に適切な答えを入れよ。ただし解答に用いてよい記号は $T_1, P_1, P_2, S, b, c, g$ のみとする。

　鉛直に立てた断面積 S のパイプの中に2つのピストンA, Bがあり，パイプの外に加熱器および冷却器が設置された，図1のような装置がある。2つのピストンの間には単原子分子の理想気体が封入されており，ピストン間と大気の間で理想気体や空気が移動することはないものとする。ピストンは摩擦なしに移動できるものとし，ピストンの厚みは考えなくてよいとする。またピストンの質量およびピストン間の気体の質量は無視できるとする。鉛直上向きに x 軸をとり，重力加速度を g とし，大気の温度と圧力は一定であるとする。

　図1の状態Iのように2つのピストンの間の気体の温度が T_1，圧力が P_1 であったとする。ピストンAが位置 $x=b$ にあり（$b>0$），ピストンBが位置 $x=0$ にあるときに，どちらのピストンにおいても働く力の和が0であったとすると，この装置の周囲の大気圧は　（ア）　である。

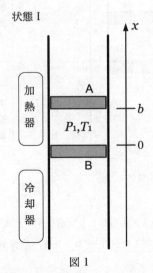

図1

次に状態Ⅰから，加熱器を用いてピストン間の気体を加熱した。この間，どちらのピストンにも力を加えてピストンが動かないようにしていた。加熱を終えた時，図2のようにピストン間の気体の圧力は P_2 となり，温度は （イ） となった。これを状態Ⅱとする。状態Ⅱで，ピストンAが動かないように加えている力は鉛直上向きを正として （ウ） と書ける。また状態Ⅰから状態Ⅱまでの間にピストンAに加えた力がなした仕事量は （エ） ，加熱器がピストン間の気体に与えた熱量は （オ） である。

状態Ⅱから，ピストンAにかけていた力を0にすると同時にピストンAの上におもりを乗せたところ，ピストンAの位置は変わらなかった。この状態でピストンBは動かないようにしたまま，ピストン間の気体を加熱器で加熱すると，ピストンAは上昇し，図3のように位置 $x=c$ で静止した。これを状態Ⅲとする。このときのピストン間の気体の圧力は （カ） である。おもりの質量は （キ） と計算できる。状態Ⅱから状態Ⅲまでの間に加熱器がピストン間の気体に与えた熱量は （ク） である。

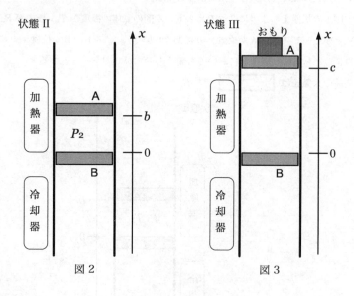

図2　　　　　　　　図3

次に，状態Ⅲの装置からおもりを取り外すと同時に，ピストンAとBの間隔を c に保つように力を加えながら，ピストンAが位置 $x=0$ に，ピストンBが位置 $x=-c$

に達するまでゆっくりと動かして図4のようにした。これを状態IVとする。このピストンの移動中は断熱状態であったとすると、ピストンの移動中にピストンAに加えた力がなした仕事量は　(ケ)　，ピストンBに加えた力がなした仕事量は　(コ)　である。

　状態IVから，ピストンを固定して距離をcに保ったまま冷却器でピストン間の気体から熱を奪い，図5のようにピストン間の圧力がP_1になるようにした。これを状態Vとする。状態Vでのピストン間の気体の温度は　(サ)　，状態IVから状態Vまでに冷却器がピストン間の気体から奪った熱量は　(シ)　である。

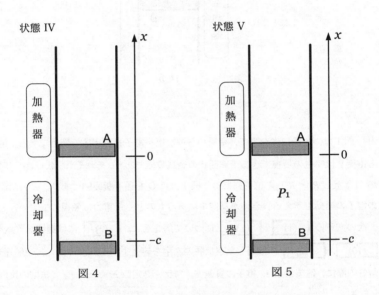

　状態VからピストンAを固定したまま冷却器で熱を奪うと、ピストンBのみが動いて図6のように位置$x=-b$に達した。これを状態VIとする。この過程でピストン間の気体の圧力はP_1のままであった。状態VIでのピストン間の気体の温度は　(ス)　である。

　さらに，両方のピストンをゆっくりと動かして図1の位置へ戻したところ，装置は状態Iと同じ状態に戻った。この移動中はピストン内部の気体は断熱状態であったとして，最初の状態Iから再び状態Iになるまでにピストン間の気体が外部に対してなした仕事量の総和は　(セ)　であり、ピストンAがおもりを持ち上げるのに要した仕事量は　(ソ)　である。

状態 VI

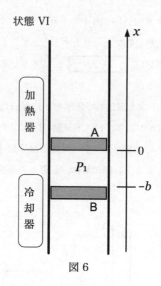

図 6

Ⅱ 図1は，金属に光を当て，金属から飛び出す電子を検出する装置である。電極1と電極2は厚さの無視できる半球面状の金属電極であり，それぞれ，点Oから半径 R_1，R_2（ただし $R_1 < R_2$）の位置にある。図1は点Oを通る断面図であり，この断面内での電子の運動を考える。全体が真空中にあるものとし，重力は無視してよい。

次の文章の (1) 〜 (13) について解答せよ。 (2) には適切な言葉を， (10) ， (12) には適した選択肢の文字を答えよ。それ以外は，式で解答せよ。解答の際に，電気素量 e，電子の質量 m，プランク定数 h，クーロンの法則の比例定数 k を用いてよい。

金属に当てる光の振動数を ν とすると，この光の中の光子1個のエネルギーは (1) である。金属から飛び出す電子の運動エネルギーの最大値は，光子1個のエネルギーより，あるエネルギー W だけ小さい。このエネルギー W を (2) とよぶ。

図のように加速用電極（多数の小さい穴をもつ金属板）と金属の間に電圧 V を加えて電子を加速した。運動エネルギー K_0 をもって金属から飛び出した電子が加速用電極を通過したときにもつ運動エネルギーは (3) である。

横浜国立大-理系後期 2023 年度 物理 123

電極 1 と電極 2 の間に，電極 1 が電極 2 に対して正の電位をもつように電圧 V_0 を与えた。電極間に入った電子のうちのいくつかは点 O を中心とする等速円運動をし，検出器で検出された。

電極間の半径 r の位置における電場は，電極 1 と電極 2 がなく，点 O のみに，ある電気量 Q の点電荷があるときの電場と等しいとみなせるので，Q などを使って電場の大きさ $E(r)$ を表すと $E(r) =$ ［ (4) ］である。このとき電極間の電位差も点電荷の場合と同様に求められるので，$V_0 =$ ［ (5) ］である。したがって $E(r)$ を $V_0, R_1, R_2,$ r で表すと $E(r) =$ ［ (6) ］である。

以下では Q を使わずに解答せよ。半径 r の位置で等速円運動する電子の速度は $E(r)$ などを使って ［ (7) ］と表せるので，この電子の運動エネルギー $K(r)$ を $V_0, R_1,$ R_2, r で表すと $K(r) =$ ［ (8) ］である。電極の中間位置の半径 $r_0 = \dfrac{R_1 + R_2}{2}$ で等速円運動する電子の運動エネルギーを V_0, R_1, R_2 で表すと $K(r_0) =$ ［ (9) ］である。

電極 1 の表面付近（$r = R_1$）を円運動する電子と電極 2 の表面付近（$r = R_2$）を円運動する電子の運動エネルギーを比べると，より大きいエネルギーをもつのは，［ (10) ア：電極 1 イ：電極 2 ］の表面付近を円運動する電子である。これらのエネルギーの差を V_0 で表すと ［ (11) ］である。

次に，電極 1 と電極 2 を等電位にし，紙面に垂直に一様な磁場 B を加えた。電子に等速円運動させて検出器で検出するためには，磁場の向きが紙面の ［ (12) ア：表から裏へ　イ：裏から表へ ］向かう向きでなければならない。電極の中間位置で等速円運動する電子の運動エネルギーを B, R_1, R_2 で表すと ［ (13) ］である。

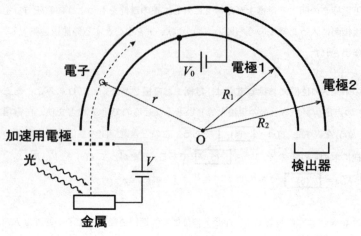

図1

化学

（2科目：120分）

問題を解くにあたって必要であれば，原子量として H：1.00，C：12.0，N：14.0，O：16.0，Na：23.0，Cl：35.5，Br：79.9 を用いよ。

Ⅰ　以下の問い（問1～問3）に答えよ。

問1．次の文章を読み，以下の(1)～(3)に答えよ。

　　水素分子は二つの同じ原子が結合しているため，共有電子対はどちらの原子にも偏らない。一方，塩化水素分子は電子を引きつける強さの尺度である　(あ)　の異なる原子により構成されているため，共有電子対は　(い)　原子側に引き寄せられる。そのため，塩化水素分子は極性分子となる。一般に，二原子分子では原子間の　(あ)　差が大きいほど極性は大きくなる。しかし，三原子以上から構成される多原子分子では原子間の　(あ)　差以外に，(A)分子形状によっても極性の有無や大小が変わる。

　　スクロースやエタノールはそれらの分子中のヒドロキシ基と水分子の間に水素結合が生じて　(う)　されるために水によく溶ける。また，塩化水素も水によく溶けるが，それは水中で水素イオンと塩化物イオンに　(え)　し，これらのイオンが　(う)　によって安定化されるためである。スクロースなどの不揮発性物質が溶解した水溶液は純粋な水に比べて蒸気圧が　(a)　して沸点が　(b)　し，凝固点は　(c)　する。スクロース水溶液中では溶質分子が均一に混じっているが，界面活性剤の水溶液中では数十～数百の溶質分子が集合したコロイドを形成する。そのため，スクロース水溶液と界面活性剤水溶液のそれぞれにレーザー光を透過させるとコロイドが光を　(お)　することにより，界面活性剤水溶液では光の進路が見える。これを　(か)　とよぶ。

126 2023 年度 化学　　　　　　　　　　　　　　　　　　横浜国立大-理系後期

(1) （あ） ～ （か） にふさわしい語句を以下の語群から選び，解答欄に答えよ。

語群

凝析	散乱	配位	付加重合	けん化	架橋	分極	塩析
原子価	電子親和力	感光	イオン化エネルギー			塩素	水素
浸透	還元	電気分解	電離	飽和	水和		結合エネルギー
吸収	電気陰性度	チンダル現象		ブラウン運動		透析	電気泳動
炎色反応							

(2) 下線部(A)について，例えば分子の形が直線形をとった塩化ベリリウム分子 $BeCl_2$ の場合を考える。一つの Be—Cl 結合では電子が偏るため，極性が生じる。そのような一つの結合における極性の方向と大きさをベクトルとして考えると，$BeCl_2$ では二つの Be—Cl 結合において，それぞれの極性をあらわす二つのベクトルが逆向きとなり，2 つのベクトル和はゼロベクトルとなる。そのため，$BeCl_2$ 全体は無極性分子となる。この考え方をもとに，以下の選択肢から無極性分子と考えられるものをすべて選び，解答欄に記号で答えよ。

選択肢

(ア) アンモニア	(イ) メタン	(ウ) エチレン（エテン）
(エ) 塩化ビニル	(オ) シス-1,2-ジクロロエチレン	
(カ) トランス-1,2-ジクロロエチレン	(キ) アセチレン	(ク) ベンゼン
(ケ) モノクロロベンゼン		

横浜国立大-理系後期　　　　　　　　　　　　　2023 年度　化学　*127*

(3) $\boxed{\text{(a)}}$ ～ $\boxed{\text{(c)}}$ にふさわしい語句の組み合わせを以下の記号①～⑧から選び，解答欄に記号で答えよ。

	(a)	(b)	(c)
①	上昇	上昇	上昇
②	上昇	上昇	低下
③	上昇	低下	低下
④	上昇	低下	上昇
⑤	低下	上昇	上昇
⑥	低下	低下	上昇
⑦	低下	上昇	低下
⑧	低下	低下	低下

問2．次の文章を読み，以下の(1)～(3)に答えよ。

　二酸化炭素は固体状態（ドライアイス）が冷却剤として日常的に使われるほか，植物による(A)光合成においても重要な物質である。二酸化炭素は生物の呼吸によって生じるほか，石灰石と希塩酸を反応させることや，アルミニウムの単体を溶融塩電解により得る過程において，(B)陽極表面での反応によっても生成する。

(1) 下線部(A)に関して，二酸化炭素（気体）と水（液体）から 1 mol のグルコース $C_6H_{12}O_6$（固体）が生成するときに発生する反応熱を推定せよ。ただし，二酸化炭素（気体），水（液体），グルコース（固体）の生成熱はそれぞれ 394 kJ/mol，286 kJ/mol，1274 kJ/mol とする。

(2) 下線部(B)に関して，陽極表面において二酸化炭素の発生をあらわすイオン反応式を電子 e^- を用いて表せ。

(3) 以下の各文(a)～(e)が示す化学反応または現象において，二酸化炭素が生成するものを全て選び，記号で答えよ。

(a) 工業的な鉄の精錬では，鉄鉱石を還元して銑鉄と呼ばれる鉄を得る。
(b) テルミット反応により鉄の単体を得る。
(c) 石灰石を強熱することで生石灰を得る。
(d) 水酸化ナトリウムの固体を空気中に放置すると潮解現象により溶ける。
(e) ハーバー・ボッシュ法によりアンモニアを得る。

問3．次の文章を読み，以下の(1)〜(3)に答えよ。

　　理想気体は (あ) がなく， (い) がはたらかないと仮定した気体である。(A)標準状態における1 molの理想気体の体積は22.4 Lとしてあつかうことができるが，1 molの実在気体の体積は22.4 Lからわずかにずれることが多い。そのため，理想気体ではすべての温度，圧力で状態方程式が成り立つとしているが，実在気体では状態方程式からのずれが生じ，そのずれを圧縮率因子 Z として表す。(B)例えば，温度が300 Kで一定のとき，圧力を変化させても理想気体の Z は1のままであるが，実在気体である水素やヘリウムでは圧力上昇とともに Z は1から少しずつ増加していく。

(1) 文中の (あ) と (い) に当てはまる適切な語句を答えよ。

(2) 一定容積の容器に気体Aと気体Bからなる混合気体を封入すると，300 Kで気体Aの分圧は気体Bの分圧の2倍となった。下線部(A)が圧力によらず全ての気体について成り立つと仮定し，気体Aと気体Bの物質量の比 n_A/n_B を求めよ。

(3) 下線部(B)の記述をもとに，以下の記号(あ)〜(か)のうち，正しいと考えられるグラフを一つ選び，解答欄に記号で答えよ。

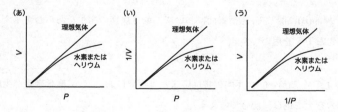

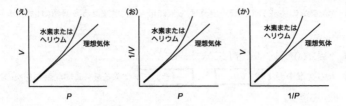

Ⅱ 以下の問い(問1〜問3)に答えよ。

なお，構造式については記入例にならって示し，不斉炭素原子により生じる立体異性体は区別しなくてよい。ただし，不斉炭素は炭素原子の右肩に*を付記して示せ。

記入例：

問1．次の文章を読み，以下の(1)〜(4)に答えよ。

エタノールは，デンプンから導かれる(a)グルコースのアルコール発酵によって得ることができる。グルコースには図1のように [(あ)] と [(い)] があり，水溶液中では鎖状構造Aを介した平衡状態になっている。その際，298 Kにおける存在率は [(あ)] の方が [(い)] より [(う)] い。鎖状構造Aに含まれる [(え)] 基は [(お)] 性を示す。このため，[(か)] 液にグルコースを加えて加熱すると，生成する [(き)] によって [(か)] 液は [(く)] 色に変化する。

図1 鎖状構造Aにおいて，太い線で表された結合は紙面の手前，破線で表された結合は紙面の向こう側にあることを示す。

130 2023 年度　化学　　　　　　　　　　　　　　　　　　　　横浜国立大-理系後期

(1) デンプンの主成分で，うるち米やもち米に最も多く含まれる多糖類の化合物名を答えよ。

(2) 下線部(a)を 1つの化学反応式で表せ。

(3) 上の文章中の　(あ)　～　(き)　に入る最も適切な語句を次の選択肢から選べ。

選択肢

スクロース	α-グルコース	フルクトース	β-グルコース	ヒドロキシ	カルボキシ
ホルミル	アミノ	ニトロ	スルホ	アセチル	メチル	酸	塩基	酸化	還元
フェノールフタレイン	塩化鉄(III)	酸化銅(II)	ヨウ素	フェーリング	ルミノール
酸化銅(I)	高	低			

(4) 上の文章中の空欄　(く)　にあてはまる最も適切な色を下の選択肢から選べ。

選択肢

白	黒	赤	黄	緑	青	銀

横浜国立大-理系後期　　　　　　　　　　　　　　　　　　2023 年度　化学　*131*

問2．　炭素数 2〜4 のアルケンは，様々な化学工業製品の原料となる。この中で，C_4H_8 の分子式をもつアルケンの異性体 **A**〜**D** について調べたところ，下記 (i)〜(iv) に示す事実が明らかとなった。以下の(1)〜(5)に答えよ。

- (i)　**A** は，ある種の触媒存在下で脱水素すると，合成ゴムの重要な原料である化合物 **E**（分子式 C_4H_6）に変換された。
- (ii)　**B** と **C** は互いに(a)シス-トランス異性体であり，**B** はトランス形であった。
- (iii)　化合物 **D** をある種の金属酸化物触媒を用いて適切な条件で酸化すると，カルボキシ基をもつ化合物 **F**（分子式 $C_4H_6O_2$）が得られた。
- (iv)　化合物 **F** のカルボン酸部分をメチルエステルに変換した後に付加重合すると，合成樹脂 **G** が得られた。

(1)　化合物 **A**〜**F** の構造式を答えよ。**B** と **C** については，構造が明確に区別できるように示せ。

(2)　下線部(a) は，構造異性体と立体異性体のどちらに属するか答えよ。

(3)　化合物 **B** と **C** の混合物をオゾン分解したときに合計何種類のカルボニル化合物が生じるか答えよ。

(4)　化合物 **A**〜**F** のうち，沸点が最も高いと考えられるのはどれか。記号で答えよ。

(5)　樹脂 **G** の構造式を，記入例にならって記せ。

問3．炭素数が多い脂肪酸である高級脂肪酸と　（あ）　のエステルは油脂と呼ばれる。油脂に水酸化ナトリウム水溶液を加えて加熱すると，エステル部分が加水分解され，高級脂肪酸のナトリウム塩と　（あ）　になる。高級脂肪酸のナトリウム塩は，界面活性剤の一種であり，一般的には　（い）　と呼ばれる。水溶液中に十分な濃度で存在する　（い）　分子は，　（う）　と呼ばれる分子集合体を形成し，これが繊維の表面の油汚れに触れると，　（い）　の疎水基の部分が油汚れと引き合う。油汚れは，繊維の表面からはがされ，やがて　（う）　の内部に取り

込まれ，微粒子となって水中に分散する。このような作用を　（え）　作用といい，これによって　（い）　は (a)洗浄効果を発揮する。

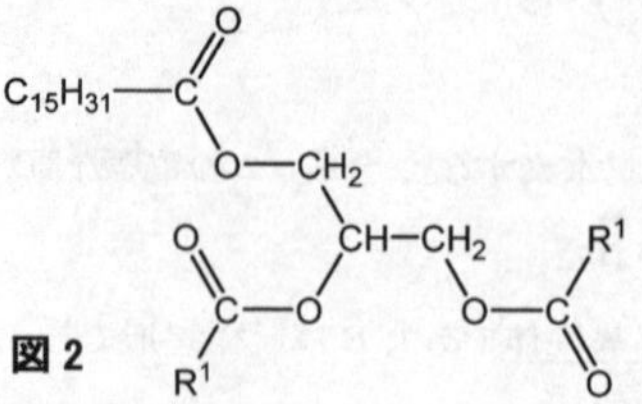

図2

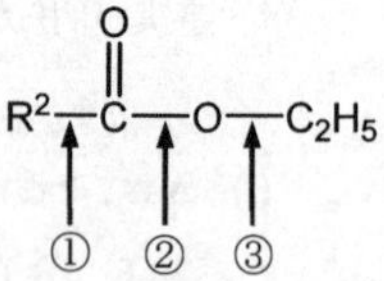

図3

　今，**図2**に示す構造の油脂 **A** を考える。そして，R^1COOH を脂肪酸 **B** とする。油脂 **A** 50.1 g を水酸化ナトリウム水溶液で完全に加水分解したところ，カルボン酸部分を全てナトリウム塩にするのに必要な水酸化ナトリウムの量は 7.04 g であった。また，この油脂 **A** 5.01 g に含まれるすべての C=C 結合に臭素を付加させるために必要な臭素分子の量は 3.75 g であった。以下の(1)〜(7)に答えよ。

(1)　上の文章中の　（あ）　〜　（え）　に適切な用語を入れよ。

(2)　**図3**に示す構造の脂肪酸のエステルがあったとすると，加水分解される際に切断される結合は①〜③のどれか。①〜③の記号を用いて答えよ。

(3)　油脂 **A** の分子量を整数で答えよ。

(4)　脂肪酸 **B** の分子 1 個の中に存在する C=C 結合の数を整数で答えよ。

(5)　油脂 **A** の分子式を示せ。

(6)　脂肪酸 **B** の構造を示性式で示せ。

(7)　下線部(a)の効果を妨げる「硬水」に多く含まれるイオンをイオン式で二種類示せ。

小論文

$$\binom{90\ 分}{解答例省略}$$

以下の問について，具体例を挙げつつ，あなたの考えを，それぞれ 400 字以内で述べなさい。なお，人工知能（AI：Artificial Intelligence）については，参考資料を示すので，適宜参照せよ。

問 1. すべての仕事が AI に取って代わられるわけではないだろう。どのような仕事がなぜ AI に取って代わられる（ないしは，取って代わられやすい）と考えられるか。また，取って代わられない（ないしは，取って代わられにくい）と考えられるか。

問 2. AI は，今後の人間社会において，さまざまな形で用いられていくに違いない。それでは，AI をどのように用いれば，日本社会のいかなる課題を解決できると考えられるか。課題解決の過程で直面することになる問題についても言及せよ。

＜参考資料：NTT DATA「人工知能（AI）とは」（出題者注 1）＞

「いま最も注目されているテクノロジーの 1 つに人工知能（AI）があります。AI は、一般的には「人が実現するさまざまな知覚や知性を人工的に再現するもの」という意味合いで理解されています。しかし実際には、AI に対して一意に決まった定義がなされているわけではありません。コンピューター・サイエンスや認知科学、医学、心理学、さらには哲学にいたるまで、今もさまざまな立場で論じられ続けている領域です。

AI に対する最も大きな誤解が、「あらゆる問題に応えられる（答えられる）賢い AI がすでに存在する」というものです。現在の AI に人間の認識能力や常識、感情なども含めた森羅万象のすべてを理解させられるわけではなく、「何でもできる」存在ではありません。あらゆる課題に対応できる汎用的な AI を実現することは研究者にとって大きな目標であり、さまざまなアイデアが提唱されていますが、ブレークスルーの決

め手となるような手法は見つかっていません。その意味でも AI はまだ進化の途上にあります。

　もちろん、だからといって現在の AI が実用レベルに達していないわけではありません。何でもできる汎用的な AI はまだ存在しないと述べましたが、裏を返せば、範囲が限定された特定領域において AI は、人間をはるかに凌駕する卓越した能力を発揮するケースがあります。　〜中略〜

　AI は、専門家が持つ経験則をルールベースに展開して人の知的作業を支援する「第一世代」から、統計／探索モデルによって最適解を発見する「第二世代」を経て、脳モデルに基づき認識性能を飛躍的に向上させる「第三世代」へシフトしています。

　昨今、AI が急速に注目を集めるようになったのは、まさにこの第三世代のテクノロジーが出現したことにあります。人間の脳神経回路を参考にしたアルゴリズムである「ディープラーニング」と呼ばれる手法はその代表です。従来の機械学習のように、データサイエンティストが特徴量（※モノ・事象等の識別、予測などにおいて有用な情報であり、データ項目からの選択や、複数データ項目から組み合わせより設定する）を設計しなくても、コンピューター自身が膨大なデータを読み解き、そこに隠れているルールや相関関係などの特徴を発見します。人間と同じように帰納的な推論を行うことで、自律的に“意味”や“概念”をもあぶり出していくのです。さらに、その後も継続して学習を続け、賢さに磨きをかけていきます。ディープラーニングによってAI の精度は大きく向上したのです。

　ただし、単純に第三世代の AI が第一世代の AI よりも優れているわけではありません。目的や用途によって最適な手法は異なるのです。最近よく話題になる AI 将棋を例にとって考えてみましょう。何手も先の展開を読み、対戦相手の意表を突くような妙手をあみだすためには機械学習やディープラーニングの手法が必要です。しかし、将棋の基本的なルールや定石などを AI に覚えさせるのは、わざわざ学習させるよりも最初からルールベースとして登録したほうがはるかに効率的です。」

　（出題者注 1）出典：https://www.nttdata.com/jp/ja/services/ai/001/（2022 年 9 月 12 日最終アクセス）。ただし、見出し文と図表は割愛した。

横浜国立大-理系後期　　　　　　　2023 年度　数学〈解答〉　*135*

解答編

■数学■

1 **解答** (1)　$C=\int_1^e f(t)dt$ とおくと

$$f(x)=(\log x)^2-C$$

したがって

$$C=\int_1^e \{(\log t)^2-C\}dt$$

ここで，$s=\log t$ とおくと，$t=e^s$ だから　　$\dfrac{dt}{ds}=e^s$

さらに，$t:1\to e$ のとき，$s:0\to 1$ だから

$$C=\int_0^1 (s^2-C)e^s ds$$

$$=\int_0^1 s^2(e^s)'ds-\Big[Ce^s\Big]_0^1$$

$$=\Big[s^2 e^s\Big]_0^1-\int_0^1 2se^s ds-C(e-1)$$

よって

$$eC=e-2\int_0^1 s(e^s)'ds$$

$$=e-2\Big[se^s\Big]_0^1+2\int_0^1 e^s ds$$

$$=e-2e+2\Big[e^s\Big]_0^1=-e+2(e-1)$$

$$=e-2$$

以上より

$$C=\frac{e-2}{e}$$

だから

$$f(x) = (\log x)^2 - \frac{e-2}{e} \quad \cdots\cdots(\text{答})$$

(2)　$t = e^x$ とおくと，$x = \log t$ だから　　$\dfrac{dx}{dt} = \dfrac{1}{t}$

さらに，$x : \log\dfrac{\pi}{4} \to \log\dfrac{\pi}{2}$ のとき，$t : \dfrac{\pi}{4} \to \dfrac{\pi}{2}$ だから

$$I = \int_{\log\frac{\pi}{4}}^{\log\frac{\pi}{2}} \frac{e^{2x}}{(\sin(e^x))^2}dx = \int_{\frac{\pi}{4}}^{\frac{\pi}{2}} \frac{t^2}{\sin^2 t}\cdot\frac{dt}{t} = \int_{\frac{\pi}{4}}^{\frac{\pi}{2}} \frac{t}{\sin^2 t}dt$$

ここで

$$\int \frac{x}{\sin^2 x}dx$$

$$= \int \frac{x}{\tan^2 x \cos^2 x}dx = \int \frac{x(\tan x)'}{\tan^2 x}dx$$

$$= -\int x\left(\frac{1}{\tan x}\right)'dx = -\frac{x}{\tan x} + \int \frac{dx}{\tan x}$$

$$= -\frac{x\cos x}{\sin x} + \int \frac{(\sin x)'}{\sin x}dx$$

$$= -\frac{x\cos x}{\sin x} + \log|\sin x| + C \quad (C \text{ は積分定数})$$

したがって

$$I = \left[-\frac{t\cos t}{\sin t} + \log|\sin t| \right]_{\frac{\pi}{4}}^{\frac{\pi}{2}}$$

$$= \frac{\dfrac{\pi}{4}\cdot\dfrac{1}{\sqrt{2}}}{\dfrac{1}{\sqrt{2}}} - \log\frac{1}{\sqrt{2}}$$

$$= \frac{\pi}{4} + \log\sqrt{2}$$

$$= \frac{\pi}{4} + \frac{1}{2}\log 2 \quad \cdots\cdots(\text{答})$$

━━━━━━━━ ◀解　説▶ ━━━━━━━━

≪置換積分，部分積分≫

(1)，(2)とも置換積分法，部分積分法を利用する。

横浜国立大-理系後期 2023 年度 数学〈解答〉 *137*

2 解答

(1) $\overrightarrow{OA}=(6,\ -6,\ 0),\ \overrightarrow{OB}=(1,\ 1,\ 0),\ \overrightarrow{OC}=(1,\ 0,\ 1)$ だから

$$|\overrightarrow{OA}|^2=72,\ |\overrightarrow{OB}|^2=2,\ |\overrightarrow{OC}|^2=2$$

$$\overrightarrow{OA}\cdot\overrightarrow{OB}=0,\ \overrightarrow{OB}\cdot\overrightarrow{OC}=1,\ \overrightarrow{OC}\cdot\overrightarrow{OA}=6$$

さらに，線分 AD の中点を M とすると，M は平面 α 上の点だから

$$\overrightarrow{OM}=s\overrightarrow{OB}+t\overrightarrow{OC}\quad (s,\ t\ は実数)$$

と書ける。また，線分 AD は平面 α に垂直より

$$\overrightarrow{AM}\cdot\overrightarrow{OB}=0,\ \overrightarrow{AM}\cdot\overrightarrow{OC}=0$$

であり

$$\overrightarrow{AM}=\overrightarrow{OM}-\overrightarrow{OA}=-\overrightarrow{OA}+s\overrightarrow{OB}+t\overrightarrow{OC}$$

だから

$$\begin{cases} -\overrightarrow{OA}\cdot\overrightarrow{OB}+s|\overrightarrow{OB}|^2+t\overrightarrow{OB}\cdot\overrightarrow{OC}=0 \\ -\overrightarrow{OC}\cdot\overrightarrow{OA}+s\overrightarrow{OB}\cdot\overrightarrow{OC}+t|\overrightarrow{OC}|^2=0 \end{cases}$$

したがって

$$2s+t=0,\ -6+s+2t=0\quad \therefore\quad s=-2,\ t=4$$

よって

$$\overrightarrow{AM}=-\overrightarrow{OA}-2\overrightarrow{OB}+4\overrightarrow{OC}$$

点 M は線分 AD の中点だから

$$\overrightarrow{AD}=2\overrightarrow{AM}=-2\overrightarrow{OA}-4\overrightarrow{OB}+8\overrightarrow{OC}$$

ゆえに

$$\overrightarrow{OD}=\overrightarrow{OA}+\overrightarrow{AD}=-\overrightarrow{OA}-4\overrightarrow{OB}+8\overrightarrow{OC}$$
$$=-(6,\ -6,\ 0)-4(1,\ 1,\ 0)+8(1,\ 0,\ 1)$$
$$=(-2,\ 2,\ 8)$$

だから

$$D(-2,\ 2,\ 8)\quad \cdots\cdots(答)$$

(2) 点 P_0 は線分 DE が平面 α と交わる点である。

$$\overrightarrow{DE}=(10,\ 6,\ 0)-(-2,\ 2,\ 8)=(12,\ 4,\ -8)=4(3,\ 1,\ -2)$$

だから，直線 DE の方向ベクトル $\vec{d}$ は

$$\vec{d}=(3,\ 1,\ -2)$$

であり

$$\overrightarrow{OP_0}=\overrightarrow{OD}+\overrightarrow{DP_0}=\overrightarrow{OD}+\alpha\vec{d} \quad (\alpha \text{ は実数})$$
$$=(-2,\ 2,\ 8)+\alpha(3,\ 1,\ -2)$$
$$=(3\alpha-2,\ \alpha+2,\ -2\alpha+8)$$

また，点 P_0 は平面 α 上の点だから

$$\overrightarrow{OP_0}=s'\overrightarrow{OB}+t'\overrightarrow{OC} \quad (s',\ t' \text{ は実数})$$

であり

$$\overrightarrow{OP_0}=(s'+t',\ s',\ t')$$
$$\therefore \quad (3\alpha-2,\ \alpha+2,\ -2\alpha+8)=(s'+t',\ s',\ t')$$

よって

$$3\alpha-2=\alpha+2+(-2\alpha+8)$$
$$4\alpha=12 \quad \therefore \quad \alpha=3$$

以上より

$$\overrightarrow{OP_0}=(7,\ 5,\ 2)$$

だから

$$P_0(7,\ 5,\ 2) \quad \cdots\cdots(\text{答})$$

(3) $D(-2,\ 2,\ 8)$, $E(x,\ -(x-5)^2,\ 0)$ より

$$\overrightarrow{DE}=(x+2,\ -(x-5)^2-2,\ -8)$$

だから

$$f(x)=|\overrightarrow{DE}|^2=(x+2)^2+\{(x-5)^2+2\}^2+8^2$$

$f(x)$ を微分すると

$$f'(x)=2(x+2)+2\{(x-5)^2+2\}\cdot 2(x-5)$$
$$=4(x-5)^3+8(x-5)+2(x+2)$$
$$=4(x^3-15x^2+75x-125)+10x-36$$
$$=4x^3-60x^2+310x-536$$
$$=2(2x^3-30x^2+155x-268)$$
$$=2(x-4)(2x^2-22x+67)$$

ここで

$$2x^2-22x+67=2\left(x-\frac{11}{2}\right)^2-\frac{121}{2}+\frac{134}{2}>0$$

$f'(x)$ は $x=4$ の前後で，符号が負から正に変化する。

横浜国立大-理系後期 2023 年度 数学〈解答〉 *139*

したがって，$f(x)$ は $x=4$ の前後で減少から増加に転ずる。

よって，$f(x)$ すなわち DE は $x=4$ で最小となる。

このとき，m は最小で

$\qquad$ E$(4, -1, 0)$ ……(答)

━━━━ ◀解　説▶ ━━━━

≪共面条件，平面と直線の垂直，4 次関数の最小値≫

⑴　点 P が平面 OAB 上にあるとき

$\qquad \overrightarrow{\mathrm{OP}}=s\overrightarrow{\mathrm{OA}}+t\overrightarrow{\mathrm{OB}}$

となる実数 s, t が存在する。また，直線 l が平面 OAB に垂直なとき，

$l\perp\overrightarrow{\mathrm{OA}}, l\perp\overrightarrow{\mathrm{OB}}$ となる。

⑵　AP＝DP より AP＋PE＝DP＋PE だから，AP＋PE を最小にする

点 P は，直線 DE と平面 α の交点である。

⑶　計算で処理する。

3 **解答** ⑴　$z_n=0$ となる 2 以上の自然数 n が存在するとする。

$\qquad$ このとき，漸化式

$$z_{n+1}=\frac{\overline{\alpha}z_n}{z_n+\alpha}$$

より

$$0=\frac{\overline{\alpha}z_{n-1}}{z_{n-1}+\alpha}$$

だから

$\qquad \overline{\alpha}z_{n-1}=0$

ここで，$\alpha-\overline{\alpha}=2i$ より

$\qquad \alpha$ の虚部＝1

したがって，$\alpha\neq0, \overline{\alpha}\neq0$ だから

$\qquad z_{n-1}=0$

これを繰り返すと

$\qquad z_n=z_{n-1}=\cdots=z_2=z_1=0$

であるが，これは $z_1=2i$ に反する。

よって，すべての自然数 n に対して

$$z_n \neq 0$$

ゆえに，与えられた漸化式の分母・分子の逆数がとれるので

$$\frac{1}{z_{n+1}} = \frac{z_n + \alpha}{\overline{\alpha} z_n} = \frac{\alpha}{\overline{\alpha} z_n} + \frac{1}{\overline{\alpha}}$$

また，$\alpha = \overline{\alpha}\beta$ より $\beta = \dfrac{\alpha}{\overline{\alpha}}$ であり，$w_n = \dfrac{1}{z_n}$ とおくと

$$w_{n+1} = \beta w_n + \frac{1}{\overline{\alpha}} \quad \cdots\cdots ①$$

①と $\gamma = \beta\gamma + \dfrac{1}{\overline{\alpha}}$ $\cdots\cdots ②$ を辺々引き算して

$$z_{n+1} - \gamma = \beta(z_n - \gamma)$$

$\beta = 1$ とすると $\alpha = \overline{\alpha}$ となり，$\alpha - \overline{\alpha} = 2i$ に反するので，$\beta \neq 1$ である。
②を γ について解くと

$$(1 - \beta)\gamma = \frac{1}{\overline{\alpha}}$$

$$\therefore \quad \gamma = \frac{1}{(1 - \beta)\overline{\alpha}} = \frac{1}{\overline{\alpha} - \alpha} = -\frac{1}{2i} = \frac{i}{2}$$

ゆえに

$$w_{n+1} - \frac{i}{2} = \beta\left(w_n - \frac{i}{2}\right)$$

これより，複素数列 $\left\{w_n - \dfrac{i}{2}\right\}$ は公比 β，初項

$$w_1 - \frac{i}{2} = \frac{1}{2i} - \frac{i}{2} = -i$$

の等比数列だから

$$w_n - \frac{i}{2} = \beta^{n-1} \cdot (-i)$$

$$\therefore \quad w_n = \frac{-i(2\beta^{n-1} - 1)}{2} = \frac{2\beta^{n-1} - 1}{2i}$$

以上より

$$z_n = \frac{2i}{2\beta^{n-1} - 1} \quad \cdots\cdots (\text{答})$$

横浜国立大-理系後期　　　　　　　　　　　　2023 年度　数学〈解答〉　141

(2)　$z_{n+4}=z_n$ をみたすとき

$$\frac{2i}{2\beta^{n+3}-1}=\frac{2i}{2\beta^{n-1}-1}$$

だから

$$\beta^{n+3}=\beta^{n-1}$$

$\beta=0$ とすると $\alpha=0$ となり，不合理なので　　$\beta\neq 0$

よって　　$\beta^4=1$　　$\therefore$　$\beta=\pm 1,\ \pm i$

ここで，$\beta=\pm 1$ とすると $\alpha=\pm\overline{\alpha}$ となり，これは

$$\alpha-\overline{\alpha}=2i,\ \alpha\neq -\overline{\alpha}$$

に反する。したがって，$\beta\neq \pm 1$ より

$$\beta=\pm i$$

[1]　$\beta=i$ のとき，$\alpha=\overline{\alpha}i$ より

$$\alpha=(\alpha-2i)i$$

$$(1-i)\alpha=2$$

　$\therefore$　$\alpha=\dfrac{2}{1-i}=1+i$

[2]　$\beta=-i$ のとき，$\alpha=-\overline{\alpha}i$ より

$$\alpha=-(\alpha-2i)i$$

$$(1+i)\alpha=-2$$

　$\therefore$　$\alpha=\dfrac{-2}{1+i}=-1+i$

以上より

$$(\alpha,\ \beta)=(1+i,\ i),\ (-1+i,\ -i)\ \cdots\cdots(\text{答})$$

(3)　$(2\beta^{n-1}-1)z_n=2i$ より

$$2\beta^{n-1}z_n=z_n+2i$$

　$\therefore$　$2|\beta|^{n-1}|z_n|=|z_n+2i|$

ここで，$\alpha=\overline{\alpha}\beta,\ |\alpha|=|\overline{\alpha}|,\ |\alpha|\neq 0$ より

$$|\alpha|=|\overline{\alpha}||\beta|\quad\therefore\quad |\beta|=1$$

だから

$$2|z_n|=|z_n+2i|$$

したがって

$$4z_n\overline{z_n} = (z_n+2i)(\overline{z_n}-2i)$$
$$3z_n\overline{z_n} + 2i(z_n - \overline{z_n}) = 4$$
$$z_n\overline{z_n} + \frac{2i}{3}(z_n - \overline{z_n}) = \frac{4}{3}$$
$$\left(z_n - \frac{2i}{3}\right)\left(\overline{z_n} + \frac{2i}{3}\right) = \frac{4}{3} + \frac{4}{9}$$
$$\left|z_n - \frac{2i}{3}\right|^2 = \frac{16}{9}$$
$$\therefore \left|z_n - \frac{2i}{3}\right| = \frac{4}{3}$$

よって，点 z_n は n によらず，中心が点 $\frac{2}{3}i$，半径 $\frac{4}{3}$ の円 C 上にある。

(証明終)

図示すると以下の通り。

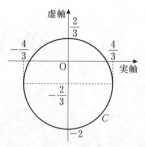

◀解　説▶

≪複素数の漸化式，周期性，同一円周上にあることの証明≫

(1) $a_{n+1} = pa_n + q\ (p \neq 1)$ の形の漸化式に変形する。

特性方程式 $\alpha = p\alpha + q\ \left(\alpha = \dfrac{q}{1-p}\right)$ と引き算すれば変形できる。

(3) $|\beta|=1$ を利用して変形する。

4 解答　合同式は，すべて3を法とする。

(1) $b^2 + bc + c^2 = (b-c)^2 + 3bc = (3k+r)^2 + 3bc$
$$\equiv r^2 \quad \cdots\cdots(答)$$

(2) $a \equiv 2$ より

横浜国立大-理系後期　　　　　　　　　　　　　　2023 年度　数学〈解答〉　143

$$b^3-c^3=2023-2a^3\equiv1-2\cdot2^3=-15\equiv0$$

だから

$$(b-c)(b^2+bc+c^2)\equiv0 \quad\cdots\cdots①$$

ここで，$b-c\equiv r$ とするとき，(1)より，$b^2+bc+c^2\equiv r^2$ だから，①より

$$r\cdot r^2\equiv r^3\equiv0 \quad\therefore\quad r=0$$

したがって

$$b-c\equiv0, \quad b^2+bc+c^2\equiv0^2=0 \quad\cdots\cdots(答)$$

(3)　$a=8$ のとき，$a\equiv2$ より，$b-c\equiv0$，$b^2+bc+c^2\equiv0$ である。

$$(b-c)(b^2+bc+c^2)=2023-2^{10}=999=3^3\cdot37$$

$0<b-c<b^2+bc+c^2$ だから

$$(b-c, \ b^2+bc+c^2)=(3, \ 333), \ (9, \ 111)$$

[1]　$(b-c, \ b^2+bc+c^2)=(3, \ 333)$ のとき，$b=c+3$ だから

$$(c+3)^2+(c+3)c+c^2=333$$

$$3c^2+9c-324=0$$

$$c^2+3c-108=0$$

$$(c-9)(c+12)=0$$

$c>0$ より　　$c=9$　　$\therefore\quad b=12$

[2]　$(b-c, \ b^2+bc+c^2)=(9, \ 111)$ のとき，$b=c+9$ だから

$$(c+9)^2+(c+9)c+c^2=111$$

$$3c^2+27c-30=0$$

$$c^2+9c-10=0$$

$$(c-1)(c+10)=0$$

$c>0$ より　　$c=1$　　$\therefore\quad b=10$

以上より

$$(b, \ c)=(12, \ 9), \ (10, \ 1) \quad\cdots\cdots(答)$$

◀解　説▶

≪合同式，方程式の解≫

(1)　合同式の性質を用いて求める。

(2)　(1)を用いる。

(3)　(2)を用いると解の候補が絞れる。

5 解答

(1) $f(x) = x^2 + 2x^2\sqrt{2-x^2}$ $(0 \leq x \leq \sqrt{2})$ を微分して

$$f'(x) = 2x + 4x\sqrt{2-x^2} + 2x^2 \cdot \frac{-2x}{2\sqrt{2-x^2}}$$

$$= \frac{2x\{\sqrt{2-x^2} + 2(2-x^2) - x^2\}}{\sqrt{2-x^2}}$$

$$= \frac{2x\{\sqrt{2-x^2} - (3x^2 - 4)\}}{\sqrt{2-x^2}}$$

$\sqrt{2-x^2} - (3x^2 - 4) = 0$ のとき

$$3x^2 - 4 = \sqrt{2-x^2} \geq 0$$

より,$x^2 \geq \dfrac{4}{3}$ であり

$$(3x^2-4)^2 = 2 - x^2$$
$$9x^4 - 23x^2 + 14 = 0$$
$$(9x^2 - 14)(x^2 - 1) = 0$$

だから

$$x^2 = \frac{14}{9} \quad \therefore \quad x = \frac{\sqrt{14}}{3}$$

増減表は以下の通りとなる。

x	0	$\cdots$	$\dfrac{\sqrt{14}}{3}$	$\cdots$	$\sqrt{2}$
$f'(x)$		$+$	0	$-$	
$f(x)$	0	↗	$\dfrac{98}{27}$	↘	2

ゆえに,曲線 C の概形は右図の通りとなる。

よって,$0 \leq x \leq \dfrac{\sqrt{14}}{3}$ で単調増加,$\dfrac{\sqrt{14}}{3} \leq x \leq \sqrt{2}$

で単調減少し,$x = \dfrac{\sqrt{14}}{3}$ で極大値 $\dfrac{98}{27}$ をとる。

……(答)

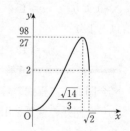

(2) 曲線 C と x 軸と直線 $x = 1$, $x = \sqrt{2}$ で囲まれた部分の面積 S は

横浜国立大-理系後期　　　　　　　　　　　　　　　　2023 年度　数学〈解答〉　*145*

$$S=\int_1^{\sqrt{2}} f(x)dx$$

ここで，$x=\sqrt{2}\sin\theta$ とおくと　　　$\dfrac{dx}{d\theta}=\sqrt{2}\cos\theta$

$x:1\to\sqrt{2}$ のとき　　$\theta:\dfrac{\pi}{4}\to\dfrac{\pi}{2}$

$$f(x)=2\sin^2\theta+4\sin^2\theta\sqrt{2-2\sin^2\theta}$$
$$=2\sin^2\theta+4\sqrt{2}\sin^2\theta\cos\theta$$

より

$$S=\int_{\frac{\pi}{4}}^{\frac{\pi}{2}}(2\sin^2\theta+4\sqrt{2}\sin^2\theta\cos\theta)\cdot\sqrt{2}\cos\theta d\theta$$

$$I_1=\int_{\frac{\pi}{4}}^{\frac{\pi}{2}}2\sqrt{2}\sin^2\theta\cos\theta d\theta$$

$$I_2=\int_{\frac{\pi}{4}}^{\frac{\pi}{2}}8\sin^2\theta\cos^2\theta d\theta$$

とおくと

$$I_1=2\sqrt{2}\int_{\frac{\pi}{4}}^{\frac{\pi}{2}}\sin^2\theta(\sin\theta)'d\theta$$

$$=\frac{2\sqrt{2}}{3}\Big[\sin^3\theta\Big]_{\frac{\pi}{4}}^{\frac{\pi}{2}}$$

$$=\frac{2\sqrt{2}}{3}\left(1-\frac{\sqrt{2}}{4}\right)=\frac{2\sqrt{2}}{3}-\frac{1}{3}$$

$$=\frac{2\sqrt{2}-1}{3}$$

$$I_2=2\int_{\frac{\pi}{4}}^{\frac{\pi}{2}}\sin^2 2\theta d\theta=\int_{\frac{\pi}{4}}^{\frac{\pi}{2}}(1-\cos4\theta)d\theta$$

$$=\Big[\theta-\frac{1}{4}\sin4\theta\Big]_{\frac{\pi}{4}}^{\frac{\pi}{2}}=\left(\frac{\pi}{2}-\frac{\pi}{4}\right)-\frac{1}{4}(0-0)$$

$$=\frac{\pi}{4}$$

以上より

$$S=I_1+I_2=\frac{2\sqrt{2}-1}{3}+\frac{\pi}{4}\quad\cdots\cdots(答)$$

146 2023 年度 数学〈解答〉　　　　　　　　　　　　横浜国立大-理系後期

━━━ ◀解　説▶ ━━━

≪関数の増減・グラフ，曲線と直線で囲まれた部分の面積，置換積分≫

(1)　$f'(x)=0$ となる x を求める。

(2)　置換積分法を用いて積分する。三角関数の半角の公式なども利用する。

❖講　評

　大問 5 題の出題で，「数学Ⅲ」から 3 題，「数学A」，「数学B」からは 1 題ずつの出題であった。

　1　(1)，(2)ともに，置換積分法・部分積分法により定積分を求める問題である。(2)はやや難だが，(1)は確実に得点したい問題である。

　2　空間ベクトルの問題。(1)は与えられた条件を丁寧に処理していけば解けるであろう。(2)は図形的に，(3)は代数的に処理していく。(3)は微分法により増減を調べるもので，差がついたかもしれない。

　3　複素数の数列の問題。標準的な問題ではあるが，受験生にとっては差のつく問題であったと思われる。(1)，(2)は確実に得点したい。(3)は方針が思いつくかどうかで差がついたと思われる。

　4　整数の問題。合同式に慣れていればそう難しくはない。確実に得点したい問題。

　5　(1)は関数の増減を調べ，グラフを描く問題。(2)は面積を求める問題。いずれも手数は多いが，標準的な出題であろう。しかし，慣れていない受験生は苦戦したと思われる。

　2023 年度は 2022 年度に比べるとやや易化した。しかし，試行錯誤をしたり，うまく計算の工夫をしたりしないと正解にたどり着けない問題であることには変わりがないので，基本問題や典型問題をしっかり学習し，計算力をつけておかなければならない。実力の差が大きく出る出題である。

物理

I

解答 (ア) P_1　(イ) $\dfrac{P_2 T_1}{P_1}$　(ウ) $-(P_2 - P_1)S$　(エ) 0

(オ) $\dfrac{3}{2}(P_2 - P_1)Sb$　(カ) P_2　(キ) $\dfrac{(P_2 - P_1)S}{g}$　(ク) $\dfrac{5}{2}P_2 S(c - b)$

(ケ) $(P_2 - P_1)Sc$　(コ) $-(P_2 - P_1)Sc$　(サ) $\dfrac{c}{b}T_1$　(シ) $\dfrac{3}{2}(P_2 - P_1)Sc$

(ス) T_1　(セ) $(P_2 - P_1)(c - b)S$　(ソ) $(P_2 - P_1)(c - b)S$

◀ 解　説 ▶

≪ピストン間に密閉された気体の状態変化≫

(ア) ピストンにはたらく力の和が 0 なので，ピストン間の気体の圧力と大気圧は等しい。

(イ) 状態 II の気体の温度を T_2 とすると，状態 I と比較したボイル・シャルルの法則より

$$\frac{P_1 Sb}{T_1} = \frac{P_2 Sb}{T_2} \qquad \therefore \quad T_2 = \frac{P_2 T_1}{P_1}$$

(ウ) ピストン A にはたらく力は，気体の圧力による上向きの力と大気圧による下向きの力と動かないように加えている力の3つである。加えている力を F とすると，力のつりあいから

$$P_2 S - P_1 S + F = 0 \qquad \therefore \quad F = -(P_2 - P_1)S$$

(エ) ピストン A は移動せず気体の体積は変化していないので，力 F のした仕事は 0 である。

(オ) この間は定積変化なので，気体の物質量を n，気体定数を R とすると，単原子分子理想気体の定積モル比熱 $\dfrac{3}{2}R$ を使い，与えた熱量は

$$\frac{3}{2}nR(T_2 - T_1)$$

これを状態 I，状態 II の気体の状態方程式

$$P_1 Sb = nRT_1, \quad P_2 Sb = nRT_2$$

を使って書き直すと

$$\frac{3}{2}nR(T_2-T_1)=\frac{3}{2}(P_2-P_1)Sb$$

㋕ ピストンが自由に動く状態で加熱したので，状態Ⅱと状態Ⅲの圧力は等しい。

㋖ 状態Ⅱと状態Ⅲの圧力が等しいことから，下向きに押さえていた力 F とおもりがつくる重力は等しいので，おもりの質量を m とすると

$$mg=(P_2-P_1)S \quad \therefore \quad m=\frac{(P_2-P_1)S}{g}$$

㋗ 状態Ⅱから状態Ⅲは定圧変化なので，単原子分子理想気体の定圧モル比熱 $\frac{5}{2}R$ を使い，状態Ⅲの気体の温度を T_3 とすると，与えた熱量は

$$\frac{5}{2}nR(T_3-T_2)$$

これを状態Ⅱ，状態Ⅲの気体の状態方程式

$$P_2Sb=nRT_2, \ P_2Sc=nRT_3$$

を使って書き直すと

$$\frac{5}{2}P_2S(c-b)$$

㋘ ピストンAに加えていた力の大きさは $(P_2-P_1)S$

この力の方向に距離 c 移動させたから，した仕事は $(P_2-P_1)Sc$

㋙ ピストンBを固定するために加えていた力の大きさも $(P_2-P_1)S$

ピストンBは力の向きとは反対に距離 c 移動しているので，した仕事は

$$-(P_2-P_1)Sc$$

㋚ 状態Ⅴの気体の温度を T_5 とする。状態Ⅰと等しい圧力になっているので，シャルルの法則から

$$\frac{Sb}{T_1}=\frac{Sc}{T_5} \quad \therefore \quad T_5=\frac{c}{b}T_1$$

㋛ 状態Ⅳから状態Ⅴの変化は定積変化なので，状態Ⅳの気体の温度を T_4 とすると，加えた熱量は

$$\frac{3}{2}nR(T_5-T_4)$$

状態Ⅳと状態Ⅴの気体の状態方程式

$$P_2Sc=nRT_4, \ P_1Sc=nRT_5$$

を使って書き直すと

$$\frac{3}{2}(P_1 Sc - P_2 Sc) = \frac{3}{2}(P_1 - P_2)Sc$$
$$= -\frac{3}{2}(P_2 - P_1)Sc$$

となり, $\frac{3}{2}(P_2-P_1)Sc$ の熱を放出している。

(ス) 状態Ⅵの気体の温度を T_6 とし, 状態Ⅰと比較すると, ボイル・シャルルの法則より

$$\frac{P_1 Sb}{T_1} = \frac{P_1 Sb}{T_6} \qquad \therefore \quad T_6 = T_1$$

(セ) この間の状態変化を P–V グラフを使って表すと右図のようになる。
このグラフの面積から, 外部に対してした仕事量の総和は

$$(P_2 - P_1)(c - b)S$$

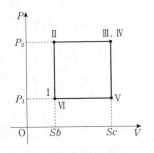

(ソ) おもりは状態Ⅱから状態Ⅲに変化するときに, $(c-b)$ の高さだけ持ち上げられているので, このときにされた仕事は

$$mg(c-b) = (P_2 - P_1)(c-b)S$$

Ⅱ 解答
(1) $h\nu$ (2) 仕事関数 (3) $K_0 + eV$ (4) $\dfrac{kQ}{r^2}$
(5) $kQ\left(\dfrac{1}{R_1} - \dfrac{1}{R_2}\right)$ (6) $\dfrac{V_0 R_1 R_2}{r^2(R_2 - R_1)}$ (7) $\sqrt{\dfrac{eE(r)r}{m}}$ (8) $\dfrac{eV_0 R_1 R_2}{2r(R_2 - R_1)}$
(9) $\dfrac{eV_0 R_1 R_2}{R_2^2 - R_1^2}$ (10)―ア (11) $\dfrac{eV_0}{2}$ (12)―ア (13) $\dfrac{e^2 B^2 (R_1 + R_2)^2}{8m}$

◀解 説▶

≪電場または磁場からの力で円運動をする光電子≫

(1)・(2) 光子が金属に当たり, 電子が飛び出す現象を光電効果といい, 光子がもつ $h\nu$ のエネルギーの一部を電子が運動エネルギーとして得て, 外へ飛び出すことをいう。このとき, 光子のもつエネルギーが一定のエネルギーより小さいと光電効果は起こらない。このエネルギーの値を仕事関数

150 2023 年度 物理〈解答〉 横浜国立大-理系後期

という。

(3) 電位差 V で加速された電子は，この間 eV のエネルギーを得て，運動エネルギーが増加する。

(4) 点電荷 Q が距離 r 離れたところにつくる電場の強さは

$$E(r) = \frac{kQ}{r^2}$$

(5) 点電荷 Q が距離 r 離れたところにつくる電位は $\quad \dfrac{kQ}{r}$

いま，電極 1 のほうが電極 2 より電位が高いので，電位差 V_0 は

$$V_0 = \frac{kQ}{R_1} - \frac{kQ}{R_2} = kQ\left(\frac{1}{R_1} - \frac{1}{R_2}\right)$$

(6) (4)と(5)の結果から，kQ を消去して

$$V_0 = E(r) r^2 \left(\frac{1}{R_1} - \frac{1}{R_2}\right)$$

$$\frac{V_0}{r^2} = E(r) \frac{R_2 - R_1}{R_1 R_2}$$

$$\therefore \quad E(r) = \frac{V_0 R_1 R_2}{r^2 (R_2 - R_1)}$$

(7) 等速円運動の速さを v とする。電子は電場から受ける力を向心力として円運動を行うので，運動方程式は

$$m\frac{v^2}{r} = eE(r) \quad \therefore \quad v = \sqrt{\frac{eE(r)r}{m}}$$

(8) (7)の結果を使うと，運動エネルギー $K(r)$ は

$$K(r) = \frac{1}{2} mv^2 = \frac{eE(r)r}{2}$$

これに(6)の結果を代入して

$$K(r) = \frac{er}{2} \times \frac{V_0 R_1 R_2}{r^2 (R_2 - R_1)} = \frac{eV_0 R_1 R_2}{2r(R_2 - R_1)}$$

(9) (8)の結果に，$r = \dfrac{R_1 + R_2}{2}$ を代入すると

$$K(r_0) = \frac{eV_0 R_1 R_2}{(R_2 + R_1)(R_2 - R_1)} = \frac{eV_0 R_1 R_2}{R_2{}^2 - R_1{}^2}$$

(10) (8)の運動エネルギーの式から，r が大きくなるにしたがって運動エネルギーは小さくなるので，電極 1 付近の電子がもつエネルギーのほうが大

きくなる。

⑾ 運動エネルギーの差は

$$
\begin{aligned}
K(R_1)-K(R_2) &= \frac{eV_0R_1R_2}{2R_1(R_2-R_1)}-\frac{eV_0R_1R_2}{2R_2(R_2-R_1)} \\
&= \frac{eV_0R_1R_2(R_2-R_1)}{2R_1R_2(R_2-R_1)} \\
&= \frac{eV_0}{2}
\end{aligned}
$$

⑿ 電子が負の電荷をもつことに注意し，ローレンツ力が円の中心方向を向くことを考えると，フレミングの左手の法則から，磁場の向きは表から裏になる。

⒀ ローレンツ力により，電子が半径 r の円運動をしているときの運動方程式は

$$
evB=m\frac{v^2}{r} \qquad \frac{eBr}{m}=v
$$

ここで，$r=\dfrac{R_1+R_2}{2}$ なので

$$
v=\frac{eB(R_1+R_2)}{2m}
$$

運動エネルギーは

$$
\begin{aligned}
\frac{1}{2}mv^2 &= \frac{1}{2}m\left\{\frac{eB(R_1+R_2)}{2m}\right\}^2 \\
&= \frac{e^2B^2(R_1+R_2)^2}{8m}
\end{aligned}
$$

❖講　評

Ⅰ　単原子分子理想気体の定積変化と定圧変化による熱機関において，気体のする仕事や出入りする熱量についての問題。気体の位置を上下に移動させる過程も含まれるが，ピストンの質量は考えなくてよいので，この過程における気体の状態変化は考えなくてよい。

Ⅱ　光電効果で生じた電子を加速し電場中を円運動させ検出する装置の問題。最後は磁場によるローレンツ力の円運動の問題もある。点電荷のつくる電場と等しい電場が生じているので，円運動の半径により受け

る力の大きさが変化する。⑽では，点電荷のつくる電場の中で円運動をする荷電粒子のもつ力学的エネルギーは，半径が大きくなると大きくなる。しかし，半径が大きくなると速さは小さくなるので，運動エネルギーは小さくなる。この問題は運動エネルギーの大小を問うているので，半径の小さい位置になる。

■化学■

I 解答

問1. (1)(あ)電気陰性度 (い)塩素 (う)水和 (え)電離
(お)散乱 (か)チンダル現象

(2)—(イ)・(ウ)・(カ)・(キ)・(ク)　(3)—⑦

問2. (1)$-2806\,\mathrm{kJ/mol}$　(2)$C+2O^{2-} \longrightarrow CO_2+4e^-$

(3)—(a)・(c)

問3. (1)(あ)分子の体積 (い)分子間力　(2)2　(3)—(い)

◀解　説▶

≪分子の極性，希薄溶液の性質，コロイド，ヘスの法則，アルミニウム・鉄の性質，理想気体と実在気体≫

問1. (1)・(3)　原子どうしが結合するとき，共有電子対を引きつける度合いのことを電気陰性度という。電気陰性度は，その値が大きい原子ほど，電子を強く引きつける。また，希ガスを除いて周期表の右上に向かうほど大きく，ハロゲン原子が最大である。二原子分子においては，水素分子のように同種の元素の原子からなる分子では，共有電子対はどちらの原子にも偏らず無極性分子となるが，塩化水素分子のような異種の元素の原子からなる分子では，電荷の偏りがある極性分子となる。塩化水素の場合，塩素原子の方が水素原子と比べて電気陰性度が大きく，共有電子対は塩素原子側に引き寄せられている。

塩化水素のように水に溶けて電離する物質を電解質とよぶ。塩化水素は水中では水素イオンと塩化物イオンとなり，それぞれ水に囲まれ水和された状態で安定している。一方，スクロースやエタノールはそれぞれの分子が電離することなく水に溶ける物質で，これらを非電解質とよぶ。

スクロースのような不揮発性物質が溶解した水溶液は純粋な水に比べて，蒸気圧が小さくなり沸点が上昇し，凝固点が低くなる。これらの現象は，「希薄溶液の性質は，溶液中の溶質粒子の種類・性質ではなく，溶質粒子の数にのみ依存する」といった束一的性質でまとめられる。

スクロース水溶液中では溶質分子が均一に分散した真の水溶液であるのに対して，セッケンなどの界面活性剤を溶質とした水溶液はコロイド水溶液

となる。コロイド水溶液にレーザー光を透過させると，コロイド粒子が光を散乱することで，光の進路が見える。この現象をチンダル現象とよぶ。

(2) 分子の形に対称性のあるメタン，エチレン，トランス-1,2-ジクロロエチレン，アセチレン，ベンゼンは，結合に極性がある。しかし，分子の形に対称性があるため極性を表すベクトルが相殺され，全体として無極性分子となる。

問2．(1) 二酸化炭素（気体）と水（液体）から，1 mol のグルコース（固体）が生成する反応の反応熱を Q〔kJ/mol〕とおくと，熱化学方程式は次の通り。

$$6CO_2(気)+6H_2O(液) \longrightarrow C_6H_{12}O_6(固)+6O_2(気)+Q\,kJ$$

この反応熱を，各物質の生成熱を用いて表すと，Q＝（生成物の生成熱の総和）－（反応物の生成熱の総和）より

$$Q=1274-(6×394+6×286)=-2806〔kJ/mol〕$$

(2) アルミニウムはイオン化傾向の大きい金属のため，金属イオン Al^{3+} を含む水溶液を電気分解しても，金属イオンよりも水分子が電子を受け取って還元されやすいため，金属イオンは単体へと還元されない。そのため，水を含まない酸化アルミニウムを融解させて電気分解することで，アルミニウムの単体を得る。この方法を，溶融塩電解（融解塩電解）という。陽極での反応は，電極の炭素が反応し，二酸化炭素および一酸化炭素が発生する。

$$C+O^{2-} \longrightarrow CO+2e^-$$

$$C+2O^{2-} \longrightarrow CO_2+4e^-$$

(3) (a)〜(e)で起こる反応については次の通り。

(a) $Fe_2O_3+3CO \longrightarrow 2Fe+3CO_2$

(b) $2Al+Fe_2O_3 \longrightarrow 2Fe+Al_2O_3$

(c) $CaCO_3 \longrightarrow CaO+CO_2$

(d) 潮解現象は，空気中の水分を吸収する変化である。

(e) $N_2+3H_2 \longrightarrow 2NH_3$

よって，二酸化炭素が生成するのは(a)と(c)である。

問3．(1) 理想気体とは，質量はあるが，分子の体積（大きさ）がなく，分子間力がはたらかないと仮定した気体のことである。

横浜国立大-理系後期　　　　　　　　　　　　　　　　2023 年度　化学〈解答〉　*155*

(2)　一定温度，一定容積下においては，気体の各成分の分圧比と物質量比は比例する。よって，気体 A の気体 B に対する分圧比 $\dfrac{P_A}{P_B}=2$ のとき，その物質量比は $\dfrac{n_A}{n_B}=2$ となる。

(3)　理想気体においては，ボイルの法則が成立し，P と V は反比例 $\left(P \text{ と } \dfrac{1}{V} \text{ もしくは } \dfrac{1}{P} \text{ と } V \text{ が比例}\right)$ 関係にあるので，㈐と㈓のグラフは不適である。続いて，実在気体は高温・低圧下で理想気体に近づくため，圧力が小さいほど理想気体に近づくグラフが適当であり，それを満たしていない㈑，㈕のグラフも不適である。最後に，水素・ヘリウムの実在気体では，P が大きくなるほど Z の値が $Z>1$ で大きくなり，分子自身の体積の影響により，V が大きくなるため $\dfrac{1}{V}$ は小さくなる。ゆえに，正解は㈒。

Ⅱ　**解答**　問 1．(1)アミロペクチン

(2)$C_6H_{12}O_6 \longrightarrow 2C_2H_5OH+2CO_2$

(3)㈐β-グルコース　㈒α-グルコース　㈑高　㈓ホルミル　㈔還元
㈕フェーリング　㈖酸化銅（Ⅰ）

(4)赤

問 2．(1)**A**. $\underset{H}{\overset{H}{>}}C=C\underset{H}{\overset{CH_2-CH_3}{<}}$　**B**. $\underset{CH_3}{\overset{H}{>}}C=C\underset{H}{\overset{CH_3}{<}}$

C. $\underset{H}{\overset{CH_3}{>}}C=C\underset{H}{\overset{CH_3}{<}}$　**D**. $\underset{H}{\overset{H}{>}}C=C\underset{CH_3}{\overset{CH_3}{<}}$

E. $\underset{H}{\overset{H}{>}}C=C\underset{H}{\overset{C=C\underset{H}{\overset{H}{<}}}{<}}$

F. $\underset{H}{\overset{H}{>}}C=C\underset{CH_3}{\overset{\overset{\overset{O}{\|}}{C}-OH}{<}}$

(2)立体異性体　(3) 1 種類　(4)化合物 **F**

(5)

$$
\left[\begin{array}{cc} H & COOCH_3 \\ -C-C- \\ H & CH_3 \end{array}\right]_n
$$

問3．(1)(あ)グリセリン　(い)セッケン　(う)ミセル　(え)乳化
(2)—②　(3)854　(4)2個　(5)$C_{55}H_{98}O_6$　(6)$C_{17}H_{31}COOH$
(7)Ca^{2+}, Mg^{2+}

━━━━━━━◀解　説▶━━━━━━━

≪糖類，C_4H_8 のアルケンの構造決定，油脂・セッケン≫

問1．(1)　うるち米では，デンプンのうちアミロースの占める割合が約20%，アミロペクチンが約80%である。一方，もち米では，アミロペクチンがほぼ100%を占める。

(2)　グルコースのアルコール発酵は，以下のような化学反応式で表される。

$$ C_6H_{12}O_6 \longrightarrow 2C_2H_5OH + 2CO_2 $$

また，この反応は酵母のもつ酵素群チマーゼのはたらきによるものである。

(3)・(4)　グルコースの環状構造には，β-グルコースと α-グルコースとがあり，水溶液中では鎖状構造を介した平衡状態になっている。なお，298 K における存在率は，β-グルコースの方が α-グルコースより多い。これは，α-グルコースでは，環に対して1位の $-OH$ が垂直方向に伸びているのに対して，β-グルコースでは，環に対して1位の $-OH$ が横方向に伸びているので，β-グルコースの方が形にひずみが少なく安定なためである。また，グルコースの鎖状構造にはホルミル基（アルデヒド基）が含まれるため，グルコース水溶液は還元性を示す。このため，フェーリング液（Cu^{2+} を含む塩基性溶液）にグルコースを加えて加熱すると，グルコースの鎖状アルデヒドにより Cu^{2+} が還元されて酸化銅（Ⅰ）Cu_2O が生成し，フェーリング液は赤色に変化する（フェーリング液の還元反応）。アンモニア性硝酸銀水溶液にグルコースを加えて加熱した場合にも同様の還元反応が起こり，Ag^+ が還元されて単体の銀 Ag が生じる（銀鏡反応）。

問2．(1)　C_4H_8 のアルケンには，立体異性体を含めて4種類の異性体がある。アルケン A は，触媒下で脱水素させると合成ゴムの原料である化合物 E（C_4H_6）になる。合成ゴムの原料といえば，一つの単結合によって二重結合が隔てられた共役ジエンが代表的で，そのことから化合物 A

は 1-ブテン，化合物 E は 1,3-ブタジエンと決まる。

$$\underset{\text{1-ブテン（化合物 A）}}{\overset{\displaystyle H}{\underset{\displaystyle H}{}}C=C\overset{\displaystyle CH_2-CH_3}{\underset{\displaystyle H}{}}} \longrightarrow \underset{\text{1,3-ブタジエン（化合物 E）}}{CH_2=CH-CH=CH_2}$$

次いで，化合物 B と C は互いにシス-トランス異性体であり，B がトランス形であることより，以下のように決まる。

トランス-2-ブテン（化合物 B）　　シス-2-ブテン（化合物 C）

残りの化合物 D は，2-メチルプロペンと決まり，適当な条件で酸化するとカルボキシ基をもつ化合物 F（$C_4H_6O_2$）になる。分子式より，化合物 F はカルボキシ基を 1 つもつメタクリル酸とわかる。

2-メチルプロペン（化合物 D）　　メタクリル酸（化合物 F）

(2)　シス-トランス異性体は，立体異性体に属する。

(3)　化合物 B，C をオゾン分解すると，いずれからも同一化合物であるアセトアルデヒドが得られる。

(4)　化合物 A〜F のうち最も沸点が高いのは，カルボキシ基をもつ化合物 F である。F はカルボキシ基の部分で分子間で水素結合を形成するため，沸点が他と比べて高くなる。

(5)　化合物 F のメタクリル酸をメチルエステル化させると，メタクリル酸メチルとなる。これを付加重合させると，合成樹脂 G（ポリメタクリル酸メチル）が得られる。樹脂 G は非常に透明度が高い有機ガラスの一つで，水族館の大型水槽などに用いられている。

問 3．(1)　油脂は，3 価アルコールのグリセリンと高級脂肪酸（炭素数が多く，鎖式 1 価カルボン酸）3 分子からなるトリエステルである。油脂に水酸化ナトリウム水溶液を加えて加熱すると，けん化反応が起こり，グリセリンと高級脂肪酸の塩 R−COONa が生じる。この高級脂肪酸の塩をセッケンとよぶ。セッケンは炭化水素部分の疎水基と，極性の大きい −COO$^-$ の親水基とをあわせもつ界面活性剤の一種である。水溶液中に十

分な濃度で存在するセッケン分子は，ミセルとよばれるコロイド粒子を形成する。ミセルが油汚れに触れると，疎水基で油汚れを，親水基で周りをそれぞれ取り囲み，均一な懸濁液となる。この作用を乳化作用とよび，これによりセッケンは洗浄効果を発揮する。

(2) カルボン酸 $R-COOH$ とアルコール $R-OH$ からなるエステルは，カルボン酸から OH，アルコールから H がとれる脱水縮合により生じる。このエステルを加水分解すると，逆の反応が起こり，問題文中の図3②の位置で切断され，元のカルボン酸とアルコールが生じる。

(3) 油脂には3カ所のエステル結合があり，油脂1分子をけん化するのに必要な水酸化ナトリウム（式量40.0）は3つなので，油脂 A の分子量を M とおくと

$$\frac{50.1}{M} \times 3 = \frac{7.04}{40.0} \qquad \therefore \quad M = 853.9 \fallingdotseq 854$$

(4) 油脂 A 1分子の $C=C$ 数を n 個とすると，油脂 A 1分子と十分に付加反応するのに必要な臭素（分子量159.8）は n 個なので

$$\frac{5.01}{853.9} \times n = \frac{3.75}{159.8} \qquad \therefore \quad n = 3.9 \fallingdotseq 4$$

油脂 A は図2より，1つのパルミチン酸 $C_{15}H_{31}COOH$ と2つの脂肪酸 B R^1COOH で構成されている。パルミチン酸1分子当たりの $C=C$ 数は0個より，脂肪酸 B 1分子当たりの $C=C$ 数は2個と求まる。

(5)・(6) 鎖式飽和脂肪酸の分子式は $C_nH_{2n}O_2$ と表され，$C=C$ 結合を2個もつ脂肪酸 B の分子式は $C_nH_{2n-4}O_2$ となる。油脂 A は，グリセリン $C_3H_8O_3$（分子量92.0）と1つのパルミチン酸 $C_{16}H_{32}O_2$（分子量256.0）と2つの脂肪酸 B（分子量 $14.0n+28.0$）で構成され，その分子量が854であることから，脂肪酸 B の炭素数 n を求めると

$$92.0 + 256.0 + 2 \times (14.0n + 28.0) - 3 \times 18.0 = 854 \qquad \therefore \quad n = 18$$

よって，脂肪酸 B は示性式 $C_{17}H_{31}COOH$ で表されるリノール酸と決まる。また，油脂 A の分子式は，各原子数を整理すると

$$C_3H_8O_3 + C_{16}H_{32}O_2 + 2 \times C_{18}H_{32}O_2 - 3 \times H_2O = C_{55}H_{98}O_6$$

(7) 硬水には Ca^{2+}，Mg^{2+} のイオンが多く含まれており，セッケンは硬水中では水に難溶な塩 $(RCOO)_2Ca$，$(RCOO)_2Mg$ を生じ，洗浄効果が低下してしまう。

横浜国立大-理系後期　　　　　　　　　　　　　　2023 年度　化学〈解答〉　159

❖講　評

　試験時間は理科 2 科目 120 分。大問 2 題の出題である。難易度は標準からやや難レベル。理論，無機，有機の分野から満遍なく出題されている。

　Ⅰ　問 1 (1)は分子の極性，希薄溶液の性質，コロイドに関する基本的な知識問題で，確実に正答したい。(2)は各化合物の構造式が書ければ，形に対称性のあるものが無極性分子となるため迷うことはない。問 2 (1)は標準的なヘスの法則の計算問題であった。(2)・(3)では，無機化学で学習する化学反応式が満遍なく問われていた。問 3 (1)は理想気体の定義，(2)は分圧の定義が問われていたので，いずれも正答したい。(3)は理想気体と実在気体に関するグラフ問題で，じっくり思考する必要があった。

　Ⅱ　問 1 は糖類に関する基本的な知識問題であった。水溶液中でのグルコースの平衡状態においては，α-グルコースよりも β-グルコースの方が存在率が高く，このことは教科書に記載があるが，正答できる受験生は多くなかったと思われる。問 2 は C_4H_8 のアルケンの構造決定問題で，難易度は標準的であるが，合成樹脂のポリメタクリル酸メチルをきちんと覚えていたかどうかが合否を分ける一つであった。問 3 の油脂・セッケンでは，基本的な知識を問う問題だけでなく，(3)〜(6)と油脂を構成する高級脂肪酸を決定する計算問題がみられた。典型的な出題ではあるが，苦手意識をもっている受験生も多いと思われるので，こういった問題に完全解答できることが合格へのカギとなったであろう。

MEMO

MEMO

MEMO

MEMO

MEMO

2022年度

問題と解答

横浜国立大-理系前期 2022 年度 問題 *3*

■前期日程

問題編

▶試験科目・配点

学 部 等		教 科	科　　目	配　点
理工	機械・材料・海洋系 化 学 ・ 生 命 系 (化学 EP・化学応用 EP) 数物・電子情報系	外国語	コミュニケーション英語Ⅰ・Ⅱ・Ⅲ，英語表現Ⅰ・Ⅱ	300 点
		数 学	数学Ⅰ・Ⅱ・Ⅲ・A・B	450 点
		理 科	「物理基礎・物理」「化学基礎・化学」	450 点
	化 学 ・ 生 命 系 (バイオ EP)	外国語	コミュニケーション英語Ⅰ・Ⅱ・Ⅲ，英語表現Ⅰ・Ⅱ	300 点
		数 学	数学Ⅰ・Ⅱ・Ⅲ・A・B	450 点
		理 科	「物理基礎・物理」「化学基礎・化学」「生物基礎・生物」から 2 科目選択	450 点
都市科	建 築 都 市 基 盤	外国語	コミュニケーション英語Ⅰ・Ⅱ・Ⅲ，英語表現Ⅰ・Ⅱ	300 点
		数 学	数学Ⅰ・Ⅱ・Ⅲ・A・B	450 点
		理 科	「物理基礎・物理」「化学基礎・化学」	450 点
	環 境 リ ス ク 共 生	外国語	コミュニケーション英語Ⅰ・Ⅱ・Ⅲ，英語表現Ⅰ・Ⅱ	300 点
		数 学	数学Ⅰ・Ⅱ・Ⅲ・A・B	450 点
		理 科	「物理基礎・物理」「化学基礎・化学」「生物基礎・生物」「地学基礎・地学」から 2 科目選択	450 点

▶備　考

「数学 B」は「数列，ベクトル」を出題範囲とする。

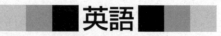

(90分)

I. Read the passage below and answer the questions that follow.

　　Human babies don't seem to make a good amount of sense, evolutionarily speaking. They're helpless[*1] for many years, and not particularly helpful either — they can't pitch in around the house[*2] or get a job. But in reality, these formative years[*3] are critical for training nature's most remarkable brain: With the simple act of play, children explore their world, adapting themselves to a universe of chaos.

　　Kids can run circles around[*4] even the most advanced robots on Earth, which still only function well in strictly controlled environments like factories, where they perform regimented[*5] tasks. But as the machines slowly become more advanced and creep deeper into our daily lives, perhaps we'd do well to let them grow up in a way, argues University of California Berkeley psychologist Alison Gopnik.

　　"It may be that what we really need is robots that have childhoods," she says. "What is needed is kind of a little, helpless, not-very-strong robot that can't break things very much, and it's actually being taken care of by somebody else. And then you may be able to have that turn into a system that is capable of actually going out in the world and doing things."

　　(A)Gopnik's proposal is a radical departure from how researchers typically get a robot to learn. One common method is to give a robot a set of tasks to perform, move by move, so that it learns how to, say, pick up a toy. Another approach has a robot trying random movements and earning rewards for successful ones. Neither option gets a robot to be particularly flexible — you can't train it to pick up one kind of toy and expect it to easily figure out how to grasp another.

　　Children, by contrast, react with ease to new environments and challenges. "Not only do they go out and explore to find information that's relevant to the problems they're trying to solve," says Gopnik, "but they also do this rather remarkable thing — playing — where they just go out and do things apparently for no reason." Children are curiosity-driven agents building a complex model of the world in their brains, allowing them to easily generalize what they learn. When robots are programmed to learn from a strictly scored goal — with points for good behaviors and demerits for bad ones — they're not encouraged to do things out of the ordinary.

That kind of close attention might get the kids into Harvard, but it won't prepare them for what follows. "When they actually get there and they have to do something else, they fall apart and don't know what to do next," Gopnik adds. Giving robots a sense of curiosity — play without a real purpose — could help them also deal with the unknown.

In the lab, Gopnik and her colleagues have been figuring out how this might work in practice. They need to somehow quantify how kids go about solving problems with play. One way to achieve this goal is by communicating with custom-designed toys that, for instance, only produce a sound when the kid stacks a certain set of blocks on them. They need to find out which set leads the toy to turn on. "Since we're designing the toy, we know what the problem is that the children are having to solve, and we know what kinds of data they're getting about that problem, because we are the ones who are controlling what the toy does," Gopnik says. What, for instance, are the inferences the kids are making about how the toy works?

They've run some of the same experiments on adults as well, and found that children are better at solving some problems than adults. Especially when a toy works in a (B) way, kids appear to come across the solution by playing around.

Give robots the same power, and we might better understand how both machines and children learn. "By trying to train the robot to do it, we could get more insight into how children are doing it," says Gopnik. "And then by studying how children are doing it, we can get ideas about how we could get a robot to do it."

[Adapted from *Wired*, November 26, 2019. https://www.wired.com/story/the-case-for-sending-robots-to-day-care-like-toddlers/]

6 2022 年度 英語　　　　　　　　　　　　　　　　横浜国立大-理系前期

*[1] helpless: needing the help of other people, unable to do anything for oneself

*[2] pitch in around the house: to join and help in doing household chores

*[3] formative years: the period when someone's character develops

*[4] run circles around: to be much better at doing something than someone else

*[5] regimented: organized and controlled

Questions

1. Regarding the underlined part (A), explain how Gopnik's approach is different from traditional approaches. **Answer in Japanese.**

2. Based on the last three paragraphs, what do the researchers expect to learn about children and robots by conducting this research? **Answer in Japanese.**

3. Which of the following is most suitable for blank (B)?

   fabulous　　gigantic　　usual　　weird

横浜国立大-理系前期　　　　　　　　　　　　　　　2022 年度　英語　7

II. Read the passage below and answer the questions that follow.

Having a hard day at work? Stressed out about deadlines or bosses or meetings? It may help to stare at a plant, according to researchers from Japan. The researchers felt that a lot of employees underestimated the respite[*1] that plants offer from work-related stress, so they conducted an experiment on workers at an electric company in Japan and observed their changes in stress levels pre- and post-involvement with plants.

The findings, recently published in a technical journal, showed that employees with high scores on an anxiety measurement test decreased their scores slightly. Many studies have been done on the health effects of indoor plants, but most of those were performed in either laboratories or simulated-office settings and only included passive interaction. This study verified the stress-reducing effect of gazing intentionally at a plant for a few minutes and actively engaging in the care of it in a real office setting when an employee felt tired.

The results suggest that if employers provided active encouragement for workers to take three minute "nature breaks," the mental health of their employees would improve, said Dr. Masahiro Toyoda, lead author of the study and professor at a university in Japan, where he specializes in horticultural[*2] therapy. The study is the "latest of those that continue to point out that plants are beneficial to humans," said Dr. Charles Hall at Texas A&M University. "It's something we naturally knew, but has suddenly been quantified. And so now, we're seeing the numbers behind the reasoning," he said.

(A)Taking care of a plant didn't ease the stress of all the employees in the study. Some workers saw their heart rates[*3] or anxiety levels increase, and some saw no significant change. To avoid participants feeling anxious when their plants withered[*4] or died, the authors kept more plants ready to exchange. But according to Hall, this may not have mattered for people who experience anxiety on a regular basis. He suggested that subjects' increased anxiety was due to the sudden responsibility for taking care of a plant and then due to the fact that all of a sudden the plant's not doing well and they have some anxieties from that. Some people could have gotten used to the plants and were no longer affected. "There have been some pieces of evidence related to human stress reduction by nature with

8 2022 年度 英語　　　　　　　　　　　　　横浜国立大-理系前期

plants or by plants," Toyoda said. "However, when we get accustomed to the same scene, the stress recovery effect will not continue so long." The study was performed with 63 employees between the ages of 24 and 60, who worked on desktop computers for traditional 40-hour workweeks.

The researchers cited a distressing rate of stress and mental health disorders suffered by workers in Japan as motivation for conducting their study. "The adoption of greenery into the office environment is becoming widespread as the need for improving mental health becomes greater," they said. If you can't keep a plant on your desk, there are other things you can do to reduce stress during those long days at work. Hall suggests that gazing out of a window could have similar effects, or taking a short walk outside of your building. Regularly spending time in nature is always a good idea — according to a 2019 study, just two hours per week is enough to improve your health and well-being. "To get good effects of stress reduction brought by a small plant, let's enjoy the time of 3-minute gazing at the plant without thinking or words," Toyoda said. "This state is similar to that of mindfulness[5], which pays attention to the present moment."

[Adapted from "Keeping a plant on your desk can reduce workplace stress, study says," CNN. February 7, 2020. https://edition.cnn.com/2020/02/07/health/plants-reduce-stress-in-workplace-study-wellness/index.html]

[1] respite: a pause or rest from something difficult or unpleasant

[2] horticultural: relating to the study or activity of growing garden plants

[3] heart rate: the number of times a person's heart beats (= moves regularly) in a minute or in a specified time

[4] withered: dry and decaying

[5] mindfulness: the practice of focusing on your body, mind, and feelings to increase calmness

Questions

1. Explain the reasons for the underlined part (A). **Answer in Japanese.**

2. According to the passage, if workers can't keep a plant on their desk, what can they do to improve their mental health? **Answer in Japanese.**

3. According to the passage, which of the following is true? (Write a, b, c, or d on the answer sheet.)

   a. Dr. Toyoda conducted his study in laboratories involving passive interaction.

   b. Keeping a plant on your desk always improves your mental health.

   c. Dr. Toyoda tried to exclude the effects of the plants' conditions in his study.

   d. The longer you walk outside, the more your mental health will be boosted.

III. **Takuya** and **George** are friends at a Japanese university. George is an exchange student at Takuya's university and is from America. Read their conversation and fill in the blanks 1 to 6 with the most appropriate word.

Takuya: Hey George, why aren't you at the American football club practice today?

George: I quit. (George looks upset.)

Takuya: Quit? I thought you loved playing football with those guys?

George: I do love playing football with those guys. That's exactly the point. They (1) most of their time talking in the gym, then lifting weights, then talking again. Sometimes they spend 4 or 5 hours a day in there.

Takuya: Well, that's because you guys want to win the championship this year, right? You have to practice (2). No pain, no gain, as they say.

George: Right. Practicing a lot is fine, but not all day, and not during class-time.

Takuya: Oh. I see.

George: I mean, today, I told the captain of the team, "Look, American football is a sport which (3) short bursts of energy. Let's train hard for 2 hours or so, and then rest. It's not (4) to spend 5 hours a day in the gym when we are only training for one or two hours."

Takuya: What did the captain say to that?

George: He said, "Well, we practice a little bit differently here in Japan. Sorry, if you don't like our way of doing things here."

Takuya: Wow, he must have been really upset.

George: He was. And then, I lost my (5) and said, "Well, I guess that's why we always lose. You are not willing to try new things."

Takuya: And what did he say to that?

横浜国立大-理系前期   2022 年度　英語　*11*

George: He said, "You don't have to come to practice tomorrow, George."

Takuya: Oh. I see…and what did you say?

George: I said, "Fine. I have better things to do anyway." Then I left the gym.

Takuya: Oh, now I see why you are so (　6　).

1: need	use	take	waste	exercise
2: excessively	lazily	hardly	exactly	seriously
3: loses	finds	requires	explains	follows
4: fast	efficient	curious	lenient	relevant
5: desire	memory	feeling	temper	hope
6: pleased	tired	upbeat	optimistic	irritated

12 2022 年度 英語   横浜国立大-理系前期

IV. You received this email from your friend who is studying in Australia. Write an email in reply (75-100 words, not including "Hi Peter, Thank you for your email."). **DO NOT** write your name in your answer. **Answer in English.**

Hi _____,

How are you doing these days? Recently, going outside isn't allowed, so I have to stay indoors all the time. I just watch TV, play computer games, and text my friends all day long. I'm really bored and I want to do something else, but I don't know what to do. I was wondering if you have a good idea about what I can do while I stay in my apartment all day by myself. Sometimes, I have trouble getting motivated, so if you could give me at least two reasons for following your suggestion, that would really help me to get started.

Best,

Peter

Hi Peter,

Thank you for your email.

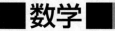

（150 分）

1 次の問いに答えよ。

(1) 0 でない実数 a に対して，定積分
$$I = \int_0^{\frac{\pi}{2}} e^{at} \cos(2t)\,dt, \qquad J = \int_0^{\frac{\pi}{2}} e^{at} \sin(2t)\,dt$$
を a の式で表せ。

(2) xy 平面において，曲線 $C : x = e^{-2t}\cos t,\ y = e^{-t}\sin t\ \left(0 \leq t \leq \dfrac{\pi}{2}\right)$ と，x 軸と，y 軸で囲まれた部分の面積 S を求めよ。

2 n を自然数とする。xy 平面上を動く点 P があり，1 回の移動で次の (L)，(R) の
いずれかによって，P は移動する。

$$
\begin{cases}
\text{点 P が } (x, y) \text{ にあるとき,} \\
\text{(L)} \quad (x - 1, y - 1) \text{ に移動する} \\
\text{(R)} \quad (x + 1, y - 1) \text{ に移動する}
\end{cases}
$$

はじめ P は原点 $(0, 0)$ にあり，この移動を n 回繰り返す。このとき，$k = 1, 2, \cdots, n$
に対して，P が k 回移動した後の x 座標を x_k とおく。

　例えば $n = 2$ のとき，P は「(L)，(R)」の順に従って移動すると，$(-1, -1), (0, -2)$
の順に移動する。また P の移動の仕方は，「(L)，(L)」，「(L)，(R)」，「(R)，(L)」，
「(R)，(R)」のそれぞれに従って移動する 4 通りある。さらに，$x_2 \leqq 0$ をみたす P
の移動の仕方は，「(L)，(L)」，「(L)，(R)」，「(R)，(L)」のそれぞれに従って移動す
る 3 通りある。

　次の問いに答えよ。

(1) $n = 4$ のとき，$x_k \leqq 0 \ (k = 1, 2, 3)$ かつ $x_4 = 0$ をみたす P の移動の仕方は
　　何通りあるか。

　以下，$n = 8$ とする。$x_1, \cdots, x_8$ の最大値を M とし，$x_1, \cdots, x_8$ の最小値を m
とする。

(2) $-2 \leqq m \leqq M \leqq 3$ をみたす P の移動の仕方は何通りあるか。

(3) $m = -2$ かつ $M \leqq 3$ をみたす P の移動の仕方は何通りあるか。

(4) $m = -2$ かつ $1 \leqq M \leqq 3$ をみたす P の移動の仕方は何通りあるか。

横浜国立大-理系前期 2022 年度 数学 *15*

3 $z \neq 1$ をみたす複素数 z に対して，複素数 w を

$$w = \frac{2z - 3}{z - 1}$$

と定める。$r > 1$ をみたす実数 r に対して，z が $|z| \geqq r$ の範囲を動くとき，w が
とる値の範囲を D_r と表す。次の問いに答えよ。

(1) $r = \dfrac{3}{2}$ のとき，D_r を複素数平面に図示せよ。

(2) E_r を D_r と実軸の共通部分とする。整数を表す点のうち，E_r に含まれる点
の個数を N_r とおく。$N_r = 3$ となる r の範囲を求めよ。

4 1 辺の長さが 1 である正四面体 OABC を考える。点 P，Q，R は，それぞれ
辺 OA，OB，BC を以下のように内分する。

$$OP : PA = s : (1 - s), \quad OQ : QB = t : (1 - t), \quad BR : RC = u : (1 - u)$$

さらに，点 O，△ABC の重心 G，△PQR の重心 H の 3 点は同一直線上にある。
次の問いに答えよ。

(1) s, u を t の式で表せ。また s のとり得る値の範囲を求めよ。

(2) $|\overrightarrow{QP}|^2$，$|\overrightarrow{QR}|^2$，内積 $\overrightarrow{QP} \cdot \overrightarrow{QR}$ を t の式で表せ。

(3) △PQR の面積 S を t の式で表せ。また S が最小となる t の値を求めよ。

16 2022 年度　数学　　　　　　　　　　　　　　　　横浜国立大-理系前期

5 a を $0 < a \leqq 1$ をみたす実数とする。関数

$$f(x) = 2\log(\sin(ax)) - (\log x)^2 \qquad \left(1 < x < \frac{\pi}{2}\right)$$

について，次の問いに答えよ。

(1) $f(x)$ を微分せよ。

(2) $a = 1$ のとき，$f(x)$ の極値を与える x の個数を求めよ。

(3) $a \leqq \dfrac{1}{2}$ のとき，$f(x)$ は極値をもたないことを示せ。ただし，$\log \dfrac{\pi}{2} < \dfrac{1}{2}$ を証明せずに用いてよい。

横浜国立大-理系前期　　　　　　　　　　　　　　　　2022 年度　物理　*17*

■物理■

（2 科目：150 分）

I　次の文章の　(1)　～　(7)　に適切な数式を入れよ。なお，重力加速度を g とし，空気抵抗を無視できるものとする。

　図 1 に示すように，頂点の中心断面の角度が $α$ である直円錐の中空の台が水平に固定されている。台の頂点には細い筒が設置されており，糸が通されている。台の内側の糸の端近くには質量が無視できる玉が，台の外側の糸の端には質量 m の物体が，それぞれ固定されている。玉は筒の穴より大きく，筒の端に引っ掛かるため，物体が円錐の表面（錐面）に吊られて乗っている状態となっている。筒，糸，玉の表面はなめらかで摩擦が無い。糸は錐面に平行に張られており，この状態における物体の重心と筒の上端との距離は L となっている。また，糸は軽く質量が無視でき，伸びも無視できる。物体は十分に小さく，その底面全体は錐面と接している。筒を中心に物体が回転するときの回転の接線方向の速さを v とする。糸につながった物体が筒を中心に回転するとき，物体には回転に伴う慣性力として遠心力が作用しているように見える。

【錐面がなめらかな場合】

　台の錐面がなめらかで物体と錐面との間の摩擦が無視できる場合，物体に初速 v を与えると，錐面に接したまま等速で回転し続けた。このときの物体に作用する遠心力の大きさは　(1)　となる。また，糸に生じる張力は，　(2)　となる。

【錐面が粗い場合】

　台の錐面が粗く摩擦が生じる場合を考える。物体と錐面の間の動摩擦係数を $μ'$ とする。遠心力が無視できるくらい，物体をゆっくりと押すように筒を中心に回転させた場合，動く方向とは逆方向に大きさが　(3)　の摩擦力が生じる。初速 v を物体に与えた場合，物体と錐面の間の垂直抗力は　(4)　となり，それに従った摩擦

が回転の抵抗となる。そして，物体は徐々に速さを低下させて停止してしまう。しかしながら，vが (5) を超えると速さは低下せずに回転を続けるようになる。
補足説明：vは初速vです。

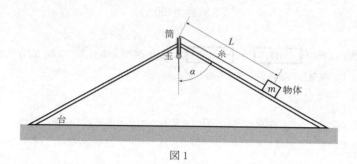

図1

【錐面がなめらかで，おもりMがある場合】

　錐面がなめらかで物体と錐面との間の摩擦が無視できる場合を考える。物体が速さvで回転している状態において，図2に示すように物体と反対側の糸端部に質量Mの小さいおもりを取り付け，おもりを手で支えてゆっくりと手を下げていった。このとき，手とおもりの間に摩擦はない。おもりは長さsだけ下がったところで手から離れ静止し，物体は錐面から浮き上がることなく回転を続けた。ここで，おもりをゆっくりと下げた場合，その前後で円運動の半径と物体の速さとの積が保存されることが知られている。したがって，おもりが下がった後の物体の速さは (6) となる。また，このときのMの値は (7) である。

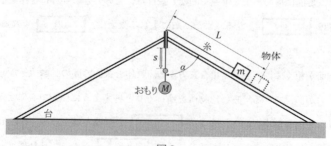

図2

II 細い導線で作った一辺の長さ ℓ の伸び縮みしない正方形 PQRS の一巻きコイル（電気抵抗 r）がある。今，図1のように z 軸を鉛直上向きとした座標軸をとり，正方形コイルの面が水平で辺 PQ が x 軸と平行となり，中心が原点にくるように正方形コイルを設置する。正方形コイルには電流は流れておらず磁場（磁界）もないとき，時刻 $t=0$ で正方形コイルを初速度 v_0 で鉛直に打ち上げた。このとき，以下の問いに答えよ。ただし，正方形コイルの中心は常に z 軸上にあり，その面は水平に保たれ，回転しないものとする。また，重力加速度を g，コイルの質量を m とし，空気抵抗，導線の太さ，コイルの自己インダクタンスは無視できるものとする。

問1. 正方形コイルは時刻 t_1 で最高点である h の高さに到達した。t_1 および h を求めよ。

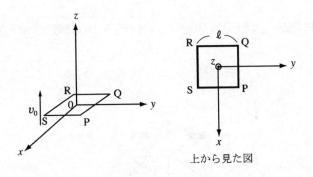

図1

図2のように，正方形コイルが最高点に到達した瞬間に磁場をかけた。磁場は，z 軸の正の向きの一様磁場からわずかにずれて不均一になっており，磁束密度は座標 (x, y, z) の関数として，$(Ax, Ay, B-2Az)$（ここで，A, B は正の定数）で与えられる。コイルが高さ z ($<h$) にあるとき，コイルの速さは v となった。

このとき，

問2. コイルを貫く磁束はいくらか。

問3. コイルに生じる誘導起電力の大きさはいくらか。ただし，微小時間Δtの間に高さがΔz変化するとき，$|\Delta z/\Delta t|\fallingdotseq v$であることに注意して$v$を用いて答えよ。

問4. コイルに流れる電流の大きさを求めよ。

正方形コイルには磁場から力がはたらく。ここで，磁場が正方形コイルに及ぼす力のx成分及びy成分は，コイルの高さによらず，向かい合う辺の組どうしで打ち消し合う。コイルが高さz（速さv）にあるとき，vを用いて，

問5. 磁場が正方形コイルに及ぼす力のz成分の大きさと向きを求めよ。

問6. 微小時間Δtの間に磁場が正方形コイルになす仕事を求めよ。

問7. 微小時間Δtの間に正方形コイルで生じるジュール熱を求めよ。

十分に時間が経ったとき，正方形コイルは一定の速度（終端速度）で落下するようになった。

問8. そのときの速さを求めよ。

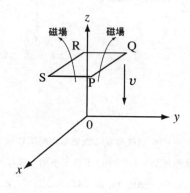

図2

Ⅲ 図のように，スピーカーから出た音を 2 つに分岐した細い管に通し，2 つの管を通った音を干渉させて，マイクを使って音を聞く装置がある。長さ L は一定であるが，L_1 は $\dfrac{L}{2}$ 以上の長さに変化させることができる。管内の部分 A は温度 T_0 の大気で満たされている。部分 B は，大気で満たされた後で薄い膜で両端が閉じられており，部分 B 内のみの温度を変化させることができる。薄い膜は音波を素通りさせるもので，膜における音の反射と管の角の部分における音の反射は無視できる。

温度 T_0 の大気中の音速を V_0 とし，温度 $T_0+\Delta T$ のときの部分 B 内の音速が $V(\Delta T)=V_0+b\Delta T$ であるものとする。ここで b は正の定数である。

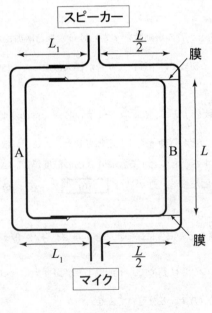

図 1

22 2022 年度　物理　　　　　　　　　　　　　　　　　　　　横浜国立大-理系前期

次の文の　(1)　～　(7)　に適切な式を入れよ。

まず，部分 B の中の温度が T_0 の場合を考える。スピーカーから振動数 f の音を出し，L_1 を変化させながら音の大きさを調べた。管内の音の波長 λ は　(1)　である。$L_1 = \dfrac{L}{2} + x$ のとき，2 つの管を通った音の位相差は　(2)　である。(2) は x, λ を用いて表せ。

L_1 を $\dfrac{L}{2}$ からゆっくりと増加させていくと，$L_1 = \dfrac{L}{2} + x_1$ のときに初めて，干渉により音が極小になり，$L_1 = \dfrac{L}{2} + x_2$ のときに初めて，干渉により音が極大になった。x_1 の値は　(3)　であり，x_2 の値は　(4)　である。(3)，(4) は λ を用いて表せ。

$L_1 = \dfrac{L}{2} + \dfrac{\lambda}{4}$ とする。音の振動数を f からゆっくりと増加させていくと，振動数が　(5)　のときに初めて，干渉により音が極大になった。(5) は f を用いて表せ。

次に，音の振動数を f とし，$L_1 = \dfrac{L}{2}$ とした。部分 A 内の温度を T_0 に保ったまま，部分 B 内の温度を T_0 からゆっくりと増加させた。ここで，温度上昇による音速の変化は V_0 より十分小さいものとする。部分 B 内の温度が $T_0 + \Delta T$ のときに初めて，干渉により音が極大になった。ΔT の値は　(6)　である。(6) は b, f, L, V_0 を用いて表せ。

部分 B 内の温度をその温度に保ったまま，L_1 を $\dfrac{L}{2}$ からゆっくりと増加させていくと，$L_1 = \dfrac{L}{2} + x_3$ のときに初めて，干渉により音が極大になった。x_3 の値は　(7)　である。(7) は λ を用いて表せ。

横浜国立大-理系前期　　　　　　　　　　　　　　　　　2022 年度　化学　23

■化学■

（2科目：150分）

問題を解くにあたって必要があれば，原子量として，H = 1.0, C = 12.0, N = 14.0, O = 16.0, Cl = 35.5, Cu = 63.5, Br = 79.9, Ag = 107.9, I = 126.9 を，気体定数として 8.31×10^3 L・Pa/(mol・K)，ファラデー定数として 9.65×10^4 C/mol を用いよ。

Ⅰ　以下の問い（問1，問2）に答えよ。

なお，構造式については記入例にならって示せ。

記入例：

問1. 次の文章を読み，以下の設問(1)～(7)に答えよ。

直鎖状のアルカンは，炭素数 n が大きくなるにつれ沸点が高くなり，n が 4 以上のアルカンでは直鎖状構造のみならず分枝状構造の構造異性体が存在する。そして n が大きくなるにつれ構造異性体の数は増加していく。<u>ペンタンの異性体では，直鎖状ペンタンの沸点が最も高く，分枝の数が増えるとともに沸点は低くなる。</u>_(i)また，環状の飽和炭化水素をシクロアルカンと呼び，C_nH_{2n}（$n \geqq 3$）と表される。<u>シクロアルカンとアルケンは，互いに構造異性体の関係にある。</u>_(ii)

24 2022 年度 化学　　　　　　　　　　　　　　　　　横浜国立大-理系前期

　　アルケンやアルキンは水素との反応に見られるように付加反応しやすい性質を
もつ。例えば，(iii) アルキンの一種であるアセチレンに硫酸水銀（Ⅱ）などを触媒とし
て水を反応させると，不安定な中間体である　　(一)　　を経て，　　(二)　　を
生成する。また，アセチレンとシアン化水素を反応させるとアクリロニトリルが生
成する。アクリロニトリルとブタジエンを共重合させることで，アクリロニトリル
-ブタジエンゴム（略称 NBR）と呼ばれる合成ゴムが得られる。(iv)

　　ベンゼン環を分子中にもつ炭化水素を芳香族炭化水素と呼ぶ。芳香族炭化水素
には有害なものが多いが，医薬品などに用いられるものもある。　　(a)　　は，
　　(あ)　　とフェノール類の特徴である　　(い)　　の 2 種類の官能基をもつ。
　　(a)　　に無水酢酸を作用させると，　　(b)　　が生成される。　　(b)　　は
アスピリンとも呼ばれ，解熱・鎮痛など病気の症状を緩和する対症療法薬として
用いられる。一方，(v) 病原菌を死滅させるなど病気の原因を取り除くために用いる
医薬品（合成物質）は，化学療法薬と呼ばれる。

(1) 文中の空欄　　(a)　　と　　(b)　　にあてはまる適切な語句を，以下の語
　　群から 1 つ選び，記号で答えよ。

　(A) アセチルサリチル酸　(B) アセトアニリド　(C) アニリン

　(D) 安息香酸　　　　　　(E) サリチル酸　　　(F) サリチル酸ナトリウム

　(G) サリチル酸メチル　　(H) テレフタル酸　　(I) フェノール

　(J) フタル酸

---

(2) 文中の空欄　　(あ)　　と　　(い)　　にあてはまる適切な語句を，以下の
　　語群から 1 つ選び，記号で答えよ。

　(ア) アミノ基　　　　(イ) アルデヒド基　　(ウ) カルボキシ基

　(エ) カルボニル基　　(オ) スルホ基　　　　(カ) ニトロ基

　(キ) ヒドロキシ基

---

(3) 下線部(i)に関して，最も沸点が低いペンタンの異性体の構造式を，記入例にな
　　らって示せ。

横浜国立大-理系前期 2022 年度 化学 25

(4) 下線部(ⅱ)に関して，①C_5H_{10} の構造異性体の数，②この構造異性体のなかでシス-トランス異性体（幾何異性体）をもつ構造異性体の数を示せ。ただし，鏡像異性体（光学異性体）は考慮しなくてよい。

(5) 下線部(ⅲ)に関して，文中の空欄 （一） と （二） にあてはまる化合物の構造式を，記入例にならって示せ。

(6) 下線部(ⅳ)に関して，1000 g の NBR を構成する原子として窒素原子 80.0 g が含まれているとする。この NBR 一分子中にブタジエン構成単位が 70 個あるとき，この NBR のアクリロニトリル構成単位の個数を求めよ。なお，アクリロニトリル構成単位の個数は小数点以下第一位を四捨五入し，整数で示せ。

(7) 下線部(ⅴ)に関して，以下の語群の中で化学療法薬である医薬品をすべて選び，番号で答えよ。

---

① アセトアミノフェン　　② イブプロフェン　　③ サルファ剤

④ ストレプトマイシン　　⑤ ペニシリン

問 2. 分子式が同じで炭素，水素，酸素のみからなる化合物 （あ） と （い） について，次の実験結果を得た。以下の設問(1)～(4)に答えよ。

実験結果 1　8.53 g の （あ） を溶解した水溶液 300 mL の浸透圧は，25 ℃で 8.0×10^5 Pa であった。

実験結果 2　 （あ） を加水分解すると， （a） と （b） が得られた。 （a） は常温常圧で無色の有毒な液体であり，酸化すると （c） が得られ， （c） をさらに酸化すると， （d） が得られた。 （d） は飽和脂肪酸の中では最も強い酸性を示し，かつ還元性を示した。

実験結果 3　 （い） を加水分解すると， （e） と （f） が得られた。 （e） を酸化すると （g） が得られ， （g） をさらに酸化すると （f） が得られた。

26 2022 年度 化学　　　　　　　　　　　　　　　　　　　横浜国立大-理系前期

実験結果 4 　 (ア) 　 mg の 　 (あ) 　 を完全燃焼させたところ，二酸化炭素
66 mg が得られた。

(1) 化合物 　 (あ) 　 と 　 (い) 　 に共通な分子量を求めよ。なお，分子量
は小数点以下第一位を四捨五入し，整数で示せ。

(2) 文中の空欄 　 (a) 　 〜 　 (g) 　 にあてはまる適切な語句を，以下の語群
から 1 つ選び，記号で答えよ。

(A) エチレン	(B) プロピレン	(C) 1-ブテン
(D) アセチレン	(E) プロピン	(F) メタノール
(G) エタノール	(H) 1-プロパノール	(I) 2-プロパノール
(J) 1-ブタノール	(K) 1-ペンタノール	(L) エチレングリコール
(M) グリセリン	(N) ホルムアルデヒド	(O) アセトアルデヒド
(P) プロピオンアルデヒド	(Q) アセトン	(R) ギ酸
(S) 酢酸	(T) プロピオン酸	(U) アクリル酸
(V) シュウ酸	(W) マレイン酸	(X) フマル酸

(3) 化合物 　 (あ) 　 と 　 (い) 　 の構造式を，記入例にならって示せ。

(4) 文中の空欄 　 (ア) 　 にあてはまる適切な数値を，有効数字 2 桁で求めよ。

横浜国立大-理系前期   2022 年度　化学　27

Ⅱ　次の文章を読み，以下の問い（問 1 〜問 6）に答えよ。

　　　金は天然に砂金などの単体として産出する。金単体は　　(a)　　が小さく，硝酸
や熱濃硫酸にも溶けないが，濃硝酸と濃塩酸の体積比 1:3 の混合物（王水）には溶け
る。酸化されにくく，美しい光沢があるため，電子機器材料や装飾品として利用され
る。　金は配位数　　(b)　　の面心立方格子の結晶構造をとる。金 75％に銀や銅な
①
どを 25％混合したものは 18 金と呼ばれ，純金よりも硬く傷がつきにくい。このよう
な，融解したある金属に他の元素の単体を混合して凝固させたものを　　(c)　　と
いう。

　　　銀は天然には，金属単体，硫化物，ヒ化物，塩化物として分布している。ハロゲ
②
ン化銀は，フッ化銀を除いて水にほとんど溶けない。銀イオンは，塩化物イオンと結
合して　　(ア)　　色の沈殿を生じるため，試料溶液中の塩化物イオンの濃度を，硝酸
銀（　(ⅰ)　）溶液による滴定で測定することができる。このとき試料溶液に　　(イ)　　色
のクロム酸カリウム（　(ⅱ)　）を加えておくと，滴定の終点付近で　　(ウ)　　色の
クロム酸銀（　(ⅲ)　）が沈殿し始めるので，終点を判断しやすくなる。ハロゲン化
銀の沈殿に，チオ硫酸ナトリウム水溶液を加えると錯イオン　　(ⅳ)　，シアン化カ
リウム水溶液を加えると錯イオン　　(ⅴ)　　を生じて溶ける。

　　　銅は，天然に単体として産出されることもあるが，硫化物や酸化物として存在して
いることが多く，代表的な銅の鉱石として黄銅鉱（主成分　　(ⅵ)　）がある。黄銅
鉱に石灰石やケイ砂を混ぜて加熱すると　　(ⅶ)　　が生じる。これを加熱しながら
酸素と反応させると純度の低い銅の単体（粗銅）が得られる。粗銅板を　　(d)　　極，
③
薄い純銅板をもう一方の電極とし，硫酸銅（Ⅱ）の希硫酸溶液を電気分解すると，粗銅
板は溶解し，もう一方の電極に純度の高い銅が析出する。このようにして金属の単体
を得る操作を　　(e)　　という。

　　問1.　文中の　　(a)　　〜　　(e)　　にあてはまる最も適切な語句または数値
　　　　を答えよ。ただし，　　(a)　　については（ 電気陰性度 ・ イオン化傾向 ・
　　　　イオン化エネルギー ）のなかから，　　(d)　　については（ 正 ・ 負 ・
　　　　陽 ・ 陰 ）のなかから 1 つを選び解答すること。

28 2022 年度 化学   横浜国立大-理系前期

問2. 文中の $\boxed{（ア）}$ ～ $\boxed{（ウ）}$ にあてはまる最も適切な色を以下から
選び記号で答えよ。

(A) 青緑	(B) 薄桃	(C) 黄	(D) 黒
(E) 白	(F) 赤褐(暗赤)	(G) 紫	

問3. 文中の $\boxed{（i）}$ ～ $\boxed{（vii）}$ にあてはまる化学式もしくはイオン式
を答えよ。

問4. 下線部①に関して，原子半径が金の x 倍，原子量が金の y 倍である金属 M
が体心立方格子の結晶構造をとるとき，この金属 M の密度は面心立方格子の
結晶構造をとる金の密度の何倍であるか，x と y を用いた文字式で表せ。

問5. 下線部②に関して，1.5×10^{-5} g の (A) 塩化銀，(B) 臭化銀，(C) ヨウ化銀
をそれぞれ 100 mL の水に加えたとき，溶け切らずに固体として残るものをす
べて選び，記号で答えよ。なお，室温における溶解度積はそれぞれ，塩化銀
1.8×10^{-10} mol²/L²，臭化銀 5.2×10^{-13} mol²/L²，ヨウ化銀 2.1×10^{-14} mol²/L²
とする。

問6. 下線部③に関して，直流電流 0.500 A のときに，純銅 0.200 g を析出させ
るのに必要な電気分解の時間は何秒であるか，有効数字 3 桁で求めよ。ただ
し，電気分解で流れる電気量はすべて銅の単体の析出に使われるものとする。

Ⅲ 次の文章を読み，以下の問い（問1～問7）に答えよ。

標準状態とは 0 ℃，$1.01×10^5$ Pa を意味する。計算結果は有効数字 2 桁で示せ。

　気体の体積・温度・圧力・物質量の間には，①気体の種類によらない共通の関係があることが知られている。この関係が完全に成立する気体を理想気体と呼び，理想気体の状態方程式が成立する。一方，②実在気体では理想気体の状態方程式が厳密には成り立たない。理想気体では，絶対温度に比例して体積は増加・減少し，液体あるいは固体にはならないが，実在気体では低温になると液体あるいは固体になる。これは，実在気体の分子の間に引力が働くためである。分子の引力により規則正しく配列してできた固体を　(A)　と呼ぶ。代表的なものに，③二酸化炭素の固体であるドライアイスが知られている。ドライアイスは昇華点（昇華する気体の圧力が $1.01×10^5$ Pa になる温度）が−78.5 ℃で，常圧では液体にならないこと，およびその気体は反応性が低く非燃焼性であることが知られている。この性質を利用して保冷剤として一般に使われているが，④密室で用いると気化して酸欠の原因となるので注意が必要である。

　二酸化炭素は常温常圧では無色無臭の気体で，水 1 L に標準状態で $7.58×10^{-2}$ mol 溶解し，⑤水溶液は炭酸水と呼ばれ弱酸性を示す。空気中に含まれている二酸化炭素は主に有機物の酸化により生じており，地球の炭素循環をになう主たる化合物である。⑥大気中に含まれる代表的な有機物であるメタンは，約 2 年で大気中における酸化反応により半減し，最終的に二酸化炭素となる。

問1　下の図は，下線部①の共通の関係を示す(1)～(3)の法則をグラフに示したものである。それぞれ適切なものを選び，記号で答えよ。ただし，各グラフの縦軸は体積，横軸は圧力，絶対温度，あるいは物質量のいずれかを示す。

(1)　ボイルの法則

(2)　シャルルの法則

(3)　アボガドロの法則

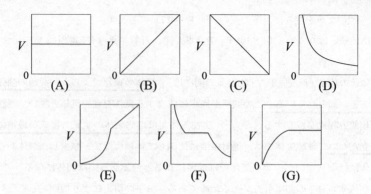

問2　下線部②について，次の記述は理想気体と実在気体に関するものである。それぞれ正しいものに○，間違っているものに×を答えよ。

(1) 理想気体では，分子の質量が無視されている。
(2) 理想気体は圧縮しても，液化や固化が起こらない。
(3) 理想気体は絶対零度で体積が0になる。
(4) 実在気体は，高温・低圧では理想気体とみなせる。
(5) 標準状態では，ヘリウムよりもアンモニアの方が理想気体に近い性質を示す。

問3　文中の　(A)　に関する次の問いに答えよ。
(1) 　(A)　に該当する適切な語句を記せ。
(2) 　(A)　に分類される物質（固体）を次の中からすべてあげよ。

> アルゴン，塩化ナトリウム，二酸化ケイ素，鉄，ヨウ素

問4　下線部③について，次の問いに答えよ。
(1) 二酸化炭素の電子式を示せ。
(2) 酸素原子のもつ共有結合に関係しない電子対を何というか。
(3) 以下に示す分子のなかで，二酸化炭素と同じ無極性分子がいくつあるかを答えよ。

> アセチレン，　アンモニア，　一酸化炭素，
> シアン化水素，　水，　メタン，　硫化水素

問5 下線部④について，酸素欠乏症等防止規則では，安全な作業環境のために，爆発や酸化のおそれ等がある場合を除いて，空気中の酸素濃度を 18 ％以上に保つよう換気しなければならないと定められている。標準状態の乾燥空気に満たされた体積 25 m³ の密閉空間に持ち込まれたドライアイスが完全に気化した場合，酸素濃度が体積百分率で18 ％となるドライアイスの質量［kg］を求めよ。ただし，この乾燥空気には酸素が体積百分率で 20 ％含まれているとし，持ち込まれたときのドライアイスの体積は無視してよい。また，気化の前後で温度変化はないものとし，気体はすべて理想気体として取り扱えるものとする。

問6 下線部⑤に示すように，二酸化炭素は水に溶け次の電離反応により酸性を示す。

$$H_2O + CO_2 \rightleftharpoons H^+ + HCO_3^-$$

この反応の平衡定数 K は

$$K = \frac{[H^+][HCO_3^-]}{[H_2O][CO_2]}$$

であるが，H_2O の濃度を一定とみなすと，電離定数 K_a として

$$K_a = \frac{[H^+][HCO_3^-]}{[CO_2]}$$

が与えられる。

0 ℃で $K_a = 4.0 \times 10^{-7}$ mol/L，二酸化炭素水溶液の濃度は 2.5×10^{-5} mol/L とし，HCO_3^- の CO_3^{2-} への電離は量が少ないため無視できるものとする。

(1) $[H^+]$ を K_a と $[CO_2]$ のみを用いた式で表せ。

(2) この水溶液の pH を求めよ。

問7 下線部⑥のメタンの酸化反応は次式で与えられる。

$$CH_4 （気） + 2O_2 （気） \longrightarrow CO_2 （気） + 2H_2O （気）$$

結合エネルギーが以下で与えられるとき，上の化学反応の反応熱を求めよ。

CH	(CH_4)	416 kJ/mol
OH	(H_2O)	463 kJ/mol
CO	(CO_2)	804 kJ/mol
OO	(O_2)	498 kJ/mol

補足説明：結合エネルギーとは分子内の結合１つのエネルギーを意味する。

生物

（2科目：150分）

I　次の文章を読み，問い（問1〜問5）に答えよ。

　　ヒトをはじめとする動物の真核細胞の中には，細胞基質という流動性に富んだ基質とさまざまな構造をもった細胞小器官がみられる。この細胞小器官には 小胞体 やゴルジ体，核，ミトコンドリアがある。このうち核とミトコンドリアは二重の膜(a) で囲まれており，それぞれが固有の DNA をもつ。核の中では DNA がタンパク質と結合してビーズ状の構造である　　（あ）　　を形成する。これが数珠状につながった繊維が折りたたまれて　　（い）　　繊維と呼ばれる構造を形成する。細胞分裂の　　（う）　　期の中期には，この構造がさらに折りたたまれて染色体として光学顕微鏡で観察することができる。DNA は低い確率で突然変異を生じることがある。その変異の多くは点突然変異といわれる1塩基対の置換だが，核ゲノム DNA に点突(b) 然変異が起こっても，多くの場合は表現型としてあらわれない。しかし，ある場合には点突然変異も大きな障害や病気として個体に影響をおよぼす。かま状赤血球貧血症では，ヘモグロビンを構成するポリペプチドのうちの一方のアミノ酸をコード(c) するコドン中の1塩基が変異している。その結果，重度の貧血などを起こして死に至ることがある。

　　ミトコンドリアはエネルギー物質である ATP の約9割を生産する細胞小器官であ(d) る。ミトコンドリアの内膜には電子伝達系と ATP 合成酵素が埋め込まれている。グルコースを基質として細胞質の解糖系でピルビン酸と NADH と　　（え）　　が作られる。このピルビン酸はミトコンドリアのマトリクスで　　（お）　　に変えられ，クエン酸回路でさらに代謝される。解糖系とクエン酸回路で生じた NADH や $FADH_2$ は電子伝達系で　　（え）　　と電子を生じる。電子が電子伝達系を移動する際に生じるエネルギー放出により，　　（え）　　は膜間腔に輸送されて，マトリクスと膜間腔の間に　　（え）　　の濃度勾配を形成する。膜間腔の高濃度の　　（え）　　は ATP

横浜国立大-理系前期 2022年度 生物 *33*

合成酵素を通ってマトリクスに拡散するが，この時に生じるエネルギーは ATP として蓄えられる。この酸化反応により ATP が作られる過程は酸化的　(か)　と呼ばれる。

　細胞基質中には膜で囲まれていない構造体の細胞骨格がある。細胞骨格には微小管とアクチンフィラメント，　(き)　がある。細胞分裂のとき，　(く)　から伸びた微小管が染色体の　(け)　に結合して，染色体の分配にかかわる。この微小管のことを　(こ)　という。　(く)　は，鞭毛などを形成する際の起点にもなる。アクチンフィラメントは原形質流動や筋肉の収縮にかかわる。微小管には細胞内の物質の輸送に働くダイニンやキネシン，アクチンフィラメントには　(さ)　と呼ばれるモータータンパク質がある。

問1.　(あ)　～　(さ)　にあてはまる適切な語句を答えよ。

問2.　下線部(a)の小胞体には粗面小胞体と滑面小胞体の2種類がある。それらの違いを50字以内で説明せよ。なお，句読点も字数に含む。

問3.　下線部(b)について，点突然変異が起こっても，なぜ多くの場合は表現型としてあらわれないのかを50字以内で説明せよ。なお，句読点も字数に含む。

問4.　下線部(c)について，かま状赤血球貧血症の原因変異をホモ接合でもつ人は死亡率が高い。こういった変異遺伝子頻度は一般的に集団中で減少するはずだが，アフリカの一部の地域では，変異遺伝子の頻度が世界のほかの地域に比べて高い。その理由を60字以内で説明せよ。なお，句読点も字数に含む。

問5.　下線部(d)について，ミトコンドリア DNA の遺伝子変異は，核 DNA の遺伝子変異よりも，細胞機能への影響が小さい。この理由を120字以内で説明せよ。なお，句読点も字数に含む。

Ⅱ 次の文章を読み，問い（問1〜問5）に答えよ。

　多くの動物において，前後軸・背腹軸・左右軸といった体軸は胚発生の過程で決まり，その決定には，未受精卵に含まれる　(あ)　因子と呼ばれるタンパク質やRNAが関与する場合がある。カエルの背腹軸は精子の侵入位置によって，以下のように決まる。精子が卵細胞内に入ると，卵の表層全体が回転する。これに伴い，微小管をつたって，卵の植物極側に局在するディシェベルドタンパク質と呼ばれる　(あ)　因子が将来の背側で灰色三日月環のできる領域に移動する。一方で，(a)これとは別の　(あ)　因子であるβカテニンと呼ばれるタンパク質は，未受精卵では卵全体に存在するが，表層回転の後に将来背側となる領域の細胞質に蓄積する。卵割が進むと，背側の細胞質に蓄積したβカテニンは核に移動して背側の形成に関与する遺伝子の発現を促し，　(い)　を作るための条件を整える。

　胞胚期へと発生が進むと，植物極側に局在しているVegTと呼ばれる調節タンパク質が，βカテニンとともに，ノーダルと呼ばれる分泌タンパク質の遺伝子の転写を促進する。この時，βカテニンは背腹軸に沿って背側が高くなる濃度勾配を形成しているため，VegTの分布とβカテニンの分布が重なる背側の部分でノーダルの発現が最も高くなる。その結果，ノーダルの濃度が最も高い領域に　(い)　が指定される。背腹軸の形成には，分泌タンパク質であるBMPとコーディンが重要な役割を担っている。(b)BMPは胞胚の全域で発現し，外胚葉の細胞を表皮への分化に誘導する。しかし，　(い)　においては分泌タンパク質コーディンが発現することで，この領域は脊索へと分化する。

　このように，細胞や組織の分化を理解する上で重要な概念に「誘導」がある。胞胚期中期カエル胚の動物極周辺の予定外胚葉領域は　(う)　と呼ばれ，(c)この領域と内胚葉領域を接着して培養すると，脊索，筋肉，血液などの中胚葉性の細胞が生じる。また，　(う)　は培養条件によってさまざまな組織や細胞を生じえることから，この領域が　(え)　細胞から構成されることがわかっている。

　受精卵のように，あらゆる種類の細胞に分化して完全な個体を形成する能力を　(お)　といい，さまざまな種類の細胞に分化することができる能力を　(え)　という。また，分化した動物細胞が　(お)　または　(え)　を有する状態

横浜国立大-理系前期 2022 年度 生物 35

に戻ることを （か） という。アフリカツメガエルの未受精卵に紫外線を照射して核の機能を失わせ，この卵に胞胚の細胞から採取した核を移植すると，移植された一部の卵は正常に発生して成体になる。このように作製された同一のゲノムをもつ個体は， （き） と呼ばれる。哺乳類においても羊の乳腺細胞の核を用いて同様に （き） が得られている。

問1. 上記文中の （あ） ～ （き） にあてはまる適切な語句を答えよ。

問2. 下線部（a）に関連して，次の問いに答えよ。

受精直後から胞胚期まで，βカテニンの mRNA は胚の中で一様に分布していた。表層回転により，精子侵入点の反対側の細胞の核にβカテニンタンパク質が蓄積するメカニズムを考えて，70字以内で述べよ。なお，句読点も字数に含む。

問3. 下線部（b）に関連して，次の問いに答えよ。

胚全体で BMP の発現を抑制したところ，腹側の細胞が筋肉と脊索の両方に分化し，胚が背側化した。一方で，コーディンの発現を抑制したところ，背側領域が縮小して腹側領域が増大した。それでは，BMP とコーディンの両方の発現を抑制すると，どちらのタンパク質の機能を抑制した場合の胚と同じ形態を示すか。名称を答えよ。また，そう考えた理由を100字以内で述べよ。なお，句読点も字数に含む。

問4. 下線部（c）に関連して，次の問いに答えよ。

カエルの胞胚期中期の動物極周辺の予定外胚葉領域と，腹側予定内胚葉領域を接着して培養したところ，血液などの中胚葉性の細胞が生じた。一方で，この予定外胚葉領域と背側予定内胚葉領域を接着して培養した場合には，筋肉や脊索などの中胚葉性の組織が生じた。文中の二重線部分を参考に，このような現象が起こる理由を100字以内で述べよ。なお，句読点も字数に含む。

36 2022 年度　生物　　　　　　　　　　　　　　　横浜国立大-理系前期

問5.　　下線部 (d) に関連して，次の問いに答えよ。

　成体の水かきの表皮細胞から採取した核を用いて核移植実験をおこなったところ，ほとんどの胚は発生途中で死んでしまい，ほんの数パーセントの胚が幼生（おたまじゃくし）まで発生したのみであった。このように，胞胚細胞の核を用いる場合と比較して発生率が下がる理由として，適切なものを次の ①〜⑤ の中からすべて選び，記号で答えよ。

① 水かき細胞へと分化する際に，ゲノム DNA が長くなるため。

② 水かき細胞へと分化する際に，ゲノム DNA の長さは変化しないが，塩基配列が変化するため。

③ 水かき細胞へと分化する際に，ゲノム DNA から発生に不必要な塩基配列が除去されるため。

④ 水かき細胞へと分化する際に，染色体を構成するヒストンタンパク質に化学修飾が起こるため。

⑤ 水かき細胞へと分化する際に，染色体を構成するヒストンタンパク質のアミノ酸配列が変化するため。

横浜国立大-理系前期 2022 年度 生物 *37*

Ⅲ 次の文章を読み，問い（問 1〜問 5）に答えよ。

　生態系の中では，生産者が光合成により合成した有機物が，食物網を通じて消費者に受け渡される。物質やエネルギーが伝わる効率は，生態系によって大きく異なる。たとえば一次消費者の摂食効率は，森林生態系よりも湖や海洋などの水域生態系のほうが高いといわれている。
(a)
(b)

　多様な生態系が存在することが，生物多様性の維持に重要である。たとえばカエルやトンボには，幼生や幼虫期には湖沼や水田の生態系で生活し，成体や成虫になると森林や草原で生活するものもいる。またそれらを食べる動物も，複数の生態系で生物を捕食する。
(c)

　異なる生態系どうしは相互に影響しあう。たとえば水域生態系における種間の相互作用は，陸上の生物に影響を与える。水を介して伝染するカエルツボカビ症のまん延により多様なカエルが絶滅したことで，ヘビの個体数が減少した。また，トンボの幼虫（ヤゴ）の生息する池に，外来魚であるブルーギルが侵入した結果，岸辺に生育するオトギリソウの種子生産率が増加した例が報告されている。
(d)
(e)

問1. 下線部(a)について，以下の式の $\boxed{\text{(A)}}$ 〜 $\boxed{\text{(E)}}$ にあてはまる適切な語句を答えよ。

　　生産者の純生産量 ＝ 生産者の（ 総生産量 ― $\boxed{\text{(A)}}$ ）

　　一次消費者の摂食量 ＝ 生産者の（ 純生産量 ―（ $\boxed{\text{(B)}}$ ＋ $\boxed{\text{(C)}}$ ）)

　　一次消費者の同化量 ＝ 一次消費者の（ 摂食量 ― $\boxed{\text{(D)}}$ ）

　　一次消費者の生産量 ＝ 一次消費者の（ 同化量 ―（ $\boxed{\text{(E)}}$ ＋老廃物排出量)）

問2. 下線部(b)について，森林生態系と水域生態系では一次消費者の摂食効率が異なる理由を 80 字以内で記述せよ（句読点も字数に含む）。なお，一次消費者の摂食効率とは，一次消費者の摂食量を生産者の純生産量で割ったものである。

38 2022年度 生物 横浜国立大-理系前期

問3. 下線部(c)について，生物多様性の3つの視点のうち，種多様性，生態系多様性のほかに何の多様性があるか。その名称を答えよ。

問4. 下線部(d)について，さまざまな種間の相互作用が知られている。食物など共通の資源を利用する生物は双方に不利益をもたらす ［（あ）］ 関係にある。一方，種間関係が双方に利益をもたらす関係は，［（い）］ という。さらに，片方は利益を受けるが他方は不利益を受ける関係には，捕食─被食関係および ［（う）］ がある。

(1) 文中の ［（あ）］ ～ ［（う）］ にあてはまる適切な語句を答えよ。

(2) 双方に利益をもたらす ［（い）］ の関係として，不適切なものを以下の（ア）～（カ）から2つ選び，記号で答えよ。

(ア) アリ と アブラムシ 　　(イ) レンゲ と ミツバチ
(ウ) ヤドリギ と クリ 　　(エ) ソバ と ヤエナリ
(オ) マメ科植物 と 根粒菌 　　(カ) シロアリ と 腸内細菌

問5. 下線部(e)について，以下の問いに答えよ。

(1) ある池に生息するブルーギルの個体数を，標識再捕法を用いて次のように推定した。まず釣りによって100匹を捕獲し，あごに色素を注入することで標識をつけ，もとの池に放した。個体が十分に混ざり合った2日後に，ふたたび釣りによって200匹を捕獲した。すると，このうちの24匹は標識がついた個体だった。なお事前の予備実験により，標識をつけた個体は警戒心が高まり，標識をつけていない個体と比べて，捕獲率が20%低下することがわかっている。2日間に死亡した個体や池に出入りした個体はないと仮定して，この池に生息するブルーギルの推定個体数をもとめよ。なお，小数点以下の数字は四捨五入せよ。

(2) 大きさも周囲の環境もほぼ同じとみなせる池を複数選び，調査をおこなったところ，図のような結果が得られた。この結果から，ブルーギルの存在は，どのような過程でオトギリソウの種子生産率に影響するのかを考察し，160字以内で記述せよ。なお，句読点も字数に含む。

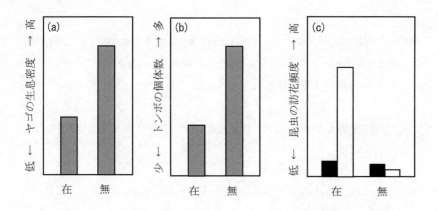

図 ブルーギルがいる池（在）といない池（無）における，(a)ヤゴの生息密度（単位面積あたりの個体数），(b)池周辺で単位時間あたりに観察されたトンボの個体数，(c)岸辺に分布するオトギリソウへの，チョウ（黒）とハチ（白）の1花あたりの訪花頻度（単位時間あたりの訪花回数）

40 2022 年度　生物　　　　　　　　　　　　　　　　横浜国立大-理系前期

Ⅳ　次の文章を読み，問い（問 1〜問 6）に答えよ。

　現在，地球に見られる <u>生物</u>は，共通の祖先から <u>進化</u>や <u>分岐</u>をし，<u>絶滅</u>を免れ，
　　　　　　　　　　　(a)　　　　　　　　　　　 (b)　　　(c)　　　(d)
生き残ってきたものである。<u>生態系を構成し別種として互いに関係をもちながら生</u>
<u>活している生物</u>も，共通の祖先をもっている。<u>生物種が分岐してきた経路や時代は，</u>
(e)　　　　　　　　　　　　　　　　　　　　　(f)
化石記録や DNA の塩基配列情報から推定することができる。

問1.　　下線部（a）について，ウイルスはある特徴を欠くため非生物として扱われ
　　　ることがある。ウイルスが欠く特徴として適当なものを下の（ア）〜（ウ）か
　　　らすべて選び，記号で答えよ。

　（ア）遺伝物質をもつ　　　（イ）代謝系をもつ　　　（ウ）自己複製能力をもつ

問2.　　下線部（b）について，次の変化のうち生物学的な進化が起こった例として
　　　もっとも適当なものを下の（ア）〜（カ）から 1 つ選び，記号で答えよ。

　（ア）モンシロチョウが蛹から成虫に羽化した。

　（イ）ある人が練習により自転車に乗ることができるようになった。

　（ウ）ある犬に，ベルを鳴らしてから餌を与えることを繰り返していると，その
　　　犬はベルを聞いただけで唾液を分泌するようになった。

　（エ）オオシモフリエダシャクのある集団の生息環境が暗色化し，その集団内に
　　　暗色の変異個体が見られる頻度が増加した。

　（オ）大腸菌のある個体が，GFP 遺伝子を取り込み，蛍光を発するようになった。

　（カ）あるチンパンジーが，ほかのチンパンジーが道具を使うのを見て，道具を
　　　使えるようになった。

問3. 下線部 (c) について，図1はリボソーム RNA 遺伝子の DNA 塩基配列をもとに推定された系統樹である。図1の (ア) ～ (オ) に当てはまる生物を下の①～⑤から選び，記号で答えよ。

① アカパンカビ　② ゼニゴケ　③ 大腸菌　④ ヒト　⑤ メタン生成菌

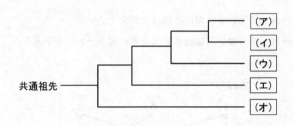

図1. 分子系統樹

問4. 下線部 (d) について，図2はかつて地球にみられた生物を化石にもとづいて想像して描かれた復元図である。出現した時代が古いものから順に記号で答えよ。

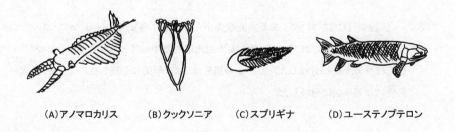

(A) アノマロカリス　(B) クックソニア　(C) スプリギナ　(D) ユーステノプテロン

図2. 復元図

問5. 下線部 (e) について，ある調査班がある生物群集における食物網の観察をおこなった。班員ごとに観察の視点が異なっており，得られた観察記録は図3のように断片的なものであった。図中の異なる記号は異なる種を，同じ記号は同じ種を表す。矢印は「食われる側」から「食う側」に向かって（物質やエネルギーの流れとして）描かれている。

(1) 観察された生物群集における種数を答えよ。
(2) 栄養摂取し合う関係が観察された2種の組み合わせを答えよ。

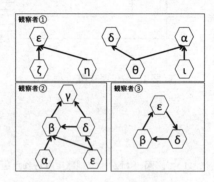

図3. 観察記録

問6. 下線部 (f) について，ある共通祖先から分岐した種 a, b, c, d, e について次のことが推定されている。a と b の祖先は6万年前に分岐した。a と c の祖先は9万年前に分岐した。a と d の祖先は12万年前に分岐した。c と e の祖先は3万年前に分岐した。

(1) c と d の祖先が分岐したのは何万年前と推定されるか答えよ。
(2) b と e の祖先が分岐したのは何万年前と推定されるか答えよ。

地学

（2科目：150分）

Ⅰ 地球内部構造に関する以下の文章を読み，問い（問1～問6）に答えよ。

　地球内部には地震波速度の不連続面がいくつか存在する。地震波速度の不連続面によって地球内部は大きく3つに区分され，地表から地球内部に向かって (A) ，マントル， (B) と呼ばれている。大陸では深さ約 (ア) km，海洋底では深さ約7kmに地震波速度の不連続面が存在し，(a) この不連続面を境に (A) とマントルに区分される。深さ約 (イ) km に存在する地震波速度の不連続面は，マントルと (B) の境界である。深さ約 (ウ) km に存在する地震波速度の不連続面を境に (B) はさらに液体の (C) と固体の (D) に区分される。

　地球内部を構成する物質の化学組成は，地球内部の地震波速度の解析や地球内部相当の高温高圧実験などの研究を組み合わせることで推定されている。 (A) は酸素と (1) が重量％で約70％を占め，ほかに (2) ， (3) ， (4) ，カルシウム，ナトリウム，カリウム，チタンを含めると (A) の約99％を占める。マントルは酸素と (1) と (4) が重量％で約90％を占める。 (B) の最も主要な構成元素は (3) であり，ニッケルなども含む。

問1． (A) ， (B) ， (C) ， (D) にあてはまる適切な地球内部の名称をそれぞれ答えよ。

問2． (ア) ， (イ) ， (ウ) にあてはまる最も適切な数値を以下の①～⑧の中からそれぞれ1つずつ選び，番号で答えよ。

① 4　　　　　② 40　　　　　③ 200　　　　　④ 410
⑤ 660　　　　⑥ 2900　　　　⑦ 5100　　　　⑧ 6400

問3． (1) ， (2) ， (3) ， (4) にあてはまる適切な元素名をそれぞれ答えよ。

問4． 下線部(a)の不連続面の名称を答えよ。

問5. 下線部(a)の不連続面の直下に分布する岩石として，最も適切なものを以下の①〜④の中から1つ選び，番号で答えよ。
　　① 花こう岩　　② 閃緑岩　　③ 斑れい岩　　④ かんらん岩

問6. (C) が液体と考えられている理由を簡潔に説明せよ。

Ⅱ　ある地域の地質図に関連して，問い（問1〜問8）に答えよ。

　図1はある地域の地質図で，A〜C層が分布している。Xは標高150 m上の地点を，Y-Y'は断層を，ZはC層と下位層（A層およびB層）との地層境界を示している。ただし，これまでのこの地域の調査では，A〜C層が堆積した地質時代は特定されていない。今後も調査を行い，A〜C層が堆積した(a)地質時代を特定したい。

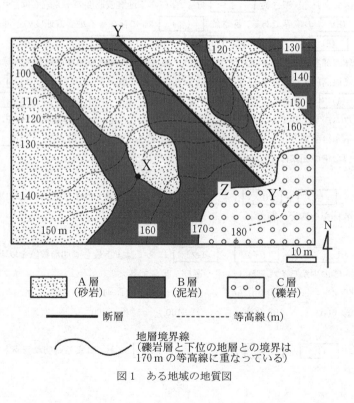

図1　ある地域の地質図

問1. 礫岩はどのような定義の岩石であるか，説明せよ。

問2. X点でのA層とB層の境界面の走向傾斜を示した記号として最も適切なものを以下の①～④の中から1つ選び，番号で答えよ。

問3. Y-Y'の断層の走向傾斜を示した記号として最も適切なものを以下の①～④の中から1つ選び，番号で答えよ。

問4. Zで示されている地層の接し方の名称を答えよ。

問5. この地質図から読み取れるこの地域の地質学的な成り立ち（地史）を時間の経過の順に説明せよ。

問6. 下線部(a)について，地質時代の特定に利用できる化石の名称として最も適切なものを以下の①～③の中から1つ選び，番号で答えよ。
　① 示相化石　　② 生痕化石　　③ 示準化石

46 2022 年度 地学　　　　　　　　　　　　　　　　　　　　横浜国立大-理系前期

問 7．次の文の　(あ)　と　(い)　に当てはまる語句の組み合わせとして最も
適切なものを以下の①～④の中から 1 つ選び，番号で答えよ。

過去の生物の中には，種類としての存続期間が　(あ)　，　(い)　地域に
分布する生物がいた。こうした生物の化石が，地質時代を細かく区分する上で
重要である。

	(あ)	(い)
①	長く	広い
②	長く	狭い
③	短く	広い
④	短く	狭い

問 8．層序の比較や地層の対比を行う際，鍵層が役立つ。鍵層とは何か，説明せよ。

Ⅲ 気象に関する以下の文章を読み，問い（問1～問8）に答えよ。

　大気圏最下層の [(A)] 圏に形成される雲は，さまざまな形がある。雲の形（雲形）は約100種類に分類されているが，それらは出現する高度や形などにより (a) 10種雲形とよばれる基本形に大別されている。これらの雲は，(b) 地表近くの空気が上空へと持ち上げられることにより発生し，例えば図1に示されるような暖気と寒気の境界面（前線面）付近で雲が形成される。図2は，ある年の6月下旬の日本周辺の地上天気図である。ただし，図1の [あ] の前線は図2の [あ] が示す前線に対応する。

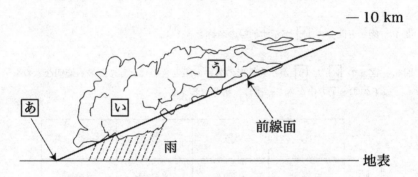

図1　暖気と寒気の前線面と雲の形成の模式図

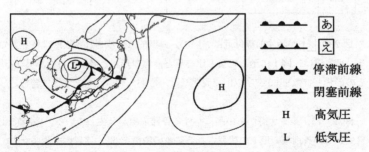

図2　ある年の6月下旬の日本周辺の地上天気図

48　2022 年度　地学　　　　　　　　　　　　　　　　横浜国立大-理系前期

問 1.　　(A)　にあてはまる適切な語句を答えよ。

問 2.　下線部 (a) の分類に含まれる基本雲形の名称として，最も適切なものを以下
　　　の①〜④の中から 1 つ選び，番号で答えよ。
　　　① レンズ雲　　　② 並雲　　　③ 層状雲　　　④ 巻雲

問 3.　下線部 (b) について，前線面付近での形成以外にも，空気を上昇させる現象
　　　により雲が形成されることが知られている。どのような現象が考えられるか，
　　　30 文字以内で説明せよ。なお，句読点も文字数に含む。

問 4.　図 1 と図 2 の　あ　が示す前線の名称を答えよ。

問 5.　図 1 の　い　と　う　が示す雲形の名称の組み合わせとして，最も適切なものを
　　　以下の①〜④の中から 1 つ選び，番号で答えよ。

	①	②	③	④
い	乱層雲	乱層雲	巻積雲	巻積雲
う	層雲	高層雲	積雲	層積雲

問 6.　図 2 の　え　が示す前線付近において，典型的に形成される雲形は積乱雲であ
　　　る。積乱雲は，図 1 に示した雲と比べると，雲の形状と降雨の特徴が異なる。
　　　その形状と特徴を 60 文字以内で説明せよ。なお，句読点も文字数に含む。

問 7.　図 2 では，東シナ海から中国にかけて停滞前線が発生している。停滞前線が
　　　発生している地域の地上で観察される気象の特徴を 60 文字以内で説明せよ。な
　　　お，句読点も文字数に含む。

問 8.　図 2 の太平洋上の高気圧の中心気圧が 1020 hPa，日本海上の低気圧の中心気
　　　圧が 988 hPa であったとすると，中国に位置する高気圧の中心気圧として，最
　　　も適切なものを以下の①〜⑤の中から 1 つ選び，番号で答えよ。
　　　① 990　　　② 996　　　③ 1004　　　④ 1010　　　⑤ 1016

解答編

英語

I　解答　1．ゴプニックの提案は，最初は無力で他者に世話をされている成長期の子供のように，ロボットを成長させて能力のあるシステムに変身させるというもので，ロボットに逐一指示を与えたり多くの動作をさせてうまくいったものを選んだりする従来の方法とは異なる。

2．〈解答例1〉子供がもつ問題を解決する能力をロボットに与えることができ，それによって子供の問題解決のプロセスをもっと深く理解できることを期待している。

〈解答例2〉子供のもつ問題解決能力をロボットに訓練しようとすることでより深く理解し，子供の問題解決のプロセスを研究することでロボットに問題を解決させる方法のアイデアが得られることを期待している。

3．weird

◆**全　訳**◆

≪ロボットをよちよち歩きの幼児用の保育所へ送り込む≫

　人間の赤ん坊は，進化論的に言うと，かなり道理にかなっているとはいえないようだ。彼らは何年も自分ではどうすることもできず，特に役に立つこともない——彼らは家事に手を貸したり仕事に就いたりすることができない。しかし，実際には，こうした形成期の数年は，自然界で最も優れた脳を訓練するために重要なのである。遊びという単純な行動で，子供は自分の世界を探検し，混沌とした世界に自分を適応させる。

　子供は地球上で最も先進的なロボットよりもはるかに優れているが，ロボットは工場のような厳密に管理された環境だけでうまく機能し，そこで制御された仕事を実行する。しかし，機械がゆっくりと進歩し私たちの日常生活により深く入り込むにつれて，それらの機械をなんらかの方法で成長させるのが賢明であろうと，カリフォルニア大学バークレイ校の心理学

者アリソン＝ゴプニックは主張する。

「私たちが本当に必要とするものは子供時代があるロボットかもしれません」と，彼女は言う。「必要とするのは，物をあまり壊すことがない小さくて，無力で，あまり強くないロボットのようなもので，それは実際には誰かによって世話をされます。そして，実際に世の中に出ていって何かをできるシステムにそれを変身させることができるかもしれません」

ゴプニックの提案は，研究者が通常ロボットに学習させる方法を根本的に変えたものである。1つのよく行われる方法は，たとえばおもちゃを拾う方法を学べるように，ロボットに実行する一連の作業方法を動作ごとに与えることである。別の手法では，ロボットに手当たり次第に動作を試させて，うまくいっているものに褒美を得させる。どちらの方法でもロボットに特に柔軟性をもたせることはできない——ロボットにある種類のおもちゃを拾うように訓練しても，そのロボットが別の種類のおもちゃをつかむ方法をすぐに理解することを期待することはできない。

対照的に，子供は新しい環境と課題に簡単に反応する。「彼らは解決しようとしている問題に関連している情報を見つけるために外に出て探査するだけではなく，こうしたかなりすばらしいこと——遊ぶこと——を行います——そこでは彼らはただ外に出て，たぶん何の理由もなく何かを行うのです」と，ゴプニックは言う。子供は，脳の中で世界の複雑なモデルを構築し，それによって自分が学んだことをすぐに一般化することができる，好奇心に駆られた捜査官である。ロボットが厳密に点数化された目標——よい動作には加点，まずい動作には減点——から学ぶようにプログラムされている場合，普通とは異なることを行うようには奨励されていない。

そのような細心の注意をはらうと，子供をハーバード大学に入学させられるかもしれないが，子供にその後のことに備えさせることはできないだろう。「実際にそこに到達して何か他のことをしなければならないときに，彼らは行き詰まり次に何をしたらよいのかわからないのです」と，ゴプニックは付け足す。ロボットに好奇心を与える——実際の目的をもたず遊ぶ——ことは，ロボットが未知のものに対処するのに役立つだろう。

研究室で，ゴプニックとその同僚は，このことが実際にはどのように機能するかを理解しつつある。子供が遊びながら問題解決を行う方法を，彼らはなんとか定量化する必要がある。この目標を達成する1つの方法は特

横浜国立大-理系前期　　　　　　　　　　　　2022 年度　英語〈解答〉　51

別仕様のおもちゃで情報を交換することによるもので，たとえば，子供が
そのおもちゃの上にブロックのあるセットを積み重ねたときだけそのおも
ちゃは音を出すことになっている。子供はどのセットでおもちゃの音が出
るかを発見する必要がある。「私たちはおもちゃを設計しているので，子
供が解決しなければならない問題が何であるかを知っていますし，彼らが
その問題についてどのようなデータを得ているかを知っています，なぜな
らおもちゃが何をするかをコントロールしているのは私たちだからです」
と，ゴプニックは言う。たとえば，子供が，おもちゃがどう動くかについ
て行っている推測は何であろうか？

　彼らは大人に対しても同じ実験をいくつか行い，子供のほうが大人より
もいくつかの問題を解決するのが上手であることを発見した。特におもち
ゃが奇妙な方法で動作すると，子供は遊び回って解決策を見つけるように
思われる。

　同じ力をロボットに与えれば，私たちは機械と子供の両方がどのように
学習するかをもっとよく理解できるかもしれない。「それをするようロボ
ットを訓練しようとすることによって，私たちは子供がそれをどのように
しているかをもっと深く理解できるでしょう」と，ゴプニックは言う。
「それから，子供がそれをどのようにしているかを研究することによって，
私たちはロボットにそれをさせる方法についてアイデアを得ることができ
ます」

━━━━◀解　説▶━━━━

1．ゴプニックの提案の具体的な内容は，第 2 段最終文（But as the
machines slowly become …）に「それらの機械をなんらかの方法で成長
させるのが賢明である」，第 3 段第 1 文（"It may be that what we
really need …）に「子供時代があるロボット」，同段第 2 文（"What is
needed is kind of …）に「それは実際には誰かによって世話をされる」，
同段最終文（And then you may be able to have …）に「実際に世の中
に出ていって何かをできるシステムにそれを変身させる」と述べられてい
る。従来の方法については，第 4 段第 2 文（One common method is to
give …）に「ロボットに実行する一連の作業方法を動作ごとに与える」，
同段第 3 文（Another approach has a robot …）に「ロボットに手当た
り次第に動作を試させて，うまくいっているものに褒美を得させる」と述

52 2022 年度　英語〈解答〉　　　　　　　　　　　　　横浜国立大-理系前期

べられている。以上の内容をまとめて解答を作成する。do well to *do*
「～するのが賢明である」 it may be that ～「～ということかもしれな
い」 have *A do*「*A* に ～ させる」 turn into ～「～ に 変 わ る」
departure from は depart from ～「～からそれる，～を変える」の名詞
形。move by move「動作ごとに」 so that ～「～するように」 say「た
とえば」 have *A doing*「*A* に～させておく」 ones＝movements
　2．研究者が研究に期待していることは最終段（Give robots the … to
do it.”）に書かれている。最終段第1文（Give robots the same power,
…）の the same power は「問題を解決する能力」を指す。研究者が期待
することを，研究の成果を踏まえた子供とロボットについての理解と解釈
すれば，第1文を含めた〈解答例1〉のような内容になるだろう。研究を
通じた子供とロボットについての理解と解釈すれば，同段第2文（“By
trying to train the robot to do it, …）には「それをするようロボットを
訓練すれば，子供がそれをどのようにしているかをもっと深く理解でき
る」とあり，同段最終文（“And then by studying how children are
doing it, …）には「子供がそれをどのようにしているかを研究すること
によって，ロボットにそれをさせる方法についてアイデアを得ることがで
きる」とある。この両文の内容をまとめて解答を作成すると，〈解答例2〉
の内容になる。do it＝solve problems　　get more insight into ～「～
をもっと深く理解する」 get *A* to *do*「*A* に～させる」
　3．直前の第8段第1文（They've run some …）から，子供が大人より
も問題解決が上手だったときのおもちゃの動きについての記述である。第
5段第3文（Children are curiosity-driven agents …）の内容から，おも
ちゃが子供の強い好奇心を刺激するような動きをすれば，空所後方にある
ように，子供は，「遊び回って解決策を見つける」と推測できる。よって，
weird「奇妙な，変な」が正解である。fabulous「すばらしい」，gigantic
「巨大な」は文脈に合わない。

Ⅱ 　**解答**　　1．植物の世話をする責任を突然負ったり植物を枯らし
　　　　　　　　　てしまう恐れを感じたりするので不安レベルが増加する
者や，植物に慣れてしまい影響を受けないので有意の変化を示さない者が
いるため，全員がストレスを和らげるわけではなかった。

横浜国立大-理系前期　　　　　　　　　　　　　　2022 年度　英語〈解答〉　53

２．仕事中に職場の窓の外を眺めたりビルの外を短時間散歩したりすることや，定期的に週に２時間ぐらい自然の中で時間を過ごすことで，ストレスを減らすことができる。

3 － c

◆全　訳◆

≪机の上に植物を置けば職場のストレスを軽減できる≫

　働いて大変な１日を過ごしているだろうか？　締め切り，上司，会議でストレスがたまっているだろうか？　日本の研究者によると，植物を見つめることが役立つかもしれない。研究者は，仕事絡みのストレスを減らす植物が提供するひと休みを，多くの従業員が過小評価していると感じたので，日本の電気会社の労働者に対して実験を行い，植物にかかわる前後でストレスレベルが変化するかを観察した。

　最近専門誌で発表された調査結果によると，不安測定テストで高得点を取った従業員がそのスコアをわずかに減少させたことがわかった。屋内植物の健康への効果については多くの研究がなされてきているが，それらの大部分は実験室または疑似オフィス環境のどちらかで行われ，受動的な影響だけを含めていた。この研究は，実際のオフィス環境で，従業員が疲労を感じたときに，意図的に植物を数分間見つめ植物の世話を積極的に行うことによるストレス軽減効果を検証した。

　その結果は，雇用主が労働者に３分間の「自然にかかわる休憩」を取るように積極的に奨励すれば，従業員のメンタルヘルスが向上することを示唆していると，研究の筆頭著者であり日本の大学教授である豊田正博博士は述べた。彼は大学で園芸療法を専門に研究している。この研究は「植物が人間にとって有益であることを指摘し続けている研究の中で最新のものです」と，テキサス A&M 大学のチャールズ＝ホール博士は言った。「それは私たちが当然知っていたことですが，突然数値で示されました。そこで今，私たちは推論の背後にある数字を見ているのです」と，彼は言った。

　植物の世話をしても，この調査に参加したすべての従業員のストレスを和らげるわけではなかった。労働者の中には，脈拍数や不安レベルが増加する者も見受けられ，有意の変化を示さない者も見受けられた。植物がしおれたり枯れたりするときに参加者が不安を感じないように，著者らは交換できるようにより多くの植物を準備しておいた。しかし，ホールによる

と，これは定期的に不安を経験する人々には重要ではなかったかもしれない。被験者の不安が高まったのは，植物の世話をするという突然の責任のためであり，突然植物の調子がうまくいかなくなり彼らがそこから少し不安を抱いているという事実のためだと，彼は述べた。植物に慣れてしまって，もう影響を受けない人々もいた。「植物を伴う自然や植物によって人間のストレスが軽減されることに関連する証拠がいくつかあります」と，豊田は言った。「しかしながら，私たちが同じ状況に慣れると，ストレス回復効果はそれほど長く続きません」 その調査は，慣例的に週40時間デスクトップコンピュータの前で働いている24歳から60歳までの63人の従業員を対象に実施された。

　研究者は，日本の労働者が苦しむストレスとメンタルヘルス障害の悲惨な割合を，研究を行う動機として挙げた。「メンタルヘルスを改善する必要性が高まるにつれて，オフィス環境に観葉植物を採り入れることが広まっています」と，彼らは言った。机の上に植物を置いておくことができないのなら，仕事をしている長い日々の間にストレスを減らすためにできることが他にもある。窓の外を眺めることや，ビルの外を短時間散歩することも同様の効果をもたらす可能性がある，とホールは言っている。自然の中で定期的に時間を過ごすのは常に良い考えである——2019年の研究によると，1週間に2時間だけで，健康と幸福感を改善するのに十分である。「小さな植物がもたらすストレス軽減の十分な効果を得るために，考えたり話したりせずに3分間植物をじっと見つめる時間を楽しみましょう」と，豊田は言った。「この状態は現在の瞬間に注意を向けるマインドフルネスの状態と類似しています」

◀解　説▶

1．全訳下線部参照。下線部の具体的な内容は第4段第2文（Some workers saw their heart rates …）に，「不安レベルが増加する者」と「有意の変化を示さない者」がいると述べられている。前者の原因としては，同段第5文（He suggested that subjects' increased anxiety …）に「植物の世話をするという突然の責任」と「突然植物の調子がうまくいかなくなる不安」が挙げられている。後者の原因としては，同段第6文（Some people could have gotten used to …）に「植物に慣れてしまい影響を受けない」ことが挙げられている。以上をまとめて解答を作成する。

横浜国立大-理系前期　　　　　　　　　　　　2022 年度　英語〈解答〉　55

not ～ all「（部分否定）すべてが～するわけではない」　ease「～を和らげる」　some ～，some …「～する者もいれば，…する者もいる」　see *A do*「*A* が～するのを見る」　significant「有意の」　subject「被験者」　due to ～「～のために」　the fact that ～「～という事実」　all of a sudden「突然」　do well「うまくいく」　get used to ～「～に慣れる」　no longer「もう～ない」

2．「机の上に植物を置いておくことができない」場合については，最終段第 3 文（If you can't keep a plant on your desk, …）に言及があり，代替手段が提案されている。具体的には，同段第 4 文（Hall suggests that gazing out of a window …）に「窓の外を眺めることや，ビルの外を短時間散歩すること」，同段第 5 文（Regularly spending time in nature …）に「自然の中で定期的に時間を過ごすこと」が挙げられている。以上をまとめて解答を作成する。at work「仕事をしている」　gaze out of ～「～の外を眺める」　well-being「幸福感」

3．a．「豊田博士は実験室で受動的な影響にかかわる研究を行った」
b．「植物を机の上に置いておくことはいつもメンタルヘルスを改善する」
c．「豊田博士は調査で植物の状態の影響を排除しようとした」
d．「外を歩く時間が長くなればなるほど，メンタルヘルスはますます高められる」

　a は第 2 段最終文（This study verified the stress-reducing effect …）に不一致。b は第 4 段第 2 文（Some workers saw their heart rates …）および同段第 6 文（Some people could have gotten used to …）に不一致。c は第 4 段第 3 文（To avoid participants feeling anxious …）と一致する。d は最終段第 5 文（Regularly spending time in nature …）のダッシュ以下に不一致。

Ⅲ　**解答**　1．waste　2．seriously　3．requires
　　　　　　　4．efficient　5．temper　6．irritated

━━━◆全　訳◆━━━

≪部活の方針が合わなくて退部した留学生≫
タクヤ　：やあ，ジョージ，今日はなぜアメリカン・フットボール部の練習に行かないんだい？

ジョージ：辞めたんだ。（ジョージは腹を立てている様子）

タクヤ　：辞めた？　君はあの連中とフットボールをプレーするのが好き
　　　　　だと思っていたけど。

ジョージ：確かに連中とフットボールをプレーするのは好きだけど。まさ
　　　　　にそこが大事なんだ。彼らはジムでおしゃべりをしたり，それ
　　　　　からバーベルを上げたり，それからまたおしゃべりをして，ほ
　　　　　とんどの時間を無駄に過ごしている。そこで1日4〜5時間も
　　　　　過ごすこともあるんだ。

タクヤ　：でも，君たちは今年優勝したいからじゃないのかい？　君も真
　　　　　剣に練習する必要があるよ。苦労なくして得るものなしって言
　　　　　うだろう。

ジョージ：その通りだよ。たくさん練習をするのはすばらしいけど，一日
　　　　　中とか授業中はそうじゃないよ。

タクヤ　：ああ，なるほどね。

ジョージ：そこで，今日チームのキャプテンに言ったんだ，「いいですか，
　　　　　アメリカン・フットボールは短時間にエネルギーを爆発させる
　　　　　ことが必要なスポーツです。2時間ぐらいハードトレーニング
　　　　　をしたら，休みましょう。僕たちは1〜2時間しかトレーニン
　　　　　グをしないのに，ジムで1日5時間も過ごすのは効率的じゃな
　　　　　いですよ」ってね。

タクヤ　：それに対してキャプテンは何て言ったんだい？

ジョージ：彼はこう言ったよ，「そうだな，この日本ではちょっと違うよ
　　　　　うに練習をしているんだ。君がここのやり方が気に入らないの
　　　　　なら，残念だな」。

タクヤ　：うわー，彼は本当に慌てていたはずだよ。

ジョージ：慌てていたよ。それから，僕は腹を立てて言ったんだ，「そう
　　　　　ですね，だからいつも負けているんだと思いますよ。新しいこ
　　　　　とを試そうという気がないんですね」。

タクヤ　：それに対して彼は何て言ったんだい？

ジョージ：こう言ったよ，「ジョージ，明日は練習に来る必要はないな」。

タクヤ　：おいおい，そうかい…で，君は何て言ったのかな？

ジョージ：僕は言ったよ，「いいでしょう。とにかく僕には他にもっとす

横浜国立大-理系前期　　　　　　　　　　　2022 年度　英語〈解答〉　57

ることがありますから」。それからジムを出て行ったのさ。

タクヤ　：そうか，今君がなぜそんなにイライラしているのかがわかった
　　　　　よ。

◀解　説▶

１．ジョージは１番目の発言（I quit.）でアメリカン・フットボール部を
辞めたと言っているので，その理由を考える。２番目の発言最終文
（Sometimes they …）では「部員がジムで１日４～５時間も過ごす」，４
番目の発言のキャプテンへの言葉（"Look, American …）では「２時間ぐ
らいハードトレーニングをしたら，休みましょう」と言っているので，ジ
ムで過ごす時間が長すぎると考えていることがわかる。よって，waste
「（時間）を無駄に過ごす」が正解。他の選択肢は会話の流れに合わない。

２．タクヤが空所前方の文で「君たちは今年優勝したいからじゃないのか
い？」とジョージに聞いている。優勝するためには，練習にしっかりと取
り組む必要がある。よって，seriously「真剣に」が正解。excessively
「過度に」，lazily「だらしなく」，hardly「ほとんど～ない」，exactly「正
確に」は会話の流れに合わない。

３．空所直前の関係代名詞 which の先行詞は「スポーツ」，つまりアメリ
カン・フットボールである。空所後方の目的語は「短時間にエネルギーを
爆発させること」である。両者を結ぶ動詞としては，require「～を必要
とする」が最適である。他の選択肢は会話の流れに合わない。

４．空所前方の It は形式主語で to spend 5 hours a day in the gym
「ジムで１日５時間も過ごすこと」を指す。空所後方には「僕たちは１～
２時間しかトレーニングをしない」とあるので，「ジムで１日５時間も過
ごすこと」は efficient「効率的で」はないと考えられる。lenient「寛大
な」 relevant「妥当な」

５．ジョージが５番目の発言（He said, …）で，キャプテンに練習方法の
改善を提案したところ，彼から「君がここのやり方が気に入らないのなら，
残念だな」と言われたと述べている。これに対するジョージの反応として
は，lose *one's* temper「腹を立てる」となる temper が適切である。

６．キャプテンと口論してアメリカン・フットボール部を辞めたジョージ
の気持ちを表すのは，irritated「イライラして」が最適である。他の選択
肢は会話の流れに合わない。upbeat「楽天的な」 optimistic「楽観的な」

58 2022 年度 英語〈解答〉　　　　　　　　　横浜国立大-理系前期

Ⅳ 　**解答例**　（Hi Peter,

Thank you for your email.) I'm doing well. I suggest that you should grow some kinds of ornamented plants in your room. You can get benefits from doing so. First, the presence of greenery in your room will relieve your anxiety or uncomfortable feelings and give you a sense of peace. Second, caring for these plants regularly every day will bring about rhythm in your life and lead to an orderly life. Third, these plants will act as natural filters and improve the air in your room. This is why I recommend you grow plants inside your room. (75〜100 語)

━━━━━━━━━━ ◀解　説▶ ━━━━━━━━━━

　　友人からのEメールへの返事という設定の英作文である。指定された語数は，返信欄（解答欄）にあらかじめ記入されている部分を含めずに 75〜100 語。また，返信メールの最後に自分の名前を書いてはいけないという指示もある。

メールの和訳：

「○○へ，

近ごろ，元気にしていますか？　最近は外出することが許されていないので，ずっと室内にいなければなりません。一日中，ただテレビを見たり，コンピュータゲームをしたり，友達にメールを送ったりしています。本当に退屈して何か他のことをしたいんですが，どうしたらよいかわかりません。一日中一人でアパートにいる間に私ができることについてよい考えがないでしょうか。時々，やる気を出すのに苦労しているので，あなたの提案に従うべき理由を少なくとも 2 つ示してくれれば，私が始めるのに本当に助けになります。

よろしく，

ピーター」

　　返信Eメールの内容は，「一日中一人でアパートにいる間にできること，またその理由を 2 つ以上」という質問に答えるものになる。読書をすること，直筆の手紙を書くことなど身近な事柄を選ぶと書きやすいであろう。理由を挙げる場合は，First, Second などの列挙の語句を使うと，内容を整理して書きやすくなる。

横浜国立大-理系前期　　　　　　　　　　　　　2022 年度　英語〈解答〉 59

自分のよく知っている単語・構文を用いて書くように心がけてほしい。当然のことながら，文法的な間違いをしないように気をつけること。

〔解答例〕の和訳：

「（ピーターへ，

メールありがとう。）私は元気でやっています。部屋で鑑賞植物をいくつか育ててはいかがでしょうか。そうすることで恩恵が得られます。第一に，部屋に草木があると，不安や不愉快な感情から解放され，安心感が得られます。第二に，毎日定期的に植物の世話をすると，生活にリズムが生じ規則正しい生活へつながります。第三に，こうした植物は自然のフィルターの役割をして室内の空気をよくしてくれます。こういうわけで，室内で植物を育てることをお勧めします」

❖講　評

例年通り大問 4 題の構成で，2022 年度は読解問題 2 題，会話文問題 1 題，英作文問題 1 題という出題であった。

Ⅰの読解英文は，成長していく子供がもつ問題解決能力をロボットに与えれば，子供の問題解決プロセスを深く理解できると主張する科学的な英文である。1 は内容説明問題で，該当箇所は下線部前方の段と同段にあるので，特定は難しくない。2 も内容説明問題で，研究者が期待することは最終段に述べられている。3 は空所補充問題で，前後の文脈をしっかりと確認して答える必要がある。

Ⅱの読解英文は，机の上に植物を置くと職場のストレスを軽減できることを実際の調査で示した科学的な英文で，平易で読みやすい内容である。1 は内容説明問題で，下線部の理由を挙げるものである。下線部直後の文の内容を踏まえながら，少し後方に該当箇所があるので，もれなく確認して理由を整理しながらまとめるとよいだろう。2 も内容説明問題で，設問と同じ内容が書かれている文の直後に実例があり，該当箇所の特定は容易である。3 は内容真偽問題で，特に難しいものではない。

Ⅲの会話文は，部活の方針が合わなくて退部した留学生がその友人に退部した理由について話すもので，会話文の英文は標準レベルである。設問は英文中の空所に単語を補充する問題である。空所ごとに 5 個ずつの選択肢の中から 1 つ選ぶ形式である。文法や語法より，場面設定や会

話の流れから判断する問題が多かった。

Ⅳは電子メールへの返信という従来通りの形式のテーマ英作文。2022年度のテーマは「一日中一人でアパートにいる間にできること，またその理由を2つ以上」というもので，オーストラリアにいる友人にアドバイスをするものである。

全体としての難度は標準レベルだが，記述量が多いこと，そして解答にふさわしいまとめ方の難しさなどから，時間的な余裕はないと思われる。読解力，英作文力を問うバランスの取れた出題だといえる。

■数学■

1 解答 (1) 部分積分法により

$$I = \int_0^{\frac{\pi}{2}} e^{at}\cos(2t)dt$$

$$= \frac{1}{2}\int_0^{\frac{\pi}{2}} e^{at}\{\sin(2t)\}'dt$$

$$= \frac{1}{2}\left\{\left[e^{at}\sin(2t)\right]_0^{\frac{\pi}{2}} - a\int_0^{\frac{\pi}{2}} e^{at}\sin(2t)dt\right\}$$

$$= -\frac{a}{2}J \quad \cdots\cdots①$$

さらに

$$J = \int_0^{\frac{\pi}{2}} e^{at}\sin(2t)dt$$

$$= -\frac{1}{2}\int_0^{\frac{\pi}{2}} e^{at}\{\cos(2t)\}'dt$$

$$= -\frac{1}{2}\left\{\left[e^{at}\cos(2t)\right]_0^{\frac{\pi}{2}} - a\int_0^{\frac{\pi}{2}} e^{at}\cos(2t)dt\right\}$$

$$= \frac{e^{\frac{a}{2}\pi}+1}{2} + \frac{a}{2}I \quad \cdots\cdots②$$

①，②より

$$I = -\frac{a}{2}\left(\frac{e^{\frac{a}{2}\pi}+1}{2} + \frac{a}{2}I\right)$$

したがって

$$\frac{a^2+4}{4}I = -\frac{a(e^{\frac{a}{2}\pi}+1)}{4}$$

$$\therefore \quad I = -\frac{a(e^{\frac{a}{2}\pi}+1)}{a^2+4} \quad \cdots\cdots(答)$$

また，②より

$$J = \frac{e^{\frac{a}{2}\pi}+1}{2} + \frac{a}{2}\left\{-\frac{a(e^{\frac{a}{2}\pi}+1)}{a^2+4}\right\}$$

$$= \frac{(a^2+4)(e^{\frac{a}{2}\pi}+1)-a^2(e^{\frac{a}{2}\pi}+1)}{2(a^2+4)}$$

$$= \frac{2(e^{\frac{a}{2}\pi}+1)}{a^2+4} \quad \cdots\cdots(\text{答})$$

(2) $x(t)=x$, $y(t)=y$, $I(a)=I$, $J(a)=J$ とおく。

$$\frac{dx}{dt} = -2e^{-2t}\cos t - e^{-2t}\sin t = -e^{-2t}(2\cos t + \sin t)$$

$$2\cos t + \sin t = \sqrt{5}\sin(t+\alpha)$$

$$\left(\cos\alpha = \frac{1}{\sqrt{5}}, \ \sin\alpha = \frac{2}{\sqrt{5}}, \ 0<\alpha<\frac{\pi}{2}\right)$$

$0 \leqq t \leqq \dfrac{\pi}{2}$ より $0 < t+\alpha < \pi$ なので

$2\cos t + \sin t > 0$ より $\quad \dfrac{dx}{dt} < 0$

だから，x は単調減少であり

$$x(0)=1, \ x\left(\frac{\pi}{2}\right)=0$$

さらに

$$\frac{dy}{dt} = -e^{-t}\sin t + e^{-t}\cos t = -e^{-t}(\sin t - \cos t)$$

$\dfrac{dy}{dt}=0$ とすると

$$\sin t = \cos t$$

$0 \leqq t \leqq \dfrac{\pi}{2}$ より $\quad t = \dfrac{\pi}{4}$

だから

t	0	$\cdots$	$\dfrac{\pi}{4}$	$\cdots$	$\dfrac{\pi}{2}$
$\dfrac{dy}{dt}$		$+$	0	$-$	
y	0	$\nearrow$	$\dfrac{e^{-\frac{\pi}{4}}}{\sqrt{2}}$	$\searrow$	$e^{-\frac{\pi}{2}}$

$$S = \int_0^1 y\,dx = \int_{\frac{\pi}{2}}^0 y(t)\frac{dx}{dt}dt$$

$$= \int_0^{\frac{\pi}{2}} e^{-3t}\sin t(2\cos t + \sin t)dt$$

$$= \int_0^{\frac{\pi}{2}} e^{-3t}\sin(2t)dt + \int_0^{\frac{\pi}{2}} e^{-3t}\cdot\frac{1-\cos(2t)}{2}dt$$

横浜国立大-理系前期　　　　　　　　　　2022 年度　数学〈解答〉 *63*

$$= J(-3) - \frac{1}{2} I(-3) - \frac{1}{6} \left[e^{-3t} \right]_0^{\frac{\pi}{2}}$$

$$= \frac{2}{13}(e^{-\frac{3}{2}\pi} + 1) - \frac{1}{2}\left\{ -\frac{-3(e^{-\frac{3}{2}\pi} + 1)}{13} \right\} - \frac{1}{6}(e^{-\frac{3}{2}\pi} - 1)$$

$$= \frac{12 - 9 - 13}{78} e^{-\frac{3}{2}\pi} + \frac{12 - 9 + 13}{78}$$

$$= -\frac{5}{39} e^{-\frac{3}{2}\pi} + \frac{8}{39} \quad \cdots\cdots (\text{答})$$

◀解　説▶

≪部分積分法，媒介変数表示された曲線と面積≫

⑴　部分積分法

$$\int f(x)g'(x)dx = f(x)g(x) - \int f'(x)g(x)dx$$

を用いて計算する。

⑵　$x=x(t)$，$y=y(t)$ で表される曲線と x 軸，直線 $x=a$，$x=b$ で囲まれた部分の面積 S は

$$S = \int_a^b y\,dx = \int_\alpha^\beta y(t)\frac{dx}{dt}dt$$

ただし

　　　常に $y \geqq 0$，$a = x(\alpha)$，$b = x(\beta)$

2　**解答**　⑴　$n=4$ のとき，$x_k \leqq 0$（$k=1$, 2, 3）かつ $x_4=0$ をみたす P の移動の仕方は

　　　LLRR，LRLR

の 2 通りである。　……(答)

⑵　$n=4$ のとき，P の移動の仕方は $2^4=16$ 通りである。

それぞれのときの m, M, x_4 は

［1］ LLLL　$m=-4$, $M=-1$, $x_4=-4$

［2］ LLLR　$m=-3$, $M=-1$, $x_4=-2$

［3］ LLRL　$m=-2$, $M=-1$, $x_4=-2$

［4］ LRLL　$m=-2$, $M=0$, $x_4=-2$

［5］ RLLL　$m=-2$, $M=1$, $x_4=-2$

［6］ LLRR　$m=-2$, $M=0$, $x_4=0$

[7]　LRLR　$m=-1$, $M=0$, $x_4=0$

[8]　LRRL　$m=-1$, $M=1$, $x_4=0$

[9]　RLLR　$m=-1$, $M=1$, $x_4=0$

[10]　RLRL　$m=0$, $M=1$, $x_4=0$

[11]　RRLL　$m=0$, $M=2$, $x_4=0$

[12]　LRRR　$m=-1$, $M=2$, $x_4=2$

[13]　RLRR　$m=0$, $M=2$, $x_4=2$

[14]　RRLR　$m=1$, $M=2$, $x_4=2$

[15]　RRRL　$m=1$, $M=3$, $x_4=2$

[16]　RRRR　$m=1$, $M=4$, $x_4=4$

$n=8$ のとき，$-2\leqq m\leqq M\leqq3$ となるのは，4回目までは上の[3]〜[15]であることが必要であり

[3]〜[5]のとき，$x_4=-2$ だから，残りの4回は $m\geqq0$ であればよい。

　これは，[10]，[11]，[13]〜[16]の6通り

[6]〜[11]のとき，$x_4=0$ だから，残りの4回は $-2\leqq m\leqq M\leqq3$ であればよい。

　これは，[3]〜[15]の13通り

[12]〜[15]のとき，$x_4=2$ だから，残りの4回は $-4\leqq m\leqq M\leqq1$ であればよい。

　これは，[1]〜[10]の10通り

したがって，$-2\leqq m\leqq M\leqq3$ となるのは

　　　　$6\times3+13\times6+10\times4=136$ 通り　……(答)

(3)　$n=8$ のとき，$m=-2$, $M\leqq3$ となるのは，4回目までは(2)の[3]〜[15]であることが必要であり

[3]〜[5]のとき，$m=-2$, $x_4=-2$ だから，残りの4回は $m\geqq0$ であればよい。

　これは，[10]，[11]，[13]〜[16]の6通り

[6]のとき，$m=-2$, $x_4=0$ だから，残りの4回は $-2\leqq m\leqq M\leqq3$ であればよい。

　これは，[3]〜[15]の13通り

[7]〜[11]のとき，$m>-2$, $x_4=0$ だから，残りの4回は $m=-2$, $M\leqq3$ であればよい。

横浜国立大-理系前期　　　　　　　　　　　　　2022 年度　数学〈解答〉　65

　これは，［3］〜［6］の 4 通り

[12]〜[15]のとき，$m>-2$，$x_4=2$ だから，残りの 4 回は $m=-4$，$M\leqq1$ であればよい。

　これは，［1］の 1 通り

したがって，$m=-2$，$M\leqq3$ となるのは

　　　$6\times3+13+4\times5+1\times4=55$ 通り　　……(答)

(4)　$n=8$ のとき，$m=-2$，$1\leqq M\leqq3$ となるのは，4 回目までは(2)の［3］〜[15]であることが必要であり

［3］，［4］のとき，$m=-2$，$M=-1$，0，$x_4=-2$ だから，残りの 4 回は $m\geqq0$，$3\leqq M\leqq5$ であればよい。

　これは，[15]，[16]の 2 通り

［5］のとき，$m=-2$，$M=1$，$x_4=-2$ だから，残りの 4 回は $m\geqq0$ であればよい。

　これは，[10]，[11]，[13]〜[16]の 6 通り

［6］のとき，$m=-2$，$M=0$，$x_4=0$ だから，残りの 4 回は $-2\leqq m$，$1\leqq M\leqq3$ であればよい。

　これは，［5］，［8］〜[15]の 9 通り

［7］のとき，$m=-1$，$M=0$，$x_4=0$ だから，残りの 4 回は $m=-2$，$1\leqq M\leqq3$ であればよい。

　これは，［5］の 1 通り

［8］〜[11]のとき，$m>-2$，$M=1$，2，$x_4=0$ だから，残りの 4 回は $m=-2$，$M\leqq3$ であればよい。

　これは，［3］〜［6］の 4 通り

[12]〜[15]のとき，$m>-2$，$M=2$，3，$x_4=2$ だから，残りの 4 回は $m=-4$，$M\leqq1$ であればよい。

　これは，［1］の 1 通り

したがって，$m=-2$，$1\leqq M\leqq3$ となるのは

　　　$2\times2+6+9+1+4\times4+1\times4=40$ 通り　　……(答)

━━━━━━◀解　説▶━━━━━━

≪平面上の点の移動の仕方の数≫

　4 回目までとそれ以降の 2 段階に分けて考える。

3 解答

(1) $w = \dfrac{2z-3}{z-1}$ だから

$$(z-1)w = 2z-3$$
$$(w-2)z = w-3$$

$w-2 \neq 0$ のとき

$$z = \dfrac{w-3}{w-2}$$

したがって

$$D_r : \left|\dfrac{w-3}{w-2}\right| \geqq r$$

$r = \dfrac{3}{2}$ のとき

$$\left|\dfrac{w-3}{w-2}\right| \geqq \dfrac{3}{2}$$

これを変形して

$$3|w-2| \leqq 2|w-3|$$
$$9\{|w|^2 - 2(w+\overline{w}) + 4\} \leqq 4\{|w|^2 - 3(w+\overline{w}) + 9\}$$
$$5|w|^2 - 6(w+\overline{w}) \leqq 0$$
$$\left|w - \dfrac{6}{5}\right|^2 \leqq \left(\dfrac{6}{5}\right)^2$$

したがって

$$\left|w - \dfrac{6}{5}\right| \leqq \dfrac{6}{5}$$

だから，D_r は中心が点 $\dfrac{6}{5}$，半径 $\dfrac{6}{5}$ の円の周および内部であり，右図の網かけ部分である。ただし，点 2 は除く。

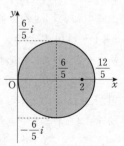

(2) $D_r : \left|\dfrac{w-3}{w-2}\right| \geqq r$ を変形して

$$r|w-2| \leqq |w-3|$$
$$r^2\{|w|^2 - 2(w+\overline{w}) + 4\} \leqq |w|^2 - 3(w+\overline{w}) + 9$$
$$(r^2-1)|w|^2 - (2r^2-3)(w+\overline{w}) \leqq -4r^2 + 9$$

$r \neq 1$ より

横浜国立大-理系前期　　　　　　　　　　　　　　　　　2022 年度　数学〈解答〉　67

$$\left|w-\frac{2r^2-3}{r^2-1}\right|^2 \leqq \left(\frac{2r^2-3}{r^2-1}\right)^2-\frac{4r^2-9}{r^2-1}=\left(\frac{r}{r^2-1}\right)^2$$

ゆえに

$$D_r : \left|w-\frac{2r^2-3}{r^2-1}\right| \leqq \frac{r}{r^2-1} \quad \left(\because \quad r>1 \ \text{より} \ \frac{r}{r^2-1}>0\right)$$

なので

D_r は中心が点 $\dfrac{2r^2-3}{r^2-1}$，半径 $\dfrac{r}{r^2-1}$ の円の周および内部で，点 2

を除く

である。したがって，E_r 上の点を x とすると

$$x \neq 2, \quad \frac{2r^2-3}{r^2-1}-\frac{r}{r^2-1} \leqq x \leqq \frac{2r^2-3}{r^2-1}+\frac{r}{r^2-1}$$

$$\frac{2r^2-3}{r^2-1}-\frac{r}{r^2-1}=\frac{2r^2-r-3}{r^2-1}=2-\frac{r+1}{r^2-1}=2-\frac{1}{r-1}$$

$$\frac{2r^2-3}{r^2-1}+\frac{r}{r^2-1}=\frac{2r^2+r-3}{r^2-1}=2+\frac{r-1}{r^2-1}=2+\frac{1}{r+1}$$

ここで，$r>1$ だから

$$0<\frac{1}{r+1}<\frac{1}{2} \quad \therefore \quad 2<2+\frac{1}{r+1}<3$$

したがって，$N_r=3$ となるとき，E_r に含まれる整数の点は 2 を除くから -1，0，1 である。

このとき

$$-2<2-\frac{1}{r-1}\leqq -1$$

$r>1$ より

$$-2(r-1)<2(r-1)-1\leqq -(r-1)$$

$$\frac{5}{4}<r\leqq \frac{4}{3} \quad \text{……（答）}$$

◀━━━━━■ 解　説 ▶━━━━━

≪不等式の表す図形≫

不等式 $|z-\alpha|\leqq r$ の表す図形は

点 α を中心とし，半径 r の円の周上および内部

である。$w\neq 2$ に留意すること。複素数の性質

68　2022 年度　数学〈解答〉　　　　　　　　　　　　　　横浜国立大-理系前期

$$|z|^2 = z\bar{z}$$

等を用いて式変形する。

4　**解答**　(1)　$\overrightarrow{OA}=\vec{a}$, $\overrightarrow{OB}=\vec{b}$, $\overrightarrow{OC}=\vec{c}$ とおく。

$$\overrightarrow{OP}=s\vec{a}, \quad \overrightarrow{OQ}=t\vec{b}, \quad \overrightarrow{OR}=(1-u)\vec{b}+u\vec{c}$$

だから

$$\overrightarrow{OH}=\frac{s\vec{a}+t\vec{b}+(1-u)\vec{b}+u\vec{c}}{3}$$

$$=\frac{s\vec{a}+(t+1-u)\vec{b}+u\vec{c}}{3}$$

3 点 O, G, H が同一直線上にあるとき

$$\overrightarrow{OG}=\frac{\vec{a}+\vec{b}+\vec{c}}{3}$$

だから

$$s=t+1-u=u$$

ゆえに

$$s=u=\frac{t+1}{2} \quad \cdots\cdots(\text{答})$$

さらに，$0<s<1$, $0<t<1$ より

$$\frac{1}{2}<s<1 \quad \cdots\cdots(\text{答})$$

(2)　$|\vec{a}|=|\vec{b}|=|\vec{c}|=1$, $\vec{a}\cdot\vec{b}=\vec{b}\cdot\vec{c}=\vec{c}\cdot\vec{a}=\dfrac{1}{2}$ だから

$$|\overrightarrow{QP}|^2=|\overrightarrow{OP}-\overrightarrow{OQ}|^2$$

$$=\left|\frac{t+1}{2}\vec{a}-t\vec{b}\right|^2$$

$$=\frac{(t+1)^2}{4}-\frac{1}{2}t(t+1)+t^2$$

$$=\frac{(t^2+2t+1)-2(t^2+t)+4t^2}{4}$$

$$=\frac{3t^2+1}{4} \quad \cdots\cdots(\text{答})$$

横浜国立大-理系前期 2022 年度　数学〈解答〉 69

$$|\overrightarrow{QR}|^2 = |\overrightarrow{OR} - \overrightarrow{OQ}|^2$$

$$= \left| \frac{-t+1}{2}\vec{b} + \frac{t+1}{2}\vec{c} - t\vec{b} \right|^2$$

$$= \left| \frac{-3t+1}{2}\vec{b} + \frac{t+1}{2}\vec{c} \right|^2$$

$$= \frac{(-3t+1)^2}{4} - \frac{(3t-1)(t+1)}{4} + \frac{(t+1)^2}{4}$$

$$= \frac{(9t^2-6t+1)-(3t^2+2t-1)+(t^2+2t+1)}{4}$$

$$= \frac{7t^2-6t+3}{4} \quad \cdots\cdots(答)$$

$$\overrightarrow{QP} \cdot \overrightarrow{QR}$$

$$= \left(\frac{t+1}{2}\vec{a} - t\vec{b} \right) \cdot \left(\frac{-3t+1}{2}\vec{b} + \frac{t+1}{2}\vec{c} \right)$$

$$= \frac{(t+1)(-3t+1)}{8} + \frac{(t+1)^2}{8} + \frac{t(3t-1)}{2} - \frac{t(t+1)}{4}$$

$$= \frac{(-3t^2-2t+1)+(t^2+2t+1)+4(3t^2-t)-2(t^2+t)}{8}$$

$$= \frac{8t^2-6t+2}{8} = \frac{4t^2-3t+1}{4} \quad \cdots\cdots(答)$$

(3) $\quad 4S^2 = |\overrightarrow{QP}|^2 |\overrightarrow{QR}|^2 - (\overrightarrow{QP} \cdot \overrightarrow{QR})^2$

$$= \frac{3t^2+1}{4} \cdot \frac{7t^2-6t+3}{4} - \left(\frac{4t^2-3t+1}{4} \right)^2$$

したがって

$$64S^2 = (21t^4-18t^3+9t^2+7t^2-6t+3)$$
$$\qquad\qquad -(16t^4+9t^2+1-24t^3-6t+8t^2)$$

$$= 5t^4+6t^3-t^2+2$$

ここで，$f(t) = 5t^4+6t^3-t^2+2$ とおくと

$$f'(t) = 20t^3+18t^2-2t$$

$$= 2t(10t^2+9t-1)$$

$$= 2t(t+1)(10t-1)$$

したがって，$64S^2$ は $t = \dfrac{1}{10}$ のとき最小であ

t	0	$\cdots$	$\dfrac{1}{10}$	$\cdots$	1
$f'(t)$		$-$	0	$+$	
$f(t)$		$\searrow$		$\nearrow$	

り，そのとき，S も最小となる。

$$t = \frac{1}{10} \quad \cdots\cdots(答)$$

また，$f\left(\dfrac{1}{10}\right) > 0$ なので

$$S^2 = \frac{5t^4 + 6t^3 - t^2 + 2}{64} > 0$$

よって　　$S = \dfrac{\sqrt{5t^4 + 6t^3 - t^2 + 2}}{8} \quad \cdots\cdots(答)$

━━━━━◀解　説▶━━━━━

≪内分点のベクトル，重心のベクトル，共線条件，三角形の面積，関数の最小値≫

(1)　3点 A，B，C が同一直線上にあるとき

$$\overrightarrow{AB} = k\overrightarrow{AC} \quad (k は実数)$$

(3)　$\triangle ABC = \dfrac{1}{2}\sqrt{|\overrightarrow{AB}|^2 |\overrightarrow{AC}|^2 - (\overrightarrow{AB}\cdot\overrightarrow{AC})^2}$ を利用し，微分して増減を調べる。

5 解答

(1)　$\displaystyle f'(x) = \frac{2a\cos(ax)}{\sin(ax)} - \frac{2\log x}{x}$

$\displaystyle \qquad\qquad = \frac{2a}{\tan(ax)} - \frac{2\log x}{x} \quad \cdots\cdots(答)$

(2)　$a = 1$ のとき

$$f'(x) = \frac{2}{\tan x} - \frac{2\log x}{x}$$

$1 < x < \dfrac{\pi}{2}$ のとき $\dfrac{2}{\tan x}$ は単調減少する。

また，$g(x) = -\dfrac{2\log x}{x}$ は

$$g'(x) = -2\cdot\frac{\dfrac{1}{x}\cdot x - \log x}{x^2} = -\frac{2(1 - \log x)}{x^2} < 0$$

ゆえに，$g(x)$ も単調減少であり，$f'(x)$ は単調減少である。

横浜国立大-理系前期   2022 年度　数学〈解答〉　71

$$f'(1) = \frac{2}{\tan 1} > 0$$

$$\lim_{x \to \frac{\pi}{2}-0} f'(x) = -\frac{4}{\pi} \log \frac{\pi}{2} < 0$$

したがって，$f'(x)$ は単調減少であり，正から負へ 1 度符号が変化する。
ゆえに，$f(x)$ は極大値をもち，極値を与える x の個数は

　　　1 個　……(答)

(3)　　$f'(x) = \dfrac{2a}{\tan(ax)} - \dfrac{2\log x}{x}$

$a < ax < \dfrac{a}{2}\pi \leqq \dfrac{\pi}{4}$ だから $\dfrac{2a}{\tan(ax)}$ は単調減少である。

したがって，$f'(x)$ は単調減少する。
ここで

$$f'(1) = \frac{2a}{\tan a} > 0$$

$$f'\left(\frac{\pi}{2}\right) = \frac{2a}{\tan\frac{a}{2}\pi} - \frac{4\log\frac{\pi}{2}}{\pi}$$

$\log\dfrac{\pi}{2} < \dfrac{1}{2}$ より　　$-\dfrac{4\log\dfrac{\pi}{2}}{\pi} > -\dfrac{2}{\pi}$

$$h(a) = \frac{2a}{\tan\frac{a}{2}\pi}$$

とおくと

$$h'(a) = 2 \cdot \frac{\tan\frac{a}{2}\pi - \dfrac{a \cdot \dfrac{\pi}{2}}{\cos^2\frac{a}{2}\pi}}{\tan^2\frac{a}{2}\pi}$$

$$= 2 \cdot \frac{\sin\frac{a}{2}\pi\cos\frac{a}{2}\pi - \frac{a}{2}\pi}{\sin^2\frac{a}{2}\pi}$$

$$= \frac{\sin(a\pi) - a\pi}{\sin^2 \frac{a}{2}\pi}$$

$$i(a) = \sin a\pi - a\pi \quad \left(0 < a\pi \leqq \frac{\pi}{2}\right)$$

とおくと

$$i'(a) = a\cos a\pi - \pi < a - \pi < 0$$

よって $i(a) < i(0) = 0$

$\therefore \ h'(a) < 0$

したがって, $h(a)$ は単調減少であり

$$h(a) \geqq h\left(\frac{1}{2}\right) = 1$$

ゆえに

$$f'\left(\frac{\pi}{2}\right) > 1 - \frac{2}{\pi} > 0$$

だから $f'(x) > 0$ であり, 関数 $f(x)$ の極値は存在しない。   （証明終）

━━━━■◀解　説▶■━━━━

≪微分, 極値の個数, 極値の存在≫

(1)　合成関数の導関数, 商の導関数の公式を用いる。

(2)・(3)　微分して増減を調べる。

❖講　評

　大問 5 題の出題で,「数学 A」「数学 B」から 1 題ずつ,「数学 Ⅲ」から 3 題の出題であった。

　1　(1)は部分積分の公式を用いて, 積分する。典型問題なので確実に得点したい。(2)は媒介変数表示された関数のグラフの面積の問題。これもまた容易に処理できるであろう。

　2　(1)は教科書の練習問題程度の基本問題。(2)～(4)は前半 4 回の移動と後半 4 回の移動で分けて考えるとよい。数え漏れや重複がないように気をつける。

　3　(1)は教科書の例題レベルの式変形なので確実に得点したい。(2)は(1)と同様の式変形をすればよい。分数式は割り算をして分子の次数を下げる。

横浜国立大-理系前期   2022 年度　数学〈解答〉　73

　4　(1)は，それぞれのベクトルを $\vec{a}$, $\vec{b}$, $\vec{c}$ で表していく。頻出問題であるので慣れておきたい。(2)・(3)は標準的な計算問題なのでこれも確実におさえておきたい。

　5　(1)は問題集の基本問題レベル。(2)も(3)も同じことをするのだが，計算力が試される。

　試行錯誤をしたり，うまく計算の工夫をしたりしないと正解にたどり着けない問題が出題されるが，基本問題や典型問題をしっかり学習し，計算力をつけておけば対応できる。実力の差が大きく出る出題であろう。

物理

Ⅰ **解答** (1) $\dfrac{mv^2}{L\sin\alpha}$ (2) $mg\cos\alpha+\dfrac{mv^2}{L}$ (3) $\mu' mg\sin\alpha$

(4) $mg\sin\alpha-\dfrac{mv^2}{L\tan\alpha}$ (5) $\sin\alpha\sqrt{\dfrac{gL}{\cos\alpha}}$ (6) $\dfrac{Lv}{L-s}$

(7) $m\cos\alpha+\dfrac{mL^2v^2}{g(L-s)^3}$

◀解説▶

≪円錐形の台上で円運動する物体の運動≫

(1) 円運動の半径は $L\sin\alpha$ なので物体に作用する遠心力は

$$\dfrac{mv^2}{L\sin\alpha}$$

(2) 台の錐面に平行な力のつりあいの式は，張力を T とし

$$T=mg\cos\alpha+\dfrac{mv^2}{L\sin\alpha}\sin\alpha$$

$$=mg\cos\alpha+\dfrac{mv^2}{L}$$

(3) 遠心力の大きさを無視してよいので，物体にはたらく垂直抗力と重力はつりあっている。重力の錐面に垂直な成分は $mg\sin\alpha$ だから，垂直抗力の大きさもこれに等しく，動摩擦力は

$$\mu' mg\sin\alpha$$

(4) 円運動を行うと遠心力が生じる。物体にはたらく重力と遠心力の錐面に垂直な成分は右図のようになるので，垂直抗力の大きさは

$$mg\sin\alpha-\dfrac{mv^2}{L\sin\alpha}\cos\alpha$$

$$=mg\sin\alpha-\dfrac{mv^2}{L\tan\alpha}$$

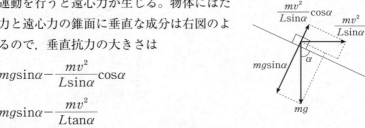

(5) 摩擦力が回転の速さを遅くする原因となるので，摩擦力がはたらかなければ速さは低下しない。したがって(4)の垂直抗力が 0 であればよいので，

横浜国立大-理系前期 2022 年度 物理〈解答〉 75

最小の v を満たす条件は

$$mg\sin\alpha - \frac{mv^2}{L\tan\alpha} = 0$$

$$v^2 = \frac{gL\sin^2\alpha}{\cos\alpha}$$

$$v = \sin\alpha\sqrt{\frac{gL}{\cos\alpha}}$$

(6) おもりが下がったあとの速さを v_1 とする。半径と速さの積が保存されることから

$$(L-s)v_1 = Lv$$

$$v_1 = \frac{Lv}{L-s}$$

(7) このときの糸の張力は Mg なので，(2)の関係式を使い

$$Mg = mg\cos\alpha + \frac{mv_1{}^2}{L-s}$$

$$= mg\cos\alpha + \frac{m}{L-s}\left(\frac{Lv}{L-s}\right)^2$$

$$M = m\cos\alpha + \frac{mL^2v^2}{g(L-s)^3}$$

II

解答 問1．$t_1 = \dfrac{v_0}{g}$ $h = \dfrac{v_0{}^2}{2g}$

問2．$(B-2Az)l^2$ 問3．$2Al^2v$ 問4．$\dfrac{2Al^2v}{r}$

問5．大きさ：$\dfrac{4A^2l^4v}{r}$ 向き：正方向

問6．$-\dfrac{4A^2l^4v^2\varDelta t}{r}$ 問7．$\dfrac{4A^2l^4v^2\varDelta t}{r}$ 問8．$\dfrac{mgr}{4A^2l^4}$

◀解 説▶

≪磁場中を落下するコイルに発生する電流と磁場から受ける力≫

問1．最高点での速度は 0 なので，等加速度運動の公式から

$$0 = v_0 - gt_1$$

$$t_1 = \frac{v_0}{g}$$

76　2022 年度　物理〈解答〉　　　　　　　　　　　　横浜国立大-理系前期

また，高さは

$$0^2 - v_0{}^2 = -2gh$$

$$h = \frac{v_0{}^2}{2g}$$

問 2．コイルは xy 平面上に設置されており，これを貫く磁束には x, y 成分は関係ないので，磁束密度の z 成分のみを考える。磁束を Φ とすると

$$\Phi = (B - 2Az)l^2$$

問 3．単位時間あたりの磁束の変化が誘導起電力となる。磁束の変化を $\Delta\Phi$ とすると，誘導起電力の大きさ V は

$$V = \left| \frac{\Delta\Phi}{\Delta t} \right|$$

また，問 2 から

$$\Phi = (B - 2Az)l^2$$

であるので $\Delta\Phi$ は z の変化によって決まり

$$\Delta\Phi = -2Al^2\Delta z$$

したがって

$$V = \left| \frac{-2Al^2\Delta z}{\Delta t} \right|$$

$\dfrac{\Delta z}{\Delta t} \fallingdotseq v$ より

$$V = 2Al^2v$$

問 4．オームの法則から流れる電流の大きさは　　　$\dfrac{2Al^2v}{r}$

問 5．辺 PQ には電流は Q→P の向きに流れ，この電流は y 方向の磁場から z 成分の力を受ける。辺 PQ 上の磁束密度の y 成分は $\dfrac{Al}{2}$ なので受ける力は z 軸の正の向きに

$$\frac{2Al^2v}{r} \times \frac{Al}{2} \times l = \frac{A^2l^4v}{r}$$

他の辺でも同様に考えられるので，磁場が正方形コイルに及ぼす力の z 成分の大きさは

$$\frac{A^2l^4v}{r} \times 4 = \frac{4A^2l^4v}{r}$$

向きは z 軸の正の向き。

問6．Δt の間にコイルは z 軸の負の向きへ $v\Delta t$ だけ移動するので，コイルにする仕事は

$$\frac{4A^2l^4v}{r} \times (-v\Delta t) = -\frac{4A^2l^4v^2\Delta t}{r}$$

問7．コイルの消費電力は

$$\left(\frac{2Al^2v}{r}\right)^2 \times r = \frac{4A^2l^4v^2}{r}$$

よって，微小時間 Δt のジュール熱は $\quad \dfrac{4A^2l^4v^2\Delta t}{r}$

問8．終端速度を v_0 とする。重力がコイルにした仕事とジュール熱が等しいときに終端速度となるので

$$\frac{4A^2l^4{v_0}^2\Delta t}{r} = mgv_0\Delta t$$

$$v_0 = \frac{mgr}{4A^2l^4}$$

別解 コイルにはたらく重力と，磁場がコイルに及ぼす力がつりあうとき，コイルの速度は一定となる。よって

$$mg = \frac{4A^2l^4v_0}{r}$$

$$v_0 = \frac{mgr}{4A^2l^4}$$

Ⅲ

解答 $(1)\ \dfrac{V_0}{f}$　$(2)\ \dfrac{4\pi x}{\lambda}$　$(3)\ \dfrac{\lambda}{4}$　$(4)\ \dfrac{\lambda}{2}$　$(5)\ 2f$

$(6)\ \dfrac{{V_0}^2}{b(Lf-V_0)}$　$(7)\ \dfrac{\lambda}{2}$

━━━━━━━━ ◀解　説▶ ━━━━━━━━

≪部分的に音速が変わるクインケ管による音の干渉≫

(1)　速度 V_0，振動数 f の波の波長は $\quad \dfrac{V_0}{f}$

(2)　部分 A を通過した音のほうが $2x$ だけ多くの距離を進むので，位相差は

$$2\pi \times \frac{2x}{\lambda} = \frac{4\pi x}{\lambda}$$

(3) 初めて音が極小になったので，位相差は π である。(2)の関係から

$$\frac{4\pi x_1}{\lambda} = \pi$$

$$x_1 = \frac{\lambda}{4}$$

(4) 初めて音が極大になったので，位相差は 2π である。(2)の関係から

$$\frac{4\pi x_2}{\lambda} = 2\pi$$

$$x_2 = \frac{\lambda}{2}$$

(5) このときの振動数を f_0 とすると，波長は $\dfrac{V_0}{f_0}$ で表される。このときの経路の差は

$$L + 2L_1 - \left(L + \frac{L}{2} \times 2\right) = 2L_1 - L$$

$$= \frac{\lambda}{2}$$

となり，部分 A を通る音のほうが $\dfrac{\lambda}{2}$ だけ長い距離を進んでいる。干渉し極大になっているためこれが 1 波長に等しい。

$$\frac{\lambda}{2} = \frac{V_0}{f_0}$$

$$f_0 = \frac{2V_0}{\lambda}$$

$$= 2f$$

(6) 温度が上昇すると音速が大きくなるので同じ振動数の音でも波長が長くなる。温度上昇前はどちらの経路も位相のずれなくマイクに届いているので，温度上昇により部分 B に含まれていた波の個数が 1 つ減ることで 2 つの管を通った波は同位相になる。温度が上昇したときの波長は $\dfrac{V_0 + b\Delta T}{f}$ であるから，波の個数を比較すると

$$\frac{L}{\lambda} - 1 = L \div \frac{V_0 + b\Delta T}{f}$$

$$\frac{Lf}{V_0} - 1 = \frac{Lf}{V_0 + b\Delta T}$$

$$\frac{Lf - V_0}{V_0} = \frac{Lf}{V_0 + b\Delta T}$$

$$b\Delta T = \frac{LfV_0}{Lf - V_0} - V_0$$

$$= \frac{LfV_0 - V_0(Lf - V_0)}{Lf - V_0}$$

$$\Delta T = \frac{V_0{}^2}{b(Lf - V_0)}$$

(7) 音が極大になったことから，x_3 だけ引き延ばしたことで，波の個数が 1 つ多く含まれる距離だけ伸びている。よって

$$2x_3 = \lambda$$

$$x_3 = \frac{\lambda}{2}$$

❖講　評

Ⅰ　円錐台の上で物体が台に接しながら円運動をおこなっている。斜面は水平面とのなす角度ではなく，円錐台の頂点の角度が示されているので，重力の台に平行な成分と垂直な成分を考えるときに注意が必要。(6)は中心力がはたらいているときは面積速度が一定になるということを示している。

Ⅱ　z 方向の一様な磁場から，少し外側を向いていくような不均一な磁束密度中を正方形のコイルが落下していく。問 3 は落下によるコイルを貫く磁束の変化は磁束密度の z 方向の成分の変化だけで決まる。座標 z の磁束密度は z の一次関数で決まるので，磁束の時間変化は z 方向への変位の時間微分，つまり落下速度に比例する。

Ⅲ　クインケ管は同じ音源から出た音について，左右の経路差を変化させ音の干渉を見るものである。干渉は同位相であれば強めあい，逆位相であれば弱めあい，距離であれば半波長のずれ，波の数でいえば $\frac{1}{2}$ 個のずれが逆位相をつくる。音速が異なり波長の変化が見られるような問題の場合，距離のずれを考えるのではなく，波数を考えて同位相，逆位相を考えることも有効である。

化学

I **解答** 問1．(1)(a)—(E)　(b)—(A)
(2)(あ)—(ウ)　(い)—(キ)

(3)
$$CH_3-\underset{\underset{CH_3}{|}}{\overset{\overset{CH_3}{|}}{C}}-CH_3$$

(4)① 10　② 2

(5)(一)$CH_2=C\overset{H}{\underset{OH}{\diagdown}}$　(二)$CH_3-C\overset{H}{\underset{O}{\diagdown}}$

(6) 31　(7)—③・④・⑤

問2．(1) 88

(2)(a)—(F)　(b)—(T)　(c)—(N)　(d)—(R)　(e)—(G)　(f)—(S)　(g)—(O)

(3)(あ)$CH_3CH_2-\underset{O}{\overset{||}{C}}-O-CH_3$　(い)$CH_3-\underset{O}{\overset{||}{C}}-O-CH_2CH_3$

(4) 33

━━━━◀解　説▶━━━━

≪炭化水素，医薬品，合成ゴム，エステルの加水分解≫

問1．(1)・(2) サリチル酸は，分子内にカルボキシ基 −COOH とフェノール性のヒドロキシ基 −OH の両方をもつため，カルボン酸とフェノール類の両方の性質を示す。サリチル酸に無水酢酸を作用させると，サリチル酸のカルボキシ基の部分がアセチル化されてアセチル基 CH_3CO- が導入される。このサリチル酸の酢酸エステルをアセチルサリチル酸（アスピリン）といい，解熱・鎮痛作用のある医薬品として用いられる。

(3) C_5H_{12} には以下の３種類の構造異性体がある。分枝が増えるほど分子間力がはたらきにくくなり，沸点が低くなるため，最も融点が低いものは2,2-ジメチルプロパンとなる。

$$C-C-C-C-C \qquad C-\underset{\underset{C}{|}}{C}-C-C \qquad C-\underset{\underset{C}{|}}{\overset{\overset{C}{|}}{C}}-C$$

ペンタン　　　　　　2-メチルブタン　　2,2-ジメチルプロパン

横浜国立大-理系前期　　　　　　　　　　　2022 年度　化学〈解答〉　81

(4)　C_5H_{10} の構造異性体は計 10 種類で，構造式は以下の通り。

```
C=C-C-C-C        C-C=C-C-C

C=C-C-C      C-C=C-C      C-C-C=C
    |            |            |
    C            C            C

      C              C
    C   C          C-C
    |   |          |   |
    C-C-C          C-C-C

   C-C         C C          C   C
   |   \       |  \         |   |
   C-C-C       C-C          C   C
                            \  /
                             C
```

このうち，2-ペンテンと 1,2-ジメチルシクロプロパンの 2 種類には次のようなシス-トランス異性体（幾何異性体）が存在する。

```
 H       H          H       CH₂-CH₃
  \     /            \     /
   C=C               C=C
  /     \            /     \
CH₃    CH₂-CH₃     CH₃      H
```

```
        H₂                    H₂                    H₂
        C                     C                     C
       / \                   / \                   / \
      /   \                 /   \                 /   \
 H   /     \   H       H   /     \   CH₃    H₃C  /     \   H
  \ /       \ /         \ /       \ /         \ /       \ /
   C---------C           C---------C           C---------C
  /           \         /           \         /           \
CH₃           CH₃     CH₃            H        H            CH₃
```

(5)　アセチレンに硫酸水銀(Ⅱ)などを触媒として水を反応させると，不安定な中間体であるビニルアルコールを経て，アセトアルデヒドが生成する。

(6)　NBR 一分子中構成単位数の比を，1,3-ブタジエン（分子量 54）：アクリロニトリル（分子量 53）＝70 : x とおく。この NBR の平均分子量は $(54 \times 70 + 53 \times x)n$，NBR 一分子中の窒素原子の個数は xn 個と表せる。この NBR 1000 g 中の窒素原子が 80.0 g なので

$$\frac{1000}{(54 \times 70 + 53 \times x)n} \times xn \times 14 = 80$$

$$976x = 8 \times 3780$$

$$x = 30.9 \fallingdotseq 31$$

よって，この NBR 一分子のアクリロニトリル構成単位の個数は 31 個。

(7)　化学療法薬は，病原菌を死滅させるなど病気の原因を直接取り除く作用がある。化学療法薬の代表例として，アゾ染料の一つであるプロントジルが生体内で還元分解されてできるサルファ剤や，微生物が細菌を殺すためにつくる抗生物質のペニシリンやストレプトマイシンがある。アセトア

ミノフェンとイブプロフェンはともに解熱鎮痛薬である。

問 2．(1) ファントホッフの法則より，この有機化合物の分子量を M とすると

$$8.0 \times 10^5 = \frac{\dfrac{8.53}{M}}{0.3} \times 8.31 \times 10^3 \times (273 + 25)$$

$$M = 88.0 \fallingdotseq 88$$

(2)・(3) 分子量 88 のエステルの分子式は $C_4H_8O_2$ である。この分子式で表される化合物(あ)と化合物(い)のうち，化合物(あ)の加水分解より生じるアルコール(a)は酸化反応によりアルデヒド(c)を経て飽和脂肪酸で最も強い酸性を示す(d)となることから，(a)はメタノール CH_3OH，(c)はホルムアルデヒド $HCHO$，(d)はギ酸 $HCOOH$ とわかる。よって化合物(あ)の加水分解で生じるカルボン酸(b)は炭素数 3 のカルボン酸であるプロピオン酸 CH_3CH_2COOH とわかる。よって，化合物(あ)はプロピオン酸メチルである。

$$CH_3CH_2 {-} \underset{\underset{\displaystyle O}{\|}}{C} {-} O {-} CH_3$$

一方，化合物(い)の加水分解で生じるアルコール(e)を酸化すると，このエステルの加水分解でともに生じるカルボン酸(f)となることから，(e)と(f)はそれぞれ炭素数が 2 である。よって，(e)はエタノール CH_3CH_2OH，(g)はアセトアルデヒド CH_3CHO，(f)は酢酸 CH_3COOH とわかり，化合物(い)は酢酸エチルである。

$$CH_3 {-} \underset{\underset{\displaystyle O}{\|}}{C} {-} O {-} CH_2CH_3$$

(4) 化合物(あ)を x〔mg〕完全燃焼させて生じる二酸化炭素が 66 mg とすると，$C_4H_8O_2 + 5O_2 \longrightarrow 4CO_2 + 4H_2O$ より

$$\frac{x}{88} \times 4 \times 44 = 66 \qquad x = 33 \text{〔mg〕}$$

Ⅱ 解答 問 1．(a)イオン化傾向 (b)12 (c)合金 (d)陽
(e)電解精錬

横浜国立大-理系前期 2022 年度 化学〈解答〉 *83*

問 2. (ア)—(E) (イ)—(C) (ウ)—(F)

問 3. (i) $AgNO_3$ (ii) K_2CrO_4 (iii) Ag_2CrO_4 (iv) $[Ag(S_2O_3)_2]^{3-}$
(v) $[Ag(CN)_2]^-$ (vi) $CuFeS_2$ (vii) Cu_2S

問 4. $\dfrac{3\sqrt{6}\,y}{8x^3}$ 倍

問 5. (B)・(C)

問 6. 1.22×10^3 秒

■——————— ◀解　説▶ ———————

≪金・銀・銅の性質，金属の結晶格子，溶解度積，電気分解≫

問 1. 金はイオン化傾向が小さく，酸化されにくく単体として自然界にも産出し，美しい光沢ももつため古くから利用されていた。金 100％の純物質を純金と呼び，展性・延性に富む。金 75％に銀や銅を 25％配合してできる合金が 18 金で，純金よりも展性・延性が抑えられ硬く，傷がつきにくい。金は面心立方格子（立方最密構造）の結晶構造をとり，配位数は 12 である。

　一方，銅は金よりもイオン化傾向が大きく，自然界では単体として産出されることもあるが，硫化物や酸化物として産出することが多い。代表的な銅鉱石に黄銅鉱 $CuFeS_2$ があり，これを還元して粗銅（純度約 99％）とし，さらに粗銅から純銅（純度 99.99％以上）とするために電気分解を利用する。これを粗銅の電解精錬という。粗銅の電解精錬では，粗銅板を陽極に，純銅板を陰極とし，硫酸酸性の硫酸銅(Ⅱ)水溶液を電気分解する。

　　　　陽極：$Cu \longrightarrow Cu^{2+} + 2e^-$

　　　　陰極：$Cu^{2+} + 2e^- \longrightarrow Cu$

問 2. 試料中の塩化物イオンの濃度を硝酸銀 $AgNO_3$ 溶液で滴定することができる。塩化物イオンを含む未知試料に黄色のクロム酸カリウム K_2CrO_4 を指示薬として加えておく。ここに硝酸銀 $AgNO_3$ 溶液を滴下すると，まず塩化銀 $AgCl$ の白色沈殿が生じる。

　　　　$Ag^+ + Cl^- \longrightarrow AgCl$（白色沈殿）

これは，塩化銀の溶解度積の方が，クロム酸銀の溶解度積と比べて小さく沈殿しやすいためである。さらに硝酸銀 $AgNO_3$ を滴下すると，塩化物イオンがすべて塩化銀として沈殿する。この終点付近でクロム酸銀 Ag_2CrO_4 の赤褐色沈殿が生じはじめるため，終点が見極めやすくなる。

$$2Ag^+ + CrO_4{}^{2-} \longrightarrow Ag_2CrO_4 \text{（赤褐色沈殿）}$$

沈殿反応を利用したこの滴定法を，モール法と呼ぶ。

問3．ハロゲン化銀 AgX（X＝ハロゲン）の沈殿にチオ硫酸ナトリウム水溶液およびシアン化カリウム水溶液をそれぞれ加えると，次のように錯イオン形成の反応が起こり，沈殿が溶ける。

$$AgX + 2S_2O_3{}^{2-} \longrightarrow [Ag(S_2O_3)_2]^{3-} + X^-$$

$$AgX + 2CN^- \longrightarrow [Ag(CN)_2]^- + X^-$$

問4．面心立方格子の結晶構造をとる金は，単位格子内に $\dfrac{1}{2} \times 6 + \dfrac{1}{8} \times 8$ ＝4 個の原子がある。単位格子一辺の長さを a〔cm〕，金の原子半径を r〔cm〕とすると，$\sqrt{2}\,a = 4r$ の関係式が成り立ち，金原子のモル質量を X〔g/mol〕とすると金の密度 d_{Au}〔g/cm³〕は

$$d_{Au} = \frac{4X}{a^3 N_A} = \frac{4X}{\left(\dfrac{4}{\sqrt{2}} r\right)^3 N_A} = \frac{\sqrt{2}\,X}{8r^3 N_A}$$

一方，体心立方格子の結晶構造をとるある金属 M は，単位格子内に $1 + \dfrac{1}{8} \times 8 = 2$ 個の原子がある。単位格子一辺の長さを a'〔cm〕，金属 M の原子半径を $r'(=xr)$〔cm〕とすると，$\sqrt{3}\,a' = 4r'$ の関係式が成り立ち，M 原子のモル質量を $X'(=yX)$〔g/mol〕とすると，ある金属 M の密度 d_M〔g/cm³〕は

$$d_M = \frac{2X'}{a'^3 N_A} = \frac{2X'}{\left(\dfrac{4}{\sqrt{3}} r'\right)^3 N_A} = \frac{3\sqrt{3}\,X'}{32 r'^3 N_A} = \frac{3\sqrt{3}\,yX}{32(xr)^3 N_A}$$

この金属 M の密度は，金の密度に対して

$$\frac{d_M}{d_{Au}} = \frac{\dfrac{3\sqrt{3}\,yX}{32x^3 r^3 N_A}}{\dfrac{\sqrt{2}\,X}{8r^3 N_A}} = \frac{3\sqrt{6}\,y}{8x^3} \text{ 倍}$$

問5．1.5×10^{-5} g の(A)塩化銀（式量 143.4），(B)臭化銀（式量 187.8），(C)ヨウ化銀（式量 234.8）をそれぞれ 100 mL の水に加えたときにできる水溶液の濃度はそれぞれ

(A) $\dfrac{\dfrac{1.5\times10^{-5}}{143.4}}{0.100}=1.04\times10^{-6}\,[\mathrm{mol/L}]$

(B) $\dfrac{\dfrac{1.5\times10^{-5}}{187.8}}{0.100}=7.98\times10^{-7}\,[\mathrm{mol/L}]$

(C) $\dfrac{\dfrac{1.5\times10^{-5}}{234.8}}{0.100}=6.38\times10^{-7}\,[\mathrm{mol/L}]$

(A)の塩化銀 AgCl がすべて溶けたと仮定して，水溶液中のイオン濃度の積 $[\mathrm{Ag^+}][\mathrm{Cl^-}]$ を求めると

$$\mathrm{AgCl} \longrightarrow \mathrm{Ag^+} + \mathrm{Cl^-}$$
$$-1.04 \qquad +1.04 \quad +1.04 \quad [\times10^{-6}\,\mathrm{mol/L}]$$

$$[\mathrm{Ag^+}][\mathrm{Cl^-}]=(1.04\times10^{-6})^2=1.08\times10^{-12}\,[\mathrm{mol^2/L^2}]$$

これは塩化銀の溶解度積 $1.8\times10^{-10}\,\mathrm{mol^2/L^2}$ を超えないため，この塩化銀はすべて溶解することがわかる。同様に(B), (C)も仮のイオン濃度の積を算出し各溶解度積の値と比べると

$$[\mathrm{Ag^+}][\mathrm{Br^-}]=(7.98\times10^{-7})^2=6.36\times10^{-13}>K_{\mathrm{sp,AgBr}}=5.2\times10^{-13}$$
$$[\mathrm{Ag^+}][\mathrm{I^-}]=(6.38\times10^{-7})^2=4.07\times10^{-13}>K_{\mathrm{sp,AgI}}=2.1\times10^{-14}$$

(B), (C)ともにそれぞれの溶解度積の値を超えるため，この臭化銀およびヨウ化銀は溶け切らずに固体として残る。

問6．粗銅の電解精錬において，陰極では以下のような純銅の析出が起こる。

$$\mathrm{Cu^{2+}}+2\mathrm{e^-} \longrightarrow \mathrm{Cu}$$

このとき必要な電気分解の時間を t 秒とすると，電気量 $Q[\mathrm{C}]=$ 電流 $I[\mathrm{A}]\times$ 時間 $t[\mathrm{s}]$ より

$$\frac{0.200}{63.5}\times2\times9.65\times10^4=0.500\times t$$

$$t=1.215\times10^3\fallingdotseq1.22\times10^3\ 秒$$

Ⅲ **解答** 問1．(1)—(D)　(2)—(B)　(3)—(B)

問2．(1)—×　(2)—○　(3)—○　(4)—○　(5)—×

問3．(1)分子結晶　(2)アルゴン，ヨウ素

86 2022 年度　化学〈解答〉　　　　　　　　　　　横浜国立大-理系前期

問4．(1)$\ddot{\mathrm{O}}::\mathrm{C}::\ddot{\mathrm{O}}$　(2)非共有電子対　(3)2つ

問5．5.5kg

問6．(1)$[\mathrm{H^+}]=\sqrt{[\mathrm{CO_2}]K_\mathrm{a}}$　(2)5.5

問7．800 kJ/mol

■━━━━━━━◀解　説▶━━━━━━━■

≪気体の法則，理想気体と実在気体，分子と分子結晶，電離平衡，結合エネルギー≫

問1．理想気体では気体の種類によらず，理想気体の状態方程式 $pV=nRT$ の関係式が成立する。

(1) ボイルの法則は，「温度が一定のとき，一定物質量の気体の体積 V は圧力 P に反比例する」というもので，$V=\dfrac{k_1}{P}$（k_1 は定数）の関係式で表される。よって，グラフは(D)となる。

(2) シャルルの法則は，「圧力が一定のとき，一定物質量の気体の体積 V は絶対温度 T に比例する」というもので，$V=k_2T$（k_2 は定数）の関係式で表される。よって，グラフは(B)となる。

(3) アボガドロの法則は，「同温・同圧下で同体積の気体の中には，気体の種類によらず，同数の分子が含まれる」というもので，$V=k_3n$（k_3 は定数）の関係式で表される。よって，グラフは(B)となる。

問2．(1) 誤文。理想気体は，分子間力も気体自身の体積（大きさ）も存在しない気体と仮定しているが，分子の質量は無視されない。

(2) 正文。理想気体は分子間力がはたらかない気体と仮定しているため，圧縮しても液化や固化が起こらない。

(3) 正文。理想気体では，絶対零度（0 K＝−273℃）ですべての分子の動きが止まり，気体の動き回る空間（気体の体積）は0となる。

(4) 正文。実在気体は高温・低圧にすると理想気体とみなせる。これは，高温にすると気体の熱運動が激しくなり分子間力の影響を小さく，低圧にすると分子自身の体積の影響を小さくみなせるようになるためである。

(5) 誤文。ヘリウムが無極性分子であるのに対して，アンモニアは極性分子のため，アンモニアの方が分子間にはたらく分子間力が大きく，理想気体の性質から遠ざかる。

問3．(1)　分子間の引力により規則正しく配列してできた固体を分子結晶と呼ぶ。

(2)　分子結晶に分類されるのは，アルゴン Ar とヨウ素 I_2 である。塩化ナトリウム NaCl は金属元素と非金属元素のイオン結合からなるイオン結晶で，鉄 Fe は金属元素どうしの金属結合からなる金属結晶，二酸化ケイ素 SiO_2 は非金属元素どうしの共有結合のみで構成された共有結合の結晶である。

問4．(1)・(2)　二酸化炭素は1分子当たり，炭素を中心として共有電子対4組，非共有電子対4組をとる直線形の分子で，分子内の炭素原子および酸素原子はいずれもネオン型の電子配置をとる。

(3)　アセチレン C_2H_2 は直線形の分子，メタン CH_4 は正四面体形の分子で，原子間の結合に極性はあるが分子の形に対称性があり，極性を分子全体で打ち消しあった無極性分子である。

問5．標準状態のため同温・同圧下より，体積分率とモル分率は等しい。
{はじめの乾燥空気中の酸素 [mol]/(はじめの乾燥空気 [mol]＋持ち込まれたドライアイス CO_2[mol])}×100＝酸素濃度 18[%] となるとき，持ち込まれたドライアイスの質量を x[kg] とすると

$$\frac{\dfrac{25\times10^3\times\dfrac{20}{100}}{22.4}}{\dfrac{25\times10^3}{22.4}+\dfrac{x\times10^3}{44}}\times100=18$$

$x=5.45\fallingdotseq5.5$[kg]

問6．(1)　二酸化炭素が水に溶けて，次の電離反応により酸性を示す。

$$CO_2+H_2O \rightleftharpoons H^++HCO_3^-$$

HCO_3^- の CO_3^{2-} への電離が無視できるので，$[H^+]\fallingdotseq[HCO_3^-]$ となる。したがって，$[H_2O]$＝一定とみなしたときの電離定数 K_a は次のように表される。

$$K_a=\frac{[H^+][HCO_3^-]}{[CO_2]}=\frac{[H^+]^2}{[CO_2]}$$

$$[H^+]=\sqrt{[CO_2]K_a}$$

(2)　$K_a=4.0\times10^{-7}$mol/L，$[CO_2]=2.5\times10^{-5}$mol/L を代入すると，こ

の水溶液の pH は

$$[H^+]=\sqrt{2.5\times10^{-5}\times4.0\times10^{-7}}=\sqrt{1.0\times10^{-11}}=10^{-5.5}\,[mol/L]$$

$$pH=-\log_{10}10^{-5.5}=5.5$$

問7．求める反応の反応熱を $Q\,[kJ/mol]$ とおく。

$$CH_4(気)+2O_2(気)=CO_2(気)+2H_2O(気)+Q\,kJ$$

結合エネルギーを用いて反応熱を表すと，$Q=$（生成物の結合エネルギーの総和）－（反応物の結合エネルギーの総和）より

$$Q=(804\times2+463\times2\times2)-(416\times4+498\times2)=800\,[kJ/mol]$$

❖講　評

　試験時間は 2 科目 150 分。大問 3 題の出題である。難易度は基本〜やや難レベル。理論，無機，有機の分野から偏りなく出題されている。

　Ⅰ　問 1(1)〜(5)は基本的な有機の反応や C_5H_{10} アルケンの異性体の数を問う問題で必ず正答したい。(6)は合成ゴムの計算は典型的であるが，NBR の平均分子量を素早く表せるように準備をしておかないと手間取ってしまう。(7)は医薬品に関する問いで，化学療法薬を選択するだけの問いではあるが，知識が手薄になっている受験生も多いと思われる。(6)・(7)のように，合成高分子の計算や医薬品などまんべんなく出題されるので，細かな対策が必要である。問 2 は $C_4H_8O_2$ のエステルの構造に関する典型問題で，完璧に正答したい。

　Ⅱ　問 1〜問 3 では金属全般に関する用語，金属イオンの沈殿の色など基本的なものが多く問われていた。一方で，銀イオンとチオ硫酸イオンおよびシアン化物イオンからなるそれぞれの錯イオンや，黄銅鉱の化学式が要求されており，一部難易度の高いものがあった。問 4 の金属の結晶格子に関する問題は，文字式の処理なので計算はしやすかった。問 5 の溶解度積を用いた水溶液の沈殿の有無の検討では，問題文で与えられている原子量が細かい値ということもあり，数値計算が煩雑であった。問 6 は電気分解の計算で，基本的な問いであった。

　Ⅲ　問 1 は気体の法則の関係を表すグラフを選ぶ問題，問 2 は理想気体と実在気体に関する正誤問題，問 3・問 4 は分子結晶・分子に関わる問題で，いずれも平易で基本的であった。問 5 も同温・同圧下では，体

積分率とモル分率が等しくなることに気が付けば，数値計算は煩雑だが立式自体は易しい。問6は二酸化炭素の水に溶けた際の電離反応において，第二電離の影響を無視し第一電離のみを考えればよいから，基本的な1価の弱酸のように取り扱って解答すればよいので，正答しやすい問いであった。問7は結合エネルギーを用いて反応熱を求める問題であった。反応熱の求め方は様々な解法があるため，混同したり使いこなせなかったりする受験生は多いが，頻出テーマなのできちんと正答できるよう準備しておきたい。

90 2022 年度　生物〈解答〉　　　　　　　　　　　　　横浜国立大-理系前期

生物

I **解答** 問1．㊐ヌクレオソーム　㋑クロマチン　㋒分裂（M）　㋓水素イオン（H⁺）　㋔アセチルCoA　㋕リン酸化
㋖中間径フィラメント　㋗中心体　㋘動原体　㋙紡錘糸　㋚ミオシン

問2．粗面小胞体では小胞体表面にリボソームが付着しているが，滑面小胞体にはリボソームが付着していない。（50字以内）

問3．DNAにはタンパク質をコードしない領域が多く存在し，その領域で変化が起きても形質は変化しないから。（50字以内）

問4．変異遺伝子をヘテロでもつ人は，マラリアに対して抵抗性をもつため，その流行地域ではもたない人より生存に有利になるから。（60字以内）

問5．核DNAは細胞に1組しか存在しないため，その遺伝子が変異すると細胞機能に影響が現れやすい。しかし，ミトコンドリアは1つの細胞に多数存在するため，その1つで遺伝子変異があっても他の多数でその遺伝子が正常ならば細胞は正常に機能するから。（120字以内）

━━━━━◀解　説▶━━━━━

≪細胞の構造，突然変異とミトコンドリアDNA≫

問2．小胞体の表面にリボソームが付着しているものを粗面小胞体，リボソームが付着していないものを滑面小胞体という。字数的にリボソームの付着の有無だけを答えればよく，タンパク質合成の場などはたらきの違いまで書く必要はない。

問3．点突然変異（1塩基対の置換）が起こっても表現型に現れないケースはおもに3つある。

①アミノ酸を指定する部分のコドンの3番目の塩基が変化したため，タンパク質の立体構造など指定するアミノ酸の種類が変化しない。

②指定するアミノ酸が変化したが，タンパク質の機能にとって重要でない部分の変化であったため形質が変化しない。

③アミノ酸を指定する部分以外の領域で変化が起こったため形質に影響しない。

横浜国立大-理系前期 2022 年度　生物〈解答〉 91

これらのうち，真核生物のゲノムには遺伝子と遺伝子の間の非遺伝子領域やイントロンのようにタンパク質をコードしない領域が多く存在することを考えると，問題文の「多くの場合」という表現に最も合うのは③だろう。

問4．①変異遺伝子をヘテロ接合でもつ人はマラリアに対して抵抗性を示すこと，②アフリカの一部地域ではマラリアが多発することをもとに自然選択の考え方に基づいて説明する。この変異遺伝子をホモ接合でもつ人は重い貧血症を起こすため，生存に不利になる。しかし，ヘテロ接合でもつ場合，貧血が軽度になるとともにマラリアに対して抵抗性を示す。そのため，マラリアが多発するアフリカ西部などでは変異遺伝子をもたない人より生存に有利であり，自然選択によって淘汰されないため，変異遺伝子の頻度が高くなる。

問5．ミトコンドリア DNA の変異に由来するミトコンドリア病もあるが，問題文に「細胞機能への影響」とあるので，ある細胞で遺伝子変異が起こった場合にその変異が細胞の機能にどう影響するかという観点で答える。核 DNA は1つの細胞に1組しか存在しないため，その遺伝子の変異は細胞機能に直結しやすい。それに対し，ミトコンドリアは1つの細胞内に多数存在し，みな同じ DNA をもっている。そのため，1つのミトコンドリアで遺伝子変異があっても他の多数のミトコンドリアの遺伝子が正常であれば細胞機能への影響は小さいと考える。核 DNA と比較してミトコンドリア DNA のサイズが小さいことや含まれる遺伝子が少ないこと，ミトコンドリア DNA が母系遺伝することなどは本問には関係しない。

Ⅱ 　**解答**　問1．㈠母性　㈡形成体（オーガナイザー）
㈢アニマルキャップ　㈣多能性　㈤全能性
㈥初期化（リプログラミング）　㈦クローン（クローン動物）
問2．合成された β カテニンタンパク質は酵素によって分解されるが，精子侵入点の反対側に移動したディシェベルドタンパク質がこの酵素の作用を阻害する。（70 字以内）
問3．名称：BMP
理由：コーディンは BMP と結合して，BMP と受容体の結合を阻害する。BMP の発現を抑制するとコーディンによる阻害の有無にかかわらず BMP と受容体が結合せず，胚の形態形成にコーディンは影響しなくなる

92 2022 年度 生物〈解答〉 横浜国立大-理系前期

から。（100 字以内）

問 4. 予定内胚葉領域でのノーダルの発現は，背腹軸に沿って背側が高く腹側が低くなるような濃度勾配を形成しており，ノーダルの濃度の違いによって予定外胚葉領域が異なる中胚葉性の組織に分化するから。（100 字以内）

問 5. ④

━━━━━ ◀解　説▶ ━━━━━

≪カエルの形態形成と誘導≫

問 1. (か)　分化した細胞が全能性もしくは多能性をもつ状態に戻ることを初期化（リプログラミング）という。分化した細胞が未分化の状態に戻ることを脱分化といい，脱分化には初期化が伴うが，この空欄の適語としては脱分化は当てはまらない。

問 2. β カテニンは次の①〜⑤のようなしくみで背側の細胞の核に蓄積する。

①β カテニンの mRNA が翻訳され，卵全体で β カテニンが合成される。

②表層回転に伴ってディシェベルドが灰色三日月環の部分に移動する。

③β カテニンは酵素によって分解される。

④ディシェベルドがこの酵素のはたらきを阻害するため，ディシェベルドが移動した部分では β カテニンが分解されずに蓄積する。

⑤卵割によって細胞が生じ，β カテニンが核に移動する。

字数が限られているので③・④を中心にまとめるとよい。

問 3. BMP は細胞の細胞膜に存在する受容体に結合して細胞の分化を誘導する。一方，コーディンは BMP に結合する物質であり，コーディンが BMP に結合することで BMP の受容体への結合が阻害される。したがって，BMP が存在しない場合はコーディンが存在してもしなくても同じ結果になると考えられる。

問 4. リード文にもあるように，ノーダルは VegT と β カテニンによって発現が促進され，VegT は植物極側に局在し，β カテニンは背腹軸に沿って背側が高くなる濃度勾配を形成している。その結果，ノーダルの濃度は VegT と β カテニンの分布が重なる背側の部分で最も高く，背腹軸に沿って背側が高く腹側が低くなる濃度勾配を形成する。そのため，ノーダルの濃度が低い腹側予定内胚葉領域を接着した場合は予定外胚葉から血液

など腹側の中胚葉が分化し，ノーダルの濃度が高い背側予定内胚葉領域を接着した場合は筋肉や脊索など背側の中胚葉が分化したと考えられる。

問5．①～③誤文。分化した細胞は受精卵と同じすべての遺伝情報をもち，ゲノムDNAの長さや塩基配列が変化することはない。

④正文。分化した細胞では，クロマチンの構造が変化して不要な遺伝子が発現しないようにロックされている。クロマチンの構造変化にはヒストンの化学修飾が関係し，ヒストンの特定のアミノ酸がメチル化されるとクロマチンが密に折りたたまれて転写が起こらなくなる。

⑤誤文。ヒストンのアミノ酸配列が分化により変化することはない。

Ⅲ **解答** 問1．(A)呼吸量 (B)・(C)枯死量・成長量（順不同）(D)不消化排出量 (E)呼吸量

問2．森林生態系の生産者である樹木では，セルロースなどからなる幹や枝などが発達し，水域生態系の生産者の植物プランクトンと比べて消費者が摂食できない部分が多いから。(80字以内)

問3．遺伝的多様性（遺伝子の多様性）

問4．(1)(あ)競争 (い)相利共生 (う)寄生

(2)―(ウ)・(エ)

問5．(1)687

(2) ブルーギルが侵入した池では，ブルーギルによる捕食によってヤゴの生息密度が低下する。その結果，池周辺でのトンボの個体数が減少すると，トンボによる捕食が減少することでハチの個体数が増加する。ハチはオトギリソウの受粉を媒介するため，ハチが増加してオトギリソウへの訪花頻度が上昇し，オトギリソウの種子生産率が増加する。(160字以内)

◀解　説▶

≪生態系のエネルギー効率，生態系多様性≫

問1．(B)・(C)　生産者の成長量＝純生産量－（被食量＋枯死量）で，生産者の被食量と一次消費者の摂食量は等しいので，一次消費者の摂食量＝生産者の（純生産量－（枯死量＋成長量））となる。

(E)　教科書によっては，同化量から呼吸量を差し引いたものを消費者の生産量とし，老廃物排出量を含めない場合もある。

問2．生態系によって摂食効率が異なる理由は，生産者の性質の違いによ

ると考えるとよい。森林生態系のおもな生産者は樹木であり，樹木はセル
ロースなどからなる幹や枝などの支持組織が発達して消費者が摂食できな
い部分が多い。それに対し，水域生態系のおもな生産者は植物プランクト
ンで，消費者が摂食できない部分がほとんどない。そのため，森林生態系
よりも水域生態系のほうが一次消費者の摂食効率が高くなると考えられる。

問4.(2)(ア) アブラムシはアリに栄養分を与え，アリはアブラムシを天
敵のテントウムシなどから守っており，両者の関係は相利共生である。

(イ) レンゲはミツバチに花蜜と花粉を提供し，ミツバチはレンゲの受粉を
媒介するので，両者の関係は相利共生である。

(ウ) ヤドリギはクリのような落葉広葉樹に寄生する寄生植物であり，両者
の関係は寄生である。

(エ) ソバとヤエナリは光をめぐる競争関係にあり，両者を混植すると葉の
つく位置がソバよりも低いヤエナリは衰退する。

(オ) 根粒菌は窒素固定でできる NH_4^+ をマメ科植物に供給し，マメ科植
物は光合成で生産した有機物を根粒菌に供給しており，両者の関係は相利
共生である。

(カ) 腸内細菌はシロアリが消化できない木材の成分を分解してシロアリに
供給し，シロアリは腸内細菌にすみかを提供しており，両者の関係は相利
共生である。

問5.(1) 標識をつけた個体の捕獲率が低下しないものと仮定した場合，
2回目の捕獲における標識をつけた個体の捕獲数は

$$\frac{24}{1-0.2}=30$$

と計算され，捕獲した個体数に対する標識をつけた個体の割合は

$$\frac{30}{(200-24)+30}=\frac{30}{206}$$

となる。よって，この池に生息するブルーギルの個体数を x とすると

$$\frac{100}{x}=\frac{30}{206}$$

$$x=100\times206\div30=686.6\fallingdotseq687$$

(2) 図の結果から次の①～③のようなことが考察できる。

①ブルーギルがいる池でヤゴの生息密度が低下した((a))のは，ブルーギ

ルがヤゴを捕食したためである。

②ブルーギルがいる池周辺でトンボの個体数が減少した（（b））のは，幼虫であるヤゴが減少したためである。

③ブルーギルがいる池の岸辺でオトギリソウへのハチの訪花頻度が上昇した（（c））のは，トンボによるハチの捕食が減少したことでハチの個体数が増加したためである。また，チョウの訪花頻度は変化していないことから，チョウはオトギリソウの種子生産率の変化には大きく関与していないと言える。

これらの結果から，受粉を媒介するハチのオトギリソウへの訪花頻度が上昇したことでオトギリソウの受粉の機会が増大し，オトギリソウの種子生産率が増加したと考えられる。

Ⅳ 解答

問1．(イ)・(ウ)
問2．(エ)
問3．(ア)・(イ)—①・④（順不同） (ウ)—② (エ)—⑤ (オ)—③
問4．(C)→(A)→(B)→(D)
問5．(1) 9種 (2) β と ε
問6．(1) 12万年前 (2) 9万年前

◀解　説▶

≪生物の進化と系統≫

問1．(ア) 誤り。ウイルスは DNA または RNA を遺伝物質としてもつ。
(イ)・(ウ) 正しい。ウイルスは①細胞構造をもたない，②代謝を行わない，③自ら分裂して増殖することができず，他の生物の細胞内でのみ増殖するといった点で生物に共通する特徴を欠いている。

問2．(エ)以外はすべて個体レベルの変化であり，世代を経た集団の変化ではないので進化ではない。世代を経て集団内の遺伝子頻度が変化することを進化といい，(エ)のように新たな種の形成に至らないレベルの変化も進化に含まれる。

問3．リボソーム RNA の塩基配列に基づく分子系統樹では，生物は細菌，古細菌，真核生物の3つのドメインに大別され，真核生物は細菌よりも古細菌と近縁である。よって，系統的に最も離れている(オ)が細菌である③大腸菌，次に離れている(エ)が古細菌の⑤メタン生成菌である。真核生物では

動物と菌類が比較的近縁で，葉緑体をもつ植物は系統的に異なるので，最も近縁な(ア)と(イ)が④ヒトと①アカパンカビで，(ウ)が②ゼニゴケである。

問4．(A)のアノマロカリスは約5億年前のバージェス動物群に含まれる節足動物である。(B)のクックソニアはシルル紀（約4.4億〜4.2億年前）に出現した最古の化石植物である。(C)のスプリギナは約6億年前のエディアカラ生物群に含まれる生物である。(D)のユーステノプテロンはデボン紀（約4.2億〜3.6億年前）にいた両生類的な硬骨魚類である。

問5．(1) 観察者①〜③の観察記録を合わせると下図のようになり，観察されたのは $\alpha, \beta, \gamma, \delta, \varepsilon, \zeta, \eta, \theta, \iota$ の9種とわかる。

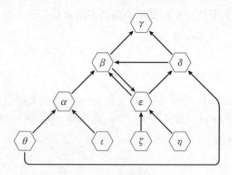

(2) 観察者②の観察記録では β が「食う側」，ε が「食われる側」となっているが，観察者③の観察記録では ε が「食う側」，β が「食われる側」となっていることから，両者は栄養摂取し合う関係である。

問6．種a〜eの系統関係を整理すると下図のようになる。

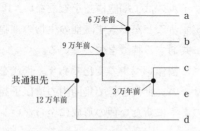

(1) dの祖先とd以外の4種の共通祖先が12万年前に最初に分岐したと考えられる。よって，cとdの祖先が分岐したのは12万年前である。

(2) aとbの共通祖先とcとeの共通祖先が9万年前に分岐した後に，aとbの祖先が6万年前に分岐し，cとeの祖先が3万年前に分岐したと考

えられる。よって，bとeの祖先が分岐したのは9万年前である。

❖講　評

　2022年度は，2020年度までと同じ大問4題の出題。Ⅰ～Ⅲは論述問題が中心で，100字以上の論述が4問，全体の論述量が790字あり，2020年度までと比べてかなり増加した。Ⅰが遺伝情報，Ⅲが生態，Ⅳが進化・系統から出題されている点が2020年度と同じで，生態からの出題が続いている。全体的な難易度は標準レベルで，2020年度よりやや難化した。

　Ⅰ　真核細胞の構造，DNAと突然変異などに関する総合的な問題。問3～問5の論述で突然変異に関する理解が問われた。ミトコンドリアDNAの突然変異に関する問5はやや発展的で，考える力が試される。

　Ⅱ　カエルの形態形成と誘導に関する問題。背腹軸の決定に関する問2や神経誘導と中胚葉誘導に関する問3・問4の実験考察では，ディシェベルド，βカテニン，ノーダル，BMPなど細胞の分化に関わるタンパク質のはたらきに関する正確な理解が求められる。

　Ⅲ　生態系と生物多様性に関する問題。生態系の摂食効率について考察する問1はやや発展的で思考力が問われる。問5(1)の標識再捕法の計算は応用的で，戸惑った受験生もいただろう。外来魚の影響を考察する問5(2)の論述は論理的に説明する力が求められるが，資料は読み取りやすい。

　Ⅳ　生物の進化と系統に関する知識と理解を問う問題。調査班の観察記録から考える問5は探究的で目新しいが，問題としてはわかりやすい。分岐年代を推定する問6は標準的である。

地学

I 解答

問1．(A)地殻　(B)核　(C)外核　(D)内核

問2．(ア)—②　(イ)—⑥　(ウ)—⑦

問3．(1)ケイ素　(2)アルミニウム　(3)鉄　(4)マグネシウム

問4．モホロビチッチ不連続面（または，モホ不連続面，モホ面）

問5．④

問6．横波である地震波のS波がこの中を通過できないことから。

◀解　説▶

≪地球内部構造，火成岩≫

問1・問2・問4・問6．地震波は物質や物質の状態が変わると速度が変化し，屈折を起こす。地球内部での地震波の屈折の様子を調べることで，大きく屈折する箇所，つまり地震波速度の不連続面が3カ所あることがわかった。最初に発見された不連続面は，発見者の名前をとってモホロビチッチ不連続面（モホ不連続面，モホ面）とよばれている。地表からこの面までを地殻という。モホ面までの平均の深さは大陸で約40km，海洋底で約7kmであり，地殻は大陸部分で厚く，海洋部分で薄い。

さらに深いところの不連続面の存在は，震央から観測点までの距離を地球中心からの角度で表したとき103°～143°間にP波もS波も伝わらない帯状の領域（影の領域）ができることから推定された。深さ約2900kmに不連続面があり，その面内ぎりぎりに入射した地震波が大きく屈折するため影の領域ができると解釈された。モホ面からこの不連続面までをマントル，内側を核という。

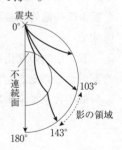

震央距離143°以上では，P波は再び伝わるが，S波は伝わらない。これは，マントルと核の不連続面の内側を縦波のP波は通過できるが，横波のS波は通過できないことを表している。横波は液体中を通過できないので，不連続面の内側は液体状態ということになる。

後に，影の領域にも，110°の地点に弱いながらP波が到達することが

わかり，深さ約 5100 km にも不連続面があることがわかった。これにより，核は外核（液体）と内核（固体）に分けられることになった。

このように，地球は物質や物質の状態が異なる 4 層からなる。これを地球の層構造という。

問 3．地殻・マントルは岩石，核は金属からなると考えられている。岩石の化学組成は，一般に酸化物の形で表される。それによると，地殻の化学組成は，重量の多い順に SiO_2，Al_2O_3，…である。マントルでは，重量の多い順に SiO_2，MgO，…である。他の層に比べて Mg が多いのが特徴である。核の主な構成元素は Fe で，Ni も含まれる。

これらのことから，(1)はケイ素，(2)はアルミニウム，(3)は鉄，(4)はマグネシウムとなる。

(注) 地球内部の化学組成の割合は，教科書によって，酸化物の重量％で示していることもあるし，元素の重量％で示していることもある。

問 5．花こう岩・閃緑岩・斑れい岩は，大規模なマグマの貫入やマグマ溜まりで大量のマグマが地殻内の地下深くでゆっくりと冷えて固まってできた深成岩である。これらの岩石は，含まれる SiO_2 の量で区分されるが，含まれる有色鉱物の割合で区分することもある。白っぽければ（有色鉱物：少，無色鉱物：多）花こう岩，黒っぽければ（有色鉱物：多，無色鉱物：少）斑れい岩，その間であれば閃緑岩，のように見た目でおおまかに区別することができる。

かんらん岩も深成岩の一種で，SiO_2 成分に比較的乏しく，主に有色鉱物のかんらん石からなる。この岩石がマントル上部に分布する岩石と考えられているのは，地震波速度から推定される密度やマントルから上昇してきたマグマが途中で取り込んだ岩石，プレートどうしの衝突で地表に露出したマントルの一部と思われる岩石を調べた結果である。

II 解答

問 1．粒径 2 mm 以上の砕屑粒子である礫からなる堆積岩。

問 2．①

問 3．③

問 4．傾斜不整合（または，不整合）

問 5．海底で B 層が堆積し，その上にほぼ連続して A 層が堆積した。

→地殻変動でB層・A層が傾斜した。
→断層運動でY-Y'断層が形成された。
→B層・A層が隆起（または，海水面が低下）して陸化し，表層が風化・侵食された。
→B層・A層が沈降（または，海水面が上昇）して，その上にC層が堆積した。
→地層全体が鉛直上方へ隆起（または，海水面が低下）して陸化し，現在に至る。

問6．③
問7．③
問8．ほぼ同時代に広範囲にわたって堆積したと考えられる特徴的な地層。

◀解　説▶

≪堆積岩，地質図，地層の形成と重なり，化石≫

問1．堆積岩は，もとの堆積物の種類によって分類されている。風化や侵食によってできた砕屑粒子からなる堆積岩を砕屑岩といい，構成粒子の大きい順に礫岩，砂岩，泥岩に分けられている。礫岩は粒径2mm以上の砕屑粒子を主たる構成粒子とする岩石である。

問2．地層の走向傾斜を表す記号で，長い線は走向を表し，それに直交する短い線は傾斜の方向（下がっていく方向）を表す。下図のように，X点を通る150mの等高線と地層境界線の交点を結び，走向線を引く。走向線の向き（N45°E）が走向である。同様に高度140m，160mでも走向線を引いてみる。ここで，より北西にある走向線の高度の方が低いことか

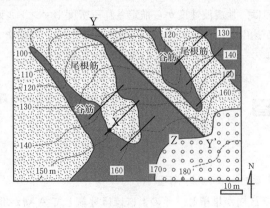

ら，X 点での A 層と B 層の境界面は北西方向へ傾斜していることがわかる。よって，①が正解である。なお，各走向線が平行で間隔が等しいことから A 層と B 層の境界面は平面であることがわかる。

問3．Y－Y' の断層は，断層線（断層の露頭線）が地表面の起伏にかかわらず直線状になっていることから，断層面が垂直な断層である。よって，断層面の走向は Y－Y' 方向，傾斜は90°より，正解は垂直層を表す③である。

問4．C 層は等高線から考えると，傾斜した B 層・A 層より上位にある。また，境界線 Z が断層線を切っていることと，その Z が等高線と重なっていることから，C 層は傾斜し断層によって切られた B 層・A 層の上に時間を隔てて水平に堆積したことがわかる。この地層の接し方を（傾斜）不整合という。

問5．「地層の大部分は，川によって土砂が海まで運ばれ，海底にほぼ水平に堆積してできる」 この前提で考えていくことにする。

- A 層の露頭は，主に等高線が低い方に向かって張り出している尾根筋にあり，一方，B 層の露頭は，主に等高線が高い方に張り出している谷筋にある。これは，B 層の上に A 層があることを示している。したがって，堆積したのは B 層，A 層の順である。

- 断層は B 層も A 層も切っているから，断層の形成は B 層・A 層の堆積後である。

- B 層・A 層が傾く地殻変動と断層形成の順序だが，B 層・A 層の堆積後に断層ができてから地層が傾く地殻変動が起こったのか，それとも，地層が傾く地殻変動が起こった後に断層ができたのか，これについては断定することはできない。しかし，地層が傾くのは長い年月にわたって大きな力がかかり続けた場合であるので，断層が先にできたのであれば，断層線がきれいな直線として表れるとは考えにくい。したがって，後者の方が自然であろう。

- 不整合面は当時の侵食面（水平面）であるから，傾斜した地層は一度陸化して風化・侵食され，再び水面下に没して C 層が堆積した。

- 不整合面は，現在も（等高線と重なっていることから）水平であるから，C 層堆積後，地層全体が鉛直上方に隆起（あるいは海水面が低下）し，陸化したことになる。

以上のことを踏まえて，地史を組み立てていく。

問6．①誤り。示相化石は，それを含む地層が堆積したときの環境を知る手がかりとなる化石のことである。

②誤り。生痕化石は，巣穴や足跡，糞の化石など古生物が生活していた痕跡を表す化石のことである。

問7．化石を含む地層の堆積した時代を細かく区分するのに役立つ化石を示準化石というが，その条件として適切なのは③である。存続期間が短いほど地層が堆積した時代を特定しやすいし，広い地域に分布していれば離れた地層でも発見されやすいので，地層の対比に役立つ。ちなみに，②は堆積環境を推定するのに役立つ示相化石として適切な条件である。存続期間が長ければ，現存する類種の生物から棲息環境を推定できるし，狭い地域に分布すれば，棲息環境を特定しやすい。

問8．鍵層の例として，火山灰層（凝灰岩層）や石炭層などがあげられる。短期間に広範囲に堆積し，岩質に特徴があって識別しやすいものが地層を対比するのに役立つ。

Ⅲ **解答**　問1．対流
　　　　　　　問2．④

問3．空気が山に当たり，斜面に沿って強制的に上昇させられる。（30字以内）

別解　日射で地上付近の空気が暖められ，密度が小さくなって上昇する。（30字以内）

問4．温暖前線

問5．②

問6．激しい上昇気流によって狭い範囲にできる背の高い雲であり，短時間に局地的な激しい雨が降る。（60字以内）

問7．寒気と暖気の勢力がほぼ拮抗しているために，前線の位置がほとんど動かないので，長雨が続くなど，ぐずついた天気になる。（60字以内）

問8．③

━━━━━━ ◀解　説▶ ━━━━━━

≪大気の構造，雲，温帯低気圧，天気図≫

問2．雲は，主に出現する高度によって，さらにその中で形によって10

種類の基本雲形に分類されている（10種雲形）。④の巻雲は10種雲形の一種で上層（5000m～13000m）にできる雲である。

なお、この10種雲形は大まかなもので、さらに細かく雲の形によって名前が付けられることがあり、①～③はこの類いの雲である。

①誤り。レンズ雲は、10種雲形の巻積雲、高積雲、層積雲にみられる雲形の一種で凸レンズのような形をした雲である。

②誤り。並雲は10種雲形の積雲にみられる雲形の一種で、積雲の発達過程でみられ、雲頂が盛り上がっているのが特徴である。

③誤り。層状雲は、10種雲形の巻積雲、高積雲、層積雲にみられる雲形で、上空で層状に全天を覆う雲である。

問4．前線面は寒気と暖気が接する境界面で、その面が地面と接するところが前線である。あ温暖前線は寒気の上に暖気がはい上がるところにでき、え寒冷前線は強い寒気が暖気の下に潜り込むところにできる。

問5．寒気の上に暖気が持ち上げられることにより雲ができる。

①誤り。い乱層雲は、低空で雨を降らせるので正しいが、う層雲は最も低いところに浮かぶ雲なので誤りである。

③誤り。い巻積雲は、うろこ雲とよばれている雲で、もっと高いところにできる雲なので誤りである。う積雲は、わた雲とよばれている雲で、低いところにできる雲なので誤りである。

④誤り。い巻積雲は高いところにできる雲なので誤りである。う層積雲は低いところにできる雲なので誤りである。

問6．寒冷前線では、優勢な寒気が暖気の下に潜り込み、暖気を押し上げながら進むので強い上昇気流が生じ、狭い範囲に背が高く、もくもくとした積乱雲が発生する。そのため、短時間のうちに局地的な激しい雨が降ることが多い。

問7．日本付近の停滞前線の例として、梅雨前線や秋雨前線がある。

問8．太平洋上の高気圧Hの中心気圧1020hPaを示す太い等圧線を基準に日本海に向けて等圧線を数えていくと、低気圧Lの中心気圧を示す988hPaの等圧線は8本目である（等圧線間は8）。この間の気圧差は32hPaであるから、等圧線は4hPaごと、太い等圧線は20hPaごとに引かれていることがわかる。日本海の低気圧Lからみて、中国の高気圧Hの中心気圧は、等圧線4本分高いから

988〔hPa〕+4〔hPa/本〕×4〔本〕=1004〔hPa〕

となる。または，低気圧 L を囲む太い等圧線が 1000 hPa ということがわかるので，それより等圧線 1 本分・4 hPa 高い 1004 hPa としてもよい。

❖講　評

　2022 年度は，2020 年度と同じく大問 3 題の出題で，試験時間は理科 2 科目で 150 分であった。出題形式は，論述問題，空所補充問題，選択問題，記述問題，計算問題であった。描図問題はなかったが，問題文の図に補助線を入れて解く問題があった。2020 年度と比べ，全体の設問数や論述問題の出題数は増加した。

　Ⅰ　地球内部構造や火成岩に関する出題。問 1・問 2・問 4・問 5・問 6 は基本事項の確認としての問題。問 3 の地球内部の構成元素は，酸化物の割合で示している教科書もあるので戸惑ったかもしれない。各層の化学組成の特徴をとらえておく必要がある。

　Ⅱ　地質図と地層の形成や地層の対比に関する出題。問 1・問 6・問 7・問 8 は，記述・論述問題も含めて基礎的な出題であった。問 2〜問 5 は，地質図や地史の読み取りに関する問題で，等高線から地形を読み，地層の立体構造をとらえ，地史を読み取るなど，基本的な事柄を十分理解し，実践的な問題を数多く解いて慣れておく必要がある。

　Ⅲ　前線や雲，天気図に関する出題。前線面やそこに発生する雲，各前線での天気の特徴などを問う出題であった。問 2・問 5 は，10 種雲形や，さらに細かい雲の形に関する出題がなされたので戸惑ったかもしれない。教科書の探究課題や発展・写真のページにもよく目を通しておく必要がある。問 1・問 3・問 4・問 6・問 7・問 8 は，記述・論述・計算も含めて基礎的な出題であった。

横浜国立大-理系後期　　　　　　　　　　　　　　2022 年度　問題　105

■ 後期日程

問題編

▶試験科目・配点

学　部　等		教　科	科　　　目	配　点
理　　　　　　工		数　学	数学 I・II・III・A・B	450 点
		理　科	「物理基礎・物理」「化学基礎・化学」	450 点
都市科	建　築　都市基盤	数　学	数学 I・II・III・A・B	450 点
		理　科	「物理基礎・物理」「化学基礎・化学」	450 点
	環境リスク共生	数　学	数学 I・II・III・A・B	450 点
		小論文	自然環境や生態環境，社会環境の様々なリスクに関連して提示された素材に関し，内容把握の読解力，問題点を解決するための発想力，考えを表現するための論理的思考力や表現力を評価する。	200 点

▶備　考

「数学B」は「数列，ベクトル」を出題範囲とする。

(150 分)

1 n を正の整数とする。関数
$$F(x) = \int_0^{\frac{\pi}{4}} \frac{2e^x \cos t \sin t}{(\cos^2 t + x^n \sin^2 t)^2} dt \quad (x > 0)$$
について，次の問いに答えよ。

(1) $F(x)$ を求めよ。

(2) $F(x)$ が極値をもつ最小の n の値を求めよ。

2 中身の見えない袋がひとつあり，その中に 9 個の玉が入っている。各玉には数字がひとつだけ書かれており，9 個の玉に書かれた数字は，1, 1, 2, 2, 3, 3, 4, 4, 5 である。以下，数字 n が書かれた玉を「n の玉」と呼ぶ。

A, B の 2 人が袋の中から次のように玉を取り出す。取り出した玉は袋には戻さない。はじめに A が 1 個ずつ順に，合計 2 個の玉を取り出す。次に B が袋に残った玉を 1 個ずつ順に，合計 2 個取り出す。A が 1 個目に n_1 の玉，2 個目に n_2 の玉を取り出したとき，A は以下で定める得点を獲得する。

n_1 と n_2 が異なる場合，$n_1 + n_2$ を得点とし，
n_1 と n_2 が等しい場合，$\dfrac{3}{2}(n_1 + n_2)$ を得点とする。

同様に，B の取り出した 2 個の玉に従って，B は得点を獲得する。

例えば，A は 1 個目に 4 の玉，2 個目に 1 の玉を取り出し，B は 1 個目も 2 個目も 3 の玉を取り出したとすると，A の得点は 5，B の得点は 9 となる。

A の得点を a，B の得点を b とする。次の条件付き確率をそれぞれ求めよ。

(1)「A が 1 個目に 5 の玉，2 個目に 2 の玉を取り出した」という条件のもとで，$a < b$ となる条件付き確率

(2)「A が 1 個目に 5 の玉を取り出した」という条件のもとで，$a = b$ となる条件付き確率

(3)「A が 1 個目に 5 の玉を取り出した」という条件のもとで，$a > b$ となる条件付き確率

3 正の整数 n に対して，関数 $f_n(x)$ $(x > 0)$ があり，これらの関数について，以下の (i)，(ii) が成り立つ。

    (i) $f_1(x) = \dfrac{1}{x}$

    (ii) $f_{n+1}(x) = f_n(x) - f_n(x+1)$ $(n = 1, 2, 3, \cdots)$

次の問いに答えよ。

(1) $f_2(x)$, $f_3(x)$, $f_4(x)$ を求めよ。

(2) $n = 1, 2, 3, \cdots$ に対して，$f_n(x)$ を，n を用いて表せ。

108 2022年度 数学 横浜国立大-理系後期

$n = 1, 2, 3, \cdots$ に対して, $S_n = \displaystyle\sum_{k=1}^{n} f_k(n-k+1)$, $T_n = \displaystyle\sum_{k=1}^{n} \frac{2^k}{k}$ とおく。

(3) S_{n+1} を S_n, n の式で表せ。

(4) $\dfrac{S_n}{T_n}$ を求めよ。

4 正の整数 a, b に対して,
$$a^2 - 5b^2 = 1$$

が成り立つとする。次の問いに答えよ。ただし, $\sqrt{5}$ が無理数であることは証明せずに用いてよい。

(1) $b \leqq 4$ のとき, (a, b) をすべて求めよ。

(2) a, b を 2 で割った余りをそれぞれ求めよ。

さらに, 正の整数 X, Y に対して,
$$X(a + \sqrt{5}\,b) = (Y + \sqrt{5}\,b)^2, \quad a < Y$$

が成り立つとする。

(3) X, Y を a の式で表せ。

(4) $\sqrt{X}$ または $\sqrt{\dfrac{X}{5}}$ は整数であることを証明せよ。

横浜国立大-理系後期　　　　　　　　　　　　　　　　　　　　2022 年度　数学　*109*

5　次の問いに答えよ。

(1) 関数 $f(x) = \log\left(1 + \dfrac{\sqrt{2}}{x}\right)$ $(x > 0)$ を微分せよ。

(2) $n = 1, 2, 3, \cdots$ に対して，

$$S_n = \sum_{k=1}^{n} \log\left(1 + \frac{\sqrt{2}}{k}\right), \quad T_n = \int_{1}^{n} \log\left(1 + \frac{\sqrt{2}}{x}\right) dx$$

とおく。不等式

$$T_{n+1} \leqq S_n \leqq T_n + \log(1 + \sqrt{2}) \qquad (n = 1, 2, 3, \cdots)$$

を示せ。また T_n を n の式で表せ。

(3) 数列 $\{a_n\}$ を次で定める。

$$a_1 = 1 + \sqrt{2}, \quad a_n = (n + \sqrt{2})\, a_{n-1} \quad (n = 2, 3, 4, \cdots)$$

数列 $\left\{\dfrac{a_n}{n!\, n^b}\right\}$ が 0 に収束するような実数 b の範囲を求めよ。

Ⅰ 水平な床の上を質量 m の小球 A が運動している。小球 A は，図1のように自然長 l_0，ばね定数 k のばねを介して床に連結されており，ばねは床に接続された固定点を中心として床の上を自由に回転できるようになっている。空気抵抗，摩擦力，小球の大きさ，ばねの質量は無視し，運動は床の平面内においてのみ起きるものとして，次の問1～4に答えよ。なお，式で答える問題には，空欄の直後にある括弧の中の物理量のうち必要なもののみを用いて答えること。ただし，円周率を π とする。

問1. 小球 A が角速度 ω で半径一定の等速円運動をしている。このときのばねの自然長からの伸びを Δl として，次の文章中の空欄 (1) ～ (3) に式を入れよ。

　　　小球 A に作用しているばねからの向心力の大きさは (1) （$k, l_0, \Delta l, \omega$），それとつりあう慣性力（遠心力）の大きさは (2) （$m, l_0, \Delta l, \omega$）であり，これらの力のつり合いから，$\Delta l =$ (3) （m, k, l_0, ω）である。

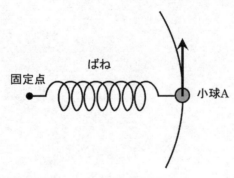

図1

問2. 問1のように等速円運動している小球Aに対して，質量が$3m$の小球Bを速さv_Bで正面衝突させ，小球Aをいったん静止させることを考える。衝突は完全非弾性衝突であり，小球Aが描く円軌道の接線上において起きるものとする。次の文章中の空欄 (4) ～ (6) に式を入れよ。

小球Aに衝突する直前における小球Bの運動量の大きさは (4) (m, v_B)である。一方，小球Bが衝突する直前における小球Aの運動量の大きさは (5) $(m, l_0, \Delta l, \omega)$である。よって，衝突後に小球Aの等速円運動を止めるために必要なv_Bは (6) $(m, l_0, \Delta l, \omega)$である。

問3. 問2の完全非弾性衝突の結果，小球Bは小球Aと一体化し（質量$4m$で大きさは無視する），小球A，Bはいったん静止した。その後，小球A，Bはばねから受ける復元力によって，図2に示すx軸方向に単振動を始めた。この単振動における小球A，Bの位置xと時間tの関係を$0 \leq t \leq 5\pi\sqrt{\dfrac{m}{k}}$の範囲の$x$-$t$グラフに図示せよ。ただし，$x$軸は単振動の開始点を原点，ばねの固定点方向を正の方向とし，t軸は単振動が始まった瞬間を原点とする。また，図示する際には，図3の例のように，xの最大値と最小値を示す点を□印ですべて明記すること。

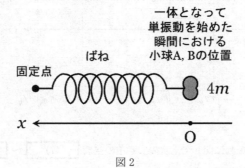

図2

【描画の例】

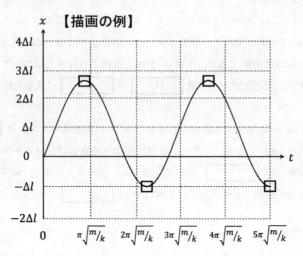

図3

〔解答欄〕

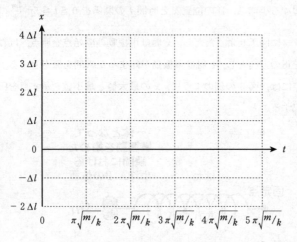

問4. 問3の単振動に関して，次の文章中の空欄 (7) ～ (9) に式を入れよ。

最初に小球 A，B の速度が x 軸の正の方向に最大となるのは，$t =$ (7) $(m, k, l_0, \Delta l)$ のときである。このときの小球 A，B の速度は (8) $(m, k, l_0, \Delta l)$ なので，単振動を始めてからこのときまでの時間にばねから小球 A，B が受ける平均の力は (9) $(m, k, l_0, \Delta l)$ である。

Ⅱ 次の文章の空欄 (1) ～ (13) に入る適切な式または数値を答えよ。ただし，(7) ，(8) では空欄内に与えられた選択肢から適切なものを選び，選択肢の文字を答えよ。また，(4) については適切な用語を答えよ。

図のように電圧 V [V] の直流電源，抵抗値 R_1 [Ω]，R_2 [Ω] の抵抗，自己インダクタンス L [H] のコイル，電気容量 C_1 [F]，C_2 [F] のコンデンサー，および 4 つのスイッチ S_1，S_2，S_3，S_4 が接続されている。直流電源およびコイルの内部抵抗や導線，スイッチの抵抗は無視できるものとし，2 つのコンデンサーには，いずれもはじめに電荷が蓄えられておらず，スイッチはすべて開いている。また，円周率を π とする。

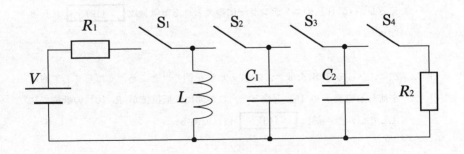

図

問1. スイッチ S_1 および S_2 の両方を閉じ，十分に時間が経過したとき，コイルに流れる電流の大きさは　(1)　〔A〕であり，電気容量が C_1〔F〕のコンデンサーに蓄えられる電気量は　(2)　〔C〕である。また，コイルに蓄えられるエネルギーは　(3)　〔J〕である。

問2. 次に，スイッチ S_1 を開いたところ，電気容量が C_1〔F〕のコンデンサーとコイルとの間に，一定の周期で向きが変わる電流が流れる　(4)　とよばれる現象が発生した。このとき電気容量が C_1〔F〕のコンデンサーの両端の電圧の最大値は　(5)　〔V〕である。一方，コイルの両端の電圧の実効値は　(6)　〔V〕であり，コイルの両端の電圧に対してコイルを流れる電流は位相が　(7) ア：π　イ：$\pi/2$　だけ　(8) ア：進んで　イ：遅れているている。また，コイルの両端の電圧が最大値から 0〔V〕になるまでの最短時間は　(9)　〔秒〕である。

問3. 次に，コイルに流れる電流が 0〔A〕になった瞬間にスイッチ S_2 を開いたところ，電気容量が C_1〔F〕のコンデンサーには電気量が　(10)　〔C〕の電荷が蓄えられた。

問4. 次に，スイッチ S_3 を閉じて十分に時間が経過したところ，電気容量が C_1〔F〕のコンデンサーに蓄えられる電気量は　(11)　〔C〕となり，電気容量が C_2〔F〕のコンデンサーに蓄えられる電気量は　(12)　〔C〕となった。

問5. 次に，スイッチ S_3 を開き，スイッチ S_4 を閉じたところ，しばらくして回路を流れる電流が 0〔A〕となった。この間に，抵抗値が R_2〔Ω〕の抵抗で発生したジュール熱は　(13)　〔J〕である。

化学

（2科目：120分）

　問題を解くにあたって必要であれば、原子量として H：1.0、C：12、N：14、O：16、Na：23、S：32、Cl：35.5、Ca：40 を用いよ。尚、計算値は特に指定がない限り<u>有効数字2桁</u>まで求めよ。

Ⅰ　次の文章を読み、以下の問い（問1～問7）に答えよ。

　銅は、電線や配管、放熱板として工業的に広く利用され、室温付近における電気伝導性と熱伝導性の良さは、すべての金属中で　（あ）　に次いで第二位である。乾燥空気中では酸化されにくいが、湿った空気中では徐々に酸化され、緑青を生じる。銅を空気中で加熱すると、黒色の　（い）　を生じるが、1000 ℃ 以上の高温で加熱すると、赤色の　（う）　を生じる。_(A)<u>銅は、酸化力のある酸に溶ける。</u>銅が溶けて生成するオキソ酸塩の一種は、無水物は白色だが、_(B)<u>水を吸収して水和物になると青色を呈する。</u>このような色の変化は、水の検出にも利用できる。

　亜鉛は、青味を帯びた銀白色の金属であり、生体を構成する無機質の一つでもある。_(C)<u>亜鉛は、水酸化ナトリウム水溶液と反応して溶け、無色の水溶液となる。</u>酸化亜鉛は亜鉛華とも呼ばれ、　（え）　色顔料に用いられる。亜鉛イオン Zn^{2+} を含む水溶液に硫化水素を通じると、　（お）　の白色沈殿を生じる。　（お）　は、天然には閃亜鉛鉱として産出し、工業的には蛍光体として広く用いられている。

　金属の主成分元素 A に、他の金属の副成分元素 B を溶かし合わせてつくられた金属を合金という。_(D)<u>合金は、もとの金属とは異なる性質を示し、様々な分野で工業的に利用されている。</u>A と B の原子半径が近く、かつ A と B の単体の結晶格子が同じ

116 2022年度 化学　　　　　　　　　　　　　　　　　　横浜国立大-理系後期

場合、A の原子が B の原子で任意の割合で不規則に置き換えられた合金が生成することがあり、このような合金を固溶体という。例えば、銀と銅の合金は固溶体を生成し、実用上の銀製品は、純銀 (銀の単体) ではなく強度や加工性に優れる(E)銀合金が用いられている。

　一方、A と B の原子半径や単体の結晶格子が異なる場合、固溶体が生成する成分範囲は限定され、ある成分比において A の原子位置を B の原子が規則的に置換した合金が生成することがあり、このような合金を金属間化合物という。例えば、銅と金の合金においては、(F)銅と金の割合が 3 : 1 および 1 : 1 の金属間化合物が生成することが知られている。

問1.　　(あ)　から　(お)　にあてはまる適切な語句を入れよ。(あ)、(い)
　　　(う)、(お)は、化学式で書け。(え)には、色の名称を書け。

問2.　下線部 (A) について、銅と反応して銅を溶かすことのできる酸をすべて選べ。

　　　　a. 塩酸、b. 希硝酸、c. 濃硝酸、d. 希硫酸、e. 熱濃硫酸

問3.　下線部 (B) について、金属のオキソ酸塩は、水を吸収して水和物を形成したり、加熱により水和水を失ったりするが、この性質は身の回りの様々な場面で利用されている。セッコウは、硫酸カルシウムの水和物であり、加熱すると水和水の一部を失いながら、白色粉末の焼きセッコウとなる。焼きセッコウを水で練ると、膨張しながら再びセッコウとして固まることから、建築材料や芸術作品に用いられる。
　　　34 g のセッコウを室温から 140 ℃ まで温度を上げて加熱したところ、5.4 g の質量の減少があり、焼きセッコウが得られた。次いで 200 ℃ まで温度を上げて加熱したところ、さらに 1.8 g の質量の減少があり、無水物の硫酸カルシウムが得られた。以下の問いに答えよ。

横浜国立大-理系後期   2022 年度　化学　*117*

(1) 測定された質量の減少が、試料が水和水を失ったことで説明されるとき、それぞれの加熱過程 (室温から 140 ℃ の加熱、及び、140 ℃ から 200 ℃ の加熱) で失われた水和水の物質量を求めよ。

(2) 200 ℃ での加熱により得られた無水物の硫酸カルシウムの物質量を求めよ。

(3) 加熱前のセッコウと 140 ℃ での加熱により得た焼きセッコウについて、硫酸カルシウム 1.0 mol に対して水和している水分子の物質量をそれぞれ求めよ。

問4.　下線部 (C) について、反応式を書け。

問5.　下線部 (D) について、下記の表が最も適切な元素の組み合わせとなるように、(a) ～ (f) を元素名で埋めよ。元素名は、以下のそれぞれの語群から一度のみ選択するものとする。

合金の名称	合金の性質	主成分元素	副成分元素
ステンレス鋼	錆びにくい	Fe	(a)
真鍮	加工しやすい	(b)	(c)
ジュラルミン	軽くて強度が高い	(d)	(e)
無鉛はんだ (鉛フリーはんだ)	融点がほどよく低い	(f)	Ag

主成分元素の語群：Al、Cu、Sn

副成分元素の語群：Cr、Cu、Zn

問6.　下線部 (E) の銀合金について、以下の問いに答えよ。尚、計算値は<u>有効数字3桁</u>まで求めよ。原子量として Cu：64.0、Ag：108 を用いよ。

(1) 銀単体の結晶は、室温常圧で面心立方格子をとる。単位格子の一辺の長さを a〔cm〕、銀の原子量を M、アボガドロ定数を N_A〔/mol〕として、銀単体の結晶の密度を文字式で書け。

(2) 銀合金の結晶の密度を求めたい。銀合金の結晶は、銀と銅の固溶体を生成し、室温常圧で面心立方格子をとる。銅原子の原子半径は銀原子よりも小さいことから、銀合金中において、銅のモル分率 (銀合金中の銅のモル分率〔mol%〕= 銅の物質量 / (銅の物質量 + 銀の物質量) × 100) が増加するにつれて、銀合金の単位格子の一辺の長さは、銀単体の値から銅単体の値の間で、直線的に減少するものと仮定する。下図にこの関係を示す。

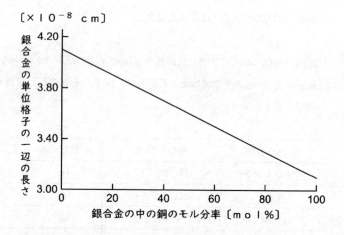

図　銀合金における銅のモル分率と単位格子の一辺の長さとの関係

一方、銀合金 1.00 mol あたりの質量は、モル分率と銀および銅原子の原子量から計算できると仮定する。例えば、銅のモル分率が 30.0 mol%であれば、以下の式によって、銀合金 1.00 mol あたりの質量 M_{alloy} を計算することができる。

$$M_{alloy} = 64.0 \times 0.30 + 108 \times (1.00 - 0.30)$$

銀合金の単位格子の一辺の長さが 4.00 × 10⁻⁸ cm であるとき、銀合金の結晶の密度〔g/cm³〕を求めよ。単位格子の一辺の長さは、銀単体では 4.10 × 10⁻⁸ cm、銅単体では 3.10 × 10⁻⁸ cm とする。アボガドロ定数は、簡単のため 6.00 × 10²³〔/mol〕を用いよ。

(3) 上記の銀合金からなる立方体の一辺の長さが 4.00 cm のとき、立方体の銀合金に含まれる銀原子の個数を求めよ。アボガドロ定数は、簡単のため 6.00 × 10²³〔/mol〕を用いよ。

問7. 下線部 (F) について、銅と金の金属間化合物 Cu₃Au および CuAu が取りうる単位格子内の原子位置は下図 (左) に示す通りであり、単位格子の中に銅と金の原子がそれぞれ 3：1 および 1：1 の割合で含まれている。記入例にならい、金属間化合物 Cu₃Au および CuAu がそれぞれ取りうる単位格子内の銅と金原子の位置をひとつずつ挙げて示せ。

解答用紙に、単位格子内の原子位置を表した図が印刷されている。点線の円で示された全ての原子位置に、銅原子が位置する場所には白抜きの円 (○)、金原子が位置する場所には黒塗りの円 (●) のいずれかを描け。円以外のものを記入しないこと。

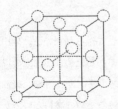 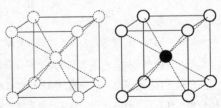

下線部 (F) の金属間化合物の単位格子内の原子位置を表した図

解答の記入例) A と B の原子から構成された金属間化合物 AB の単位格子内の原子位置を表した図 (左)、また、それに対する解答例 (右) ここで、○ が A、● が B の原子にそれぞれ対応している

〔解答欄〕

Cu₃Au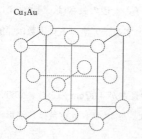

CuAu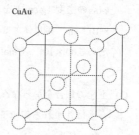

Ⅱ　有機化合物に関する次の文章を読み、以下の問い（問1〜問8）に答えよ。

　なお、構造式については記入例にならって示し、不斉炭素原子により生じる立体異性体は区別しなくてよい。ただし、不斉炭素は炭素原子の右肩に*を付記して示せ。

　　記入例：

　我々の身の回りの化学製品の多くは石油を原料として作られている。地中から採取した原油は様々な炭化水素を主成分とする混合物であるため、(A)沸点の違いを利用して分離される。沸点の低い成分から順に石油ガス、ナフサ、灯油、軽油、重油等に分類される。これらは火力発電、自動車や航空機のための燃料といったエネルギー源として用いられるほか、ナフサは分解炉により、エチレン、プロピレン、ブタン、ベンゼン、トルエン、キシレンといった炭化水素に分解される。(B)これらの化合物は石油化学基礎製品と呼ばれ、合成繊維、医薬品等の原料に利用される。

　分子式 C_3H_8O である化合物には化合物 V、化合物 W、化合物 X の3つの (C)異性体がある。化合物 V を硫酸酸性の二クロム酸カリウム水溶液中で加熱すると、2段階の酸化を経てカルボン酸である化合物 Y になる。化合物 W は同じ方法で1段

横浜国立大-理系後期 2022 年度 化学 *121*

酸化して化合物 Z になり、カルボン酸は得られない。一方、化合物 V と化合物 W は単体のナトリウムと反応してナトリウムアルコキシドを生じるが、化合物 X は単体のナトリウムとは反応しない。この様に、(D)分子式が同じでも構造や官能基が異なる分子は異なる化学的性質をもつことがある。

フェノールの工業的製造法の１つである │ (あ) │ 法では触媒存在下でベンゼンと │ (い) │ を反応させ、酸素との反応および酸による分解を経てフェノールが得られる。この方法では、副生成物として有機化合物である化合物 Z が生成する。その他の工業的製造法には、ベンゼンから得られる │ (う) │ やクロロベンゼンから(E)ナトリウムフェノキシドを合成し、その水溶液に │ (え) │ を加えてフェノールを単独で得る方法がある。一方、ナトリウムフェノキシドと │ (え) │ を高温高圧で反応させ、酸により中和すると、│ (お) │ が得られる。塩基触媒を用い、フェノールとホルムアルデヒドとの反応で得られる樹脂は │ (か) │ 性樹脂として産業で用いられている。ホルムアルデヒドは │ (き) │ を付加縮合により合成する際にも用いられる。

問1. 空欄 │ (あ) │ 、│ (か) │ 、│ (き) │ に当てはまる語句を以下の a ～ j からそれぞれ１つずつ選び、記号で答えよ。

　　a. 酸　 b. ハーバー・ボッシュ　 c. メラミン樹脂　 d. ソルベー

　　e. 熱硬化　 f. ビニロン　 g. アルカリ　 h. ポリスチレン

　　i. クメン　 j. 熱可塑

問2. 空欄 │ (い) │ ～ │ (お) │ に当てはまる化合物の名称を答えよ。分子式や構造式で答えた場合は不正解とする。

122 2022年度 化学　　　　　　　　　　　　　横浜国立大-理系後期

問3. 下線部（A）に示す沸点の違いを利用した有機化合物の分離方法に蒸留がある。以下は実験室で蒸留を行う際の注意事項について述べたものである。この中で不適切な内容を含む選択肢をすべて選び、記号で答えよ。

a. リービッヒ冷却器には、冷却水を下から上に流す。

b. 温度計の球部が液体に浸かるように取り付ける。

c. 枝付きフラスコ、リービッヒ冷却器、アダプター、受け器（三角フラスコなど）は、いずれも隙間ができないように密閉してつなぐ。

d. 急な沸騰を防ぐため、液体に沸騰石を入れる。

問4. 下線部（B）に示す様に、有機化合物は様々な用途に用いられる。以下の化合物のそれぞれについて、用途として最も適切なものを a ～ f よりそれぞれ1つずつ選び、記号で答えよ。

化合物
アニリンブラック　　アセチルサリチル酸　　硫酸ドデシルナトリウム
ポリエチレンテレフタラート

選択肢
 a. 肥料　　 b. 合成洗剤　　 c. 容器　　 d. 合成ゴム
 e. 解熱鎮痛剤　　 f. 合成染料

問5. 文中の化合物 W と、化合物 Y を混合し、触媒として少量の濃硫酸を加えて加熱した。このとき得られる化合物の構造式を記入例にならって描け。

問6. 炭化水素やその化合物の中には、下線部（C）の異性体が多数存在する。表1はアルカン（C_nH_{2n+2}）、アルケン（C_nH_{2n}）、モノクロロアルカン（$C_nH_{2n+1}Cl$）について、炭素数（n）と異性体の数との関係を示したものである。この表では環状構造を考えず、鏡像異性体は区別していないが、アルケンのシス-トランス異性体及び以下の例に示す様な立体異性体は区別している。このとき、以下の設問 （1）～（3）に答えよ。

例：以下の 2 つの立体異性体はそれぞれ区別する。

$$CH_3\!-\!CH_2\!-\!\underset{\displaystyle CH_3}{C}=\underset{\displaystyle H}{C}\!-\!CH_2\!-\!CH_3 \qquad CH_3\!-\!CH_2\!-\!\underset{\displaystyle CH_3}{C}=\underset{\displaystyle CH_2-CH_3}{C}\!-\!H$$

表 1.

炭素数	異性体の数		
(n)	アルカン (C_nH_{2n+2})	アルケン (C_nH_{2n})	モノクロロアルカン (C_nH_{2n+1}Cl)
1	1	–	1
2	1	1	1
3	1	1	2
4	2	(ii)	4
5	3	6	(iii)
6	(i)	17	17
7	9	36	39

(1)　(i) ～ (iii) に入る数字を答えよ。

(2)　アルカン、アルケン、モノクロロアルカンのそれぞれについて、鏡像異性体が存在する最小の炭素数 (n) を数字で答えよ。このとき、アルカンでは 2 対、アルケンでは 1 対、モノクロロアルカンでは 1 対の鏡像異性体が考えられるが、それぞれの構造式を記入例にならって描け。

(3)　炭素数 5 のアルケンのすべての異性体に対して、以下の例のような二重結合への水の付加反応を行うことを考える。この反応により生成する可能性のあるアルコールの異性体は何通りか答えよ。尚、鏡像異性体は区別せず、1 対の鏡像異性体を 1 通りと数える。

例：下の二重結合を含む分子に水の付加反応が生じると、アルコール 1、アルコール 2 の 2 通りのアルコールが生成する可能性がある。

$$CH_3\!-\!CH\!=\!CH_2 \qquad CH_3\!-\!CH\!-\!CH_2\!-\!OH \qquad CH_3\!-\!C\!-\!CH_3$$

二重結合を含む分子　　　　アルコール 1　　　　アルコール 2

問7.　下線部 (D) に述べられているように、有機化合物の異性体は様々な化学的性質を示す。以下の a〜d の文は、分子式が $C_2H_4O_2$ である化合物の異性体の化学的性質についての記述である。この中でいずれの異性体の性質にも当てはまらない文をすべて選び、記号で答えよ。

a.　$FeCl_3$ 水溶液を加えると青〜赤紫色の呈色反応を示す。

b.　炭酸水素ナトリウムの水溶液に加えると CO_2 が発生する。

c.　アンモニア性硝酸銀水溶液に加えて穏やかに加熱すると Ag^+ イオンを還元して銀を析出させる。

d.　水酸化ナトリウム水溶液を加えて加熱するとメタノールを生じる。

問8.　下線部 (E) のナトリウムフェノキシドを用い、以下の反応式に示す反応により *p*-ヒドロキシアゾベンゼンを合成することができる。1.0 kg のナトリウムフェノキシドが全て反応したときに合成できる *p*-ヒドロキシアゾベンゼンの量は何 kg か、有効数字 2 桁で答えよ。

横浜国立大-理系後期　　　　　　　　　　　　　　2022 年度　小論文　*125*

■■■小論文■

$$\left(\begin{array}{c}90 \, 分 \\ 解答例省略\end{array}\right)$$

次の文章を読んで，設問に答えなさい。

著作権の都合上，省略。

小論文

著作権の都合上，省略。

横浜国立大-理系後期　　2022 年度　小論文　*127*

著作権の都合上，省略。

著作権の都合上，省略。

（出典：エドワード・グレイザー著，山形浩生訳『都市は人類最高の発明である』，
2012 年，NTT 出版。訳文の表記を一部改変。）

出題者注

1. 都市が郊外部へと無秩序に拡大していくこと。

2. 都市圏の郊外部のさらに外側に位置し、比較的裕福な地域。

3. テキサス州やフロリダ州など、アメリカ南西部から南東部にかけての温暖な地域。

4. アメリカ・マサチューセッツ州にある湖。

5. 人間活動による地球環境への負荷を分析し評価するもので、人間の消費する再生可能な資源を生産したり、人間活動に伴う二酸化炭素を吸収するのに必要な生態系サービス（人間が生態系から受ける恩恵）の総量を面積で表したもの。

6. ここではニューヨーク市を意味する。

問1.　著者の考える環境保護に配慮した開発について，100 字以内で説明せよ。

問2.　問 1 のような開発のあり方について，環境保護の観点から，どのような問題点が考えられるか。300 字以内で説明せよ。

問3.　今日の都市開発は，環境保護だけではなく，人々の暮らしにかかわる多様な観点から計画・評価される必要がある。環境保護を除く 2 つの観点を取り上げて，問 1 のような開発のあり方の長所や短所（どちらか一方でも両方でも良い）について 600 字以内で説明せよ。

解答編

■数学■

1 解答

(1) $\cos^2 t + x^n \sin^2 t = u$ とおくと

$$\frac{du}{dt} = -2\cos t \sin t + 2x^n \sin t \cos t$$

$$\therefore \quad 2\sin t \cos t = \frac{1}{x^n - 1} \cdot \frac{du}{dt}$$

さらに

$$t : 0 \to \frac{\pi}{4} \text{ のとき } u : 1 \to \frac{x^n + 1}{2}$$

だから

$$F(x) = \int_1^{\frac{x^n+1}{2}} \frac{e^x}{u^2} \cdot \frac{1}{x^n - 1} \cdot \frac{du}{dt} dt$$

$$= \frac{e^x}{x^n - 1} \int_1^{\frac{x^n+1}{2}} \frac{du}{u^2}$$

$$= \frac{e^x}{x^n - 1} \left[-\frac{1}{u} \right]_1^{\frac{x^n+1}{2}}$$

$$= -\frac{e^x}{x^n - 1} \left(\frac{2}{x^n + 1} - 1 \right)$$

$$= -\frac{e^x}{x^n - 1} \cdot \frac{2 - (x^n + 1)}{x^n + 1}$$

$$= \frac{e^x}{x^n + 1} \quad \cdots\cdots \text{(答)}$$

(2) $F'(x) = \dfrac{e^x(x^n + 1) - ne^x x^{n-1}}{(x^n + 1)^2}$ である。

[1] $n = 1$ のとき

$$F'(x)=\frac{e^x(x+1)-e^x}{(x+1)^2}=\frac{xe^x}{(x+1)^2}>0 \quad (\because \quad x>0)$$

よって，極値は存在しない。

[2] $n=2$ のとき

$$F'(x)=\frac{e^x(x^2+1)-2xe^x}{(x^2+1)^2}=\frac{(x-1)^2e^x}{(x^2+1)^2}\geqq0$$

よって，極値は存在しない。

[3] $n=3$ のとき

$$F'(x)=\frac{e^x(x^3+1)-3x^2e^x}{(x^3+1)^2}=\frac{(x^3-3x^2+1)e^x}{(x^3+1)^2}$$

$\dfrac{e^x}{(x^3+1)^2}>0$ であり，$x^3-3x^2+1=f(x)$ とおくと

$$f'(x)=3x^2-6x=3x(x-2)$$

より，関数 $F(x)$ は極値をもつ。

したがって，$F(x)$ が極値をもつ最小の n は

$$n=3 \quad \cdots\cdots(答)$$

◀ 解　説 ▶

≪置換積分法，極値≫

(1) 置換積分法を利用する。

(2) $\left\{\dfrac{f(x)}{g(x)}\right\}'=\dfrac{f'(x)g(x)-f(x)g'(x)}{\{g(x)\}^2}$

2 解答

(1) Ａが１個目に５の玉を取り出し，２個目に２の玉を取り出したときは，$a=5+2=7$ であるから，$a<b$ となるのは，$7<b$ のときである。玉の数字が同じでも異なる玉であるので

(i) Ｂの取り出した玉が１個目も２個目も３の玉のとき

$$b=\frac{3}{2}(3+3)=9$$

１個目の３の玉の取り出し方は２通り，２個目は１通りであり，Ａの２の玉の取り出し方は２通りあるので

$$2\times2\times1=4 通り$$

(ii) Ｂの取り出した玉が１個目も２個目も４の玉のときは

横浜国立大-理系後期　　　　　　　　　　　　　　2022 年度　数学〈解答〉　*131*

$$b = \frac{3}{2}(4+4) = 12$$

取り出し方は(i)と同じで　　$2 \times 2 \times 1 = 4$ 通り

A が 2 個目に 2 の玉を取り出し，B が 2 つの玉を取り出す場合の総数は

　　　　$2 \times {}_7P_2 = 2 \times 7 \times 6 = 84$ 通り

よって，求める確率は　　$\dfrac{4+4}{84} = \dfrac{2}{21}$　……(答)

⑵　A が 1 個目に 5 の玉を取り出したという条件のもとで，$a=b$ となる確率を求める。n の玉を⑩で表す。同じ数字の玉でも異なる玉であることに注意する。

[1]　$a=6$ のとき，残りの玉 7 個は①が 1 個で，②，③，④は各 2 個。$b=6$ となるのは，(②, ②)，(②, ④) を取り出したときで，A の①の取り出し方が 2 通りあるので

(②, ②) は　　$2 \times 2 = 4$ 通り

(②, ④) は 1 個目が 4 通り，2 個目が 2 通りなので

　　　　$2 \times 4 \times 2 = 16$ 通り

[2]　$a=7$ のとき，同様に考えて，$b=7$ となるのは (③, ④) のみで

　　　　$2 \times 4 \times 2 = 16$ 通り

[3]　$a=8$ のとき，$b=8$ となることはない。

[4]　$a=9$ のとき，$b=9$ となるのは，(③, ③) のみで

　　　　$2 \times 2 = 4$ 通り

以上により求める確率は

$$\frac{4+16+16+4}{{}_8P_3} = \frac{40}{8 \cdot 7 \cdot 6} = \frac{5}{42}　……(答)$$

⑶　$a>b$ の確率を，余事象 $a \leqq b$ の確率から求める。

$a=b$ の確率は⑵で求めている。

$a<b$ の確率を求める。$b=8$ とならないことに注意して

[1]　$a=6$ のとき，A の 2 個目は①であり $b=7$ となるのは，B が (③, ④) を取り出したときで，⑵と同様に考えて

　　　　$2 \times 4 \times 2 = 16$ 通り

$b=9$ となるのは，B が (③, ③) を取り出したときで

$2 \times 2 = 4$ 通り

$b = 12$ となるのは，B が（④，④）を取り出したときで

$2 \times 2 = 4$ 通り

よって，この場合は　　$16 + 4 + 4 = 24$ 通り

〔2〕 $a = 7$ のとき，A の 2 個目の玉は②であり，$b = 9$，12 となるのは〔1〕の場合と同じで

$4 + 4 = 8$ 通り

〔3〕 $a = 8$ のとき，A の 2 個目の玉は③であり，$b = 9$ となることはなく（③が 1 個），$b = 12$ のみで

4 通り

〔4〕 $a = 9$ のとき，A の 2 個目の玉は④であり，このとき $b > 9$ となることはない。

〔1〕～〔4〕より，$a < b$ となる場合は，$24 + 8 + 4 = 36$ 通りである。

(2)より，$a = b$ となるのは 40 通りであるから，$a \leqq b$ となるのは

$36 + 40 = 76$ 通り

よって，求める確率は

$$1 - \frac{76}{{}_8\mathrm{P}_3} = 1 - \frac{76}{8 \cdot 7 \cdot 6} = 1 - \frac{19}{84} = \frac{65}{84} \quad \cdots\cdots(\text{答})$$

━━━━━━━━━◀解　説▶━━━━━━━━━

≪条件付き確率≫

　玉を取り出す順序，同じ数字の玉を区別することが必要である。(3)は余事象を考えるとよい。

3 解答

(1) $\quad f_2(x) = f_1(x) - f_1(x+1) = \dfrac{1}{x} - \dfrac{1}{x+1}$

$$= \frac{1}{x(x+1)} \quad \cdots\cdots(\text{答})$$

$$f_3(x) = \frac{1}{x(x+1)} - \frac{1}{(x+1)(x+2)} = \frac{2}{x(x+1)(x+2)} \quad \cdots\cdots(\text{答})$$

$$f_4(x) = \frac{2}{x(x+1)(x+2)} - \frac{2}{(x+1)(x+2)(x+3)}$$

$$= \frac{6}{x(x+1)(x+2)(x+3)} \quad \cdots\cdots(\text{答})$$

横浜国立大-理系後期　　　　　　　　2022 年度　数学〈解答〉　133

(2)　　$f_n(x) = \dfrac{(n-1)!}{x(x+1)(x+2)\cdots\{x+(n-1)\}}$　……①

と予想される。これを数学的帰納法により証明する。

[1]　$n=1$ のとき，①の右辺 $=\dfrac{1}{x}$ だから①は成り立つ。

[2]　$n=k$ のとき，①が成り立つと仮定すると

$$f_k(x) = \frac{(k-1)!}{x(x+1)(x+2)\cdots\{x+(k-1)\}}$$

が成り立つ。このとき

$$f_{k+1}(x) = f_k(x) - f_k(x+1)$$

$$= \frac{(k-1)!}{x(x+1)(x+2)\cdots\{x+(k-1)\}}$$

$$\qquad\qquad - \frac{(k-1)!}{(x+1)(x+2)\cdots(x+k)}$$

$$= \frac{(k-1)!(x+k-x)}{x(x+1)(x+2)\cdots(x+k)}$$

$$= \frac{k!}{x(x+1)(x+2)\cdots(x+k)}$$

だから，①は $n=k+1$ のときも成り立つ。

したがって，すべての自然数 n について①が成り立つ。

以上より

$$f_n(x) = \frac{(n-1)!}{x(x+1)(x+2)\cdots\{x+(n-1)\}}$$　……(答)

(3)　　$S_n = \sum\limits_{k=1}^{n} f_k(n-k+1)$

$$= f_1(n) + f_2(n-1) + f_3(n-2) + \cdots + f_n(1)$$

だから，$f_n(x+1) = f_n(x) - f_{n+1}(x)$ より

$$S_{n+1} = f_1(n+1) + f_2(n) + f_3(n-1) + \cdots + f_n(2) + f_{n+1}(1)$$

$$= \{f_1(n) - f_2(n)\} + \{f_2(n-1) - f_3(n-1)\}$$

$$\qquad\qquad + \cdots + \{f_n(1) - f_{n+1}(1)\} + f_{n+1}(1)$$

$$= \{f_1(n) + f_2(n-1) + f_3(n-2) + \cdots + f_n(1)\}$$

$$\qquad - \{f_1(n+1) + f_2(n) + f_3(n-1) + \cdots + f_n(2) + f_{n+1}(1)\}$$

$$\qquad\qquad + f_1(n+1) + f_{n+1}(1)$$

$$= S_n - S_{n+1} + f_1(n+1) + f_{n+1}(1)$$　……②

134 2022 年度　数学〈解答〉　　　　　　　　　　　　　　横浜国立大-理系後期

ここで

$$f_m(n) = \frac{(m-1)!}{n(n+1)\cdots(n+m-1)} = \frac{(m-1)!(n-1)!}{(n+m-1)!}$$

だから

$$f_m(n) = f_n(m)$$

であり

$$f_1(n+1) = \frac{(1-1)!(n+1-1)!}{(n+1+1-1)!} = \frac{n!}{(n+1)!} = f_{n+1}(1)$$

よって②より

$$S_{n+1} = \frac{1}{2}S_n + \frac{n!}{(n+1)!} = \frac{1}{2}S_n + \frac{1}{n+1} \quad \cdots\cdots \text{(答)}$$

⑷　⑶より

$$2^{n+1}S_{n+1} = 2^n S_n + \frac{2^{n+1}}{n+1}$$

だから，$n \geqq 2$ のとき

$$S_1 = \sum_{k=1}^{1} f_k(1-k+1)$$

$$= f_1(1) = 1$$

より

$$2^n S_n = 2^1 S_1 + \sum_{k=1}^{n-1} \frac{2^{k+1}}{k+1}$$

$$= 2 - \frac{2^1}{1} + \sum_{k=1}^{n} \frac{2^k}{k} = T_n$$

$$T_1 = \frac{2^1}{1} = 2 = 2^1 S_1$$

したがって，$n=1$ のときも成立する。

以上より

$$\frac{S_n}{T_n} = 2^{-n} \quad \cdots\cdots \text{(答)}$$

━━━━◀ 解　説 ▶━━━━

≪関数の漸化式，数学的帰納法，漸化式≫

⑵　⑴から予想する。

⑶　$f_m(n) = f_n(m)$ 等を利用する。

⑷　$\{a_n\}$ の階差数列 $b_n = a_{n+1} - a_n$ について，$n \geqq 2$ のとき

$$a_n = a_1 + \sum_{k=1}^{n-1} b_{k-1}$$

4 解答

(1) $b=1$ のとき $\quad a^2 = 5 \cdot 1^2 + 1 = 6$ で不適

$b=2$ のとき $\quad a^2 = 5 \cdot 2^2 + 1 = 21$ で不適

$b=3$ のとき $\quad a^2 = 5 \cdot 3^2 + 1 = 46$ で不適

$b=4$ のとき $\quad a^2 = 5 \cdot 4^2 + 1 = 81 \quad \therefore \quad a = 9$

したがって

$\quad (a, \ b) = (9, \ 4) \quad \cdots\cdots$(答)

(2) $\quad a^2 - 5b^2 = 1 \quad \cdots\cdots$①

とおく。a^2 と a は 2 で割った余りが一致し，$5b^2$ と b も 2 で割った余りが一致する。a^2 と $5b^2$ はいずれも整数であるから，①より，それぞれを 2 で割った余りは，片方が 1 でもう片方が 0 である。

ここで，a を 2 で割った余りが 0，b を 2 で割った余りが 1 であると仮定する。

仮定より，正の整数 m, n を用いて，$a = 2m$，$b = 2n-1$ とおけるので，①に代入すると

$\quad (2m)^2 - 5(2n-1)^2 = 1$

$\quad 4m^2 - (20n^2 - 20n + 5) = 1$

$\quad 4m^2 = 4(5n^2 - 5n + 1) + 2$

この右辺は，$5n^2 - 5n + 1$ が整数であるため，4 で割った余りが 2 であるが，左辺は，4 で割った余りが 0 であるため，矛盾が生じる。

よって，①を満たす a, b を 2 で割った余りは，それぞれ 1，0 でなければならず，(1)より，確かにそのような $(a, \ b)$ は存在する。

したがって，a, b を 2 で割った余りは，それぞれ 1，0 である。 $\cdots\cdots$(答)

(3) $\quad Xa + Xb\sqrt{5} = Y^2 + 5b^2 + 2Yb\sqrt{5}$

$\sqrt{5}$ は無理数だから

$\quad Xa = Y^2 + 5b^2, \quad Xb = 2Yb$

第 2 式について，$b \neq 0$ より

$\quad X = 2Y$

第 1 式に代入し，$5b^2 = a^2 - 1$ より

$$2Ya = Y^2 + a^2 - 1 \quad \therefore \quad (Y - a)^2 = 1$$

$a < Y$ より

$$Y - a = 1$$

よって　　$Y = a + 1$　……(答)

$$\therefore \quad X = 2Y = 2a + 2 \quad \cdots\cdots(答)$$

(4)　(2)より，a，b は，正の整数 p，q を用いて $a = 2p - 1$，$b = 2q$ とおける。このとき，$X = 4p$ である。

また，①より

$$(2p - 1)^2 - 5(2q)^2 = 1$$

$$4p^2 - 4p - 20q^2 = 0$$

$$p(p - 1) = 5q^2 \quad \cdots\cdots②$$

ここで，$5q^2$ は正の整数であるから，p は 2 以上の整数であり，p と $p-1$ は互いに素な整数である。また，p と $p-1$ のいずれか一方は 5 の倍数である。

(i)　p が 5 の倍数であるとき

正の整数 p' を用いて $p = 5p'$ と表せる。このとき，p' と $p-1$ は互いに素であり，②より

$$p'(p - 1) = q^2$$

が成り立つ。ここで，q^2 がもつ素因数はいずれも偶数個であり，p' と $p-1$ は共通の素因数をもたないことから，q^2 がもつ素因数を p' と $p-1$ に振り分けたとき，p' に振り分けられる素因数はいずれも偶数個である。よって，p' は平方数である。

このとき，正の整数 s を用いて $p' = s^2$ と表せ，$X = 4p = 20p' = 20s^2$ $= 5(2s)^2$ が成り立つため，$\sqrt{\dfrac{X}{5}} = 2s$ は整数である。

(ii)　$p-1$ が 5 の倍数であるとき

正の整数 p'' を用いて $p - 1 = 5p''$ と表せる。このとき，p と p'' は互いに素であり，②より

$$pp'' = q^2$$

が成り立つ。よって，(i)と同様の議論により，p は平方数である。

このとき，正の整数 t を用いて $p = t^2$ と表せ，$X = 4p = 4t^2 = (2t)^2$ が成り

立つため，$\sqrt{X}=2t$ は整数である。

以上より，$\sqrt{X}$ または $\sqrt{\dfrac{X}{5}}$ は整数であることが示された。

(証明終)

◀解　説▶

≪ペル方程式，数学的帰納法≫

(1) $b=4$ で最小解が見つかる。

(2) a^2-5b^2 が奇数となる a, b の偶奇の組合せは2通りなので，それぞれについて適するかどうか検証する。

(3) a, b, c, d が有理数，x が無理数のとき
$$a+bx=c+dx \Longleftrightarrow a=c,\ b=d$$

(4) (2)の結果を利用する。平方数が，互いに素な2つの整数 u, v の積で表せるとき，u, v もともに平方数である。

5 解答

(1) $f(x)=\log\left(1+\dfrac{\sqrt{2}}{x}\right)$ より

$$f'(x)=\dfrac{-\dfrac{\sqrt{2}}{x^2}}{1+\dfrac{\sqrt{2}}{x}}=-\dfrac{\sqrt{2}}{x(x+\sqrt{2})} \quad \cdots\cdots(答)$$

(2) $x>0$ なので関数 $f(x)$ は単調減少である。
右の図の長方形の面積の和は

$$f(1)+f(2)+\cdots+f(n)=\sum_{k=1}^{n}f(k)=S_n$$

である。また，右の図より

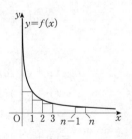

$$f(2)+f(3)+\cdots+f(n) \leqq \int_1^n f(x)dx = T_n$$
$$f(1)+f(2)+\cdots+f(n) \leqq T_n+f(1)$$

だから

$$S_n \leqq T_n+\log(1+\sqrt{2})$$

次に，右の図の長方形の面積の和は

$$f(1)+f(2)+\cdots+f(n)=S_n$$

であり，右の図より

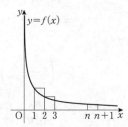

$$f(1)+f(2)+\cdots+f(n)\geqq\int_1^{n+1}f(x)dx$$

ゆえに

$$T_{n+1}\leqq S_n$$

以上より

$$T_{n+1}\leqq S_n\leqq T_n+\log(1+\sqrt{2}\,) \qquad\qquad (証明終)$$

次に T_n を求める。

$$\left\{\log\left(1+\frac{\sqrt{2}}{x}\right)\right\}'=\frac{1}{1+\dfrac{\sqrt{2}}{x}}(-\sqrt{2}\,x^{-2})=\frac{-\sqrt{2}}{x(x+\sqrt{2}\,)}$$

より

$$\begin{aligned}
T_n&=\int_1^n\log\left(1+\frac{\sqrt{2}}{x}\right)dx\\
&=\left[x\log\left(1+\frac{\sqrt{2}}{x}\right)\right]_1^n-\int_1^n x\cdot\frac{-\sqrt{2}}{x(x+\sqrt{2}\,)}dx\\
&=n\log\left(1+\frac{\sqrt{2}}{n}\right)-\log(1+\sqrt{2}\,)+\sqrt{2}\left[\log(x+\sqrt{2}\,)\right]_1^n\\
&=n\log\left(1+\frac{\sqrt{2}}{n}\right)-\log(1+\sqrt{2}\,)+\sqrt{2}\log(n+\sqrt{2}\,)\\
&\qquad\qquad\qquad\qquad\qquad\qquad\qquad -\sqrt{2}\log(1+\sqrt{2}\,)\\
&=n\log\left(1+\frac{\sqrt{2}}{n}\right)+\sqrt{2}\log(n+\sqrt{2}\,)-(1+\sqrt{2}\,)\log(1+\sqrt{2}\,)
\end{aligned}$$

$$\qquad\qquad\qquad\qquad\qquad\qquad\qquad\qquad\qquad\cdots\cdots(答)$$

(3)

$$\begin{aligned}
a_n&=(n+\sqrt{2}\,)a_{n-1}\\
&=(n+\sqrt{2}\,)(n-1+\sqrt{2}\,)a_{n-2}\\
&=\cdots\\
&=(n+\sqrt{2}\,)(n-1+\sqrt{2}\,)\cdots\cdot(2+\sqrt{2}\,)a_1\\
&=(n+\sqrt{2}\,)(n-1+\sqrt{2}\,)\cdots\cdot(2+\sqrt{2}\,)(1+\sqrt{2}\,)
\end{aligned}$$

だから

$$\frac{a_n}{n!}=\left(1+\frac{\sqrt{2}}{n}\right)\left(1+\frac{\sqrt{2}}{n-1}\right)\cdots\cdot\left(1+\frac{\sqrt{2}}{2}\right)(1+\sqrt{2}\,)$$

ゆえに，$b_n=\dfrac{a_n}{n!\,n^b}$ とおくと

横浜国立大-理系後期　　　　　　　　　　　　　2022 年度　数学〈解答〉　*139*

$$\log b_n = S_n - b\log n$$

(2)より

$$T_{n+1} - b\log n \le S_n - b\log n \le T_n + \log(1+\sqrt{2}\,) - b\log n$$

$$T_n + \log(1+\sqrt{2}\,) - b\log n$$

$$= n\log\left(1+\frac{\sqrt{2}}{n}\right) + \sqrt{2}\,\log n\left(1+\frac{\sqrt{2}}{n}\right) - (1+\sqrt{2}\,)\log(1+\sqrt{2}\,)$$

$$\hspace{6cm} + \log(1+\sqrt{2}\,) - b\log n$$

$$= n\log\left(1+\frac{\sqrt{2}}{n}\right) + \sqrt{2}\,\log n + \sqrt{2}\,\log\left(1+\frac{\sqrt{2}}{n}\right) - \sqrt{2}\,\log(1+\sqrt{2}\,)$$

$$\hspace{9cm} - b\log n$$

$$= n\log\left(1+\frac{\sqrt{2}}{n}\right) - (b-\sqrt{2}\,)\log n + \sqrt{2}\,\log\left(1+\frac{\sqrt{2}}{n}\right) - \sqrt{2}\,\log(1+\sqrt{2}\,)$$

これが $n \to \infty$ のとき，右辺 $\to -\infty$ となれば $\left\{\dfrac{a_n}{n!n^b}\right\} \to 0$ が成り立つ。

$$\lim_{n\to\infty} n\log\left(1+\frac{\sqrt{2}}{n}\right) = \lim_{n\to\infty}\sqrt{2}\,\log\left(1+\frac{\sqrt{2}}{n}\right)^{\frac{n}{\sqrt{2}}} = \sqrt{2}\,\log e = \sqrt{2}$$

$$\lim_{n\to\infty}\sqrt{2}\,\log\left(1+\frac{\sqrt{2}}{n}\right) = \sqrt{2}\,\log 1 = 0 \ \text{であるから}$$

$$\lim_{n\to\infty} -(b-\sqrt{2}\,)\log n = -\infty$$

となればよい。

そのための条件は $b - \sqrt{2} > 0$ である。

逆に，$b \le \sqrt{2}$ のとき

$$T_{n+1} - b\log n \ge (n+1)\log\left(1+\frac{\sqrt{2}}{n+1}\right) + \sqrt{2}\,\log(n+1+\sqrt{2}\,)$$

$$\hspace{5cm} - (1+\sqrt{2}\,)\log(1+\sqrt{2}\,) - \sqrt{2}\,\log n$$

$$= (n+1)\log\left(1+\frac{\sqrt{2}}{n+1}\right) + \sqrt{2}\,\log\left(1+\frac{1+\sqrt{2}}{n}\right)$$

$$\hspace{7cm} - (1+\sqrt{2}\,)\log(1+\sqrt{2}\,)$$

となり

$$\lim_{n\to\infty}(n+1)\log\left(1+\frac{\sqrt{2}}{n+1}\right) = \lim_{n\to\infty}\sqrt{2}\,\log\left(1+\frac{\sqrt{2}}{n+1}\right)^{\frac{n+1}{\sqrt{2}}} = \sqrt{2}$$

$$\lim_{n\to\infty}\log\left(1+\frac{1+\sqrt{2}}{n}\right)=0$$

より

$$\lim_{n\to\infty}\left\{(n+1)\log\left(1+\frac{\sqrt{2}}{n+1}\right)+\sqrt{2}\log\left(1+\frac{1+\sqrt{2}}{n}\right)\right.$$
$$\left.-(1+\sqrt{2})\log(1+\sqrt{2})\right\}$$
$$=\sqrt{2}-(1+\sqrt{2})\log(1+\sqrt{2})$$

となるため，$n\to\infty$ のとき $S_n-b\log n\to-\infty$ とはならず，$\left\{\dfrac{a_n}{n!n^b}\right\}\to0$
とはならない。

以上より，求める範囲は　　$b>\sqrt{2}$　……(答)

━━━━━━━━ ◀解　説▶ ━━━━━━━━

≪合成関数の導関数，不等式の証明，数列の極限≫

(1)　合成関数，商の導関数の公式を利用する。

(2)　関数のグラフを利用して不等式を証明する。T_n は部分積分で求める。

(3)　a_n を求めて，$\dfrac{a_n}{n!}$ と S_n の関係を導く。

❖講　評

　大問5題の出題で，「数学B」から1題，「数学A」「数学Ⅲ」からは2題ずつの出題であった。

　1　(1)は置換積分法により定積分を求める問題である。(2)は $n=1$ から順番に考える。商の導関数の公式を使う。得点したい問題である。

　2　玉を取り出すときの確率問題。(1)～(3)いずれの問題も条件をみたすときの残りの玉の数字を確認し，確率を求める。重複や数え漏れに注意する。

　3　関数列の問題。標準的な問題ではあるが，受験生にとっては対策をしていたかどうかで差のつく問題であったと思われる。(2)は(1)から予想し，数学的帰納法により証明する。(3)で数列 $\{S_n\}$ の漸化式をたてて，(4)で数列 $\left\{\dfrac{S_n}{T_n}\right\}$ の一般項を求める。

横浜国立大-理系後期 2022 年度　数学〈解答〉 *141*

　4　有名なペル方程式の問題。難易度は高いが、(1)と(3)は確実におさえておきたい。方程式の解は、(1)で求めた初期解 $(a_1,\ b_1)=(9,\ 4)$ を用いて $a_n+\sqrt{5}\,b_n=(a_1+\sqrt{5}\,b_1)^n$ により決まる自然数の組 $(a_n,\ b_n)$ であることが知られている。

　5　(1)は合成関数の導関数の基本的な問題。(2)は区分求積法の手法を用いた証明問題。(3)は様々な知識、計算力を要する難問だった。

　2022 年度は全体的に難化した。試行錯誤をしたり、うまく計算の工夫をしたりしないと正解にたどり着けない問題が出題されるが、基本問題や典型問題をしっかり学習し、計算力をつけておけば合格点は取れると思われる。実力の差が大きく出る出題であろう。

142 2022 年度 物理〈解答〉 横浜国立大-理系後期

物理

I **解答** 問1．(1)$k\Delta l$　(2)$m(l_0+\Delta l)\omega^2$　(3)$\dfrac{ml_0\omega^2}{k-m\omega^2}$

問2．(4)$3mv_{\mathrm{B}}$　(5)$m(l_0+\Delta l)\omega$　(6)$\dfrac{1}{3}(l_0+\Delta l)\omega$

問3．

問4．(7)$\pi\sqrt{\dfrac{m}{k}}$　(8)$\dfrac{\Delta l}{2}\sqrt{\dfrac{k}{m}}$　(9)$\dfrac{2k\Delta l}{\pi}$

◀解　説▶

≪弾性力による円運動と単振動≫

問1．(1)　フックの法則より向心力の大きさは　　$k\Delta l$

(2)　半径$(l_0+\Delta l)$，角速度ωの円運動なので遠心力の大きさは

$$m(l_0+\Delta l)\omega^2$$

(3)　力のつりあいの式は(1)と(2)から

$$k\Delta l=m(l_0+\Delta l)\omega^2$$

$$k\Delta l-m\Delta l\omega^2=ml_0\omega^2$$

$$\Delta l=\frac{ml_0\omega^2}{k-m\omega^2}$$

問2．(4)　質量$3m$，速さv_{B}なので運動量は　　$3mv_{\mathrm{B}}$

(5)　円運動の速さは$(l_0+\Delta l)\omega$なので運動量は　　$m(l_0+\Delta l)\omega$

(6)　衝突後に静止するためには衝突前にもっていた運動量の向きが反対で大きさが同じであればよいので

横浜国立大-理系後期 2022 年度 物理〈解答〉 *143*

$$3mv_B = m(l_0 + \Delta l)\omega$$

$$v_B = \frac{1}{3}(l_0 + \Delta l)\omega$$

問 3．ばね振り子の周期は，ばね定数 k とおもりの質量 $4m$ から

$$2\pi\sqrt{\frac{4m}{k}} = 4\pi\sqrt{\frac{m}{k}}$$

また，$x=0$ の位置でばねの伸びが最大になり，静止している位置なので振動の中心は自然長，つまり $x=\Delta l$ となる。以上のことから単振動は $0 \leqq x \leqq 2\Delta l$ の範囲で行われる。

問 4．(7) 最初に小球 A，B の速度が x 軸の正の方向に最大となるのは振動の中心を通過する時刻であり，振動は正の向きに向かって行われるので

$$\pi\sqrt{\frac{m}{k}}$$

(8) 単振動の角振動数 $\sqrt{\dfrac{k}{4m}}$ と振幅 Δl から速度の最大値は

$$\Delta l\sqrt{\frac{k}{4m}} = \frac{\Delta l}{2}\sqrt{\frac{k}{m}}$$

別解 力学的エネルギー保存則より，速度の最大値を v_0 とすると

$$\frac{1}{2}k(\Delta l)^2 = \frac{1}{2} \cdot 4mv_0^2$$

$$v_0 = \frac{\Delta l}{2}\sqrt{\frac{k}{m}}$$

(9) この間の運動量変化から受けた力積を求め，平均の力 f を求める。運動量の変化は

$$4m \times \frac{\Delta l}{2}\sqrt{\frac{k}{m}} - 0 = 2\Delta l\sqrt{km}$$

したがって

$$f\pi\sqrt{\frac{m}{k}} = 2\Delta l\sqrt{km}$$

$$f = \frac{2k\Delta l}{\pi}$$

Ⅱ 解答

問1. (1) $\dfrac{V}{R_1}$ (2) 0   (3) $\dfrac{L}{2}\left(\dfrac{V}{R_1}\right)^2$

問2. (4)電気振動   (5) $\dfrac{V}{R_1}\sqrt{\dfrac{L}{C_1}}$ (6) $\dfrac{V}{R_1}\sqrt{\dfrac{L}{2C_1}}$ (7)—イ   (8)—イ

(9) $\dfrac{\pi}{2}\sqrt{LC_1}$

問3. (10) $\dfrac{V}{R_1}\sqrt{LC_1}$

問4. (11) $\dfrac{C_1 V\sqrt{LC_1}}{R_1(C_1+C_2)}$ (12) $\dfrac{C_2 V\sqrt{LC_1}}{R_1(C_1+C_2)}$

問5. (13) $\dfrac{LC_1C_2}{2(C_1+C_2)^2}\left(\dfrac{V}{R_1}\right)^2$

◀ 解 説 ▶

≪コイル・コンデンサー・抵抗を含む直流回路≫

問1. (1) 十分に時間が経過したときには，抵抗とコイルを含む回路にだけ電流が流れており，コンデンサーを含む部分には電流が流れていない。

したがってこの回路に流れる電流は $\dfrac{V}{R_1}$

(2) コイルには抵抗がないため電流が流れていてもコイルにかかる電圧は0である。これは並列に接続されたコンデンサーも同様であるから電荷は蓄えられていない。

(3) コイルに流れる電流 $\dfrac{V}{R_1}$ とコイルの自己インダクタンスから

$$\frac{1}{2}L\left(\frac{V}{R_1}\right)^2$$

問2. (4) コンデンサーとコイルを接続した回路では電流が向きを変えて流れ続ける。これを電気振動という。

(5) コンデンサーの両端の電圧の最大値を V_0〔V〕とすると，エネルギー保存則から

$$\frac{1}{2}C_1{V_0}^2=\frac{1}{2}L\left(\frac{V}{R_1}\right)^2$$

$$V_0=\frac{V}{R_1}\sqrt{\frac{L}{C_1}}$$

(6) コイルにかかる電圧の最大値も(5)と同じであるから，実効値は

横浜国立大-理系後期　　　　　　　　　　2022 年度　物理〈解答〉　*145*

$$\frac{V}{R_1}\sqrt{\frac{L}{2C_1}}$$

(7)・(8)　コイルの電流はコイルにかかる電圧より $\frac{\pi}{2}$ 遅れる。

(9)　電圧が最大値から 0 になるまでの時間は周期の $\frac{1}{4}$ である。

この電気振動の周期は $2\pi\sqrt{LC_1}$ なので，かかる時間は　　　$\frac{\pi}{2}\sqrt{LC_1}$

問 3．(10)　コイルに流れる電流が 0 の瞬間はコンデンサーの両端の電圧は最大であり

$$V_0=\frac{V}{R_1}\sqrt{\frac{L}{C_1}}$$

したがって蓄えられる電気量は

$$C_1V_0=\frac{V}{R_1}\sqrt{LC_1}$$

問 4．十分に時間が経過したとき，2 つのコンデンサーにかかる電圧は等しくなっている。このときの電圧を V'〔V〕とすると，スイッチを閉じても全電気量は保存されるから

$$\frac{V}{R_1}\sqrt{LC_1}=C_1V'+C_2V'$$

$$V'=\frac{V}{R_1(C_1+C_2)}\sqrt{LC_1}$$

(11)　C_1 に蓄えられる電気量は

$$C_1V'=\frac{C_1V\sqrt{LC_1}}{R_1(C_1+C_2)}$$

(12)　C_2 に蓄えられる電気量は

$$C_2V'=\frac{C_2V\sqrt{LC_1}}{R_1(C_1+C_2)}$$

問 5．(13)　C_2 のコンデンサーで蓄えられていたエネルギーが抵抗でのジュール熱として放出されるので

$$\frac{1}{2}C_2V'^2=\frac{C_2}{2}\left\{\frac{V}{R_1(C_1+C_2)}\right\}^2LC_1$$

$$=\frac{LC_1C_2}{2(C_1+C_2)^2}\left(\frac{V}{R_1}\right)^2$$

❖講　評

Ⅰ　ばねにつけられた小球が等速円運動を行っており，そこに衝突した別の小球と一体になって単振動を行う。円運動，運動量保存則，単振動に関する問題が含まれる。単振動の時間による変位のグラフの作図に関する問題もある。円運動の途中で衝突によって停止するので，この停止した位置は，ばねが伸びた状態であり，ここから単振動が始まる。停止した位置が中心からの変位が最も大きいところになるので，単振動の振幅は円運動をしているときのばねの伸びに等しい。グラフは中心向きを正としているので，すべて正の領域の単振動となる。

Ⅱ　コイル・コンデンサー・抵抗を含んだ直流回路の問題。スイッチの切り替えによりコンデンサーに蓄えられる電荷が変化していく。問1.交流ではコイルにはリアクタンスが生じるが，直流の場合は時間の経過とともに定常状態になるので，コイルのリアクタンスは生じない。したがって導線がつながっているのと同じ状態であるから，コンデンサーにも電荷は蓄えられない。問2.電気振動ではコンデンサーとコイルの間でエネルギーが移り変わっていき，その総和は常に等しい。したがって一方のエネルギーが最大のときは他方のエネルギーは0である。

化学

I **解答** 問1．(あ)Ag　(い)CuO　(う)Cu₂O　(え)白　(お)ZnS
問2．b・c・e

問3．(1)室温から140℃：0.30 mol　140℃から200℃：0.10 mol
(2)0.20 mol　(3)セッコウ：2.0 mol　焼きセッコウ：0.50 mol

問4．Zn+2NaOH+2H₂O ⟶ [Zn(OH)₄]²⁻+2Na⁺+H₂
(Zn+2NaOH+2H₂O ⟶ Na₂[Zn(OH)₄]+H₂ でも可)

問5．(a)Cr　(b)Cu　(c)Zn　(d)Al　(e)Cu　(f)Sn

問6．(1) $\dfrac{4M}{a^3 N_A}$　(2) 10.8 g/cm³　(3) 3.60×10²⁴ 個

問7．

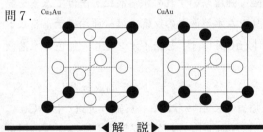

◀解　説▶

≪銅・亜鉛の性質，水和物，合金，金属の結晶格子≫

問1・問2．金属単体の熱・電気伝導性は高い順に Ag>Cu>Au>Al であり，銅は電線や配管，放熱板として広く利用されている。銅を空気中で加熱すると黒色の酸化銅(Ⅱ)CuO が生じるが，1000℃以上の高温で加熱すると赤色の酸化銅(Ⅰ)Cu₂O が生じる。銅は，希塩酸や希硫酸には溶けないが，酸化力のある酸である濃硝酸，希硝酸，熱濃硫酸には溶ける。

また，亜鉛に関しては，酸化物である酸化亜鉛 ZnO は亜鉛華とも呼ばれ，白色顔料に用いられる。また，亜鉛イオン Zn²⁺ を含む水溶液に硫化水素を通じると硫化亜鉛 ZnS の白色沈殿が生じる。ZnS は天然には閃亜鉛鉱として産出し，工業的には蛍光体として広く用いられている。

問3．(1) 室温から140℃の加熱では5.4 g，140℃から200℃の加熱では1.8 g の水和水が失われており，それぞれの物質量は次の通り。

$$\frac{5.4}{18}=0.30\,[\text{mol}]$$

$$\frac{1.8}{18}=0.10\,[\text{mol}]$$

(2) 200℃ での加熱により得られた無水物の硫酸カルシウムの物質量は

$$\frac{34-(5.4+1.8)}{136}=0.197\fallingdotseq0.20\,[\text{mol}]$$

(3) 硫酸カルシウム無水物と室温から 200℃ の加熱により失われた水和水との物質量比は $CaSO_4:H_2O=0.20:(0.30+0.10)=1:2$ より，加熱前のセッコウにおいて，硫酸カルシウム 1.0 mol に対して水和している水分子は 2.0 mol とわかる。一方，140℃ での加熱により得た焼きセッコウにおいて，$CaSO_4:H_2O=0.20:0.10=1:0.50$ より，硫酸カルシウム 1.0 mol に対して水和している水分子は 0.50 mol とわかる。

問4．亜鉛は両性金属で，酸・強塩基いずれの水溶液にも溶けて水素を発生する。亜鉛と水酸化ナトリウム水溶液との反応では，亜鉛はテトラヒドロキシド亜鉛(Ⅱ)酸イオン $[Zn(OH)_4]^{2-}$ と錯イオン化し，無色の水溶液となる。

問5．ステンレス鋼は Fe を主成分とし，Cr，Ni を副成分とした錆びにくい合金で，調理器具や医療器具に用いられる。真鍮（黄銅）は，Cu に Zn を混ぜた合金で，黄色く輝き加工しやすく，宝飾品や楽器などに用いられる。ジュラルミンは Al を主成分とし，Cu，Mg，Mn を副成分とした合金で，軽量で強度が大きいため車両などに用いられる。無鉛はんだ（鉛フリーはんだ）は Sn を主成分としており，融点が低く金属同士の接合などに用いられる。

問6．(1) 銀単体の結晶は面心立方格子をとる。単位格子内の銀原子の数は $\frac{1}{2}\times6+\frac{1}{8}\times8=4$ 個で，この結晶の密度は $\frac{4M}{a^3N_A}$ となる。

(2) 銀合金の単位格子一辺の長さが 4.00×10^{-8} cm であるとき，図より銀合金中の銅のモル分率は 10 mol% なので，銀合金 1.00 mol あたりの質量 M_{alloy} は

$$M_{\text{alloy}}=64\times0.10+108\times0.90=103.6\fallingdotseq104$$

このとき，銀合金の結晶の密度 $d\,[\text{g/cm}^3]$ は

横浜国立大-理系後期　　　　　　　　　　　　　　　　2022 年度　化学〈解答〉　*149*

$$d=\dfrac{4\times104}{(4.0\times10^{-8})^3\times6.0\times10^{23}}=10.83\fallingdotseq10.8\,[\mathrm{g/cm^3}]$$

(3)　(2)の銀合金では単位格子 $(4.00\times10^{-8})^3\,\mathrm{cm^3}$ 中に含まれる全原子数が 4 個より，立方体の一辺の長さが 4.00 cm のこの銀合金中に含まれる全原子の個数は 4.00×10^{24} 個である。この銀合金の銀のモル分率は 90 mol% より，含まれる銀原子の個数は

　　　$4.00\times10^{24}\times0.90=3.60\times10^{24}$ 個

問 7．単位格子中の銅と金の原子が 3：1 および 1：1 となるには〔解答〕のようなものがそれぞれ考えられる。

II 　解答　問 1．(あ)— i　(か)— e　(き)— c
　　　　　　　　問 2．(い)プロピレン（プロペン）

(う)ベンゼンスルホン酸　(え)二酸化炭素　(お)サリチル酸

問 3．b・c

問 4．アニリンブラック：f　アセチルサリチル酸：e

硫酸ドデシルナトリウム：b　ポリエチレンテレフタラート：c

問 5．CH₃-CH₂-C-O-CH-CH₃
　　　　　　　　‖　　　｜
　　　　　　　　O　　CH₃

問 6．(1)(i) 5　(ii) 4　(iii) 8

(2)アルカンの炭素数：7

アルカンの構造：

CH₃-CH₂-*CH-CH₂-CH₂-CH₃
　　　　　｜
　　　　CH₃

CH₃-CH₂-*CH-CH-CH₃
　　　　　｜　｜
　　　　CH₃ CH₃

アルケンの炭素数：6

アルケンの構造：

H　　　　H
　＞C=C＜
H　　　　*CH-CH₂-CH₃
　　　　　｜
　　　　CH₃

モノクロロアルカンの炭素数：4

モノクロロアルカンの構造：CH₃-*CH-CH₂-CH₃
　　　　　　　　　　　　　　　　｜
　　　　　　　　　　　　　　　　Cl

⑶ 7通り

問7．a

問8．1.7kg

━━━━━━━━━━ ◀解　説▶ ━━━━━━━━━━

≪脂肪族化合物，フェノールの製法と反応，蒸留，有機化合物の用途≫

問1・問2．フェノールの工業的製法の一つにクメン法があり，触媒存在下でベンゼンにプロピレン（プロペン）を反応させクメンとし，さらに酸素との反応でクメンヒドロペルオキシドとし，酸による分解を経てフェノールが得られる。このときアセトン（化合物 **Z**）が副生する。それ以外の工業的製法に，ベンゼンスルホン酸やクロロベンゼンからナトリウムフェノキシドを合成し，その水溶液に二酸化炭素を加えることで以下の反応によりフェノールを遊離させる方法がある。

$$\text{C}_6\text{H}_5\text{ONa} + CO_2 + H_2O \longrightarrow \text{C}_6\text{H}_5\text{OH} + NaHCO_3$$

　一方，ナトリウムフェノキシドに二酸化炭素を高温高圧で反応させ，酸により中和するとサリチル酸が得られる。

（ナトリウムフェノキシド）$\xrightarrow[\text{高温高圧}]{CO_2}$（o-OH, COONa ベンゼン）$\xrightarrow{H^+}$（o-OH, COOH ベンゼン）

　また，フェノールとホルムアルデヒドの反応で得られるフェノール樹脂は熱硬化性樹脂として産業で用いられている。ホルムアルデヒドはメラミン樹脂を付加縮合により合成する際にも用いられる。

問3．a．正文。リービッヒ冷却器には冷却水を下から上に流すことで冷却器内に水が溜まり，冷却効果が高まる。

b．誤文。温度計の球部を，枝付きフラスコの枝分かれの位置に合わせることで蒸気の温度を測定できる。

c．誤文。捕集物が蒸発しやすく，体積膨張により器具が割れる恐れがあるため，アダプターから受け器の部分は密閉してはいけない。

d．正文。急な沸騰を防ぐために，液体に沸騰石を入れる。

問4．アニリンブラックはアニリンを硫酸酸性の二クロム酸カリウム水溶液で酸化することで生じる安定な黒色染料で，木綿の染色などに用いられる。アセチルサリチル酸はサリチル酸の酢酸エステルで，解熱鎮痛剤とし

て用いられる。硫酸ドデシルナトリウムは $R-SO_3Na$ の構造をもつ界面活性剤で，合成洗剤として家庭用洗剤に用いられる。なお，合成洗剤は強酸と強塩基からなる塩のため水溶液は中性を示すので，羊毛や絹などの動物性繊維の洗濯にも適しており，中性洗剤とも呼ばれる。ポリエチレンテレフタラート（PET）は，テレフタル酸とエチレングリコールの縮合重合で得られ，ボトルや容器などの合成樹脂，ワイシャツなどの合成繊維として広く利用されている。

問5．C_3H_8O の構造異性体は以下の3種類。

$$CH_3-CH_2-CH_2 \quad CH_3-CH-CH_3 \quad CH_3-O-CH_2-CH_3$$
$$\qquad\quad OH \qquad\qquad OH$$

1-プロパノールは化合物 **V** で，2段階の酸化を経てプロピオン酸（化合物 **Y**）となる。2-プロパノールは化合物 **W** で，1段階酸化されてアセトン（化合物 **Z**）となる。エチルメチルエーテルは化合物 **X** で，ヒドロキシ基をもつ化合物 **V** と **W** は単体のナトリウムと反応するのに対し，化合物 **X** は反応しない。2-プロパノール（化合物 **W**）とプロピオン酸（化合物 **Y**）を混合し，濃硫酸を触媒として加熱すると，エステル化の反応が起こり〔解答〕のエステルが得られる。

問6．(1)(i)　C_6H_{14} の構造異性体は以下の5種類（水素は省略した形で表す）。

$$C-C-C-C-C-C \qquad C-C-C-C-C$$
$$\qquad\qquad\qquad\qquad\qquad\quad\; C$$

$$\qquad\qquad\qquad\qquad\qquad\quad C$$
$$C-C-C-C-C \qquad C-C-C-C \qquad C-C-C-C$$
$$\qquad\; C \qquad\qquad\qquad C \qquad\qquad\quad C\;\; C$$

(ii)　C_4H_8 のアルケンの構造異性体は，シス-トランス異性体を区別して以下の4種類（水素は省略した形で表す）。

$$C=C-C-C \qquad C=C-C$$
$$\qquad\qquad\qquad\qquad\;\; C$$

$$C\!\!>\!C=C\!\!<\!C \qquad C\!\!>\!C=C\!\!<$$
$$\qquad\qquad\qquad\qquad\qquad\qquad\; C$$

(iii)　$C_5H_{11}Cl$ のモノクロロアルカンの構造異性体は，以下の8種類（水素は省略した形で表す）。

$$\begin{array}{ccc}
\text{C--C--C--C--C} & \text{C--C--C--C--C} & \text{C--C--C--C--C} \\
\quad | & \qquad\quad | & \qquad\qquad | \\
\quad\text{Cl} & \qquad\quad\text{Cl} & \qquad\qquad\text{Cl}
\end{array}$$

$$\begin{array}{ccc}
\quad\text{C} & \qquad\text{C} & \qquad\qquad\text{C} \\
\quad | & \qquad | & \qquad\qquad | \\
\text{C--C--C--C} & \text{C--C--C--C} & \text{C--C--C--C} \\
\; | & \qquad | & \qquad\qquad | \\
\text{Cl} & \qquad\text{Cl} & \qquad\qquad\text{Cl}
\end{array}$$

$$\begin{array}{cc}
\quad\text{C} & \qquad\text{C} \\
\quad | & \qquad | \\
\text{C--C--C} & \text{C--C--C} \\
\qquad | & \qquad | \;\; | \\
\qquad\text{Cl} & \qquad\text{C} \;\text{Cl}
\end{array}$$

(2) 4個の異なる原子団が結合した炭素を不斉炭素原子といい，一つの分子内に不斉炭素原子を1個もつと，1組の鏡像異性体が存在する。

(3) C_5H_{10} のアルケンには，シス-トランス異性体を区別して以下の6種類の構造異性体がある。

$$\begin{array}{ccc}
\text{C=C--C--C--C} & \overset{\text{C}}{\underset{\text{C}}{>}}\text{C=C}\overset{\text{C--C}}{\underset{}{\diagdown}} & \overset{\text{C}}{\underset{\text{C}}{>}}\text{C=C}\overset{}{\underset{\text{C--C}}{\diagup}}
\end{array}$$

$$\begin{array}{ccc}
\text{C=C--C--C} & \text{C--C=C--C} & \text{C--C--C=C} \\
\quad\;\; | & \qquad | & \qquad | \\
\quad\;\;\text{C} & \qquad\text{C} & \qquad\text{C}
\end{array}$$

このアルケンに水を付加させると，$C_5H_{12}O$ のアルコールが生じる。$C_5H_{12}O$ のアルコールには，(1)(iii)で表したモノクロロアルカン $C_5H_{11}Cl$ の置換基を塩素 −Cl からヒドロキシ基 −OH に置き換えた，計8種類の構造異性体がある。しかし，このうち炭素数3の主鎖からなるアルコール（下図）は，対応する骨格をもつアルケンが存在しないため，アルケンの水の付加反応では生じない。よって，下図を除いた計7種類のアルコールが生じる。

$$\begin{array}{c}
\quad\text{C} \\
\quad | \\
\text{C--C--C} \\
\; | \;\;\; | \\
\text{C} \;\;\text{OH}
\end{array}$$

問7．a．フェノール類の検出のため，$C_2H_4O_2$ ではベンゼン環を有するほどの炭素数がないため，$C_2H_4O_2$ の異性体の性質に当てはまらない。

b．カルボキシ基をもつカルボン酸は，炭酸水素ナトリウム水溶液と反応すると二酸化炭素を生じる。$C_2H_4O_2$ の酢酸はこの性質に該当する。

$$\begin{array}{c}
\text{CH}_3\text{--C--OH} \\
\quad\;\; \| \\
\quad\;\; \text{O}
\end{array}$$

c．ホルミル基をもつ化合物は銀鏡反応を示すので，次の化合物は該当する。

$$OH-CH_2-\underset{\underset{O}{\|}}{C}-H$$

d．$C_2H_4O_2$ のうち次のギ酸メチルはエステル結合をもち，水酸化ナトリウム水溶液を加えて加熱すると，けん化反応により分解されメタノールを生じる。

$$H-\underset{\underset{O}{\|}}{C}-O-CH_3$$

問8．ナトリウムフェノキシド（分子量 116）1.0 kg がすべて反応したときに合成できる p-ヒドロキシアゾベンゼン（分子量 198）の質量は

$$\frac{1.0}{116}\times198=1.70\fallingdotseq1.7\,[\text{kg}]$$

❖講 評

　試験時間は2科目120分。大問2題の出題である。難易度は標準からやや難レベル。理論，無機，有機の分野からまんべんなく出題されている。

　Ⅰ　問1・問2の金属の性質，問4の両性金属と強塩基の水溶液の反応の化学反応式，問5の合金に関する知識はいずれも標準的な問題なので必ず正答したい。問3の水和物の温度上昇による質量変化から化学式を推定する問題では，数値計算がしやすい値であり，セッコウ $CaSO_4\cdot2H_2O$ や焼きセッコウ $CaSO_4\cdot\dfrac{1}{2}H_2O$ の化学式を知らなくても求めやすかった。問6(2)・(3)はグラフから銀合金中の銅のモル分率を読み取る問題でやや難易度の高い問題であったが，問題文から題意を読み取れれば正答できたと思われる。問7は結晶構造のため，原子数比が一致するものの中から規則正しい並びのものを〔解答〕とした。

　Ⅱ　問1・問2は合成樹脂を含む有機化合物に関する空所補充，問3は蒸留操作に関する正誤，問4は有機化合物の用途，問5はエステルの構造式を記す問題で，いずれも標準的な問題であった。問6(1)は構造異性体の数を求める問題で，典型問題なので素早く解答したい。問6(2)は

不斉炭素原子をもつ化合物のうち最小の炭素数を求める問題で，すべての構造異性体を書き出すのではなく，あらかじめ異なる原子団を固定しながら書き出すとよい。問6(3)の C_5H_{10} のアルケンに水を付加してできるアルコールの異性体の数を求める問題では，炭素骨格に注目すると素早く正答にたどり着くことができる。問7は有機化合物の化学的性質に関する正誤，問8は収量を求める問題で，いずれも正答したい問題であった。

2020 年度

問題と解答

横浜国立大-理系前期　　　　　　　　　　　　　　　　　　　2020 年度　問題　*3*

■ 前期日程

問題編

▶試験科目・配点

学　部　等		教　科	科　　　　　目	配　点
理 工	機械・材料・海洋系 化　学　・　生　命　系 （化学 EP・化学応用 EP） 数物・電子情報系	外国語	コミュニケーション英語Ⅰ・Ⅱ・Ⅲ，英語 表現Ⅰ・Ⅱ	300 点
		数　学	数学Ⅰ・Ⅱ・Ⅲ・A・B	450 点
		理　科	「物理基礎・物理」「化学基礎・化学」	450 点
	化　学　・　生　命　系 （バイオ EP）	外国語	コミュニケーション英語Ⅰ・Ⅱ・Ⅲ，英語 表現Ⅰ・Ⅱ	300 点
		数　学	数学Ⅰ・Ⅱ・Ⅲ・A・B	450 点
		理　科	「物理基礎・物理」「化学基礎・化学」「生 物基礎・生物」から2科目選択	450 点
都 市 科	建　　築 都　市　基　盤	外国語	コミュニケーション英語Ⅰ・Ⅱ・Ⅲ，英語 表現Ⅰ・Ⅱ	300 点
		数　学	数学Ⅰ・Ⅱ・Ⅲ・A・B	450 点
		理　科	「物理基礎・物理」「化学基礎・化学」	450 点
	環境リスク共生	外国語	コミュニケーション英語Ⅰ・Ⅱ・Ⅲ，英語 表現Ⅰ・Ⅱ	300 点
		数　学	数学Ⅰ・Ⅱ・Ⅲ・A・B	450 点
		理　科	「物理基礎・物理」「化学基礎・化学」「生 物基礎・生物」「地学基礎・地学」から2 科目選択	450 点

▶備　考

「数学B」は「数列，ベクトル」を出題範囲とする。

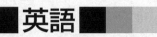

(90分)

I. Read the passage below and answer the questions that follow.

　　Researchers analysed three years worth of accident data from Singapore's largest taxi operator, whose vehicles are predominantly blue and yellow. They concluded yellow vehicles had about six fewer crashes per thousand taxis each month than blue ones. The greater visibility of the brighter cars was suggested to be the main reason for fewer accidents.

　　The analysis, published in the *Proceedings of the National Academy of Sciences*, used speed monitoring data to rule out other causes of accidents, including the possibility that safer drivers preferred yellow cars. Researchers said they were keen to "further validate[*1] their findings" by looking at the use of yellow in other types of public transport, such as school buses. "<u>Although there is anecdotal[*2] evidence on higher accident rates for dark-coloured vehicles, few studies have empirically[*3] established a strong causal link between colour and accident risk</u>,"(A) said Professor Ho Teck Hua of the National University of Singapore, who led the research. "The findings of our study suggest that colour visibility should play a major role in determining the colours used for public transport vehicles. A commercial decision to change all taxis to yellow may save lives and potentially reduce economic losses by millions of dollars."

　　The study reviewed data from 4,175 yellow taxis and 12,525 blue taxis operated by ComfortDelgro[*4]. On average, yellow taxis were involved in 6.1 fewer accidents per 1,000 taxis per month — 65.6 compared with 71.7 for blue taxis. Researchers estimated that by switching the colour of all its taxis to yellow, ComfortDelgro could save two million Singapore dollars annually in repair

横浜国立大-理系前期　　　　　　　　　　　2020 年度　英語　5

bills and lost revenue. A spokesperson for ComfortDelgro said: "The findings are very interesting and we will certainly take a closer look at them."

It is not the first time academics have looked into a correlation between vehicle colour and accident rates. A 2003 study in Auckland, New Zealand concluded that silver-coloured cars were about 50% less likely to be involved in a car crash resulting in serious injury, than white cars. That supported research in 2002 from Spain which concluded that cars in light colours were associated with a slightly lower risk of being "passively involved in a collision*5". That research was based on the Spanish database of traffic crashes from 1993 to 1999.

[Adapted from *BBC News*, 7 March 2017]

*1 validate: to prove that something is correct

*2 anecdotal: based on people's stories or reports rather than studies or research

*3 empirically: based on what is experienced or seen rather than on theory

*4 ComfortDelgro: a transport company in Singapore

*5 collision: an accident involving one or more moving vehicles

Questions

1. Explain the content of underlined part (A). **Answer in Japanese**.

2. According to Professor Ho Teck Hua, what are the two advantages of changing all taxis to yellow. **Answer in Japanese**.

3. According to the passage, which of the statements below is most accurate? (Write a, b, c, or d on the answer sheet.)

  a. Many school buses are yellow for proven safety reasons.

  b. People in white cars are more likely to suffer serious injury in a traffic

6 2020 年度　英語　　　　　　　　　　　　　横浜国立大-理系前期

accident than those in silver cars.

c . Light-coloured cars are less likely to hit other cars than dark-coloured ones.

d . Safer drivers prefer yellow cars.

Ⅱ. The passages below are from a book on English grammar and language learning. They explain how young children learn to understand and use the word endings -er (as in *teacher*) and *'s* (as in *John's hat*) for words and groups of words. Read the passages and answer the questions that follow.

[Passage 1]

When my daughter was very young, she once said to me: "There's a bike-rider with no hands." Native speakers know what the sentence*[1] means. For adults, the sentence requires the meaning that the person, the rider, has no hands. But the child is using *with no hands* to modify the action of biking, not the person. It is as if the child sees that *-er* modifies *ride a bike with no hands*. So, for children, the meaning of *a bike rider with no hands* can be described with brackets [　　] as follows:

a [ride a bike with no hands]-er

Describing children's understanding of *-er* this way suggests a hypothesis about how the child actually understands the sentence in his/her brain. Janet Randall has shown experimentally that children regularly interpret *-er* as if it applied to a whole unit of words: for children, *a chef with a fork* is a cook who has a fork nearby, but *a writer with a candy bar* is someone who is using the candy bar to write with.
(A)

[Passage 2]

How the child interprets *-er* is similar to another piece of English grammar:

the word ending *'s* actually operates in the same manner in English. *The boy on the boat's hat* refers to the boy's hat, not the boat*'s* hat, as if the *'s* were like *-er* and modified the entire phrase *the boy on the boat* rather than the last word *boat*:

[the boy on the boat]'s hat

Harry Seymour and Janice Jackson tested children's understanding of *'s* on whole phrases by showing them two pictures — one of a man wearing a hat sitting in a tree, and one of a tree "wearing" a hat with a man in it. They would then ask each child:

"Show me the man in the tree's hat."

Pointing to the picture on the left means that the child understands _____
_____(B)_____.
If the child points to the picture on the right, it means _____
_____(C)_____.

[Adapted from *The Prism of Grammar: How Child Language Illuminates Humanism* by Tom Roeper]

8   2020 年度　英語　　　　　　　　　　　　　　横浜国立大-理系前期

*¹ sentence: a number of words forming a complete statement

Questions

1. Summarize why children think that *a writer with a candy bar* is someone who is using the candy bar to write with, as mentioned in underlined part (A). **Answer in Japanese.** (**If necessary, you may use the words/symbols in passage 1.**)

2. Based on the information from passage 1, fill in what you think would be the contents of underlined parts (B) and (C). **Answer in Japanese.** (**If necessary, you may use the words/symbols in passage 1 and passage 2.**)

Ⅲ. *Jun, a university student in Yokohama, is talking with Pat, an American exchange student at his university. Read their conversation and fill in the blanks 1 to 6 with the most appropriate words from the list below.*

PAT:　Hi Jun, I didn't expect to see you here this week. I thought you were going to California on your one-year exchange.

JUN:　That's right. I was ___1___ to fly last week, but it didn't quite work out. On the day of the flight, I overslept and had to dress in a hurry, get all my stuff together, and rush to the airport.

PAT:　Oh no! So you were late for your flight?

JUN:　Not exactly. I got to the airport with minutes to spare, but when I tried to check in, I discovered that I had lost my passport somewhere between home and the airport.

PAT:　Oh Jun, that's just awful. So you couldn't board your flight?

JUN:　No, I couldn't. I had to make my way home, contact the passport office,

横浜国立大-理系前期 2020 年度 英語 9

and ask them to fast-track my application for a new passport. I also had to email my university in America and __2__ them I would not be there for the start of term. I'm here today to report to the International Office on what happened.

PAT: Can you get the money you paid for the plane ticket back?

JUN: No, I have to write that off. So I'll have to add the cost of a new plane ticket to the expenses for my study abroad year.

PAT: How did your parents __3__?

JUN: My dad just laughed. It turns out he __4__ a couple of flights himself as a young man, so he was really sympathetic. But my mom got angry. She thinks I'm irresponsible. It's been five days since it happened and she is still giving me a hard time.

PAT: So have you booked a new flight?

JUN: Yes, I fly the day after tomorrow. The passport office has been really good. It only took them 48 hours to process my application. I think they felt sorry for me. I'll be checking into my dormitory later than planned, and I'll only be absent for two days of classes. All in all, it is not a total disaster. Still, it's a shame about the cost of the air ticket.

PAT: Well, there's no use crying over spilt milk. Put it all behind you, and __5__ on enjoying your exchange year in California.

JUN: I will. I'm really looking forward to it. The sooner I can get into the classroom over there and start my studies, the __6__.

PAT: That's the spirit!

1: vowed	allowed	intended	supposed	promised
2: teach	say	tell	announce	ask
3: react	behave	reply	answer	do
4: tried	missed	forgot	left	changed
5: think	consider	ponder	concentrate	dwell
6: good	best	better	easy	easier

10 2020 年度　英語　　　　　　　　　　　　　横浜国立大-理系前期

Ⅳ. You received this email from your friend in Canada. Write an email in reply (75-100 words, not including "Dear Jackson, Thank you for your email."). **DO NOT** write your name in the answer. **Answer in English**.

Hi _____,

I have a friend who wants to go to Japan to study. She wants to learn about Japanese history, but doesn't know which period to study. What historical era would you suggest and why?

Jackson

Dear Jackson,

Thank you for your email.

（150 分）

1 次の問いに答えよ。

(1) 関数 $f(x) = (e^x - 1)\cos x - \sin x \left(-\dfrac{\pi}{2} \leqq x \leqq \dfrac{\pi}{2}\right)$ の増減，極値を調べ，そのグラフの概形を描け。ただし，グラフの凹凸，変曲点は調べなくてよい。

(2) 定積分
$$\int_{\frac{\pi}{6}}^{\frac{\pi}{4}} \dfrac{\log(\sin x)}{\tan x}\,dx$$
を求めよ。

2 次の問いに答えよ。

(1) 実数 A, B, C, D に対して，複素数 z を
$$z = \dfrac{A + \sqrt{5}\,Bi}{C + \sqrt{5}\,Di}$$
で定める。ただし，$C + \sqrt{5}\,Di \neq 0$ とする。このとき，$z = x + yi$ をみたす実数 x, y を A, B, C, D の式で表せ。

(2) 次をみたす整数 A, B, C, D を求めよ。
$$\begin{cases} \dfrac{16 + \sqrt{5}\,i}{29} = \dfrac{A + \sqrt{5}\,Bi}{C + \sqrt{5}\,Di} \\ AD - BC = -1 \\ D > 0 \end{cases}$$

12 2020 年度　数学　　　　　　　　　　　　　　　　　　　　　　横浜国立大-理系前期

3　中身の見えない 2 つの箱 A, B がある。箱 A には白玉と赤玉がそれぞれ 2 個ずつ入っており，箱 B には白玉 1 個だけが入っている。このとき，n を正の整数として，次の操作(∗)を考える。

(∗)　はじめに，箱 A の中身をよくかきまぜて，箱 A から玉を 2 個取り出し，色を確認しないで，箱 B に 2 個とも入れる。次に，「箱 B の中身をよくかきまぜて，箱 B から玉を 1 個取り出し，色を確認した後，箱 B に戻す」という作業を n 回繰り返す。

操作(∗)を一度行なったとき，箱 B から取り出した玉が n 回ともすべて白玉である確率を p_n とし，箱 B から取り出した玉が n 回ともすべて白玉であるという条件のもとで，はじめに箱 A から取り出した玉が 2 個とも白玉である条件付き確率を q_n とする。

　次の問いに答えよ。

⑴　p_2, q_2 を求めよ。

⑵　p_n, q_n を求めよ。

⑶　$q_n > \dfrac{1}{2}$ をみたす最小の n の値を求めよ。

横浜国立大-理系前期   2020 年度 数学 *13*

4 xyz 空間に，2 点 A$(1, 2, 9)$，B$(-3, 6, 7)$を通る直線 ℓ がある。また，ℓ 上の点 P，Q と，x 軸上の点 R，S は

$$\text{直線 PR} \perp xy \text{ 平面，直線 QS} \perp x \text{ 軸，直線 QS} \perp \ell$$

をみたす。次の問いに答えよ。

(1) P，R の座標を求めよ。

(2) Q，S の座標を求めよ。

(3) 線分 PQ を x 軸のまわりに 1 回転してできる曲面と，P を含み x 軸に垂直な平面と，Q を含み x 軸に垂直な平面で囲まれた立体の体積を求めよ。

5 a を正の実数とする。$n = 1, 2, 3, \cdots$ に対して，

$$I_n = \int_0^1 x^{n+a-1} e^{-x}\, dx$$

と定める。次の問いに答えよ。

(1) $n = 1, 2, 3, \cdots$ に対して，$I_n \leqq \dfrac{1}{n+a}$ を示せ。

(2) $n = 1, 2, 3, \cdots$ に対して，$I_{n+1} - (n+a)I_n$ を求めよ。

(3) 極限値 $\displaystyle \lim_{n \to \infty} nI_n$ を求めよ。

(4) 実数 b，c に対して，$J_n = n^3 \left(I_n + \dfrac{b}{n} + \dfrac{c}{n^2} \right)$ $(n = 1, 2, 3, \cdots)$ と定める。数列 $\{J_n\}$ が収束するとき，次の問いに答えよ。

　(ア) b を求めよ。

　(イ) c を a の式で表せ。

　(ウ) 極限値 $\displaystyle \lim_{n \to \infty} J_n$ を a の式で表せ。

物理

（2科目：150分）

I 次の文章の (1) ～ (11) に適切な答えを入れよ。ただし， (1) は適切な用語を， (3) は適切な数値を， (2) ， (4) ～ (11) は適切な式を答えよ。なお，重力加速度を g とし，空気抵抗を無視できるとする。

　　大きさのある物体の全質量に対する重力がはたらく作用点を (1) という。図1に示すように，厚さと幅を無視できる長さ $6L$，質量 M_0 の一様で表面がなめらかな板に，高さ L の支柱を用いて板の左端から $2L$ の位置を支点 O とするシーソーを組み立てる。板は支点 O を中心に自由に回転できる。板の (1) は，板の左端から距離 (2) の地点に位置する。ここで，大きさを無視できる質量 M の小物体を板の左端に固定し，図1のように板の左端をなめらかな地面に接地させる。板の左端が地面から離れないようにするためには，M を M_0 の (3) 倍以上にしなければならない。ここで，M が M_0 の (3) 倍より大きい場合を考える。板の左端が接地した状態において，板の左端が地面から受ける垂直抗力を N_1，支柱が地面から受ける垂直抗力を N_2 とする。地面の垂直方向上向きを正とした力のつり合いの式は， (4) $=0$，反時計まわりの向きを正とした支点 O まわりの力のモーメントのつり合いの式は， (5) $=0$ となる。これらの式より $N_1 =$ (6) ，$N_2 =$ (7) となる。

　　この状態で，図2のように，板の左端から $4L$ の位置に大きさを無視できる質量 m の小球を置く。小球が動かないように水平方向右向きの力 F を小球の中心に向かって加えるとすると，F の大きさは (8) である。ただし，板の左端が地面から離れないようにするためには，m を (9) 以下とする必要がある。

　　以上の条件のもと，力 F を取りのぞいた瞬間に，図3のように斜面に沿って右斜め上方向に大きさ V の初速度で小球を打ちだす。板の左端が地面から離れずに

小球が板から飛びだすためには，V を [⑩] より大きく，m を [⑪] 以下とする必要がある。

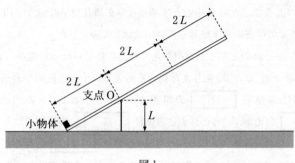

図1

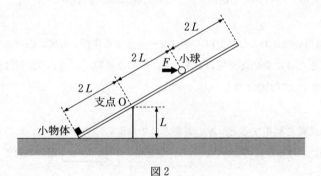

図2

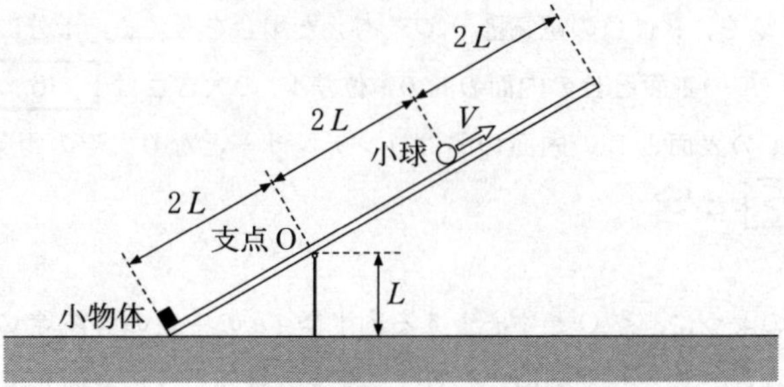

図3

16 2020 年度 物理　　　　　　　　　　　　　　　　　　　　横浜国立大-理系前期

Ⅱ 次の文章の ☐(1) ～ ☐(12) に適切な式または数値を入れよ。なお，クーロンの法則の比例定数を k とする。

問 1. 図 1 のように，点 O を中心とする半径 a の導体球 A および内半径 $2a$ かつ外半径 $3a$ の中空の導体球 B を互いに絶縁して固定した。

　　まず，A と B のどちらも電荷がたくわえられていない状態から A のみに正の電気量 $+Q(Q>0)$ を与えた場合を考える。十分に時間が経過すると，A の表面に電気量 ☐(1) の電荷が一様に分布し，B の内面に電気量 ☐(2) の電荷が，B の外面に電気量 ☐(3) の電荷がそれぞれ一様に分布する。なお，導体 A，B 内部の電場の強さは ☐(4) となる。このとき，A の表面と B の内面の間の中空部と，B の外面から外側における電場の強さを考える。点 O からの距離を r としたとき，次の性質が成り立つ。

　　「電場の強さおよび電位は，点 O を中心とする半径 r の球面内に含まれる全電荷を点 O に集めた点電荷とみなし，その点電荷が距離 r の位置に作る電場の強さおよび電位に等しい。」

この性質を利用すると，A の表面と B の内面の間の中空部と，B の外面から外側における電場の強さは，k, r, Q を用いて ☐(5) と表される。

　　次に，A と B のどちらも電荷がたくわえられていない状態から A に正の電気量 $+Q$ を，B に負の電気量 $-Q$ を与えた場合を考える。十分に時間が経過すると，A の表面と B の内面の間の電位差 V_1 の大きさは ☐(6) となる。また，A の表面と B の内面の間はコンデンサーとなり，その電気容量 C_1 は ☐(7) となる。

問 2. 図 2 のように，点 O を中心とする内半径 $4a$ の中空の導体球 C を図 1 に加えた。さらに B と C に細い穴をあけ，導線を通して A の表面を電圧 V の電池の正極につなぎ，スイッチ S をはさんで C の外面と電池の負極をつなぎ接地した。A，B，C のいずれも電荷がたくわえられていない状態からスイッチ S

を閉じ，十分に時間が経過した状態を考える。ただし，穴と導線が電荷分布や電場に与える影響を無視できるものとし，また電池と導線の内部抵抗も無視できるものとする。

　Aの表面に一様に分布した電荷の正の電気量を $+Q(Q>0)$ とすると，Bの内面に電気量　(2)　の電荷が，Bの外面に電気量　(3)　の電荷が，Cの内面に電気量　(8)　の電荷がそれぞれ一様に分布する。なお，Cの外面の電気量は　(9)　となる。このとき，問1と同様に考えると，Aの表面とBの内面の間の電位差 V_1 の大きさは Q を用いて　(6)　，Bの外面とCの内面の間の電位差 V_2 の大きさは Q を用いて　(10)　と表される。このとき，Aの表面とBの内面の間が作るコンデンサーの電気容量 C_1 は　(7)　，Bの外面とCの内面が作るコンデンサーの電気容量 C_2 は　(11)　となる。以上の考察により，Q は，k，a，V を用いて　(12)　と表される。

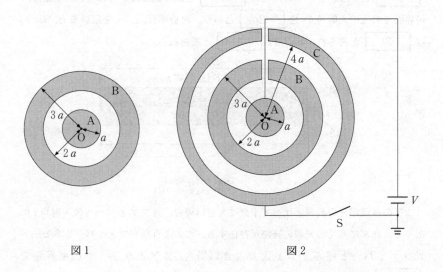

図1　　　　　　　　　図2

Ⅲ 次の文章の (1) ～ (12) に適切な答えを入れよ。ただし、(1)、(2)、(5) は適切な用語を、(3)、(4)、(6)、(7)、(10)、(11) は、θ_0, i_1, T を含まない形の適切な式を答えよ。また、(8)、(9) は解答群の(ア)～(エ)の中から適切な選択肢を選び、記号で答えよ。さらに、(12) は適切な数値を有効数字3桁で答えよ。

光ファイバーは、中心部(コア)と周辺部(クラッド)からなる構造をしており、クラッドはコアより絶対屈折率が小さい。図1に示すように、屈折率 n_a のコア部分を、屈折率 n_b ($< n_a$) のクラッド部分でおおった円柱状で長さ L の光ファイバーが空気中に置かれている。空気の屈折率を1とする。円柱の中心軸に垂直な端面に、中心軸と i_1 をなす角で空気中からコアへ入射させた光は、コアとクラッドの境界面で屈折角が90°になった。このコアとクラッドの境界面で起きた現象を (1) という。この場合、光は (1) を繰り返しながらコアの中を進み、境界面での光の入射角 θ_0 を (2) という。屈折率 n_a と n_b を用いると、$\sin\theta_0$ は (3) と表され、$\sin i_1$ は (4) と表される。

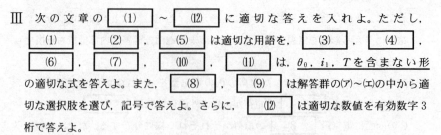

図1

コアの直径が光の波長と比べて十分に大きい場合、光ファイバーへの入射角 i によって、非常に多くの光線の経路が存在する。このような光ファイバーを多モード光ファイバーと呼ぶ。i が i_1 より大きい場合、コアとクラッドの境界面で (1) ではなくなり、一部の光がクラッドに入る。クラッドに入った光は、コアに戻らず損失となる。したがって、光ファイバーを用いて光を遠くへ送るときに、入射角 i は $0 \leq i \leq i_1$ を満たす必要がある。

光が媒質中を進んだ距離を、真空中の距離に換算したものを (5) という。

光ファイバーの長さを L とすると，$i=0$ の場合，⑸ は ⑹ となる。また，$i=i_1$ の場合，⑸ は ⑺ となる。i を 0 から i_1 へ変化させたときに，⑸ は徐々に ⑻ なるので，$i=i_1$ のとき，光が出口に最も ⑼ 到着する。真空中の光の速さを c とすると，最も早く出口に到着する光と最も遅く出口に到着する光の到着時間差は ⑽ となる。

　光通信では，情報は光の強さなどに変換して，図 2 左のような入力光パルスを用いて，光ファイバーの中で伝送される。光パルスはいろいろな角度で光ファイバーに入射できるが，入射角 i は $0 \leq i \leq i_1$ を満たす必要がある。光パルスは入射角によって異なる経路をたどって出力されるので，到着時間にばらつきが生じ，光ファイバーから出力される光パルスは最大 ⑽ の時間幅 T をもつ。伝送された情報を容易に読み出せるようにするために，光パルスの時間間隔は出力パルス幅の少なくとも 2 倍（$2T$）は必要である。そのため，単位時間あたりの情報伝送量は ⑾ パルス／秒と制限される。例として，$L=1.00$ km，$n_a=1.50$，$n_b=1.49$，$c=3.00\times 10^8$ m/s とする。この場合，単位時間あたりの情報伝送量の制限値を求めると ⑿ パルス／秒となる。現在では，コア内の屈折率をなめらかに変化させるなどの改良が加えられ，約 10^9 パルス／秒の単位時間あたりの情報伝送量を実現している。

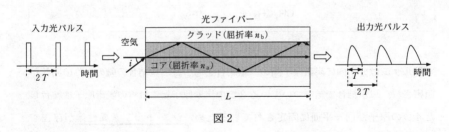

図 2

〔⑻，⑼ の解答群〕
(ア) 長く　　(イ) 短く　　(ウ) 早く　　(エ) 遅く

20 2020 年度 化学　　　　　　　　　　　　　　　　　　　横浜国立大-理系前期

■化学■

（2 科目：150 分）

問題を解くにあたって必要であれば，以下の原子量を用いよ。

H = 1.0，C = 12.0，N = 14.0，O = 16.0，S = 32.1，Cl = 35.5，I = 126.9

Ⅰ　次の文章を読み，以下の問い（問 1 ～問 7）に答えよ。

なお，構造式については記入例にならって示せ。

記入例：

アルケンは分子内に炭素原子間の二重結合をもつ。二重結合の軸の周りの回転が阻害され，二重結合で結びついている 2 つの炭素原子とこれらの炭素原子に結合した 4 つの原子が同一平面に固定されているため，<u>シス-トランス異性体</u>が存在する。
①

エテンやプロペンなどの単純なアルケンは，ナフサの熱分解によって製造される。また，ハロゲン化炭化水素やアルコールを原料に用いた　(A)　反応によってもアルケンが得られる。
②

アルケンは，臭素や塩素などのハロゲンによって容易に　(B)　反応が起こる。　(あ)　はエテンに対する塩素の　(B)　反応によって製造され，溶媒や

横浜国立大-理系前期　　　　　　　　　　　　　　　　　　　　　　2020 年度　化学　21

　　　(C)　樹脂のポリ塩化ビニルを製造するための原料として利用されている。一
　　　　③
方，アルケンを低温でオゾンと反応させたのち，亜鉛などの還元剤で処理すること
で，アルケンの炭素原子間の二重結合が開裂して，2 つの炭素原子にそれぞれ 1 つ
の酸素原子が二重結合により結びつく。例えば，2-メチル-2-ブテンをこの方法で
酸化すると，　(い)　と　(う)　が生成する。また，酸化剤としてより酸化力
の強い酸性の過マンガン酸カリウム水溶液を用いて 2-メチル-2-ブテンを酸化する
と，　(い)　と　(え)　が生成する。不飽和炭化水素の構造は，酸化反応の生
　　　　　　　　　　　　　　　　　　　　　④
成物から推測することができる。

　炭素原子間の二重結合は　(B)　重合による高分子合成においても重要な役割
を果たす。また，天然ゴムの主成分はポリイソプレンであるが，このポリイソプレ
ンの構造中の炭素原子間の二重結合はほぼ全てがシス形であり，これが天然ゴムの
　(D)　の起源となる。さらに加硫により　(D)　を向上させたものを
　(D)　ゴムと呼ぶ。近年では，天然ゴムと同様にシス形の割合の高いポリイソ
　　　　　　　　　　　　　　　　　　　　　　　　　　　　　　　　　　　⑤
プレンの合成方法が開発されている。

　ベンゼン環は炭素原子間の二重結合を用いて表記されるが，ベンゼン環に対して
⑥
は，　(B)　反応や酸化反応が起こりにくい。例えば，トルエンを過マンガン酸
カリウム水溶液で酸化すると室温で固体の　(お)　が得られる。

問 1.　文中の空欄　(A)　～　(D)　および　(あ)　～　(お)　に当ては
　　まる最も適切な語句を，それぞれ以下の語群から 1 つ選び，記号で答えよ。

(A) ～ (D) の語群：			
(a) 水　和	(b) 極　性	(c) 置　換	(d) 付　加
(e) 脱　離	(f) 縮　合	(g) 会　合	(h) 中　和
(i) 熱可塑性	(j) 熱硬化性	(k) 親水性	(l) 導電性
(m) 塑　性	(n) 弾　性	(o) 粘　性	(p) 変　性

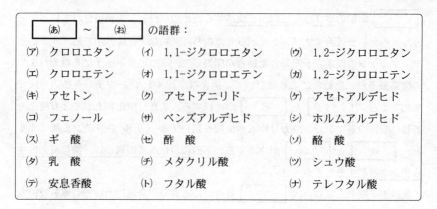

問 2. 下線部①について，シス-トランス異性体が存在するアルケンを問 1 の(ア)～(ナ)の化合物の中から全て選び，記号で答えよ。

問 3. 下線部②について，2-ブタノールを用いた (A) 反応によって得られると考えられるアルケンの構造式を，記入例にならって全て示せ。ただし，解答にあたっては立体異性体を区別すること。

問 4. 下線部③に関して，ポリ塩化ビニルについて，以下の設問(1), (2)に答えよ。

(1) 平均重合度 4.0×10^3 のポリ塩化ビニルの平均分子量を有効数字 2 桁で答えよ。

(2) 設問(1)のポリ塩化ビニルを 100 kg 製造するために何 kg のエテンを用いる必要があるか，有効数字 2 桁で答えよ。ここでエテンからこのポリ塩化ビニルが生成するまでの反応全体の収率(注)は 90 % とする。

注) 合成反応などの生産過程において，理論上期待される目的物質の生産量に対して実際に得られる量の比率のことである。通常パーセントで表される。

問 5. 下線部④に関して，不飽和結合として炭素原子間の二重結合を 1 つだけ持つ同じ分子式の炭化水素化合物 X1，Y1 がある。化合物 X1，Y1 について，以下の実験結果を得た。化合物 X1，Y1 の構造式を，記入例にならって示せ。ただし，解答にあたっては立体異性体を区別しない。

> 実験結果 1　化合物 X1，Y1 を酸性の過マンガン酸カリウム水溶液で酸化すると，化合物 X1 からは化合物 X2 が，化合物 Y1 からは化合物 Y2 が得られた。
> 実験結果 2　化合物 X2，Y2 を核磁気共鳴法により分析したところ，化合物 X2，Y2 どちらもカルボキシ基をもち，かつ，枝分かれしているアルキル基をもたないことがわかった。
> 実験結果 3　化合物 X2 の分子量は 130 であり，化合物 Y2 の分子量は 130 より大きいことがわかった。
> 実験結果 4　化合物 X2 はヨードホルム反応を示したが，化合物 Y2 はヨードホルム反応を示さなかった。

問 6. 下線部⑤について，分子式 C_5H_8 のイソプレンがポリイソプレンに変化する化学反応式を解答欄の四角の中に適切な構造式を記入例にならって示すことで完成させよ。ただし，ポリイソプレンの構造中の炭素原子間の二重結合はシス形とせよ。

〔解答欄〕

問 7. 下線部⑥に関して，ベンゼン環を有する分子式 C_7H_8O で表される化合物について，以下の設問(1)，(2)に答えよ。

(1) 全部で何種類の構造異性体が存在するかを答えよ。

24 2020 年度　化学 横浜国立大-理系前期

(2)　設問(1)の構造異性体 Z 1 を，過マンガン酸カリウムにより酸化させたの
　ち，希硫酸を加えると化合物 Z 2 が得られた。また，ナトリウムフェノキシ
　ドに高温・高圧のもとで二酸化炭素を反応させたのち，希硫酸を加えても化
　合物 Z 2 が得られる。Z 1 の構造式を，記入例にならって示せ。

Ⅱ　以下の問い（問 1 ～問 2 ）に答えよ。

問 1.　次の(1)～(5)の特徴が最も当てはまる元素の元素記号を，それぞれ記せ。

(1)　アルカリ金属であり，赤紫色の炎色反応を示す。肥料の三要素の 1 つであ
　る。

(2)　ハロゲンであり，単体は常温で黄緑色の有毒な気体である。この気体と水
　素の混合気体に常温で光をあてると爆発的に反応する。

(3)　この金属の単体の粉末と酸化鉄(Ⅲ)の粉末を混合して点火すると，融解し
　た鉄の単体が得られる。この反応は，鉄道のレールの溶接などに利用され
　る。

(4)　この金属の 2 価のイオンを含む水溶液にアンモニア水を加えると，白色沈
　殿を生じる。また酸性条件で硫化水素を通じると，黒色沈殿を生じる。

(5)　この金属はイオン化傾向が最小であり，装飾品や電子回路の配線に使われ
　る。

問 2.　次の文を読み，以下の設問(1)～(8)に答えよ。

　　硫酸は，肥料や薬品の製造，鉛蓄電池などに使用されており，工業的には次
　のような接触法により製造される。

横浜国立大-理系前期   2020 年度 化学 *25*

<工程 1 > 硫黄の燃焼で得られた 　(ア)　 を，酸化バナジウム(V)の存在
$\underbrace{\text{下で空気中の酸素と反応させ}}_{\text{(A)}}$，　(イ)　 をつくる。

<工程 2 > 　(イ)　 を濃硫酸に吸収させて発煙硫酸とし，これを希硫酸で
薄めて濃硫酸にする。

(1) 空欄 　(ア)　 ，　(イ)　 に当てはまる最も適切な物質を，化学式でそ
れぞれ答えよ。

(2) 下線部Ⓐの反応について，次の空欄 　(ウ)　 ～ 　(オ)　 に当てはまる
最も適切な語句を，下記の選択肢(あ)～(く)から選び，それぞれ記号で答えよ。

　　　この反応では酸化バナジウム(V)は 　(ウ)　 として働き，酸素は
　(エ)　 として働く。この反応の前後でバナジウム原子の酸化数は
　(オ)　 。

(あ) 酸化剤   (い) 酸   (う) 触　媒

(え) 還元剤   (お) 塩　基   (か) 増加する

(き) 減少する   (く) 変化しない

(3) ①硫黄の単体，②亜硫酸，③硫酸を構成する硫黄原子の酸化数を，それぞ
れ答えよ。

(4) 硫酸には，(a)酸化作用，(b)吸湿性，(c)不揮発性，(d)脱水作用，(e)強酸性な
どの特徴がある。次の操作(ⅰ)～(ⅲ)により起こるそれぞれの反応は，硫酸のど
の特徴によるものか。上記の特徴(a)～(e)から最も適切なものを選び，それぞ
れ記号で答えよ。また，操作(ⅰ)～(ⅲ)により起こるそれぞれの反応を，化学反
応式で示せ。

　操作(ⅰ) ギ酸に濃硫酸を加えて加熱する。
　操作(ⅱ) 銅に濃硫酸を加えて加熱する。

26 2020 年度　化学　　　　　　　　　　　　　　　　　　　　　　　　横浜国立大-理系前期

操作(iii)　亜鉛に希硫酸を加える。

(5)　設問(4)の操作(i)により発生する気体について，最も適切なものを次の選択肢(あ)〜(え)から選び，記号で答えよ。

(あ)　無色，無臭の有毒な気体。水に溶けにくい。

(い)　無色で腐卵臭をもつ有毒な気体。水に少し溶ける。

(う)　無色で刺激臭をもつ有毒な気体。水によく溶ける。

(え)　赤褐色で刺激臭をもつ有毒な気体。水によく溶ける。

(6)　設問(4)の操作(ii)により生成する物質の水溶液から析出させることで得られる青色結晶の化学式を書け。

(7)　接触法により硫黄から硫酸を製造する一連の反応を1つにまとめた化学反応式を示せ。

(8)　接触法において，硫黄が完全に硫酸に変えられたとすると，300 kg の硫黄から質量パーセント濃度が 98.1 % の硫酸は何 kg できるか，有効数字3桁で答えよ。

Ⅲ 以下の問い(問1～問5)に答えよ。ただし,気体はすべて理想気体とする。

問1. 4種類の異なる気体反応(ア)物質AからBが生じる反応(A→2B),(イ)物質CからDが生じる反応(C→2D),(ウ)物質EからFが生じる反応(E→2F),(エ)物質GからHが生じる反応(G→2H)について考える。物質A,C,E,Gを1molずつ準備し,体積が同じ4つの容器に別々に入れて密閉した。図1は,同じ温度における4つの容器の中の,それぞれの反応物の運動エネルギー分布を示している。図1に示したように,(ア)～(エ)の反応は,反応が進行するのに必要な最小エネルギーE_aが異なる。ここでは,反応が進行しても容器の体積は変化しないものとする。以下の設問(1)～(4)に答えよ。

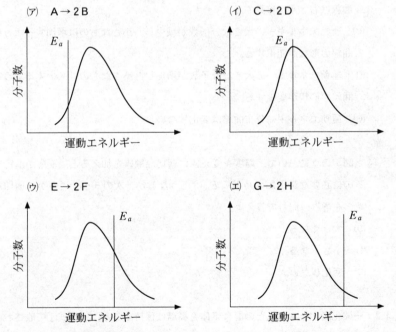

図1. 反応が進行するのに必要な最小エネルギーE_aと気体分子の運動エネルギー分布曲線

(1) 反応開始直後に最も速く進む反応はどれか。図1の(ア)～(エ)の中から適切な

28 2020 年度　化学　　　　　　　　　　　　　　　　　　　横浜国立大-理系前期

ものを選び，記号で答えよ。

⑵　反応開始直後に最も遅く進む反応はどれか。図 1 の㋐〜㋓の中から適切な
ものを選び，記号で答えよ。

⑶　図 1 の㋑において，温度を変えずに適切な触媒を加えると，運動エネル
ギー分布曲線はどうなるか。次の⒜〜⒠の中から適切なものを選び，記号で
答えよ。

　⒜　運動エネルギー分布曲線の形状は変化しないまま，運動エネルギー分布
　　　曲線は左へ平行移動する。

　⒝　運動エネルギー分布曲線の形状は変化しないまま，運動エネルギー分布
　　　曲線は右へ平行移動する。

　⒞　運動エネルギーの大きな分子数が減少し，小さなものは増加するように
　　　曲線の形状が変化する。

　⒟　運動エネルギーの大きな分子数が増加し，小さなものは減少するように
　　　曲線の形状が変化する。

　⒠　運動エネルギー分布曲線は変化しない。

⑷　図 1 の㋒において，温度を変えずに適切な触媒を加えると，反応が進行す
るのに必要な最小エネルギー E_a はどうなるか。次の⒜〜⒞の中から適切な
ものを選び，記号で答えよ。

　⒜　大きくなる。

　⒝　小さくなる。

　⒞　変化しない。

問 2.　一酸化炭素と水蒸気との混合気体を高温に保持すると，次の式①で表される
可逆反応が起こり平衡状態に達する。

$$CO + H_2O \ \rightleftarrows \ CO_2 + H_2 \qquad\qquad ①$$

温度と式①の平衡定数（濃度平衡定数）の関係を調べたところ，表 1 の結果を得
た。なお，CO，H_2O，CO_2，H_2 は，すべて気体として，以下の設問⑴，⑵に

横浜国立大-理系前期 2020 年度 化学 *29*

答えよ。

表 1. 温度と濃度平衡定数の関係

温　度[K]	700	900	1100	1300	1500
濃度平衡定数 K[－]	9.09	2.22	0.94	0.54	0.37

(1)　温度が上昇すると，式①の平衡はどうなるか。次の(a)～(c)の中から適切な
　　ものを選び，記号で答えよ。

　(a)　CO と H_2O が増加する方向へ移動する。

　(b)　CO_2 と H_2 が増加する方向へ移動する。

　(c)　どちらにも移動しない。

(2)　体積が一定の容器内に CO と H_2O を 1.0 mol ずつ入れて密閉し，ある高
　　温に保持したところ，平衡状態に達した。このときの濃度平衡定数は 0.50
　　であった。ここでは，$\sqrt{2} = 1.4$ とする。

　(a)　生成した H_2 の分圧は全圧の何% になるか，有効数字 2 桁で答えよ。

　(b)　容器内の CO の分圧は H_2 の分圧の何倍になるか，有効数字 2 桁で答え
　　　よ。

問 3.　窒素と水素からアンモニアができる反応が，体積 V[L]，温度 T[K]で，平
　　衡状態($N_2 + 3H_2 \rightleftharpoons 2NH_3$)に達しているとする。このとき N_2, H_2,
　　NH_3 の物質量は，それぞれ a[mol]，b[mol]，c[mol]とする。また，N_2,
　　H_2, NH_3 の分圧は，それぞれ X[Pa]，Y[Pa]，Z[Pa]とする。ここでは，気体
　　定数は R[Pa・L/(mol・K)]とする。また，N_2, H_2, NH_3 は，すべて気体であ
　　る。

　　以下の設問(1)，(2)に V, T, R, a, b, c, X, Y, Z から必要なものを用いて
　　答えよ。

(1)　濃度平衡定数 K_c と圧平衡定数 K_p はどのように表されるか示せ。

(2) K_c を K_p を用いて表せ。

問 4. 次の文章を読み，以下の設問(1)～(3)に答えよ。

高温におけるヨウ化水素の分解反応と生成反応は，次の式②で表される。

$$2\,\mathrm{HI} \rightleftarrows \mathrm{H}_2 + \mathrm{I}_2 \qquad \qquad ②$$

この反応に関する 2 種類の実験を行った。なお，室温においては，HI の分解反応と生成反応は，いずれも進行しないとする。

実験 1　室温において，HI のみが 1.2 mol 入っている体積が 5.0 L の密閉された容器がある。容器内を一気にあたため，ある一定の温度 $T_1[\mathrm{K}]$ に保持したところ反応が進行した。温度が $T_1[\mathrm{K}]$ になった時刻を反応開始時刻 0 分とし，そこから時刻 t_1 分までの HI の物質量の時間変化は図 2 に示す結果となった。なお，温度 $T_1[\mathrm{K}]$ では，HI，H_2，I_2 はすべて気体である。この実験では，容器の体積は，図 2 の時刻 0 分から時刻 t_2 分まで，変化しないとする。

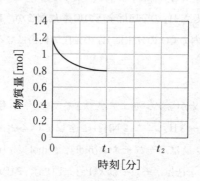

図 2．HI の物質量の時間変化

実験 2　室温において，H_2 と I_2 が 1.5 mol ずつ入っている体積が 10.0 L の密閉された容器がある。容器内を一気にあたため，実験 1 と同じ温度 $T_1[\mathrm{K}]$ に保持したところ，反応が進行した。温度が $T_1[\mathrm{K}]$ になった時刻を反応開始時刻 0 分とし，各成分の物質量の時間変化を観測した。なお，温度 $T_1[\mathrm{K}]$ では，HI，H_2，I_2 はすべて気体である。この実験で

は，容器の体積は変化しないとする。

(1) 実験1において，時刻 t_1 分に見かけ上，反応が止まっているような状態になった。図2における時刻 t_1 分から時刻 t_2 分まで，HI の物質量はどのように変化するか。解答欄のグラフ A に実線で描け。

また，時刻 0 分から時刻 t_2 分まで，H_2 の物質量はどのように変化するか。解答欄のグラフ B に実線で描け。

〔解答欄〕

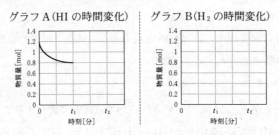

(2) 実験2において，時刻 t_3 分に見かけ上，反応が止まっているような状態になった。時刻 0 分から時刻 t_4 分（ただし，$t_4 > t_3$）まで，HI の物質量はどのように変化するか。解答欄のグラフ C に実線で描け。

また，時刻 0 分から時刻 t_4 分まで，I_2 の物質量はどのように変化するか。解答欄のグラフ D に実線で描け。

〔解答欄〕

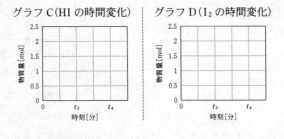

(3) 実験1で，反応開始から t_2 分経過した後に，容器内の温度を $T_1[K]$ に保ちつつ，容器は密閉したまま，ゆっくりと容器の体積を減少させた。このとき式②の平衡はどうなるか。次の(a)〜(c)の中から適切なものを選び，記号で

答えよ。

(a) HI が減少する方向に移動する。

(b) HI が増加する方向に移動する。

(c) どちらにも移動しない。

問 5. 次の文章を読み，以下の設問(1)〜(3)に答えよ。

化学反応の反応速度定数 k は，活性化エネルギー E_a [J/mol]，絶対温度 T [K]と気体定数 R [J/(mol·K)]を用いて，式③のように表すことができる。

$$k = Ae^{-\frac{E_a}{RT}} \qquad ③$$

ここで，A は頻度因子とよばれる定数である。式③の両辺の自然対数(底を e とする対数)をとると，式④になる。

$$\log_e k = -\frac{E_a}{RT} + \log_e A \qquad ④$$

式④は $\log_e k$ が $\frac{1}{T}$ に対して，傾き $-\frac{E_a}{R}$ で直線的に変化することを示している。HI の分解反応（$2\,HI \longrightarrow H_2 + I_2$）における，温度 T [K]と反応速度定数 k [L/(mol·s)]の関係は，表2および図3のようになる。ここでは，気体定数の値は $R = 8.31$ J/(mol·K)とする。

表 2. 反応（$2\,HI \longrightarrow H_2 + I_2$）の反応速度定数

	T [K]	k [L/(mol·s)]	$1/T$ [1/K]	$\log_e k$
■	646	9.11×10^{-5}	1.55×10^{-3}	-9.30
●	667	2.75×10^{-4}	1.50×10^{-3}	-8.20
▲	716	2.49×10^{-3}	1.40×10^{-3}	-6.00

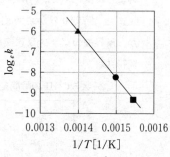

図 3. $\log_e k$ と $\frac{1}{T}$ の関係

(1) 表2に示した数値をもとに，HI の分解反応の活性化エネルギー E_a を，有効数字3桁で答えよ。ただし，解答にあたっては，E_a の単位に kJ/mol を用いよ。

横浜国立大-理系前期   2020 年度 化学 *33*

(2) HI の分解反応において，反応温度が 650 K から 700 K に変化することで，反応速度定数は e^m 倍になる。m の値を有効数字 2 桁で答えよ。

(3) ある温度 T_2[K] における，次の式⑤の HI の分解反応と生成反応について考える。

$$2\,HI \rightleftarrows H_2 + I_2 \qquad\qquad\qquad\qquad ⑤$$

式⑤の右向きの反応である HI の分解反応の活性化エネルギーは，設問(1)で求めた値と等しい。式⑤の左向きの反応である HI の生成反応の活性化エネルギーは，174 kJ/mol である。HI の分解反応と生成反応の頻度因子 A は等しい。温度 T_2[K] における式⑤の平衡定数 (濃度平衡定数) は e^n と表される。気体定数 R[J/(mol·K)] と温度 T_2[K] の積の値が $RT_2 = 6.0$ kJ/mol であるとき，n の値を有効数字 2 桁で答えよ。

34 2020 年度　生物　　　　　　　　　　　　　　　　　　横浜国立大-理系前期

生物

（2 科目：150 分）

Ⅰ　次の文章(1)～(3)を読み，問い（問 1 ～問 6 ）に答えよ。

(1)　DNA の複製では，DNA ［　あ　］によって二重らせんがほどかれ，それぞれ
　の鎖が鋳型となり，DNA ポリメラーゼや DNA ［　い　］のはたらきで新しい
　DNA が合成される。

　　DNA ポリメラーゼによる DNA 複製は，二重らせんの DNA 鎖を開きながら進
　行する。3′ 末端から 5′ 末端に向かってほどかれた DNA 鎖では，新しい DNA 鎖
　は 5′ 末端から 3′ 末端に向かって合成される。こちら側の鎖を ［　う　］鎖とい
　う。5′ 末端から 3′ 末端に向かってほどかれた鎖では，新しい DNA 鎖は二重らせ
　んがほどけた部位から逆向きに合成され，その鎖を ［　え　］鎖という。
　［　え　］鎖では不連続な DNA 合成となり，その結果生じる DNA 断片は
　　　　　　　　(a)
　［　お　］とよばれる。各 DNA 断片間に生じるつなぎ目は DNA ［　い　］に
　よって連結される。

(2)　ポリメラーゼ連鎖反応法（PCR 法）は，特殊な性質をもった DNA ポリメラーゼ
　　　　　　　　　　　　　　　　　　(b)
　を用いて，目的とする DNA を試験管内で増幅させる技術である。PCR 法は，鋳
　型となる DNA とプライマー（DNA 複製の起点となる短い 1 本鎖 DNA），DNA
　ポリメラーゼのほかに 4 種類の ［　か　］を緩衝液に加え，適切な温度制御を行
　　　　　　　　　　　　　　　　　　　　　　　　　　　　　　　(c)
　えば，DNA を増幅できる。

(3)　目的とする配列を有する DNA を得るために，合成 DNA を用いる方法も重要
　な遺伝子操作技術のひとつである。鋳型 DNA を用いずに比較的短い合成 DNA
　断片をつなぎ合わせて，目的とする DNA を作ることが可能である。ここでは，
　人工的なプロモーター配列を合成する際に行われた実験を例として，DNA①お
　よび DNA②（次ページ）のような合成 DNA を用いる場合について考える。各

横浜国立大-理系前期　　　　　　　　　　　　　　　　　　　　　2020 年度　生物　*35*

DNA の 5′ 末端はリン酸化されているものとする。

| DNA①：5′–GATCTGGTCCCAGCTAG–3′ |
| DNA②：5′–GATCCTAGCTGGGACCA–3′ |

　　緩衝液に DNA①と DNA②を等量加えてから加熱し，その後ゆっくりと冷却した。続いて DNA 　(い)　 を作用させると，長い DNA 鎖を形成させることができた。

　　さらに，この長い DNA 鎖を BamHⅠ注1 と BglⅡ注2 という 2 種類の 　(き)　 で処理し，生じた分解産物をゲル電気泳動法で分離したところ，さまざまな長さの DNA が検出された。(d) それらのうち，適切な長さの DNA をゲルから回収し，目的とする人工的なプロモーター配列の作成に用いた。(e)

注 1 ：BamHⅠは 5′–GGATCC–3′ を認識し下図のように 2 本鎖 DNA を切断する。

$$\text{G\textbar GATCC}$$
$$\text{CCTAG\textbar G}$$

注 2 ：BglⅡは 5′–AGATCT–3′ を認識し下図のように 2 本鎖 DNA を切断する。

$$\text{A\textbar GATCT}$$
$$\text{TCTAG\textbar A}$$

問 1.　 (あ) ～ (き) にあてはまる適切な語句を答えよ。

問 2.　下線部(a)について，「不連続な DNA 合成」となる理由について 40 字以内で記述せよ。ただし，句読点は文字数に含む。

問 3.　下線部(b)について，「特殊な性質」とは何か 12 字以内で記述せよ。ただし，句読点は文字数に含む。

問 4.　下線部(c)について，「適切な温度制御」を行う理由について 40 字以内で記述せよ。ただし，句読点は文字数に含む。

36 2020 年度　生物　　　　　　　　　　　　　　　　　　横浜国立大-理系前期

問 5.　下線部(d)について，2 本鎖を形成している DNA の塩基対の数を最も短いものから順番に 4 つ答えよ。

問 6.　下線部(e)について，このプロモーター配列を用いて行う実験で何を調べることができるか，40 字以内で記述せよ。ただし，句読点は文字数に含む。

Ⅱ　次の文章を読み，問い（問 1 ～問 7）に答えよ。

　　わたしたちは，外界からの刺激を受容器（感覚器）で受け取り，それを中枢神経系で統合処理して，骨格筋や分泌腺などの効果器（作動体）に伝え，行動や反応を引きおこしている。

　　眼や耳，鼻などの受容器には，それぞれの刺激を感知するための感覚細胞が存在し，周囲の情報を得ている。また，外界からの刺激だけでなく，自身の体の傾きや回転，体温などを感じることができるのも，感覚細胞のはたらきによるものである。受容器から効果器までの情報伝達は，神経系が担っている。神経系は，ニューロン（神経細胞）とそれ以外のグリア細胞から構成される。グリア細胞の一種である　　（あ）　　細胞はニューロンの軸索に何層にも巻き付いて髄鞘を形成し，ニューロンの情報伝達を補助する。神経系は，脳や　（い）　から構成される中枢神経系と，これと体の各部をつなぐ末梢神経系に分けられる。末梢神経系は，さらに感覚神経や運動神経などの　（う）　と，自律神経系（交感神経，副交感神経）に分けられる。例えば，運動神経を通して骨格筋を刺激し体を動かし，交感神経を通して分泌腺を刺激しさまざまなホルモンを分泌している。このような仕組みにより，わたしたちはさまざまな周囲環境の変化に応答し，危険を回避するなどの行動をおこしたり，体内環境を一定に保ったりしている。

問 1.　上記文中の　　（あ）　　～　　（う）　　にあてはまる適切な語句を答えよ。

問 2.　下線部(a)について，以下の問いに答えよ。

　(1)　暗い場所に入り 10 分以上経つとしだいに眼が慣れてきて見えるようにな

横浜国立大-理系前期 2020 年度 生物 *37*

る。このとき主にはたらいている視細胞および視物質の名称を答えよ。また，周囲の明るさに応じてこの視細胞の感度が上昇する際，視物質の量にどのような変化が生じているか簡潔に答えよ。

(2) 外界の明るさが変化すると，瞳孔の大きさが変わり眼に入る光の量が調節される。この反応は無意識に生じ，瞳孔反射とよばれる。下記から適切な語句を選び，それらを用いて 35 字以内で，瞳孔反射による光量調節の過程を説明せよ。ただし，句読点は文字数に含む。

> 網膜，水晶体，虹彩，中脳，小脳，延髄

(3) 刺激を受容してから，反射によって反応が引き起こされるまでの興奮伝達の経路を何というか答えよ。

問 3. 下線部(b)は，内耳に存在する平衡感覚器のはたらきによるものである。体の傾きと回転を感知する平衡感覚器の名称をそれぞれ答えよ。

問 4. 下線部(c)について，以下の問いに答えよ。

(1) 有髄神経繊維には，髄鞘が 1 ～ 2 mm の一定間隔で欠落した部分があるが，この部分を何というか答えよ。

(2) 有髄神経繊維では，髄鞘を持たない神経繊維よりも，すばやく興奮を伝導できるが，この仕組みを何というか答えよ。

問 5. 下線部(d)について述べた以下の文章(ア)～(エ)から正しいものをすべて選び記号で答えよ。

(ア) 大脳や小脳の皮質には多くの神経繊維があり白く見えるため白質と呼ばれており，また髄質にはニューロンの細胞体が集まり灰白質と呼ばれている。

(イ) 前頭葉は，皮膚感覚の中枢である感覚野を含み，空間的な認識に深くかかわっている。

(ウ) 側頭葉は，聴覚器などで受容した情報と言語とを結びつける役割をもつ。

(エ) 延髄は，生命維持に不可欠な呼吸や血液量の調節，だ液の分泌，のみこみ反射などの中枢である。

38 2020 年度 生物 横浜国立大-理系前期

問 6. 下線部(e)について，以下の問いに答えよ。

(1) 神経筋接合部のシナプスにおいて，運動ニューロンから筋細胞へ興奮を伝えるのに用いられる伝達物質を 1 つ答えよ。

(2) 筋細胞膜に伝わった興奮がさらに筋原繊維を取り囲むように存在する筋小胞体へ伝わると，筋小胞体からある物質が放出され，ミオシン頭部とアクチンフィラメントの相互作用が可能となる。この放出される物質の名称と，これと結合するアクチンフィラメント上のタンパク質の名称をそれぞれ答えよ。

問 7. 下線部(f)について，次の 4 つの内分泌腺から分泌されるホルモンの名称とその主なはたらきについて，適切なものを下記から 1 つずつ選び記号で答えよ。

【脳下垂体，副甲状腺，すい臓，副腎】

ホルモン

①甲状腺刺激ホルモン，②パラトルモン，③バソプレシン，④チロキシン，⑤アドレナリン，⑥インスリン，⑦副腎皮質刺激ホルモン

はたらき

ア，炎症を抑制する。　　イ，血液中のカルシウムイオン濃度を上げる。

ウ，血糖値を上げる。　　エ，血糖値を下げる。

オ，腎臓の集合管での水の再吸収を促進する。

III 次の文章を読み，問い（問1〜問4）に答えよ。

図(a)〜(e)の特徴を持つ，森林1〜3と樹木（種A，種B）について考える。

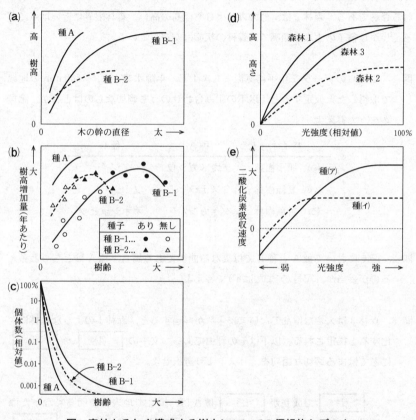

図　森林とそれを構成する樹木についての仮想的なデータ

図(a)，(b)，(c)において，「種A」は，森林1と森林3およびそれらと似た環境にある複数の森林から得たデータで描いた。「種B-1」は，森林1で取得した種Bのデータ，「種B-2」は森林2で取得した種Bのデータである。

図(d)は，各森林における，林床から林冠上面の間の光強度の変化を示す。

図(e)は，実験室で求めた種Aと種Bの葉の二酸化炭素吸収速度である。ここでは種B-1，種B-2は同じ曲線で示されるとする。

40 2020 年度　生物　　　　　　　　　　　　　　　　　　　横浜国立大-理系前期

　森林 1 と森林 3 は主に種 A と種 B で構成される森林である。ただし森林 1 では，種 A は高木層のみにまばらに出現し，種 B はすべての階層で優占する。森林 3 では，種 A は高木層と亜高木層で優占し，種 B は低木層のみにやや密に出現する。森林 3 は撹乱後の経過年数が森林 1 よりも短い。森林 2 は種 B のみで構成される森林である。森林 2 は，他の森林よりも標高の高い，森林限界に近い地点にある。しかし種子の生産は順調で，森林の状態は安定している。

問 1.　これらのデータを年平均気温 − 3 〜 1 ℃，年降水量 1200〜1500 mm の地域で取得したと仮定すると，以下の組み合わせのうち適切なものはどれか。記号㋐〜㋒で答えよ。

	バイオーム	種 A	種 B
㋐	照葉樹林	アカメガシワ	スダジイ
㋑	夏緑樹林	ミズナラ	ブナ
㋒	針葉樹林	ダケカンバ	オオシラビソ

問 2.　図(e)において種 A と種 B では異なる曲線である場合，種 A はどちらと考えるのが妥当か。記号（アまたはイ）で答えよ。

問 3.　森林 3 は大きな撹乱のないまま年数が経過すると，森林 1 のような森林に変化すると推定される。以下はその理由である。文中の　(1)　〜　(6)　にあてはまる適切な語句を，リストより選択せよ。

　　　(1)　で成長が　(2)　種 A は，撹乱で地表まで明るくなった際に侵入し優占したが，木の成長とともに暗くなった森林の中では　(3)　できない。一方，成長は　(4)　，耐陰性は高い，寿命は　(5)　との性質を持つ種 B が，やがて全ての階層で優占する。このような森林の変化を　(6)　という。

　　　リスト　[陽樹，陰樹，低木種，キーストーン種，速い，遅い，短い，長い，遷移，更新，ニッチの分割，生態系サービス，競争的排除]

問 4. 図(a)~(c)の種 B-1，B-2 で示すように，同じ種でも，環境によって成長や繁殖，死亡率が異なる場合がある。また，これらの違いと密接に関連して，同じ種が優占する森林（森林 1 と 2）であっても，垂直構造が異なり，その結果，図(d)のように林内の光勾配にも違いが生じる場合がある。

　　以上を参考に，森林限界に近い森林 2 のような環境でも，種 B が継続的に種子を生産して存続している理由や過程について，森林 1 との比較から考察せよ（句読点を含め 240 字以内。ただし文章は短くても構わない。）。

Ⅳ　次の文章を読み，問い（問 1 ~ 問 5）に答えよ。

　現在の地球にはさまざまな環境に適応した多様な生物が生息しており，命名された ものだけで約 190 万種にもなる。それらの生物は，形質の共通点や相違点に基づいて分類され整理されている。生物の種は不変ではなく，時とともに変化する。地球上に生命が誕生して以来，生物はさまざまな変遷を経てきた。ある生物の出現が他の生物の繁栄に影響したと考えられる例もある。

問 1. 下線部(a)について，ある地域で図 1 の生物が確認された。図 2 はそれらの生物の形態的特徴の類似性に基づいて作成された樹状図である。図 3 はそれらの生物の DNA の塩基配列の違いから推察される分子系統樹である。

センチュウ　ササラダニ　トビムシ　クモ　カタツムリ　ミミズ　サンショウウオ
図 1．ある地域で確認された生物

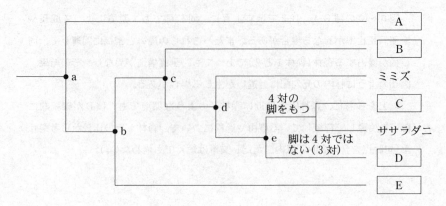

図2．形態的特徴に基づく樹状図

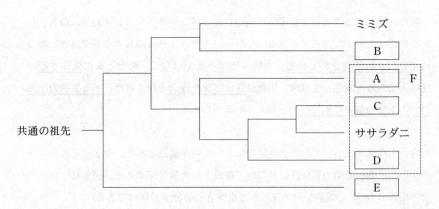

図3．分子系統樹

(1) 図中の記号 A ～ E にあてはまる生物を図1から選び答えよ。なお，図2と図3の同じ記号は同じ生物を示す。
(2) 図2の分岐点eでは「4対の脚をもつ」という特徴により分けられている。分岐点a～dにあてはまる特徴として適当なものを下の(ア)～(エ)から選び，記号で答えよ。
(3) 図3の破線で囲まれたFの生物群の共通点を下の(ア)～(エ)からすべて選び，記号で答えよ。

横浜国立大-理系前期 2020 年度 生物 43

　　　㋐　脊椎をもつ　　　　　　　　　㋑　真体腔をもつ

　　　㋒　体節をもつ　　　　　　　　　㋓　脱皮によって成長する

問 2. 下線部(b)について，ある生物が，命名されたどの分類群に分類されるかを判
　　　定する方法のひとつとして，形質の違いに基づいて分けることを繰り返すとい
　　　うものがあり，これに使われるものを検索表という。表 1 はトビケラの検索表
　　　である。図 4 の a～g のトビケラが検索表のア属～キ属のどれに該当するか記
　　　号で答えよ。

表 1．トビケラの検索表

番号	特徴	属
1	巣をもたない ……………………………………………………	2 番へ
	巣をもつ …………………………………………………………	3 番へ
2	腹部に房状のえらをもつ ………………………………………	ア属
	腹部に房状のえらをもたない …………………………………	イ属
3	巣は透明である …………………………………………………	ウ属
	巣は透明ではない ………………………………………………	4 番へ
4	巣は渦巻き状である ……………………………………………	エ属
	巣は渦巻き状でない ……………………………………………	5 番へ
5	巣は植物片か鉱物片でできている ……………………………	6 番へ
	巣は滑らかな分泌物でできている ……………………………	オ属
6	巣は鉱物片でできている ………………………………………	カ属
	巣は植物片でできている ………………………………………	キ属

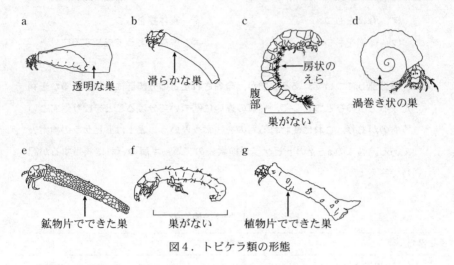

図4．トビケラ類の形態

問3．下線部(c)について，生物は変化の過程で異なる種間において，起源は異なるが同じような形態やはたらきをもつ器官や，外観やはたらきが違っても発生起源が同じ器官がみられるようになった事例がある。
　　　　　　　　　　　　　　　　　　　(ア)
　　　　　　　　　　　　　　　　　　　　　　　　　　　　(イ)

(1) 下線部(ア)と(イ)をそれぞれ何というか答えよ。
(2) 下線部(ア)の組み合わせを下の①〜④からすべて選び，記号で答えよ。
(3) 下線部(イ)の組み合わせを下の①〜④からすべて選び，記号で答えよ。

　① カイコガの羽と鳥類の翼　　② コウモリの翼とイヌの前肢
　③ ヒトの腕とクジラの胸びれ　　④ ヒトの眼とイカの眼

問4．下線部(d)について，地球上の生物の変遷は化石記録などから推測することができる。以下の生物が出現した時代を古いものから順に並べ，記号で答えよ。
　(A) シダ植物　　(B) 真核生物　　(C) 人類　　(D) 藻類
　(E) 鳥類　　(F) 被子植物　　(G) 哺乳類　　(H) 陸上植物
　(I) 両生類

問5．下線部(e)について，酸素発生型光合成生物の出現は，生物の陸上進出に貢献したと考えられる。その理由を80字以内で述べよ。ただし，句読点は文字数に含む。

地学

（2科目：150分）

Ⅰ 島弧—海溝系に関する以下の文章を読み，問い（問1～問6）に答えよ。

　海洋プレートと大陸プレートが衝突するプレート収束境界では，海洋プレートが大陸プレートの下へ沈み込むことで海溝や島弧が形成される。図1は，そのような島弧—海溝系における地下構造の模式断面図を示す。日本列島はこのような島弧—海溝系に位置するため，様々な地質現象が生じるとともに，様々な岩石が形成される場でもある。例えば，(a)海洋プレートの沈み込みに伴い，大陸プレートの下ではマグマが生成され，それらが上昇し地表へ噴出することにより火山前線が形成される。また，海溝近傍においては，(b)海洋プレートの上にたまった堆積物や岩石の一部がはぎ取られ，大陸プレートの縁に付け加わる。この作用によって形成された地質体を (1) とよぶ。 (1) から火山前線の間に位置する (2) には，主に陸から供給された砕屑物がひろく堆積している。また，堆積岩や火成岩において，(c)地球内部の高い圧力や温度により，固体状態のまま鉱物同士の化学反応や組織の変化が生じ，その条件で安定な新しい鉱物からなる岩石に変化することで，様々な変成岩が形成される。

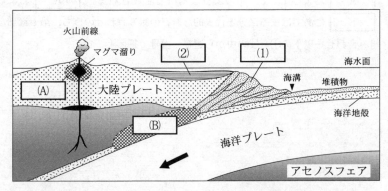

図1．代表的な島弧—海溝系における地下構造の模式断面図

46 2020 年度 地学　　　　　　　　　　　　　　　　　横浜国立大-理系前期

問 1. 本文および図 1 中の，　(1)　および　(2)　にあてはまる最も適切な
　　　語句を以下の①〜⑤の中から選び，番号で答えよ。

　　　① 前弧海盆　　　　② 背弧海盆　　　　③ 地溝帯

　　　④ 付加体　　　　　⑤ 楯状地

問 2. 下線部(a)に関して，海洋プレートが沈み込むことでなぜ大陸プレート下のマ
　　　ントルでマグマが生成されるのか。その理由について 80 文字以内で説明せ
　　　よ。なお，句読点も文字数に含む。

問 3. 図 1 において，マグマ溜りが長い時間をかけて冷却し固まった岩石のことを
　　　深成岩とよぶ。図 1 中のマグマ溜りで形成された深成岩として最も適切と考え
　　　られるものを以下の①〜④の中から選び，番号で答えよ。

　　　① 玄武岩　　　　② 流紋岩　　　　③ 花こう岩　　　　④ かんらん岩

問 4. 下線部(b)に関して，陸からはるか遠くはなれた海洋プレートの上には「遠洋
　　　性堆積物」がたまることがあり，それらには様々なものが知られている。その
　　　うちひとつの名称を挙げ，その生成過程を 80 文字以内で説明せよ。なお，句
　　　読点も文字数に含む。

問 5. 下線部(c)に関して，変成岩はそれらがつくられるときの温度と圧力の上昇す
　　　る割合により，「高温低圧型」および「低温高圧型」に大きく区分され，図 1 中の
　　　(A)　および　(B)　のような場所で生成される。　(A)　および
　　　(B)　にあてはまる区分と代表的な岩石の組み合わせのうち，最も適切な
　　　組み合わせを以下の①〜④の中から選び，番号で答えよ。

	(A)		(B)	
	区　分	代表的な岩石	区　分	代表的な岩石
①	低温高圧型	結晶片岩	高温低圧型	片麻岩
②	低温高圧型	片麻岩	高温低圧型	結晶片岩
③	高温低圧型	片麻岩	低温高圧型	結晶片岩
④	高温低圧型	結晶片岩	低温高圧型	片麻岩

問 6. 図1が東北日本における島弧―海溝系断面である場合，沈み込んでいる海洋
　　　プレートの名称を答えよ。

Ⅱ　地球の水と炭素の循環に関する以下の文章を読み，問い（問1〜問7）に答えよ。

　　図1は地球の水の循環を示している。水は蒸発や降水，大気による移送，河川や
地下水による流出を通じて陸と海洋と大気の間で循環している。水の存在量として
は，海水が地球の水の約97 %を占めており，海水を除く残りの約4分の3の水は
　　(1)　　として存在している。一方，水蒸気や雲など大気中の水は0.001 %に
　　　　　　　　　　　　　　　　　　　　　　　　　　　(a)
すぎず，その量は約15兆tと見積もられており，大気中の全ての水が入れ替わる
時間（平均滞留時間）は約　　(2)　　とされている。
　　地球の水の循環は，炭素の循環でも重要な役割を担っていることが知られてい
る。雨水には大気中の二酸化炭素が溶け込むことで弱酸性となっているため，陸の
炭酸塩鉱物と反応し，炭酸水素イオンとカルシウムイオンを生成する。これらのイ
　　　　　　　　　　　　　　　　　　　　　　　　(b)
オンは河川や地下水による流出を通じて海洋に供給されており，海水中から炭素を
除去する主要な過程を駆動している。
　　　　　　　　　　　(c)

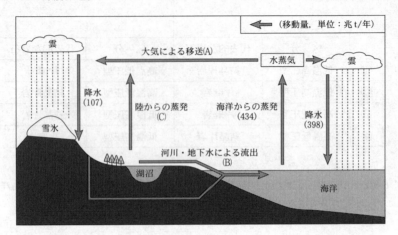

図1．地球上の水の循環を示す模式図であり，かっこ内の値は年あたりの水の移動量（兆t/年）

問1． (1) にあてはまる最も適切な語句を以下の①～④の中から選び，番号で答えよ。
　① 湖沼　　② 河川　　③ 雪氷　　④ 地下水

問2．図1中の(A)と(B)の水の移動量の関係として最も適切なものを以下の①～⑤の中から選び，番号で答えよ。
　① (A)は(B)の約2倍の移動量である
　② (B)は(A)の約2倍の移動量である
　③ (A)は(B)の約4倍の移動量である
　④ (B)は(A)の約4倍の移動量である
　⑤ (A)と(B)の移動量は等しい

問3．図1中の(C)の水の移動量として最も適切な値（兆t/年）を以下の①～⑤の中から選び，番号で答えよ。
　① 18　　② 35　　③ 71　　④ 142　　⑤ 284

問4．下線部(a)のように大気中の水蒸気や雲などの水はごく少量であるものの，大気と地表間の熱収支では極めて重要な役割を担っている。その役割を「地球放

射」と「温室効果」の二つの用語を用いて 80 字以内で説明せよ。なお，句読点も
文字数に含む。

問 5. ┌─ (2) ─┐ にあてはまる最も適切な値を以下の①〜⑤の中から選び，番号で
答えよ。

    ① 21 時間   ② 11 日   ③ 21 日   ④ 111 日   ⑤ 211 日

問 6. 下線部(b)のような作用のことを何と呼ぶか。最も適切な語句を答えよ。

問 7. 下線部(c)の記述に関して，カルシウムイオンを通じた海洋からの炭素の除去
過程では，有孔虫やサンゴなどの海洋生物が重要な役割を担っている。その過
程を 80 字以内で説明せよ。なお，句読点も文字数に含む。

Ⅲ 地質図に関する問い(問 1 〜問 5)に答えよ。

下の図 1 はある地域の地質図で，A〜D 層が分布している。この地質図には走向
傾斜記号と等高線が描かれていないため，さまざまな地層の姿勢が想定できる。た
だし，放射性年代測定から，A 層はジュラ紀，B 層は白亜紀，C 層は古第三紀，D
   (a)
層は新第三紀であることが判明している。

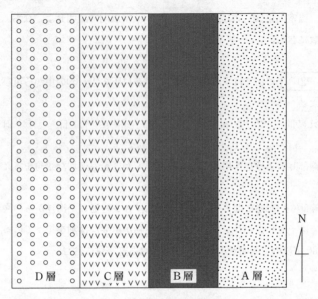

図1．ある地域の地質図

問 1．A～D層の走向傾斜がどこでも水平の場合の地層の東西方向の断面図を図示せよ。ただし，断層は存在せず，地層の逆転はない。

問 2．地表面が水平で，地層の傾斜角がどこでも45°である場合の東西方向の断面図を図示せよ。ただし，断層は存在せず，地層の逆転はない。

問 3．白亜紀と古第三紀との境界にイリジウムが濃集した地層が観察されることから，隕石の衝突があったと考えられている。なぜこのように推定されるのか，その理由を80字以内で説明せよ。なお，句読点も文字数に含む。

問 4．(1)～(5)のことがらが生じた地質時代に堆積した地層を，A～D層の中からそれぞれ答えよ。
　(1)　日本海の形成
　(2)　ヒマラヤ山脈の形成
　(3)　始祖鳥の出現

横浜国立大-理系前期　　　　　　　　　　　　　　2020 年度　地学　*51*

　　⑷　最古の人類(猿人)の出現

　　⑸　貨幣石(ヌンムリテス)の出現

問 5.　下線部⒜に関して，放射性年代測定に使われる放射性同位体をひとつ答え
　　よ。

解答編

■英語■

I　解答　1．明るい色の車より暗い色の車のほうが事故率が高いという話や個々の報告に基づいた証拠はあるが，車の色と交通事故の危険性との強い因果関係を実証に基づいて証明した研究はほとんどないということ。

2．人命を交通事故から守ること。交通事故で生じる経済的な損失を数百万ドルも減らせること。

3―b

◆━全　訳━◆

≪車の色と交通事故率≫

　研究者がシンガポール最大のタクシー会社の3年分の事故データを分析したのだが，その車は主に青と黄色であった。黄色の車は毎月1,000台のタクシーあたりの衝突事故が青の車より約6台少ないと，彼らは結論づけた。色の明るい車のほうが視認性がより向上し，そのことが事故が少なくなる主な理由だと示唆された。

　『全米科学アカデミー会報』で発表された分析は，注意深いドライバーが黄色の車を好む可能性を含めて事故の他の原因を除外するために，速度監視装置のデータを使った。スクールバスなどのような他のタイプの公共交通機関に黄色が使われているのを考察して，「さらにその調査結果の正しさを立証」したいと，研究者は言った。「暗い色の車のほうが事故率が高いという事例証拠はあるのですが，車の色と交通事故の危険性との強い因果関係を実証に基づいて証明した研究はほとんどありません」と，この研究の指揮を執るシンガポール国立大学のホー゠テック゠フー教授は言った。「私たちの研究の調査結果は，色の視認性が公共交通機関の乗物に使われる色を決定する際に大きな役割を果たすべきであることを示しています。すべてのタクシーを黄色に変えるという商業上の決定をすれば，人命

横浜国立大-理系前期　　　　　　　　　　2020 年度　英語〈解答〉　*53*

を守り，もしかすると経済的損失を数百万ドルも減らせるかもしれません」

　その研究はコンフォートデルグロで運転されている 4,175 台の黄色のタクシーと 12,525 台の青のタクシーから得られたデータを再検討した。平均すると，黄色のタクシーが関わる事故は毎月 1,000 台のタクシーあたり 6.1 件少なかった——青のタクシーの 71.7 件と比較して 65.6 件であった。すべてのタクシーの色を黄色に切り換えることによって，コンフォートデルグロは修理費と損益で 200 万シンガポールドルを毎年節約することができると，研究者は見積もった。コンフォートデルグロのスポークスマンは，「調査結果は非常に興味深いもので，きっと私たちはそれらを詳しく検討することになるでしょう」と言った。

　研究者が車の色と事故率の相関関係を調べたのは，それが初めてではない。ニュージーランドのオークランドでの 2003 年の研究は，シルバー色の車が重傷という結果になる自動車事故に巻き込まれるのは白の車より約 50％少ない可能性があると結論づけた。明るい色の車は「受動的に衝突に巻き込まれる」危険性がわずかに低いことと関係していると結論づけた 2002 年のスペインの研究を，それは裏づけた。その研究はスペインにおける 1993 年から 1999 年までの交通事故データベースに基づいていた。

━━━━━━━◀解　説▶━━━━━━━

1．比較級 higher の比較対象は「暗い色の車」と「明るい色の車」なので，それを加味して解釈する。Although 〜, … 「〜だが，…である」 anecdotal「個々の報告に基づいた」　evidence on 〜「〜についての証拠」 higher accident rates for dark-coloured vehicles「暗い色の車のほうの高い事故率」→「暗い色の車のほうが事故率が高い」　few studies 〜「〜した研究はほとんどない」　empirically「実証に基づいて」　establish「〜を証明する，〜を立証する」　causal link between *A* and *B*「*A* と *B* との因果関係」

2．「すべてのタクシーを黄色に変える」という記述は第 2 段最終文（A commercial decision to …）にあり，その利点も同文に述べられている。save lives (from traffic accidents)「人命を（交通事故から）守る」 potentially「もしかすると」　economic losses (caused by traffic accidents)「（交通事故で生じる）経済的な損失」　by millions of dollars

54 2020 年度　英語〈解答〉　　　　　　　　　　　　　横浜国立大-理系前期

「数百万ドルも」 by は差を表す。

３．ａ．「多くのスクールバスは証明された安全上の理由から黄色である」
第２段第２文（Researchers said they were …）に「スクールバスなど
のような他のタイプの公共交通機関に黄色が使われているのを考察して」
とあるので，黄色のスクールバスの安全性はまだ証明されていない。よっ
て，不一致。

ｂ．「白の車に乗る人々はシルバー色の車に乗る人々より交通事故で重傷
を被る可能性が高い」
最終段第２文（A 2003 study in Auckland, …）に「シルバー色の車が重
傷という結果になる自動車事故に巻き込まれるのは白の車より約 50％少
ない可能性がある」とあるので，一致する。

ｃ．「明るい色の車は暗い色の車より他の車に衝突する可能性は低い」
最終段第３文（That supported research in 2002 …）に「明るい色の車
は『受動的に衝突に巻き込まれる』危険性がわずかに低いことと関係して
いる」とあるので，不一致。

ｄ．「注意深いドライバーは黄色の車を好む」
第２段第１文（The analysis, published in …）に「注意深いドライバー
が黄色の車を好む可能性」とあるが，それはあくまで可能性であって，実
証されたことではないので，不一致。

Ⅱ 　**解答**　　1．子供は *-er* が句全体に適用されるかのように *-er* を
　　　　　　　　解釈する傾向があるので，a writer with a candy bar
を a [write with a candy bar]-er と認識してしまうため。
2．(B)語尾 *'s* が [the man in the tree] という句全体を修飾し，「木に座
っている男性の帽子」である
(C)子供が語尾 *'s* は [the tree] を修飾し，「帽子をかぶっている木で，そ
の木に男性が座っている」と理解している

◆全　訳◆

≪子供が語尾 *-er* や *'s* の用法を間違える理由≫
[１節]
　ある時，私の娘が非常に幼かった時に，彼女は私に "There's a bike-
rider with no hands." と言った。ネイティブスピーカーはその文が何を

意味するかがわかる。大人にとって，その文は，その人，つまり乗り手には手がないという意味を規定する。しかし，子供は *with no hands*（「手を放して」）を人ではなく，自転車に乗る動作を修飾するために使っている。子供は *-er* が *ride a bike with no hands*（「手を放して自転車に乗る」）を修飾すると理解しているかのようである。したがって，子供にとって，*a bike rider with no hands* の意味は下記のように括弧 [　　　　]を使って説明することができる。

a [ride a bike with no hands]-er

　子供の *-er* に対する理解をこのように説明することは，子供がその脳の中で実際に文をどのように理解するかについての仮説を示す。ジャネット＝ランドルは，子供がいつも *-er* が句全体に適用されるかのように *-er* を解釈することを実験によって示している。子供にとって，*a chef with a fork*（「フォークを持っているシェフ」）は近くにフォークを持っているコックであるが，*a writer with a candy bar*（「棒状のチョコレート菓子を持った作家」）は書くために棒状のチョコレート菓子を使っている人なのである。

[2節]

　子供の *-er* の解釈の仕方はもう１つの英文法項目と類似している。単語の語尾 *'s* も英語では実際には同じやり方で機能する。*The boy on the boat's hat*（「ボートに乗っている少年の帽子」）はボートの帽子ではなく少年の帽子のことを言っているのであって，*'s* は *-er* と同様に，最後の語 *boat* よりむしろ *the boy on the boat* という句全体を修飾しているかのようである。

[the boy on the boat]'s hat

　ハリー＝シーモアとジャニス＝ジャクソンは子供に２つの絵を見せて，子供が句全体に *'s* をつけて理解していることを調べた——１つの絵は帽子をかぶった男性が木に座っているもので，もう１つは帽子を「かぶっている」木で，その木に男性が座っているものであった。それから彼らは各子供に「the man in the tree's hat を示しなさい」と尋ねた。左の絵を指すのは，子供が＿＿＿＿＿＿＿＿＿＿＿＿＿＿＿＿＿＿＿＿と理解していることになる。もし子供が右の絵を指せば，それは＿＿＿＿＿＿＿＿＿＿＿＿＿＿
(B)
＿＿＿＿＿＿＿＿ということになる。
(C)

56 2020 年度　英語〈解答〉　　　　　　　　　　　　横浜国立大-理系前期

■——◀解　説▶——■

1．第2段第2文（Janet Randall has shown …）の前半にその理由が簡潔に述べられているので，それを追加して解答をまとめる。ただし，summarize「要約する」という指示なので，あまり長くならないようにする。interpret「～を解釈する」as if ～「～であるかのように（仮定法過去を使用）」apply to ～「～に適用される」

2．(B)左側の絵は帽子をかぶった男性が木に座っているので，子供は the man in the tree's hat を [the man in the tree]'s hat，つまり語尾 's が [the man in the tree] という句全体を修飾すると理解している。

(C)右側の絵は男性が木に座りその木の上に帽子が乗っているので，子供は the man in the tree's hat を the man in [the tree]'s hat，つまり語尾 's が [the tree] だけを修飾すると理解している。

III **解答**　1．supposed　2．tell　3．react　4．missed
　　　　　　　5．concentrate　6．better

〰〰〰〰〰◆全　訳◆〰〰〰〰〰

≪留学に向かうフライトに搭乗できなかった学生≫

パット：やあ，ジュン。今週ここで君に会うとは予想していなかったな。1年間の交換留学でカリフォルニアに向かっていると思ったんだけど。

ジュン：そうなんだ。先週飛行機で行くことになっていたんだけど，それがあまりうまくいかなかったんだ。フライトの当日，寝過ごしたので，急いで服を着て，荷物を全部かき集めて，空港に急いで行かなければならなかったんだ。

パット：なんてことだ！　それじゃ，フライトに遅れたのかい？

ジュン：ちょっと違うんだ。数分余裕をもって空港に着いたんだけど，チェックインしようとしたら，家と空港の間のどこかでパスポートをなくしたことに気づいたんだよ。

パット：おい，ジュン，それは実にひどいね。それじゃ，飛行機に搭乗できなかったわけだ？

ジュン：そう，できなかったよ。家に帰って，旅券事務所に連絡して，新しいパスポートの申請を最短でやってくれるように頼まなければ

横浜国立大-理系前期　　　　　　　　　　　　2020 年度　英語〈解答〉　57

ならなかった。それと，アメリカの大学にメールを送って，学期
の始まりには間に合わないと伝えなければならなかったんだ。今
日ここにいるのは国際オフィスに何が起こったかを報告するため
さ。

パット：航空券に支払ったお金を返してもらえるのかい？

ジュン：だめだな，それはあきらめるしかないよ。だから，海外留学の年
間費用に新しい航空券の費用を加えなければならないだろうな。

パット：親の反応はどうだった？

ジュン：お父さんは笑っただけだ。彼自身も青年のときに数回フライトに
乗り損なったことがわかったので，本当に同情的だった。でもお
母さんは怒っていたよ。彼女は僕が無責任だと考えている。この
件が起こってから 5 日経つんだけど，彼女はまだ僕を責めている
んだ。

パット：それじゃ，新しいフライトを予約したのかい？

ジュン：したよ，明後日飛行機に乗る。旅券事務所は本当に親切にしてく
れているよ。申請を処理するのに 48 時間しかかからなかった。
彼らは僕に同情したんだと思う。予定より遅れて寮に到着するこ
とになり，2 日間だけ授業を休むことになる。全体として見れば，
大失敗というわけでもないさ。でも，航空券の費用は残念だな。

パット：そう，覆水盆に返らずさ。それを全部忘れて，カリフォルニアで
の交換留学の 1 年を楽しむことに集中すればいいよ。

ジュン：そうするよ。本当に楽しみにしているんだ。向こうの教室に入っ
て勉強を始めるのが早ければ早いほど，いいからね。

パット：その調子だよ！

━━━━━━━◀解　説▶━━━━━━━

1．パットが 1 番目の発言で，「カリフォルニアに向かっていると思った
んだ」と述べている。空所後方では，ジュンが but 以下で「それがあま
りうまくいかなかった」と述べているので，ジュンはカリフォルニアに飛
行機で行くことになっていたと考えられる。また，空所直前に be 動詞が
あることから，受動態で使用可能な動詞を選ぶ。よって，be supposed
to *do*「～することになっている」という慣用句を構成する supposed が
正解。vow to *do*「～することを誓う」　be allowed to *do*「～することを

許される」 intend to *do*「～するつもりである」 promise to *do*「～すると約束する」

2．空所直後に目的語と（that）節が続いているので，この構文で使える動詞を選ぶ。空所前方では「メールを送る」とあるので，「伝える」の意味になる tell が正解。teach *A* that ～ は「*A* に～ということを教える」という意味なので，不適。say はこの構文では使われない。announce は announce to *A* that ～「*A* に～と告げる」の構文で使われるので，不適。ask は ask of *A* that ～「*A* に～を要求する」の構文で使われるので，不適。

3．パットはジュンがフライトに乗り損なったことに対する親の対応を尋ねているので，react「反応する」が正解。behave「振る舞う」は文意に合わない。他の選択肢は疑問詞に how ではなく what を使うので，不適。

4．空所後方に「お父さんは本当に同情的だった」とあるので，父親にも同じような経験があると思われる。よって，miss「～に乗り損なう」の意味になる missed が正解。

5．空所直後の前置詞 on と結びつく動詞を考える。候補は，ponder, concentrate, dwell だが，ponder on ～「～についてじっくり考える」と dwell on ～「～を詳しく説明する」は文意に合わない。concentrate on ～「～に集中する」が文意に合うので，concentrate が正解。

6．空所前方の文頭に The sooner があることから，the＋比較級～，the＋比較級…「～すればするほど，ますます…」の構文が考えられる。また，定型化している表現 The sooner, the better.「早ければ早いほどよい」が適当と思われるので，better が正解。

Ⅳ 解答例 (Dear Jackson,
Thank you for your email.) I suggest that she study the Meiji period. After the closed-door policy during the Edo period, Japan opened its doors to foreign countries. Then, Japan began to adopt Western culture and institutions in the Meiji era, and quickly developed to a modern country. The Meiji era saw many enormous changes in all the aspects in society. During the period, Japan also produced a large number of remarkable and historical

横浜国立大-理系前期　　　　　　　　　　　2020 年度　英語〈解答〉　*59*

figures in many fields. I think that the Meiji era was the most
dynamic and epoch-making one in Japan. I'm sure that she will
develop a strong interest in it. (75〜100 語)

◀ 解　説 ▶

　例年同様，友人からのEメールへの返事という設定のテーマ英作文であ
る。指定された語数は，返信欄（解答欄）にあらかじめ記入されている部
分を含めずに 75〜100 語。また，返信メールの最後に自分の名前を書いて
はいけないという指示もある。
メールの和訳：
「○○へ，
日本へ行って勉強したい友人がいます。彼女は日本の歴史を学びたいと思
っているんですが，どの時代を学んだらいいかわからないのです。歴史の
どの時代を勧めますか，そしてその理由は？
ジャクソン」
　返信Eメールの内容は，「日本の歴史のどの時代を勉強したらよいか，
またその理由は何か」という質問に答えるものになる。どの時代でもよい
が，自分がよく史実を知っている時代を選ぶと書きやすいであろう。その
時代の特徴，変革，事件などを挙げ，相手の興味を喚起するような英文に
するとよいであろう。
　自分のよく知っている単語・構文を用いて書くように心がけてほしい。
当然のことながら，文法的な間違いをしないように気をつけること。
〔解答例〕の和訳：
「（ジャクソンへ，
メールありがとう。）彼女が明治時代を勉強するように勧めます。江戸時
代の鎖国政策の後で，日本は外国に門戸を開きました。それから，日本は
明治時代に西洋の文化と制度を採り入れ，近代国家へと急速に発展してい
きました。明治時代は社会のあらゆる面で多くの大きな変化を経験しまし
た。また，その時代に日本は多くの分野で多数の著名な歴史的人物を輩出
しました。私は明治時代は日本で最もダイナミックで画期的な時代だと思
います。きっと，彼女もそれにとても興味を持つと思います」

60 2020 年度　英語〈解答〉　　　　　　　　　　　　　　　横浜国立大-理系前期

❖講　評

　例年通り大問4題の構成で，2020年度は読解問題2題，会話文問題1題，英作文問題1題という出題であった。

　Ⅰの読解英文は，明るい色の車のほうが事故率が低いという事実を実証的に立証した科学的な英文である。1は英文和訳に近い内容説明問題である。比較対象の「明るい色の車」をつけ加えるとよいだろう。2の具体的な内容を表す箇所は見つけやすいと思われるが，「交通事故」という視点を加えるとよいだろう。3の内容真偽は紛らわしい選択肢もあるので，該当箇所をしっかりと確認する必要がある。

　Ⅱの読解英文は，子供が語尾 -er や 's の用法を間違える理由を分析した言語学的，かつ，英語ネイティブの子供の言語習得の分野に関する英文で，英文自体は易しいものの，受験生には非常になじみが薄い分野の英文であるため，戸惑った受験生も多かったであろう。1の内容説明は子供が -er の用法を間違える理由を加味して答える必要がある。2は所有格の修飾の仕方とその場合の意味の両方を書く。

　Ⅲの会話文は，留学に向かうフライトに搭乗できなかった学生とその友人の会話を扱ったもので，会話文の英文は標準レベルである。設問は英文中の空所に単語を補充する問題である。空所ごとに5個ずつの選択肢の中から1つ選ぶ形式である。動詞の用法や構文で判断する設問が多い。

　Ⅳは電子メールへの返信という従来通りの形式のテーマ英作文。2020年度のテーマは「日本の歴史のどの時代を勉強したらよいか，またその理由は何か」で，カナダにいる友人にアドバイスをするものである。

　全体としての難度は標準レベルだが，その中にいくつか難しい設問もあるという，入試問題としてバランスの取れた出題だといえる。

横浜国立大-理系前期　　　　　　　　　　　　　2020 年度　数学〈解答〉　*61*

■数学■

1 解答

(1) 関数 $f(x)=(e^x-1)\cos x-\sin x$ を微分して

$$f'(x)=e^x\cos x-(e^x-1)\sin x-\cos x$$
$$=e^x(\cos x-\sin x)+\sin x-\cos x$$
$$=(e^x-1)(\cos x-\sin x)$$

したがって，$f'(x)=0$ となるのは

$$e^x=1,\quad \cos x=\sin x$$

のときであり，$-\dfrac{\pi}{2}\leqq x\leqq\dfrac{\pi}{2}$ のとき

$$x=0,\ \dfrac{\pi}{4}$$

である。ゆえに，増減表は以下の通りになる。

x	$-\dfrac{\pi}{2}$	…	0	…	$\dfrac{\pi}{4}$	…	$\dfrac{\pi}{2}$
$f'(x)$		−	0	+	0	−	
$f(x)$	1	↘	0	↗	α	↘	−1

ただし

$$\alpha=f\left(\dfrac{\pi}{4}\right)=\dfrac{e^{\frac{\pi}{4}}-1}{\sqrt{2}}-\dfrac{1}{\sqrt{2}}$$
$$=\dfrac{e^{\frac{\pi}{4}}}{\sqrt{2}}-\sqrt{2}$$

であり，グラフの概形は右図の通りである。

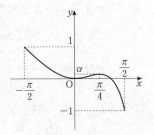

(2) $t=\log(\sin x)$ とおくと

$$\dfrac{dt}{dx}=\dfrac{\cos x}{\sin x}=\dfrac{1}{\tan x},\quad \begin{array}{c|ccc} x & \dfrac{\pi}{6} & \to & \dfrac{\pi}{4} \\ \hline t & -\log 2 & \to & -\dfrac{1}{2}\log 2 \end{array}$$

だから

$$\int_{\frac{\pi}{6}}^{\frac{\pi}{4}}\dfrac{\log(\sin x)}{\tan x}dx=\int_{-\log 2}^{-\frac{1}{2}\log 2}t\,dt=\left[\dfrac{t^2}{2}\right]_{-\log 2}^{-\frac{1}{2}\log 2}$$

62 2020 年度　数学〈解答〉　　　　　　　　　　　　横浜国立大-理系前期

$$= \frac{1}{8}(\log 2)^2 - \frac{1}{2}(\log 2)^2$$

$$= -\frac{3}{8}(\log 2)^2 \quad \cdots\cdots (答)$$

━━━━━━ ◀解　説▶ ━━━━━━━━━

≪関数のグラフ，置換積分≫

(1)　積の微分法則
$$\{f(x)g(x)\}' = f'(x)g(x) + f(x)g'(x)$$
を用いて関数を微分する。

(2)　$t = \log(\sin x)$ とおいて，置換積分する。

2　解答

(1)　実数 A, B, C, D に対して

$$z = \frac{A + \sqrt{5}\,Bi}{C + \sqrt{5}\,Di} = \frac{(A + \sqrt{5}\,Bi)(C - \sqrt{5}\,Di)}{(C + \sqrt{5}\,Di)(C - \sqrt{5}\,Di)}$$

$$= \frac{(AC + 5BD) + \sqrt{5}\,(BC - AD)i}{C^2 + 5D^2}$$

だから，$z = x + yi$ をみたす実数 x, y は

$$x = \frac{AC + 5BD}{C^2 + 5D^2}, \quad y = \frac{\sqrt{5}\,(BC - AD)}{C^2 + 5D^2} \quad \cdots\cdots (答)$$

(2)　次の条件①～③をみたす整数 A, B, C, D を求める。

$$\frac{16 + \sqrt{5}\,i}{29} = \frac{A + \sqrt{5}\,Bi}{C + \sqrt{5}\,Di} \quad \cdots\cdots ①$$

$$AD - BC = -1 \quad \cdots\cdots ②$$

$$D > 0 \quad \cdots\cdots ③$$

①をみたすとき，(1)より

$$\frac{AC + 5BD}{C^2 + 5D^2} = \frac{16}{29}, \quad \frac{BC - AD}{C^2 + 5D^2} = \frac{1}{29}$$

$$\therefore \quad AC + 5BD = 16(BC - AD)$$

したがって，②より

$$AC + 5BD = 16 \quad \cdots\cdots ④$$

$$\therefore \quad C^2 + 5D^2 = 29 \quad \cdots\cdots ⑤$$

ここで，$D \geqq 3$ とすると

横浜国立大-理系前期　　　　　　　　　　　　　　　　　　　　2020 年度　数学〈解答〉　63

$$C^2+5D^2 \geqq C^2+45 \geqq 45$$

となり，⑤に反するので，③も合わせて

$$0 < D \leqq 2 \quad \therefore \quad D=1, \ 2$$

[1]$D=1$ のとき，⑤より $C^2=24$ となり不適。

[2]$D=2$ のとき，⑤より　　$C^2=9$　　$\therefore$　$C=\pm 3$

(ⅰ)$C=3$ のとき，②，④より

$$2A-3B=-1, \ 3A+10B=16$$

これを解くと，$B=\dfrac{35}{29}$ となり不適。

(ⅱ)$C=-3$ のとき，②，④より

$$2A+3B=-1, \ -3A+10B=16$$

これを解くと　　$A=-2, \ B=1$

以上より，求める整数 A, B, C, D は

$$A=-2, \ B=1, \ C=-3, \ D=2 \quad \cdots\cdots (答)$$

━━━━━━◀解　説▶━━━━━━

≪複素数の除法，整数の決定≫

(1)　$\dfrac{a+bi}{c+di} = \dfrac{(ac+bd)+(bc-ad)i}{c^2+d^2}$ である。

(2)　整数 D は $D>0$ という条件から絞り込むことができる。

3　解答　「箱 A から白玉を 2 個取り出す　……①」確率は

$$\dfrac{1}{{}_4C_2} = \dfrac{1}{6}$$

であり，そのとき，箱 B には白玉 3 個が入っている。

「箱 A から白玉を 1 個，赤玉を 1 個取り出す　……②」確率は

$$\dfrac{2^2}{{}_4C_2} = \dfrac{4}{6}$$

であり，そのとき，箱 B には白玉 2 個，赤玉 1 個が入っている。

「箱 A から赤玉を 2 個取り出す　……③」確率は

$$\dfrac{1}{{}_4C_2} = \dfrac{1}{6}$$

であり，そのとき，箱Bには白玉1個，赤玉2個が入っている。

(1) 箱Aから玉を2個取り出し，色を確認せずに箱Bに2個とも入れ，箱Bから玉を1個取り出し，色を確認した後に，箱Bに戻すという作業を2回繰り返すとき，2回とも白玉である確率 p_2，2回とも白玉であるという条件のもとで，はじめに箱Aから取り出した玉が2個とも白玉である条件付き確率 q_2 を求める。

①のとき，箱Bから白玉を取り出す確率は $\dfrac{3}{3}$

②のとき，箱Bから白玉を取り出す確率は $\dfrac{2}{3}$

③のとき，箱Bから白玉を取り出す確率は $\dfrac{1}{3}$

であるから

$$p_2 = \frac{1}{6}\left(\frac{3}{3}\right)^2 + \frac{4}{6}\left(\frac{2}{3}\right)^2 + \frac{1}{6}\left(\frac{1}{3}\right)^2 = \frac{9+16+1}{54}$$

$$= \frac{13}{27} \quad \cdots\cdots(答)$$

$$q_2 = \frac{\dfrac{1}{6}\left(\dfrac{3}{3}\right)^2}{p_2} = \frac{9}{9+16+1}$$

$$= \frac{9}{26} \quad \cdots\cdots(答)$$

(2) (1)と同様に考えて

$$p_n = \frac{1}{6}\left(\frac{3}{3}\right)^n + \frac{4}{6}\left(\frac{2}{3}\right)^n + \frac{1}{6}\left(\frac{1}{3}\right)^n = \frac{3^n+4\cdot 2^n+1}{6\cdot 3^n}$$

$$= \frac{3^n+2^{n+2}+1}{6\cdot 3^n} \quad \cdots\cdots(答)$$

$$q_n = \frac{\dfrac{1}{6}\left(\dfrac{3}{3}\right)^n}{p_n} = \frac{3^n}{3^n+2^{n+2}+1} \quad \cdots\cdots(答)$$

(3) $q_n = \dfrac{3^n}{3^n+2^{n+2}+1} > \dfrac{1}{2}$ $\cdots\cdots$④ を変形して

$$2\cdot 3^n > 3^n+2^{n+2}+1 \qquad \therefore \quad 3^n > 2^{n+2}+1$$

[1] $n=1$ のとき　$3^n=3$，$2^{n+2}+1=9$ $\quad\therefore\quad 3^n < 2^{n+2}+1$

[2]$n=2$ のとき　　　$3^n=9$, $2^{n+2}+1=17$　　∴　$3^n<2^{n+2}+1$

[3]$n=3$ のとき　　　$3^n=27$, $2^{n+2}+1=33$　　∴　$3^n<2^{n+2}+1$

[4]$n=4$ のとき　　　$3^n=81$, $2^{n+2}+1=65$　　∴　$3^n>2^{n+2}+1$

したがって，④をみたす最小の n の値は

　　　$n=4$　……(答)

━━━━━◀解　説▶━━━━━

≪箱から玉を取り出すときの確率，条件付き確率≫

(1)　箱 A から取り出す 2 個の玉の取り出し方で場合分けする。

(2)　(1)と同様に考えれば容易。

(3)　$n=1$ から順に調べる。

4　解答

(1)・(2)　$\overrightarrow{\mathrm{AB}}=\overrightarrow{\mathrm{OB}}-\overrightarrow{\mathrm{OA}}$

$=(-3,\ 6,\ 7)-(1,\ 2,\ 9)=(-4,\ 4,\ -2)$

$=-2(2,\ -2,\ 1)$

なので，直線 l の方向ベクトル $\vec{d}$ は

　　　$\vec{d}=(2,\ -2,\ 1)$

点 P，Q は直線 l 上の点なので

　　　$\overrightarrow{\mathrm{OP}}=\overrightarrow{\mathrm{OA}}+s\vec{d}$, $\overrightarrow{\mathrm{OQ}}=\overrightarrow{\mathrm{OA}}+t\vec{d}$　（s, t は実数）　……①

と表せる。点 R，S は x 軸上の点なので

　　　$\overrightarrow{\mathrm{OR}}=\alpha\vec{e_1}$, $\overrightarrow{\mathrm{OS}}=\beta\vec{e_1}$　（α, β は実数）　……②

ただし

　　　$\vec{e_1}=(1,\ 0,\ 0)$

である。直線 PR，QS の方向ベクトルをそれぞれ，$\vec{d_1}$, $\vec{d_2}$ とすると

　　　$\vec{d_1}=\overrightarrow{\mathrm{OR}}-\overrightarrow{\mathrm{OP}}$, $\vec{d_2}=\overrightarrow{\mathrm{OS}}-\overrightarrow{\mathrm{OQ}}$　……③

直線 PR⊥xy 平面なので

　　　$\vec{d_1}\cdot\vec{e_1}=0$, $\vec{d_1}\cdot\vec{e_2}=0$　……④

ただし

　　　$\vec{e_2}=(0,\ 1,\ 0)$

である。よって，③・④より

$$(\overrightarrow{OR} - \overrightarrow{OP}) \cdot \vec{e_1} = 0, \quad (\overrightarrow{OR} - \overrightarrow{OP}) \cdot \vec{e_2} = 0$$

$$\therefore \quad \overrightarrow{OR} \cdot \vec{e_1} - \overrightarrow{OP} \cdot \vec{e_1} = 0, \quad \overrightarrow{OR} \cdot \vec{e_2} - \overrightarrow{OP} \cdot \vec{e_2} = 0 \quad \cdots\cdots \text{⑤}$$

ここで，①・②より，$\overrightarrow{OR} = (\alpha, \ 0, \ 0)$，$\overrightarrow{OP} = (1+2s, \ 2-2s, \ 9+s)$ だから

$$\overrightarrow{OR} \cdot \vec{e_1} = \alpha, \quad \overrightarrow{OR} \cdot \vec{e_2} = 0$$

$$\overrightarrow{OP} \cdot \vec{e_1} = 1+2s, \quad \overrightarrow{OP} \cdot \vec{e_2} = 2-2s$$

よって，⑤より

$$\alpha - (1+2s) = 0, \quad -(2-2s) = 0$$

$$\therefore \quad s = 1, \quad \alpha = 3$$

次に，直線 QS$\perp x$ 軸，直線 QS$\perp l$ なので

$$\vec{d_2} \cdot \vec{e_1} = 0, \quad \vec{d_2} \cdot \vec{d} = 0$$

である。よって，③より

$$(\overrightarrow{OS} - \overrightarrow{OQ}) \cdot \vec{e_1} = 0, \quad (\overrightarrow{OS} - \overrightarrow{OQ}) \cdot \vec{d} = 0$$

$$\therefore \quad \overrightarrow{OS} \cdot \vec{e_1} - \overrightarrow{OQ} \cdot \vec{e_1} = 0, \quad \overrightarrow{OS} \cdot \vec{d} - \overrightarrow{OQ} \cdot \vec{d} = 0 \quad \cdots\cdots \text{⑥}$$

ここで，①・②より

$$\overrightarrow{OS} = (\beta, \ 0, \ 0), \quad \vec{d} = (2, \ -2, \ 1), \quad \overrightarrow{OQ} = (1+2t, \ 2-2t, \ 9+t)$$

だから

$$\overrightarrow{OS} \cdot \vec{e_1} = \beta, \quad \overrightarrow{OS} \cdot \vec{d} = 2\beta, \quad \overrightarrow{OQ} \cdot \vec{e_1} = 1+2t$$

$$\overrightarrow{OQ} \cdot \vec{d} = 2(1+2t) - 2(2-2t) + (9+t) = 7+9t$$

よって，⑥より

$$\beta - (1+2t) = 0, \quad 2\beta - (7+9t) = 0$$

$$\therefore \quad t = -1, \quad \beta = -1$$

以上より，$s=1$, $t=-1$, $\alpha=3$, $\beta=-1$ を①・②に代入して

$$\overrightarrow{OP} = \overrightarrow{OA} + \vec{d} = (3, \ 0, \ 10), \quad \overrightarrow{OQ} = \overrightarrow{OA} - \vec{d} = (-1, \ 4, \ 8)$$

$$\overrightarrow{OR} = 3\vec{e_1} = (3, \ 0, \ 0), \quad \overrightarrow{OS} = -\vec{e_1} = (-1, \ 0, \ 0)$$

なので

$$P(3, \ 0, \ 10), \quad R(3, \ 0, \ 0), \quad Q(-1, \ 4, \ 8), \quad S(-1, \ 0, \ 0)$$

$$\cdots\cdots\text{(答)}$$

(3) 線分 PQ 上の点を $T(x, \ y, \ z)$ とおくと

横浜国立大-理系前期　　　　　　　　　　　　2020 年度　数学〈解答〉　67

$\overrightarrow{\mathrm{OT}}=\overrightarrow{\mathrm{OQ}}+u\overrightarrow{\mathrm{QP}}=(-1,\ 4,\ 8)+u(4,\ -4,\ 2)$

$\qquad=(4u-1,\ -4u+4,\ 2u+8)\quad(0\leqq u\leqq1)$

$\therefore\quad(x,\ y,\ z)=(4u-1,\ -4u+4,\ 2u+8)$

x 軸上に点 $\mathrm{U}(4u-1,\ 0,\ 0)$ をとると，直線 $\mathrm{UT}\perp x$ 軸である。

よって，求める体積 V は

$$V=\pi\int_{-1}^{3}\mathrm{UT}^2dx=\pi\int_{-1}^{3}(y^2+z^2)dx$$

$$\begin{array}{c|ccc} x & -1 & \to & 3 \\ \hline u & 0 & \to & 1 \end{array}$$

$$=\pi\int_{0}^{1}\{(-4u+4)^2+(2u+8)^2\}\frac{dx}{du}du$$

$$=\pi\int_{0}^{1}(20u^2+80)\cdot4du$$

$$=\pi\left[\frac{80}{3}u^3+320u\right]_{0}^{1}$$

$$=\left(\frac{80}{3}+320\right)\pi$$

$$=\frac{1040}{3}\pi\ \ \cdots\cdots(\text{答})$$

◀解　説▶

≪空間の直線のベクトル方程式，回転体の体積≫

(1)・(2)　直線のベクトル方程式を立てる。ベクトルが垂直であるとき，内積が 0 であることを用いて，各点を求める。

(3)　出来上がった回転体を x 軸に垂直に切ると断面は円であり，その断面積を定積分したものが体積である。

5 解答

(1)　$0\leqq x\leqq1$ のとき，$e^{-x}\leqq1$ だから

$$x^{n+a-1}e^{-x}\leqq x^{n+a-1}$$

よって

$$\int_{0}^{1}x^{n+a-1}e^{-x}dx\leqq\int_{0}^{1}x^{n+a-1}dx$$

$$\therefore\quad I_n\leqq\left[\frac{x^{n+a}}{n+a}\right]_{0}^{1}=\frac{1}{n+a}\qquad\qquad(\text{証明終})$$

(2)　部分積分法により

$$I_{n+1}=\int_{0}^{1}x^{n+a}e^{-x}dx$$

$$= -\int_0^1 x^{n+a}(e^{-x})'dx$$

$$= -\Big[x^{n+a}e^{-x}\Big]_0^1 + \int_0^1 (n+a)x^{n+a-1}e^{-x}dx$$

$$= -\frac{1}{e} + (n+a)I_n$$

$\therefore\ I_{n+1} - (n+a)I_n = -\dfrac{1}{e}$ ……(答)

(3) (1)より

$$0 < I_n \leqq \frac{1}{n+a} \to 0 \quad (n\to\infty)$$

だから，はさみうちの原理より

$$\lim_{n\to\infty} I_n = 0$$

(2)より

$$nI_n = I_{n+1} - aI_n + \frac{1}{e} \to 0 - a\cdot 0 + \frac{1}{e} \quad (n\to\infty)$$

$\therefore\ \displaystyle\lim_{n\to\infty} nI_n = \dfrac{1}{e}$ ……(答)

(4)(ア) $J_n = n^2\Big(nI_n + b + \dfrac{c}{n}\Big)$ であり

$$\lim_{n\to\infty}\Big(nI_n + b + \frac{c}{n}\Big) = \frac{1}{e} + b$$

となるから，J_n が収束するには $\dfrac{1}{e} + b = 0$ でなければならない。

よって $b = -\dfrac{1}{e}$ ……(答)

(イ) $J_n = n\Big(n^2 I_n - \dfrac{n}{e} + c\Big)$ であり，(2)より

$$n^2 I_n = nI_{n+1} - anI_n + \frac{n}{e}$$

$\therefore\ J_n = n(nI_{n+1} - anI_n + c)$

また，(3)から $\displaystyle\lim_{n\to\infty} nI_n = \dfrac{1}{e}$ である。さらに，任意の整数 N について

$$\lim_{n\to\infty} nI_{n+N} = \lim_{n\to\infty}\{(n+N)I_{n+N} - NI_{n+N}\}$$

横浜国立大-理系前期 2020 年度 数学〈解答〉 69

$$= \frac{1}{e} \quad (\because \ \lim_{n \to \infty} I_n = 0)$$

が成り立つ。よって

$$\lim_{n \to \infty} (nI_{n+1} - anI_n + c) = \frac{1}{e} - \frac{a}{e} + c$$

となるから，J_n が収束するには $\dfrac{1}{e} - \dfrac{a}{e} + c = 0$ でなければならない。

よって $\quad c = \dfrac{a-1}{e} \quad$ ……(答)

(ウ) (2)より，$nI_n = I_{n+1} - aI_n + \dfrac{1}{e}$ だから

$$\begin{aligned}
J_n &= n(nI_{n+1} - anI_n + c) \\
&= n\left\{ (n+1)I_{n+1} - I_{n+1} - a\left(I_{n+1} - aI_n + \frac{1}{e}\right) + c \right\} \\
&= n\left\{ I_{n+2} - aI_{n+1} + \frac{1}{e} - I_{n+1} - a\left(I_{n+1} - aI_n + \frac{1}{e}\right) + c \right\} \\
&= n(I_{n+2} - 2aI_{n+1} - I_{n+1} + a^2 I_n)
\end{aligned}$$

以上より

$$\lim_{n \to \infty} J_n = \frac{1}{e} - \frac{2a}{e} - \frac{1}{e} + \frac{a^2}{e} = \frac{a^2 - 2a}{e} \quad ……(答)$$

◀解 説▶

≪不等式の証明，部分積分法≫

(1) 定積分を利用して，不等式を証明する。

(2) 部分積分法を利用する。

(3) はさみうちの原理を用いて，$\lim_{n \to \infty} I_n = 0$ が言える。(2)の等式を利用して nI_n の極限を求める。

(4) (2)の等式，(3)の結果を繰り返し用いて J_n の極限を求める。

❖講　評

　大問 5 題の出題で，「数学Ⅱ・A・B」から 1 題ずつ，「数学Ⅲ」から 2 題の出題であった。

　1　(1)は積の導関数の公式を用いて，関数を微分する。(2)は置換積分法を利用し，容易に処理できる。

　2　(1)は複素数の割り算を実行すればよい。(2)は 3 個の方程式から 4 個の整数を決定する問題。基本問題なのでおさえておきたい。

　3　(1)は場合分けを慎重にすれば容易である。(2)は(1)と同様に考えればよい。(3)の計算も容易である。

　4　(1)・(2)は，直線のベクトル方程式をたて，垂直なベクトルの内積は 0 になることを用いて直線のパラメーターを決定していく。これも頻出問題であるが，計算力が試される。(3)も体積の典型的な積分計算なので慣れておきたい。

　5　(1)は定積分を用いた不等式の証明で頻出問題。(2)も部分積分法の典型的な問題。(3)は，はさみうちの原理，(4)は(2)・(3)を用いて処理していく。これも頻出問題なのでおさえておきたい。

　試行錯誤をしたり，うまく計算の工夫をしたりしないと正解にたどり着けない問題が出題されるが，基本問題や典型問題をしっかり学習し，計算力をつけておけば対応できる。実力の差が大きく出る出題であろう。

横浜国立大-理系前期 2020 年度 物理〈解答〉 *71*

物理

I **解答** (1)重心 (2)$3L$ (3)$\dfrac{1}{2}$ (4)$N_1+N_2-(M+M_0)g$

(5)$\sqrt{3}\,MgL-\dfrac{\sqrt{3}}{2}M_0gL-\sqrt{3}\,N_1L$ (6)$\left(M-\dfrac{M_0}{2}\right)g$ (7)$\dfrac{3}{2}M_0g$

(8)$\dfrac{\sqrt{3}}{3}mg$ (9)$\dfrac{3(2M-M_0)}{8}$ (10)$\sqrt{2gL}$ (11)$\dfrac{2M-M_0}{4}$

◀解 説▶

≪傾いたシーソーを動かさずに静止あるいは移動する物体≫

(1)・(2) 重力の作用点を重心という。一様な板であれば重心は板の中心に一致する。板の長さは $6L$ なので，重心の位置は左端から距離 $3L$ の地点となる。

(3) 重心の位置は支点 O から右へ L の位置であり，小物体と支点 O の距離は $2L$。接地せずにつりあいの状態になっている場合は板にはたらく垂直抗力はない。モーメントのつりあいより，質量比は距離の逆比になるので，小物体の質量 M は板の質量 M_0 の $\dfrac{1}{2}$ 倍である。これより小物体の質量 M が大きいと接地し，垂直抗力が加わることでつりあいの状態を保つ。

(4) 板にはたらく上向きの力は N_1 と N_2，下向きの力は Mg と M_0g なので，力のつりあいの式は

$$N_1+N_2-Mg-M_0g=0$$

(5) 接地している板と床のなす角は図より $30°$ すなわち $\dfrac{\pi}{6}$〔rad〕。反時計まわりの力のモーメントは小物体が板に与える力による $Mg\times2L\cos\dfrac{\pi}{6}$。また時計まわりの力のモーメントは板にかかる重力による $M_0g\times L\cos\dfrac{\pi}{6}$ と床からの垂直抗力による $N_1\times2L\cos\dfrac{\pi}{6}$ から

$$Mg\times2L\times\dfrac{\sqrt{3}}{2}-M_0g\times L\times\dfrac{\sqrt{3}}{2}-N_1\times2L\times\dfrac{\sqrt{3}}{2}=0$$

$$\sqrt{3}\,MgL - \frac{\sqrt{3}}{2}M_0 gL - \sqrt{3}\,N_1 L = 0$$

(6) (5)の式を計算し

$$MgL - \frac{1}{2}M_0 gL - N_1 L = 0$$

$$N_1 = \left(M - \frac{M_0}{2}\right)g$$

(7) (6)の結果を(4)の式に代入し

$$\left(M - \frac{M_0}{2}\right)g + N_2 - (M + M_0)g = 0$$

$$N_2 = \frac{3}{2}M_0 g$$

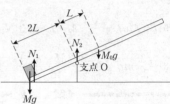

(8) 小球にはたらく力の板と平行な方向のつりあいの式は，斜面の下方向を正とし

$$mg\sin\frac{\pi}{6} - F\cos\frac{\pi}{6} = 0$$

$$F = mg\tan\frac{\pi}{6} = \frac{mg}{\sqrt{3}} = \frac{\sqrt{3}}{3}mg$$

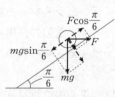

(9) 板が小球から垂直に受ける力は $mg\cos\dfrac{\pi}{6} + F\sin\dfrac{\pi}{6}$。ここで(8)の結果を使い，$F$ を書き直すと

$$mg\cos\frac{\pi}{6} + F\sin\frac{\pi}{6} = \frac{\sqrt{3}}{2}mg + \frac{\sqrt{3}}{3}mg \times \frac{1}{2} = \frac{2\sqrt{3}}{3}mg$$

この力が支点 O から $2L$ の距離で板に垂直にはたらくので，O 点まわりの力のモーメントのつりあいの式は

$$\sqrt{3}\,MgL - \frac{\sqrt{3}}{2}M_0 gL - \sqrt{3}\,N_1 L - \frac{2\sqrt{3}}{3}mg \times 2L = 0$$

$$Mg - \frac{1}{2}M_0 g - N_1 - \frac{4}{3}mg = 0$$

$$N_1 = Mg - \frac{1}{2}M_0 g - \frac{4}{3}mg$$

左端が離れないためには $N_1 > 0$ なので

$$Mg - \frac{1}{2}M_0 g - \frac{4}{3}mg > 0 \qquad m < \frac{3(2M - M_0)}{8}$$

横浜国立大-理系前期 2020 年度 物理〈解答〉 73

(10) 板の上では小球は加速度 $-g\sin\dfrac{\pi}{6}$ の等加速度運動を行う。小球が板から飛び出すためには，板の右端で小球の速さが 0 より大きければよいので，求める V は等加速度運動の公式より

$$0^2 - V^2 = 2\times\left(-g\sin\frac{\pi}{6}\right)\times 2L \qquad V=\sqrt{2gL}$$

(11) 板の上を移動する小球が板に垂直に加える力は $mg\cos\dfrac{\pi}{6}$。板の右端に小球が来たときの O 点まわりの力のモーメントのつりあいの式は

$$\sqrt{3}\,MgL - \frac{\sqrt{3}}{2}M_0gL - \sqrt{3}\,N_1L - \frac{\sqrt{3}}{2}mg\times 4L = 0$$

$$Mg - \frac{1}{2}M_0g - N_1 - 2mg = 0$$

$$N_1 = Mg - \frac{1}{2}M_0g - 2mg$$

左端が離れないためには $N_1 > 0$ である必要があるので

$$Mg - \frac{1}{2}M_0g - 2mg > 0 \qquad m < \frac{2M-M_0}{4}$$

Ⅱ 　解答　問 1．(1) $+Q$ 　(2) $-Q$ 　(3) $+Q$ 　(4) 0 　(5) $k\dfrac{Q}{r^2}$

(6) $\dfrac{kQ}{2a}$ 　(7) $\dfrac{2a}{k}$

問 2．(8) $-Q$ 　(9) 0 　(10) $\dfrac{kQ}{12a}$ 　(11) $\dfrac{12a}{k}$ 　(12) $\dfrac{12aV}{7k}$

◀解　説▶

≪球形の導体からなるコンデンサー≫

問 1．(1)　電荷は帯電体の表面に一様に分布する。

(2)・(3)　導体球 B の内側に電荷を閉じ込めたので，閉じ込めた電荷と同じ電気量が外側にあらわれる。これは導体球 B の内部で電場が 0 になるために電荷の移動が起こったためである。したがって導体球 B の内側の面には $-Q$，外側の面には $+Q$ の電荷があらわれる。

(4)　導体を電場中に置いても内部の電荷が移動し，導体内部の電場は 0 になる。

74 2020 年度 物理〈解答〉　　　　　　　　　　　　　　横浜国立大-理系前期

⑸　A と B の間の中空部分は，空間の内側に導体球 A がもつ電気量 $+Q$ が存在するので，問題文で与えられた性質から中心に $+Q$ の電気量があるときの電場に等しい。よって電場の強さは $k\dfrac{Q}{r^2}$ となる。B の外側でも内側に $+Q$ の電気量があることから，電場の強さを表す式は同じである。

⑹　A と B の間の中空部分の電位は，問題文で与えられた性質から無限遠方を基準とし $k\dfrac{Q}{r}$ で表される。したがって A の表面の電位と B の内側の電位から，この間の電位差 V_1 は

$$V_1 = kQ\left(\frac{1}{a} - \frac{1}{2a}\right) = \frac{kQ}{2a}$$

⑺　⑹の電位差と蓄えられている電気量から，全体をコンデンサーと考えると

$$Q = C_1 V_1 = C_1 \times \frac{kQ}{2a} \qquad C_1 = \frac{2a}{k}$$

問 2．⑻　導体球 C の内側の空間には $+Q$ の電荷があるので，導体球 C の内面には $-Q$ の電気量が分布する。

⑼　全体は A と C を極板とするコンデンサーであり，A が $+Q$ に帯電していることから，導体球 C の電気量は $-Q$ である。C の外面は接地しているので電気量は 0 である。

⑽　B の表面と C の表面の間の中空部分を考える。この空間の内側に存在する電気量は $+Q$ なので，半径 r の位置で生じる電位は，⑹と同様に考えて $k\dfrac{Q}{r}$ となる。この空間の電位差 V_2 を考えると，B の外側の電位と C の内側の電位から

$$V_2 = kQ\left(\frac{1}{3a} - \frac{1}{4a}\right) = \frac{kQ}{12a}$$

⑾　⑽の電位差と蓄えられている電気量から

$$Q = C_2 V_2 = C_2 \times \frac{kQ}{12a} \qquad C_2 = \frac{12a}{k}$$

⑿　全体の電位差は各区間の電位差の和に等しいので

$$V = V_1 + V_2 = \frac{kQ}{2a} + \frac{kQ}{12a}$$

$$Q = \frac{12aV}{7k}$$

III 解答 (1)全反射 (2)臨界角 (3)$\dfrac{n_\mathrm{b}}{n_\mathrm{a}}$ (4)$\sqrt{n_\mathrm{a}{}^2 - n_\mathrm{b}{}^2}$

(5)光学距離（光路長） (6)$n_\mathrm{a}L$ (7)$\dfrac{n_\mathrm{a}{}^2 L}{n_\mathrm{b}}$ (8)—(ア) (9)—(エ)

(10)$\dfrac{n_\mathrm{a}L}{c}\left(\dfrac{n_\mathrm{a}}{n_\mathrm{b}} - 1\right)$ (11)$\dfrac{n_\mathrm{b}c}{2n_\mathrm{a}(n_\mathrm{a}-n_\mathrm{b})L}$ (12)1.49×10^7

━━━━━━━◀解 説▶━━━━━━━

≪全反射を使った光ファイバーの原理≫

(1)・(2) 波が速度の遅い媒質から速度の速い媒質へ進むときは，入射角よりも屈折角のほうが大きくなる。屈折角が90°となり速度の速い側の媒質へ波が伝わらなくなる現象を全反射といい，このときの入射角を臨界角という。

(3) クラッド側の屈折角が90° すなわち $\dfrac{\pi}{2}$〔rad〕と考えれば，屈折の法則から

$$n_\mathrm{a}\sin\theta_0 = n_\mathrm{b}\sin\frac{\pi}{2} \qquad \sin\theta_0 = \frac{n_\mathrm{b}}{n_\mathrm{a}}$$

(4) 空気とコアの境界での屈折の法則は

$$1 \times \sin i_1 = n_\mathrm{a}\sin\left(\frac{\pi}{2} - \theta_0\right) \qquad \sin i_1 = n_\mathrm{a}\cos\theta_0$$

ここで(3)の結果から

$$\cos^2\theta_0 = 1 - \sin^2\theta_0 = 1 - \left(\frac{n_\mathrm{b}}{n_\mathrm{a}}\right)^2$$

$$\cos\theta_0 = \pm\frac{\sqrt{n_\mathrm{a}{}^2 - n_\mathrm{b}{}^2}}{n_\mathrm{a}}$$

$0 < \theta_0 < \dfrac{\pi}{2}$ なので $\cos\theta_0 = \dfrac{\sqrt{n_\mathrm{a}{}^2 - n_\mathrm{b}{}^2}}{n_\mathrm{a}}$

したがって

$$\sin i_1 = \sqrt{n_\mathrm{a}{}^2 - n_\mathrm{b}{}^2}$$

(5) 光の速さは媒質中で遅くなる。これは媒質中で波長が短くなるために

起こる。媒質中を一定の時間で進む距離を，同じ時間で進む真空中の距離に換算したものを光学距離という。光学距離は光路長ともいう。

(6) $i=0$ の場合，光はコア中を長さ L 進む。コア中の波長は真空中の波長の $\dfrac{1}{n_a}$ 倍なので，コア中の光速度は真空中の $\dfrac{1}{n_a}$ 倍となる。よって，真空中に換算した光学距離は $n_a L$ となる。

(7) $i=i_1$ の場合，光はコア中を $\dfrac{L}{\sin\theta_0}$ 進む。したがって光学距離は

$$\frac{n_a L}{\sin\theta_0}=\frac{n_a{}^2 L}{n_b}$$

(8) (6)・(7)の結果より $i=0$ のとき $n_a L$ であった距離が，$i=i_1$ のとき $\dfrac{n_a}{n_b}\times n_a L$ になっている。$\dfrac{n_a}{n_b}>1$ なのでコアに対する入射角が大きくなれば光学距離は長くなる。

(9) 距離が長くなるので到達時間は遅くなる。

(10) 光学距離は真空中に換算した距離なので，この距離の差を光速度で割ったものが到着時間差 T になる。

$$T=\left(\frac{n_a{}^2 L}{n_b}-n_a L\right)\div c=\frac{n_a L}{c}\left(\frac{n_a}{n_b}-1\right)$$

(11) 光パルスを 1 パルス伝送し，次の出力までには $2T$ の時間が必要なので，単位時間で送れるパルス数の限界値は $\dfrac{1}{2T}$〔パルス/秒〕

(10)の結果より $\qquad T=\dfrac{n_a L}{c}\times\dfrac{n_a-n_b}{n_b}$

$$\frac{1}{2T}=\frac{n_b c}{2n_a(n_a-n_b)L}\text{〔パルス/秒〕}$$

(12) (11)の結果に値を代入し

$$\frac{1.49\times3.00\times10^8}{2\times1.50\times(1.50-1.49)\times1.00\times10^3}=1.49\times10^7\quad\text{〔パルス/秒〕}$$

横浜国立大-理系前期　　　　　　　　　　　　　　　2020 年度　物理〈解答〉　77

❖講　評

Ⅰ　一方が接地しているシーソー上に置かれた小物体，あるいはその上を移動する小球による力のモーメントのつりあいの問題。摩擦のない斜面上を移動する等加速度運動の問題も含まれる。小球に水平方向の力を加えて板の上で静止させる場合と，板の上を運動させる場合では，垂直抗力の大きさが変わるので板が受ける力のモーメントも異なる。小球の加速度運動を考える場合は重力の斜面方向の成分だけを考え，運動に関係のない垂直方向の力は考えないが，板にはたらく力のモーメントを考える際は，小球にはたらく力のつりあいから板を垂直に押す力を考える。

Ⅱ　導体の内部にある電気量により，導体表面にどのように電荷があらわれるのかを考え，最終的には極板を球形のコンデンサーと考えて電気容量を求める問題。平行板コンデンサーであっても，充電されたコンデンサーの極板間には電場ができるが外側の電場は 0 になる。(6)の場合，A の表面には $+Q$，B の内側には $-Q$ の電気量が蓄えられ，B の外側には電荷がない。このため中空部分の電場や電位については，(5)までの状態と同じである。問 2 は 2 つのコンデンサーが直列に接続された状態と考えることもできるし，極板間に導体を挿入したコンデンサーと考えることもできる。

Ⅲ　全反射を利用した光ファイバーの原理をもとに，入射角のずれから情報伝達時間の差が生じることによる情報伝送量の制限と，伝送量を増加させるための工夫について言及している。前半部分の光ファイバーの原理は頻出で特に問題ないが，情報の伝送に関する問題点と工夫については見かけない出題だろう。コアの屈折率をなめらかに変化させ外側の屈折率を徐々に小さくしていけば，入射角によって移動する距離が長くなってもコアの中心を通ってきた信号との到着時間の差を小さくできる。こうすれば次の信号を送るまでの時間が短縮され，同じ時間でも多くの情報量を伝送することができる。

78　2020 年度　化学〈解答〉　　　　　　　　　　　　　　　横浜国立大-理系前期

化学

Ⅰ **解答**　問1．(A)—(e)　(B)—(d)　(C)—(i)　(D)—(n)

(あ)—(ウ)　(い)—(キ)　(う)—(ケ)　(え)—(セ)　(お)—(テ)

問2．(カ)

問3．

$$\begin{array}{c} H \\ H \end{array} C=C \begin{array}{c} CH_2-CH_3 \\ H \end{array} \qquad \begin{array}{c} H_3C \\ H \end{array} C=C \begin{array}{c} CH_3 \\ H \end{array} \qquad \begin{array}{c} H_3C \\ H \end{array} C=C \begin{array}{c} H \\ CH_3 \end{array}$$

問4．(1) 2.5×10^5　(2) 50 kg

問5．X1：

$$\begin{array}{c} H_3C \\ H_2C \\ \quad\; C \\ \quad\; H_2 \end{array} C=C \begin{array}{c} H \\ CH_2 \end{array}$$

Y1：

$$\begin{array}{c} H \\ H_2C \\ H_2C-CH_2 \end{array} C=C \begin{array}{c} H \\ CH_2 \end{array}$$

問6．$nH_2C=\underset{CH_3}{C}-CH=CH_2 \longrightarrow \left[\begin{array}{c} H_2C \\ H_3C \end{array} C=C \begin{array}{c} CH_2 \\ H \end{array} \right]_n$

問7．(1) 5 種類　(2)

◀解　説▶

≪アルコール・アルケンの反応，樹脂，天然ゴム，芳香族の反応≫

問1．アルケンは，分子内に炭素間二重結合を1つもつ鎖式不飽和炭化水素である。工業的にはナフサ（粗製ガソリン）の熱分解によって得られ，実験室ではアルコールの脱水反応（分子内から簡単な分子が抜ける脱離反応の一つ）で得られる。アルケンは二重結合をもつため，アルカンに比べて反応性が大きく，不飽和結合にほかの原子や原子団が結合する付加反応が起こりやすい。エテン（エチレン）に塩素が反応すると，二重結合に塩素が付加し 1,2-ジクロロエタンが生じる。これを熱分解すると HCl の脱離が起こり，塩化ビニルが生じる。塩化ビニルの付加重合で得られるポリ塩化ビニルは，加熱によって軟化する性質をもつ熱可塑性樹脂の一つである。

また，アルケンの炭素間二重結合をオゾンにより酸化したのち，還元剤で

横浜国立大-理系前期　　　　　　　　　　　　　2020 年度　化学〈解答〉　79

処理すると，以下のようにカルボニル化合物が得られる。二重結合の炭素に水素が結合している場合にはアルデヒドが，2 つのアルキル基が結合している場合にはケトンが生成する。この反応はオゾン分解（オゾンによる酸化開裂）とよばれ，アルケンの二重結合の位置を決定するために利用される。

$$
\underset{\text{アルケン}}{\overset{H}{\underset{R_1}{>}}C=C\overset{R_2}{\underset{R_3}{<}}}
\longrightarrow
\underset{\text{アルデヒド}}{\overset{H}{\underset{R_1}{>}}C=O}
\qquad
\underset{\text{ケトン}}{O=C\overset{R_2}{\underset{R_3}{<}}}
$$

（R_1, R_2, R_3 はアルキル（炭化水素）基）

2-メチル-2-ブテンをオゾンにより酸化開裂させると，アセトン(い)とアセトアルデヒド(う)が生成する。また，酸化力の強い過マンガン酸カリウムを用いて酸化開裂を行うと，アセトアルデヒドの酸化生成物である酢酸(え)が生じる。

$$
\overset{H_3C}{\underset{H_3C}{>}}C=C\overset{CH_3}{\underset{H}{<}}
\longrightarrow
\underset{\text{(い)}}{\overset{H_3C}{\underset{H_3C}{>}}C=O}
\qquad
\underset{\text{(う)}}{O=C\overset{CH_3}{\underset{H}{<}}}
$$

$$
\overset{H_3C}{\underset{H_3C}{>}}C=C\overset{CH_3}{\underset{H}{<}}
\longrightarrow
\underset{\text{(い)}}{\overset{H_3C}{\underset{H_3C}{>}}C=O}
\qquad
\underset{\text{(え)}}{O=C\overset{CH_3}{\underset{OH}{<}}}
$$

問 2．シス-トランス異性体の存在条件は，二重結合している 2 つの炭素原子において，それぞれ同一炭素に異なる原子団が結合していることである。以下の 1,2-ジクロロエテンはこの条件を満たしている。

$$
\overset{H}{\underset{Cl}{>}}C=C\overset{H}{\underset{Cl}{<}}
$$
1,2-ジクロロエテン

また，アルケンとは一般的に炭素間二重結合を 1 つもつ鎖式不飽和炭化水素の総称であるが，本問の語群には厳密にそれに該当するものがないため，アルケン置換体も含めるものとした。

問 3．2-ブタノールの脱水反応（脱離）で得られるアルケンは，1-ブテンと 2-ブテンである。このうち，2-ブテンにはシス-トランス異性体が存在する。

2-ブタノール → 1-ブテン、シス-2-ブテン、トランス-2-ブテン

問4．(1)　重合度を n とするとポリ塩化ビニルの平均分子量は $62.5n$ と表される。平均重合度が 4.0×10^3 のとき，ポリ塩化ビニルの平均分子量は

$$62.5 \times 4.0 \times 10^3 = 2.5 \times 10^5$$

(2)　エチレン（分子量 28）からポリ塩化ビニル（平均分子量 $62.5n$）が製造されるとき，その物質量比はエチレン：ポリ塩化ビニル$=n：1$である。ポリ塩化ビニル $100\,kg$ を製造するために必要なエテンを $x[kg]$ とし，反応全体の収率が 90% であるとき

$$\frac{x}{28} \times \frac{1}{n} \times \frac{90}{100} \times 62.5n = 100 \qquad \therefore \quad x = 49.7 \fallingdotseq 50[kg]$$

問5．X1 と Y1 は同じ分子式をもつ構造異性体で，ともに枝分かれのないアルケンである。X1 を過マンガン酸カリウムにより酸化開裂すると，X2 のみ得られることと，X2 はカルボキシ基 $-COOH$ とヨードホルム反応を示す部分構造 CH_3-CO- の 2 つのカルボニル基を有することから，X1 は環状内に炭素間二重結合をもつ分岐のないアルケンと推察される。分子量 130 の X2 を分子式 $C_nH_{2n-2}O_3$ と表すと

$$12n + 2n - 2 + 16 \times 3 = 130 \qquad \therefore \quad n = 6$$

よって X2 は $C_6H_{10}O_3$ とわかり，開裂前の X1（分子式 C_6H_{10}）および X2 の構造式は以下のように表される。

一方，X1 と構造異性体の関係にある Y1（分子式 C_6H_{10}）も同様に，過マンガン酸カリウムにより酸化開裂すると，Y2 のみ得られることと，カルボキシ基を有する Y2 の分子量は X2 の分子量よりも大きいことから，Y1 も環状内に炭素間二重結合をもつ分岐のないアルケンと決まる。また Y2

横浜国立大-理系前期　　　　　　　　　　　　　　2020 年度　化学〈解答〉　*81*

はヨードホルム反応を示さないことから，Y1 および Y2 の構造式は以下
の通りとなる。

$$
\begin{array}{cc}
\underset{\substack{H_2C\quad CH_2\\[2pt] H_2C-CH_2}}{\overset{\displaystyle H\;\;\;\;\;\;H}{\underset{\displaystyle}{C=C}}} & HO-\underset{O}{C}-CH_2-CH_2-CH_2-CH_2-\underset{O}{C}-OH \\[10pt]
Y1 & Y2
\end{array}
$$

問6．イソプレン C_5H_8 の付加重合により，天然ゴムの主成分でもあるポ
リイソプレン $(C_5H_8)_n$ が得られる。ポリイソプレンの分子鎖には炭素間
二重結合が残っており二重結合はシス形の配置をとっている。トランス形
の分子鎖がまっすぐ伸びた構造をとりやすく，隙間なく分子鎖が接近して
結晶化しやすいのに対して，シス形の分子鎖は折れ曲がった構造で，接近
しにくく隙間が多いので結晶化しにくい。そのため，シス形をとっている
天然ゴムでは，普通は分子全体が丸まった状態であるが，単結合の部分が
自由に回転する隙間があるため，ゴムを引っ張ると分子が伸びた状態とな
る。伸びた形は不安定であるので，また元の丸まった状態に戻る。これが
ゴムの弾性の原理である。

問7．(1)　C_7H_8O の構造異性体は以下の5種類。

$$
\begin{array}{ccccc}
CH_2OH & OCH_3 & CH_3\!\!-\!\!OH & CH_3\!\!-\!\!OH & CH_3\!\!-\!\!OH
\end{array}
$$

(2)　化合物 Z1 は o-クレゾールであり，これを過マンガン酸カリウムに
より酸化させたのち，希硫酸を加えて生じる Z2 はサリチル酸である。ま
た，このサリチル酸は，工業的にはナトリウムフェノキシドを原料に高温
高圧下で二酸化炭素を作用させて製造する。

$$
\underset{Z1}{CH_3\text{-}OH} \xrightarrow{KMnO_4} COOK\text{-}OH \xrightarrow{H_2SO_4} \underset{Z2}{COOH\text{-}OH}
$$

$$
\uparrow {}^{CO_2\,高温高圧}
$$

$$
ONa
$$

82　2020年度　化学〈解答〉　　　　　　　　　　横浜国立大-理系前期

II 解答

問1. (1)K　(2)Cl　(3)Al　(4)Pb　(5)Au

問2. (1)(ア)SO_2　(イ)SO_3　(2)(ウ)—(う)　(エ)—(あ)　(オ)—(く)

(3)① 0　②+4　③+6

(4)(i)—(d)　　$HCOOH \longrightarrow CO+H_2O$

(ii)—(a)　　$Cu+2H_2SO_4 \longrightarrow CuSO_4+SO_2+2H_2O$

(iii)—(e)　　$Zn+H_2SO_4 \longrightarrow ZnSO_4+H_2$

(5)—(あ)　(6)$CuSO_4 \cdot 5H_2O$

(7)$2S+3O_2+2H_2O \longrightarrow 2H_2SO_4$

(8)$9.35 \times 10^2 \, kg$

■━━━━━━━ ◀解　説▶ ━━━━━━━■

≪元素，接触法，硫酸の性質≫

問1. (1)　植物の成長に不可欠な元素で，特に不足しがちなリン，窒素，カリウムを肥料の三要素という。このうちアルカリ金属元素であるのはカリウム K である。

(2)　ハロゲンの単体のうち常温で黄緑色の有毒な気体は塩素 Cl_2 であり，本問の元素は塩素 Cl とわかる。塩素と水素の混合気体に常温で光をあてると，爆発的に反応する。

$$Cl_2+H_2 \longrightarrow 2HCl$$

(3)　この元素はアルミニウム Al で，アルミニウムの単体は酸化されやすく，相手の物質を還元する力も強く，燃焼熱も大きい。この性質を利用したテルミット反応では，酸化鉄(Ⅲ)からその金属単体である鉄を取り出すことができ，鉄道のレールの溶接にも用いられる。

$$2Al+Fe_2O_3 \longrightarrow 2Fe+Al_2O_3$$

(4)　2価の金属イオンのうち，酸性条件下で硫化水素を通じて沈殿を生じるのは Sn，Pb，Cu，Hg で，このうち SnS のみ灰黒色（褐色）で，ほかの硫化物は黒色沈殿となる。また，これらの金属イオンを含む水溶液にアンモニア水を加えて白色沈殿を生じるのは，$Sn(OH)_2$，$Pb(OH)_2$ である。以上より，どちらの条件も満たす元素は鉛 Pb である。

(5)　イオン化傾向が最小の金属は金 Au である。

問2. (1)・(2)　硫酸の工業的製法を接触法という。硫黄を酸化させて二酸化硫黄 SO_2 をつくり（①式），これを酸化バナジウム(V) V_2O_5（五酸化二バナジウム）を触媒として酸素により酸化する（②式）。生成した三酸

化硫黄 SO_3 を濃硫酸に吸収させて発煙硫酸とし，これを希硫酸で薄めて濃硫酸とする（③式）。

$$S+O_2 \longrightarrow SO_2 \qquad \cdots\cdots ①$$

$$2SO_2+O_2 \longrightarrow 2SO_3 \qquad \cdots\cdots ②$$

$$SO_3+H_2O \longrightarrow H_2SO_4 \qquad \cdots\cdots ③$$

②式において，酸素は酸化剤として作用する。また，酸化バナジウム（V）は触媒であるため，バナジウム原子の酸化数は変化しない。

(3)　各原子の酸化数は①硫黄 S（$S：0$），②亜硫酸 H_2SO_3（$S：+4$），③硫酸 H_2SO_4（$S：+6$）である。

(4)　濃硫酸と希硫酸とでは性質が大きく異なる。濃硫酸は沸点が高い不揮発性の液体で，吸湿性が強く乾燥剤に用いられる。有機化合物に対しては脱水作用があり（操作(i)），濃硫酸を加熱してできる熱濃硫酸には強い酸化作用があり，銅や銀などの金属も溶かす（操作(ii)）。一方，希硫酸は電離度が大きく強い酸性を示すため，イオン化傾向が水素より大きい亜鉛などの金属と反応して水素を発生する（操作(iii)）。

(5)　発生する一酸化炭素 CO は無色無臭の気体で，水に溶けにくい。血液中のヘモグロビンと強く結合して酸素の運搬を妨げる性質があるため，極めて有毒である。

(6)　硫酸銅（II）の水溶液から析出させることで得られる青色結晶は，硫酸銅（II）五水和物 $CuSO_4 \cdot 5H_2O$ である。

(7)　接触法の一連の反応をまとめた式は，問 2 (1)・(2)の〔解説〕における反応式①～③から，中間物質である SO_2，SO_3 を消去することで得られる。①×2＋②＋③×2 より

$$2S+3O_2+2H_2O \longrightarrow 2H_2SO_4$$

(8)　上記より，原料の硫黄（モル質量 32.1 g/mol）から得られる硫酸（モル質量 98.1 g/mol）の物質量比は，$S：H_2SO_4=1：1$ である。300 kg の硫黄から得られる質量パーセント濃度 98.1％ の硫酸は

$$\frac{300}{32.1}\times 98.1 \times \frac{100}{98.1}=934.5 \fallingdotseq 9.35\times 10^2 \text{[kg]}$$

III 解答

問1．(1)—(ア)　(2)—(エ)　(3)—(e)　(4)—(b)

問2．(1)—(a)　(2)(a) 21%　(b) 1.4倍

問3．(1) $K_c = \dfrac{c^2 V^2}{ab^3}$　$K_p = \dfrac{Z^2}{XY^3}$　(2) $K_c = K_p(RT)^2$

問4．

(1)　グラフA（HIの時間変化）　　グラフB（H₂の時間変化）

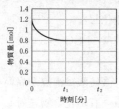 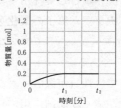

(2)　グラフC（HIの時間変化）　　グラフD（I₂の時間変化）

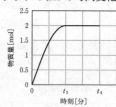 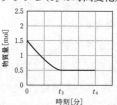

(3)—(c)

問5．(1) 1.83×10^2 kJ/mol　(2) 2.4　(3) -1.5

◀解　説▶

≪気体分子の運動エネルギーの分布，化学平衡と平衡移動，濃度平衡定数と圧平衡定数，アレニウスプロットと活性化エネルギー≫

問1．(1)・(2)　物質が反応するためには，分子どうしが衝突して，エネルギーの高い反応中間体である活性化状態を経由する必要がある。この活性化状態になるために必要な最小のエネルギーを活性化エネルギーという。反応の起こりやすさ，つまり反応速度の大きさは，分子の衝突頻度と活性化エネルギーを超えるだけのエネルギーをもった分子の割合に比例する。下図の気体分子の運動エネルギーの分布において活性化エネルギーを E_a とすると，網かけ部分が反応する可能性のある分子の割合を表しており，曲線の下部の面積が反応できる粒子の総数を表している。

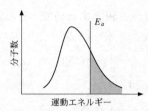

活性化エネルギー E_a と気体分子の運動エネルギーの分布曲線

ゆえに，反応開始直後に最も速く進む（反応速度が大きい）反応は，網かけ部分にあたる面積の大きい図(ア)で，反応開始直後に最も遅く進む（反応速度が小さい）反応は図(エ)といえる。

(3)・(4) 温度一定のもとで触媒を加えても，運動エネルギー分布曲線は変化しないが，触媒を加えると活性化エネルギーの値は小さくなるため，反応速度が大きくなる。これは，下図において触媒を加えたときの活性化エネルギーを E_a' とすると，触媒がないときと比べて反応する可能性のある分子の割合が増加することから説明できる。

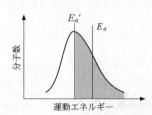

活性化エネルギー（触媒あり）E_a' と気体分子の運動エネルギーの分布曲線

問2．(1) 表1より，温度が上昇すると濃度平衡定数 K の値が小さくなることから，左辺物質の CO と H_2O の濃度が増加する方向へ移動することがわかる。

(2)(a) 体積が V [L] で一定の容器内に CO と H_2O を 1.0 mol ずつ加えて密閉し，x [mol] だけ変化して平衡状態に達したとすると，その量的関係は

$$\text{CO} + \text{H}_2\text{O} \rightleftarrows \text{CO}_2 + \text{H}_2$$

	CO	H_2O	CO_2	H_2	
反応前	1.0	1.0	0	0	[mol]
変化量	$-x$	$-x$	$+x$	$+x$	[mol]
平衡時	$1.0-x$	$1.0-x$	x	x	[mol]

このときの濃度平衡定数が 0.50 とあるので，その式は

$$K = \frac{\dfrac{x}{V} \cdot \dfrac{x}{V}}{\left(\dfrac{1.0-x}{V}\right)\left(\dfrac{1.0-x}{V}\right)} = 0.50$$

$$\left(\frac{x}{1.0-x}\right)^2 = 0.50 \qquad (1+\sqrt{2})x = 1 \qquad \therefore \quad x = 0.416 \,[\text{mol}]$$

温度・体積一定の容器内では，物質量と分圧は比例関係にある。平衡時の全物質量は $2.0\,\text{mol}$ より，生成した H_2 の分圧は全圧に対して

$$\frac{0.416}{2.0} \times 100 = 20.8 \fallingdotseq 21 \,[\%]$$

(b) 同様に容器内の CO の分圧は H_2 の分圧に対して，物質量の比をとればよいので

$$\frac{1-0.416}{0.416} = 1.40 \fallingdotseq 1.4 \text{ 倍}$$

別解 (a) x の値を求める式で $(1+\sqrt{2})x = 1$ を変形すると，

$$x = \frac{1}{1+\sqrt{2}} = \sqrt{2} - 1 = 0.4 \text{ より，} H_2 \text{ の分圧は全圧の 20\% となる。}$$

その場合，(b)の解は 1.5 倍となる。

問 3．(1) 平衡時の窒素，水素，アンモニアの濃度から，この反応 $(N_2 + 3H_2 \rightleftarrows 2NH_3)$ の濃度平衡定数 K_c を表すと

$$K_c = \frac{\left(\dfrac{c}{V}\right)^2}{\left(\dfrac{a}{V}\right) \cdot \left(\dfrac{b}{V}\right)^3} = \frac{c^2 V^2}{ab^3} \,[\text{L/mol}]^2$$

平衡時の窒素，水素，アンモニアの分圧から，圧平衡定数 K_p を表すと

$$K_p = \frac{Z^2}{XY^3}$$

(2) 理想気体の状態方程式 $PV = nRT$ より，分圧を用いて平衡時の濃度を表すと

$$[N_2] = \frac{a}{V} = \frac{P_{N_2}}{RT}, \quad [H_2] = \frac{b}{V} = \frac{P_{H_2}}{RT}, \quad [NH_3] = \frac{c}{V} = \frac{P_{NH_3}}{RT}$$

ゆえに，K_c は K_p を用いて表すと

$$K_c = \frac{\left(\dfrac{P_{NH_3}}{RT}\right)^2}{\left(\dfrac{P_{N_2}}{RT}\right) \cdot \left(\dfrac{P_{H_2}}{RT}\right)^3} = \frac{Z^2}{XY^3} \cdot (RT)^2 = K_p(RT)^2$$

問 4. (1) 体積 5.0 L の密閉容器に HI のみ 1.2 mol を入れて平衡状態としたときの HI の物質量は 0.8 mol なので，平衡時の物質量は

$$2HI \rightleftharpoons H_2 + I_2$$
$$0.8 \qquad 0.2 \quad 0.2 \quad [mol]$$

平衡状態では，見かけ上の濃度変化が見られず，反応物と生成物が共存しそれぞれの濃度が一定の状態なので，グラフ A，B は〔解答〕の通りとなる。また，この温度 T_1[K] における濃度平衡定数の値は以下の通りとなる。

$$K = \frac{[H_2][I_2]}{[HI]^2} = \frac{\left(\dfrac{0.2}{5.0}\right) \cdot \left(\dfrac{0.2}{5.0}\right)}{\left(\dfrac{0.8}{5.0}\right)^2} = \left(\frac{1}{4}\right)^2 = \frac{1}{16}$$

(2) 体積 10.0 L の密閉容器に H_2 と I_2 を 1.5 mol ずつ入れて，x[mol] だけ変化して平衡に達したとする。温度は T_1[K] であり，(1)と平衡定数は同値なので

$$2HI \rightleftharpoons H_2 + I_2$$
平衡時 $\quad 2x \qquad 1.5-x \quad 1.5-x \quad [mol]$

$$K = \frac{\left(\dfrac{1.5-x}{10}\right) \cdot \left(\dfrac{1.5-x}{10}\right)}{\left(\dfrac{2x}{10}\right)^2} = \left(\frac{1}{4}\right)^2$$

$$\frac{1.5-x}{2x} = \frac{1}{4} \qquad \therefore \quad x = 1.0 \text{[mol]}$$

よって，平衡時の HI の物質量は 2.0 mol，H_2 および I_2 の物質量は 0.5 mol となるので，グラフ C，D は〔解答〕の通りとなる。

(3) 温度を一定に保ち容器の体積を減少させると，平衡系全体の濃度が増加する。一般的に，この刺激を和らげるように，ルシャトリエの原理に従って気体粒子数が減少する方向へ平衡は移動する。しかしこの反応 $2HI \rightleftharpoons H_2 + I_2$ では気体の係数和が左右で等しいので，どちらに移動しても全粒子数は変化しない。ゆえに本問では平衡はどちらにも移動しない。

問5．(1)　図3の$\log_e k$と$\dfrac{1}{T}$のグラフの傾きは$-\dfrac{E_a}{R}$を表している。グラフ内の任意のプロット2点を用いて，グラフの傾きおよび活性化エネルギーE_aを求めると

$$-\frac{E_a}{R}=\frac{-9.30-(-8.20)}{1.55\times10^{-3}-1.50\times10^{-3}}=-2.2\times10^4$$

$$E_a=2.2\times10^4\times R=2.2\times10^4\times8.31$$

$$=1.828\times10^5\,[\mathrm{J/mol}]\fallingdotseq1.83\times10^2\,[\mathrm{kJ/mol}]$$

(2)　HIの分解反応において，650Kおよび700Kの反応速度定数をそれぞれk_{650}，k_{700}とおいて，650Kから700Kに変化することで反応速度定数がe^m倍となるので

$$\frac{k_{700}}{k_{650}}=\frac{Ae^{-\frac{E_a}{700R}}}{Ae^{-\frac{E_a}{650R}}}=e^{-\frac{E_a}{700R}-\left(-\frac{E_a}{650R}\right)}$$

活性化エネルギーE_aは温度により変化しないので，設問(1)の値を用いてmの値に相当する数値を求めると

$$m=-\frac{E_a}{700R}-\left(-\frac{E_a}{650R}\right)=\frac{50}{700\times650}\times\frac{E_a}{R}$$

$$=\frac{50}{700\times650}\times2.2\times10^4=2.41\fallingdotseq2.4$$

(3)　$T_2\,[\mathrm{K}]$における反応$2\mathrm{HI}\rightleftarrows\mathrm{H_2}+\mathrm{I_2}$のHI分解反応の反応速度と反応速度定数を$v_1$，$k_1$，同様にHI生成反応の反応速度と反応速度定数を$v_2$，$k_2$とおくと，$v_1=k_1[\mathrm{HI}]^2$，$v_2=k_2[\mathrm{H_2}][\mathrm{I_2}]$と表せ，この反応の濃度平衡定数$e^n$は

$$e^n=\frac{[\mathrm{H_2}][\mathrm{I_2}]}{[\mathrm{HI}]^2}=\frac{k_1}{k_2}$$

と表せる。よって

$$\frac{k_1}{k_2}=\frac{Ae^{-\frac{182.8}{T_2R}}}{Ae^{-\frac{174}{T_2R}}}=e^{-\frac{182.8}{T_2R}-\left(-\frac{174}{T_2R}\right)}=e^{\frac{-182.8+174}{T_2R}}=e^{\frac{-182.8+174}{6.0}}$$

$$=e^{-1.46}\fallingdotseq e^{-1.5}$$

ゆえにe^nのnの値は-1.5となる。

横浜国立大-理系前期　　　　　　　　　　　　　　　　2020 年度　化学〈解答〉　89

❖講　評

　試験時間は 2 科目 150 分。大問 3 題の出題である。難易度は基本～や
や難レベル。理論，無機，有機の分野から偏りなく出題されている。

　Ⅰ　問 1・問 2・問 3 ではアルケンの反応やシス-トランス異性体に
関する典型的な問題が出題された。問 4 は合成高分子に関する計算問題
であった。問 5 は酸化開裂によるアルケンの構造決定で，開裂後の生成
物が 1 つであることから，環状内に炭素間二重結合をもつ構造であるこ
とに気づけるとよい。問 6 の天然ゴムであるポリイソプレンの構造式，
問 7 の C_7H_8O の構造異性体に関する問いは典型的な問題なので，必ず
正答したい。

　Ⅱ　問 1 の元素の特徴は概ね平易な問題であったが，(4)に関しては，
鉛とスズのどちらが該当するか混同しやすかったと思われる。問 2 は硫
酸に関する問題で，工業的製法である接触法は入試では頻出である。ま
た濃硫酸・希硫酸の性質は重要である。

　Ⅲ　問 1 では活性化エネルギーと気体分子の運動エネルギー分布曲線
から，実際に反応できるエネルギーをもった粒子の割合や反応速度を読
み取る必要があった。問 2(1)は平衡定数の大小関係から，反応がどちら
向きに進行するかを予測する問題，(2)は濃度平衡定数に関する計算問題
であった。問 3 は濃度平衡定数と圧平衡定数の関係式を求める典型的な
問題であった。問 4 は平衡時の量的関係および平衡定数から，時間経過
における物質量変化のグラフを図示する。平衡状態とは，見かけ上反応
が停止したように見える状態で，反応物および生成物の濃度がそれぞれ
一定となる点であると理解できていれば解ける。問 5(1)はアレニウスプ
ロットの傾きから活性化エネルギーを求める問題で，題意が読み取れて
いれば正答できたと思われる。(2)・(3)は指数計算に注意すれば難しいこ
とはないが，計算が煩雑になるため差がつきやすい問題であったと思わ
れる。

90 2020 年度 生物〈解答〉　　　　　　　　　　　　　　横浜国立大-理系前期

生物

Ⅰ　**解答**　問１．(あ)ヘリカーゼ　(い)リガーゼ　(う)リーディング
(え)ラギング　(お)岡崎フラグメント　(か)ヌクレオチド
(き)制限酵素

問２．DNA ポリメラーゼは 5′ 側から 3′ 側への一方向にしか DNA 鎖を合成できないため。(40 字以内)

問３．高温で失活しない性質。(12 字以内)

問４．DNA の解離，プライマーの結合，DNA の合成の各段階で最適温度が異なるため。(40 字以内)

問５．最も短い：13　2 番目に短い：30　3 番目に短い：47
4 番目に短い：64

問６．プロモーター配列中の特定の配列がどのような機能をもつかを調べることができる。(40 字以内)

◀解　説▶

≪DNA の複製，PCR 法，人工的なプロモーター配列の作成≫

問２．DNA ポリメラーゼは鋳型鎖上を 3′→5′ 方向に移動し，5′→3′ 方向にだけ DNA 鎖を伸長することができる。そのため，5′→3′ 方向にほどかれた鋳型鎖では，1 本鎖の部分がある程度の長さになると，DNA ポリメラーゼが DNA のほどけていく方向とは逆方向に DNA 鎖を伸長して短い DNA 断片（岡崎フラグメント）をつくる。この過程が繰り返されることで，不連続な DNA 合成となる。

問３．「耐熱性」または「高温で失活しない」という言葉が解答に入っていればよい。PCR 法には，95℃ で加熱して 2 本鎖 DNA を 1 本鎖に解離する過程が含まれる。そのため，高温の環境に生息する好熱性細菌から単離した，95℃ でも失活しない耐熱性の DNA ポリメラーゼが用いられる。

問４．PCR 法は，①2 本鎖 DNA を 1 本鎖に解離する過程，②1 本鎖にプライマーが結合する過程，③DNA ポリメラーゼがはたらいて DNA を合成する過程，を繰り返すことで DNA を増幅するが，①～③はそれぞれ最適温度が異なる。そのため，①は 95℃ に加熱して，②は 50～60℃ に

冷却して，③はDNAポリメラーゼの最適温度の72℃にして行うことで，このサイクルを短時間に繰り返すことが可能になる。解答の字数が40字と短いので，3つの段階の最適温度が異なることが書けていればよい。

問5．DNA①とDNA②は下図の □ 部分で相補的に結合し，13塩基対の2本鎖を形成する（この結合したDNAをDNA③とする）。

DNA①：5'-GATC|TGGTCCCAGCTAG|-3'
DNA②：　　　3'-|ACCAGGGTCGATC|CTAG-5'

このDNA③にDNAリガーゼが作用すると，次のⅠ～Ⅲの3つのパターンでDNAが結合される。

Ⅰ　5'—|GATCT…DNA①…G|GATCT…DNA①…G|—3'
　　3'—|A…DNA②…CCTAG|A…DNA②…CCTAG|—5'

Ⅱ　5'—|GATCT…DNA①…G|GATCC…DNA②…A|—3'
　　3'—|A…DNA②…CCTAG|G…DNA①…TCTAG|—5'

Ⅲ　5'—|GATCC…DNA②…A|GATCT…DNA①…G|—3'
　　3'—|G…DNA①…TCTAG|A…DNA②…CCTAG|—5'

このうち，Ⅱの結合はBamHⅠで，Ⅲの結合はBglⅡでそれぞれ切断されるが，Ⅰの結合はどちらの制限酵素でも切断されない。したがって，これらの制限酵素で処理してできる最も短いDNAは，DNA③の状態のもので2本鎖の塩基対数は13。また，2番目に短いのはDNA③がⅠの結合で2つつながったもの，3番目に短いのはDNA③がⅠの結合で3つつながったもの，4番目に短いのはDNA③がⅠの結合で4つつながったもので，2本鎖部分の塩基対数は下図に示すように，それぞれ13×2+4=30，13×3+4×2=47，13×4+4×3=64となる。

問6．プロモーターは，遺伝子の転写開始部位の近くに存在する特定の塩基配列をもつ領域で，プロモーターに複数の基本転写因子とRNAポリメラーゼが結合することで転写が開始される。したがって，このような人工的なプロモーター配列を遺伝子につないだものを細胞に導入し，遺伝子の発現のされ方を調べることによって，プロモーター中の特定の塩基配列が転写の調節にどのような機能をもつかを調べることができる。

92 2020 年度　生物〈解答〉　　　　　　　　　　　　　　　横浜国立大-理系前期

II 解答

問1．㈎シュワン　㈠脊髄　㈢体性神経系

問2．(1)視細胞：桿体細胞　視物質：ロドプシン

視物質に生じる変化：増加

(2)網膜で受容した光刺激が，中脳で処理され虹彩に伝わり，虹彩が伸縮する。(35字以内)

(3)反射弓

問3．体の傾き：前庭　回転：半規管

問4．(1)ランビエ絞輪　(2)跳躍伝導

問5．㈅・㈬

問6．(1)アセチルコリン

(2)放出される物質：カルシウムイオン（Ca^{2+}）

タンパク質の名称：トロポニン

問7．（ホルモン・はたらきの順に）脳下垂体：③・オ

副甲状腺：②・イ　すい臓：⑥・エ　副腎：⑤・ウ

◀解　説▶

≪刺激の受容と反応，ホルモンと内分泌腺≫

問2．(1)　暗順応は2段階で進行する。暗くなってからおよそ10分までは錐体細胞の感度が上昇し，10分以降は桿体細胞で再合成されたロドプシンが蓄積して，感度が約1万倍まで増す。

(2)　瞳孔反射の中枢は中脳に存在し，網膜→感覚神経→中脳→運動神経→虹彩（瞳孔括約筋と瞳孔散大筋）の経路で起こる。

問5．㈎　誤り。大脳や小脳では，皮質には細胞体が集まり灰白質とよばれ，髄質には神経繊維があり白質とよばれる。

㈡　誤り。皮膚感覚の中枢（体性感覚野）や空間的な認識にかかわる頭頂連合野は頭頂葉にある。前頭葉にあるのは，運動野や前頭連合野，運動性言語中枢（ブローカ野）などである。

㈅　正文。側頭葉には，聴覚野や聴覚による言語の理解にかかわる聴覚連合野がある。

㈬　正文。延髄には，①呼吸運動や心臓拍動の調節中枢，②消化管の運動や唾液の分泌の調節中枢，③せき，くしゃみ，咀嚼，嚥下など延髄反射の中枢，などがある。

問6．(2)　筋小胞体から放出された Ca^{2+} がアクチンフィラメントにある

横浜国立大-理系前期　　　　　　　　　　　　　　　2020 年度　生物〈解答〉　93

トロポニンに結合すると，アクチンのミオシン結合部位をふさいでいるトロポミオシンの立体構造が変化して，アクチンとミオシンが結合できるようになる。

問 7．①の甲状腺刺激ホルモンと⑦の副腎皮質刺激ホルモンは脳下垂体前葉から分泌されるが，はたらきに該当するものがない。④のチロキシンは甲状腺から分泌されるホルモンである。なお，③のバソプレシンは脳下垂体後葉から，⑤のアドレナリンは副腎髄質から分泌される。

Ⅲ　解答

問 1．(う)
問 2．(ア)

問 3．(1)陽樹　(2)速い　(3)更新　(4)遅い　(5)長い　(6)遷移

問 4．種 B では，樹齢とともに樹高増加量が増加し，増加量が一定に達すると種子をつける。森林限界に近い森林 2 では，低い標高にある森林 1 と比べて，個体の死亡率が高く，樹齢の大きい個体が少ない。また，森林 2 では幹の直径に対して樹高があまり高くならない。したがって，森林 2 は森林 1 よりも，林冠の高さが低く，低い位置での光強度が大きい。そのため，森林 2 では，樹齢が小さいときの樹高の増加速度が大きく，より小さい樹齢で種子をつけ始めるため，継続的に種子を生産することができる。（240 字以内）

━━━━━━━━◀解　説▶━━━━━━━━

≪森林を構成する樹木の特徴と環境の違い≫

問 1．年平均気温 −3〜1℃ の地域は亜寒帯に属するので，針葉樹林が分布する。照葉樹林が分布する暖温帯は年平均気温 15℃ 前後，夏緑樹林が分布する冷温帯は年平均気温 5〜10℃ 程度である。

問 2．撹乱後の経過年数が短い森林 3 では，種 A が高木層と亜高木層で優占し，より年数が経過した森林 1 では，種 B がすべての階層で優占することから，種 A が陽樹で，種 B が陰樹と考えられる。したがって，光補償点や光飽和点が高い(ア)が，種 A の光合成曲線である。

問 4．設問文にある「成長」，「繁殖」，「死亡率」，「垂直構造」，「林内の光勾配」をキーワードにして考えるとよい。図(a)〜(c)での種 B の特徴と図(d)での森林 1 と森林 2 の違いを整理すると以下の①〜⑧のようになる。まず，種 B に共通する特徴として，図(b)より，①ある樹齢までは樹齢とと

94 2020 年度　生物〈解答〉　　　　　　　　　　　　　　　横浜国立大-理系前期

もに樹高増加量が増加することと，②樹高増加量が一定に達すると種子を
つけるようになることがわかる。次に，森林 1 と森林 2 での種 B の違い
として，図(b)より，種 B-2 では種 B-1 と比べて，③樹齢が小さいときの
樹高の増加速度が大きいこと（成長の違い）と，④種子をつけ始める樹齢
が小さいこと（繁殖の違い）がわかる。また，図(a)と図(c)より，種 B-2
では種 B-1 と比べて，⑤木の幹の直径に対して樹高が低く，樹高が高く
ならないこと（成長の違い）と，⑥死亡率が高く，樹齢の大きい個体が少
ないこと（死亡率の違い）がわかる。さらに，図(d)より，森林 2 は森林 1
と比べて，⑦林冠の高さが低いこと（垂直構造の違い）と，⑧低い位置で
の光強度が大きいこと（林内の光勾配の違い）がわかる。これらを踏まえ
て，森林限界に近い地点の森林 2 では，種 B は死亡率が高く，樹齢の大
きい個体が少ないが，一方で，林冠の高さが低く，低い位置での光強度が
大きいので，樹齢が小さいときの樹高の増加速度が大きくなり，種子をつ
け始める樹齢も小さくなるので存続できているということを説明するとよ
い。

Ⅳ 解答

問 1．(1)A．センチュウ　B．カタツムリ　C．クモ
　　　D．トビムシ　E．サンショウウオ

(2)a ─(イ)　b ─(ア)　c ─(ウ)　d ─(エ)　(3)─(エ)

問 2．a ─ウ　b ─オ　c ─ア　d ─エ　e ─カ　f ─イ　g ─キ

問 3．(1)(ア)相似器官　(イ)相同器官　(2)─①・④　(3)─②・③

問 4．(B)→(D)→(H)→(A)→(I)→(G)→(E)→(F)→(C)

問 5．酸素発生型光合成生物によって放出された酸素が大気中に蓄積し，
成層圏に有害な紫外線を吸収するオゾン層が形成された結果，地表に達す
る紫外線が減少したため。(80 字以内)

◀解　説▶

≪動物の分類と系統，生物の進化と変遷≫

問 1．(1)　図 1 の生物のうち，クモとトビムシはササラダニと同じ節足動
物である。また，トビムシは昆虫なので脚は 3 対，クモとササラダニの脚
は 4 対である。したがって，図 2 より，C がクモ，D がトビムシとなる。
次に，図 3 で，これらの節足動物と最も近縁な関係にある A は，節足動
物と同じ脱皮動物である線形動物のセンチュウである。また，図 3 で，ミ

ミズからDまでは旧口動物で，ミミズとBは冠輪動物と考えられるので，Bは軟体動物のカタツムリとなり，Eには新口動物である脊椎動物のサンショウウオが入る。

(2)　a．図1の生物のうち，センチュウ以外は真体腔をもつが，線形動物であるセンチュウは偽体腔をもつ。

b．脊椎動物であるEのサンショウウオは脊椎をもつが，他の動物は脊椎をもたない。

c・d．図2のB〜Dのうち，環形動物であるミミズと節足動物であるクモ，ササラダニ，トビムシは体節をもつが，軟体動物であるカタツムリは体節をもたない。また，節足動物は脱皮により成長するが，環形動物は脱皮しない。

(3)　節足動物（クモ，ササラダニ，トビムシ）と線形動物（センチュウ）は，脱皮により成長する脱皮動物である。節足動物は真体腔をもち，体節をもつが，線形動物は偽体腔をもち，体節をもたない。

問2．表1の1番で，cとfは巣をもたないので2番へ，巣をもつa・b・d・e・gは3番へ進む。2番で，腹部に房状のえらをもつcはア属，もたないfはイ属となる。3番で，巣が透明であるaはウ属，透明ではないb・d・e・gは4番へ進む。4番で，巣が渦巻き状であるdはエ属，渦巻き状ではないb・e・gは5番へ進む。5番で，巣が滑らかな分泌物でできているbはオ属，植物片か鉱物片でできているe・gは6番へ進む。6番で，巣が鉱物片でできているeはカ属，植物片でできているgはキ属となる。

問3．(2)　①のカイコガの羽は表皮，鳥類の翼は脊椎動物の前肢が変形したもので，両者の起源は異なるので，相似器官である。④のイカの眼は頭部の表皮が陥没して形成され，ヒトの眼は神経管末端の両側が突出して形成される。発生の起源が異なるので，相似器官である。

(3)　②・③のコウモリの翼，イヌの前肢，ヒトの腕，クジラの胸びれはすべて脊椎動物の前肢が変形したものであり，これらは相同器官である。

問4．(A)・(H)・(I)　シダ植物の出現は古生代シルル紀，両生類の出現は古生代デボン紀で，古生代オルドビス紀には原始的な陸上植物が誕生していたと考えられている。

(B)・(D)　最古の真核生物の化石は，約21億年前の藻類と思われるグリパ

96 2020 年度　生物〈解答〉　　　　　　　　　　　　　　横浜国立大-理系前期

ニアで，この時期に真核生物が誕生したと推定されている。また，細胞内共生説では，葉緑体をもたない真核細胞が誕生した後に葉緑体をもつ真核細胞が誕生したと考えるので，真核生物→藻類の順になる。

(C)　最古の人類の化石は約 700 万年前のサヘラントロプス・チャデンシスといわれるが，正確なことはよくわかっていない。よく知られているのは，約 440 万年前のラミダス猿人や，約 300 万年前のアウストラロピテクス類であろう。いずれにせよ，出現した時代は(A)〜(I)の中で最も新しい。

(E)・(F)・(G)　鳥類は中生代ジュラ紀，被子植物は中生代白亜紀，哺乳類は中生代三畳紀に出現したと考えられている。

よって，(B)→(D)→(H)→(A)→(I)→(G)→(E)→(F)→(C)の順となる。

問 5．①酸素発生型光合成生物による酸素の放出，②大気中への酸素の蓄積，③成層圏でのオゾン層の形成，の順に説明し，オゾン層が有害な紫外線を吸収した結果，地表に達する紫外線が減少し，陸上で生物が生活できる環境が整ったことを述べるとよい。

❖講　評

　2020 年度も 2019 年度と同じ大問 4 題の出題であった。2016 年度以降，毎年出題されている生態が 2020 年度も Ⅲ で出題された。全体的な分量は 2019 年度と同程度だが，Ⅲ で 240 字の論述が出題されたこともあり，論述量は増加した。2020 年度は複数の分野にまたがる大問がほとんどなく，知識問題はすべて教科書の学習で対応できる標準レベルであった。全体的な難易度は 2019 年度並であった。

　Ⅰ　遺伝情報に関する総合的な理解を問う問題。出題された 3 つのテーマのうち，人工的なプロモーター配列の作成に関する文章(3)は目新しい内容で，形成される 2 本鎖の塩基対数を考える問 5 と，作成したプロモーター配列を用いて何を調べることができるかを問う問 6 で理解力が問われた。DNA の複製や PCR 法に関する問 1 〜問 4 は標準レベル。40 字の短い論述 3 問を手早くまとめられたかどうかで出来が分かれただろう。

　Ⅱ　動物の反応に関する総合的な理解とホルモンに関する基本知識を問う問題。オーソドックスな用語問題が中心で，完璧な解答が求められる。瞳孔反射について 35 字で説明する問 2 (2)の論述と，脳の機能に関する問 5 の選択問題がポイントになる。

　Ⅲ　森林とそれを構成する樹木に関する仮想的なデータから，理解力と考察力を問う問題。バイオームや植生の遷移に関する問 1 〜問 3 は基本的。与えられたグラフから森林限界に近い環境の森林について 240 字で考察する問 4 が，2020 年度の最も大きなポイントとなる問題。問題文に示されたデータの着眼点をしっかり踏まえて，それに沿って各グラフを的確に読み取ることができるか，考察力が問われた。

　Ⅳ　動物の系統分類と生物の変遷に関する知識や理解を問う問題。動物の形態的特徴に基づく系統樹と分子系統樹に関する問 1 では，動物の系統分類に関する理解が問われた。検索表を用いて 7 種のトビケラを分類する問 2 は目新しい内容であったが，問題自体は難しくない。生物を出現した時代順に並べ替える問 4 は，生物の変遷の正確な知識が求められる。生物の陸上進出に関する問 5 の論述は標準的でまとめやすい。

地学

I **解答** 問1．(1)—④　(2)—①

問2．海洋プレートに含まれている水が，沈み込みによって大陸プレートの下でマントルに供給され，かんらん岩の融点が低下し部分溶融することにより，マグマが生成される。(80字以内)

問3．③

問4．名称：ケイ質軟泥

説明：放散虫やケイ藻などの，二酸化ケイ素（SiO_2）からなる骨格をもつプランクトンの遺骸が，海水中に溶けずに深海底に堆積することで生成される。(80字以内)

問5．③

問6．太平洋プレート

◀解　説▶

≪島弧―海溝系，マグマの発生，遠洋性堆積物≫

問1．プレートの沈み込みに伴う島弧―海溝系において，島弧の海溝側を前弧といい，反対側を背弧という。東北日本においては，太平洋側が前弧，縁海である日本海側が背弧であり，それぞれの海底に広がる凹地を前弧海盆，背弧海盆という。

問2．かんらん岩の融点（溶融開始温度）は圧力が大きいほど高いので，マントル物質が高温で上昇する場所では減圧溶融によってマグマが発生する。沈み込み帯では減圧溶融は起こらないが，かんらん岩は水が付加されることで融点が低下するため，沈み込んだ海洋プレートに含まれる水によって融点が低下し周囲の温度を下回ると，マグマが発生することになる。

問3．①の玄武岩と②の流紋岩は火山岩であり，④のかんらん岩はマントルの構成岩石であるため，当てはまらない。

問4．遠洋域では，陸源性の砕屑物はほとんど届かないため，生物起源の堆積物が主に堆積する。炭酸カルシウムを主成分とする石灰質プランクトンや有孔虫の骨格（殻）が堆積すると，石灰質軟泥となり，固結すると石灰岩となるが，炭酸塩補償深度（CCD）より浅い海底でなければ堆積で

きない。遠洋域は水深が深い場所が多く，炭酸塩補償深度よりも深い深海底では，二酸化ケイ素を主成分とする放散虫やケイ藻の遺骸が堆積してケイ質軟泥となり，固結するとチャートとなる。したがって，遠洋性堆積物の代表的なものとしては，ケイ質軟泥（チャート）が適切である。

問5．一般に地球内部は深いほど温度が高いが，図1中の(B)の場所においては，冷たい海洋プレートが沈み込んでいる。そのため，(A)と比べて(B)の場所のほうが温度が低く，また，沈み込みによって圧力は高い。この(B)の場所で生成される変成岩は低温高圧型であり，鉱物結晶の伸長と配列による片理が発達した結晶片岩となる。高温低圧型の(A)では，有色鉱物と無色鉱物が縞状の構造をなす片麻岩が形成される。

問6．東北日本では，千島海溝や日本海溝で，太平洋プレートが北アメリカプレートの下に沈み込んでいる。西南日本では，南海トラフや南西諸島海溝で，フィリピン海プレートがユーラシアプレートの下に沈み込んでいる。

Ⅱ 解答
問1．③
問2．⑤

問3．③

問4．大気中の水蒸気や雲は，地球放射の赤外線を吸収し，地表に向かって再放射することで，地表を暖めて地表付近の気温を高く保つ温室効果をもたらす役割を担っている。（80字以内）

問5．②

問6．化学的風化作用

問7．有孔虫やサンゴなどは，海水中の炭素とカルシウムイオンから，炭酸カルシウムの骨格を形成し，その遺骸が海底に堆積することで炭素が固定され，海洋から炭素が除去される。（80字以内）

■■■■■■■◀解 説▶■■■■■■■

≪水循環，熱収支，風化，海水中の炭素の除去≫

問2・問3．地球上の水循環は，各地での収支が成り立っているとして考えればよい。図1において移動量の値（単位を除く）に着目すると，海洋では降水398，蒸発434なので398－434＝－36となり，海洋で36の不足となる。そのため，陸から海洋への流出(B)が36となって収支が成り立つ。

陸では，降水が 107，海洋への流出(B)が 36 なので，蒸発(C)は 107－36＝71 となる。また，陸での降水 107，蒸発 71 に対して，海洋からの大気による移送(A)も 36 となり，全体の収支が成り立つことになる。

問 4．水蒸気などの温室効果ガスは，太陽放射の中で最もエネルギーが強い可視光線は吸収しないが，地球放射の赤外線は吸収する。したがって，大気を通過して到達した太陽放射によって暖められた地表が赤外線を放射し，その赤外線を大気中の温室効果ガスが吸収して一部を地表に向かって再放射することで，地表付近が暖められることになる。これを温室効果というが，ここでは「大気と地表間の熱収支」と示されていることから，水蒸気と雲による，地球放射の赤外線の吸収と再放射について述べればよい。なお，用語が指定されている点には注意が必要である。

問 5．平均滞留時間は，大気中の水蒸気の量を，単位時間あたりに入れ替わる量で割ることにより求められる。問題文より，約 15 兆 t の水蒸気が大気中に存在する。また，図 1 において，1 年間に 107＋398＝505 兆 t が大気中から陸や海への降水となって取り除かれ，71＋434＝505 兆 t が陸や海からの蒸発で補充されていることから，1 年間に入れ替わる水蒸気の量は 505 兆 t/年である。よって，$\dfrac{15}{505}$×365＝10.8≒11 日となり，②が正解となる。

問 6．岩石や鉱物が分解される作用のことを風化作用といい，炭酸塩鉱物が雨水と反応して分解されるように，化学反応によって起こる風化作用を，化学的風化作用という。

問 7．海洋には，大気中の二酸化炭素が溶け込んで炭酸イオンとして存在している。カルシウムイオンと炭酸イオンが反応すると，炭酸カルシウム（$CaCO_3$）となるが，有孔虫やサンゴは炭酸カルシウムの骨格をもち，海水中の成分を利用してその骨格を形成する。これらの遺骸が堆積して石灰岩になると，炭素が地層中に固定されるため，海洋から除去されることになる。

III 解答

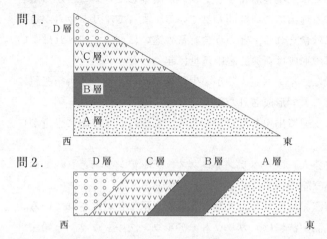

問 3．イリジウムは地殻にはほとんど含まれないが，隕石には多く含まれているため，境界の地層中のイリジウムが，白亜紀末に地球に衝突した隕石由来であると考えられるから。(80 字以内)

問 4．(1)D 層　(2)C 層　(3)A 層　(4)D 層　(5)C 層

問 5．^{40}K　(ほかに，^{238}U, ^{235}U, ^{87}Rb, ^{14}C など)

◀解　説▶

≪地質断面図の作成，地質時代≫

問 1．A〜D 層が水平ということは，地表面の傾きによって，上位の層から下位の層までが地表面に露出するように，断面を描けばよいということである。問題文より，図 1 で最も東に位置する A 層が最も古く，西に向かうにつれて新しくなることがわかる。断層と地層の逆転もないため，下位から A，B，C，D の順に水平に重なっている地層が，東側ほど深い地層が露出するように，東に傾斜した地表面を描けばよい。

問 2．地表面が水平ということは，図 1 の各層の境界は走向線であり，これらの地層は南北走向ということになる。したがって，東西方向の断面は走向に垂直な断面となるため，各層の境界が傾斜角である 45°で傾斜するように断面図を描けばよい。このとき，断層や地層の逆転がないため，東の A 層を最下層として，西の D 層が最上位層となるように，西傾斜として描く必要がある。

102 2020 年度 地学〈解答〉　　　　　　　　　　　　横浜国立大-理系前期

問3．白亜紀末の隕石衝突については，大量絶滅と関連づけて語られることが多いが，ここでは，境界層にイリジウムが濃集していることから隕石衝突説が考えられる理由について問われている。よってイリジウムが地殻にはないが隕石には含まれる，という含有量の違いについて述べればよい。

問4．(1)　日本海の形成は新第三紀中新世に起こった。

(2)　ヒマラヤ山脈は，インド亜大陸が中生代後半から北上し，古第三紀にアジアに衝突したことで形成された。

(3)　始祖鳥はジュラ紀に出現した鳥類である。鳥類はジュラ紀に恐竜から分化した。

(4)　最古の人類（猿人）はサヘラントロプス・チャデンシスとされており，出現したのは新第三紀の後半，約700万年前である。

(5)　貨幣石は古第三紀に繁栄した大型有孔虫で，示準化石とされている。

問5．放射性年代測定法には，カリウム・アルゴン法や，ウラン・鉛法，ルビジウム・ストロンチウム法，放射性炭素法などがあるが，それらの測定法に使われる「放射性同位体」を問われていることから，元素名や元素記号だけでなく，質量数も示す形で答えればよい。

❖講　評

　2020 年度は，2019 年度と同じく大問 3 題の出題で，試験時間は理科 2 科目で 150 分であった。出題形式は，字数指定の論述問題，空所補充問題，選択問題，記述問題のほか，2019 年度は出題されなかった描図問題が出題された。また，計算問題は選択式としての出題であった。2019 年度と比べ，全体の設問数や論述問題の出題数が減少した。

　Ⅰ　島弧─海溝系に関する出題。問 1・問 3・問 5 は基本事項の確認としての選択問題。問 2・問 4 の論述問題はオーソドックスな内容であったが，問 4 は岩石名ではなく堆積物名を問われ，内容に対して指定字数が多かったことにとまどった受験生もいたかもしれない。問 6 の記述問題も基礎的な出題であった。

　Ⅱ　水と炭素の循環に関する出題。問 1 の選択と問 6 の記述は基礎問題。問 2・問 3・問 5 は簡易な計算を伴い，連動する内容であるが，各問に選択肢が与えられているため容易であった。問 4・問 7 の論述問題も，着眼点が問題文中で明示されているため，解答しやすかっただろう。

　Ⅲ　地質断面図と地質時代に関する出題。問 1 と問 2 の描図問題は基本的な内容ではあるが，地層の姿勢と地表への現れ方についての知識と思考力が必要であった。問 3 の論述，問 4 の選択，問 5 の記述は，いずれも基本的な知識を求める出題であった。

横浜国立大-理系後期　　　　　　　　　　　　　　　2020 年度　問題　*105*

■後期日程

問題編

▶試験科目・配点

学　部　等		教　科	科　　　目	配点
理　　　　　　　工		数　学	数学 I・II・III・A・B	450 点
		理　科	「物理基礎・物理」「化学基礎・化学」	450 点
都市科	建　　　築都 市 基 盤	数　学	数学 I・II・III・A・B	450 点
		理　科	「物理基礎・物理」「化学基礎・化学」	450 点
	環 境 リ ス ク 共 生	数　学	数学 I・II・III・A・B	450 点
		小論文	自然環境や生態環境，社会環境の様々なリスクに関連して提示された素材に関し，内容把握の読解力，問題点を解決するための発想力，考えを表現するための論理的思考力や表現力を評価する。	200 点

▶備　考

　「数学 B」は「数列，ベクトル」を出題範囲とする。

数学

(150 分)

1 次の問いに答えよ。

(1) 関数 $f(x) = e^{-x}(x^2 + 2x - 1)$ に対して，xy 平面上の曲線 $y = f(x)$ を C とする。関数 $f(x)$ の増減，極値，C の凹凸，変曲点を調べ，C の概形を描け。

(2) 定積分

$$\int_0^{\frac{\pi}{4}} (\cos 3x)(\sin 2x)(\tan x)\, dx$$

を求めよ。

2 素数 p に対して，

$$S = \sum_{k=1}^{p-1} k, \quad T = \sum_{k=1}^{p-1} k^2$$

と定める。次の問いに答えよ。

(1) S を p で割ったときの余りを求めよ。

(2) T を p で割ったときの余りを求めよ。

(3) 以下の性質（∗）が成り立たない素数 p をすべて求めよ。

(∗) すべての整数 $a,\ b,\ c$ に対して，$\displaystyle\sum_{k=1}^{p-1}(ak^3 + bk^2 + ck)$ は p で割り切れる。

3 4つの点 A，B，C，D を辺で結んだ図

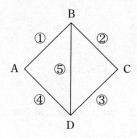

に対して，以下の操作(∗)を考える。

(∗)
> 1個のさいころを5回投げ，出た目に応じて，次のように辺に色をぬる。
> $n = 1, 2, 3, 4, 5$ に対して，
> $\begin{cases} n \text{回目に出た目が}1,2\text{のとき，辺}ⓝ\text{を青くぬる。} \\ n \text{回目に出た目が}3,4,5,6\text{のとき，辺}ⓝ\text{を白くぬる。} \end{cases}$

次の問いに答えよ。

(1) 操作(∗)を一度行うとき，青い辺のみをたどって，A から D に到達できる図になる確率を求めよ。

(2) 操作(∗)を一度行うとき，青い辺のみをたどって，A から C に到達できる図になる確率を求めよ。

4 m を正の実数とする。xy 平面において，不等式

$$0 \leqq y \leqq -\frac{1}{2}x^2 + 5x$$

の表す領域を D とし，不等式

$$0 \leqq y \leqq -2x^2 + 12x$$

の表す領域を E とする。次の問いに答えよ。

(1) 点 (x, y) が D を動くとき，$mx + y$ の最大値を m の式で表せ。

(2) D と E の和集合を F とする。点 (x, y) が F を動くとき，$mx + y$ の最大値を m の式で表せ。

5 t を実数とする。xy 平面上に曲線 $C : y = \dfrac{3}{2}x^2$ と点 $A\left(1, \dfrac{11}{6}\right)$ がある。A を通る傾き t の直線 ℓ を考える。C と ℓ の交点を P，Q とし，その x 座標をそれぞれ α，β（ただし $\alpha < \beta$）とする。次の問いに答えよ。

(1) $\alpha + \beta$，$\alpha\beta$ を，それぞれ t の式で表せ。

(2) α，β を t の関数とみて，その導関数をそれぞれ $\dfrac{d\alpha}{dt}$，$\dfrac{d\beta}{dt}$ と表す。
$\dfrac{d\alpha}{dt} = \dfrac{2(1-\alpha)}{3(\beta - \alpha)}$ および $\dfrac{d\beta}{dt} = \dfrac{2(\beta - 1)}{3(\beta - \alpha)}$ を示せ。

(3) C において，$\alpha \leqq x \leqq \beta$ の範囲にある部分の長さを L とする。t が実数全体を動くとき，L を最小にする t の値を求めよ。

横浜国立大-理系後期   2020 年度　物理　*109*

　物理

（2 科目：120 分）

Ⅰ　次の文章の空欄に適切な答えを入れよ。

　　図 1 のような起電力 E の電池，静電容量 C_1，C_2 のコンデンサー，抵抗値 R_1，
R_2，R_3 の抵抗，ダイオード，スイッチ S_1，S_2，S_3 で構成された回路がある。電池
の負極は接地されている。抵抗 R_1 は，なめらかに上下に動くピストンをもつシリ
ンダー内にある。スイッチ S_1，S_3 は開いており，S_2 は接点 a 側に接続している。
どのコンデンサーにも電荷は蓄えられていない。

問 1.　まず，スイッチ S_1 を閉じた。スイッチ S_1 を閉じる前後のコンデンサー C_1
　　　の極板間の電位差の時間変化は，図 2 のうち　(1)　である。十分に時間が
　　　経過したのち，コンデンサー C_1 に蓄えられる電荷は　(2)　，コンデン
　　　サー C_2 に蓄えられる電荷は　(3)　となる。この間に，コンデンサー C_1，
　　　C_2 に蓄えられた静電エネルギーの合計は　(4)　であり，抵抗 R_1 で発生し
　　　たジュール熱は　(5)　である。

問 2.　シリンダー内に 1 mol の単原子分子の理想気体がピストンによって閉じ込め
　　　られている。ピストンの質量は無視できるものとする。気体定数を R とする
　　　と，この気体の定積モル比熱は　(6)　である。問 1 において抵抗 R_1 で発
　　　生したジュール熱により，シリンダー内の気体の温度が ΔT だけ上昇した。大
　　　気圧下に置かれたシリンダーとピストンは断熱材でできており，抵抗と配線の
　　　大きさおよび熱容量は無視できるものとする。気体の内部エネルギーの増加量
　　　を ΔU，気体がピストンにした仕事を W とする。これらは，ΔT と R を用いる
　　　と，$\Delta U =$　(7)　，$W =$　(8)　と表される。よって，C_1，C_2，E，R
　　　を用いると，$\Delta T =$　(9)　となる。ただし，(9)は ΔU，W を使わずに表す
　　　こと。

問 3. 次に，スイッチ S_1 を開いた。そののち，スイッチ S_2 を接点 b 側に切り替える。その途中で，点 A が接点 a にも接点 b にも接続していない状態における点 A の電位は （10） である。スイッチ S_2 が接点 b に接続したのち，スイッチ S_3 を閉じた。ダイオードに流れる順方向電流を I とする。スイッチ S_3 を閉じて十分に時間が経過したのち，E, R_2, R_3, I のうち必要な記号を用いると，ダイオードに加わる順方向電圧は $V =$ （11） と表される。

いま，ダイオードの I–V 特性が図 3 の折れ線で表されるとする。E, R_2, R_3 のうち必要な記号を用いると $I =$ （12） と求められる。C_1, C_2, E のうち必要な記号を用いると，点 A の電位 V_A と点 B の電位 V_B は，それぞれ，$V_A =$ （13） ，$V_B =$ （14） と表される。ただし，（12）〜（14）は，I, V を使わずに表すこと。

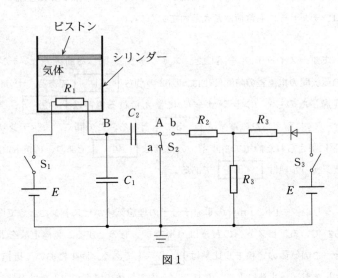

図 1

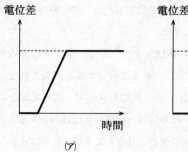
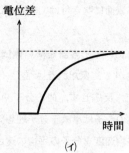

(ア)　　　　　　　(イ)

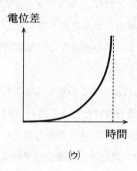
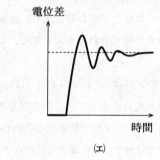

(ウ)　　　　　　　(エ)

図2

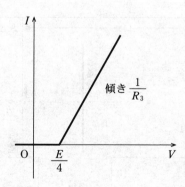

図3

Ⅱ 気体を固体表面に吹き付けて薄膜を作製するための基礎的な条件を調べる。

　図1のように，気密容器を薄い隔壁で2つに分け，それぞれをA室，B室と呼ぶ。絶対温度がTに保たれたA室に，ある圧力で気体が封入されている。気体は十分に安定で，反応せず，他の分子や原子に分解せず，結合を新たに作らないので，この気体の粒子は単原子分子理想気体と同様の並進運動をすると考えてよい。また，二乗平均速度を分子の平均の速さと見なしてよい。B室はポンプによって真空に排気されており，この中では気体粒子同士の衝突は無視してよい。

　隔壁に小孔をあけ，そこにシャッターを取り付けた。シャッターが開いている間だけ，A室から気体分子がB室に入り，遮蔽板の小孔を通り抜けた分子のみが直進し，残りは全て排気されるものとする。2つの小孔の先に平板が設置されている。

　B室の壁に片側が固定されている軽いばねによってこの平板は支えられている。このばねのばね定数をKとする。遮蔽板を通り抜けた分子の進行方向に対して平板の面は垂直であり，平板の運動はその分子の進行方向と平行な変位のみである。

　平板の表面では分子は弾性衝突ではね返り，はね返った後の分子は直ちに排気される。

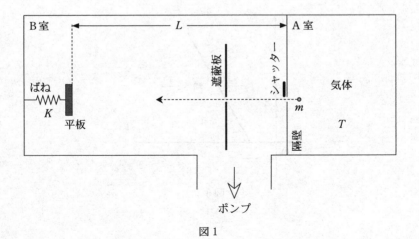

図1

横浜国立大-理系後期　　　　　　　　　　　　　　　　　　2020 年度　物理　113

問 1.　ボルツマン定数を k_B,　分子の質量を m とする。

(1)　平板に衝突する分子の持つ平均運動エネルギーを求めよ。

(2)　シャッターから平板の面までの距離を L とする。分子がシャッターを通過してから平板にたどり着くまでの平均時間を求めよ。

問 2.　シャッターを閉じているときにつり合いの位置で静止していた平板は，シャッターを開くと，しばらくしてつり合いの位置から d だけ離れた場所で静止した。

(3)　分子 1 個が平板に衝突する際に，平板に与える力積の平均値を求めよ。

(4)　単位時間あたりの平均で何個の分子が平板に衝突するかを求めよ。

問 3.　平板を冷却したところ，シャッターを開くと，ほとんどの分子は冷却前と同様に弾性衝突ではね返るが，一部の分子が平板の表面に衝突すると静止して，そのまま付着することがわかった。平板を冷却した状態に対して，以下の問いに答えよ。

(5)　シャッターを開く前は，ばねが伸び縮みする方向に平板を単振動させたときの角振動数は ω_0 であった。平板の質量を求めよ。

(6)　シャッターを開くと，やがてつり合いの位置から d' だけ離れた場所で平板が静止した。分子が平板の表面に付着する割合を，d および d' を用いて示せ。ただし，平板に衝突した分子が全て付着した場合にこの割合を 1 とする。

(7)　シャッターを開いてからしばらく時間が経過した後でシャッターを閉じた。その後，(5)と同様に平板を単振動させると角振動数は ω に変化していた。シャッターを開いている間に平板に付着した分子の質量の合計を求めよ。

問 4.　次に，図 2 のように B 室に窓を設けた。この窓を通して，波長が λ で表される電磁波を，遮蔽板を通り抜けた分子に照射する。シャッターを開いた状態のとき，分子の進行方向に対してこの電磁波の入射方向は垂直であり，B 室の壁面での電磁波の反射はないものとする。プランク定数を h とする。

⑻ ほとんどの分子は直進するが，一部の分子は電磁波を光子として吸収する。1個の分子は1個の光子のみを吸収するものとし，1個の光子の運動量のすべてが1個の分子に受け渡される。この受け渡される運動量の大きさを求めよ。

⑼ 電磁波を吸収した分子の運動量は，電磁波の入射方向成分のみが変化する。この電磁波の吸収によって，分子の進行方向はわずかな角だけ変化する。平均の速さを持っていた分子について，その角を弧度(rad)で示せ。なお，わずかな角 θ に対して $\tan\theta \fallingdotseq \theta$ の近似を用いてよい。

問 5. 以上の平均値に基づいた議論を踏まえて以下のような実験結果を検討する。

⑽ シャッターを閉じた後に平板の中心付近で z 方向に沿って付着物の厚さ t を測定した結果を図3に示す。このとき，電磁波を吸収しなかった分子の付着物の中心の位置 z_0 と，電磁波を吸収した分子の付着物の中心の位置 z_1 を図3から読み取れ。

⑾ 図3のように，電磁波の吸収によって進行方向が変化した分子は，電磁波を吸収しなかった分子に比べて，より広がって付着していた。この主な理由を，分子の運動に関連付けて1つ述べよ。

〔解答欄：3行以内（1行10.5cm）で述べよ。〕

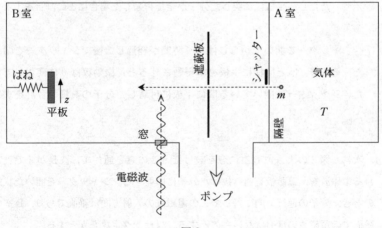

図 2

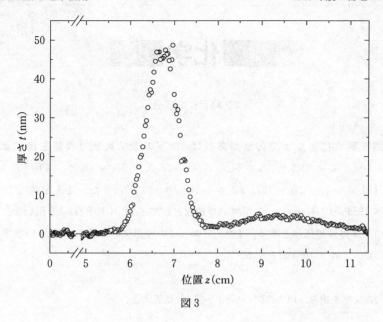

図3

■化学■

（2科目：120分）

問題を解くにあたって必要があれば，以下の原子量及び数値を用いよ。
H = 1.00,　　C = 12.0,　　N = 14.0,　　O = 16.0,　　Na = 23.0,　　Cl = 35.5,
Sn = 119, I = 127, Ba = 137, $\sqrt{2}$ = 1.41, $\sqrt{3}$ = 1.73。また，気体定数として
8.31 × 10³ Pa·L/(K·mol)，アボガドロ定数として 6.02 × 10²³ /mol を用いよ。す
べての気体は理想気体とする。また，1.00 mol の理想気体の体積は 22.4 L(標準状
態，0 ℃，1.01 × 10⁵ Pa)とする。

Ⅰ 次の文章を読み，以下の問い(問1～問10)に答えよ。

　原子やイオン，分子などの粒子が規則正しく配列した固体を結晶という。結晶中
の規則正しい粒子の配列構造を結晶格子といい，その最小の繰り返し単位を単位格
子という。結晶は，粒子間の結合の種類によって，金属結晶，イオン結晶，共有結
合結晶，分子結晶に大別される。

　金属結晶の主な構造には，体心立方格子，面心立方格子，六方最密構造がある。
　　　　　　　　　　　　　　　　　　　　①
体心立方格子は，単位格子の中心に原子が配置されており，単位格子に含まれる原
子の数は　 (あ) 　個である。面心立方格子は，結晶格子中の原子どうしが最も密
に詰め込まれた結晶構造であり，単位格子に含まれる原子の数は　 (い) 　個であ
る。

　イオン結晶では，陽イオンと陰イオンが，　 (う) 　によってイオン結合を形成
し，規則正しく配列している。陽イオンと陰イオンの価数や大きさの違いによっ
て，多様な単位格子が形成される。イオン結晶の構造は，構成する陽イオンと陰イ
オンの大きさの比に依存する。例えば，塩化セシウム型のイオン結晶について，陽
イオンと陰イオンおよび陰イオンどうしが接するときの構造を考える。このとき，
陽イオンの半径を r^+，陰イオンの半径を r^- とすると，以下の式が成り立つ。

横浜国立大-理系後期 　　　　　　　　　　　　　　　　　2020 年度　化学　117

$$\frac{r^+}{r^-} = \boxed{(\text{え})}$$

さらに陽イオンの半径が小さくなると，陽イオンと陰イオンが離れ，陰イオンどうしが接して反発しあう力が働くため，不安定な構造となる。

イオン結晶は，水に溶解させたり，高温で融解させると電気を導くようになる。また，一般に水に溶けやすいものが多いが，塩化銀など水に溶けにくいものは難溶
②
性塩と呼ばれ，ごく一部が溶解して飽和溶液となる。

非金属元素の原子が多数，次々に共有結合した構造から成る結晶を共有結合結晶という。共有結合結晶は，結晶全体が共有結合によって強く結びついており，非常に硬く，融点が非常に高い。

分子結晶は，分子からなる物質の結晶であり，分子どうしが $\boxed{(\text{お})}$ や $\boxed{(\text{か})}$ などの分子間力によって引きあってできている。分子間力はイオン結合や共有結合に比べ弱い力であるため，分子結晶はやわらかく，融点が低い。二酸化
炭素などは無極性分子であり，その分子結晶は，分子間力が特に弱く，昇華しやす
③
い。

氷は水分子からなる分子結晶である。水分子 1 個当たり 4 個の水分子と，$\boxed{(\text{か})}$ によって引きあう。$\boxed{(\text{か})}$ は，$\boxed{(\text{お})}$ と比較すると強い力であるため，分子量から予想される融点や沸点よりも高い値を示す。

問 1.　$\boxed{(\text{あ})}$ と $\boxed{(\text{い})}$ に入る適切な数値をそれぞれ整数で答えよ。

問 2.　下線部①について，以下の物質より結晶格子が常温常圧で面心立方格子をとるものを全て選び，記号で答えよ。
　　　(a) Li 　　　(b) Mg 　　　(c) Al 　　　(d) Si 　　　(e) Zn 　　　(f) Au

問 3.　$\boxed{(\text{う})}$ に入る語句を答えよ。

問 4.　$\boxed{(\text{え})}$ に入る数値を有効数字 2 桁で答えよ。

問 5.　スズ酸バリウム $BaSnO_3$ は，一般に図に示すような結晶構造を有することが知られている。この構造について，以下の設問に答えよ。ただし，格子は一辺

の長さが 4.00×10^{-8} cm の立方体で，その中心にバリウムイオン，各頂点にスズイオン，各辺の中点に酸化物イオンが配置しており，陽イオンと陰イオンはそれぞれ密に接しているとする。

(1) 酸化物イオン O^{2-} のイオン半径が 1.40×10^{-8} cm のとき，バリウムイオン Ba^{2+} のイオン半径 (cm) を，有効数字 3 桁で答えよ。

(2) (1)のとき，Sn イオンの価数を答えよ。

(3) $BaSnO_3$ の密度 (g/cm³) を，有効数字 3 桁で答えよ。

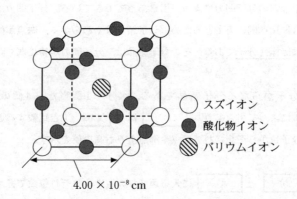

問 6. 下線部②について，塩化銀の飽和溶液 1.00 L に 3.60×10^{-5} mol の塩化ナトリウムを加えたとき，溶けている塩化銀のモル濃度を有効数字 3 桁で答えよ。ただし，室温での塩化銀の飽和溶液におけるモル濃度は 1.35×10^{-5} mol/L とし，溶解度積はモル濃度の二乗と仮定する。

問 7. 共有結合結晶の一つである黒鉛の燃焼熱は何 kJ/mol か整数値で答えよ。C＝O，O＝O の結合エネルギーをそれぞれ 803 kJ/mol，498 kJ/mol とし，黒鉛の昇華熱を 714 kJ/mol とする。

問 8. 下線部③について，0.26 g の無極性分子 A をシクロヘキサン (凝固点

6.5℃)20 g に溶かしたところ，計測された凝固点は 4.5℃であった。計測された凝固点から無極性分子 A の分子量を整数値で答えよ。ただし，シクロヘキサンのモル凝固点降下は 20.2 K・kg/mol とする。

問 9.　　(お)　と　(か)　に入る語句をそれぞれ答えよ。

問10.　氷 0.180 g を内容積 0.830 L の密閉容器に入れ，温度を 27℃に保った。氷が全部溶けたあとで容器内に生じる液体の水の質量(単位：g)を有効数字 3 桁で答えよ。水の蒸気圧は，27℃で 3.60 × 10³ Pa とし，液体の水の体積は無視できるものとする。

II　以下の問い(問 1 ～問 3)に答えよ。

問 1.　アセチレンに関する次の文章を読み，文中の空欄　ア　～　セ　に当てはまる最も適当な語句または数値を答えよ。ただし，ウ，オ，キ，ク，シ，ス，セ　は化合物名を答えよ。

　　炭素原子間に　ア　結合を 1 個もつ鎖式の不飽和炭化水素のことをアルキンといい，その一般式は　イ　で表される。そのうち最も簡単な構造のものはアセチレンである。アセチレンは　ウ　に水を反応させて得られ，空気よりも比重が　エ　い無色の気体であり，アンモニア性硝酸銀水溶液に通すと白色の　オ　を生じる。また，アセチレンは各種試薬と付加反応を起こすことが知られている。例えば，1 mol のアセチレンには最大　カ　mol の臭素分子を付加することができ，その最終付加生成物として　キ　が生じるが，1 mol の臭素分子が付加した中間生成物として　ク　も生じる。この中間付加生成物には二重結合を形成している 2 個の炭素原子それぞれに対して結合している臭素原子が同じ側にある　ケ　形と，反対側にある　コ　形と呼ばれる 1 組の　サ　異性体がある。ま

た，適当な触媒を用いてアセチレンに等しいモル数の塩化水素を反応させると
シ が生じるが，硫酸水銀(Ⅱ)を触媒として水を反応させると ス
が生じる。一方，アセチレンを赤熱した鉄に触れさせると，3分子のアセチレ
ンから1分子の セ が生じる。

問 2. ニトロベンゼンの反応に関する次の文章を読み，下記の問い(1)～(4)に答え
よ。

なお，構造式については記入例にならって示せ。

記入例：

ニトロベンゼン 2.46 g を丸底フラスコに入れ，これに粒状のスズ 14.0 g と
濃塩酸 14.0 mL を加え，よく振り混ぜながら弱い炎で加熱した。ニトロベン
ゼンの油滴が見えなくなったら加熱をやめ，未反応のスズ以外をビーカーに移
した。冷却後，6.00 mol/L の水酸化ナトリウム水溶液をかきまぜながら加え
て強い塩基性にすると，乳濁液が得られた。<u>この乳濁液にジエチルエーテル
20.0 mL を加え，よくかき混ぜて静置したところ，二液層に分離した。</u>生成物
を含む上層のジエチルエーテル溶液のみをスポイトで取り出して，三角フラス
コに入れた。<u>これに粉末状の無水硫酸ナトリウム 6.00 g を入れて振り混ぜた
のち，しばらく静置した。</u>その後，硫酸ナトリウム粉末をろ過で取り除き，ジ
エチルエーテルを蒸発させて<u>油状生成物</u>を得た。さらにこの生成物に酢酸
4.00 mL を加えて，しばらく加熱したのち，水 20.0 mL 中に注いでかきまぜ
ると<u>無色の結晶</u>が析出した。

(1) 下線部(ア)の操作は抽出と呼ばれている。この実験では，反応液を強塩基性
にして生成物を抽出した。なぜ強塩基性で抽出したのかについて，最も適当
と思われる理由を，次の a ～ c の中から一つ選び，その記号を答えよ。

a．生成物は塩酸水溶液中において不溶性物質として遊離している。生成物は弱塩基であるため，強塩基の水酸化ナトリウムを加えると水に溶解し，ジエチルエーテルで抽出するとジエチルエーテル層に移る。

b．生成物は塩酸水溶液中において塩酸塩として溶けている。生成物は弱酸であるため，強塩基の水酸化ナトリウムを加えると塩酸塩のまま水層に残存し，ジエチルエーテルで抽出するとジエチルエーテル層に移る。

c．生成物は塩酸水溶液中において塩酸塩として溶けている。生成物は弱塩基であるため，強塩基の水酸化ナトリウムを加えると水に溶けにくい生成物が遊離し，ジエチルエーテルで抽出するとジエチルエーテル層に移る。

(2) 下線部(イ)の操作はどのような目的のために行われたのかについて，最も適当と思われる説明を，次のa～cの中から一つ選び，その記号を答えよ。

a．ジエチルエーテルに含まれている少量の生成物の塩酸塩を取り除くために用いられる。

b．ジエチルエーテルに含まれている少量の水を取り除くために用いられる。

c．ジエチルエーテルに含まれている少量の未反応のニトロベンゼンを取り除くために用いられる。

(3) 下線部(ウ)の油状生成物の物質名を答えよ。また，用いたニトロベンゼンがすべて生成物になったとすれば，この生成物は何g得られることになるのか，有効数字3桁で答えよ。

(4) 下線部(エ)の化合物の構造式を書け。

問 3．油脂に関する次の文章を読み，下記の問い(1)～(4)に答えよ。

グリセリンの高級脂肪酸エステルである油脂 **A** に対して以下に示す実験(I)～(Ⅲ)の結果を得た。

実験(I) 油脂 **A** 4.42 g を完全にけん化するために，1.00 mol/L の水酸化ナ

トリウム水溶液 15.0 mL を要した。またこの油脂 A をけん化した後，強酸を加えて得られる脂肪酸は，B と C の 2 種類であることがわかった。さらに生成物の組成（モル比）は

グリセリン：B：C ＝ 1：2：1

であった。

実験(Ⅱ)　脂肪酸 B を元素分析したところ，炭素 76.0 ％，水素 12.7 ％であることがわかった。

実験(Ⅲ)　脂肪酸 C の 1.00 mol を白金触媒存在下において水素添加したところ，3.00 mol の水素を吸収し，その結果得られたものは脂肪酸 B と同一物質であった。

(1)　実験(Ⅰ)から，油脂 A の分子量を整数値で答えよ。

(2)　脂肪酸 B の示性式を示せ。

(3)　脂肪酸 C 1.39 g を用いて実験(Ⅲ)の方法で水素添加を行うとき，吸収される水素の体積は標準状態に換算して何 mL になるのか，有効数字 3 桁で答えよ。

(4)　油脂 100 g に付加するヨウ素の質量（単位：g）の数値をヨウ素価といい，この値は油脂に含まれる二重結合の多さの比較に用いられる。油脂 A のヨウ素価を整数値で答えよ。

小論文

$\left(\begin{array}{c}90 \text{ 分}\\ \text{解答例省略}\end{array}\right)$

次ページの図を読みとり，問1と問2に答えなさい。

問 1. 一般消費者と食品安全の専門家の間でみられる認識の相違が発生した原因について，相違のみられた項目を複数あげながら，400字以内であなたの考えを述べなさい。

問 2. 問1の認識の相違を最小化するための対応策として，どのような立場の人が何をすればよいか，その対応策に残された課題にも言及しつつ600字以内で述べなさい。

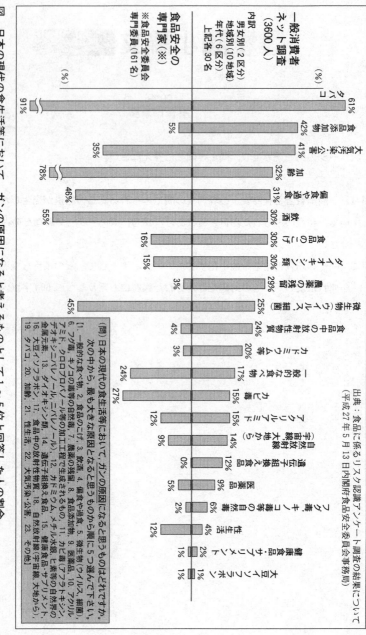

図 日本の現代の食生活等において、ガンの原因になると考えるものとして1〜5位に挙げた人の割合

項目毎に、ガンの原因として1〜5位に挙げた人の割合を、一般消費者及び食品安全の専門家のそれぞれについて示した（ただし、専門家のタバコ及び加齢に関連する棒グラフは、スケールを超えたため、途中を波線で省略して表している）。

(問) 日本の現代の食生活等において、ガンの原因になると思うものを割合の高いものから順に5つ選んでください。次の中から最も大きな原因となると思うものから順に5つ選んでください。
[1. 一般的な食べ物 2. 食品のこげ 3. 飲酒 4. 偏食や過食 5. 微生物 (ウイルス、細菌、フグ毒、キノコ等等の自然毒、7. 農薬の残留、8. 食品添加物、9. 医薬品、10. ブタノール、フェノキシエタノール、ニバレノール) 等の加工工程で生成されるもの、11. カビ毒（アフラトキシン、デオキシニバレノール、ニバレノール) 12. カドミウム、メチル水銀、ヒ素等の自然界の金属元素、13. ダイオキシン類 14. 遺伝子組換え食品 15. 健康食品・サプリメント 16. 大豆イソフラボン、17. 食品中の放射性物質、18. 自然放射線（宇宙線、大地から）、19. タバコ、20. 加齢、21. 性生活、22. 大気汚染・公害、23. その他]

出典：食品に係るリスク認識アンケート調査の結果について
（平成27年5月13日内閣府食品安全委員会事務局）

解答編

■数学■

1 解答 (1) 関数 $f(x)=e^{-x}(x^2+2x-1)$ を微分して

$$f'(x)=-e^{-x}(x^2+2x-1)+e^{-x}(2x+2)=-e^{-x}(x^2-3)$$

さらに，もう一度微分して

$$f''(x)=e^{-x}(x^2-3)-e^{-x}\cdot 2x=e^{-x}(x^2-2x-3)$$

である。

$$x^2-2x-3=(x+1)(x-3)$$

であるから，増減表は以下の通りとなる。

x	$\cdots$	$-\sqrt{3}$	$\cdots$	-1	$\cdots$	$\sqrt{3}$	$\cdots$	3	$\cdots$
$f'(x)$	$-$	0	$+$	$+$	$+$	0	$-$	$-$	$-$
$f''(x)$	$+$	$+$	$+$	0	$-$	$-$	$-$	0	$+$
$f(x)$	↘		↗		↗		↘		↘

ここで

$$f(-\sqrt{3})=2(1-\sqrt{3})e^{\sqrt{3}}=\alpha$$
$$f(-1)=-2e=\beta$$
$$f(\sqrt{3})=2(\sqrt{3}+1)e^{-\sqrt{3}}=\gamma$$
$$f(3)=14e^{-3}=\delta$$
$$\lim_{x\to -\infty}f(x)=\infty$$
$$\lim_{x\to \infty}f(x)=0$$

だから，$x=-\sqrt{3}$ のとき極小値 α, $x=\sqrt{3}$ のとき極大値 γ をとり，変曲点は $(-1, \beta)$, $(3, \delta)$ である。

よって，C の概形は右図の通りである。

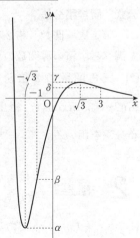

126 2020 年度　数学〈解答〉　　　　　　　　　　　　　　　横浜国立大-理系後期

(2) $\sin x = t$ とおくと

$$\frac{dt}{dx} = \cos x, \quad \begin{array}{c|c} x & 0 \to \dfrac{\pi}{4} \\ \hline t & 0 \to \dfrac{1}{\sqrt{2}} \end{array}$$

であり

$$\cos 3x = 4\cos^3 x - 3\cos x = \cos x (4\cos^2 x - 3)$$
$$= (1 - 4\sin^2 x)\cos x = (1 - 4t^2)\frac{dt}{dx}$$

$$\sin 2x \tan x = 2\sin x \cos x \cdot \frac{\sin x}{\cos x} = 2\sin^2 x = 2t^2$$

であるから，置換積分法により

$$\int_0^{\frac{\pi}{4}} (\cos 3x)(\sin 2x)(\tan x)\,dx = \int_0^{\frac{1}{\sqrt{2}}} 2t^2 (1 - 4t^2)\frac{dt}{dx}\,dx$$

$$= \int_0^{\frac{1}{\sqrt{2}}} (2t^2 - 8t^4)\,dt = \left[\frac{2}{3}t^3 - \frac{8}{5}t^5\right]_0^{\frac{1}{\sqrt{2}}}$$

$$= \frac{1}{3\sqrt{2}} - \frac{2}{5\sqrt{2}} = \frac{\sqrt{2}}{6} - \frac{\sqrt{2}}{5}$$

$$= -\frac{\sqrt{2}}{30} \quad \cdots\cdots(\text{答})$$

━━━━━◀解　説▶━━━━━

≪関数の増減，極値，曲線の凹凸，変曲点，三角関数の2倍角・3倍角の公式，置換積分法≫

(1) 第1次導関数，第2次導関数を求めて関数の増減，極値，曲線の凹凸を調べる。積の導関数の公式を用いる。

(2) 三角関数の3倍角の公式 $\cos 3x = 4\cos^3 x - 3\cos x$，2倍角の公式 $\sin 2x = 2\sin x \cos x$，相互関係の式 $\tan x = \dfrac{\sin x}{\cos x}$ を用いて式変形し，置換積分法を用いる。

2 解答

p は素数なので，偶数ならば2であり，それ以外なら奇数である。

(1) $S = \dfrac{1}{2}(p-1)p$ である。

横浜国立大-理系後期　　　　　　　　　　　　　2020 年度　数学〈解答〉　127

［１］$p=2$ のとき $S=1$ だから，S を p で割った余りは 1 である。

［２］$p \geqq 3$ のとき，$p-1$ は偶数となり，$\dfrac{1}{2}(p-1)$ は整数である。

したがって，S を p で割った余りは 0 である。

以上より，S を p で割った余りは

　　　　$p=2$ のとき 1，$p \geqq 3$ のとき 0　……（答）

(2)　$T=\dfrac{1}{6}(p-1)p(2p-1)$ である。

［１］$p=2$ のとき $T=1$ だから，T を p で割った余りは 1 である。

［２］$p \geqq 3$ のとき，$p=2m+1$ $(m=1,\ 2,\ 3,\ 5,\ \cdots)$ とおけて

　(i) $m=1$ のとき　　$p=3$，$T=5$

　したがって，T を p で割った余りは 2 である。

　(ii) $m \geqq 2$ のとき，$p \geqq 5$ であり

$$T=\frac{1}{6}\cdot 2m(4m+1)p=\frac{1}{3}m(4m+1)p$$

ここで，$m \equiv 0 \pmod 3$ のとき，$\dfrac{1}{3}m(4m+1)$ は整数。

$m \equiv 1 \pmod 3$ のとき　　$p=2m+1 \equiv 0 \pmod 3$

となり，p が素数であることに反するので不適。

$m \equiv 2 \pmod 3$ のとき　　$p=4m+1 \equiv 0 \pmod 3$

となり，$\dfrac{1}{3}m(4m+1)$ は整数。

したがって，T を p で割った余りは 0 である。

以上より，T を p で割った余りは

　　　　$p=2$ のとき 1，$p=3$ のとき 2，$p \geqq 5$ のとき 0　……（答）

(3)　$U=\displaystyle\sum_{k=1}^{p-1}k^3$ とおくと，$U=S^2$ なので(1)の結果から，U を p で割った余りは，$p=2$ のとき 1，$p \geqq 3$ のとき 0 である。

したがって，与式を V とおくと，$p \geqq 5$ のときは，すべての整数 $a,\ b,\ c$ に対して

$$V=\sum_{k=1}^{p-1}(ak^3+bk^2+ck)=aU+bT+cS$$

は p で割り切れる。

また，例えば $a=0,\ b=1,\ c=0$ とすれば

$$V = T$$

となり，$p=2$，3 のときは V は p で割り切れない。

以上より，求める素数 p は

$$p = 2, 3 \quad \cdots\cdots \text{(答)}$$

◀ 解　説 ▶

≪数列の和の公式≫

和の公式

$$\sum_{k=1}^{n} k = \frac{1}{2}n(n+1), \quad \sum_{k=1}^{n} k^2 = \frac{1}{6}n(n+1)(2n+1),$$

$$\sum_{k=1}^{n} k^3 = \frac{1}{4}n^2(n+1)^2$$

を用いて解く。

3 **解答**　(1)　辺④が青のとき，必ず青い辺のみをたどって，A から D に到達できる。

辺④が白のときは，青い辺のみをたどって，A から D に到達できるためには辺①は青で，さらに

［1］辺⑤が青のとき，必ず青い辺のみをたどって，A から D に到達できる。

［2］辺⑤が白のときは，青い辺のみをたどって，A から D に到達できるためには，辺②・③は青で，青い辺のみをたどって，A から D に到達できる。

したがって，求める確率は

$$\frac{2}{6} + \frac{4}{6} \cdot \frac{2}{6} \left\{ \frac{2}{6} + \frac{4}{6} \left(\frac{2}{6} \right)^2 \right\} = \frac{1}{3} + \frac{2}{3} \cdot \frac{1}{3} \left\{ \frac{1}{3} + \frac{2}{3} \left(\frac{1}{3} \right)^2 \right\}$$

$$= \frac{3^4 + 2 \cdot 3^2 + 2^2}{3^5}$$

$$= \frac{103}{243} \quad \cdots\cdots \text{(答)}$$

(2)　余事象「青い辺のみをたどって，A から C に到達できない」確率を求める。

［1］①・④が白のとき，青い辺のみをたどって，A から C に到達できない。

[2] ①が白，④が青のとき

(ⅰ)③・⑤が白のとき，青い辺のみをたどって，AからCに到達できない。

(ⅱ)③が白，⑤が青のときは，②が白のとき，青い辺のみをたどって，AからCに到達できない。

(ⅲ)③が青のときは，青い辺のみをたどって，AからCに到達できてしまう。

[3] ①が青，④が白のときは[2]の場合と同様。

[4] ①・④が青のとき，②・③が白のときのみ，青い辺のみをたどって，AからCに到達できない。

以上より，余事象の確率は

$$\left(\frac{2}{3}\right)^2 + \frac{2}{3}\cdot\frac{1}{3}\left\{\left(\frac{2}{3}\right)^2 + \frac{1}{3}\left(\frac{2}{3}\right)^2\right\}\times 2 + \left(\frac{1}{3}\right)^2\left(\frac{2}{3}\right)^2$$

$$=\frac{2^2\cdot 3^3+3\cdot 2^4+2^4+3\cdot 2^2}{3^5}=\frac{184}{243}$$

であるから，求める確率は

$$1-\frac{184}{243}=\frac{59}{243} \quad \cdots\cdots(答)$$

◀解　説▶

≪さいころの確率≫

(1) 辺④が青か白で場合分けする。

(2) ①，④の色で場合分けして，余事象の確率を求める。

4 解答 (1) $f(x)=-\frac{1}{2}x^2+5x=-\frac{1}{2}x(x-10)$ とおく。

不等式 $0\leqq y\leqq f(x)$ の表す領域 D を図示すると右図の網かけ部分である。ただし，境界はすべて含む。

$$f'(x)=-x+5$$

なので，放物線 $y=f(x)$ 上の点 (10, 0) における接線の方程式は

$$y=f'(10)(x-10)=-5x+50$$

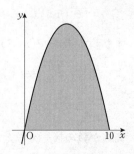

$mx+y=k$（k は実数）とおくと

$$y=-mx+k \quad \cdots\cdots①$$

と変形できる。この式は傾き $-m$（<0），y 切片が k の直線の方程式である。

[1] $-m \leqq -5$ すなわち $5 \leqq m$ のとき，k が最大となるのは直線①が点 $(10,\ 0)$ を通るときで，このとき

$$k=10m$$

[2] $-5 \leqq -m < 0$ すなわち $0 < m \leqq 5$ のとき，k が最大となるのは直線① が放物線 $y=f(x)$ に接するときで，このとき2次方程式

$$-mx+k=-\frac{1}{2}x^2+5x$$

すなわち $x^2-2(m+5)x+2k=0$ は重解をもつ。よって

$$(m+5)^2-2k=0 \quad \therefore \quad k=\frac{1}{2}(m+5)^2$$

以上より，点 $(x,\ y)$ が D を動くとき，$mx+y$ の最大値は

$$\begin{cases} \dfrac{1}{2}(m+5)^2 & （0<m\leqq5 \text{ のとき}） \\ 10m & （5\leqq m \text{ のとき}） \end{cases} \quad \cdots\cdots（答）$$

(2) $g(x)=-2x^2+12x$ とおき，放物線 $y=f(x)$，$y=g(x)$ の共通接線の傾きを求める。点 $(t,\ f(t))$ における曲線 $y=f(x)$ の接線の方程式は

$$y=f'(t)(x-t)+f(t)=(-t+5)(x-t)-\frac{1}{2}t^2+5t$$

$$\therefore \quad y=(-t+5)x+\frac{1}{2}t^2$$

この直線が放物線 $y=g(x)$ にも接するので，2次方程式

$$(-t+5)x+\frac{1}{2}t^2=-2x^2+12x \quad \cdots\cdots②$$

すなわち $4x^2-2(t+7)x+t^2=0$ の判別式 D_1 は $D_1=0$ をみたす。

よって

$$\frac{D_1}{4}=(t+7)^2-4t^2=0$$

$$t+7=\pm2t \quad \therefore \quad t=7,\ -\frac{7}{3}$$

傾きが負の接線を考えているので

$t=7$

したがって，共通接線の傾きは
$$f'(7)=-2$$
である。したがって

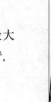

[1] $-m \leq -5$ すなわち $5 \leq m$ のとき，k が最大となるのは直線①が点 $(10, 0)$ を通るときで，このとき
$$k=10m$$

[2] $-5 \leq -m \leq -2$ すなわち $2 \leq m \leq 5$ のとき，k が最大となるのは，直線①が放物線 $y=f(x)$ に接するときで，このとき，(1)より
$$k=\frac{1}{2}(m+5)^2$$

[3] $-2 \leq -m < 0$ すなわち $0 < m \leq 2$ のとき，k が最大となるのは，直線①が放物線 $y=g(x)$ に接するときで，このとき2次方程式
$$-mx+k=-2x^2+12x$$
すなわち $2x^2-(m+12)x+k=0$ は重解をもつ。よって
$$(m+12)^2-8k=0 \quad \therefore \quad k=\frac{1}{8}(m+12)^2$$

以上より，点 (x, y) が F を動くとき，$mx+y$ の最大値は

$$\left. \begin{array}{ll} \dfrac{1}{8}(m+12)^2 & (0 < m \leq 2 \text{ のとき}) \\ \dfrac{1}{2}(m+5)^2 & (2 \leq m \leq 5 \text{ のとき}) \\ 10m & (5 \leq m \text{ のとき}) \end{array} \right\} \quad \cdots\cdots(\text{答})$$

◀解　説▶

≪不等式の表す領域，領域における最大値≫

(1)・(2) 直線の y 切片は放物線に接するときに最大となる。

132 2020 年度　数学〈解答〉　　　　　　　　　　　横浜国立大-理系後期

5 　解答　(1)　直線 l の方程式は

$$y=t(x-1)+\frac{11}{6}$$

l と C の共有点の x 座標は

$$\frac{3}{2}x^2=tx-t+\frac{11}{6}$$

をみたす。変形して

$$9x^2-6tx+(6t-11)=0$$

である。この 2 次方程式の 2 解が α, β なので，解と係数の関係から

$$\left.\begin{array}{l}\alpha+\beta=\dfrac{6t}{9}=\dfrac{2}{3}t \\[3mm] \alpha\beta=\dfrac{6t-11}{9}=\dfrac{2}{3}t-\dfrac{11}{9}\end{array}\right\} \quad \cdots\cdots(答)$$

(2)　(1)の結果から

$$\frac{d\alpha}{dt}+\frac{d\beta}{dt}=\frac{2}{3}, \quad \frac{d\alpha}{dt}\beta+\alpha\frac{d\beta}{dt}=\frac{2}{3}$$

この $\dfrac{d\alpha}{dt}$ と $\dfrac{d\beta}{dt}$ の連立方程式を解いて

$$\frac{d\alpha}{dt}=\frac{2(1-\alpha)}{3(\beta-\alpha)}, \quad \frac{d\beta}{dt}=\frac{2(\beta-1)}{3(\beta-\alpha)} \qquad (証明終)$$

(3)　$$L=\int_{\alpha}^{\beta}\sqrt{1+\left(\frac{dy}{dx}\right)^2}\,dx=\int_{\alpha}^{\beta}\sqrt{1+9x^2}\,dx$$

$$\therefore \quad \frac{dL}{dt}=\sqrt{1+9\beta^2}\,\frac{d\beta}{dt}-\sqrt{1+9\alpha^2}\,\frac{d\alpha}{dt}$$

(2)より

$$\frac{dL}{dt}=\sqrt{1+9\beta^2}\cdot\frac{2(\beta-1)}{3(\beta-\alpha)}-\sqrt{1+9\alpha^2}\cdot\frac{2(1-\alpha)}{3(\beta-\alpha)}$$

だから，$\dfrac{dL}{dt}=0$ となるとき

$$\sqrt{1+9\beta^2}\,(\beta-1)=\sqrt{1+9\alpha^2}\,(1-\alpha)$$

$$(1+9\beta^2)(\beta-1)^2=(1+9\alpha^2)(1-\alpha)^2$$

$$(9\beta^2+1)(\beta^2-2\beta+1)=(9\alpha^2+1)(\alpha^2-2\alpha+1)$$

$$9(\beta^4-\alpha^4)-18(\beta^3-\alpha^3)+10(\beta^2-\alpha^2)-2(\beta-\alpha)=0$$

横浜国立大-理系後期　　　　　　　　　　　　2020 年度　数学〈解答〉　*133*

$\beta-\alpha\neq0$ より

$$9(\beta+\alpha)(\beta^2+\alpha^2)-18(\beta^2+\beta\alpha+\alpha^2)+10(\beta+\alpha)-2=0$$

ここで，(1)の結果から

$$\beta^2+\alpha^2=(\alpha+\beta)^2-2\alpha\beta=\frac{4}{9}t^2-\frac{4}{3}t+\frac{22}{9}$$

$$\beta^2+\beta\alpha+\alpha^2=(\alpha+\beta)^2-\alpha\beta=\frac{4}{9}t^2-\frac{2}{3}t+\frac{11}{9}$$

だから

$$6t\left(\frac{4}{9}t^2-\frac{4}{3}t+\frac{22}{9}\right)-18\left(\frac{4}{9}t^2-\frac{2}{3}t+\frac{11}{9}\right)+\frac{20}{3}t-2=0$$

$$t(4t^2-12t+22)-3(4t^2-6t+11)+10t-3=0$$

$$2t^3-12t^2+25t-18=0$$

$$(t-2)(2t^2-8t+9)=0$$

t は実数より　　　$t=2$

$\dfrac{dL}{dt}$ は十分大きい t の値に対しては正の値をとるので，$t=2$ の前後で負から正に変わる。したがって，L は $t=2$ の前後で減少から増加に変わるので $t=2$ で最小となる。　……(答)

━━━━━━━━ ◀解　説▶ ━━━━━━━━

≪解と係数の関係，関数の微分，最小≫

(1)　解と係数の関係から求める。

(2)　(1)の結果を微分する。

(3)　$\dfrac{d}{dx}\displaystyle\int_{h(x)}^{g(x)}f(t)dt=f(g(x))g'(x)-f(h(x))h'(x)$ を用いる。

❖講 評

　大問 5 題の出題で,「数学Ⅱ・A・B」からの 1 題ずつ,「数学Ⅲ」からは 2 題の出題であった。

　1　(1)はグラフの概形を問う問題である。積の導関数の公式を用いる。(2)は置換積分法を利用すれば, 容易に処理できる。理系の受験生には計算力を問う基本問題である。

　2　数列の和と整数の融合問題。(1)・(2)は S, T ともに式の中に p が表れるので, それ以外の部分が整数なら p で割り切れることになる。(3)は(1)・(2)を用いて解く。

　3　標準的な確率の問題。(1)・(2)ともに場合分けして求める。

　4　領域における最大値を求める問題。慣れておきたいところである。

　5　(1)・(2)は基本的な問題。(3)は方針が立たなかった受験生も多かったと思われる。

　試行錯誤をしたり, うまく計算の工夫をしたりしないと正解にたどり着けない問題が出題されるが, 基本問題や典型問題をしっかり学習し, 計算力をつけておけば対応できる。実力の差が大きく出る出題であろう。

物理

I

解答 問1．(1)—(イ)　(2)C_1E　(3)C_2E　(4)$\dfrac{1}{2}(C_1+C_2)E^2$

(5)$\dfrac{1}{2}(C_1+C_2)E^2$

問2．(6)$\dfrac{3}{2}R$　(7)$\dfrac{3}{2}R\varDelta T$　(8)$R\varDelta T$　(9)$\dfrac{(C_1+C_2)E^2}{5R}$

問3．(10)0　(11)$E-2R_3I$　(12)$\dfrac{E}{4R_3}$　(13)$\dfrac{E}{4}$　(14)$\dfrac{4C_1+5C_2}{4(C_1+C_2)}E$

━━◀解　説▶━━

≪コンデンサー・抵抗・ダイオードを含む直列回路，単原子分子気体の定圧変化≫

問1．(1)　コンデンサーを充電すると徐々に電荷が蓄えられて，やがて電源電圧に等しくなるので，選択肢のうち(ウ)のように電位差が増大し続けるものは不適。また(エ)のように充電の際に電源電圧の値を超えて振動し一定になっていくことはない。電荷が蓄えられていくにつれ，電荷を移動させるための仕事が大きくなるので，電位差は(ア)のように直線的に増加せず，(イ)のようなグラフになる。

(2)・(3)　2つのコンデンサーは並列に接続されているのでどちらにも電圧Eがかかるため，蓄えられる電気量はそれぞれC_1E，C_2Eとなる。

(4)　2つのコンデンサーは並列に接続されているので，全体の合成容量はC_1+C_2となる。これに電圧Eを加えるため全体に蓄えられる静電エネルギーの和は

$$\frac{1}{2}(C_1+C_2)E^2$$

(5)　電源は電圧Eを加え続けて2つのコンデンサーに$(C_1+C_2)E$の電気量を蓄える。このとき，電源のした仕事は　　$(C_1+C_2)E\times E$

この仕事と(4)の静電エネルギーの差が，抵抗で消費されたジュール熱になるので

$$(C_1+C_2)E^2-\frac{1}{2}(C_1+C_2)E^2=\frac{1}{2}(C_1+C_2)E^2$$

問2. (6) 単原子分子気体の定積モル比熱は $\frac{3}{2}R$ である。

(7) 定積変化において，得た熱量と内部エネルギーの増加量は等しい。このことから，定圧変化であっても内部エネルギーの増加量は定積モル比熱を用いて求めることができる。したがって ΔT の温度変化による $1\,\mathrm{mol}$ の気体の内部エネルギーの増加量は

$$\Delta U=\frac{3}{2}R\Delta T$$

(8) このときの気体の圧力を P，体積の増加量を ΔV とすると

$$W=P\Delta V$$

ここで気体の状態方程式から

$$P\Delta V=R\Delta T$$

したがって

$$W=R\Delta T$$

(9) 熱力学第一法則から，気体が得た熱量は(7)と(8)の和になるので

$$W+\Delta U=\frac{5}{2}R\Delta T$$

これが(5)のジュール熱に等しいので

$$\frac{5}{2}R\Delta T=\frac{1}{2}(C_1+C_2)E^2 \qquad \Delta T=\frac{(C_1+C_2)E^2}{5R}$$

問3. (10) 充電されたところからスイッチ S_1 を開いたときにコンデンサー C_1，C_2 それぞれに蓄えられている電気量は変化しない。このときの点Aの電位は接地されているので0である。この後スイッチ S_2 の切り替えを行っている間にも電気量は移動しないため，点Aの電位は0のままである。

(11) スイッチ S_3 を閉じて十分に時間が経過したときに電流が流れているのは，抵抗値 R_3 の2つの抵抗とダイオードを含む閉回路である。キルヒホッフの第二法則から

$$E=V+R_3I+R_3I \qquad V=E-2R_3I$$

(12) I-V 特性のグラフの $I>0$ の部分を式で表すと，傾きが $\frac{1}{R_3}$ で

横浜国立大-理系後期　　　　　　　　　　　　　　　　　2020 年度　物理〈解答〉　137

$\left(\dfrac{E}{4},\ 0\right)$ を通過するので

$$I=\frac{V}{R_3}-\frac{E}{4R_3}$$

これと⑾の結果から V を消去すると

$$I=\frac{E-2R_3I}{R_3}-\frac{E}{4R_3}\qquad 3I=\frac{3E}{4R_3}$$

$$I=\frac{E}{4R_3}$$

⒀　スイッチ S_3 を閉じて十分に時間が経過すると，抵抗値 R_2 の抵抗には電流が流れていない。このため点 A から電位の基準面までの電位差は，抵抗値 R_3 の抵抗での電圧降下に等しい。したがって

$$V_A=R_3I=R_3\times\frac{E}{4R_3}=\frac{E}{4}$$

⒁　S_3 を閉じたのちに，それぞれのコンデンサーに蓄えられている電気量は C_1V_B，$C_2(V_B-V_A)$ であり，これらは電気量保存則から，(2)と(3)の和に等しい。したがって

$$C_1E+C_2E=C_1V_B+C_2(V_B-V_A)$$

これに⒀の結果を代入し

$$C_1E+C_2E=C_1V_B+C_2V_B-C_2\times\frac{E}{4}$$

$$C_1E+\frac{5C_2E}{4}=(C_1+C_2)V_B$$

$$V_B=\frac{4C_1+5C_2}{4(C_1+C_2)}E$$

Ⅱ　**解答**　問 1．$(1)\dfrac{3}{2}k_BT$　$(2)L\sqrt{\dfrac{m}{3k_BT}}$

問 2．$(3)2\sqrt{3k_BmT}$　$(4)\dfrac{Kd}{2\sqrt{3k_BmT}}$

問 3．$(5)\dfrac{K}{\omega_0{}^2}$　$(6)2\left(1-\dfrac{d'}{d}\right)$　$(7)K\left(\dfrac{1}{\omega^2}-\dfrac{1}{\omega_0{}^2}\right)$

問 4．$(8)\dfrac{h}{\lambda}$　$(9)\dfrac{h}{\lambda\sqrt{3k_BmT}}$

問5．⑽$z_0 = 6.7$〔cm〕　$z_1 = 9.5$〔cm〕

⑾気体分子の速度分布にはばらつきがあり，すべてが同じ速さではないために，電磁波が垂直方向に同じ運動量を与えても変化する角度にばらつきが生じるため。

━━━━◆解　説▶━━━━

≪気体分子の平板への衝突と電磁波による運動量変化≫

問1．(1)　温度 T の 1 mol の単原子分子気体がもつ内部エネルギーは気体定数を R とすると　$\dfrac{3}{2}RT$

これは気体のもつ運動エネルギーの総和なので，1分子あたりの運動エネルギーの平均値はこれをアボガドロ定数で割ったものになる。したがって

$$\dfrac{3}{2}k_{\mathrm{B}}T$$

(2)　気体分子の二乗平均速度（平均の速さ）を v とすると

$$\dfrac{1}{2}mv^2 = \dfrac{3}{2}k_{\mathrm{B}}T \qquad v = \sqrt{\dfrac{3k_{\mathrm{B}}T}{m}}$$

この速さでシャッターから平板にたどり着くまでの時間は

$$\dfrac{L}{v} = \dfrac{L}{\sqrt{\dfrac{3k_{\mathrm{B}}T}{m}}} = L\sqrt{\dfrac{m}{3k_{\mathrm{B}}T}}$$

問2．(3)　気体分子は弾性衝突をするので，1つの分子の衝突による運動量の変化の大きさは $2mv$。平板が受ける力積の大きさもこれに等しいので

$$2mv = 2\sqrt{3k_{\mathrm{B}}mT}$$

(4)　単位時間あたりに衝突する分子の数を n とすると，単位時間に平板が受ける力積の大きさは $n \times 2\sqrt{3k_{\mathrm{B}}mT}$ となる。これは平板が受けている力の時間平均に等しい。したがって

$$n \times 2\sqrt{3k_{\mathrm{B}}mT} = Kd \qquad n = \dfrac{Kd}{2\sqrt{3k_{\mathrm{B}}mT}}$$

問3．(5)　平板の質量を M とすると，単振動をするばね振り子の角振動数から

$$\omega_0 = \sqrt{\dfrac{K}{M}} \qquad M = \dfrac{K}{\omega_0{}^2}$$

(6) このとき，単位時間あたりに弾性衝突ではね返る分子の数を n' とする。全衝突のうち $(n-n')$ は表面に付着し，その衝突は完全非弾性衝突であるので，1つの分子の衝突により平板が受ける力積の大きさは

$$mv = \sqrt{3k_B mT}$$

平板が受ける力は n' の弾性衝突と $(n-n')$ の完全非弾性衝突の和なので

$$(n-n') \times \sqrt{3k_B mT} + n' \times 2\sqrt{3k_B mT} = Kd'$$

$$(n+n')\sqrt{3k_B mT} = Kd'$$

$$n' = \frac{Kd'}{\sqrt{3k_B mT}} - n$$

ここで，分子が板に付着する割合は $\dfrac{n-n'}{n}$ で表されるので，(4)の結果を使って

$$\frac{n-n'}{n} = \frac{2n - \dfrac{Kd'}{\sqrt{3k_B mT}}}{n} = \frac{2 \times \dfrac{Kd}{2\sqrt{3k_B mT}} - \dfrac{Kd'}{\sqrt{3k_B mT}}}{\dfrac{Kd}{2\sqrt{3k_B mT}}}$$

$$= \frac{2(d-d')}{d} = 2\left(1 - \frac{d'}{d}\right)$$

(7) 平板に分子が付着したときの全質量を M' とすると，(5)と同様に

$$M' = \frac{K}{\omega^2}$$

したがって付着した分子の質量は

$$M' - M = K\left(\frac{1}{\omega^2} - \frac{1}{\omega_0^{\,2}}\right)$$

問4．(8) 波長 λ の光子のもつ運動量は $\dfrac{h}{\lambda}$ である。

(9) 分子のもっていた運動量と電磁波のもっていた運動量のベクトル和が衝突後の気体分子の運動量になる。このため変化する角度を θ とすると

$$\tan\theta = \frac{\dfrac{h}{\lambda}}{mv} = \frac{h}{\lambda\sqrt{3k_B mT}}$$

θ は十分小さく，$\tan\theta \fallingdotseq \theta$ が成り立つので

$$\theta \fallingdotseq \frac{h}{\lambda\sqrt{3k_B mT}} \,[\mathrm{rad}]$$

140 2020 年度 物理〈解答〉　　　　　　　　　　　　横浜国立大-理系後期

問5．(10)　図3において，最も大きな山は 6.5 cm～7.0 cm 付近にあり，次いで 9.0 cm～10.0 cm 付近で別の山の極大がある。電磁波を吸収すると +z 方向への成分が大きくなるため，6.0 cm～7.5 cm の山が電磁波を吸収しなかった分子である。それぞれの山の中心付近の位置として，6.7 cm 前後，9.5 cm 前後の値を解答すればよい。

(11)　気体の温度が決まれば気体分子の運動エネルギーの平均値が決まる。しかし，これは平均でありすべての分子が同じエネルギーをもっているわけではない。気体分子は同じ温度でも様々な速度をもっているために，到達点にばらつきがでる。

❖講　評

　Ⅰ　コンデンサー・抵抗・ダイオードを含む直流回路の出題である。回路中のスイッチの切り替えによる電荷の移動や，生じた電流による各点の電位などを問う。途中に抵抗で発生するジュール熱により定圧変化する単原子分子気体の問題も含まれる。コンデンサーに蓄えられる静電エネルギー，充電の際のジュール熱，電気量の保存を使ったコンデンサー間の電荷の移動，単原子分子気体の内部エネルギー，熱力学第一法則などの知識が問われる。ダイオードは整流作用をもつ端子として使用するのではなく，本問では白熱球と同じく非線形抵抗として設定されているので，回路特性と電流-電圧特性を用いて電流・電圧を求める。与えられた電流-電圧特性は直線なので，作図ではなく計算で求めることができる。

　Ⅱ　気体分子の熱運動による気体の圧力の求め方を基本とした出題であるが，分子が付着したときの完全非弾性衝突によって受ける力積など応用的な出題になっている。平板に付着した分子の質量を測定するためにばね振り子の角振動数を使ったり，光子を照射することでの気体分子の運動量を変化させ付着する位置を変化させるなど，1つの実験をモデルに熱力学，力学，原子の分野の知識が問われている。測定結果の読み取りや結果の考察も出題されているので，この点に関しては新しい形式の出題といえる。

横浜国立大-理系後期　　　　　　　　　　　　　2020 年度　化学〈解答〉　*141*

■化学■

Ⅰ　解答

問1．㋐2　㋑4
問2．(c)・(f)
問3．クーロン力（静電気力）
問4．0.73
問5．(1)$1.42×10^{-8}$ cm　(2)4　(3)7.89 g/cm^3
問6．$4.50×10^{-6}$ mol/L
問7．394 kJ/mol
問8．131
問9．㋔ファンデルワールス力　㋕水素結合
問10．0.158 g

◀解　説▶

≪結晶格子，溶解度積，結合エネルギー，凝固点降下，蒸気圧≫

問1．金属結晶の体心立方格子の単位格子中に含まれる原子数は

$$1（中心）+\frac{1}{8}（頂点）×8=2 個$$

面心立方格子の単位格子中に含まれる原子数は

$$\frac{1}{2}（面上）×6+\frac{1}{8}（頂点）×8=4 個$$

問2．常温常圧において単体の結晶はそれぞれ，(a)Li：体心立方格子，(b)Mg：六方最密構造，(c)Al：面心立方格子，(d)Si：共有結合性結晶でダイヤモンド型構造，(e)Zn：六方最密構造，(f)Au：面心立方格子をとる。

問3．イオン結晶では，陽イオンと陰イオンがクーロン力（静電気力）によって引きあいイオン結合を形成し，互いの電荷を打ち消しあうような割合で結びついている。

問4．塩化セシウム型のイオン結晶において，陽イオンと陰イオンおよび陰イオンどうしが接するときの半径比 $\dfrac{r^+}{r^-}$ を求める。単位格子一辺の長

さを a とおくと

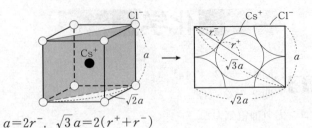

$$a = 2r^-, \quad \sqrt{3}\,a = 2(r^+ + r^-)$$

上式を連立すると

$$\sqrt{3}\,r^- = r^+ + r^- \quad \therefore \quad \frac{r^+}{r^-} = \sqrt{3} - 1 = 0.73$$

この値は限界半径比である。これよりも半径比が小さくなる（陽イオンの半径が小さくなる）と，陽イオンと陰イオンが離れ，陰イオンどうしが接して反発しあう力がはたらくため，不安定な構造となる。あるイオン結晶 XY の半径比をとったとき，半径比 ≧ 0.73 であれば，XY は塩化セシウム型の結晶配列をとる。

問5．(1) スズ酸バリウム $BaSnO_3$ の結晶格子において，題意より陽イオンと陰イオンがそれぞれ密に接しているとあるので，下図のように表すことができる。

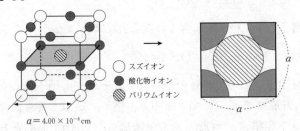

単位格子一辺の長さを $a(=4.00\times10^{-8}\,\text{cm})$，$O^{2-}$ と Ba^{2+} のイオン半径をそれぞれ $r_O(=1.40\times10^{-8}\,\text{cm})$，$r_{Ba}$ とおくと

$$\sqrt{2}\,a = 2(r_O + r_{Ba})$$
$$1.41 \times 4.00 \times 10^{-8} = 2(1.40 \times 10^{-8} + r_{Ba})$$

$\therefore \quad r_{Ba} = 1.42 \times 10^{-8}\,[\text{cm}]$

(2) 価数 n としてスズイオン Sn^{n+} とおく。各イオンの粒子数は

$$Sn^{n+} : \frac{1}{8} \times 8 = 1\,\text{個}, \quad O^{2-} : \frac{1}{4} \times 12 = 3\,\text{個}, \quad Ba^{2+} : 1\,\text{個}$$

イオン結晶内では電気的に中性なので
$$(+n)\times1+(-2)\times3+(+2)\times1=0 \quad より \quad n=+4$$
ゆえにSnイオンは4価の陽イオンとわかる。

(3) $BaSnO_3$の式量304，単位格子中のイオン結晶数は1より，密度dは
$$d=\frac{304\times1}{(4.00\times10^{-8})^3\times6.02\times10^{23}}=7.890\fallingdotseq7.89\,[\mathrm{g/cm^3}]$$

問6. 塩酸銀の飽和溶液$1.00\,\mathrm{L}$に$3.60\times10^{-5}\,\mathrm{mol}$の塩化ナトリウムを加えたとき，塩化銀が$x\,[\mathrm{mol/L}]$溶けて飽和状態であるとすると

$$\mathrm{NaCl} \longrightarrow \mathrm{Na^+} + \mathrm{Cl^-}$$
$$\qquad\qquad\qquad 3.60\times10^{-5} \quad 3.60\times10^{-5} \quad [\mathrm{mol/L}]$$
$$\mathrm{AgCl} \rightleftarrows \mathrm{Ag^+} + \mathrm{Cl^-}$$
$$平衡時\qquad\qquad x \qquad x+3.60\times10^{-5} \quad [\mathrm{mol/L}]$$

また，塩化銀の飽和溶液におけるモル濃度$1.35\times10^{-5}\,\mathrm{mol/L}$を2乗した値を塩化銀の溶解度積$K_{\mathrm{sp}}$の値とするので
$$K_{\mathrm{sp}}=[\mathrm{Ag^+}][\mathrm{Cl^-}]$$
$$(1.35\times10^{-5})^2=x\cdot(x+3.60\times10^{-5})$$
$$x^2+3.60\times10^{-5}x-(1.35\times10^{-5})^2=0$$
$$(x-4.50\times10^{-6})(x+4.05\times10^{-5})=0$$
$x>0$ より $\quad x=4.50\times10^{-6}\,[\mathrm{mol/L}]$

問7. 黒鉛の燃焼熱を$Q\,[\mathrm{kJ/mol}]$とおくと
$$\mathrm{C}(黒鉛)+\mathrm{O_2}(気)=\mathrm{CO_2}(気)+Q\,[\mathrm{kJ}]$$
反応熱＝（生成物の結合エネルギーの和）－（反応物の結合エネルギーの和）で求められる。また，黒鉛の昇華熱$714\,\mathrm{kJ/mol}$は，黒鉛1mol中の共有結合を切断して気体状態の炭素原子にするのに必要なエネルギーの総和と等しいので，エネルギー図は以下の通りとなる。

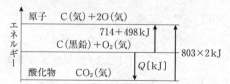

∴ $Q=(803\times2)-(714+498)=394\,[\mathrm{kJ/mol}]$

問8. この溶液の凝固点降下度$\mathit{\Delta}t_{\mathrm{f}}$は，溶媒の凝固点降下と溶液の質量モ

ル濃度に比例するので，無極性分子 A の分子量を M とすると

$$6.5 - 4.5 = 20.2 \times \frac{\dfrac{0.26}{M}}{\dfrac{20}{1000}} \qquad \therefore \quad M = 131.3 \fallingdotseq 131$$

問9．分子結晶は，分子どうしが分子間力によって規則正しく配列した結晶である。分子間力はファンデルワールス力と水素結合の総称である。ファンデルワールス力とは，すべての分子間にはたらく弱い引力と，極性分子間にはたらく静電気的な引力をまとめたものをいう。水素結合は，電気陰性度の大きな原子 (F, O, N) に直結した水素原子と，その水素原子に直結していない F, O, N との間に生じる結合である。分子間力の大きさを比較すると，水素結合＞ファンデルワールス力である。

問10．氷（分子量 18）0.180 g を内容積 0.830 L の容器に入れ 27℃ に保ったとき，H_2O がすべて気体状態であると仮定したときの気体の圧力を P_1 とすると，気体の状態方程式より

$$P_1 \times 0.830 = 0.0100 \times 8.31 \times 10^3 \times 300$$

$$P_1 \fallingdotseq 3.00 \times 10^4 \,[Pa]$$

これは 27℃ の水の蒸気圧 3.60×10^3 Pa を超えているので，27℃ においてこの仮定は不成立で，容器内の水は気液共存状態であるといえる。容器内に生じる液体を x [mol]，水蒸気を $(0.0100 - x)$ [mol] とすると，同温同体積中では圧力 P と物質量 n は比例するので

$$\frac{P}{n} = \frac{3.00 \times 10^4}{0.0100} = \frac{3.60 \times 10^3}{(0.0100 - x)} \qquad x = 8.80 \times 10^{-3} \,[mol]$$

これに水の分子量をかけて，生じた液体の質量を求めると

$$8.80 \times 10^{-3} \times 18 = 0.1584 \fallingdotseq 0.158 \,[g]$$

Ⅱ **解答** 問1．ア．三重　イ．C_nH_{2n-2}
ウ．炭化カルシウム（カーバイド）　エ．小さ
オ．銀アセチリド　カ．2　キ．1,1,2,2-テトラブロモエタン
ク．1,2-ジブロモエチレン　ケ．シス　コ．トランス
サ．シス-トランス（幾何）　シ．塩化ビニル　ス．アセトアルデヒド
セ．ベンゼン

横浜国立大-理系後期 　　　　　　　　　　　　　　　2020 年度　化学〈解答〉　*145*

問2．(1)— c　(2)— b　(3)アニリン，1.86 g

(4)

$$\text{C}_6\text{H}_5-\underset{\underset{\text{H}}{|}}{\text{N}}-\underset{\underset{\text{O}}{\|}}{\text{C}}-\text{CH}_3$$

問3．(1)884　(2)$C_{17}H_{35}COOH$　(3)$3.36\times10^2\,mL$　(4)86

━━━━━━━━◆解　説▶━━━━━━━━

≪アセチレンの反応と性質，アニリンの製法と反応，油脂≫

問1．分子内に炭素間三重結合を1個もつ鎖式不飽和炭化水素の総称をアルキンといい，一般式 C_nH_{2n-2}（$n\geqq2$）で表される。その代表的なものにアセチレン C_2H_2 があり，工業的にはナフサ（粗製ガソリン）の熱分解で得られ，実験室的には炭化カルシウム（カーバイド）に水を加えてつくる。

$$CaC_2+2H_2O \longrightarrow CH\equiv CH+Ca(OH)_2$$

アセチレン（分子量26）は無色・無臭の気体で，空気（平均分子量28.8）よりも比重が小さい。アセチレンをアンモニア性硝酸銀水溶液に通すと，爆発性のある白色沈殿の銀アセチリドが得られる。これは，$H-C\equiv C-$ の部分構造をもつ化合物特有の置換反応である。

$$H-C\equiv C-H \xrightarrow{[Ag(NH_3)_2]^+} Ag-C\equiv C-Ag$$

アセチレンは三重結合をもつので，付加反応を起こしやすい。三重結合に臭素1分子を付加させると，1,2-ジブロモエチレンとなり，さらに二重結合に臭素1分子を付加させると1,1,2,2-テトラブロモエタンが生じる。

$$\underset{\text{アセチレン}}{CH\equiv CH} \xrightarrow{Br_2} \underset{\text{1,2-ジブロモエチレン}}{CHBr=CHBr} \xrightarrow{Br_2} \underset{\text{1,1,2,2-テトラブロモエタン}}{CHBr_2-CHBr_2}$$

なお，中間体である1,2-ジブロモエチレンには1組のシス-トランス異性体（幾何異性体）が存在する。

アセチレンに塩化水素を付加させると塩化ビニルが生じる。硫酸水銀(Ⅱ) $HgSO_4$ を触媒として水を付加させるとビニルアルコールが生じるが，ビニルアルコールは不安定なので，転位した後アセトアルデヒドが生じる。

$$\underset{\text{アセチレン}}{HC\equiv CH} \xrightarrow[HgSO_4]{H_2O} \underset{\text{ビニルアルコール}}{\underset{H}{\overset{H}{>}}C=C\underset{OH}{\overset{H}{<}}} \longrightarrow \underset{\text{アセトアルデヒド}}{H_3C-\underset{\underset{O}{\|}}{C}-H}$$

アセチレンを赤熱した鉄に触れさせると，3分子のアセチレンから芳香族炭化水素のベンゼンが1分子生じる。

$$3 \ HC\equiv CH \xrightarrow{\text{Fe}}$$

アセチレン　　　　　ベンゼン

問2．(1) ニトロベンゼンにスズと濃塩酸を加えて加熱するとアニリンが生じる。アニリンは弱塩基性なので，未反応の塩酸にアニリン塩酸塩となって溶ける。ニトロベンゼンの油滴が見えなくなり均一溶液となった時点で，アニリン塩酸塩が生じているといえる。これに強塩基の水酸化ナトリウム水溶液を加えると弱塩基遊離反応が起こり，アニリンが生じ乳濁液が得られる。アニリンは水に溶けにくい物質なので，ジエチルエーテルで抽出すると，ジエチルエーテル層に移る。

(2) 無水硫酸ナトリウムは，ジエチルエーテルに含まれている少量の水を取り除く，乾燥剤として用いられる。

(3) ジエチルエーテルを蒸発させて得られる油状生成物はアニリンである。理論上，原料のニトロベンゼン（分子量 123）1 mol からアニリン（分子量 93）1 mol が得られるので，ニトロベンゼン 2.46 g がすべて反応したときに得られるアニリンの質量は

$$\frac{2.46}{123} \times 93 = 1.86 \text{〔g〕}$$

(4) アニリンと無水酢酸または酢酸を反応させるとアセチル化が起こり，アセトアニリドが得られる。

問3．(1) 油脂1分子には3つのエステル結合がある。よって油脂1 mol を完全にけん化するために必要な水酸化ナトリウムは3 mol である。油脂 A の分子量を M とおくと，実験(I)より

$$\frac{4.42}{M} \times 3 = 1.00 \times \frac{15.0}{1000} \qquad \therefore \quad M = 884$$

(2) 実験(II)の脂肪酸 **B** の元素分析より

$$C : H : O = \frac{76.0}{12} : \frac{12.7}{1.0} : \frac{11.3}{16} = 6.3 : 12.7 : 0.70$$

$$\fallingdotseq 18 : 36 : 2$$

ゆえに，脂肪酸 **B** の示性式は $C_{17}H_{35}COOH$ と表され，ステアリン酸とわかる。

(3) 実験(III)より 1 mol の脂肪酸 **C** に付加する水素は 3 mol であること，水素付加により脂肪酸 **C** は脂肪酸 **B** に変化することから，脂肪酸 **C** はステアリン酸と等しい炭素原子数で C＝C を 3 つ有するリノレン酸 $C_{17}H_{29}COOH$（分子量 278）であるとわかる。脂肪酸 **C** 1.39 g に付加される水素の標準状態での体積は

$$\frac{1.39}{278} \times 3 \times 22.4 = 0.336 [L] = 3.36 \times 10^2 [mL]$$

(4) 油脂 **A** は題意より，ステアリン酸：リノレン酸＝2：1 で構成される油脂とわかる。よって，油脂 **A** 100 g に付加するヨウ素の質量（単位は g，ヨウ素価）を求めると

$$\frac{100}{884} \times 3 \times 254 = 86.1 \fallingdotseq 86$$

❖講 評

　試験時間は 2 科目 120 分。大問 2 題の出題である。難易度は標準〜やや難レベル。例年は理論，無機，有機の分野からまんべんなく出題されていたが，2020 年度では理論と有機を中心とした出題であった。

　Ⅰ　問 1・問 3・問 9 の空所補充，問 8 の凝固点降下の計算，問 10 の蒸気圧の計算は標準的な問題なので必ず正答したい。問 2 の結晶格子の分類，問 4 の限界半径比の問題は教科書の発展分野で扱うようなやや難易度の高い問題であった。問 5 のペロブスカイト型の結晶格子は，受験生にとっては見慣れない結晶であったと思われるが，題意を読み取り，結晶格子の断面をきちんと図示できれば正答できたと思われる。問 6 は共通イオン効果を考慮した AgCl の溶解度積の問題であった。一般的な出題では，与えられる NaCl 由来の $[Cl^-]$ の値が AgCl の溶解量 $x[mol/L]$ と比べて大きいため，$x[mol/L]$ が小さく無視できると近似

して，x の一次方程式として計算することができる。しかし本問では NaCl 由来の $[Cl^-]$ が 10^{-5} mol/L 程度と小さく，近似計算することができないので，x の二次方程式を解く必要があった。問7は結合エネルギーと反応熱の出題であった。結合エネルギーの定義は「共有結合を切断して気体状態の原子にするのに必要なエネルギー」である。固体である黒鉛を気体状態にするために昇華熱の値を用いるのを忘れないようにしたい。問6・問7は受験生にとって差がつく問題の一つであったと考えられる。

Ⅱ　問1はアセチレンの反応と性質を問う典型的な問題であった。しかし，空欄オは近年教科書に記述が見られないアセチリドに関する問題で，アセチリド生成は H−C≡C− の部分構造をもつ化合物特有の置換反応なので覚えておきたい。問2はアニリンの実験室的製法であるが，実験の流れをイメージし，目的物質であるアニリンがどこに移ったのかを理解する必要がある。問3の油脂の出題は，典型的な問題であったので必ず正答したい。

2019 年度

問題と解答

横浜国立大-理系前期　　　　　　　　　　　　　　　　　2019 年度　問題　*3*

■ 前期日程

問題編

▶試験科目・配点

学 部 等		教科	科　　　目	配　点
理 工	機械・材料・海洋系 化 学 ・ 生 命 系 (化学 EP・化学応用 EP) 数物・電子情報系	外国語	コミュニケーション英語 I・II・III，英語表現 I・II	300 点
		数 学	数学 I・II・III・A・B	450 点
		理 科	「物理基礎・物理」「化学基礎・化学」	450 点
	化 学 ・ 生 命 系 (バイオ EP)	外国語	コミュニケーション英語 I・II・III，英語表現 I・II	300 点
		数 学	数学 I・II・III・A・B	450 点
		理 科	「物理基礎・物理」「化学基礎・化学」「生物基礎・生物」から 2 科目選択	450 点
都 市 科	建 築 都 市 基 盤	外国語	コミュニケーション英語 I・II・III，英語表現 I・II	300 点
		数 学	数学 I・II・III・A・B	450 点
		理 科	「物理基礎・物理」「化学基礎・化学」「生物基礎・生物」から 2 科目選択	450 点
	環境リスク共生	外国語	コミュニケーション英語 I・II・III，英語表現 I・II	300 点
		数 学	数学 I・II・III・A・B	450 点
		理 科	「物理基礎・物理」「化学基礎・化学」「生物基礎・生物」「地学基礎・地学」から 2 科目選択	450 点

▶備　考

「数学 B」は「数列，ベクトル」を出題範囲とする。

4 2019 年度　英語　　　　　　　　　　　　　　　横浜国立大-理系前期

■英語■

(90 分)

I . Read the passage below and answer the questions that follow.

　　Planning a wedding is a stressful process.　There's the venue*[1] selection, the menu planning, decor*[2], date, etc.　But one of the most difficult decisions can be who to include on the guest list.　Who receives an invitation and who doesn't will depend on many factors, but when it comes to adding co-workers to the guest list, the choice can be even more complicated.

　　When adding co-workers to your guest list, consider first whether you are truly friends.　"If there are co-workers who you socialize with outside of the office, they should be invited," says etiquette*[3] consultant Jodi Smith, president and owner of Mannersmith Etiquette Consulting.

　　(A) If there is a group of co-workers that you go out to dinner with, spend time on weekends with or play on recreational*[4] teams with, those co-workers can be considered actual friends and should be treated the same as your non-work friends when it comes to getting an invite.

　　When inviting co-workers, Smith refers to the rule of half.　"If you are (B) inviting close to half of the work group — or half of those in a small office — you should be inviting everyone," she says.　If you're inviting less than a third of the work group and are excluding more co-workers than you are inviting, then you don't need to extend an invitation to everyone.

　　There is no rule that you have to invite your boss to your wedding.　Smith says your boss should be treated in the same way as any other co-worker.　If you are friends outside the office, or if you are inviting half of the office or work group, your boss should be on the invite list.

　　Remember, your wedding is a special day that you will remember for years

横浜国立大-理系前期　　　　　　　　　　　　　　2019 年度　英語　*5*

to come. "25 years from now, long after you have left this job, your childhood
friends will still be your childhood friends, your cousins will still be your cousins,
but will you still be in touch with your co-workers from a quarter of a century
ago?" asks Smith. When making your guest list, think about the faces you want
(C)
to see in your wedding album when you're celebrating your anniversary years
from now.

[Adapted from "Should You Invite Your Co-workers to Your Wedding?" by
Lisa Evans. *Fastcompany,* July 19, 2018. https://www.fastcompany.com/
90188069/should-you-invite-your-co-workers-to-your-wedding]

*¹ venue: place or location

*² decor: decorations and layout of a room

*³ etiquette: manners

*⁴ recreational: for pleasure or fun

Questions

1. Explain the content of underlined part (A). **Answer in Japanese.**

2. Explain the content of underlined part (B). **Answer in Japanese.**

3. Explain the content of underlined part (C). **Answer in Japanese.**

II. Read the passage below and answer the questions that follow.

As baby boomers age, many are planning to downsize into smaller homes. But preparing to live in a smaller space brings up a challenge: how to get rid of all the stuff you've accumulated through the years. Whether it's vintage furniture, antiques, collectibles*[1] or couture fashions*[2], knowing where to sell it — and how — is key to maximizing your return on investment. That applies whether you're a homeowner selling possessions or a professional handling the sale of personal belongings after the death of a family member or friend.

"The baby boomer generation is downsizing," says Jacquie Denny, co-founder of an online estate-sale marketplace based in Cincinnati that does business across the country. "On top of that, we're a well-off generation. Many of us have multiple homes." Ms. Denny launched the firm in 2008 after handling her aunt's estate. An auctioneer*[3] "came in and took the two nice paintings in the house and then wanted me to throw the rest out," she says. "There was no system." When someone wants to downsize or sell estate assets, Ms. Denny's firm will visit the property for a free consultation. If the owner wants to proceed, the firm will photograph, catalog, sell and ship the items through its auction website, where bids*[4] start at $1. With about 1.5 million registered bidders, she has sold everything from a popular 18-karat gold watch for $8,000 to an old-model airplane for $112,000. Her fees range between 15% and 50% of the selling price.

Rachelle Rosten, executive managing director of a real estate agency in Beverly Hills, frequently works with downsizers as well as people who inherited a house and need to clean it out before selling. She first advises her clients to decide what they want to keep and what they want to sell or donate. Those decisions sometimes take years, she says, due to the emotions involved when a loved one passes away. It's important to <u>strategize on</u> the best method — and
_(A)
place — to sell an asset, Ms. Rosten says, because the value of an item often depends on where it's located. A house she recently sold, for instance, had art-deco*[5] bedroom furniture with decorated wood. "In Florida, it would have had a huge amount of value. In Los Angeles, it has virtually none. <u>That's where</u>
_(B)
<u>auction houses come into play because they can place it in the right market</u>," she says.

Whether it's local or national, an auction house will walk through the home and provide advice on the assets. There should be no charge for that service

unless an estimate is required. "An estimate may be well worth it because in some cases you may think something has no value and you're going to give it away, but then find out it's hugely valuable," Ms. Rosten says. Two years ago, she handled the sale of an apartment that was in a prime location but in poor condition and filled with the prior owner's belongings. Although the new owners initially wanted to throw everything away, they ultimately hired an estate-sale company. The "rubbish" was actually old collectibles. The sale netted $42,000,
(C)
Ms. Rosten says.

[Adapted from "Getting Rid of a Lifetime of Stuff" by Robyn A. Friedman, *The Wall Street Journal*, June 22, 2018]

*1 collectible: a rare or beautiful thing that is valued highly by collectors
*2 couture fashion: handmade clothes that are expensive and fashionable
*3 auctioneer: a person who conducts an auction
*4 bid: an offer to pay a particular price for something that is being sold at an auction
*5 art-deco: a style of decoration that was popular in the 1920s and 1930s

Questions

1. Which of the following is closest in meaning to underlined part (A)?
   discover
   implement
   learn
   think about

2. Explain the content of underlined part (B). **Answer in Japanese.**

3. Explain the content of underlined part (C). **Answer in Japanese.**

4. How much money did Ms. Denny earn by selling the gold watch and airplane through her website? **Answer in Japanese.**

8   2019 年度　英語　　　　　　　　　　横浜国立大-理系前期

Ⅲ. *Jenny, an exchange student from California, is talking with her friend Masami. Read their conversation and fill in the blanks 1 to 6 with the most appropriate words from the lists below.*

Masami:　Hey, Jenny, you don't seem to be in such a great mood today. Did something happen?

Jenny:　Well, actually, there is something that has been ___1___ on my mind lately.

Masami:　Do you want to talk about it? If so, I'm all ears.

Jenny:　Satoshi called me the other day to ask if I could help him with his English. I told him sure, but then when we got together, it ___2___ out that all he wanted was for me to write his report for him for English class.

Masami:　What did you do? That would be plagiarism. If Yamada-*sensei* found out, you'd both be in really big trouble. Taking into consideration the fact that you're a native speaker and Satoshi's English is not very good, I think it would be pretty ___3___ to her.

Jenny:　Yeah, I know. And it's also ethically wrong. So, I said that I could perhaps help him by practicing together or answering some specific questions he had about English grammar or vocabulary, but that I could not write the report for him.

Masami:　How did he react?

Jenny:　Not so well. He replied, "Oh, so I guess you're not a friend after all" and then went storming off. Satoshi has done so much for me since I came to Japan, and we have been such good friends. I feel absolutely terrible about it.

Masami:　You shouldn't blame yourself. You were just trying to be honest, and you did the right thing. He shouldn't have reacted that way nor asked you to help him cheat in the first place. If I were you, I would ___4___ Yamada-*sensei* about what happened.

Jenny:　I don't think I will. Although I'm certainly not going to be his ___5___ in crime, I also don't want for Satoshi to get punished. I just hope he'll eventually come to realize that what he tried to do was wrong, and that we can become good friends again, like before.

Masami: I hope so too.   But you know Satoshi.   He can be so   6   sometimes.

1： bothering　　chewing　　　slipping　　　weighing　　worrying

2： fell　　　　　found　　　　seemed　　　　turned　　　worked

3： hidden　　　notable　　　obvious　　　　sure　　　　upsetting

4： prove　　　　say　　　　　show　　　　　teach　　　　tell

5： enemy　　　　friend　　　　help　　　　　partner　　　teacher

6： friendly　　　reasonable　　single-minded　　stubborn　　uncooperative

10 2019 年度 英語 　　　　　　　　　　　　　　　　　　　横浜国立大-理系前期

Ⅳ. You received this email from your friend in Canada. Write an email in reply
(75–100 words, not including "Dear Tom, Thank you for your email."). **DO NOT**
write your name in your answer. **Answer in English**.

Hi _____,

I have a difficult assignment at school. My homeroom teacher wants us all
to teach a 30-minute lesson to our classmates. We can teach on any subject.
I can't think of anything! If you had to teach a class, what would you teach?

Tom

Dear Tom,

Thank you for your email.

数学

（150 分）

1 三角形 OAB があり，各辺の長さは OA $= 1$，OB $= \sqrt{3}$，AB $= 2$ である。
自然数 n に対し，

$$AP_k = \frac{k}{n} AB \qquad (k = 1, 2, \cdots, n)$$

となるような点 P_1, P_2, $\cdots$, P_n を辺 AB 上にとる。次の問いに答えよ。

(1) 線分 OP_k $(k = 1, 2, \cdots, n)$ の長さを求めよ。

(2) 極限値 $\displaystyle \lim_{n \to \infty} \frac{1}{n} \sum_{k=1}^{n} \frac{1}{(OP_k)^2}$ を求めよ。

2 1辺の長さが 1 である正四面体 OABC がある。辺 OA 上に点 D，辺 OB 上に点 E，辺 OC 上に点 F があり，

$$OD : DA = 1 : 1, \quad OE : EB = 2 : 1, \quad OF : FC = 2 : 3$$

をみたしている。さらに辺 OB と辺 AC の中点をそれぞれ M，N とする。平面 DEF と直線 MN の交点を P とする。ベクトル $\overrightarrow{OA}$, $\overrightarrow{OB}$, $\overrightarrow{OC}$ を $\vec{a}$, $\vec{b}$, $\vec{c}$ とおく。次の問いに答えよ。

(1) $|\overrightarrow{MN}|$ を求めよ。

(2) $\overrightarrow{OP}$ を $\vec{a}$, $\vec{b}$, $\vec{c}$ を用いて表せ。

(3) $|\overrightarrow{MP}|$ を求めよ。

3 n を3以上の整数とする。1個のさいころを n 回投げたときに,出た目を大きい順に並べたものを

$$X_1, X_2, \cdots, X_n \qquad (X_1 \geq X_2 \geq \cdots \geq X_n)$$

とする。たとえば,1個のさいころを5回投げて,出た目が順に 4,5,3,4,2 であったとすると,

$$X_1 = 5, \ X_2 = 4, \ X_3 = 4, \ X_4 = 3, \ X_5 = 2$$

となる。1個のさいころを n 回投げたとき,次の事象が起こる確率をそれぞれ求めよ。

(1) $X_n = 2$

(2) $X_2 = 6$

(3) $X_2 = 6$ かつ $X_n = 2$

4 O を原点とする xy 平面上に2点 A(2, 0),B(0, 2)がある。2点 P,Q は条件 (∗)をみたしながら動く。

$$(*) \begin{cases} \text{P は線分 OA 上にある。} \\ \text{Q は線分 OB 上にある。} \\ \triangle\text{OPQ の面積は1である。} \end{cases}$$

点 P の座標を$(t, 0)$とする。次の問いに答えよ。

(1) t のとり得る値の範囲を求めよ。

(2) t が(1)で求めた範囲を動くとき,線分 PQ が通過する領域を xy 平面上に図示せよ。

(3) (2)で求めた領域の面積 S を求めよ。

横浜国立大-理系前期   2019 年度　数学　13

5　2 つの関数 $f(x) = e^{-x} \sin x\,(0 \leqq x \leqq 2\pi)$ と $g(x) = -e^{-x}\,(0 \leqq x \leqq 2\pi)$ について，次の問いに答えよ。

(1)　$f(x)$ が最小値をとるときの x の値を求めよ。

(2)　$f(x) = g(x)$ をみたす x の値を求めよ。

(3)　2 曲線 $C_1 : y = f(x)$，$C_2 : y = g(x)$ と y 軸で囲まれる部分を，x 軸のまわりに 1 回転してできる立体の体積 V を求めよ。

物理

（2科目：150分）

I 次の文章の (1) ～ (10) に適切な答を入れよ。ただし，(1) ～ (5)，(8) は適切な式を答え，(6)，(7)，(9)，(10) は適切な数値を答えよ。

質量 m_A の小円板 A と質量 m_B の小円板 B が，ばね定数 k の軽いばねの両端に連結されている。以降，小円板 A，B がばねに連結された物体全体を示すときは物体 AB と表記する。重力加速度の大きさは g とする。

物体 AB のばねを自然の長さから d だけ縮め，水平面に置いて静かに放す。水平面がなめらかな場合，二つの小円板は振動し，小円板 B の速さは小円板 A の速さの (1) 倍である。また，ばねが自然の長さに戻ったときの小円板 B の速さは (2) である。水平面があらく，$m_A < m_B$ のとき，二つの小円板が動かないためには水平面の静止摩擦係数が (3) 以上でなければならない。

図1のように，$y < 0$ の領域はなめらかな面，$0 \leq y < \sqrt{3} L$ の領域は動摩擦係数 μ' のあらい面となる同じ高さの水平面があり，$y = \sqrt{3} L$ の位置に鉛直でなめらかな壁がある。物体 AB のばねを自然の長さから d_0 だけ縮め，なめらかな水平面に置いて静かに放すと，ばねが自然の長さに戻った瞬間に小円板 B がばねから離れて点 O(0, 0)に向かって直進した。

$m_A = \dfrac{1}{5} m_B$ の場合を考える。小円板 B が点 O を通過したときの速さを v_0 とすると，ばねの縮み d_0 は m_B, k, v_0 を用いて $d_0 =$ (4) のように表される。小円板 B はあらい面上を直進し，点 P(L, $\sqrt{3} L$) に到達する直前で静止した。あらい面の動摩擦係数 μ' は，g, L, v_0 を用いて $\mu' =$ (5) のように表される。

次に，小円板Bと質量m_Cの小円板Cを同じばねに連結し，ばねを自然の長さからd_0だけ縮め，図1中の物体ABと同じ位置に置いて静かに放すと，ばねが自然の長さに戻った瞬間に小円板Bがばねから離れて点Oに向かって直進した。小円板Bは点Oを速さv_1で通過し，点Pまで直進して壁に衝突し，衝突後は点Q$(L+\sqrt{6}\,L, 0)$まで直進して静止した。小円板Bの衝突直後の速さは衝突直前の速さの　(6)　倍であり，小円板と壁との間の反発係数は　(7)　である。v_1はμ', g, Lを用いて$v_1 =$　(8)　のように表され，$\mu' =$　(5)　であることを考慮すると，v_1はv_0の　(9)　倍である。このとき，m_Cはm_Bの　(10)　倍である。

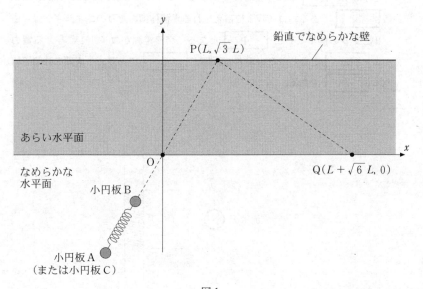

図1

Ⅱ 次の文章の (1) ～ (12) に適切な式または数値を入れよ。

問1. 図1のように，断面積 S，透磁率 μ の長い円柱状の鉄心に，抵抗を無視できる細い導線を単位長さあたり n 回の割合ですきまなく一様に N 回巻いたコイル1がある。コイルの長さは直径に比べ十分に長い。このコイル1に交流電源をつなぎ回路1をつくり，角周波数 ω の交流電流 $I_0\sin(\omega t)$ を流すと，コイル1の内部の磁束密度は (1) のように時間変化する。ここで t は時間，I_0 は電流の最大値である。微小時間 Δt に対する三角関数の変化率は $\dfrac{\Delta \sin(\omega t)}{\Delta t} \fallingdotseq \omega\cos(\omega t)$ と近似できるので，コイル1に生ずる誘導起電力の大きさは (2) のように時間変化する。コイル1の自己インダクタンスは (3) である。コイル1に蓄えられる単位体積あたりのエネルギーは，磁束密度 B の関数として (4) となる。交流電源がコイル1に与える電力は (5) となり，この電力の周期は (6) であり，1周期の時間平均は (7) である。

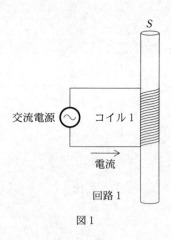

図1

問2. 次に，図1のコイル1に導線を一様に M 回重ねて巻き，図2のようにコイル2をつくり，回路1に交流電流を流した。コイル2の誘導起電力の大きさはコイル1の誘導起電力の大きさの (8) 倍となり，相互インダクタンスの大きさは (9) となる。

　コイル2に抵抗と電気容量 C のコンデンサーを直列につないで回路2をつ

くった。図1と同様の交流電流を回路1に流し，スイッチを閉じて十分に時間が経過した。コイル2を巻く方向がコイル1と同じであり，回路1，2における電流の正の向きをそれぞれ図2の矢印の向きとすると，回路2に流れる電流は，回路1に流れる電流の ⑩ 倍であり，コンデンサーで消費される電力の1周期の時間平均は ⑪ である。コンデンサー，抵抗それぞれに加わる電圧の最大値が等しいとき，コイル2に生じる誘導起電力の最大値を V とすれば，抵抗で消費される電力の実効値は ⑫ となる。

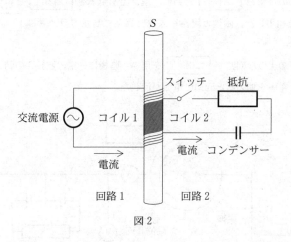

図2

Ⅲ 次の文章の (1) ～ (15) に適切な答を入れよ。ただし，(9) と (11) は適切な式を答え，(4) ～ (6) は解答群に与えられた選択肢の中から適切な選択肢の文字を答えよ。また，(12) ～ (15) は適切な数値を有効数字2桁で答えよ。なお，真空中の光速を 3.00×10^8 m/s，電気素量を 1.60×10^{-19} C とし，文中の陰極と陽極は同じ金属で作られているとする。

金属に光をあてると，光のエネルギーにより電子が飛び出す現象が知られている。この現象を (1) といい，飛び出す電子を (2) という。また，この現象を利用した，陰極と陽極を入れて真空にしたガラス管は (3) とよばれる。

図1のような回路で (3) を用い，陰極に一定の波長 λ の弱い光をあてて，陽極に電圧を加えると回路に電流が流れた。

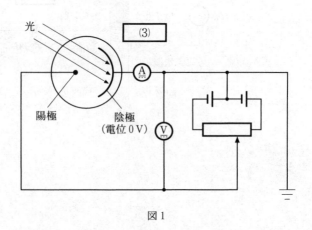

図1

光の強さを一定にして陽極の電位を0から正の方向に大きくしていくと，回路を流れる電流は (4) 。また，陽極を一定の正の電位にたもったまま光の強さを2倍にした場合，回路を流れる電流の大きさは (5) 。

次に，光の強さを一定にして陽極の電位を0から負の方向に大きくしていくと，回路を流れる電流は減少を続け，やがてある電位 V で0になる。この測定を，光の波長をいろいろに変化させて行うと，ある波長 (6) では光をいくら強くしても電流が流れない。

横浜国立大-理系前期   2019 年度　物理　*19*

　これらの現象は，光が　(7)　とよばれる粒子の流れと考えれば説明できる。
この説明によれば，　(7)　は　(8)　定数 h と光の波長 λ および真空中の
光速 c を用いて　(9)　と表されるエネルギーを持つ。したがって，電子が飛び
出すときの電子の運動エネルギーは，電子が陰極を飛び出すのに必要な　(10)
とよばれる最小のエネルギー W を用いて　(11)　と表せる。実際に測定を行
い，$\lambda = 3.00 \times 10^{-7}\,\mathrm{m}$ のときに $V = -2.24\,\mathrm{V}$，$\lambda = 4.00 \times 10^{-7}\,\mathrm{m}$ のときに
$V = -1.21\,\mathrm{V}$ という結果が得られたとすると，　(8)　定数は　(12)　J・s,
　(10)　は　(13)　eV と求めることができる。したがって，光の
　(7)　1 個の持つエネルギーは，λ が $3.00 \times 10^{-7}\,\mathrm{m}$ のとき　(14)　eV で
ある。また，強さが $1.00 \times 10^{-12}\,\mathrm{W}$ の光に含まれる　(7)　の数は，λ が
$3.00 \times 10^{-7}\,\mathrm{m}$ のとき毎秒　(15)　個となる。

〔　(4)　〜　(6)　の解答群〕

ア：電圧とともに増加を続ける

イ：ある電圧まで増加した後，ほぼ一定になる

ウ：ある電圧までは増加するが，その後は減少に転じる

エ：$\dfrac{1}{4}$ 倍になる　　オ：$\dfrac{1}{2}$ 倍になる　　カ：変化しない　　キ：2 倍になる

ク：4 倍になる　　ケ：以上　　コ：以下

化学

（2科目：150分）

問題を解くにあたって必要があれば，以下の原子量を用いよ。

H = 1.0，C = 12.0，N = 14.0，O = 16.0，Na = 23.0，Cl = 35.5，K = 39.1。

なお，計算値は特に指定がない限り有効数字2桁まで求めよ。

Ⅰ　次の文章を読み，以下の問い（問1〜問7）に答えよ。

なお，構造式については記入例にならって示せ。

記入例：

触媒は，化学反応の前後において自身の構造は変化させずに，反応速度を増大させる役割をもつ。エチレンの　(A)　結合への　(B)　反応は，　(あ)　を用いた場合は触媒がなくとも進行するが，　(い)　を用いた場合は白金などの触媒が必要となる。　(C)　化合物であるベンゼンの場合は，塩素や　(あ)　との反応にも触媒が必要となり，　(う)　を触媒として用いることで　(D)　反応が進行する。また，ベンゼン環に二つのアルキル基が直接結合している分子式 C_8H_{10} の　(C)　炭化水素では，高温・高圧下で白金触媒を用いると　(い)

の $\boxed{\text{(B)}}$ 反応が進行し，シクロヘキサン環に二つのアルキル基が直接結合して
②
いる分子式 C_8H_{16} の $\boxed{\text{(E)}}$ 炭化水素が得られる。化合物 X に対して，常温・
常圧下で同じ反応を行うと，ベンゼン環に一つのアルキル基が直接結合している分
子式 C_8H_{10} の $\boxed{\text{(C)}}$ 炭化水素が得られる。

　生体内では，タンパク質からなる酵素が様々な化学反応を促進する触媒として働
③
いている。酵素は $\boxed{\text{(F)}}$ を示すため，例えば，マルターゼはマルトースを加水
分解して分子式 $C_6H_{12}O_6$ の $\boxed{\text{(え)}}$ を与えるが，スクロースを加水分解するこ
とはできない。酵素をつくるタンパク質は熱により $\boxed{\text{(G)}}$ するため，その働き
が活発になる最適温度が存在する。酒類の製造に用いられるアルコール発酵も代表
的な酵素反応のひとつであり，$\boxed{\text{(え)}}$ やフルクトースなどの単糖類は，酵素チ
④
マーゼによって化合物 Y と二酸化炭素に分解される。

問 1．文中の空欄 $\boxed{\text{(A)}}$ 〜 $\boxed{\text{(G)}}$ および $\boxed{\text{(あ)}}$ 〜 $\boxed{\text{(え)}}$ に当ては
　　まる最も適切な語句を，それぞれ以下の語群から一つ選び，記号で答えよ。

$\boxed{\text{(A)}}$ 〜 $\boxed{\text{(G)}}$ の語群：

(a) 親水性	(b) 熱硬化性	(c) 吸水性	(d) 極　性
(e) 変　性	(f) 基質特異性	(g) 乳化作用	(h) 分　離
(i) 脱　水	(j) 縮　合	(k) 重　合	(l) 中　和
(m) 合　成	(n) 酸　化	(o) 付　加	(p) 置　換
(q) 鎖　式	(r) 芳香族	(s) 脂肪族	(t) 不飽和

$\boxed{\text{(あ)}}$ 〜 $\boxed{\text{(え)}}$ の語群：

(ア) 水　素	(イ) 窒　素	(ウ) 臭　素	(エ) 酸　素
(オ) ス　ズ	(カ) 鉄　粉	(キ) ナトリウム	(ク) 濃硫酸
(ケ) 塩　酸	(コ) セルロース	(サ) グルコース	(シ) ラクトース

問 2．下線部①において，ベンゼンと $\boxed{\text{(あ)}}$ との反応で得られる $\boxed{\text{(C)}}$ 化
　　合物の構造式を，記入例にならって示せ。

22 2019 年度 化学　　　　　　　　　　　　　　　　　　　　横浜国立大-理系前期

問 3. 下線部②について，以下の設問(1)〜(3)に答えよ。

(1) シクロヘキサン環に二つのアルキル基が直接結合している分子式 C_8H_{16} の化合物には，全部で何種類の構造異性体が存在するかを答えよ。

(2) 設問(1)の構造異性体のうち，ベンゼン環に二つのアルキル基が直接結合している分子式 C_8H_{10} の化合物に対する ☐(い)☐ の ☐(B)☐ 反応では得られない異性体が一種類だけ存在する。その異性体の構造式を，記入例にならって示せ。

(3) 分子式 C_8H_{16} の ☐(E)☐ 炭化水素のうち，下図のように，二重結合を形成する二つの炭素が同じ置換基をもつアルケンには，構造異性体が全部で三種類存在する。解答欄の部分的な構造式を利用して，全ての構造異性体の構造式をトランス形で，記入例にならって示せ。

$$\underset{X^2}{\overset{X^1}{}}C = C\underset{X^2}{\overset{X^1}{}} \qquad \underset{X^2}{\overset{X^1}{}}C = C\underset{X^1}{\overset{X^2}{}}$$

シス形　　　　　トランス形
（上図において，$X^1 \neq X^2$）

〔解答欄〕

$$\diagdown C = C \diagup$$

問 4. 化合物 X について，以下の設問(1)，(2)に答えよ。

(1) 化合物 X の化合物名を片仮名 4 文字で答えよ。

(2) 化合物 X の ☐(B)☐ 重合により得られる高分子化合物の構造式を，記入例にならって示せ。

横浜国立大-理系前期   2019 年度　化学　23

問 5. 下線部③のタンパク質に関する次の文章を読んで，文中の空欄　(i)　～
(iii)　に当てはまる最も適切な語句を答えよ。

　　タンパク質は，多数のアミノ酸が脱水縮合したポリペプチド構造をもつ高分
子化合物である。タンパク質を加水分解するとアミノ酸が得られるが，アミノ
酸以外に糖類やリン酸，核酸などを生じるタンパク質を　(i)　タンパク質
という。タンパク質を高濃度の水酸化ナトリウム水溶液中で加熱すると，生じ
る気体が赤色リトマス紙を青く変色させる。この方法は，タンパク質に含まれ
る元素である　(ii)　の検出反応として知られている。また，成分元素とし
て　(iii)　を含むタンパク質は，高濃度の水酸化ナトリウム水溶液中で加熱
した後に酢酸鉛(Ⅱ)水溶液を加えると黒色沈殿を生じる。

問 6. 化合物 Y について，以下の設問(1), (2)に答えよ。

　(1)　化合物 Y の化合物名を片仮名 5 文字で答えよ。

　(2)　化合物 Y の性質として間違っているものを全て選び，記号で答えよ。
　　(a)　エチレンと水を原料とし，リン酸を触媒とした反応で合成される。
　　(b)　常温で無色の液体であり，水とは任意の割合で混じり合う。
　　(c)　酸化剤で酸化するとケトンになる。
　　(d)　ナトリウムと反応して，水素を発生する。
　　(e)　高温(160～170 ℃)に加熱した濃硫酸に加えると，主にエーテルになる。
　　(f)　室温で酢酸と混合すると，主にエステルになる。

問 7. 下線部④について，分子式 $C_6H_{12}O_6$ の　(え)　を含む水溶液 10 mL をア
ルコール発酵させたところ，二酸化炭素が 44.8 mL 発生した。このとき生成
した化合物 Y の質量[mg]を求めよ。ただし，1.0 mol の二酸化炭素の体積を
22.4 L とする。

24 2019 年度　化学　　　　　　　　　　　　　　　　　　横浜国立大-理系前期

Ⅱ 以下の問い（問 1 〜問 3 ）に答えよ。ただし，気体はすべて理想気体とする。

　問 1. 次の文を読み，以下の設問(1)〜(5)に答えよ。

　　　　水は常温・常圧下では液体として存在するが，温度や圧力が変わると固体や
　　　気体にもなる。多くの物質では固体の密度は液体よりも大きいが，固体の水
　　　（氷，氷晶）は液体の水よりも密度が小さく，氷は液体の水に浮いてしまう。ま
　　　た，構造が類似する分子では，一般に分子量が大きいほど沸点が高くなる傾向
　　　がある。しかし，水は同族元素の水素化合物の中では分子量は最も小さいが，
　　　　　　　　　　　　①
　　　水の沸点は硫化水素やセレン化水素に比べて高い。
　　　　　水を適当な量だけ密閉容器に入れて一定温度で放置すると，水が蒸発して上
　　　部空間に水蒸気が存在するようになり，十分な時間を経ると見かけ上は水の蒸
　　　　　　　　　　　　　　　　　　　　　　　　　　　　　　　　　②
　　　発が止まった状態になる。このときの上部空間の水蒸気の圧力は温度によって
　　　　　　　　　③
　　　決まる一定値となる。このように，水は圧力と温度によって固体，液体，気体
　　　のどれかの状態で存在する。縦軸を圧力，横軸を温度として水の状態を図に表
　　　　　　　　　　　　　　　④
　　　すと 3 本の曲線で分けられた領域ができるが，この 3 本の曲線の交点では固
　　　　　　　　　　　　　　　　　　　　　　　⑤
　　　体，液体，気体の 3 つの状態の水が混在する。

　　(1)　下線部①の性質に深く関係している化学結合の名称を答えよ。

　　(2)　下線部②の状態は何と呼ばれるか答えよ。

　　(3)　下線部③の圧力は何と呼ばれるか答えよ。

　　(4)　下線部④の図は何と呼ばれるか答えよ。

　　(5)　下線部⑤の交点は何と呼ばれるか答えよ。

　問 2. 次の文を読み，以下の設問(1)〜(4)に答えよ。

　　　　一定量の溶媒に溶ける固体（溶質）の量には限度（溶解度）があり，溶質が溶解

度まで溶けた溶液が飽和溶液である。多くの固体の水への溶解度は温度が高くなると大きくなる。温度により水への溶解度が大きく異なる物質では、<u>高温の飽和水溶液を冷却すると結晶が容易に析出する。</u>①

　<u>水を冷却していくと0℃以下で氷になるが、海水はおよそ−1.8℃以下にならないと氷にならない。</u>②　このような凝固点に差が生じる度合いは、<u>溶媒の種類ごとに全ての溶質粒子（分子、イオン）の質量モル濃度に比例する。</u>③　また、<u>実際の溶液を冷却すると凝固点以下の温度になってもしばらくは凝固しないことがあるが</u>④、物理的な衝撃などにより急速に凝固する。

(1) 下線部①の現象について実験を行った。塩化ナトリウム（NaCl）30.0 g と硝酸カリウム（KNO_3）70.0 g を 80℃ の水 100 g に溶かした。この水溶液を 20℃ まで冷却したときに溶解している NaCl および KNO_3 の質量モル濃度［mol/kg］を水への溶解度の変化から推定してそれぞれ答えよ。ただし、NaCl の水 100 g への溶解度は 80℃ と 20℃ でそれぞれ 40.0 g と 37.8 g であり、KNO_3 の水 100 g への溶解度は 80℃ と 20℃ でそれぞれ 169 g と 31.6 g である。

(2) 下線部②の凝固点に差が出る現象は何と呼ばれるか答えよ。

(3) 下線部③の関係について実験を行った。1.00 kg の水に電解質の NaCl を 2.34 g 含む塩水を冷却すると凝固点は −0.15℃ となった。また、1.00 kg の水に非電解質の物質 A を 21.6 g 溶かして冷却すると凝固点は −0.12℃ となった。このとき下線部③の関係が成り立つとして、物質 A の分子量を答えよ。ただし、いずれの溶液も希薄溶液とみなす。

(4) 下線部④の現象は何と呼ばれるか答えよ。

問 3. 次の文を読み、以下の設問(1)～(4)に答えよ。

　温度一定の条件において、過酸化水素の分解は $2\,H_2O_2 \rightarrow 2\,H_2O + O_2$ で表される。この分解反応が進む速さ $v_{H_2O_2}$［mol/（L·s）］は各時間において過酸

化水素の濃度[H₂O₂]に　(A)　しており，反応速度定数を$k_{H_2O_2}$として反応速度式は$v_{H_2O_2} = k_{H_2O_2}[H_2O_2]$で表す。また，ヨウ化水素(気体)が高温で分解して水素(気体)とヨウ素(気体)を生じる際の反応速度式は$v_{HI} = k_{HI}[HI]^2$で表す。過酸化水素およびヨウ化水素の濃度が2倍になると，それぞれの分解反応の速度は，　(B)　倍および　(C)　倍になる。

一方，水素(気体)とヨウ素(気体)を密閉容器内に入れて高温に保つとヨウ化水素(気体)が生成する。この反応の速度式は$v_{H_2+I_2} = k_{H_2+I_2}[H_2][I_2]$で表す。$v_{H_2+I_2}$が上記の$v_{HI}$と等しくなる状態を　(D)　状態というが，この状態において一定温度に保ったままヘリウムなどの反応しない気体を加えて容器内の圧力を増加させたとき，ヨウ化水素の濃度は　(E)　。

(1)　(A)　～　(E)　に最も適切な語句あるいは数値を次の(ア)～(セ)の中から選び，記号で答えよ。

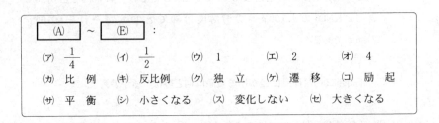

(A)～(E):
(ア) $\frac{1}{4}$　(イ) $\frac{1}{2}$　(ウ) 1　(エ) 2　(オ) 4
(カ) 比　例　(キ) 反比例　(ク) 独　立　(ケ) 遷　移　(コ) 励　起
(サ) 平　衡　(シ) 小さくなる　(ス) 変化しない　(セ) 大きくなる

(2)　下線部①と下線部②の反応が同時に起こる反応は何と呼ばれるか答えよ。

(3)　下線部①と下線部②の反応が同時に起こる際の化学反応式を答えよ。

(4)　下線部①の反応において，内容積10.0 Lの容器内に入れた気体のヨウ化水素が一定温度で分解して5.00秒間に1.10 molから0.900 molへ減少した。この間における水素の平均の生成速度[mol/(L·s)]を答えよ。

横浜国立大-理系前期　　　　　　　　　　　　　　2019 年度　化学　27

Ⅲ　以下の問い（問 1 〜問 3 ）に答えよ。

　問 1.　次の(1)〜(5)の特徴が当てはまる元素の元素記号を記せ。

　　　⑴　骨や歯，核酸などに含まれ，生体を構成する元素であるが，天然には単体
　　　　として存在しない。

　　　⑵　単体は無色無臭の気体で空気中に体積比として 78 % 存在する。

　　　⑶　アルカリ金属で最もイオン化エネルギーが大きい。

　　　⑷　地殻中に最も多く存在する金属元素である。

　　　⑸　アルカリ土類金属で橙赤色の炎色反応を示す。

　問 2.　以下の空欄(A)〜(O)に当てはまる最も適切な語句または数字を入れよ。

　　　　陽イオンと陰イオンが静電気的な引力によって結びつく化学結合を
　　　　(A)　という。この結合から構成される周期的な構造をもつ固体を
　　　　(B)　といい，その構造として代表的なものに NaCl 型，CsCl 型，ZnS 型
　　　がある。それぞれの型において，一つの陽イオンに対する配位数は NaCl 型が
　　　　(C)　，CsCl 型が　(D)　，ZnS 型が　(E)　である。
　　　　14 族の非金属元素のうちの一つである　(F)　は原子価が　(G)　で
　　　あり，　(H)　結合により化合物をつくる。　(F)　には多くの同素体が
　　　ある。そのうち　(I)　は非常に硬く，大きなものは宝石として珍重され
　　　る。もう一つの 14 族の非金属元素である　(J)　の単体はコンピュータの
　　　集積回路や太陽電池に多く用いられている。この元素の地殻中における存在量
　　　は，最も存在量が多い　(K)　の次に多い。
　　　　周期表の 1，2，12〜18 族 の 元素 を　(L)　，3 〜11 族 の 元素 を
　　　　(M)　という。貴ガス（希ガス）を除いて周期表の右上側にある元素ほど
　　　　(N)　性が強い。最も　(N)　性が強い元素は　(O)　である。

　問 3.　アンモニアと酸素から硝酸を合成するオストワルト法について，以下の設問
　　　(1)〜(5)に答えよ。

28 2019 年度　化学　　　　　　　　　　　　　　　　　　横浜国立大-理系前期

(1)　第一段階としてアンモニアと空気を白金触媒の存在下で混合し，一酸化窒素を生じる過程の化学反応式を記せ。

(2)　第二段階として一酸化窒素をさらに酸素と反応させ二酸化窒素とする過程の化学反応式を記せ。

(3)　最終段階として二酸化窒素を水に溶かして硝酸とする過程の化学反応式を記せ。

(4)　(1)〜(3)を一つにまとめた化学反応式を記せ。

(5)　アンモニア 1.0 kg が 100 % 反応すると硝酸は最大で何 kg できるか答えよ。

生物

（2科目：150分）

Ⅰ 次の文章を読み，問い（問1〜問4）に答えよ。

　　火山の噴火によって溶岩に覆われてしまい有機物がほとんど存在しない地表に
も，やがて細菌が生息し始め，徐々に有機物が蓄積されるようになる。最初に増殖
する細菌は有機物を取り込む必要がなく，自ら有機物を作り出すことのできる細菌
　　(a)　　　　　　　　　　　　　　　　　　　(b)
である。有機物が蓄積し始めると，有機物を必要とする微生物や栄養源となる無機
物の乏しい土地でも生育できる植物などが定着するようになり，しだいに生息でき
　(c)
る生物の種類と量が増えて人の住めるような環境がもたらされる。個々の細胞で行
われている代謝は高度に制御された種々の酵素反応の集大成であり，生物を多機能
　　　　　　　　　　　　　　　　　　(d)
触媒ととらえることもできる。生物が存在しなければ環境中での物質循環は極めて
緩慢かつ限定的なはずである。

問1. 下線部(a)に関する以下の問いに答えよ。

　(1) 下記の文章（①〜⑤）のうち，適切なものを選び記号で答えよ。

　　① ウイルスは病原性細菌の一種である。

　　② 納豆の生産に微生物は関与しない。

　　③ 細菌の細胞には膜を有する細胞小器官がない。

　　④ すべての細菌は胞子を形成する。

　　⑤ 細菌と古細菌は同じ分類学的なドメインに属する。

　(2) 細菌の細胞は原核細胞であるが，植物と動物の細胞は真核細胞である。下
　　　記の①〜⑩のうち，細菌，植物，動物のすべてに存在するものには◎を，植
　　　物と動物にのみ存在するものには○を，細菌と植物にのみに存在するもの
　　　には△を，植物のみに存在するものには×を，それぞれ記せ。

　　① ストロマ，② リボソーム，③ ゴルジ体，④ 細胞質基質，

　　⑤ ヒストン，⑥ リン脂質，⑦ クリステ，⑧ 膜タンパク質，

　　⑨ 細胞壁，⑩ tRNA

(3) 下記の文章の　あ　～　い　に適当な語句を入れよ。

つき立てのもちを室内にしばらく置いてから，その表面を顕微鏡で観察すると菌糸が見つかった。もちの原料はもち米であり，その主な成分はあという多糖である。この多糖は，そのままでは細胞内に取り込みにくく増殖するための基質として利用しにくいが，いという酵素の作用でマルトースという二糖に加水分解されると利用しやすくなる。

問 2. 下線部(b)の細菌に関する以下の問いに答えよ。

(1) 炭素源となる化合物の名称を記せ。

(2) 有機物を作り出すにはエネルギーが必要である。エネルギー源となり得る無機物を下記の選択肢（①～⑧）から三つ選び記号で答えよ。
選択肢　①　硫酸，②　アンモニア，③　硝酸，④　塩化ナトリウム，
　　　　⑤　炭酸カルシウム，⑥　塩化水素，⑦　亜硝酸，⑧　硫化水素

(3) 有機物がなく日光もあたらない場所でも増殖できる細菌が存在し，それらの多くは水面や土壌の表層を好む傾向がある。その理由を 10 文字以内で答えよ。ただし，句読点は文字数に含む。

問 3. 下線部(c)の植物に関する以下の問いに答えよ。

(1) 炭素源となる化合物の名称を記せ。植物の根から吸収される元素のうち，成長に特に重要な二つの元素を元素記号で記せ。

(2) マメ科植物などに細菌が共生して形成される根粒によって植物体に供給される物質とその由来となる大気成分を，それぞれ化学式で記せ。

問 4. 下線部(d)に関する以下の問いに答えよ。酵素反応速度は基質濃度，酵素濃度，温度などの反応条件の影響を受ける。図の A と B は，それぞれ同じ基質と酵素の組み合わせによる反応における生成物量の経時変化を表している。反

応は酵素を添加することによって開始した。各図中の実線と破線ではある一つの反応条件のみが異なっている。AとBそれぞれにおける実線と破線の違いをもたらす反応条件として適当なものを下の選択肢(①〜③)から選び記号で答えよ。ただし，答えは一つとは限らない。

選択肢　①　基質濃度の違い，②　酵素濃度の違い，③　温度の違い

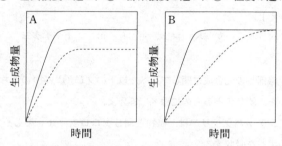

図　酵素反応における生成物量の経時変化

Ⅱ　次の文章を読み，問い(問1〜問4)に答えよ。

　生態系を構成する生物は，植物などの独立栄養生物である　(あ)　，従属栄養生物である　(い)　に大きく分けられる。　(い)　には，　(あ)　を捕食する一次　(い)　，一次　(い)　を捕食する二次　(い)　，さらに高次の　(い)　に分けられる。このように，食う食われるの関係のつながりのことを　(う)　といい，　(あ)　から高次の　(い)　までの　(う)　の各段階を栄養段階という。また，(a)　(い)　のうち，多くの細菌・菌類などのように生物の遺骸やフンなどに含まれる有機物を無機物に変える役割をもつ生物を　(え)　という。

　　(あ)　が一定時間内に光合成によって得た全有機物量を，総生産量(同化量)という。総生産量から(b)　(あ)　自身の呼吸量を除いたものが　(お)　である。　(い)　は，(c)他の生物を摂食して有機物を取り込むことでエネルギーを獲得している。この摂食量から，消化・吸収されなかった有機物の量である不消化排出量を除いたものが　(い)　の同化量となる。同化量から　(い)　自身の呼吸量を除

いたものが ［(い)］ の ［(お)］ である。以上のように，［(あ)］ が光合成に
よって獲得したエネルギーは，より高次の栄養段階の ［(い)］ に移行する。

問 1. 文中の ［(あ)］ ～ ［(お)］ にあてはまる適切な語句を記入せよ。

問 2. 下線部(a)に関して，以下の生物（①～⑤）を栄養段階の高い順から低い順に並
べかえよ。

① バッタ ② ヘ ビ ③ カエル ④ ススキ ⑤ オオワシ

問 3. 下線部(b)の光合成に関して述べた以下の文章（①～④）のうち，正しいものに
は○を，誤りのあるものには×で答えよ。

① シアノバクテリアは，植物と同じクロロフィル a をもっており，光エネ
ルギーを吸収する。

② 緑色硫黄細菌は，バクテリオクロロフィルをもち，光化学系Ⅱに似た光化
学系をもっている。

③ 一般に，葉緑体のチラコイド膜上の光化学系Ⅰから光化学系Ⅱへと伝達さ
れた電子は，最終的に酸化型補酵素の $NADP^+$ に渡され，還元型の NADPH
が生産される。

④ 葉緑体のチラコイド膜には，クロロフィルやカロテノイドといった色素が
豊富に含まれ，クロロフィルは青と赤の光を，カロテノイドは赤の光を強く
吸収する。

問 4. 下線部(c)について，ある ［(い)］ を対象に，成長量（調査開始時と終了時
の差から求めた），他の生物からの被食量，呼吸量，不消化排出量を一定期間
調査したところ，それぞれ 81.2 J/cm²，25.5 J/cm²，169.2 J/cm²，
724.1 J/cm² であった。老廃物排出および死亡はないものとして，この期間中
の ［(い)］ の同化量（J/cm²）および摂食量（J/cm²）を小数第一位まで求め
よ。

Ⅲ 次の文章を読み，問い（問1〜問3）に答えよ。

　植物の成長を調節する働きを担う植物ホルモン類は古くから知られており，詳しい研究が行われてきた。成長の段階の始めでは，種子の発芽に関与するのはジベレリンであり，葉・茎・根毛の分化にはジベレリン，　（あ）　とサイトカイニンが，果実形成にはジベレリンと　（あ）　が，果実の成熟・落果には　（い）　が関与する。

　一方，環境ストレスに対する応答も植物の生存にとって重要であり，それらの制御にも複数の植物ホルモンが働いている。　（う）　は種子の休眠に関与するが，様々な環境ストレス耐性にも関与することが知られている。乾燥ストレスによって誘導される代表的な植物の応答反応に　（え）　がある。　（う）　は葉の表面に存在する　（お）　のK⁺チャンネルを開き，細胞外へK⁺を流出させ，　（え）　が起こる。その結果，植物体内からの水の減少が軽減される。

　植物が受ける大きな環境ストレスとして，草食動物による食害がある。その傷害の刺激によって　（か）　類がつくられる。　（か）　類は様々なタンパク質の合成を誘導する。　（か）　類の誘導により合成されたタンパク質のなかには，他のタンパク質の分解を阻害する作用をもつものが大量に含まれている。結果として，　（か）　類によって草食動物がもたらす植物の被害が軽減される。
　病原体の感染も植物にとっては重大な環境ストレスである。サリチル酸は植物体に含まれる有機化合物として古くから知られていたが，サリチル酸が病原体の感染に応答して合成され，受容体を介して植物が病原体に対して防御を行う遺伝子の発現が誘導されることが近年の研究で明らかになっており，サリチル酸も植物ホルモンの一種と見なされることもある。

　実験的に，サリチル酸を分解する活性を有する微生物由来の酵素遺伝子を発現する遺伝子組換え植物を作成したところ，植物体内のサリチル酸が分解され，この植物は病原体に感染しやすくなった。

問1.　（あ）　〜　（か）　にあてはまる適切な語句を記入せよ。

問2. 下線部(a)について，草食動物による被害が軽減される理由を40字以内で記述せよ。ただし，句読点は文字数に含む。

34 2019 年度 生物 横浜国立大-理系前期

問 3. 下線部(b)について，遺伝子組換え植物の作成方法について 80 字以内で記述
　　　せよ。ただし，句読点は文字数に含む。

Ⅳ　次の文章を読み，問い（問 1 〜問 3 ）に答えよ。

　　生物はさまざまな目的で光を利用している。体外の光エネルギーを生物の体内の
物質が持つ化学エネルギーに変換するため，植物は光合成を行う。しかしエネル
ギー源としてではなく，周囲の状況を知るために光が利用されることもある。たと
えばヒトでは，眼においてレンズの働きをする　 (あ) 　を通過した光が像を結ぶ
面である　 (い) 　に並んでいる　 (う) 　細胞によって光の強弱が神経の信号に
変換され，個体の周囲の光の強さや波長の空間的な分布を知ることができる。これ
とは別に，季節による 1 日の昼と夜の長さの変化に対応した生理的な応答が生物の
体内で起きることもある。植物の開花では長日植物と短日植物が知られていて，農
　　　　　　　　　　　　　　　　　　　　　　　　　　　(a)
業では栽培植物の開花時期の人為的な調節に光が利用されることがある。
　　温度も環境を知るために利用されることがあり，強い寒さによって休眠が打破さ
　　　　　　　　　　　　　　　　　　　　　　　　　　　　　(b)
れたり，花芽が形成されたりする現象が知られている。他方で，ある期間の積算温
度が期間内の生化学反応の総量を決めることもあるが，これと類似した現象として
一定の値を超えた温度の積算値（積算温度）が生物の成長量や，気候に対応した生物
(c)
の分布に影響する現象も知られている。

問 1. 文中の　 (あ) 　〜　 (う) 　にあてはまる適切な語句を記入せよ。

問 2. 下線部(a)〜(c)について以下の問いに答えよ。

　　(1)　下線部(a)の用語を 30 字以内で説明せよ。なお，句読点は文字数に含む。
　　(2)　下線部(b)の現象を表す用語を答えよ。
　　(3)　下線部(c)に関して日本周辺におけるバイオームの分布を説明する場合に用
　　　　いられる積算温度（指数）の名称を答えよ。

問 3. 照葉樹林バイオームの里山において， 3 年間に 49 回にわたって決められた

横浜国立大-理系前期　　　　　　　　　　　　　　　　　　　　　2019 年度　生物　*35*

経路を歩き，野生の植物 55 種の花や実，葉の有無を調べた。その結果，それ
ぞれの調査時点における花や実，葉の有無の記録として 49 個の調査サンプル
を得た（表）。この調査サンプルを統計的に処理し，花や実，葉の有無において
類似した調査サンプルをグループ化したところ，5 つのまとまりが得られた。
これを生物学的な季節と見なし，それぞれに生物学的冬（Ⅰ），生物学的早春
（Ⅱ），生物学的春（Ⅲ），生物学的夏（Ⅳ），生物学的秋（Ⅴ）の名称を与えた。た
とえば生物学的冬（Ⅰ）に属する調査サンプルでは共通して多くの種が落葉し，
花をつけている種は少なかった。生物学的早春（Ⅱ）に属する調査サンプルでは
種 A などの花が観察された（表）。暦が同じ日であっても年により寒暖に差が
あったが，気温（調査日の前 7 日間の平均値）の違いに対応して年により開花時
期が異なる種と，気温の違いにかかわらず暦の上で決まった時期に開花する種
があった。

　日長と気温を座標軸としたグラフを作成し，このグラフの上に 49 個の調査
サンプルの位置を示した（図）。また調査した 55 種の植物の花や実，葉の有無
によって統計的に区分した各調査サンプルの生物学的季節を，記号（◇や▲な
ど）により表示した。この図を見て，以下の(1)～(3)に答えよ。

　　表　ひとつの地域でさまざまな植物の花や実，葉の有無を 3 年間にわ
　　　たって調べた記録の仮想的な例。データの一部として 49 個の調査サ
　　　ンプルのうち 3 つの調査サンプル（①～③）を，また調査した 55 種の
　　　うち 2 種（種 A と種 B）を示す。

調査サンプル	調査年	調査月日	日長(時間)	気温(℃)	種 A			種 B		
					花	実	葉	花	実	葉
①	1 年目	a 月 b 日	10.43	4.9	無	無	有	無	無	無
②	2 年目	c 月 d 日	12.78	10.7	有	有	有	無	無	有
③	3 年目	e 月 f 日	10.13	10.7	無	無	有	無	有	有

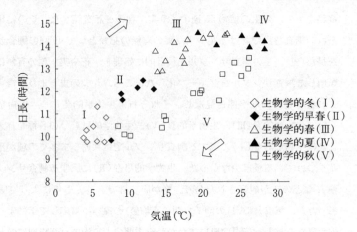

図　照葉樹林バイオームの里山における生物学的季節。グラフの各点は調査サンプルである。調査した55種の花や実，葉の有無にもとづいて区分した生物学的季節（Ⅰ～Ⅴ）を記号で示す。矢印は季節が進行する方向を示す。（植物地理・分類研究58巻28ページの図を改変）

(1) 表中の調査サンプル①はどの生物学的季節に所属すると考えられるか。図から読み取り解答せよ。

(2) 生物学的冬（Ⅰ）と，隣接する2つの季節である生物学的秋（Ⅴ）および生物学的早春（Ⅱ）との間の移行について，図から読み取ることができることを日長と気温の語を用いて40字以内で説明せよ。なお，句読点は文字数に含む。

(3) 生物学的夏（Ⅳ）から生物学的秋（Ⅴ）への移行について，図から読み取ることができることを日長と気温の語を用いて40字以内で説明せよ。なお，句読点は文字数に含む。

地学

（2科目：150分）

Ⅰ 岩石や海底の地形に関する問い（問1～問6）に答えよ。

問 1. 図1は平均的な海洋プレートにおける地殻から最上部マントルまでの模式断面図である。図中の(A)～(C)にあてはまる最も適切なものを以下の語群①～④の中から選び，番号で答えよ。

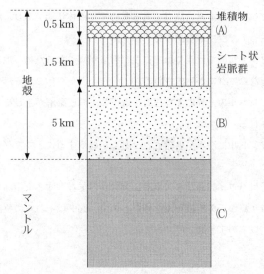

図1．平均的な海洋プレートにおける地殻から最上部
　　　マントルまでの模式断面図

語群：① かんらん岩　② 流紋岩　③ はんれい岩　④ 枕状溶岩

問 2. 自然や人工の地震波を用いることで，直接岩石を採取しなくとも図1のような地球内部の構造を推定することができる。地震波に関連した文章として最も

適切なものを以下から選び，番号で答えよ。

① 地震波は縦波（P波）と横波（S波）に分類され，P波は固体と液体と気体の全ての物質中を伝わるが，S波は液体中しか伝わらない。

② 図1中の地殻とマントルの境界はモホ不連続面と呼ばれ，地震波速度が不連続に低下する境界面である。

③ 大陸下のモホ不連続面は深さ30〜60 kmに存在する。

④ 地球深部には様々な深さに地震波不連続面が存在し，深さ約660 kmの地震波不連続面は核とマントルの境界である。

問 3. 中央海嶺やホットスポットでは，マントルが融解することで主に玄武岩質なマグマが生産されている。中央海嶺やホットスポットで生じるマグマ活動について述べた文章として最も適切なものを以下から選び，番号で答えよ。

① マントルは非常に高温であるため常に液体状態であり，断層などの割れ目に沿ってマグマが噴出する。

② マントル内では浅くなるにつれ温度が高くなるため，地表付近では液体状態となりマグマが生成される。

③ マントルの上昇により圧力が低下し，減圧融解が生じることでマグマが生成される。

④ マントルに海水が供給され，融点が低下することでマグマが生成される。

問 4. 表1はハワイ諸島から天皇海山列にかけて存在する火山島や海山の形成年代とハワイ島からの距離をまとめたもので，図2はそれらの位置を示したものである。以下の⑴〜⑵の問に答えよ。

表1．ハワイ諸島から天皇海山列に存在する火山島と
　　　海山の形成年代およびハワイ島からの距離

名　称	形成年代 （万年前）	ハワイ島からの 距離(km)
ニホア島	720	780
ネッカー島	1000	1058
ミッドウェー島	2770	2432
雄略海山	4340	3520
仁徳海山	5560	4452
推古海山	6130	4860

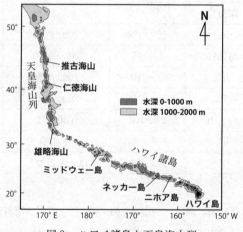

図2．ハワイ諸島と天皇海山列

(1) 表1および図2を用いて，現在から過去500万年間の太平洋プレートの平均移動速度(cm/年)について，小数点第一位を四捨五入して求めよ。ただし，ハワイ島のようなホットスポットの活動は太平洋プレートの移動に対して無関係であり，その位置を変えないものとする。

(2) 図2において，雄略海山付近で海山列の向きが変化している。この理由を60文字以内で説明せよ。なお，句読点も文字数に含む。

40 2019 年度　地学　　　　　　　　　　　　　　　　　　　横浜国立大-理系前期

問 5. ある岩石の年代は，そこに含まれる放射性同位体の割合を調べることで推定
することができる。ある火山岩を調べたところ，半減期 T（年）の放射性同位体
（親核種）の量が，もとの量から 1/512 になっていた。この火山岩の放射性年
代を T を用いて答えよ。ただし，この岩石が生成されたとき，親核種の放射
壊変により生じる娘核種は含まれていなかったものとする。

問 6. 表 2 は海底地形の一般的な特徴をまとめたものである。表中の(A)～(E)に入る
語句として最も適切なものを以下の語群①～⑤の中から選び，番号で答えよ。

表 2．海底地形の一般的な特徴

地形の名称	幅（km）	起伏の大きさ（m）	水深（m）
深海丘	0.1 — 100	1 — 1000	さまざま
(A)	150 未満	2000 以上	100 — 2000
海底谷	1 — 15	20 — 2000	20 — 2000
(B)	500 — 1000	2000 未満	2000 — 4000
(C)	30 — 100	2000 以上	5000 — 12000
海　山	2 — 100	1000 以上	さまざま
(D)	300 未満	20 未満	200 以浅
(E)	さまざま	ほとんどなし	3000 以深

語群：　①　海　溝　　　②　深海平原　　　③　大陸斜面
　　　　④　中央海嶺　　　⑤　大陸棚

横浜国立大-理系前期　　　　　　　　　　　　　　　　　2019 年度　地学　*41*

Ⅱ　スカンディナヴィア半島の自然に関する以下の文を読み，問い（問 1 〜問 8 ）に答
　えよ。

　　スカンディナヴィア半島は，ノルウェー，スウェーデン，フィンランドの 3 つの
　国からなり，日本にはない様々な自然現象が観察される。半島の基盤岩は，南東側
　のバルト楯状地と北西側の古生代前期に主に活動したカレドニア変動帯からなる
　　　　　(a)　　　　　　　　　　　　(b)
　（図 1 ）。カレドニア変動帯は，グリーンランド東岸，スカンディナヴィア半島北西
　　　　　(c)
　部，イギリス，アイルランド，北米大陸東岸（アパラチア山脈）に現在分布してい
　る。半島は 1 万年以上前から，全体が隆起を続け，最大の隆起量は 250 m 以上に
　　　　　　(d)
　達し，現在でも海岸線の後退が続いている。また，半島の北西側の海岸には，海岸
　から内陸へ最大 200 km に達するフィヨルドと呼ばれる深い入り江（湾）が発達して
　　　　　　　　　　　　　　(e)
　いる。

　　ノルウェーの冬の平均気温は首都オスロ（北緯 60 度）で − 3 ℃ 程度であり，緯度
　　　　　　　　　　　　　　　　　(f)
　にしてはるか南の札幌（北緯 43 度）の冬の平均気温と同じ程度である。暖かい理由
　は暖流であるメキシコ湾流が半島の北西に沿って北上しているからである。また，
　夏季に真夜中になっても太陽が沈まない地域があり，冬季には太陽風が地球の磁力
　　　　　　　　　　　　(g)
　線に沿って高速で降下し，大気の酸素原子や窒素原子を励起することによって発光
　すると考えられている　　(A)　　の観察シーズンとなる。

図1. スカンディナヴィア半島の基盤岩の地質図

問 1. 下線部(a)の楯状地の一般的な特徴を 70 文字以内で説明せよ。なお、句読点も文字数に含む。

問 2. 下線部(b)の古生代前期(カンブリア紀、オルドビス紀、シルル紀)の化石、あるいは化石を復元した生物として最も適切なものを以下から選び、番号で答えよ。

① ティラノサウルス　② マンモス　③ 三角貝

④ アンモナイト　　　⑤ アノマロカリス　　　⑥ イクチオステガ

問 3. 下線部(c)のカレドニア変動帯は，大陸の衝突境界に連続して形成されたが，現在はヨーロッパと北米東岸に分断して分布している。この理由を 70 字以内で説明せよ。なお，句読点も文字数に含む。

問 4. 下線部(d)のようにスカンディナヴィア半島は現在も隆起している。この理由を 100 字以内で説明せよ。なお，句読点も文字数に含む。

問 5. 下線部(e)のフィヨルドの成因について 50 字以内で説明せよ。なお，句読点も文字数に含む。

問 6. 下線部(f)に関して，オスロと札幌が同一経線上にあると仮定した場合，オスロは札幌の何 km 北に位置することになるか答えよ。ただし，地球の両極を含む直径を 12714 km，円周率は 3.14 とする。

問 7. 下線部(g)に関して，夏季の北半球で太陽が一日中地平線下に沈まない現象が起きるのは北緯何度以北か答えよ。ただし，地球の地軸傾斜角は 23.4 度とする。

問 8. (A) にあてはまる最も適切な語句を答えよ。

①sruilk/Shutterstock.com　②Dotted Yeti/Shutterstock.com　③©日本古生物学会
④Number001/Shutterstock.com　⑤Sebastian Kaulitzki/Shutterstock.com
著作権の都合上，問 2 の①，②，④，⑤は類似の画像と差し替えています。

Ⅲ 海洋の構造と海水の性質に関する問い(問1〜問3)に答えよ。

問 1. 図1は大西洋における水温と塩分の南北鉛直断面を示している。水温を見ると赤道付近の海域の表層で等温線が密であるのに対し，亜熱帯ではその間隔が広くなっている。塩分は亜熱帯の表層付近で大きくなっている。低緯度の水深約1000 m のところを見ると，そこには低温かつ比較的低塩分の海水がある。水深2000 m 以深では北大西洋亜熱帯起源と考えられる塩分が高く比較的水温の高い(2℃以上)海水で占められている。この海水は水深3000 m を中心に南緯40度まで及んでいることがわかる。南半球の最深層に存在する海水は，赤道域表層に比べると塩分は低いものの極めて低温である。以下の(1)〜(4)の問に答えよ。

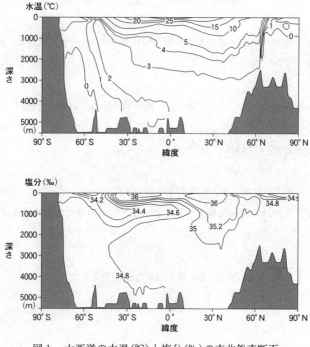

図1．大西洋の水温(℃)と塩分(‰)の南北鉛直断面

(1) 下線部(a)に関して，等温線が密になる領域の名称を答えよ。

横浜国立大-理系前期   2019 年度　地学　*45*

(2)　下線部(b)に関して，その理由を 40 字以内で説明せよ。なお，句読点も文
　　字数に含む。

(3)　下線部(c)に関して，低緯度の水深 1000 m 付近にある比較的低塩分かつ低
　　温の海水の起源はどこにあると考えられるか。最も適切なものを以下から選
　　び，番号で答えよ。
　　①　北緯 60 度周辺の表層付近
　　②　南緯 15 度から南緯 30 度にかけての水深 4000 m 以深
　　③　南緯 30 度周辺の表層付近
　　④　南緯 50 度から南緯 60 度にかけての表層付近
　　⑤　0 度から北緯 30 度にかけての水深 3000 m 以深

(4)　大西洋の最深部に存在する海水の起源はどこにあるのか。図 1 から考えら
　　れることを 80 文字以内で説明せよ。なお，句読点も文字数に含む。

問 2.　図 2 は北半球のある海域における水温の深度に伴う変化を示している。一般
　　に，海洋における水温は深度の増加に伴って変化する。海洋表層では太陽エネ
　　ルギーによって海水が暖められるため水温が比較的高く，深度の増加に伴って
　　　　　　　　　　　　　　　　　　　　　(d)
　　減少する。表層付近では風や波による影響や季節によって生じる表層と深層の
　　温度差が無くなることに起因して水温の変化が小さくなる。この表層付近の層
　　は　　(A)　　と呼ばれる。以下の(1)～(3)の問に答えよ。

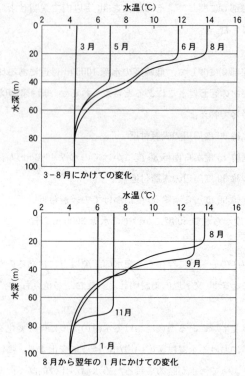

図2．北半球のある海域における水温の変化

(1) ┌──(A)──┐ にあてはまる最も適切な語句を答えよ。

(2) 下線部(d)に関して，海洋の表層において，太陽エネルギーが海水を温める理由を50字以内で説明せよ。なお，句読点も文字数に含む。

(3) 図2の海域として最も適当と考えられる海域はどこか。以下の語群①～④の中から選び，番号で答えよ。

語群： ① 赤道域（0度） ② 熱帯域（北緯25度）
③ 中緯度域（北緯40度） ④ 高緯度域（北緯60度）

問 3. 図 3 は世界の海洋における塩分(‰)と乾燥度の平均値の緯度変化を示している。乾燥度は，それぞれの緯度における蒸発量から降水量を差し引いた値として求められる。グラフを見ると乾燥度の緯度変化は，表層塩分の変化に非常に似ていることが判る。南半球と北半球の 20～30 度付近では，低緯度域(熱帯域)に比べて表層塩分が非常に高くなっている。以下の(1)～(3)の問に答えよ。
(e)

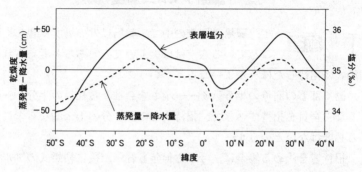

図 3．乾燥度と表層塩分の緯度変化

(1) 熱帯域において表層塩分が中緯度に比べて高くならない理由を 20 字以内で説明せよ。なお，句読点も文字数に含む。

(2) 下線部(e)に関して，この緯度範囲を陸上に当てはめた場合，特徴的な気候が見られる地域が多い。その気候の名称を答えよ。

(3) 高緯度海域では年間を平均して表層塩分が低い。この理由を 20 文字以内で説明せよ。なお，句読点も文字数に含む。

解答編

英語

I 解答 1．職場の同僚の中で，職場以外の場所で親しく時を過ごしている人々は事実上の友人であると考えられるので，結婚式に招待したほうがよいだろうということ。
2．働く部署の同僚の半分近く——小さな会社なら社員の半分——を招待するなら全員を招待すべきで，招待するのが3分の1未満なら全員を招待する必要はないというルール。
3．招待客を決める場合は，今から何年も経った後に結婚式のアルバムを見返した時にその中に写っていてほしい人かどうかをよく考えたほうがよいということ。

━━━━━━━━━━━◆全　訳◆━━━━━━━━━

≪結婚式に職場の同僚を招待する場合≫

　結婚式の計画を立てるのはストレスのかかる過程である。会場の選択，メニューのプラン，装飾，日程などがある。しかし，最も難しい決定の一つは招待客名簿に誰を含めるかということかもしれない。招待状を誰が受け取り誰が受け取らないかは多くの要素に左右されるが，同僚を招待客名簿に加えることになると，選択はさらに複雑になる可能性がある。

　同僚を招待客名簿に加える時は，まずあなたたちが本当に友人であるかどうか考えよう。「あなたが会社の外でも親しく時を過ごす同僚がいれば，その人たちは招待するべきです」と，マナースミス・エチケット・コンサルティング社のオーナー社長でエチケット・コンサルタントのジョディ＝スミスは言う。

　一緒に夕食に出かけ，週末に一緒に時間を過ごし，遊び仲間として一緒に遊ぶ同僚のグループがあれば，そうした同僚は事実上の友人であると考えられるので，招待状を受け取ることに関しては，職場に関係のない友人と同じように扱われるべきである。

横浜国立大-理系前期　　　　　　　　　　　　　2019 年度　英語〈解答〉　49

　同僚を招待する時に，スミスは半分のルールについて触れる。「自分が
働いている部署の半分近く——あるいは小さな会社の社員の半分——を招
待するなら，すべての人を招待するべきです」と，彼女は言う。働いてい
る部署の3分の1未満を招待していて，招待している同僚より多くの同僚
を除外しているのなら，その場合は招待をすべての人に広げる必要はない
だろう。

　結婚式に上司を招待しなければならないというルールは全くない。スミ
スによると，上司は他のどの同僚とも同じように扱うべきである。あなた
たちが会社の外でも友人であるか，会社または所属部署の人の半分を招待
しているなら，上司も招待客名簿に載せるべきである。

　覚えておこう，結婚式はあなたがこれから先何年も覚えていることにな
る特別な日である。「今から25年後，あなたが今の仕事から退職したずっ
と後に，幼馴染みはまだあなたの幼馴染みのままであり，いとこはまだあ
なたのいとこのままですが，四半世紀前の同僚とまだ連絡を取り合ってい
るでしょうか」と，スミスは尋ねる。招待客名簿を作る場合は，今から何
年も経った後に結婚記念日を祝っている時に結婚式のアルバムの中に見た
いと思う顔を考えてみよう。

━━━━━━━━◀解　説▶━━━━━━━━

1．下線部では第2段第2文（"If there are co-workers …) の「会社の
外でも親しく時を過ごす同僚」が具体的に述べられている。いわば「職場
の友人」の定義にあたるので，解答は「事実上の友人であると考えられ
る」でとめても十分かもしれないが，「友人なら招待すべきだ」という前
提があるため，「結婚式に招待したほうがよいだろう」と結論をつけ加え
ることも考えられる。socialize with ～「～と親しく時を過ごす」 that you
go out … on recreational teams with は関係代名詞節で，co-workers を
修飾。この that 節の中には，go, spend, play の3つの動詞があり，前
置詞 with の目的語はいずれも先行詞の co-workers である。on
recreational teams「遊び仲間として」 consider A B「A を B と考える」
→A be considered B「A は B と考えられる」 actual「事実上の」

2．下線部の「半分のルール」については，第4段第2・3文（"If you
are inviting …)で具体的に解説されているので，その内容をまとめる。
close to ～「～に近い，おおよそ～」 the work group「働いている部

署」 those in a small office「小さな会社にいる人々」 less than a third of ～「～の 3 分の 1 未満」 exclude「除外する」 then「その場合は」 extend *A* to *B*「*A* を *B* に広げる」

3．最終段第 1 文（Remember, your wedding …）に「結婚式はあなたがこれから先何年も覚えていることになる特別な日である」とあり，下線部はそのことを意識して慎重に招待客を選べという趣旨である。「アルバムを見返した時にその中に写っていてほしい人々」は要するに「大切な人，非常に親しい人」のことであり，そのように書いてもよいだろう。When（you are）making と補って考える。think about ～ は命令文で，「～を考えてみよう」の意。the faces（that）you want to … years from now の that 節は関係代名詞節で，the faces を修飾。see の目的語が the faces である。celebrate「～を祝う」 anniversary「（結婚）記念日」 years from now「今から何年も経った後に」

II **解答**　1．think about
　　　　2．品物の価値はそれがどこにあるかに左右されることが多く，その点で品物を適した市場に出すことができる競売会社が力を発揮することができる。
3．アパートの以前の所有者が遺した持ち物を新しい所有者は捨てたいと思ったが，遺産売却会社に整理してもらうと，実は古い価値のある収集品であることがわかった。
4．最小 1 万 8,000 ドルから最大 6 万ドル。

◆全　訳◆

≪不用品や遺品の整理をする業者≫

　ベビーブーム世代の人々が年を取るにつれて，多くの人々がダウンサイジングをして，より小さい家に入る計画を立てるようになっている。しかし，より狭い空間に住む準備をすることは，何年にもわたってため込んだすべての物をどのように捨てるかという難問を提起する。それが年代物の家具であろうと，骨董品であろうと，価値のある収集品であろうと，高級でおしゃれな服であろうと，それを売る所——そして方法——を知っていることが投資に対する収益を最大にする鍵となる。持ち物を売ろうとしているマイホーム所有者であろうと，親族や友人の死後に身の回りの品の売

却を手がける業者であろうと，それは当てはまる。

「ベビーブーム世代の人々はダウンサイジングを行っています」と，ジャッキー＝デニーは言う。彼女はシンシナティに拠点を置き国中にビジネスを展開する遺産売却のオンラインマーケットの共同設立者である。「その上に，私たちは裕福な世代です。私たちの多くは複数の家を所有しています」 デニーさんはおばの遺産を処理した後，2008 年にその会社を始めた。競売人が「入って来て，家にある 2 枚の良い絵を持って行き，それから私に残っている物を捨ててほしいと言ったんです」と，彼女は言う。「システムが全くなかったんです」 誰かがダウンサイジングか遺された財産の売却を望むと，デニーさんの会社は無料相談をするためにその地所に行くことになる。所有者が話を進めたがれば，会社は品物の写真を撮り，カタログを作り，オークションのウェブサイトを通して売却と出荷をすることになるが，そこでは付け値が 1 ドルから始まる。およそ 150 万人の登録された入札者に対して，彼女は人気のある 18 金の腕時計を 8,000 ドルで，旧型の飛行機を 11 万 2000 ドルで売るなど，あらゆる物を売ってきた。彼女の手数料は販売価格の 15％から 50％である。

ビバリーヒルズの不動産会社の専務取締役であるラシェル＝ロステンは，家を相続し売却前にその中を片づける必要のある人々ばかりではなく，ダウンサイジングを行う人々とも仕事をすることが多い。最初に，彼女は依頼人が何を取っておきたいのか，何を売り寄付したいのかを決めるようにアドバイスする。彼女によると，愛する人が亡くなった時に伴う感情のために，時にはそうした決断に何年もかかることがある。遺産を売る最良の方法——と場所——に関して戦略を練ることが重要だとロステンさんは言う。というのは，品物の価値はそれがどこにあるかに左右されることが多いからだ。例えば，彼女が最近売った家にはアールデコ様式の，木で装飾を施された寝室用家具があった。「フロリダであれば，それには莫大な価値があったでしょう。ロサンゼルスでは，ほとんど価値がありません。競売会社は物件を適した市場に出すことができるので，その点が競売会社の効果が現れるところなのです」と，彼女は言う。

それが地方であろうと全国であろうと，競売会社は家の中を歩いて，資産に関するアドバイスを提供する。査定が必要でない場合は，そうしたサービスには料金がかからないはずである。「査定はそれだけの価値が十分

52 2019 年度　英語〈解答〉　　　　　　　　　　　　横浜国立大-理系前期

にあるかもしれません。というのは，ある物に全く価値がないと考えてそれを譲ろうとしているが，後にそれには非常に価値があることがわかる場合があるからです」と，ロステンさんは言う。彼女は 2 年前，立地は最良だが状態が悪く，前の所有者の持ち物が一杯あるアパートの売却を手がけた。新しい所有者は初めはすべてを捨てたがっていたが，最終的には遺産売却会社を雇った。その「がらくた」は実際には古い価値のある収集品であった。その売却は 4 万 2000 ドルの純益をもたらしたと，ロステンさんは言う。

━━━◀解　説▶━━━

1．下線部の strategize は strategy「戦術，戦略」を動詞化した語であることが推測できる。おそらくその意味は「戦略を練る，戦略を立てる」ということになるだろう。したがって，下線部の strategize on ～ は「～について戦略を練る，～について戦略を立てる」という意味になる。選択肢の中でこれに最も近い意味を持つものは，think about ～「～について考慮する」である。discover「～を見つける」，implement「～を実行する」，learn「～を知る」は同義とは言えない。

2．下線部の That が指す箇所は第 3 段第 4 文（It's important …）の because 以下で，「品物の価値はそれがどこにあるかに左右されることが多い」である。下線部にある come into play は「効果が現れる，有用になる」の意味である。「競売会社の効果が現れる」理由は下線部の because 以下に述べられていて，「競売会社は品物を適した市場に出すことができる」ためである。where は先行詞を含む関係副詞で，「～するところ」の意味になる。

3．"rubbish"「がらくた」は最終段第 4・5 文（Two years ago, she handled …）にある「ロステンが扱ったアパートに遺されていた，前の所有者の持ち物」で，「新しい所有者が捨てたがっていたもの」である。それを「遺産売却会社を雇っ（て，整理し）た」ところ，4 万 2000 ドルの純益が出たのである。net「～の純益をもたらす」

4．第 2 段最後から 2 番目の文（With about 1.5 million registered bidders, …）に「18 金の腕時計を 8,000 ドルで，旧型の飛行機を 11 万 2000 ドルで売る」とある。両者の売り上げ合計金額は 12 万ドルである。最終文（Her fees range …）には「手数料は販売価格の 15％から 50％」

とある。腕時計と飛行機の手数料が両方とも 15% の場合は 1 万 8,000 ド
ルの収入になり，両方とも 50% の場合は 6 万ドルの収入になる。

III 解答

1. weighing　2. turned　3. obvious　4. tell
5. partner　6. stubborn

◆全　訳◆

≪留学生が友人にトラブルを相談する≫

マサミ　：おや，ジェニー，今日はあまりご機嫌じゃなさそうね。何かあ
　　　　　ったの？

ジェニー：そう，実を言うと，最近心に重くのしかかっていることがある
　　　　　のよ。

マサミ　：そのことを話してみない？　そうなら，ちゃんと聞くよ。

ジェニー：先日サトシが電話をしてきて，英語の勉強を手伝ってくれない
　　　　　かと尋ねてきたの。いいわよと彼に言ったんだけど，その後，
　　　　　集まった時に，彼が望んでいたことは私が彼の代わりに英語の
　　　　　授業用レポートを書くことだけだとわかったのよ。

マサミ　：あなたはどうしたの？　そんなことをしたら盗用だよ。ヤマダ
　　　　　先生が知ったら，二人ともとてもやっかいなことになるわよ。
　　　　　あなたがネイティブスピーカーで，サトシの英語があまりうま
　　　　　くないという事実を考えれば，ヤマダ先生にはすぐわかると思
　　　　　うわ。

ジェニー：うん，私もわかっている。それに倫理的にも間違っているわ。
　　　　　だから言ったの。一緒に練習したり，英語の文法や語彙につい
　　　　　て彼が持っている特定の疑問に答えたりして手伝うことはでき
　　　　　るだろうけど，彼の代わりにレポートを書くことはできないっ
　　　　　て。

マサミ　：彼はどのように反応したの？

ジェニー：あまりよくなかったわ。彼は「おっと，じゃあ君は結局友達じ
　　　　　ゃないと思うよ」と答えて，それからものすごい剣幕で行っち
　　　　　ゃったの。私が日本に来てから，サトシはいろいろやってくれ
　　　　　ていて，私たちはとてもよい友達なのね。そのことでとても気
　　　　　まずく感じているの。

マサミ　：自分を責めないほうがいいよ。ただ正直になろうとしただけで，正しいことをしたんだから。彼はそんなふうに反応すべきではなかったし，そもそも自分が不正行為をするのを手伝うよう，あなたに頼むべきではなかったのよ。私があなたなら，何が起こったかをヤマダ先生に言うわ。

ジェニー：そうすることは考えていないの。確かに彼の共犯者になるつもりはないけれど，サトシが罰せられることも望まないわ。彼が自分のしようとしたことが間違っていることを最後には理解するようになって，私たちが以前のようにまたよい友達になれることを，私は望んでいるだけなの。

マサミ　：私もそうなるのを望んでいるよ。でも，あなたもサトシのことは知っているでしょ。彼はとても頑固になる時があるの。

◀解　説▶

1．空所直後の on my mind と結びついて慣用句をなす動詞を選ぶ。また，空所を含む動詞は関係代名詞 that の先行詞 something を主語としている。以上から，weigh on one's mind「～の心に重くのしかかる」の慣用句を作る weighing が正解。他動詞の bother「悩ませる」，worry「心配させる」は人を目的語とし，on one's mind を伴う用法はないので，不適。

2．空所直後の out と結びついて慣用句をなす動詞を選ぶ。空所直前の it は形式主語で，空所後方の that 節を指す。よって，it turns out that ～「～ということがわかる」の構文を作る turned が正解。it seems は out を伴う用法はない。find out「見出す，知る」，work out「理解する」は人を主語にして使うので，不可。it falls out that ～「たまたま～となる」は文意に合わない。

3．空所の前方に「あなたがネイティブスピーカーでサトシの英語があまりうまくないという事実を考えれば」とある。この事実から，サトシの代わりにジェニーがレポートを書いたら，ヤマダ先生はすぐにそのことに気がついてしまうと予想できる。よって，obvious「すぐわかる，明らかな」が正解。sure「確信して」は人を主語にして使うので，不可。hidden「見つけにくい」，notable「注目すべき」，upsetting「動揺させるような」は文意に合わない。

横浜国立大-理系前期　　　　　　　　　　　　2019 年度　英語〈解答〉　55

4．空所後方には *A* about *B*「*A*（人）に *B*（事柄）を」が続いているので，この構文を伴える動詞を選ぶ。よって，tell が正解。prove *A* to *B*「*B*（人）に *A*（物事）を証明する」，say *A* to *B*「*B*（人）に *A*（事，言葉）を言う」，show *A* to *B* / show *B* *A*「*B*（人）に *A*（物）を示す」は構文が合わない。teach は「（学科や方法を）教える」の意味なので，不適。

5．ジェニーはサトシのレポート代筆を断わっており，空所のある文ではサトシと一緒に不正行為をする仲間にはなりたくないと言っている。よって，a partner in crime「共犯者」の意味になる partner が正解。

6．ジェニーは最終発言の第 3 文（I just hope …）で「私たちが以前のようにまたよい友達になれることを，私は望んでいるだけなの」と述べている。それに対してマサミも最終発言の第 1 文（I hope so too.）「私もそうなるのを望んでいるよ」と応答している。しかしながら，その後に But が続くので，サトシの性格が原因でジェニーとサトシの関係が元に戻らない可能性が示唆されている。よって，stubborn「頑固な」が正解。friendly「親しい，優しい」，reasonable「分別がある」，single-minded「誠実な」は文意に合わない。uncooperative「協調性に欠ける」はジェニーとサトシが以前は友人だったことを考えると，不適。

IV　解答例

(Dear Tom,
Thank you for your email.) I would give a presentation on ramen, which has become popular across the world. Ramen originated in China and has made unique progress in Japan. Ramen soup is generally made from stock based on chicken, pork, or other ingredients and is flavored with soy sauce, salt, or miso. Its noodles, which are made of wheat, vary from thin and straight to thick and wavy. Ramen is commonly served with some toppings, including meat, eggs, and vegetables. I would tell my classmates these things. They would be interested in ramen and be eager to eat it. (75〜100 語)

56 2019 年度 英語〈解答〉　　　　　　　　　　横浜国立大-理系前期

◀解　説▶

　例年同様，友人からのＥメールへの返事という設定のテーマ英作文である。指定された語数は，返信欄（解答欄）にあらかじめ記入されている部分を含めずに75〜100語。また，返信メールの最後に自分の名前を書いてはいけないという指示もある。

メールの和訳：

「○○へ，

学校で難しい宿題が出たんだ。担任の先生が僕たち全員に，級友に対して30分の授業をやってほしいと言っている。どんなテーマで教えてもいいんだ。僕は何も思い浮かばないよ！　君が授業をしなければならないとしたら，何を教えるかい？

トム」

　返信Ｅメールの内容は，「高校生が30分の授業を行う時にテーマを何にしたらよいか」という質問に答えるものになる。テーマは，社会・経済問題，環境問題，科学面，文化面などいろいろ考えられるが，高校生が関心を持つような事柄で，自分がその内容をよく知っていて書きやすいものがよいだろう。そのテーマについていくつかのポイントを挙げられると，トムが授業で使いやすくなると思われる。

　自分のよく知っている単語・構文を用いて書くように心がけてほしい。当然のことながら，文法的な間違いをしないように気をつけること。

〔解答例〕の和訳：

「（トムへ，

メールありがとう。）僕ならラーメンについてプレゼンテーションをするよ。だってラーメンは世界中で人気が出ているから。ラーメンは中国から始まったんだけど，日本で独自に発展しているんだ。ラーメンのスープは一般的に鶏や豚などの材料を基にした出汁から作られ，醤油か塩か味噌で味付けされる。麺は小麦粉から作られていて，細くてストレートなものから太くて縮れているものまで様々なタイプがある。ラーメンは普通，肉，玉子，野菜を含むいくつかのトッピングを添えて出される。こうしたことを級友に話すよ。彼らはラーメンに興味を持ち，食べたいと思うだろうな」

横浜国立大-理系前期　　　　　　　　　　　　　2019 年度　英語〈解答〉　57

❖講　評

　例年通り大問 4 題の構成で，2019 年度は読解問題 2 題，会話文問題 1 題，英作文問題 1 題という出題であった。

　Ⅰの読解英文は，結婚式に職場の同僚を招待する場合のルールを説いた一節で，単語レベルも標準的で理解しやすい英文である。1 と 3 は英文和訳に近い内容説明問題である。2 の具体的な内容を表す箇所も見つけやすかったものと思われる。

　Ⅱの読解英文は，住居のダウンサイジングをする場合に出る不用品や遺産相続をした場合の遺品を処理する時に，オンラインの競売会社に依頼することを取り上げた記事である。Ⅰと同様に，2 は英文和訳に近い内容説明問題である。That の指す内容を明示して解答する。3 は "rubbish" の指すものを具体的に書き，それがどのようになったかを説明する。4 は本文に基づいて計算をする問題だが，勘違いをしないようにしたい。

　Ⅲの会話文は，留学生が抱えているトラブルを友人に相談する場面を扱ったもので，英文中の空所に単語を補充する問題である。空所ごとに 5 つの選択肢の中から 1 つ選ぶ形式である。会話文の英文は標準レベルで，設問もそれほど難しくはない。

　Ⅳは電子メールへの返信という従来通りの形式のテーマ英作文。2019 年度のテーマは「高校生が 30 分の授業を行う時にテーマを何にしたらよいか」で，カナダにいる友人にアドバイスをするものである。

　全体としての難度は標準レベルだが，その中にいくつか難しい設問もあるという，入試問題としてバランスの取れた出題だといえる。

数学

1 解答

(1) △OABの3辺の長さより ∠OAB＝60°

$AP_k = \dfrac{2k}{n}$ だから，△OP_kA に余弦定理を適用し

$$OP_k{}^2 = OA^2 + AP_k{}^2 - 2OA \cdot AP_k \cos 60°$$

$$= 1 + \left(\dfrac{2k}{n}\right)^2 - 2 \cdot \dfrac{2k}{n} \cdot \dfrac{1}{2}$$

$$\therefore \quad OP_k = \sqrt{4\left(\dfrac{k}{n}\right)^2 - 2 \cdot \dfrac{k}{n} + 1} \quad \cdots\cdots(\text{答})$$

(2) (1)より

$$\dfrac{1}{n}\sum_{k=1}^{n}\dfrac{1}{(OP_k)^2} = \dfrac{1}{n}\sum_{k=1}^{n}\dfrac{1}{4\left(\dfrac{k}{n}\right)^2 - 2 \cdot \dfrac{k}{n} + 1}$$

$$\to \int_0^1 \dfrac{dx}{4x^2 - 2x + 1} \quad (n \to \infty)$$

$I = \displaystyle\int_0^1 \dfrac{dx}{4x^2 - 2x + 1}$ とおくと

$$I = \int_0^1 \dfrac{dx}{4\left(x - \dfrac{1}{4}\right)^2 + \dfrac{3}{4}}$$

ここで，$x - \dfrac{1}{4} = \dfrac{\sqrt{3}}{4}\tan\theta \left(-\dfrac{\pi}{2} < \theta < \dfrac{\pi}{2}\right)$ とおくと

$x : 0 \to 1$ のとき $\theta : -\dfrac{\pi}{6} \to \dfrac{\pi}{3}$

$$4\left(x - \dfrac{1}{4}\right)^2 + \dfrac{3}{4} = \dfrac{3}{4}(\tan^2\theta + 1) = \dfrac{3}{4\cos^2\theta}$$

$$\dfrac{dx}{d\theta} = \dfrac{\sqrt{3}}{4\cos^2\theta}$$

$$\therefore \quad I = \int_{-\frac{\pi}{6}}^{\frac{\pi}{3}} \dfrac{4\cos^2\theta}{3} \cdot \dfrac{\sqrt{3}}{4\cos^2\theta} d\theta = \dfrac{\sqrt{3}}{3}\Big[\theta\Big]_{-\frac{\pi}{6}}^{\frac{\pi}{3}}$$

$$= \frac{\sqrt{3}}{6}\pi \quad \cdots\cdots(\text{答})$$

◀ 解 説 ▶

≪余弦定理，区分求積法，置換積分≫

(1) 余弦定理を用いる。

(2) 区分求積法 $\displaystyle\lim_{n\to\infty}\frac{1}{n}\sum_{k=1}^{n}f\left(\frac{k}{n}\right)=\int_{0}^{1}f(x)dx$ を用いる。$\dfrac{1}{x^2+a^2}$ の積分は $x=a\tan\theta$ と置換積分する。

2 解答

(1) $\overrightarrow{\mathrm{OM}}=\dfrac{1}{2}\vec{b}$, $\overrightarrow{\mathrm{ON}}=\dfrac{\vec{a}+\vec{c}}{2}$ だから

$$\overrightarrow{\mathrm{MN}}=\overrightarrow{\mathrm{ON}}-\overrightarrow{\mathrm{OM}}=\frac{\vec{a}-\vec{b}+\vec{c}}{2}$$

ここで $|\vec{a}|=|\vec{b}|=|\vec{c}|=1$

$$\vec{a}\cdot\vec{b}=\vec{b}\cdot\vec{c}=\vec{c}\cdot\vec{a}=1\cdot1\cdot\cos60°=\frac{1}{2}$$

だから

$$|\overrightarrow{\mathrm{MN}}|^2=\frac{1}{4}|\vec{a}-\vec{b}+\vec{c}|^2$$

$$=\frac{1}{4}\{|\vec{a}|^2+|\vec{b}|^2+|\vec{c}|^2-2\vec{a}\cdot\vec{b}-2\vec{b}\cdot\vec{c}+2\vec{c}\cdot\vec{a}\}$$

$$=\frac{1}{2}$$

$$\therefore \quad |\overrightarrow{\mathrm{MN}}|=\frac{1}{\sqrt{2}} \quad \cdots\cdots(\text{答})$$

(2) 点 P は直線 MN 上の点なので，実数 u を用いて

$$\overrightarrow{\mathrm{OP}}=(1-u)\overrightarrow{\mathrm{OM}}+u\overrightarrow{\mathrm{ON}}=\frac{u}{2}\vec{a}+\frac{1-u}{2}\vec{b}+\frac{u}{2}\vec{c}$$

とおける。また，点 P は平面 DEF 上にあるから，実数 s, t を用いて

$$\overrightarrow{\mathrm{OP}}=(1-s-t)\overrightarrow{\mathrm{OD}}+s\overrightarrow{\mathrm{OE}}+t\overrightarrow{\mathrm{OF}}$$

$$=\frac{1-s-t}{2}\vec{a}+\frac{2}{3}s\vec{b}+\frac{2}{5}t\vec{c}$$

とおける。この 2 式より

$$\frac{u}{2}\vec{a}+\frac{1-u}{2}\vec{b}+\frac{u}{2}\vec{c}=\frac{1-s-t}{2}\vec{a}+\frac{2}{3}s\vec{b}+\frac{2}{5}t\vec{c}$$

ここで，4点 O，A，B，C は同一平面上にはないので

$$\frac{u}{2}=\frac{1-s-t}{2}, \quad \frac{1-u}{2}=\frac{2}{3}s, \quad \frac{u}{2}=\frac{2}{5}t$$

∴ $u=1-s-t$, $3-3u=4s$, $5u=4t$

よって $4u=4-(3-3u)-5u$ ∴ $u=\dfrac{1}{6}$

したがって $\overrightarrow{\mathrm{OP}}=\dfrac{1}{12}\vec{a}+\dfrac{5}{12}\vec{b}+\dfrac{1}{12}\vec{c}$ ……(答)

(3) (2)より

$$\overrightarrow{\mathrm{MP}}=\overrightarrow{\mathrm{OP}}-\overrightarrow{\mathrm{OM}}=\frac{1}{12}\vec{a}+\frac{5}{12}\vec{b}+\frac{1}{12}\vec{c}-\frac{1}{2}\vec{b}$$

$$=\frac{1}{12}\vec{a}-\frac{1}{12}\vec{b}+\frac{1}{12}\vec{c}=\frac{1}{6}\overrightarrow{\mathrm{MN}}$$

∴ $|\overrightarrow{\mathrm{MP}}|=\dfrac{1}{6}|\overrightarrow{\mathrm{MN}}|=\dfrac{1}{6\sqrt{2}}=\dfrac{\sqrt{2}}{12}$ ……(答)

◀━ **解　説** ▶━

≪ベクトルの内積，1次独立性≫

(1) ベクトルを用いて線分の長さを求める。

(2) 点 P が線分 MN 上にあり，かつ，平面 DEF 上にあることから，$\overrightarrow{\mathrm{OP}}$ を2通りに表し，ベクトルの1次独立性から $\overrightarrow{\mathrm{OP}}$ を決定する。

3 解答

(1) $X_n=2$，すなわち最小値が2となる確率は，すべてが2以上の確率から，すべてが3以上の確率を引けばよいので

$$\left(\frac{5}{6}\right)^n-\left(\frac{4}{6}\right)^n=\frac{5^n-4^n}{6^n} \quad \text{……(答)}$$

(2) $X_2=6$，すなわち6が2回以上出る確率は，余事象6が1回も出ないかもしくは1回のみ出る確率を1から引けばよいので

$$1-\left(\frac{5}{6}\right)^n-{}_n\mathrm{C}_1\frac{1}{6}\left(\frac{5}{6}\right)^{n-1}=\frac{6^n-(n+5)5^{n-1}}{6^n} \quad \text{……(答)}$$

(3) $X_2=6$，$X_n=2$ $(n\geqq3)$ となるのは，6の目が k 回 $(2\leqq k\leqq n-1)$ で，

横浜国立大-理系前期 2019 年度 数学〈解答〉 61

残りの $n-k$ 回が $2 \sim 5$ の目で，かつ 2 の目が少なくとも 1 回出ればよい。その確率は，(1)を参考にすると

$$_n\mathrm{C}_k\left(\frac{1}{6}\right)^k\cdot\left\{\left(\frac{4}{6}\right)^{n-k}-\left(\frac{3}{6}\right)^{n-k}\right\}$$

である。よって，求める確率は

$$\sum_{k=2}^{n-1}{_n\mathrm{C}_k}\left(\frac{1}{6}\right)^k\left\{\left(\frac{4}{6}\right)^{n-k}-\left(\frac{3}{6}\right)^{n-k}\right\}$$

$$=\sum_{k=2}^{n-1}{_n\mathrm{C}_k}\left(\frac{1}{6}\right)^k\left(\frac{4}{6}\right)^{n-k}-\sum_{k=2}^{n-1}{_n\mathrm{C}_k}\left(\frac{1}{6}\right)^k\left(\frac{3}{6}\right)^{n-k}$$

ここで

$$\sum_{k=2}^{n-1}{_n\mathrm{C}_k}\left(\frac{1}{6}\right)^k\left(\frac{4}{6}\right)^{n-k}$$

$$=\sum_{k=0}^{n}{_n\mathrm{C}_k}\left(\frac{1}{6}\right)^k\left(\frac{4}{6}\right)^{n-k}-{_n\mathrm{C}_0}\left(\frac{1}{6}\right)^0\left(\frac{4}{6}\right)^n$$

$$-{_n\mathrm{C}_1}\left(\frac{1}{6}\right)\left(\frac{4}{6}\right)^{n-1}-{_n\mathrm{C}_n}\left(\frac{1}{6}\right)^n\left(\frac{4}{6}\right)^0$$

$$=\left(\frac{1}{6}+\frac{4}{6}\right)^n-\left(\frac{4}{6}\right)^n-\frac{n}{6}\cdot\left(\frac{4}{6}\right)^{n-1}-\left(\frac{1}{6}\right)^n$$

$$=\frac{5^n-4^n-n\cdot4^{n-1}-1}{6^n}$$

同様にして

$$\sum_{k=2}^{n-1}{_n\mathrm{C}_k}\left(\frac{1}{6}\right)^k\left(\frac{3}{6}\right)^{n-k}=\left(\frac{1}{6}+\frac{3}{6}\right)^n-\left(\frac{3}{6}\right)^n-\frac{n}{6}\left(\frac{3}{6}\right)^{n-1}-\left(\frac{1}{6}\right)^n$$

$$=\frac{4^n-3^n-n\cdot3^{n-1}-1}{6^n}$$

よって，求める確率は

$$\frac{5^n-4^n-n\cdot4^{n-1}-1}{6^n}-\frac{4^n-3^n-n\cdot3^{n-1}-1}{6^n}$$

$$=\frac{5^n-2\cdot4^n+3^n-n(4^{n-1}-3^{n-1})}{6^n}\quad\cdots\cdots（答）$$

━━━━━ ◀解 説▶ ━━━━━

≪さいころを n 回投げたときの確率≫

(1) すべてが 2 以上から，すべてが 3 以上の場合を除けば最小値が 2 の場合となる。

62　2019 年度　数学〈解答〉　　　　　　　　　　　横浜国立大-理系前期

(2)　余事象を考えて確率を求める。

(3)　(1)・(2)の利用と二項定理を用いて計算する。

4　解答　(1)　点 Q を Q$(0, s)$ $(0 < s \leqq 2)$ とする。

$$\triangle OPQ = \frac{1}{2}st \quad \therefore \quad \frac{1}{2}st = 1$$

よって　　$t = \dfrac{2}{s}$

$0 < s \leqq 2$ より $\dfrac{2}{s} \geqq 1$,　これと $0 < t \leqq 2$ より

　　　$1 \leqq t \leqq 2$　……(答)

(2)　直線 PQ の方程式は　　$y = -\dfrac{s}{t}x + s$　$(0 \leqq x \leqq 2)$

この式から t を消去して　　$y = -\dfrac{s^2}{2}x + s$

$x = 0$ のときは，$y = s$ より　　$1 \leqq y \leqq 2$

この式を s の 2 次式とみて，$y = f(s)$ とおき，平方完成すると，$0 < x \leqq 2$ のとき

$$f(s) = -\frac{x}{2}\left(s - \frac{1}{x}\right)^2 + \frac{1}{2x}$$

であるから，$1 \leqq s \leqq 2$ と $y \geqq 0$ より

[1]$2 \leqq \dfrac{1}{x}$ すなわち $0 < x \leqq \dfrac{1}{2}$ のとき

　　　$f(1) \leqq y \leqq f(2)$　　$\therefore$　　$-\dfrac{1}{2}x + 1 \leqq y \leqq -2x + 2$

[2]$\dfrac{3}{2} \leqq \dfrac{1}{x} < 2$ すなわち $\dfrac{1}{2} < x \leqq \dfrac{2}{3}$ のとき

　　　$f(1) \leqq y \leqq f\left(\dfrac{1}{x}\right)$　　$\therefore$　　$-\dfrac{1}{2}x + 1 \leqq y \leqq \dfrac{1}{2x}$

[3]$1 \leqq \dfrac{1}{x} < \dfrac{3}{2}$ すなわち $\dfrac{2}{3} < x \leqq 1$ のとき

　　　$f(2) \leqq y \leqq f\left(\dfrac{1}{x}\right)$　　$\therefore$　　$-2x + 2 \leqq y \leqq \dfrac{1}{2x}$

[4] $\dfrac{1}{x}<1$ すなわち $1<x\leqq 2$ のとき

$$f(2)\leqq y\leqq f(1) \quad \therefore \quad 0\leqq y\leqq -\dfrac{1}{2}x+1$$

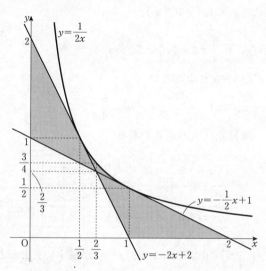

[1]~[4]より，領域を図示すると，上の図のようになる。境界はすべて含む。

(3) (2)の領域を直線 $y=-2x+2$, $x=1$ を境に，3 つの部分に分けて考えると，面積 S は

$$S=\dfrac{1}{2}\cdot 1\cdot \dfrac{2}{3}+\int_{\frac{1}{2}}^{1}\left\{\dfrac{1}{2x}-(-2x+2)\right\}dx+\dfrac{1}{2}\cdot 1\cdot \dfrac{1}{2}$$

$$=\dfrac{7}{12}+\left[\dfrac{1}{2}\log|x|+x^2-2x\right]_{\frac{1}{2}}^{1}$$

$$=\dfrac{7}{12}+0+1-2-\left(\dfrac{1}{2}\log\dfrac{1}{2}+\dfrac{1}{4}-1\right)$$

$$=\dfrac{1}{3}+\dfrac{1}{2}\log 2 \quad \cdots\cdots（答）$$

◀解　説▶

≪線分の通過領域とその面積≫

(2) 線分の通過領域の問題。2 次関数の最大・最小問題に置き換える。

(3) 定積分を用いて面積を求める。

5 解答

(1) $f(x)$ を微分して

$$f'(x) = -e^{-x}\sin x + e^{-x}\cos x = e^{-x}(-\sin x + \cos x)$$
$$= \sqrt{2}\,e^{-x}\sin\left(x + \frac{3}{4}\pi\right)$$

$0 \leq x \leq 2\pi$ だから $\quad \dfrac{3}{4}\pi \leq x + \dfrac{3}{4}\pi \leq \dfrac{11}{4}\pi$

したがって，$f'(x) = 0$ となるのは

$$x + \frac{3}{4}\pi = \pi,\ 2\pi \quad \therefore\quad x = \frac{1}{4}\pi,\ \frac{5}{4}\pi$$

のときであり，増減表は次の通りである。

x	0	$\cdots$	$\dfrac{\pi}{4}$	$\cdots$	$\dfrac{5}{4}\pi$	$\cdots$	2π
$f'(x)$		+	0	−	0	+	
$f(x)$	0	↗		↘		↗	0

増減表より，$f\left(\dfrac{5}{4}\pi\right) < 0$ であるから，$f(x)$ が最小値をとるときの x の値は

$$x = \frac{5}{4}\pi \quad \cdots\cdots(\text{答})$$

(2) $f(x) = g(x)$ のとき

$$\sin x = -1 \quad \therefore\quad x = \frac{3}{2}\pi \quad \cdots\cdots(\text{答})$$

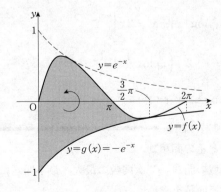

横浜国立大-理系前期　　　　　　　　　　　　　2019 年度　数学〈解答〉　65

(3)　$f(x)$ は $x=\pi$ でも 0 となる。また，$|f(x)|\leqq|g(x)|$ だから

$$V=\pi\int_0^{\frac{3}{2}\pi}\{g(x)\}^2dx-\pi\int_\pi^{\frac{3}{2}\pi}\{f(x)\}^2dx$$

$$=\pi\int_0^{\frac{3}{2}\pi}e^{-2x}dx-\pi\int_\pi^{\frac{3}{2}\pi}e^{-2x}\sin^2xdx$$

$$=-\pi\Big[\frac{e^{-2x}}{2}\Big]_0^{\frac{3}{2}\pi}-\pi\int_\pi^{\frac{3}{2}\pi}e^{-2x}\cdot\frac{1-\cos2x}{2}dx$$

$$=-\frac{\pi}{2}(e^{-3\pi}-1)+\frac{\pi}{2}\Big[\frac{e^{-2x}}{2}\Big]_\pi^{\frac{3}{2}\pi}+\frac{\pi}{2}\int_\pi^{\frac{3}{2}\pi}e^{-2x}\cos2xdx$$

$$=-\frac{\pi}{4}(e^{-3\pi}+e^{-2\pi}-2)+\frac{\pi}{2}\int_\pi^{\frac{3}{2}\pi}e^{-2x}\cos2xdx$$

$I=\int_\pi^{\frac{3}{2}\pi}e^{-2x}\cos2xdx$ とおく。部分積分法により，I を計算すると

$$I=\int_\pi^{\frac{3}{2}\pi}\Big(-\frac{e^{-2x}}{2}\Big)'\cos2xdx$$

$$=-\frac{1}{2}\Big[e^{-2x}\cos2x\Big]_\pi^{\frac{3}{2}\pi}-\int_\pi^{\frac{3}{2}\pi}e^{-2x}\sin2xdx$$

$$=-\frac{1}{2}(-e^{-3\pi}-e^{-2\pi})-\int_\pi^{\frac{3}{2}\pi}\Big(-\frac{e^{-2x}}{2}\Big)'\sin2xdx$$

$$=\frac{1}{2}(e^{-3\pi}+e^{-2\pi})+\frac{1}{2}\Big[e^{-2x}\sin2x\Big]_\pi^{\frac{3}{2}\pi}-\int_\pi^{\frac{3}{2}\pi}e^{-2x}\cos2xdx$$

$$=\frac{1}{2}(e^{-3\pi}+e^{-2\pi})-I$$

$$\therefore\quad I=\frac{1}{4}(e^{-3\pi}+e^{-2\pi})$$

したがって

$$V=-\frac{\pi}{4}(e^{-3\pi}+e^{-2\pi}-2)+\frac{\pi}{8}(e^{-3\pi}+e^{-2\pi})$$

$$=\frac{\pi}{8}(4-e^{-3\pi}-e^{-2\pi})\quad\cdots\cdots(答)$$

◀解　説▶

≪関数の増減，回転体の体積，部分積分法≫

(1)　微分して増減を調べればよい。

(3)　部分積分法を 2 回用いて積分する。

❖講　評

　大問 5 題の出題で，「数学 A・B」から 1 題ずつ，「数学Ⅲ」から 2 題，「数学Ⅱ・Ⅲ」の複合問題 1 題の出題であった。

　1　(1)は余弦定理を用いて，辺の長さを求める。(2)は区分求積法を利用し，容易に処理できる。積分も置換の方法を知っていれば容易である。

　2　(1)は内積を利用して線分の長さを求める基本的な問題。(2)は点の位置ベクトルを 2 通りで表して，ベクトルの 1 次独立性を使い，位置ベクトルを決定していく問題。頻出問題なのでおさえておきたい。

　3　(1)・(2)は容易である。(3)は二項定理を用いて計算していくが，その処理は煩雑。

　4　(2)は 2 次関数の最大・最小問題に置き換えて議論を進める。これも頻出問題である。(3)も基本的な積分計算。

　5　(1)は積の導関数の公式，三角関数を合成し，増減を調べて，最小値をとる x の値を求める。(3)は，(指数関数×三角関数) の積分で，部分積分を 2 回すればよい。これも頻出問題なのでおさえておきたい。

　試行錯誤をしたり，うまく計算の工夫をしたりしないと正解に辿り着かない問題が出題されるが，基本問題や典型問題をしっかり学習し，計算力をつけておけば対応できる。実力の差が大きく出る出題であろう。

横浜国立大-理系前期　　　　　　　　　　　　　　2019 年度　物理〈解答〉　67

■物理■

Ⅰ　解答

(1) $\dfrac{m_A}{m_B}$　(2) $d\sqrt{\dfrac{km_A}{m_B(m_A+m_B)}}$　(3) $\dfrac{kd}{m_Ag}$

(4) $v_0\sqrt{\dfrac{6m_B}{k}}$　(5) $\dfrac{v_0{}^2}{4gL}$　(6) $\dfrac{\sqrt{6}}{4}$　(7) $\dfrac{\sqrt{6}}{6}$　(8) $2\sqrt{5\mu'gL}$　(9) $\sqrt{5}$　(10) 5

◀解　説▶

≪ばねによって初速度を与えられた物体のあらい面上での斜衝突≫

(1)　小円板 A の速さを v_A，小円板 B の速さを v_B とする。運動量保存則から

$$0=m_Av_A-m_Bv_B$$

$$v_B=\dfrac{m_A}{m_B}v_A$$

(2)　力学的エネルギー保存則から，ばねを縮めた状態とばねが自然長で小円板が運動しているときを比較すると

$$\dfrac{1}{2}kd^2=\dfrac{1}{2}m_Av_A{}^2+\dfrac{1}{2}m_Bv_B{}^2$$

(1)の運動量保存則は振動中のいつでも成り立つので，この 2 式から，v_A を消去し

$$kd^2=m_A\left(\dfrac{m_Bv_B}{m_A}\right)^2+m_Bv_B{}^2$$

$$kd^2=m_Bv_B{}^2\left(\dfrac{m_B}{m_A}+1\right)$$

$$v_B=d\sqrt{\dfrac{km_A}{m_B(m_A+m_B)}}$$

(3)　ばねから受ける弾性力よりも静止摩擦力が大きければ小円板は動かない。最大静止摩擦力は質量の小さい小円板 A のほうが小さいので，静止摩擦係数を μ とし

$$\mu m_Ag>kd\qquad \mu>\dfrac{kd}{m_Ag}$$

(4)　点 O を通過したときの速さは小円板 B がばねから離れたときの速さ

に等しいので，(2)の結果に $m_A = \dfrac{1}{5}m_B$，$v_B = v_0$ を代入し

$$v_0 = d_0 \sqrt{\dfrac{k \times \dfrac{1}{5}m_B}{m_B \times \dfrac{6}{5}m_B}}$$

$$v_0 = d_0 \sqrt{\dfrac{k}{6m_B}} \quad \cdots\cdots ①$$

$$d_0 = v_0 \sqrt{\dfrac{6m_B}{k}}$$

(5) 点Oから点Pまでの距離は $2L$ なので，この間に動摩擦力からされた負の仕事と力学的エネルギーの減少が等しい。

$$0 - \dfrac{1}{2}m_B v_0{}^2 = -\mu' m_B g \times 2L$$

$$\mu' = \dfrac{v_0{}^2}{4gL}$$

(6) 点Pでの衝突直前の速さを v_P，衝突直後の速さを v_P' とする。衝突によって x 方向の速度成分は変わらない。図aより，点Pから点Qまでの距離が $3L$ になることから，v_P' の x 方向の成分は $\dfrac{\sqrt{6}}{3}v_P'$ となる。

$$\dfrac{1}{2}v_P = \dfrac{\sqrt{6}}{3}v_P'$$

$$v_P' = \dfrac{\sqrt{6}}{4}v_P$$

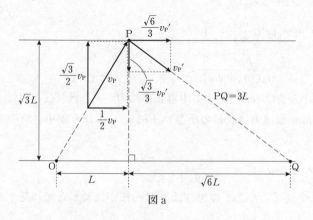

図a

横浜国立大-理系前期 2019 年度 物理〈解答〉 69

(7) 図 a から，衝突後の y 方向の速さは $\dfrac{\sqrt{3}}{3}v_P{}'$ となるので，反発係数は

$$\dfrac{\dfrac{\sqrt{3}}{3}v_P{}'}{\dfrac{\sqrt{3}}{2}v_p}=\dfrac{2v_P{}'}{3v_p}=\dfrac{\sqrt{6}}{6}$$

(8) 点 P から点 Q の小円板 B の運動について

$$0-\dfrac{1}{2}m_Bv_P{}'^2=-\mu'm_Bg\times 3L$$

$$v_P{}'^2=6\mu'gL$$

(6)の結果から $\qquad 6\mu'gL=\dfrac{6}{16}v_P{}^2$

$$v_P{}^2=16\mu'gL$$

点 O から点 P の小円板 B の運動について

$$\dfrac{1}{2}m_Bv_P{}^2-\dfrac{1}{2}m_Bv_1{}^2=-\mu'm_Bg\times 2L$$

$$\dfrac{1}{2}m_B\times 16\mu'gL-\dfrac{1}{2}m_Bv_1{}^2=-2\mu'm_BgL$$

$$16\mu'gL-v_1{}^2=-4\mu'gL$$

$$v_1=2\sqrt{5\mu'gL}$$

(9) (5)の結果から，$\mu'=\dfrac{v_0{}^2}{4gL}$ なので，これを(8)に代入し

$$v_1=2\sqrt{5gL\times\dfrac{v_0{}^2}{4gL}}=\sqrt{5}\,v_0$$

(10) (2)の v_B の式で，$v_B\to v_1$，$d\to d_0$，$m_A\to m_C$ とすると

$$v_1=d_0\sqrt{\dfrac{km_C}{m_B(m_C+m_B)}}$$

$$\sqrt{5}\,v_0=d_0\sqrt{\dfrac{km_C}{m_B(m_C+m_B)}}$$

①式を使って左辺を書き直すと

$$d_0\sqrt{\dfrac{5k}{6m_B}}=d_0\sqrt{\dfrac{km_C}{m_B(m_C+m_B)}}$$

$$\dfrac{5}{6}=\dfrac{m_C}{m_C+m_B}$$

70 2019年度 物理〈解答〉　　　　　　　　　　横浜国立大-理系前期

$$5(m_B+m_C)=6m_C$$
$$m_C=5m_B$$

Ⅱ 解答

問1．(1)$\mu nI_0\sin\omega t$　(2)$\mu nNS\omega I_0|\cos\omega t|$

(3)μnNS　(4)$\dfrac{B^2}{2\mu}$　(5)$\dfrac{\mu nNS\omega I_0{}^2\sin2\omega t}{2}$　(6)$\dfrac{\pi}{\omega}$　(7)0

問2．(8)$\dfrac{M}{N}$　(9)μnMS　(10)$\dfrac{N}{M}$　(11)0　(12)$\dfrac{1}{4}\omega CV^2$

◀解　説▶

≪コイルに生じる誘導起電力，変圧器に接続された CR 回路≫

問1．(1)　ソレノイドコイルを流れる電流が内部につくる磁場が $nI_0\sin\omega t$ となるので，求める磁束密度は $\mu nI_0\sin\omega t$ である。

(2)　コイルの磁束は，(1)に断面積を掛けて求めるので，磁束の時間変化は

$$\frac{\mu nSI_0\varDelta\sin\omega t}{\varDelta t}=\mu nS\omega I_0\cos\omega t$$

したがって，ファラデーの電磁誘導の法則から，コイル1の誘導起電力を V_1 とすると，巻き数 N 回なので

$$V_1=-\mu nNS\omega I_0\cos\omega t$$

（大きさは　　$\mu nNS\omega I_0|\cos\omega t|$ ）

(3)　自己インダクタンスを L とする。コイルの誘導起電力は電流の時間変化に比例するので

$$V_1=-L\frac{I_0\varDelta\sin\omega t}{\varDelta t}=-L\omega I_0\cos\omega t$$

これを(2)の結果と比較して　　$L=\mu nNS$

(4)　コイルに蓄えられるエネルギーは　　$\dfrac{1}{2}L(I_0\sin\omega t)^2$

コイルの体積は $\dfrac{NS}{n}$ なので，単位体積当たりのエネルギーは

$$\frac{1}{2}L(I_0\sin\omega t)^2\times\frac{n}{NS}$$

これに L を代入し　　$\dfrac{1}{2}\mu nNS(I_0\sin\omega t)^2\times\dfrac{n}{NS}$

横浜国立大-理系前期　　　　　　　　　　　　　　2019 年度　物理〈解答〉　71

ここで，磁束密度 $B=\mu n I_0 \sin\omega t$ を使って式を書き換えると

$$\frac{1}{2}\mu n^2\left(\frac{B}{\mu n}\right)^2 = \frac{B^2}{2\mu}$$

(5) 交流電源の電圧を V とすると，回路 1 の抵抗 0 より
　　　$V + V_1 = 0$
求める電力は，$VI_0\sin\omega t$ より

$$\mu n NS\omega I_0\cos\omega t \times I_0\sin\omega t = \frac{\mu n NS\omega I_0^2 \sin 2\omega t}{2}$$

(6) 電力の式から，角周波数が 2ω なので，周期は　　$\dfrac{2\pi}{2\omega}=\dfrac{\pi}{\omega}$

(7) 電力の時間変化は正弦関数なので，平均は 0 である。

問 2．(8) 変圧器の電圧は巻き数に比例するので，コイル 2 の誘導起電力を V_2 とすると

$$\frac{M}{N}=\frac{|V_2|}{|V_1|} \qquad |V_2|=\frac{M}{N}|V_1|$$

(9) 相互インダクタンスを L' とすると

$$V_2=-L'\frac{I_0\varDelta\sin\omega t}{\varDelta t}=-L'\omega I_0\cos\omega t$$

(2)と(8)の結果から

$$V_2=-\frac{M}{N}\times \mu n NS\omega I_0\cos\omega t = -\mu n MS\omega I_0\cos\omega t$$

これらを比較して　　　$L'=\mu n MS$

(10) コイル 1 と 2 による変圧器の電流の比は巻き数の逆比となるので，

$\dfrac{N}{M}$ 倍。

(11) コンデンサーでは電力の時間平均は 0 になる。

(12) 抵抗とコンデンサーに加わる電圧の最大値が
等しいとき，図 b の位相より，その最大値は

$$V\times \frac{\sqrt{2}}{2}$$

また抵抗値を R とすると　　$R=\dfrac{1}{\omega C}$

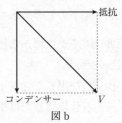

図 b

抵抗で消費される電力の実効値は最大値の $\dfrac{1}{2}$ であるので

$$\frac{\left(\dfrac{\sqrt{2}}{2}V\right)^2}{R} \times \frac{1}{2} = \frac{V^2}{4R} = \frac{1}{4}\omega CV^2$$

III

解答 (1)光電効果 (2)光電子 (3)光電管 (4)―イ (5)―キ

(6)―ケ (7)光子（光量子） (8)プランク (9)$\dfrac{hc}{\lambda}$ (10)仕事関数

(11)$\dfrac{hc}{\lambda}-W$ (12)6.6×10^{-34} (13)1.9 (14)4.1 (15)1.5×10^{6}

━━━━━◀解　説▶━━━━━

≪光電管を使った光電効果の実験≫

(4)　光電効果で発生した光電子は様々なエネルギーをもっており，陽極の電位を正に大きくしていくと陰極で発生した光電子のうちエネルギーの小さなものでも陽極に到達できる。電子が陽極に達することで回路に電流が流れる。ある電位に達すると発生したすべての光電子が陽極に到達する。このため，それ以上電圧を上げても電流は増えない。

(5)　光の波長を変えずに強さを2倍にすれば，発生する光電子の数が2倍になるので電流の大きさは2倍になる。

(6)　陽極の電位を負にしていくと光電子のうち大きな運動エネルギーをもったものしか陽極に到達できなくなる。光電子のもつ運動エネルギーの最大値は光の波長が短いほど大きい。特定の波長以上では光子のもつエネルギーが少なく光電子を発生させることができないため電流が流れない。

(7)　光を波としてではなくエネルギーや運動量をもつ粒子として考える。この光を粒子として考えたときの呼び名を光子という。

(9)　光子のもつエネルギーは$\dfrac{hc}{\lambda}$で表される。

(10)　電子が束縛から放たれるために必要なエネルギーの最小値を仕事関数という。

(11)　飛び出した光電子のもつ最大の運動エネルギーは光子のもつエネルギーから仕事関数だけ少なくなった状態なので

$$\frac{hc}{\lambda}-W$$

(12)・(13) 陽極に達する電子がもつエネルギーの最大値と(11)の式から，それぞれの波長について次の2式を得る。

$$1.60\times10^{-19}\times2.24=\frac{h\times3.00\times10^8}{3.00\times10^{-7}}-W$$

$$1.60\times10^{-19}\times1.21=\frac{h\times3.00\times10^8}{4.00\times10^{-7}}-W$$

これらの連立方程式を解き，h，Wを求めると

$$h=6.592\times10^{-34}\fallingdotseq6.6\times10^{-34}(\text{J·s})$$

$$W=3.008\times10^{-19}(\text{J})=1.88(\text{eV})\fallingdotseq1.9(\text{eV})$$

(14) 光子のもつエネルギー $\dfrac{hc}{\lambda}$ を計算すると

$$\frac{6.592\times10^{-34}\times3.00\times10^8}{3.00\times10^{-7}}=6.592\times10^{-19}(\text{J})$$

$$=4.12(\text{eV})\fallingdotseq4.1(\text{eV})$$

(15) 1.00×10^{-12} W の光は1秒間で 1.00×10^{-12} J の光子を放出しているので

$$\frac{1.00\times10^{-12}}{6.592\times10^{-19}}=1.516\cdots\times10^6\fallingdotseq1.5\times10^6 \text{ 個}$$

❖講　評

Ⅰ　ばねに連結された2つの小物体の運動。ばねから離れた後に摩擦のある水平面上で斜衝突をする物体の運動。ばねの両端につけられた物体の運動は運動量保存則と力学的エネルギー保存則を使って考える。あらい水平面上で運動をしていくうちに減速していく運動では，運動エネルギーの減少量が動摩擦力による負の仕事と等しいことから諸量を求める。衝突はなめらかな壁に対する斜衝突なので，壁に対して平行な方向の速度成分は衝突によって変化しない。

Ⅱ　問1．交流回路に接続されたコイルに発生する誘導起電力を考え，ファラデーの電磁誘導の法則からコイルの自己インダクタンスや電力などを導く。問2．2つのコイルを変圧器として使用し相互インダクタンスを求める。さらに二次コイル側に抵抗とコンデンサーを接続しCR回路を構成する。直列に接続されているため電流は等しく，それぞれにか

かる電圧の位相の差を考えコンデンサー，抵抗で消費される電力を求める。

Ⅲ 光電管を使った光電効果の実験を題材にした問題。教科書にも同じような図とともに説明のある問題である。光の強度や波長を変えることによる回路を流れる電流の変化について問うている。基本的な語句や知識について記述させ，具体的な数値を使った計算も含まれている。エネルギーの単位に電子ボルトが使われているので注意。

横浜国立大-理系前期　　　　　　　　　　　　　　2019 年度　化学〈解答〉　75

■化学■

I　解答

問 1．(A)—(t)　(B)—(o)　(C)—(r)　(D)—(p)　(E)—(s)
(F)—(f)　(G)—(e)　(あ)—(ウ)　(い)—(ア)　(う)—(カ)　(え)—(サ)

問 2．

（ベンゼン環に Br が結合した構造）

問 3．(1) 4 種類

(2)

$$CH_3-C(CH_3)(CH_2-CH_2)(CH_2-CH_2)-CH_2$$（シクロヘキサン環構造）

(3)

$$CH_3-CH_2-CH_2-\overset{H}{\underset{}{C}}=C\overset{H}{\underset{CH_2-CH_2-CH_3}{}}$$

$$CH_3-CH_2-\overset{}{\underset{H_3C}{C}}=C\overset{CH_3}{\underset{CH_2-CH_3}{}}$$

$$CH_3-\overset{CH_3}{\underset{H}{CH}}-\overset{}{\underset{}{C}}=C\overset{H}{\underset{CH-CH_3}{\underset{CH_3}{}}}$$

問 4．(1) スチレン

(2)

$$-\!\!\left[\!CH-CH_2\!\right]_n\!\!-$$（ベンゼン環を側鎖にもつ構造）

問 5．(i) 複合　(ii) 窒素　(iii) 硫黄

問 6．(1)　エタノール　(2)—(c)・(e)・(f)

問 7．92 mg

◀解　説▶

≪アルケンの付加反応，芳香族化合物の反応，タンパク質，酵素≫

問 1．アルケンやアルキンの不飽和結合は反応性が高く，これらの結合が

切れて，その部分に他の原子や原子団が結合する反応を付加反応という。
エチレンの不飽和結合への付加反応は，臭素や塩素との反応は触媒がなく
とも容易に起こるが，水素との反応は混合しただけでは起こらず，熱した
ニッケルや白金などの触媒上に通じると反応が進行する。一方，ベンゼン
環を有する化合物を芳香族化合物と呼び，ベンゼン環における不飽和結合
の反応性は上記と異なる。ベンゼンの不飽和結合は通常のアルケンとは異
なり，付加反応は起こりにくく，むしろ置換反応が起こりやすい。ベンゼ
ンの付加反応には特別な条件が必要で，例えば水素付加は高温・高圧下で，
塩素付加は紫外線を照射させながらであれば，それぞれの反応は進行する。
生体内の種々の反応を触媒する機能をもつタンパク質を酵素と呼ぶ。酵素
は，タンパク質特有の高次構造をもつため，特定の物質のみに作用する反
応選択性をもつ。これを基質特異性と呼ぶ。また，熱や pH により，タン
パク質の高次構造を保っている水素結合などが切れるため性質が変わる。
これをタンパク質の変性といい，活性部位の立体構造が変化して，酵素の
働きが失われる，失活が起こる。

問2．ベンゼンと臭素との置換反応では，触媒として鉄粉を必要とする。
ベンゼンのハロゲン化（臭素化）により，ブロモベンゼンが生成する。

問3．(1) 分子式 C_8H_{16} で表される化合物のうち，シクロヘキサン環に
2つのアルキル基が直接結合しているものには，以下の4種類の構造異性
体が存在する。

(2) 芳香族炭化水素 C_8H_{10} のうち，例えば o-キシレンを高温・高圧下で
水素付加させると，下記のように脂肪族炭化水素 C_8H_{16} の 1,2-ジメチル
シクロヘキサンが生成する。

横浜国立大-理系前期　　　　　　　　　　　　　　　　　2019 年度　化学〈解答〉　77

o-キシレン

ベンゼン環内の炭素原子は，同一炭素原子に 2 つのアルキル基をもつことはないため，ベンゼン環の水素付加反応で問 3 (1)の〔解答〕の 1,1-ジメチルシクロヘキサンは生成しない。

存在しない

(3)　C_8H_{16} の脂肪族炭化水素のうち，二重結合を形成する 2 つの炭素が同じ置換基をもつアルケンの構造異性体は，〔解答〕の 3 種類である。

問 4．(1)　芳香族化合物を常温・常圧で水素と混合すると，この条件下ではベンゼンへの水素付加は起こらないが，通常のアルケン部分への水素付加は起こる。化合物 X を常温・常圧で水素付加させると，一置換ベンゼンの C_8H_{10} が得られることより，化合物 X は側鎖に C＝C をもったスチレンであるとわかる。

化合物 X
スチレン

C_8H_{10}
エチルベンゼン

(2)　スチレンの付加重合により，ポリスチレンが得られる。

問 5．(i)　タンパク質は，加水分解により α-アミノ酸だけを生じる単純タンパク質と，α-アミノ酸だけでなく，糖類や色素，脂質，リン酸，核酸などを生じる複合タンパク質とに大別される。

(ii)　タンパク質に水酸化ナトリウムを加えて加熱すると，アンモニアが発生し，赤色リトマス紙を青変させる。これは窒素の検出に用いられる。

(ⅲ) タンパク質に水酸化ナトリウムを加えて加熱した後，酢酸鉛(Ⅱ) $Pb(CH_3COO)_2$ 水溶液を加えると，黒色の硫化鉛(Ⅱ)(PbS)沈殿が生成する。これは硫黄の検出に用いられる。

問6．(1) グルコースなどの単糖類は，酵素チマーゼによって，エタノール（化合物Y）と二酸化炭素に分解される。

(2)(c) 誤り。エタノールは第一級アルコールなので，酸化剤で酸化するとアルデヒドを経てカルボン酸になる。

(e) 誤り。高温（160〜170℃）に加熱した濃硫酸に加えると，分子内脱水が起こり，主にアルケンのエチレンが得られる。

(f) 誤り。エタノールと酢酸は，濃硫酸を少量加えて熱することでエステルを生じ，室温では反応しない。

問7．アルコール発酵により生じるエタノールと二酸化炭素の物質量は等しいので，生成するエタノールは次のように求められる。

$$C_6H_{12}O_6 \longrightarrow 2C_2H_5OH + 2CO_2$$

$$\frac{44.8 \times 10^{-3} [L]}{22.4 [L/mol]} \times 46 [g/mol] = 92 \times 10^{-3} [g] = 92 [mg]$$

Ⅱ **解答** 問1．(1)水素結合　(2)気液平衡
(3)飽和蒸気圧（蒸気圧）　(4)状態図（相図）　(5)三重点

問2．(1)NaCl：5.1 mol/kg　KNO₃：3.1 mol/kg

(2)凝固点降下　(3)3.4×10²　(4)過冷却

問3．(1)(A)—(カ)　(B)—(エ)　(C)—(オ)　(D)—(サ)　(E)—(ス)

(2)可逆反応　(3)$2HI \rightleftarrows H_2 + I_2$　(4)2.0×10⁻³ mol/(L·s)

━━━━━━━◀解　説▶━━━━━━━

≪水の特性と三態，固体の溶解度，希薄溶液の性質，反応速度と平衡≫

問1．(1) 水は分子間で，1分子あたり4個の水と水素結合を形成し，正四面体構造をとっている。水素結合には方向性があり，氷の結晶は隙間の多い構造をしているため，固体の密度は小さくなる。固体の水が融解して水になるとき，この分子間の水素結合が一部切断されて，結晶中の隙間を埋めるように水分子が入り込むため，液体の密度は，固体の密度と比べて大きくなる。ゆえに氷は液体の水に浮く。また，16族の水素化合物においても，水 H_2O は分子量が最も小さいが分子間で水素結合が働くため，

硫化水素 H_2S やセレン化水素 H_2Se などに比べて沸点は突出して高い。

(2)・(3) 密閉容器に水を入れて一定温度で放置すると，はじめは水の蒸発が盛んに起こる。ある程度時間が経過すると，液体量の変化はなくなり，液体の蒸発が止まったように見える。このとき，水から水蒸気への蒸発速度と，水蒸気から水への凝縮速度が等しくなっていて，この状態を気液平衡の状態という。気液平衡の状態では，容器内の空間に存在する気体の分子数はこれ以上増加しない，飽和状態である。気液平衡時の気体の圧力を，飽和蒸気圧または蒸気圧という。飽和蒸気圧は，容器の体積には無関係で，温度によって一定値を示す。

(4)・(5) ある圧力と温度で，物質がどのような状態で存在するかを表した図を，状態図という。

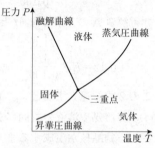

H_2O の状態図

問 2. (1) 塩化ナトリウム 30.0 g を 80℃ の水 100 g に溶かして，この水溶液を 20℃ としたとき，これは 20℃ での水 100 g に対する溶解度 37.8 g を超えないので，塩化ナトリウムは析出しない。ゆえに，20℃ まで冷却させたときの塩化ナトリウム水溶液の質量モル濃度は

$$\frac{\frac{30.0}{58.5}}{0.100} = 5.12 \fallingdotseq 5.1 \text{[mol/kg]}$$

一方，硝酸カリウム 70.0 g を 80℃ の水 100 g に溶かして，この水溶液を 20℃ としたとき，これは 20℃ での水 100 g に対する溶解度 31.6 g を超えており，超えた分だけ硝酸カリウムは析出する。ゆえに，20℃ まで冷却させたとき硝酸カリウム水溶液は，水 100 g に硝酸カリウム 31.6 g が溶けた飽和水溶液となっており，このときの質量モル濃度は

$$\frac{\frac{31.6}{101.1}}{0.100} = 3.12 \fallingdotseq 3.1 \text{[mol/kg]}$$

(2) 純溶媒（水）と比べて，純溶媒に不揮発性の物質を溶かした溶液（海水）では，不揮発性の溶質粒子の数に比例して，溶媒分子の凝固が起こりにくくなり，凝固点が低くなる。この現象を凝固点降下という。

(3) 凝固点降下度 Δt_f [K] は，溶液の質量モル濃度 m [mol/kg] に比例し，

次の関係式が成立する。

$$\Delta t_f = K_f \cdot m \quad (K_f: モル凝固点降下)$$

電解質の NaCl を溶かした水溶液では，NaCl は Na^+ と Cl^- に電離するので

$$0.15 = K_f \cdot \dfrac{\dfrac{2.34}{58.5} \times 2}{0.100}$$

非電解質 A の分子量を M とおくと，この水溶液では

$$0.12 = K_f \cdot \dfrac{\dfrac{21.6}{M}}{0.100}$$

この 2 式を連立すると $\quad M = 337 \fallingdotseq 3.4 \times 10^2$

(4) 純溶媒や溶液の凝固においては，通常の凝固点に達しても凝固が始まらず，結晶核が生成するまで温度が下がり続ける。このように，本来固体になっていなければならない凝固点以下の温度になっても，液体のままで存在している状態を過冷却という。

問 3. (1) 過酸化水素の分解は

$$2H_2O_2 \longrightarrow 2H_2O + O_2$$

で表され，過酸化水素の分解反応の速度は，各時間における過酸化水素の濃度に比例する。

$$v_{H_2O_2} = k_{H_2O_2}[H_2O_2]$$

また，ヨウ化水素（気体）が高温で分解して水素（気体）とヨウ素（気体）を生じる反応は

$$2HI \longrightarrow H_2 + I_2$$

で表され，ヨウ化水素の分解反応の速度は，次の関係式で表される。

$$v_{HI} = k_{HI}[HI]^2$$

上式より，過酸化水素の濃度が 2 倍になると，過酸化水素の分解速度 $v_{H_2O_2}$ は 2 倍となる。一方，ヨウ化水素の濃度が 2 倍になると，ヨウ化水素 v_{HI} の分解速度は 4 倍となる。

さらに，$2HI \rightleftarrows H_2 + I_2$ の可逆反応において，正反応の反応速度 v_{HI} と，逆反応の反応速度 $v_{H_2+I_2} = k_{H_2+I_2}[H_2][I_2]$ が等しくなるとき，見かけ上の変化が見られなくなる。この状態を平衡状態という。この状態において，

温度を一定に保って平衡反応に無関係なヘリウムを加え容器内圧力を変化させても，ヨウ化水素の濃度は変化しない。なお，本問はヘリウムを加えることで全圧が増加するとあるので，体積一定であったとして考えた。

(2)・(3)　正反応と逆反応の活性化エネルギーの差が小さいとき，可逆変化となりやすい。このように可逆反応であることが，化学平衡のための条件である。

$$2HI \rightleftarrows H_2+I_2$$

(4)　内容積 10.0 L の容器内に入れた気体のヨウ化水素の分解反応の量的変化は

$$2HI \longrightarrow H_2 + I_2$$

	2HI	H₂	I₂	
分解前	1.10	0	0	〔mol〕
変化量	−0.200	+0.100	+0.100	〔mol〕
5 秒後	0.900	0.100	0.100	〔mol〕

この間における水素の平均の生成速度 v は

$$v=\frac{\dfrac{0.100}{10.0}}{5.00}=2.0\times10^{-3}[\mathrm{mol/(L \cdot s)}]$$

III **解答**　問1．(1)P　(2)N　(3)Li　(4)Al　(5)Ca
問2．(A)イオン結合　(B)イオン結晶　(C)6　(D)8　(E)4
(F)炭素　(G)4　(H)共有　(I)ダイヤモンド　(J)ケイ素　(K)酸素　(L)典型元素
(M)遷移元素　(N)陰　(O)フッ素
問3．(1)$4NH_3+5O_2 \longrightarrow 4NO+6H_2O$
(2)$2NO+O_2 \longrightarrow 2NO_2$
(3)$3NO_2+H_2O \longrightarrow 2HNO_3+NO$
(4)$NH_3+2O_2 \longrightarrow HNO_3+H_2O$
(5)3.7 kg

◀解　説▶

≪元素，イオン結晶と単位格子，オストワルト法≫

問1．(1)　歯や骨，核酸などに含まれる生体を構成する元素は，リン P である。リンは自然界には単体として存在せず，リン酸カルシウム $Ca_3(PO_4)_2$ などの塩の形で存在する。

(2)　窒素 N_2 は，空気中に体積で約 78%含まれる。

(3) イオン化エネルギーとは，気体状の原子から電子1個を取り去って1価の陽イオンにするために必要なエネルギーである。アルカリ金属の中で，リチウム Li は原子核から最外電子殻までの距離が小さく，引力が大きいため，陽イオンになりにくく，イオン化エネルギーは大きい。

(4) 地殻中に存在する元素は，酸素，ケイ素，アルミニウム，鉄，カルシウムの順に多く含まれる。ゆえに，地殻中に最も多く存在する金属元素は，アルミニウム Al である。

(5) アルカリ土類金属で，橙赤色の炎色反応を示すのはカルシウム Ca である。

問2．(A)～(E) 陽イオンと陰イオンが静電気的な引力（クーロン力）によって結びつく結合をイオン結合といい，イオン結合からなる結晶をイオン結晶という。代表的なイオン結晶の単位格子として，次の3つが挙げられ，配位数は次の通りである。

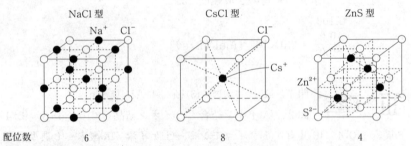

(F)～(K) 14族の非金属元素のうち，炭素は原子価が4で，共有結合で単体，化合物をつくる。炭素の単体には，共有結合の結晶のダイヤモンドと黒鉛，分子結晶のフラーレンなど，多くの同素体が存在する。また，同族元素のケイ素も同様に共有結合で単体，化合物をつくりやすい。高純度のケイ素の単体は，電気をわずかに通し，半導体としての性質をもつので，コンピュータや太陽電池の材料に用いられている。ケイ素は，地殻中に酸素に次いで多く存在する元素である。

(L)～(O) 周期表の1，2，12～18族の元素を典型元素，3～11族の元素を遷移元素という。貴ガス（希ガス）を除いて周期表の右上側にある元素ほど陰イオンになりやすく，陰性が強い。

問3．硝酸の工業的製法をオストワルト法という。

(1)～(3) 白金触媒を用いて，約800℃でアンモニアを酸化し，一酸化窒

素を生成する。さらに一酸化窒素を酸化して二酸化窒素とする。この二酸化窒素を温水に吸収させて，硝酸をつくる。

$$4NH_3+5O_2 \longrightarrow 4NO+6H_2O \quad (Pt 触媒) \quad \cdots\cdots①$$

$$2NO+O_2 \longrightarrow 2NO_2 \quad \cdots\cdots②$$

$$3NO_2+H_2O \longrightarrow 2HNO_3+NO \quad \cdots\cdots③$$

(4) （①+②×3+③×2）÷4 より

$$NH_3+2O_2 \longrightarrow HNO_3+H_2O$$

(5) アンモニア 1.0 kg が 100％反応したとき，生成する硝酸の質量は

$$\frac{1.0\times10^3 [g]}{17 [g/mol]}\times63 [g/mol] \fallingdotseq 3.70\times10^3 [g] \fallingdotseq 3.7 [kg]$$

❖講　評

　試験時間は 2 科目 150 分。大問 3 題の出題である。難易度は基本～やや難レベル。理論・無機・有機の分野から偏りなく出題されている。

　Ⅰ　問 1・問 2・問 4・問 5・問 6 ではエチレンとベンゼンの反応性の違い，タンパク質・酵素の性質，高分子化合物のポリスチレンなど，基本的な知識や構造式を問われた。問 3 は異性体に関する問題で，構造異性体の数え上げや書き出しであったので，解答しやすかったと思われる。問 7 はグルコースのアルコール発酵における量的関係の計算で，基本的な問題であった。

　Ⅱ　問 1 は水の特性と三態で，原理や現象を記述するのであれば難易度は高いが，関連する語句を記述するにとどまったため，解答しやすかった。問 2 では，固体の溶解度，希薄溶液の性質に関する計算問題が出題されており，ここで正答できたかで差がついたと思われる。問 3 の反応速度と平衡は基本的な知識と計算問題で，必ず正答しておきたい問題であった。

　Ⅲ　問 1 は当てはまる元素を答える問題で，イオン化エネルギーの定義を理解し，地殻中に含まれる元素などを覚えておく必要があった。問 2 は結合・結晶や周期律に関する問題で，イオン結晶の単位格子に関して，その配位数などで正答率に差が生じたと思われる。問 3 はオストワルト法の化学反応式をすべて記述する問題で，基本的かつ頻出な内容であった。

84　2019 年度　生物〈解答〉　　　　　　　　　　　横浜国立大-理系前期

生物

I 解答

問 1．(1)—③

(2)①—×　②—◎　③—○　④—◎　⑤—○　⑥—◎

⑦—○　⑧—◎　⑨—△　⑩—◎　(3)(あ)デンプン　(い)アミラーゼ

問 2．(1)二酸化炭素

(2)—②・⑦・⑧

(3)酸素が必要だから。(酸素濃度が高いから。)（10 文字以内）

問 3．(1)炭素源：二酸化炭素　二つの元素：N，P，K の中から 2 つ

(2)供給される物質：NH_4^+　大気成分：N_2

問 4．A—①　B—②・③

◀解　説▶

≪遷移の初期に見られる生物の代謝と環境形成作用≫

問 1．(1)① 誤り。ウイルスは細胞構造をもたない微小な病原体であり，原核細胞からなる細菌とは異なる。

② 誤り。納豆は納豆菌による発酵を利用してつくられる。

③ 正文。細菌の細胞は原核細胞であり，ミトコンドリアや葉緑体のような膜構造をもつ細胞小器官をもたない。

④ 誤り。一部の細菌類は環境条件によって胞子を形成するが，多くの細菌類は胞子を形成しない。

⑤ 誤り。ドメインによる分類では，生物は細菌（バクテリア）と古細菌（アーキア）と真核生物（ユーカリア）の 3 つのドメインに分類される。

(2) ④の細胞質基質や，タンパク質の合成に働く②のリボソームや⑩のtRNA，細胞膜の構成成分である⑥のリン脂質や⑧の膜タンパク質は，原核細胞にも真核細胞にも共通して存在する。膜構造の細胞小器官である③のゴルジ体や，DNA と結合して真核細胞の染色体を形成する⑤のヒストンや，ミトコンドリアの内膜に見られる⑦のクリステは，真核細胞にのみ存在する。⑨の細胞壁は植物細胞と原核細胞にのみ存在する。葉緑体の中の液状部分である①のストロマは植物細胞にのみ存在する。

(3) (い)デンプンをマルトースに分解する酵素はアミラーゼである。

横浜国立大-理系前期   2019 年度　生物〈解答〉　85

問 2．(2)　「エネルギー源となり得る無機物」とは，化学合成細菌が酸化
してエネルギーを得るのに利用している無機物と考えればよい。したがっ
て，亜硝酸菌が利用するアンモニア（アンモニウムイオン），硝酸菌が利
用する亜硝酸（亜硝酸イオン），硫黄細菌が利用する硫化水素の 3 つを選
ぶ。

(3)　設問文の「有機物がなく日光もあたらない場所でも増殖できる細菌」
とは，独立栄養で光エネルギーのかわりに無機物を酸化して得られる化学
エネルギーを利用する化学合成細菌を指している。化学合成細菌は無機物
を酸化するのに酸素を必要とするため，酸素濃度が高い水面や土壌の表層
を好むと考えればよい。

問 3．(1)　植物の根から吸収される「成長に特に重要な」元素としては，
肥料の三要素とも呼ばれる N，P，K の 3 つが挙げられるが，2 つであれ
ば N と P を答えるのが無難だろう。

(2)　マメ科植物の根に共生する根粒菌は，大気中の分子窒素を還元してア
ンモニウムイオンに変える窒素固定を行い，それを植物体に供給する。

問 4．図の A では，実線と破線で最終的な生成物量が異なるので，両者は
基質濃度が異なると考えられる。図の B では，最終的な生成物量は等しい
が，実線と破線で生成物が増加するときのグラフの傾きが異なり，両者は
基質量は同じだが反応速度が異なることがわかる。したがって，B では両
者は酵素濃度が異なるか，温度が異なると考えられる。

Ⅱ　**解答**　問 1．(あ)生産者　(い)消費者　(う)食物連鎖　(え)分解者
　　　　　　　(お)純生産量

問 2．⑤→②→③→①→④

問 3．①─○　②─×　③─×　④─×

問 4．同化量：275.9 J/cm²　摂食量：1000.0 J/cm²

━━━━━━━━◀解　説▶━━━━━━━━

≪生態系の成り立ちと生態系における物質生産≫

問 2．生産者である④のススキを食べる①のバッタが一次消費者，バッタ
を食べる③のカエルが二次消費者，カエルを食べる②のヘビが三次消費者，
ヘビを食べる⑤のオオワシが最も栄養段階の高い四次消費者である。

問 3．②　誤り。光合成細菌のうち，水の代わりに硫化水素から電子を得

る緑色硫黄細菌と紅色硫黄細菌は光化学系を1種類しかもたず，緑色硫黄
細菌は光化学系Ⅰに似た光化学系を，紅色硫黄細菌は光化学系Ⅱに似た光
化学系をもつ。

③　誤り。チラコイド膜上では，光化学系Ⅱから生じた電子が電子伝達系
を経て光化学系Ⅰへと伝達され，光化学系Ⅰから生じた電子が $NADP^+$
を還元して $NADPH$ を生じる。

④　誤り。カロテノイドには橙色のカロテンや黄色のキサントフィルが含
まれ，波長 $400\sim500\,nm$ の紫色から青緑色の光をよく吸収するが，波長
の長い赤色光はほとんど吸収しない。

問4．同化量から呼吸量と被食量と死滅量を差し引いたものが消費者の成
長量となる。本問では死滅量は0とすればよいので

　　　　同化量＝成長量＋呼吸量＋被食量＋死滅量
　　　　　　　＝81.2＋169.2＋25.5＋0＝275.9〔J/cm²〕

また，摂食量から不消化排出量を差し引いたものが同化量となるので

　　　　摂食量＝同化量＋不消化排出量
　　　　　　　＝275.9＋724.1＝1000.0〔J/cm²〕

Ⅲ　解答

問1．(あ)オーキシン　(い)エチレン　(う)アブシシン酸
(え)気孔の閉鎖　(お)孔辺細胞　(か)ジャスモン酸

問2．タンパク質の分解阻害作用で草食動物が葉を消化しづらくなり，成
育不良となるから。（40字以内）

問3．酵素遺伝子を組み込んだプラスミドを作成し，それを取り込ませた
アグロバクテリウムを植物細胞に感染させ，目的遺伝子を導入した植物細
胞を培養して作成する。（80字以内）

◀解　説▶

≪植物の環境応答と植物ホルモン，植物への遺伝子導入≫

問1．(え)・(お)　乾燥状態におかれた植物では，葉でアブシシン酸が急速に
合成される。アブシシン酸は孔辺細胞の K^+ チャネルを開き，細胞から
K^+ が排出され，細胞内の浸透圧が低下して水が流出することによって，
膨圧が低下して気孔が閉じる。

(か)　食害を受けた葉では，システミンと呼ばれる植物ホルモンが合成され，
システミンがジャスモン酸の合成を誘導し，ジャスモン酸がタンパク質分

解酵素の阻害物質などの合成を誘導する。そのため、「システミン」と答えることも考えられるが、問題文が「㈦類」となっているので、類縁体の存在するジャスモン酸のほうが適切である。

問2．問題文に「他のタンパク質の分解を阻害する作用をもつものが大量に含まれている」とあることをふまえて答える。この阻害物質を大量に含む葉を食べた草食動物では、葉に含まれるタンパク質を消化しにくくなり、消化不良・成育不良となる。この結果、食害の拡大を抑制することができると考えられる。「食べた葉（のタンパク質）を消化することが困難になる」という内容を入れて簡潔にまとめる。

問3．遺伝子組換え植物（トランスジェニック植物）の作成方法として、教科書では主にアグロバクテリウムによる方法が取り上げられているのでそれをまとめればよいが、パーティクルガンを用いてプラスミドが付着した金属粒子を植物細胞に直接打ち込む方法を答えてもよい。アグロバクテリウムによる方法では、ポイントとして、次の①〜④の手順が含まれるようにまとめる。①遺伝子組換え技術によって、プラスミドに目的の酵素遺伝子を組み込む。②目的遺伝子を組み込んだプラスミドをアグロバクテリウムに取り込ませる。③このアグロバクテリウムを植物細胞に感染させ、植物細胞のDNAに目的の遺伝子を組み込ませる。④植物細胞を培養し、目的遺伝子を導入した植物体を得る。なお、①の遺伝子組換えに酵素遺伝子からイントロンを除いたcDNAを用いることも考えられるが、真核生物である植物で発現させるので解答では特に触れなくてもよいだろう。

Ⅳ 解答

問1．㈎水晶体　㈑網膜　㈕視

問2．(1)連続した暗期が一定の長さ以上になると花芽形成する植物。(30字以内)

(2)春化　(3)暖かさの指数

問3．(1)生物学的冬（Ⅰ）

(2)どちらの移行でも、気温が一定の温度より低いと生物学的冬になり、日長は関係しない。(40字以内)

(3)日長が一定の長さより短くなると生物学的夏から秋へ移行し、気温の変化は関係しない。(40字以内)

◀ 解　説 ▶

≪生物の環境応答，里山における生物学的季節の移行≫

問2．(1)　短日植物（や長日植物）の花芽形成は，明期の長さ（日長）に
よってではなく，連続する暗期の長さによって引き起こされるので，説明
には必ず「連続した暗期」や「連続する暗期の長さ」といった語句を用い
るようにする。

(2)　一定期間低温状態を経験することによって花芽形成や発芽が誘導され
る現象を春化という。

(3)　「暖かさの指数」は，1年間のうち月平均気温が5℃以上の各月につ
いて，月平均気温から5℃を引いた値を合計した値で，日本のバイオー
ムの分布を説明するのに用いる指標として，「生物基礎」の教科書に参考
扱い等で記載されている。

問3．(1)　調査サンプル①の日長10.43時間と気温4.9℃を図の中にプロ
ットすると次図の×印に示す位置になり，気温が次図のAより低い調査サ
ンプルはすべて生物学的冬（Ⅰ）に属しているので，調査サンプル①も生
物学的冬（Ⅰ）に属すると判断できる。

(2)図で生物学的冬（Ⅰ）に属するサンプルの日長と気温を見ると，次図に
示すように日長はaより短く，気温はAより低い。一方，生物学的早春
（Ⅱ）に属するサンプルは，気温はすべてAより高いが，日長はaより長
いものだけでなく短いものも1つある。したがって，気温がAより高くな
ると生物学的冬から早春へ移行するが，日長は必ずしも関係しないことが
図から読み取れる。同様に，生物学的秋（Ⅴ）に属するサンプルでも，気
温はすべてAより高いが，日長はaより長いものも短いものもあるので，
気温がAより低くなると生物学的秋から冬へ移行するが，この場合も日長
は関係しない。字数が40字しかないので，〔解答〕に示したように両方の
移行をまとめて説明したほうがまとめやすい。

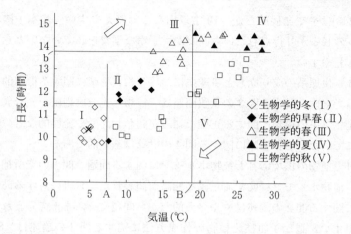

(3) (2)と同様に、図で生物学的夏（Ⅳ）に属するサンプルの日長と気温を見ると、上図に示すように日長はbより長く、気温はBより高い。一方、生物学的秋（Ⅴ）に属するサンプルは、日長はすべてbより短いが、気温はBより高いものも低いものもある。したがって、日長がbより短くなると生物学的夏から秋へ移行するが、気温の変化は関係しないことが図から読み取れる。

❖講　評

　例年大問3題の出題であったが、2019年度は大問4題の出題となった。2016年度以降、生態からの大問が毎年出題されており、2019年度も大問3題が生態に関する出題であった。大問数は1題増えたが、全体的な分量は例年とほぼ変わらず、論述問題は、問題数・論述量とも2018年度より減少し、すべて80字以下の短いものであった。知識問題は、教科書の学習で対応できるものが大半であるが、やや詳しい知識を必要とするものもあるので、教科書の参考や発展も見落とさないようにし、図説も使ってきちんと理解を深めておく必要がある。全体的な難易度は2018年度よりやや易化した。

　Ⅰ　遷移の初期に見られる細菌や植物の代謝と環境形成作用に関する問題。全体のテーマは生態であるが、細菌に関する知識や、原核細胞と真核細胞、化学合成細菌、窒素固定、酵素反応の反応速度や生成物量などに関する理解が総合的に問われた。化学合成細菌の生育環境に関する

問2(3)はやや発展的だが，10字以内なので答えやすい。基本〜標準レベルのしっかり得点したい大問だが，丁寧な学習をしていないと意外にミスしやすい。

Ⅱ　生態系の成り立ちと生態系における物質生産に関する標準的な問題。光合成に関する問3の正誤問題は，植物と光合成細菌の光合成色素や光化学系の種類に関する正確な知識が問われ，やや発展的なものも含まれていた。物質生産に関する問4の計算は基本的である。

Ⅲ　植物の環境応答と植物ホルモンに関する問題。問1の空所補充では，植物ホルモンに関する正確な知識が問われた。食害に対する防御応答に関する問2の論述はやや発展的だが，問題文をふまえて考えれば答えやすい。遺伝子組換え植物の作成方法に関する問3の論述は，80字という限られた字数でポイントを押さえて正しく説明する，論述力が問われる。

Ⅳ　動物と植物の環境応答に関する知識問題と，照葉樹林バイオームの里山における野外調査の結果をもとにした考察問題。問3の考察問題では，設問文で定義されている「生物学的季節」やその移行に関して，表や図からわかることを正確に読み取る力が求められており，出来がわかれやすい問題だろう。問3(2)・(3)の論述は，字数が40字と少ないことと，「日長」と「気温」の語が用語指定されていることから，書くべきポイントを簡潔に絞り込めれば，正解できただろう。

地学

I **解答** 問1．(A)—④ (B)—③ (C)—① 問2．③ 問3．③
問4．(1) 11 cm/年

(2) 太平洋プレートの移動方向が，雄略海山が形成された 4340 万年前頃に，北北西向きから西北西向きに変化したから。（60 文字以内）

問5．9T 問6．(A)—③ (B)—④ (C)—① (D)—⑤ (E)—②

◀解 説▶

≪地球の構造，ホットスポットとプレート運動，放射性年代，海底地形≫

問2．① 不適。S波は横波であり，固体中しか伝わらない。

② 不適。モホ不連続面では，マントルから地殻に入射する地震波については速度が不連続に低下するが，地殻からマントルに入射する地震波の速度は不連続に速くなる。

④ 不適。深さ約 660 km は上部マントルと下部マントルの境界であり，核とマントルの境界は深さ約 2900 km にある。

問3．① 不適。マントルは S 波が伝わることから，常に液体であるとは言えない。

② 不適。マントル内では深くなるほど温度が高い。

④ 不適。加水溶融によってマグマが生じるのは日本のような沈み込み帯であり，中央海嶺やホットスポットでマグマが生じる原因ではない。

問4．(1) 過去 500 万年間の平均移動速度を求めるため，表1の中で形成年代が最も新しいニホア島（720 万年前）のデータを用いて計算を行えばよい。したがって

$$\frac{780 \times 10^5}{720 \times 10^4} = 10.8 \cdots \fallingdotseq 11 \text{〔cm/年〕}$$

(2) (1)で示されているように，ホットスポットの活動位置が変化しなければ，火山島や海山は，プレートの移動方向に沿って配列する。雄略海山よりも古い海山列は概ね北北西—南南東に配列しており，形成時には，ホットスポットから離れる向きである北北西に向かって太平洋プレートが動いていたことがわかる。また，雄略海山よりも新しいハワイ諸島はホットス

ポット上に位置するハワイ島から見て西北西に配列していることから，それ以前とは太平洋プレートの移動の向きが変化し，西北西向きに太平洋プレートが動いていることがわかる。

問5．岩石に含まれる放射性同位体の量は，半減期(T)が経過する毎に $\frac{1}{2}$ となる。$\frac{1}{512} = \left(\frac{1}{2}\right)^9$ なので，半減期が9回経過しているため，放射性年代は9T となる。

Ⅱ 解答

問1．大陸内部に分布する，先カンブリア時代に形成された古く安定な大陸地殻で，楯を伏せたような地形をしており，古い基盤岩が露出している。(70文字以内)

問2．⑤

問3．カレドニア変動帯の形成後に大陸の分裂が起こり，カレドニア変動帯を分断するように大西洋が拡大して，現在の大陸配置になったから。(70字以内)

問4．スカンディナヴィア半島では最終氷期に厚い氷床が発達し，アイソスタシーを保つため氷の重さ分だけ土地が沈降していたが，その後，氷が融けたことで軽くなり，アイソスタシーの回復のため土地の隆起が生じている。(100字以内)

問5．氷河の侵食によって形成されたU字谷が海面下に没し，細長い湾となることで形成された。(50字以内)

問6．1885km　問7．北緯66.6度　問8．オーロラ

━━━━━ ◀解　説▶ ━━━━━

≪スカンディナヴィア半島の地質と地理≫

問1．楯状地は，先カンブリア時代の造山運動で形成された古い大陸地殻が長時間かけて侵食されて平坦化した安定な地形であり，安定陸塊（安定地塊）と呼ばれる地域である。先カンブリア時代の基盤岩が露出することも特徴である。

問2．⑤のアノマロカリスは，古生代カンブリア紀の生命の爆発的多様化である「カンブリア紀の大爆発」で出現した古生物の代表的なものである。その他の選択肢の古生物は，①中生代，②新生代，③中生代，④（古生代後期〜）中生代，⑥古生代デボン紀の古生物である。

問3．現在の大陸配置は，古生代末に形成された超大陸パンゲアの分裂後に，大陸が離散したものである。ヨーロッパと北米東岸を分断する大西洋はパンゲアの分裂に伴って形成された海洋であることから，このときにカレドニア造山帯が分断されたと判断できる。

問4．地殻がマントルに浮かび，マントル中の同じ深さの面にかかる荷重がどこでもつりあっている状態をアイソスタシーという。地殻の上に荷重が加わったり減ったりすると，アイソスタシーを成立させるように，地殻は沈んだり上昇したりする。スカンディナヴィア半島では，最終氷期に発達した氷が融けることで，過去1万年間に約250mもの隆起が生じている。

問6．仮定より，オスロ（北緯60度）と札幌（北緯43度）の緯度差（17度）と地球の直径を用いて，2点間の距離を求めればよい。

$$12714 \times 3.14 \times \frac{17}{360} = 1885.2 \cdots \fallingdotseq 1885 [km]$$

問7．右図のように，夏季の北半球では，地軸に対して23.4度の地点（北極点から南へ23.4度の地点）より北では自転をしても常に日の当たる領域となる。したがって，北緯66.6度以北では太陽が沈まない現象が起きる。

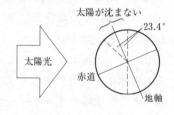

III 解答

問1．(1)水温躍層（主水温躍層）
(2)亜熱帯高圧帯では，降水量が少ないため，蒸発量が降水量を上回るから。(40字以内)
(3)—④
(4)大西洋最深部の海水と同じ水温および塩分の海水が，大西洋高緯度海域で鉛直方向に連続的に分布していることから，高緯度海域の表層から沈み込んだものと考えられる。(80文字以内)

問2．(1)表層混合層
(2)太陽光に含まれる赤外線や長波長の可視光線が表層海水によって吸収され，熱エネルギーとなるから。(50字以内)
(3)—③（または④）

94 2019 年度　地学〈解答〉　　　　　　　　　　　　　　　　横浜国立大-理系前期

問 3．(1)熱帯域のほうが降水量が多いから。(20 字以内)

(2)砂漠気候

(3)河川水の流入や氷の融解が多いから。(20 文字以内)

━━━━━━━━ ◀解　説▶ ━━━━━━━━

≪海洋の構造，海水の水温と塩分の分布≫

問 1．(2)　海水の塩分は，海水に出入する淡水の量によって，濃くなったり薄くなったりする。蒸発量が降水量を上回る亜熱帯高圧帯では，塩分は濃くなる。

(3)　海水は，表層混合層では風浪によってかき混ぜられるが，深層では鉛直方向にかき混ぜられる要因がなく，高密度になって表層から沈み込んだ海水が移動して，それぞれの深さに分布する。海水の密度は水温と塩分で決まるため，水温と塩分が同じ海水は水塊となって移動することになる。下線部(C)の海水と同じ水温（4〜5℃）と塩分（34.6‰程度）の海水は，図 1 より，南緯 50〜60 度にかけての表層に存在していることが読み取れる。

(4)　(3)と同様に，塩分と水温の同じ海水が連続して分布する表層の海水を起源と考えればよい。

問 2．(2)　太陽エネルギーは，主に可視光線や赤外線として地表に到達する。海水の主成分である H_2O が特に長波長の可視光線や赤外線を吸収することで，太陽エネルギーが熱エネルギーとなり，表層から海水が温められる。

(3)　表層混合層の厚さは，中高緯度域では冬に大きく，夏に小さくなる。図 2 より，表層水温が最低の 3 月で 4℃ 強であり，最高の 8 月でも 14℃ に満たない海域であることが読み取れる。日本近海では，北緯 40 度程度の東北では夏の海水温が 20℃ 程度になり，最高水温が 14℃ に満たない海域はそれより高緯度の千島列島付近（北緯 45 度）である。一方，大西洋では，北緯 55〜60 度でも夏の海水温が 10℃ を超える海域がある。

問 3．(1)・(3)　問 1 と同じく，淡水の出入の大小関係で考えればよい。図 3 において，中緯度よりも熱帯域のほうが蒸発量−降水量が小さい，すなわち，降水量が大きく蒸発量を上回ることが読み取れる。これは，赤道収束帯（熱帯収束帯）での降水量が多いため，海水が薄まりやすいことを示す。また高緯度海域では，局所的には結氷によって海水が濃くなる海域もあるが，氷が融けることや，大陸河川からの淡水の流入によって海水が薄

まる。塩分が低い点は，これにより説明できる。

❖講　評

　2019 年度は大問 3 題の出題で，試験時間は理科 2 科目で 150 分であった。出題形式は，字数指定の論述問題，地学用語の空所補充問題，記述問題，選択問題，計算問題であり，2018 年度みられた描図問題は出題されなかった。2018 年度と比べ大問数は減ったが，全体として小問の設問数は増加し，論述問題の出題数や指定字数も増加した。

　Ⅰ　岩石やホットスポット，海底地形等に関する出題。問 1〜問 3 は基本事項の確認としての選択問題。問 4・問 5 の論述と計算もオーソドックスな問題であった。問 6 は地理の知識が問われる問題であったが，特徴から判断は容易にできるだろう。

　Ⅱ　スカンディナヴィア半島の自然を題材とした出題。問 2 の選択問題は基礎問題。問 1 と問 3〜問 5 はやや指定字数の多い論述だが，問われている内容は基本事項の確認であった。問 6 は簡易な計算なので，ミスのないようにしたい。問 7 と問 8 も基礎知識の確認であった。

　Ⅲ　海水に関する出題。問 1〜問 3 が各々 3，4 つの小問で構成される。問 1 は大西洋の塩分と水温の分布について，図の読み取りからの選択問題および論述問題を含む，オーソドックスな出題。問 2 は水温の鉛直分布について，用語の確認と論述，図の読み取りからの選択問題が出題された。論述は，前提とする場合の多い現象の仕組みを論じるものであり，意表をつかれた受験生もいたかもしれない。問 3 は乾燥度と塩分の緯度変化について，用語の確認と論述問題が出題されたが，論述は指定字数の少ないものであった。

横浜国立大-理系後期　　　　　　　　　　　　　　　　　　　　　　2019 年度　問題　*97*

■後期日程

問題編

▶試験科目・配点

学 部 等		教 科	科　　　　目	配　点
理　　　　　　　　　　工		数　学	数学Ⅰ・Ⅱ・Ⅲ・A・B	450 点
		理　科	「物理基礎・物理」「化学基礎・化学」	450 点
都市科	建　　　築都 市 基 盤	数　学	数学Ⅰ・Ⅱ・Ⅲ・A・B	450 点
		理　科	「物理基礎・物理」「化学基礎・化学」	450 点
	環境リスク共生	数　学	数学Ⅰ・Ⅱ・Ⅲ・A・B	450 点
		小論文	自然環境や生態環境，社会環境の様々なリスクに関連して提示された素材に関し，内容把握の読解力，問題点を解決するための発想力，考えを表現するための論理的思考力や表現力を評価する。	200 点

▶備　考

「数学B」は「数列，ベクトル」を出題範囲とする。

数学

(150 分)

1 関数 $f(x) = 2x\sqrt{1-x^2}$ $(0 \leqq x \leqq 1)$ に対して，$y = f(x)$ の表す曲線を C とする。次の問いに答えよ。

(1) 関数 $f(x)$ の増減，極値，C の凹凸を調べ，C の概形を描け。

(2) k を実数とする。C と直線 $\ell : y = kx$ が異なる 2 点で交わるような k の範囲を求めよ。また，k がこの範囲にあるとき，C と ℓ で囲まれた図形の面積 S を k の式で表せ。

2 xy 平面上の点 P を次のルール($*$)に従って動かす試行を繰り返す。

$$(*) \begin{cases} 1 \text{個のさいころを投げ，} \\ \text{(a)} \quad 1 \text{または} 2 \text{の目が出たとき，P を} x \text{軸の正の方向に} 1 \text{だけ動かす。} \\ \text{(b)} \quad 3 \text{または} 4 \text{の目が出たとき，P を} y \text{軸の正の方向に} 1 \text{だけ動かす。} \\ \text{(c)} \quad 5 \text{または} 6 \text{の目が出たとき，P の} x \text{座標が正ならば，} x \text{軸の負の方向} \\ \qquad \text{に} 1 \text{だけ動かし，P の} x \text{座標が} 0 \text{以下ならば動かさない。} \end{cases}$$

最初，P は点 $(0, 0)$ にある。次の問いに答えよ。

(1) 5 回の試行後，P が点 $(3, 1)$ にある確率を求めよ。

(2) 5 回の試行後，P が点 $(2, 1)$ にある確率を求めよ。

(3) n を 2 以上の整数とする。n 回の試行後，P が点 $(n-2, 1)$ にある確率を求めよ。

横浜国立大-理系後期   2019 年度　数学　99

⑷　n を 3 以上の整数とする。n 回の試行後，P が点 $(n-3, 1)$ にある確率を求めよ。

3　O を原点とする xy 平面上に，点 $A_n\left(\cos\dfrac{\pi}{2^n}, \sin\dfrac{\pi}{2^n}\right)$ $(n = 1, 2, 3, \cdots)$ がある。また，以下の(i)から(iii)をみたす点 P_1, P_2, P_3, $\cdots$ および点 Q_1, Q_2, Q_3, $\cdots$ がある。

　　(i)　$n = 1, 2, 3, \cdots$ に対して，P_n, Q_n は半直線 OA_n 上にある。

　　(ii)　P_1 の座標は $(0, 1)$ である。

　　(iii)　$n = 1, 2, 3, \cdots$ に対して，
$$P_n P_{n+1} \perp OA_{n+1}, \quad P_{n+1}Q_n \perp OA_n$$
　　である。

　次の問いに答えよ。

⑴　$n = 1, 2, 3, \cdots$ に対して，$\dfrac{P_{n+2}Q_{n+1}}{P_{n+1}Q_n}$ を求めよ。

⑵　極限値 $\displaystyle\lim_{n \to \infty} OP_n$ を求めよ。

4　複素数 $\alpha = \cos\dfrac{2\pi}{7} + i\sin\dfrac{2\pi}{7}$ に対して，複素数 β, γ を
$$\beta = \alpha + \alpha^2 + \alpha^4, \quad \gamma = \alpha^3 + \alpha^5 + \alpha^6$$
とする。次の問いに答えよ。

⑴　$\beta + \gamma$, $\beta\gamma$ の値を求めよ。

⑵　β, γ の値を求めよ。

⑶　$\sin\dfrac{2\pi}{7} + \sin\dfrac{4\pi}{7} + \sin\dfrac{8\pi}{7}$ および $\sin\dfrac{\pi}{7}\sin\dfrac{2\pi}{7}\sin\dfrac{3\pi}{7}$ の値を求めよ。

5 次の問いに答えよ。

(1) $0 < x \leqq \dfrac{1}{3}$ をみたす実数 x に対して,

$$x^{2n} < \frac{1}{1-x^2} - \sum_{k=0}^{n-1} x^{2k} \leqq \frac{9}{8} x^{2n} \quad (n = 1, 2, 3, \cdots)$$

が成り立つことを示せ。

(2) $0 < x \leqq \dfrac{1}{3}$ をみたす実数 x に対して,

$$\frac{2x^{2n+1}}{2n+1} < \log \frac{1+x}{1-x} - \sum_{k=0}^{n-1} \frac{2x^{2k+1}}{2k+1} < \frac{9x^{2n+1}}{4(2n+1)} \quad (n = 1, 2, 3, \cdots)$$

が成り立つことを示せ。

(3) $0.691 < \log 2 < 0.695$ を示せ。

物理

（2科目：120分）

I 次の文章の空欄 ⎡ (1) ⎤ ～ ⎡ (14) ⎤ に適切な答えを入れよ。ただし，
⎡ (1) ⎤ ～ ⎡ (4) ⎤ ，⎡ (6) ⎤ ～ ⎡ (14) ⎤ は L, m, g, θ, B, R, E, v_0
の中から適切なものを用いて答えよ。⎡ (5) ⎤ は ⎡　　　　⎤ 内に与えられた選択
肢から適切なものを選び，選択肢の文字を答えよ。

　図１のように，十分に長い一対の金属のレール（間隔 L）の上をすべりながら移動
できる質量 m の金属棒がある。金属棒はレールに対して常に垂直で，水平面に対
して平行を保つものとする。金属棒とレールの間の摩擦は無視できる。鉛直下向き
に重力がはたらいており，重力加速度の大きさを g とする。レールには一定に傾
斜した部分と水平な部分があり，両者はなめらかに接続されている。レールの傾斜
した部分を含む面は水平面に対して角度 θ をなしている。レールの水平な部分は図
１の破線よりも右側の灰色の領域において鉛直下向きの一様な磁束密度 B の磁場
中におかれている。このレールに抵抗値 R の抵抗器と起電力 E の電池をつなぎ，
図１のような回路をつくった。抵抗器以外の回路の電気抵抗は無視でき，また，回
路に流れる電流がつくる磁場は無視できる。

　はじめに，図１のようにある高さから金属棒を静かにすべらせた。金属棒が磁場
のある領域に達した時刻を t_0，そのときの金属棒の速さを v_0 とする。

　金属棒がはじめに静止していた高さは ⎡ (1) ⎤ である。時刻 t_0 の直後に金属
棒に生じる誘導起電力の大きさは ⎡ (2) ⎤ である。このとき，抵抗器に流れ
る電流は ⎡ (3) ⎤ であり，金属棒にはたらく水平方向の力は ⎡ (4) ⎤ である。
ただし，端子１から端子２の向きを抵抗器に流れる電流の正の向きとし，金属棒の
進行方向を力の正の向きとする。

　金属棒は時刻 t_0 の直後から加速していき，十分な時間が経過したのち一定の速
さとなった。時刻 t_0 の直後に金属棒に生じる誘導起電力 ⎡ (2) ⎤ は電池の起電
力 E と比べて ⑤ ア：小さい，イ：等しい，ウ：大きい 。十分な時間が経過

したときの金属棒の速さは [(6)] である。時刻 $t > t_0$ において,端子1から端子2の向きに抵抗器に流れる電流を I,金属棒の速さを v とすると,回路における起電力と抵抗器の電圧降下の関係は $E =$ [(7)] $\times I +$ [(8)] $\times v$ と表される。短い時間 Δt の間に電流が ΔI,速さが Δv だけ増加するとき,電池の起電力は変化しないため,$0 =$ [(7)] $\times \dfrac{\Delta I}{\Delta t} +$ [(8)] $\times \dfrac{\Delta v}{\Delta t}$ が成りたつ。また,金属棒の水平方向の加速度は $\dfrac{\Delta v}{\Delta t} =$ [(9)] $\times I$ である。ただし,金属棒の進行方向を加速度の正の向きとする。[(7)] ~ [(9)] より電流の変化の割合は $\dfrac{\Delta I}{\Delta t} =$ [(10)] $\times I$ と表される。したがって,短い時間 Δt の間に電池がする仕事は $EI\Delta t =$ [(11)] $\times \Delta I$ となる。時刻 t_0 の直後から金属棒の速さが一定になるまでに,電池がする仕事は [(12)],運動エネルギーの増加分は [(13)],抵抗器で消費される電気エネルギーは [(14)] である。

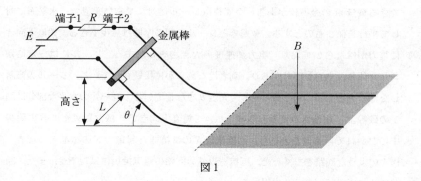

図1

II 次の文章の空欄 (1) ～ (9) に適切な答えを入れよ。 (10) は 内に与えられた選択肢から適切なものを選び，選択肢の文字を答えよ。

　図1と図2のように，密閉された細長いシリンダーが水平な回転台にとりつけられており，片方の端面は回転台の中心に置かれている。シリンダーは回転台とともに円運動し，重力の影響を無視するものとする。

問1. 図1のように端面に軽いばねの一端を固定し，他端には質量 M，体積 V の小物体をとりつけた。小物体はシリンダーに沿って水平に移動し，両端面には衝突しないものとする。シリンダー内は真空に保たれている。最初，回転していないとき，ばねは自然の長さにあって，小物体は静止していた。回転台の中心から小物体の重心までの距離は R である。この状態から回転台を角速度 ω で回転させたところ，小物体は回転の中心から遠ざかる方向に，ばねの自然の長さの位置から x だけ移動して，シリンダーに対して静止した。小物体に作用する遠心力は (1) であり，ばね定数が k のとき，$x =$ (2) である。ただし，シリンダーの内面は摩擦力を及ぼさないものとする。

　次に，密閉されたシリンダー内を密度 ρ の液体で満たした。角速度 ω で回転台を回転させたところ，小物体は真空の場合とは逆に，回転の中心へ向かう方向に，ばねの自然の長さの位置から y だけ移動し，小物体と液体はシリンダーに対して静止した。液体の密度は変わらないものとする。このとき，小物体は液体からも力を受けている。この力は，小物体と同じ体積の液体の質量に，小物体の重心の向心加速度 (3) をかけたものに等しく， (4) と表される。したがって，小物体の移動量 y は (5) と表される。液体の密度 ρ が (6) の場合には，角速度によらず，ばねは自然の長さから伸び縮みしない。

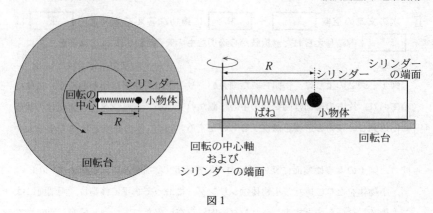

図1

問2. 図2のように密閉されたシリンダー内に，なめらかに動くことのできる断面積 S のピストンがとりつけられている。最初，回転していないとき，左右に等分に仕切られたシリンダー内を同一の単原子分子の理想気体で満たした。左右の気体の体積はそれぞれ V_0 である。回転台の角速度にかかわらず，気体の圧力と温度はシリンダーの左右の部屋の中で常に一様であり，理想気体の状態方程式を満たすものとする。ピストンの密度は気体の密度と比べて十分大きい。

シリンダー内の気体の温度と圧力が T_0，P_0 の状態から，気体の温度を一定に保ちながら回転台を回転させたところ，ピストンは回転の中心から遠ざかる方向に移動し，シリンダー右側の気体の体積が αV_0 だけ減少し，$(1-\alpha)V_0$ となった（$0 < \alpha < 1$）。この等温変化によってピストンに作用している気体からの力の合力の大きさは $P_0 S \times$ (7) となる。これはピストンに作用している遠心力の大きさに等しい。

次に，シリンダーの壁とピストンが熱を通さない場合，上と同じ静止状態から始めて，回転台を回転させたところ，ピストンは回転の中心から遠ざかる方向に移動し，シリンダー右側の気体の体積は，等温変化の場合と同じ体積 $(1-\alpha)V_0$ になった。このときピストンに作用している気体からの力の合力の大きさは $P_0 S \times$ (8) であり，シリンダー右側の気体の温度は (9) である。なお，断熱変化するときの気体の圧力 P と体積 V は $PV^\gamma =$ 一定 の関係（$\gamma > 1$）にあるものとする。このときの角速度は，上で述

べた等温変化の場合の角速度と比較して ⑽ ア：大きい，イ：等しい，ウ：小さい 。

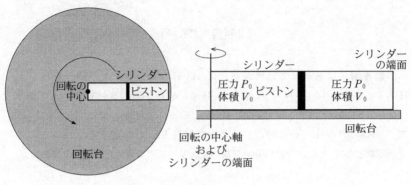

図2

106 2019 年度　化学　　　　　　　　　　　　　　　　　横浜国立大-理系後期

■■■化学■■■

（2 科目：120 分）

　問題を解くにあたって必要があれば，以下の原子量および数値を用いよ。
H = 1.00，C = 12.0，N = 14.0，O = 16.0，Al = 27.0，S = 32.1，Cl = 35.5，
Cr = 52.0，Cu = 63.6，Br = 79.9，Ag = 108，$\sqrt{2}$ = 1.41。また，気体定数とし
て 8.31 × 10^3 Pa・L/(K・mol)，アボガドロ定数として 6.02 × 10^{23} /mol，ファラ
デー定数として 9.65 × 10^4 C/mol を用いよ。すべての気体は理想気体とする。

Ⅰ　次の文章を読み，以下の問い（問 1 ～問 8）に答えよ。

　　銅は黄銅鉱などとして産出され，溶鉱炉にケイ砂，石灰石，コークスを入れて<u>黄
銅鉱を強熱すると硫化銅（Ⅰ）の他に 2 種類の化合物が生成する</u>。得られた硫化銅
　①
（Ⅰ）を含む生成物を<u>転炉に移して空気を吹き込みながら加熱すると，純度 99 ％ 程
　　　　　　　　②
度の粗銅が得られる</u>。粗銅には不純物が含まれているため，純度 99.99 ％ の純銅
を得るには　(A)　を行う。不純物である白金族金属等は　(B)　として沈殿
する。

　　アルミニウムは銀白色の軟らかい金属であり，酸・強塩基の水溶液に溶解するた
め，　(C)　と呼ばれる。工業的製法の原料としてボーキサイトが利用されてい
る。ボーキサイトにはアルミナの他に不純物として酸化鉄（Ⅲ）が含まれている。<u>ア
ルミナは加温・加圧下で濃水酸化ナトリウム水溶液に溶解できる</u>。ここで，不純物
　　　　　　　　　　　　　　　　　　　　　③
である水酸化鉄（Ⅲ）は不溶性であるため，沈殿として除去される。この水溶液に水
を加えて，静置すれば沈殿物が得られる。得られた沈殿物を焼成することで純粋な
酸化物が得られる。この酸化物を溶融した氷晶石中に溶解させ，　(D)　を行う
　　　　　　　　　　　　　　　　　　　　　④
ことで金属が得られる。

　　銀は金属の中で延性・展性が大きく，電気伝導性や熱伝導性は金属の中で最も高
い。銀は塩酸や希硫酸とは反応しないが，<u>酸化作用が強い濃硝酸には溶解する</u>。溶
　　　　　　　　　　　　　　　　　　　　⑤
解した銀イオンは<u>溶解度積（K_{sp}）の差</u>や金属塩の色により，陰イオンの判別にも利
　　　　　　　　　⑥
用できる。一例として，銀イオンを含む水溶液に塩化ナトリウム水溶液を加えると
沈殿物を生じ，<u>この沈殿物にチオ硫酸ナトリウム水溶液を加えると錯塩が形成され</u>
　　　　　　　　⑦

る。また，酸化銀は過剰のアンモニア水を添加すると錯イオンとして溶解する。臭
化銀は光によって分解し銀を遊離する　　(E)　　があるため，写真フィルムに利用
されている。

問 1．(A)～(E)に当てはまる適切な語句を以下の語群(a)～(r)の中から選び，記号で答
えよ。

> 語群：
>
> (a) 塩　析　　　　(b) 光触媒作用　　　(c) 複　塩
>
> (d) 旋光性　　　　(e) 電解精錬　　　　(f) アルカリ土類金属
>
> (g) 遷移金属　　　(h) アルカリ金属　　(i) 陽極泥
>
> (j) 緩衝作用　　　(k) 両性金属　　　　(l) 不動態
>
> (m) 乳化作用　　　(n) 感光性　　　　　(O) 焼　結
>
> (p) テルミット反応　(q) 潮解性　　　　(r) 溶融塩電解

問 2．下線部①，③，⑧に対する反応式を記せ。

問 3．下線部②に関して，1.00 mol の Cu_2S から燃焼により，Cu を生成する時の
反応熱を有効数字 3 桁で求めよ。なお，必要に応じて以下の熱化学方程式を用
いよ。

$$Cu_2S(固) + \frac{3}{2} O_2(気) = Cu_2O(固) + SO_2(気) + 389\,kJ$$

$$2\,Cu_2O(固) + Cu_2S(固) = 6\,Cu(固) + SO_2(気) - 160\,kJ$$

問 4．下線部④に関して，以下の設問(1)～(3)に解答せよ。

(1) 陽極と陰極について，炭素電極を用いた場合の反応式をそれぞれ記せ。

(2) アルミニウム 5.40 トンを製造するのに必要なボーキサイト（Al_2O_3 含有
率：51.0 ％）の理論量（トン単位）を有効数字 3 桁で求めよ。

(3) アルミニウム 32.4 トンを陰極で回収する際の理論電気量（kAh 単位）を
有効数字 3 桁で求めよ。ただし，アンペア時（Ah）は電荷の単位であり，
電流を 1 時間通電することで，移動する電荷の量と定義され，
3.60×10^3 C に等しい。

問 5. 下線部⑤に関して，常温・常圧で発生する気体を化学式で記せ。

問 6. 下線部⑥に関して，以下の設問(1)，(2)に解答せよ。

1.00×10^{-1} mol/L の Cl^-，1.00×10^{-1} mol/L の Br^-，1.00×10^{-2} mol/L の CrO_4^{2-} を含む混合溶液に Ag^+ を少しずつ添加した。ただし，実験操作による温度変化及び体積変化はないものとする。また，25℃ における塩化銀の K_{sp} は

$$[Ag^+][Cl^-] = 1.80 \times 10^{-10} \ (mol/L)^2,$$

臭化銀の K_{sp} は

$$[Ag^+][Br^-] = 5.40 \times 10^{-13} \ (mol/L)^2,$$

クロム酸銀の K_{sp} は

$$[Ag^+]^2[CrO_4^{2-}] = 2.00 \times 10^{-12} \ (mol/L)^3$$

である。

(1) 最後に沈殿を形成する化合物を化学式で記せ。

(2) 2番目の沈殿物が生成し始めた時，最初の沈殿物を形成した陰イオンは何％沈殿しているかを有効数字3桁で求めよ。

問 7. 下線部⑦に関して，反応式は以下で表される。(a)，(b)に当てはまる化学式を記せ。

$$AgCl + 2 \boxed{\quad (a) \quad} \longrightarrow NaCl + \boxed{\quad (b) \quad}$$

問 8. 金属の分離に関して，以下の設問(1)～(3)に解答せよ。

5種類の金属イオン（Al^{3+}，Fe^{3+}，Cu^{2+}，Ag^+，Ba^{2+}）を含む水溶液がある。下記に示すような操作(I)～(Ⅳ)を行い，各イオンを分離した。なお，各操作において，試薬は反応が完全に終了するまで加えるものとする。

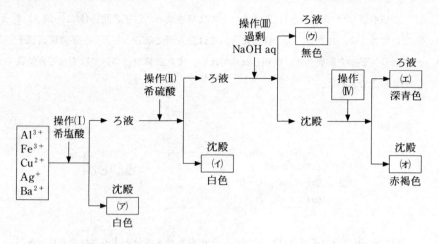

(1) 図中の(ア)〜(オ)に適する化合物・錯イオンの化学式を記せ。

(2) 操作(Ⅳ)として最も適切なものを次の(a)〜(e)の中から一つ選び，記号で答えよ。
 (a) 沈殿を塩酸で溶解させた後，過剰の水酸化ナトリウム水溶液を添加する。
 (b) 沈殿を硝酸で溶解させた後，さらに過剰の硝酸を添加する。
 (c) 沈殿を硫酸で溶解させた後，さらに過剰の硫酸を添加する。
 (d) 沈殿を塩酸で溶解させた後，過剰のアンモニア水を添加する。
 (e) 沈殿を塩酸で溶解させた後，硫化水素を添加する。

(3) 沈殿(オ)に含まれる陽イオンには別の検出方法がある。沈殿(オ)を酸に溶解させた後，チオシアン酸カリウムと反応させて，この陽イオンを検出した場合，生じる錯イオンの化学式を記せ。

110 2019 年度　化学　　　　　　　　　　　　　　　　　　横浜国立大-理系後期

Ⅱ　合成樹脂（プラスチック）に関する以下の文章を読み，以下の問い（問 1 ～問 3 ）について答えよ。ただし，分子構造については記入例にならって示し，不斉炭素原子により生じる立体異性体は区別しなくてよい。また計算値についてはすべて有効数字 2 桁まで求めよ。

記入例：

　合成樹脂（プラスチック）は，合成高分子化合物を主成分とする素材であり，金属やガラス，紙などに代わる容器や包装用の素材として広く使われている。プラスチックには，加熱すると柔らかくなる<u>熱可塑性樹脂</u>と，硬くなる熱硬化性樹脂がある。私たちは，毎日の生活で多くの熱可塑性のプラスチック製品を利用している。①
例えば，着色されたプラスチック製の包装容器は，その基となる樹脂に<u>色素</u>などが加えられたのち成形され，私たちの手元に届いている。日本では，容器や包装に使②
われたプラスチック製品は，分別回収された後にその大部分がリサイクルされている。そのリサイクルの方法は，<u>マテリアルリサイクル，ケミカルリサイクル，およ</u>③
<u>びサーマルリサイクル</u>の三つに大別されている。

問 1. 下線部①に関する以下の設問(1)～(6)に答えよ。

⑴　ポリ塩化ビニルの単量体の分子構造と重合反応の種類を書け。

⑵　平均分子量が 7.50×10^4 のポリ塩化ビニルの平均重合度を答えよ。

⑶　ポリスチレンの性質と用途に関する記述として適切なものを，以下の(a)～(d)の中から二つ選べ。

　(a)　無色透明で硬く，透明な容器に利用される。

横浜国立大-理系後期 2019 年度 化学 *111*

　　(b)　薬品に強く難燃性に優れており，水道管に利用される。

　　(c)　光の透過性に優れ硬く，光ファイバーに利用される。

　　(d)　発泡させたものは軽く断熱性に優れており，断熱用容器として利用される。

　(4)　ポリエチレンは，性質の大きく異なる二種類のものが利用されている。それぞれの名称と略号を書け。

　(5)　ポリエチレンテレフタラート(PET)の重合反応の反応式を書け。

　(6)　PET の重合で形成される化学結合と同じ結合を含む生成物が得られる試薬の組み合わせを，以下の(a)～(e)の中からすべて選べ。

　　(a)　塩化ベンゼンジアゾニウムとナトリウムフェノキシド

　　(b)　サリチル酸と無水酢酸

　　(c)　グリセリンとパルミチン酸

　　(d)　アニリンと無水酢酸

　　(e)　シクロヘキセンと臭素

問 2.　下線部②に関して，現在は，着色剤として化学的に合成された有機色素が用いられている。以下に示す化合物 **1** から，赤色の着色剤として利用されている有機色素 **2** を合成することができる。以下の設問(1)～(4)に答えよ。

　(1)　**1** はカルボキシ基を二つ有するジカルボン酸である。カルボン酸の性質に関する以下の記述(a)～(f)の中から**誤りを含むもの**を二つ選べ。

(a) カルボン酸はアルデヒドの酸化で得られる。

(b) カルボン酸の水溶液に炭酸ナトリウム水溶液を加えると二酸化炭素が発生する。

(c) 安息香酸は強酸性を示す。

(d) ギ酸は還元性を持つカルボン酸である。

(e) 酢酸は通常水素結合により二量体を形成している。

(f) マレイン酸とフマル酸は鏡像異性体の関係にある。

⑵　**1**を加熱すると分子内で反応した酸無水物を得ることができる。この反応式を書け。

⑶　**2**の分子式を書け。

⑷　**2**は**1**を出発物質として多段階で合成できる。**1**から**2**までの反応全体の収率[注1]を 25 % と考えた場合，1.00 g の**2**を得るために**1**を何 g 用いる必要があるか答えよ。

　　注1)　合成反応などの生産過程において，理論上期待される目的物質の生産量に対して実際に得られる量の比率のことである。通常パーセントで表される。

問 3. 下線部③に関する以下の設問⑴～⑶に答えよ。

⑴　マテリアルリサイクルは，プラスチックを再加工し製品化するリサイクル手法である。この場合，リサイクル製品が完成するまでに，いろいろな処理が必要である。以下に分別回収後の PET をマテリアルリサイクルする作業の流れ図の一例を示す。空欄(A)～(C)の処理に関する用語の組み合わせとして最も適切なものを，以下の(a)～(f)の中から選べ。

運搬 ⇒ 選別 ⇒ (A) ⇒ 洗浄 ⇒ (B) ⇒ (C) ⇒ 成形 ⇒ 再製品化

	(A)	(B)	(C)
(a)	溶融	乾燥	粉砕
(b)	溶融	粉砕	乾燥
(c)	乾燥	溶融	粉砕
(d)	乾燥	粉砕	溶融
(e)	粉砕	溶融	乾燥
(f)	粉砕	乾燥	溶融

(2) ケミカルリサイクルとはどのようなリサイクルか，説明文として適切な内容を以下の空欄(D)に15字以内で具体的に書け。

プラスチックを ☐(D)☐ 再利用する。

(3) サーマルリサイクルとは，プラスチックの燃焼を発電などに活用する方法のことを指す。ポリエチレンとPETを燃料として用いたとき，同じ熱量を得る場合に発生するCO_2について考えるために，以下の設問(i)〜(iii)に答えよ。なお，それぞれのプラスチックは完全に燃焼すると考え，末端基の影響や添加物の影響は考える必要はない。

(i) 重合度がnのポリエチレン1モルが完全燃焼するときの反応式を書け。

〔解答欄〕
$$\left[\!\!\begin{array}{c}CH_2-CH_2\end{array}\!\!\right]_n$$

(ii) ポリエチレンとPETのそれぞれ1.00 kg当たりの燃焼に伴って，何モルのCO_2が排出されるか答えよ。

(iii) ポリエチレンとPETの1.00 kg当たりの発熱量[注2]を，それぞれ46.0×10^6 Jと23.0×10^6 Jとする。同じ熱量を得る場合に発生するPETのCO_2は，ポリエチレンの何倍になるか答えよ。

注2) 一定単位の燃料が完全燃焼したときに発生する熱量のことである。燃料が固体の場合は1キログラム当たりの熱量で表す。

小論文

（90分
解答例省略）

次の文章を読んで，以下の問に答えなさい。

問 1. 著者の主張を 400 字以内で要約しなさい。
問 2. 著者の主張に対して，あなた自身の意見を 800 字以内で述べなさい。

　近代社会は，自由な意志をもった人々が自由に行動することを建前とする社会である。ホッブス以来，個人が自由に行動することによって持続可能な社会が実現するかどうか，そして，個々人が自分の思い描いた人生を送れるかどうかという二つの問いが，社会科学の中心的な課題となっている。マクロ的に見れば，社会システムが持続可能でなくなる可能性，ミクロ的に見れば，個人が思い通りの人生を送れない可能性のことを「リスク」と呼ぶことにするならば，リスク社会論は，まさに近代社会科学の成立とともに生まれたといえよう。

　社会学においては，リスクを望ましくないものと捉える傾向がある。社会学が，自由な行動を前提とする社会において，社会秩序や個人の人生を成り立たせるために，どのような形で行動が規制されるかに，研究の主眼を置いてきたからである。そのため，規範や価値観，そして宗教や家族などの社会制度が，人間行動の自由を規制し，どのようにリスクを押さえ込むのかに焦点が当てられてきた。その理論的根拠を示したのが，構造機能主義のタールコット・パーソンズや社会システム論のニコラス・ルーマンなのである。かれらの理論を大胆に要約すると，社会が発展するにつれて社会は複雑になるが，それと同時に，社会がうまく機能し，個人がうまく人生を送るために，社会を統制するシステムが発達し，社会や個人の人生の予測可能性が高まることを強調する。つまり，社会発展はリスクを減少させるはずであるという展望をもったのである。20 世紀における社会主義諸国の成立やケインズ主義経済政策の展開，福祉国家の発展は，まさに，この傾向を裏付ける出来事として捉えることができるだろう。

しかし，1980年代に入って新自由主義の進展が起き，ベルリンの壁の崩壊などによって社会主義諸国が崩壊する。一方，生活世界の分野ではフェミニズムの浸透などにより規範の弱体化が進む。そのような現実の社会変化に伴い，ウルリッヒ・ベックやアンソニー・ギデンズなど近代社会の構造転換を主張する社会学者が登場し，社会学におけるリスクに対する見方が反転する。社会学的リスク論の代表であるウルリッヒ・ベックは，まさに，社会全体が持続可能ではなくなる可能性，および，個人が思い描いた人生を送れなくなる可能性をリスクと捉え，現代社会において，この二種類のリスクが強まり，質的転換を遂げていることを主張した。

ベックのリスク論のポイントは，二つある。一つは，今述べたように，社会システム全体の持続可能性に関わるリスクと個々人の生活に関わるリスクを区分して論じたことにある。もう一つは，近代社会の構造転換の中で，社会的リスクが「深化」するということを明確に主張したことである。

1980年頃から近代社会が構造転換のプロセスにあることは，様々な社会科学者が指摘している。そして，その原動力は，科学技術の進歩と自由化である。科学技術の進歩は，高度のエネルギー利用を可能にし，モノ，人，情報の移動の速度を飛躍的に高めた。それが，地球温暖化やグローバル化を促進した。自由化の経済的側面が規制緩和であり，社会学的側面が，個人化もしくは規範の弱体化，ギデンズにならえば再帰性の増大である。科学技術の進歩と自由化自体は，近代社会の原則の中に埋め込まれていた傾向である。それが，ある一定の閾値を超えると，マルクスがいうような量質転換の法則に基づいて，近代社会の構造転換が起こり，新たな近代社会の段階に到達しつつあるのが現在の状況ということができる。

そして，社会構造の転換とともに，「リスク」がもつ意味が変化する。これが，ベックのリスク社会論の基本的論点である。

まず，社会システムの持続可能性に関わるリスクが深まる。それは，化石燃料や原子力エネルギーの利用拡大によって，資源枯渇や環境破壊やチェルノブイリに見られたような原子力関係の事故の危険性が増す。人々の生活を快適にするはずの科学技術の発展が，かえって，地球レベルの社会システムの持続可能性を危機にさらす可能性をもたらしている。これも社会科学のテーマであるのは，人々が生活の快適さを求めるというエネルギーが，科学技術の発展を促し，そのことがエネルギーや資源の需要の増大をもたらしているからである。一度味わった生活の快適さを手放すことは可能だろうか。発展途上国の人々が生活水準の向上を目指すことを止めることはできるのだろうか。

「生活水準向上の願い」と「社会の持続可能性」の間のジレンマを解くことができるだろうか。これが，社会科学者に課せられたリスク社会論の一つの課題だと私は考える。もちろん，このジレンマを乗り越える新たな科学技術の発展を期待する人もいるだろう。しかし，そのような科学技術ができるかどうかも「リスク」の中に入っており，また，新しい技術が別の側面での「リスク」を発生させる可能性も考慮に入れなくてはならないからだ。

次に，ベックのリスク論のもう一つの主題，個人に焦点を当てた時の，日常生活世界に生起するリスクを考察してみよう。

いわゆる前近代社会においては，職業や家族の領域では，選択の自由がほとんどなかった。その代わり，職業に就けなかったり，結婚できないといったリスクは最小限に抑えられていた。しかし，現代社会において，経済の規制緩和が進行するのと同時に，個人化，つまり，規範の弱体化が進行する。すると，個人の人生における選択可能性が広がるとともに，実現可能性が低下する。自分の思い通りの人生が送れなくなるというリスクが広範囲に広がる。職業の分野では，男女差別という規制が撤廃され，女性であっても自分の好きな職に就けるという選択肢が広がる。一方，女性も含めて多くの人が，自分の思い通りの職に就けなかったり，定職に就けないリスクが広がる。家族の分野では，好きな家族形態を取る自由が与えられる一方，相手がいなかったり，離婚されるという形でそれを実現する可能性がかえって低下するのである。そして，その結果は心理的側面まで及び，自分のアイデンティティが安定しないというリスクまで発生させるのである。

人生の様々な領域における選択可能性の拡大と実現可能性の低下というギャップの中で，どのようなリスクが個々人に発生し，そのリスクがいかに不平等に配分されているかを考察することが，リスク社会論，いや，社会学の大きな課題となっている。そして，それは，選択可能性と実現可能性の間をどのように埋めることができるかという実践的課題につながっていると考えられる。それは，われわれの社会をどのように構想していくかという課題である。自由とリスクはトレード・オフ関係にある。リスクがない社会は，自由がない社会である。それをわれわれは許容できないであろう。自由とリスクをどのように調和させていけるか，それがわれわれ社会科学者に課せられた問いだと思う。

山田昌弘　2008「リスク社会論の課題」『学術の動向』13巻11号，一部省略・改変

解答編

数学

1 **解答** (1) $f(x) = 2x\sqrt{1-x^2}$ を微分して

$$f'(x) = 2\sqrt{1-x^2} + 2x \cdot \frac{1}{2}(1-x^2)^{-\frac{1}{2}}(-2x)$$

$$= 2 \cdot \frac{(1-x^2) - x^2}{\sqrt{1-x^2}} = \frac{2(1-2x^2)}{\sqrt{1-x^2}}$$

もう一度微分して

$$f''(x) = 2 \cdot \frac{-4x\sqrt{1-x^2} - (1-2x^2) \cdot \frac{1}{2}(1-x^2)^{-\frac{1}{2}}(-2x)}{1-x^2}$$

$$= 2 \cdot \frac{-4x(1-x^2) + x(1-2x^2)}{(1-x^2)\sqrt{1-x^2}}$$

$$= \frac{2x\{-4(1-x^2) + (1-2x^2)\}}{(1-x^2)\sqrt{1-x^2}}$$

$$= \frac{2x(2x^2-3)}{(1-x^2)\sqrt{1-x^2}}$$

したがって, 増減表は以下の通りであり, C の概形は次の図の通りである。

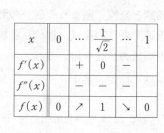
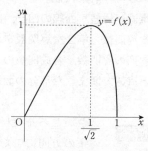

(2) $\lim_{x \to +0} f'(x) = 2$ だから, C の凹凸より, C と直線 l が異なる 2 点で交

わるような k の範囲は

$$0 \leqq k < 2 \quad \cdots\cdots(\text{答})$$

また，C と l の共有点は，$2x\sqrt{1-x^2}=kx$ を満たし，$x=0$ 以外の解は，$2\sqrt{1-x^2}=k$ を満たす。これを変形して

$$4(1-x^2)=k^2 \quad \therefore \quad 4x^2=4-k^2 \quad \cdots\cdots①$$

だから，共有点の x 座標は正であることから，その座標は

$$x=\frac{\sqrt{4-k^2}}{2}$$

したがって，$\alpha=\dfrac{\sqrt{4-k^2}}{2}$ とおくと

$$S=\int_0^\alpha \{2x\sqrt{1-x^2}-kx\}dx$$

$$=-\int_0^\alpha (1-x^2)'\sqrt{1-x^2}\,dx-\left[\frac{k}{2}x^2\right]_0^\alpha$$

$$=-\left[\frac{2}{3}(1-x^2)^{\frac{3}{2}}\right]_0^\alpha-\frac{k\alpha^2}{2}$$

$$=-\frac{2}{3}(1-\alpha^2)^{\frac{3}{2}}+\frac{2}{3}-\frac{k\alpha^2}{2}$$

ここで，α は①の解なので $\quad 1-\alpha^2=\dfrac{k^2}{4}$

$$\therefore \quad S=-\frac{2}{3}\left(\frac{k^2}{4}\right)^{\frac{3}{2}}+\frac{2}{3}-\frac{k}{2}\left(1-\frac{k^2}{4}\right)$$

$$=\frac{k^3}{24}-\frac{k}{2}+\frac{2}{3} \quad \cdots\cdots(\text{答})$$

◀解　説▶

≪関数の増減，極値，曲線の凹凸，曲線と直線に囲まれる部分の面積≫

(1) 第1次導関数，第2次導関数を求めて関数の増減，極値，曲線の凹凸を調べる。商の導関数，合成関数の導関数の公式を用いる。

(2) 曲線と直線で囲まれた部分の面積は定積分で求まる。

2　解答　さいころを投げ，1または2の目が出て，P を x 軸の正の方向に1だけ動かすことを「右」，3または4の目が出て，P を y 軸の正の方向に1だけ動かすことを「上」，5または6

の目が出て，P の x 座標が正のとき，x 軸の負の方向に 1 だけ動かすことを「左」，P の x 座標が 0 以下のときに動かさないことを「×」ということにする。

(1) 5 回の試行後，P が点 $(3, 1)$ にあるのは，右 3 回，上 1 回，×1 回のときで，×は x 座標が 0 以下のときのみ起こるので

 ［1］1 回目に×，2〜5 回目に右 3 回，上 1 回のとき

 ［2］1 回目に上，2 回目に×，3〜5 回目に右のとき

であり，その確率は

$$ {}_4\mathrm{C}_1\left(\frac{1}{3}\right)^5 + \left(\frac{1}{3}\right)^5 = \frac{5}{3^5} = \frac{5}{243} \quad \cdots\cdots(答) $$

(2) 5 回の試行後，P が点 $(2, 1)$ にあるのは，右 2 回，上 1 回，×2 回，または，右 3 回，左 1 回，上 1 回のときで，×は x 座標が 0 以下のときのみ起こるので

 ［1］1・2 回目に×，3〜5 回目に右 2 回，上 1 回のとき

 ［2］1 回目に×，2 回目に上，3 回目に×，4・5 回目に右のとき

 ［3］1 回目に上，2・3 回目に×，4・5 回目に右のとき

 ［4］1 回目に右，2〜5 回目に右 2 回，左 1 回，上 1 回のとき

 ［5］1 回目に上，2 回目に右，3〜5 回目に右 2 回，左 1 回のとき

であり，その確率は

$$ \frac{{}_3\mathrm{C}_1 + 1 + 1 + {}_4\mathrm{C}_2 \times {}_2\mathrm{C}_1 + {}_3\mathrm{C}_1}{3^5} = \frac{20}{243} \quad \cdots\cdots(答) $$

(3) n 回 $(n \geqq 2)$ の試行後，P が点 $(n-2, 1)$ にあるのは，右 $n-2$ 回，上 1 回，×1 回のときで，×は x 座標が 0 以下のときのみ起こるので

 ［1］1 回目に×，2〜n 回目に右 $n-2$ 回，上 1 回のとき

 ［2］1 回目に上，2 回目に×，3〜n 回目に右 $n-2$ 回のとき

であり，その確率は

$$ \frac{{}_{n-1}\mathrm{C}_1 + 1}{3^n} = \frac{n}{3^n} \quad \cdots\cdots(答) $$

(4) n 回 $(n \geqq 3)$ の試行後，P が点 $(n-3, 1)$ にあるのは，右 $n-3$ 回，上 1 回，または，右 $n-2$ 回，左 1 回，上 1 回のときで，×は x 座標が 0 以下のときのみ起こるので

 ［1］1・2 回目に×，3〜n 回目に右 $n-3$ 回，上 1 回のとき

［2］1回目に×，2回目に上，3回目に×，4〜n回目に右のとき
［3］1回目に上，2・3回目に×，4〜n回目に右のとき
［4］1回目に右，2〜n回目に右n−3回，左1回，上1回のとき
［5］1回目に上，2回目に右，3〜n回目に右n−3回，左1回のとき

であり，その確率は

$$\frac{{}_{n-2}C_1+1+1+{}_{n-1}C_1\times{}_{n-2}C_1+{}_{n-2}C_1}{3^n}$$

$$=\frac{(n-2)+2+(n-1)(n-2)+(n-2)}{3^n}$$

$$=\frac{n(n-1)}{3^n} \quad\cdots\cdots(答)$$

◀解　説▶

≪さいころを投げたときの反復試行の確率≫

(1)が(3)の，(2)が(4)のヒントになっている。

1回の試行で事象 A が起こる確率を p としたとき，この試行を n 回繰り返し，事象 A が r 回起こる確率は

　　　${}_nC_r p^r q^{n-r}$　（ただし，$p+q=n$）

3 **解答** (1) △OQ_nP_{n+1} について

$$\angle P_{n+1}OQ_n=\frac{\pi}{2^{n+1}}$$

$$\angle OQ_nP_{n+1}=\frac{\pi}{2}$$

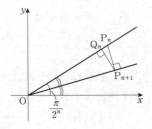

だから　　$P_{n+1}Q_n=\sin\frac{\pi}{2^{n+1}}OP_{n+1}$

∴　$\dfrac{P_{n+2}Q_{n+1}}{P_{n+1}Q_n}=\dfrac{\sin\dfrac{\pi}{2^{n+2}}OP_{n+2}}{\sin\dfrac{\pi}{2^{n+1}}OP_{n+1}}$　……①

また，△$OP_{n+1}P_n$ について

$$\angle P_nOP_{n+1}=\frac{\pi}{2^{n+1}}, \quad \angle OP_{n+1}P_n=\frac{\pi}{2}$$

だから $\dfrac{\mathrm{OP}_{n+1}}{\mathrm{OP}_n}=\cos\dfrac{\pi}{2^{n+1}}$

これと①より

$$\dfrac{\mathrm{P}_{n+2}\mathrm{Q}_{n+1}}{\mathrm{P}_{n+1}\mathrm{Q}_n}=\dfrac{\sin\dfrac{\pi}{2^{n+2}}}{\sin\dfrac{\pi}{2^{n+1}}}\cdot\cos\dfrac{\pi}{2^{n+2}}$$

$$=\dfrac{\sin\left(2\times\dfrac{\pi}{2^{n+2}}\right)}{2\sin\dfrac{\pi}{2^{n+1}}}$$

$$=\dfrac{1}{2}\quad\cdots\cdots(\text{答})$$

(2) $n\geqq2$ のとき，(1)より

$$\dfrac{\mathrm{OP}_n}{\mathrm{OP}_{n-1}}=\cos\dfrac{\pi}{2^n}=\dfrac{2\sin\dfrac{\pi}{2^n}\cos\dfrac{\pi}{2^n}}{2\sin\dfrac{\pi}{2^n}}$$

$$=\dfrac{\sin\dfrac{\pi}{2^{n-1}}}{2\sin\dfrac{\pi}{2^n}}=\dfrac{2^{n-1}\sin\dfrac{\pi}{2^{n-1}}}{2^n\sin\dfrac{\pi}{2^n}}=\dfrac{a_{n-1}}{a_n}$$

ただし，$a_n=2^n\sin\dfrac{\pi}{2^n}$ とおいた。ゆえに，$\mathrm{OP}_1=1$ より

$$\mathrm{OP}_n=\dfrac{\mathrm{OP}_n}{\mathrm{OP}_{n-1}}\cdot\dfrac{\mathrm{OP}_{n-1}}{\mathrm{OP}_{n-2}}\cdots\dfrac{\mathrm{OP}_2}{\mathrm{OP}_1}$$

$$=\dfrac{a_{n-1}}{a_n}\cdot\dfrac{a_{n-2}}{a_{n-1}}\cdots\dfrac{a_1}{a_2}=\dfrac{a_1}{a_n}=\dfrac{2}{a_n}$$

さらに

$$a_n=2^n\times\dfrac{\sin\dfrac{\pi}{2^n}}{\dfrac{\pi}{2^n}}\times\dfrac{\pi}{2^n}=\pi\times\dfrac{\sin\dfrac{\pi}{2^n}}{\dfrac{\pi}{2^n}}$$

$$\to\pi\quad(n\to\infty)$$

$$\therefore\ \lim_{n\to\infty}\mathrm{OP}_n=\dfrac{2}{\pi}\quad\cdots\cdots(\text{答})$$

122 2019 年度　数学〈解答〉　　　　　　　　　　　　　　横浜国立大-理系後期

━━━━━◀解　説▶━━━━━

≪三角比，2倍角の公式，三角関数の極限≫

(1) 三角比を用いて，辺の比を表していく。2倍角の公式

$$\sin 2\theta = 2\sin\theta\cos\theta$$

を使う。

(2) $\displaystyle\lim_{\theta\to 0}\frac{\sin\theta}{\theta}=1$ を用いて極限を計算する。

4 　解答

(1)　$\beta+\gamma=\alpha^6+\alpha^5+\alpha^4+\alpha^3+\alpha^2+\alpha$ である。

$\alpha^7=\cos 2\pi+i\sin 2\pi=1$ だから

$$(\alpha-1)(\alpha^6+\alpha^5+\alpha^4+\alpha^3+\alpha^2+\alpha+1)=0$$

さらに，$\alpha\neq 1$ だから

$$\alpha^6+\alpha^5+\alpha^4+\alpha^3+\alpha^2+\alpha+1=0$$

$\therefore$　$\beta+\gamma=-1$　……(答)

また

$$
\begin{aligned}
\beta\gamma &= \alpha(1+\alpha+\alpha^3)\alpha^3(1+\alpha^2+\alpha^3)\\
&= \alpha^4\{(1+\alpha^3)^2+(\alpha+\alpha^2)(1+\alpha^3)+\alpha^3\}\\
&= \alpha^4(1+2\alpha^3+\alpha^6+\alpha+\alpha^2+\alpha^4+\alpha^5+\alpha^3)\\
&= \alpha^4\{(1+\alpha+\alpha^2+\alpha^3+\alpha^4+\alpha^5+\alpha^6)+2\alpha^3\}\\
&= 2\alpha^7\\
&= 2\quad\cdots\cdots(答)
\end{aligned}
$$

(2)　(1)の結果から，β と γ は，2次方程式 $x^2+x+2=0$ の2解である。これを解くと

$$x=\frac{-1\pm\sqrt{7}\,i}{2}$$

さらに

$$
\begin{aligned}
\beta \text{ の虚部} &= \sin\frac{2}{7}\pi+\sin\frac{4}{7}\pi+\sin\frac{8}{7}\pi\\
&= \sin\frac{2}{7}\pi+\sin\frac{4}{7}\pi-\sin\frac{1}{7}\pi\\
&= \left(\sin\frac{2}{7}\pi-\sin\frac{1}{7}\pi\right)+\sin\frac{4}{7}\pi>0
\end{aligned}
$$

横浜国立大-理系後期　　　　　　　　　　　　　　　2019 年度　数学〈解答〉 *123*

だから　　$\beta = \dfrac{-1+\sqrt{7}\,i}{2}$,　$\gamma = \dfrac{-1-\sqrt{7}\,i}{2}$　……(答)

(3)　$\sin\dfrac{2}{7}\pi + \sin\dfrac{4}{7}\pi + \sin\dfrac{8}{7}\pi = (\beta\ \text{の虚部})$ だったので

$$\sin\dfrac{2}{7}\pi + \sin\dfrac{4}{7}\pi + \sin\dfrac{8}{7}\pi = \dfrac{\sqrt{7}}{2}\quad ……(答)$$

次に，$\sin\dfrac{\pi}{7}\sin\dfrac{2}{7}\pi\sin\dfrac{3}{7}\pi$ の値 A を求める。複素数 $z=a+bi$ の虚部を $\mathrm{Im}(z)=b$ と書くことにすると

$$\mathrm{Im}(z) = \dfrac{z-\overline{z}}{2i}\quad (\text{ただし，}\overline{z}\ \text{は}\ z\ \text{の共役複素数})$$

であるから，$\sin\dfrac{\pi}{7}=\sin\dfrac{6}{7}\pi$, $\sin\dfrac{3}{7}\pi = \sin\dfrac{4}{7}\pi$ より

$$A = \sin\dfrac{6}{7}\pi\sin\dfrac{2}{7}\pi\sin\dfrac{4}{7}\pi$$

$$= (\alpha\ \text{の虚部}) \times (\alpha^2\ \text{の虚部}) \times (\alpha^3\ \text{の虚部})$$

$$= \dfrac{\alpha-\overline{\alpha}}{2i} \times \dfrac{\alpha^2-\overline{\alpha^2}}{2i} \times \dfrac{\alpha^3-\overline{\alpha^3}}{2i}$$

ここで，$\alpha\overline{\alpha}=1=\alpha^7$ より　　$\overline{\alpha}=\alpha^6$

同様にして，$\overline{\alpha^2}=\alpha^5$, $\overline{\alpha^3}=\alpha^4$ であるから

$$A = \dfrac{\alpha-\alpha^6}{2i} \times \dfrac{\alpha^2-\alpha^5}{2i} \times \dfrac{\alpha^3-\alpha^4}{2i}$$

$$= -\dfrac{\alpha(1-\alpha^5)\alpha^2(1-\alpha^3)\alpha^3(1-\alpha)}{8i}$$

$$= -\dfrac{\alpha^6(1-\alpha^5)(1-\alpha-\alpha^3+\alpha^4)}{8i}$$

$$= -\dfrac{\alpha^6(1-\alpha-\alpha^3+\alpha^4-\alpha^5+\alpha^6+\alpha^8-\alpha^9)}{8i}$$

$$= -\dfrac{\alpha^6(1-\cancel{\alpha}-\alpha^3+\alpha^4-\alpha^5+\alpha^6+\cancel{\alpha}-\alpha^2)}{8i}$$

$$= -\dfrac{\alpha^6\{(\alpha^7+\alpha^4+\alpha^6)-(\alpha^3+\alpha^5+\alpha^2)\}}{8i}$$

$$= -\dfrac{\alpha^6(\alpha\gamma-\alpha\beta)}{8i} = \dfrac{\beta-\gamma}{8i}$$

$$= \frac{\sqrt{7}}{8} \quad \cdots\cdots (\text{答})$$

◆ 解 説 ▶

≪1の7乗根，ド・モアブルの公式≫

(1) ド・モアブルの公式
$$(\cos\theta + i\sin\theta)^n = \cos n\theta + i\sin n\theta$$
を用いて，$\alpha^7 = 1$ が導かれる。

(2) 和と積から2数を求める。2次方程式を利用する。

(3) 複素数の虚部の性質を利用する。

5 解答 (1) 示すべき不等式を①とする。

$$\frac{1}{1-x^2} - \sum_{k=0}^{n-1} x^{2k} = \frac{1}{1-x^2} - \frac{1-(x^2)^n}{1-x^2} = \frac{x^{2n}}{1-x^2}$$

だから，$0 < x \leqq \dfrac{1}{3}$ を満たす実数 x に対して①が成り立つことを示すためには

$$1 < \frac{1}{1-x^2} \leqq \frac{9}{8} \quad \cdots\cdots ②$$

が成り立つことを示せばよい。実際に，$f(x) = \dfrac{1}{1-x^2}$ とおくと

$$f'(x) = \frac{-(-2x)}{(1-x^2)^2} = \frac{2x}{(1-x^2)^2} > 0$$

であり，さらに，$f(0) = 1$，$f\left(\dfrac{1}{3}\right) = \dfrac{9}{8}$ だから，②が示せる。

(証明終)

(2) (1)より，$0 < t \leqq \dfrac{1}{3}$ を満たす t に対して

$$t^{2n} < \frac{1}{1-t^2} - \sum_{k=0}^{n-1} t^{2k} \leqq \frac{9}{8} t^{2n}$$

だから，0 から x $\left(0 < x \leqq \dfrac{1}{3}\right)$ まで定積分して

$$\int_0^x t^{2n} dt < \int_0^x \frac{dt}{1-t^2} - \sum_{k=0}^{n-1} \int_0^x t^{2k} dt < \frac{9}{8} \int_0^x t^{2n} dt$$

横浜国立大-理系後期 　　　　　　　　　　　2019 年度　数学〈解答〉　*125*

ここで

$$\int_0^x t^{2n}dt=\left[\frac{t^{2n+1}}{2n+1}\right]_0^x=\frac{x^{2n+1}}{2n+1}$$

$$\int_0^x \frac{dt}{1-t^2}=\frac{1}{2}\int_0^x\left(\frac{1}{1+t}+\frac{1}{1-t}\right)dx$$

$$=\frac{1}{2}\Big[\log|1+t|-\log|1-t|\Big]_0^x$$

$$=\frac{1}{2}\log\frac{1+x}{1-x}$$

$$\int_0^x t^{2k}dt=\left[\frac{t^{2k+1}}{2k+1}\right]_0^x=\frac{x^{2k+1}}{2k+1}$$

だから

$$\frac{x^{2n+1}}{2n+1}<\frac{1}{2}\log\frac{1+x}{1-x}-\sum_{k=0}^{n-1}\frac{x^{2k+1}}{2k+1}<\frac{9x^{2n+1}}{8(2n+1)}$$

が得られて，2 倍すれば示すべき不等式が得られる。　　　　（証明終）

(3) (2)で示された不等式で，$n=1$，$x=\dfrac{1}{3}$ とすると

$$\frac{2}{3}\left(\frac{1}{3}\right)^3<\log2-\frac{2}{3}<\frac{9}{12}\left(\frac{1}{3}\right)^3$$

$$\therefore\quad \frac{2+54}{81}<\log2<\frac{1+24}{36}$$

ここで

$$\frac{2+54}{81}=0.6913\cdots>0.691$$

$$\frac{1+24}{36}=0.6944\cdots<0.695$$

だから　　　　$0.691<\log2<0.695$　　　　　　　　（証明終）

━━━━━　◀解　説▶　━━━━━

≪等比数列の和，微・積分法の応用（不等式の証明）≫

(1)　関数の増減を調べて，不等式を証明する。

②については，$0<x^2\leqq\dfrac{1}{3}$ より　　　$\dfrac{8}{9}\leqq1-x^2<1$

よって，$1<\dfrac{1}{1-x^2}\leqq\dfrac{9}{8}$ としてもよい。

(2) (1)で証明した不等式を積分して，不等式を証明する。

(3) (2)の結果を利用する。

❖講　評

　大問5題の出題で，「数学A」からの1題以外の4題は「数学Ⅲ」からの出題であった。

　1　(1)は商の導関数や合成関数の導関数など微分を問う問題である。(2)は置換積分法を利用すれば，容易に処理できる。理系の受験生には計算力を問う基本問題である。

　2　(1)・(2)は状況を丁寧に考えればよい。(3)・(4)はそれぞれ，(1)，(2)がヒントになっていることに気づけば標準的な出題であった。

　3　同様な問題を解いた経験があればさほど難しい出題ではないが，初見の場合には苦戦するかもしれない。

　4　(3)の前半までは基本的な問題であったが，(3)の後半については難しかったかもしれない。慣れておきたいところだ。

　5　(1)は微分を用いて不等式を証明する基本的な問題。(2)は(1)の結果を利用して，定積分を用いて不等式を証明する，これも基本的な問題。(3)も(2)の非常に簡単な場合の適用なので，容易であっただろう。

　試行錯誤をしたり，うまく計算の工夫をしたりしないと正解に辿り着かない問題が出題されるが，基本問題や典型問題をしっかり学習し，計算力をつけておけば対応できる。実力の差が大きく出る出題であろう。

物理

I 解答

(1) $\dfrac{v_0{}^2}{2g}$ (2) v_0BL (3) $\dfrac{E-v_0BL}{R}$

(4) $\dfrac{BL(E-v_0BL)}{R}$ (5)—ア   (6) $\dfrac{E}{BL}$ (7) R (8) BL (9) $\dfrac{BL}{m}$

(10) $-\dfrac{B^2L^2}{mR}$ (11) $-\dfrac{mRE}{B^2L^2}$ (12) $\dfrac{mE(E-v_0BL)}{B^2L^2}$

(13) $\dfrac{m(E-v_0BL)(E+v_0BL)}{2B^2L^2}$ (14) $\dfrac{m(E-v_0BL)^2}{2B^2L^2}$

━━━━◀ 解　説 ▶━━━━

≪電源により電流が流れた状態で磁場を垂直に横切る導体棒≫

(1) はじめに静止していた高さを h とする。レールの水平部分に達したときの速さが v_0 なので，力学的エネルギー保存則から

$$mgh=\frac{1}{2}mv_0{}^2 \qquad h=\frac{v_0{}^2}{2g}$$

(2) 磁場 B に対して速度 v_0 で垂直に移動する長さ L の金属棒に発生する誘導起電力の大きさは

$$v_0BL$$

(3) 金属棒に発生する誘導起電力は電池の起電力の向きと反対なので，回路全体の電圧は

$$E-v_0BL$$

キルヒホッフの第 2 法則から，回路を流れる電流を I とすると

$$E-v_0BL=RI \qquad I=\frac{E-v_0BL}{R}$$

(4) 金属棒に電流が流れていると磁場から力を受ける。その力の大きさは IBL で，力の向きは，フレミングの左手の法則から，進行方向を正として

$$IBL=\frac{BL(E-v_0BL)}{R}$$

(5) 金属棒が磁場に入った直後に加速したので，回路を電流が流れる向き

128 2019 年度 物理〈解答〉　　　　　　　　　　　　　　横浜国立大-理系後期

は端子 1 から端子 2 の向きであることがわかる。したがって，誘導起電力は電池の起電力よりも小さかったと考えられる。

⑹　金属棒の速さが大きくなっていき誘導起電力が大きくなると，回路を流れる電流は小さくなっていく。やがて電池の起電力と金属棒の誘導起電力が等しくなったときに金属棒に流れる電流がなくなり，磁場から力を受けなくなる。この時点で等速度運動となる。この速さを v_F とすると

$$E - v_F BL = 0 \qquad v_F = \frac{E}{BL}$$

⑺・⑻　キルヒホッフの第 2 法則から，金属棒の速度が v のときには

$$E - vBL = RI \qquad E = RI + vBL$$

⑼　金属棒に発生している力 IBL から，加速度は　　　$\dfrac{IBL}{m}$

⑽　題意どおりに⑺・⑻を使った式をつくると

$$0 = R\frac{\Delta I}{\Delta t} + BL\frac{\Delta v}{\Delta t}$$

また，⑼の結果から　　　$\dfrac{\Delta v}{\Delta t} = \dfrac{IBL}{m}$

この 2 式から　　　$0 = R\dfrac{\Delta I}{\Delta t} + BL \times \dfrac{IBL}{m}$

$$\frac{\Delta I}{\Delta t} = -\frac{B^2 L^2}{mR}I$$

⑾　⑽の両辺に $E\Delta t$ を掛けて整理すると　　　$-\dfrac{mRE}{B^2 L^2}\Delta I = EI\Delta t$

⑿　⑾より，短い時間 Δt で電池がする仕事が電流の変化 ΔI だけに比例するので，求める電池がする仕事は，（比例定数）×（この間の電流の変化）である。

$$\left(-\frac{mRE}{B^2 L^2}\right) \times \left(0 - \frac{E - v_0 BL}{R}\right) = \frac{mE(E - v_0 BL)}{B^2 L^2}$$

⒀　運動エネルギーの増加分は，⑹の結果を用いると

$$\frac{1}{2}mv_F{}^2 - \frac{1}{2}mv_0{}^2 = \frac{1}{2}m\left\{\left(\frac{E}{BL}\right)^2 - v_0{}^2\right\}$$

$$= \frac{m(E - v_0 BL)(E + v_0 BL)}{2B^2 L^2}$$

⒁　電池がする仕事は，運動エネルギーの増加と抵抗で消費される電気エ

ネルギーになるので，(12)・(13)の結果を使い

$$\frac{mE(E-v_0BL)}{B^2L^2}-\frac{m(E-v_0BL)(E+v_0BL)}{2B^2L^2}$$

$$=\frac{(2mE-mE-mv_0BL)(E-v_0BL)}{2B^2L^2}$$

$$=\frac{m(E-v_0BL)^2}{2B^2L^2}$$

Ⅱ 解答 問1．(1) $M(R+x)\omega^2$ (2) $\dfrac{MR\omega^2}{k-M\omega^2}$ (3) $(R-y)\omega^2$

(4) $\rho V(R-y)\omega^2$ (5) $\dfrac{(M-\rho V)R\omega^2}{(M-\rho V)\omega^2-k}$ (6) $\dfrac{M}{V}$

問2．(7) $\dfrac{2\alpha}{1-\alpha^2}$ (8) $\dfrac{1}{(1-\alpha)^\gamma}-\dfrac{1}{(1+\alpha)^\gamma}$ (9) $\dfrac{T_0}{(1-\alpha)^{\gamma-1}}$ (10)—ア

◀解　説▶

≪回転するシリンダー内のばねを含む力のつりあいと気体の状態変化≫

問1．(1) 小物体は半径 $(R+x)$ の円運動をしている。角速度 ω から，小物体の向心加速度の大きさは $(R+x)\omega^2$ であり，小物体とともに移動する系から観測される遠心力は円運動の外向きに $M(R+x)\omega^2$ である。

(2) 小物体は(1)の遠心力とばねの弾性力がつりあって静止しているように見えるので，力のつりあいから

$$kx=M(R+x)\omega^2 \qquad x=\frac{MR\omega^2}{k-M\omega^2}$$

(3) 小物体は半径 $(R-y)$ の円運動をしている。したがって，向心加速度は

$$(R-y)\omega^2$$

(4) シリンダーとともに移動する系から観測すると，液体には円運動の外向きの力がはたらき液体中に圧力差が生じる。その結果，重力中の液体に置かれた物体に浮力が発生するのと同じ原理で小物体には円の中心向きの力がはたらく。重力加速度が $(R-y)\omega^2$ となっている場合の液体での浮力と考えればよいので

$$\rho V(R-y)\omega^2$$

(5) 小物体にはたらく力のつりあいから

$$\rho V(R-y)\omega^2 = ky + M(R-y)\omega^2$$

$$y(-\rho V\omega^2 - k + M\omega^2) = (M-\rho V)R\omega^2$$

$$y = \frac{(M-\rho V)R\omega^2}{(M-\rho V)\omega^2 - k}$$

(6) $y=0$ となるのは，(5)の関係式から

$$0 = \frac{(M-\rho V)R\omega^2}{(M-\rho V)\omega^2 - k} \qquad M-\rho V = 0$$

$$\rho = \frac{M}{V}$$

このときに，角速度によらずばねは伸び縮みしない。

問2．(7) 回転させたときのシリンダーで仕切られた中心側の気体の圧力を P_1，外側の気体の圧力を P_2 とする。等温変化なので，それぞれの部分で，ともにボイルの法則が成り立ち

$$P_1(1+\alpha)V_0 = P_0V_0 \qquad P_1 = \frac{1}{1+\alpha}P_0$$

$$P_2(1-\alpha)V_0 = P_0V_0 \qquad P_2 = \frac{1}{1-\alpha}P_0$$

したがって，ピストンに作用する合力の大きさは

$$(P_2 - P_1)S = \left(\frac{1}{1-\alpha} - \frac{1}{1+\alpha}\right)P_0S = \frac{2\alpha}{1-\alpha^2}P_0S$$

(8) 回転させたときのシリンダーで仕切られた中心側の気体の圧力を P_1'，外側の気体の圧力を P_2' とする。断熱変化なので，ともにポアソンの式から

$$P_1'(1+\alpha)^\gamma V_0{}^\gamma = P_0V_0{}^\gamma \qquad P_1' = \frac{1}{(1+\alpha)^\gamma}P_0$$

$$P_2'(1-\alpha)^\gamma V_0{}^\gamma = P_0V_0{}^\gamma \qquad P_2' = \frac{1}{(1-\alpha)^\gamma}P_0$$

したがって，ピストンに作用する合力の大きさは

$$(P_2' - P_1')S = \left\{\frac{1}{(1-\alpha)^\gamma} - \frac{1}{(1+\alpha)^\gamma}\right\}P_0S$$

(9) シリンダーの中心側の気体の断熱変化後の温度を T_2 とすると，ボイル・シャルルの法則より

横浜国立大-理系後期　　　　　　　　　　　　　　　　　2019 年度　物理〈解答〉　*131*

$$\frac{P_0 V_0}{T_0} = \frac{P_2'(1-\alpha) V_0}{T_2} \qquad T_2 = \frac{P_2'(1-\alpha)}{P_0} T_0$$

$$T_2 = \frac{1}{(1-\alpha)^{\gamma-1}} T_0$$

⑽　断熱変化と等温変化の体積変化が等しい場合は，$\gamma > 1$ より，断熱変化のほうが圧力の変化が大きい。したがって，断熱変化のほうが等温変化に比べてピストンにかかる力が大きくなっている。これはピストンにはたらく遠心力が大きくなっているということであるので，角速度は大きくなっている。

❖講　評

　Ⅰ　電流の流れている金属棒が初速度をもって磁場を垂直に移動する問題。初速度が大きければ磁場を横切るときに発生する起電力が電源電圧より大きくなり，反対向きに電流が流れる場合もある。そのときは磁場から受ける力が減速する方向にはたらき，時間がたてば一定の速さになる。本問では加速する向きに力がはたらいているので，誘導起電力は電源電圧より小さい。電池がする仕事については積分の操作を求められるが，短い時間の変化の総和を求めると考えればよい。電池のした仕事は抵抗で消費されるエネルギーと運動エネルギーの増加になる。

　Ⅱ　シリンダーを円運動させてシリンダー内のばね，浮力，気体の状態変化に関して問う問題。問 1 では力学分野の円運動に関する出題であるが，弾性力や浮力の理解も問われている。シリンダー内部では遠心力によって外向きの力が発生し中心からの距離により流体の圧力が変わるので，中心向きに浮力が発生する。このときの浮力は重力によるものではなく遠心力によるものなので，重力加速度ではなく向心加速度に影響される。角速度が変わってもばねの変位が変わらない場合は液体中にあることで物体にはたらく力がつりあっている場合なので，物体と流体の密度が同じ状態である。問 2 は同じく回転による遠心力によってピストンが移動すると同時に気体の状態変化も起こっている。等温変化と断熱変化の違いについても問われている。ポアソンの式の温度と体積の「$TV^{\gamma-1} = $ 一定」の関係も必要になるが，これは与えられた式「$PV^\gamma = $ 一定」から導くことができる。

132 2019年度 化学〈解答〉　　　　横浜国立大-理系後期

■化学■

Ⅰ

解答 問1．(A)—(e) (B)—(i) (C)—(k) (D)—(r) (E)—(n)

問2．①$4CuFeS_2 + 9O_2 \longrightarrow 2Cu_2S + 2Fe_2O_3 + 6SO_2$

③$Al_2O_3 + 2NaOH + 3H_2O \longrightarrow 2Na[Al(OH)_4]$

⑧$Ag_2O + H_2O + 4NH_3 \longrightarrow 2[Ag(NH_3)_2]^+ + 2OH^-$

問3．206 kJ

問4．(1)陽極：$C + O^{2-} \longrightarrow CO + 2e^-$，$C + 2O^{2-} \longrightarrow CO_2 + 4e^-$

陰極：$Al^{3+} + 3e^- \longrightarrow Al$

(2)20.0 トン　(3)9.65×10^4 kAh

問5．NO_2

問6．(1)Ag_2CrO_4　(2)99.7%

問7．(a)$Na_2S_2O_3$　(b)$Na_3[Ag(S_2O_3)_2]$

問8．(1)(ア)$AgCl$ (イ)$BaSO_4$ (ウ)$[Al(OH)_4]^-$

(エ)$[Cu(NH_3)_4]^{2+}$ (オ)$Fe(OH)_3$

(2)—(d)　(3)$[Fe(SCN)_6]^{3-}$

◀解　説▶

≪銅・アルミニウム・銀の性質，熱化学方程式，電気分解，溶解度積，金属イオンの系統分離≫

問1．銅は天然には黄銅鉱 $CuFeS_2$ として産出する。この鉱石から不純物を含む粗銅をつくり，粗銅を電解精錬することによって製造される。電解精錬では粗銅を陽極，純銅を陰極にして，硫酸銅(Ⅱ)水溶液で電気分解する。陽極では粗銅中の不純物のうち，Cu よりイオン化傾向の大きい金属（Fe，Ni など）は Cu とともに陽イオンとして溶出し，水溶液中に含まれる。このうち，Cu はイオン化傾向が最も小さいので，陰極で優先的に還元され，$Cu^{2+} + 2e^- \longrightarrow Cu$ の反応で単体となって析出するため，陰極では純度の高い純銅が得られる。一方，Cu よりイオン化傾向の小さい金属（Ag，Au など）は陽イオンにならず単体のまま陽極の下に沈殿し，陽極泥となる。

横浜国立大-理系後期　　　　　　　　　　　　　　　　2019 年度　化学〈解答〉　133

　　アルミニウムは天然にはボーキサイト $Al_2O_3 \cdot nH_2O$ として産出する。
まず鉱石を製錬してアルミニウムを取り出すには，アルミニウムの両性元
素としての性質を利用する。ボーキサイト中の不純物 Fe_2O_3 や SiO_2 は強
塩基の水溶液とは反応しないが，酸化アルミニウム Al_2O_3 は両性酸化物
のため強塩基の水溶液に錯イオンとなって溶解するので，溶液をろ過する
ことで Al 分のみを取り出すことができる。このろ液を処理して，水酸化
アルミニウム $Al(OH)_3$ の沈殿とし，これを熱分解して純粋なアルミナ
Al_2O_3 を得る。アルミニウムはイオン化傾向の大きい金属なので，アルミ
ニウム塩の水溶液を電気分解しても水素が発生するだけで金属の単体は析
出しない。そこで，アルミニウム塩を高温で融解させて炭素電極を用いて
溶融塩電解（融解塩電解）を行う。しかし，アルミナは融点が高いので，
氷晶石 Na_3AlF_6 を少しずつ加えながら融点を下げ溶融させて電気分解を
行う。

問 2．① 黄銅鉱 $CuFeS_2$ を酸素不十分で酸化すると，銅は酸素よりも
硫黄のほうが親和性が高いので硫化銅（Ⅰ）Cu_2S として分離され，黄銅鉱
の一部が酸化されて SO_2 となる。また，鉄は Fe_2O_3 となる。

③ 酸化アルミニウム（アルミナ）Al_2O_3 は，両性酸化物なので強塩基の
水溶液と反応して錯イオンの，テトラヒドロキシドアルミン酸イオン
$[Al(OH)_4]^-$ を生成する。

⑧ 褐色沈殿である酸化銀（Ⅰ）Ag_2O に，アンモニア水を過剰に加える
と錯イオンのジアンミン銀（Ⅰ）イオン $[Ag(NH_3)_2]^+$ が生じる。

問 3．Cu_2S から Cu を生成するときの反応は，次の通りである。

　　　　$Cu_2S + O_2 \longrightarrow 2Cu + SO_2$

この反応の反応熱は，問題文中の熱化学方程式より

$$Cu_2S(固) + \frac{3}{2}O_2(気) = Cu_2O(固) + SO_2(気) + 389\,kJ \quad \cdots\cdots ①$$

$$2Cu_2O(固) + Cu_2S(固) = 6Cu(固) + SO_2(気) - 160\,kJ \quad \cdots\cdots ②$$

（①×2＋②）÷3 により，$1.00\,mol$ あたりの Cu_2S の反応熱が求められる。

$$\frac{389 \times 2 - 160}{3} = 206\,kJ$$

問 4．⑵ Al_2O_3 含有率 51.0％のボーキサイト x トンから，アルミニウ
ム 5.40 トンが得られるとする。Al 原子に着目すると，$1\,mol$ の Al_2O_3 か

ら 2 mol の Al が得られ，1 トン＝10^3〔kg〕＝10^6〔g〕より，次の関係式が成り立つ。

$$\frac{x \times 10^6 \times \dfrac{51.0}{100}}{102} \times 2 = \frac{5.40 \times 10^6}{27.0}$$

∴　$x = 20.0$ トン

(1)・(3)　陰極では，Al^{3+} が還元されて，e^-：Al＝3：1 でアルミニウムの単体が析出する。

$$Al^{3+} + 3e^- \longrightarrow Al$$

1 時間＝3.60×10^3 s で，電気量〔C〕＝電流〔A〕×時間〔s〕より，アルミニウム 32.4 トンを回収するときに必要な理論電気量〔kAh〕は，1〔Ah〕＝3.60×10^3〔C〕であるから

$$\frac{\dfrac{32.4 \times 10^6}{27.0} \times 3 \times 9.65 \times 10^4}{3.60 \times 10^3} = \frac{3.60 \times 10^6 \times 9.65 \times 10^4}{3.60 \times 10^3}$$

$$= 9.65 \times 10^7 \,\text{〔Ah〕}$$

$$= 9.65 \times 10^4 \,\text{〔kAh〕}$$

問 5．銀は，塩酸や希硫酸とは反応しないが，酸化力のある酸とは反応する。銀は濃硝酸と反応して，赤褐色の気体である二酸化窒素 NO_2 を生じる。

$$Ag + 2HNO_3 \longrightarrow AgNO_3 + NO_2 + H_2O$$

問 6．(1)　Cl^-，Br^-，$CrO_4{}^{2-}$ の各陰イオン濃度がそれぞれ問題文中に与えられている値のとき，各沈殿が生じ始めるときの銀イオン濃度 $[Ag^+]$ を求める。

AgCl：

$$[Ag^+] = \frac{1.80 \times 10^{-10}}{[Cl^-]} = \frac{1.80 \times 10^{-10}}{1.00 \times 10^{-1}} = 1.80 \times 10^{-9} \,\text{〔mol/L〕}$$

AgBr：

$$[Ag^+] = \frac{5.40 \times 10^{-13}}{[Br^-]} = \frac{5.40 \times 10^{-13}}{1.00 \times 10^{-1}} = 5.40 \times 10^{-12} \,\text{〔mol/L〕}$$

Ag_2CrO_4：

$$[Ag^+] = \sqrt{\frac{2.00 \times 10^{-12}}{[CrO_4{}^{2-}]}} = \sqrt{\frac{2.00 \times 10^{-12}}{1.00 \times 10^{-2}}} = \sqrt{2} \times 10^{-5} \,\text{〔mol/L〕}$$

以上より，Ag^+ を徐々に添加したとき，はじめに沈殿し始めるのは $AgBr$，次に $AgCl$，最後に沈殿するのは Ag_2CrO_4 とわかる。

(2)　2番目の沈殿物である $AgCl$ が沈殿し始めたときの銀イオン濃度は，上記より

$$[Ag^+]=1.80\times10^{-9}\,[mol/L]$$

このとき，最初の沈殿物である $AgBr$ において水溶液中の臭化物イオン $[Br^-]$ は

$$[Br^-]=\frac{5.40\times10^{-13}}{[Ag^+]}=\frac{5.40\times10^{-13}}{1.80\times10^{-9}}=3.00\times10^{-4}\,[mol/L]$$

ゆえに，臭化物イオンの沈殿する割合は，$1-$（溶液中に残留している Br^- の割合）より

$$1-\frac{3.00\times10^{-4}}{1.00\times10^{-1}}=0.997$$

$$\therefore\quad 99.7\%$$

問7．銀イオン Ag^+ は，チオ硫酸イオン $S_2O_3{}^{2-}$ を加えると，無色で直線形の錯イオン $[Ag(S_2O_3)_2]^{3-}$ を生じる。

$$Ag^++2S_2O_3{}^{2-}\longrightarrow[Ag(S_2O_3)_2]^{3-}$$

問8．(1)・(2)　沈殿(ア)：$Ag^++Cl^-\longrightarrow AgCl$（白色沈殿）

沈殿(イ)：$Ba^{2+}+SO_4{}^{2-}\longrightarrow BaSO_4$（白色沈殿）

ろ液(ウ)：$Al^{3+}+4OH^-\longrightarrow[Al(OH)_4]^-$（無色溶液）

操作(Ⅳ)で $Cu(OH)_2$ と $Fe(OH)_3$ の沈殿を溶解させたのち，過剰のアンモニア水を加えることで，Cu は NH_3 分子と錯イオン形成して溶解し，Fe は NH_3 や OH^- とは錯イオンを形成せず沈殿のままとなるので，分離することができる。

ろ液(エ)：$Cu(OH)_2+4NH_3$

$$\longrightarrow 2OH^-+[Cu(NH_3)_4]^{2+}$$（深青色溶液）

沈殿(オ)：$Fe(OH)_3$（赤褐色沈殿）

(3)　鉄(Ⅲ)イオン Fe^{3+} は，6配位結合して錯イオンを形成しやすいが，チオシアン酸イオン SCN^- との場合，配位数が不定数である（$[Fe(SCN)_n]^{3-n}$ ($1\leqq n\leqq6$)）。ここでは，6配位しているものとして錯イオンのイオン式 $[Fe(SCN)_6]^{3-}$ を記した。

136 2019 年度　化学〈解答〉　　　　　　　　　　横浜国立大-理系後期

Ⅱ **解答** 問 1．(1)

$$\mathrm{\underset{H}{\overset{H}{>}}C=C\underset{Cl}{\overset{H}{<}}}$$

重合反応の種類：付加重合

(2) 1.2×10^3　(3)—(a)・(d)

(4)名称：低密度ポリエチレン　　略号：LDPE

名称：高密度ポリエチレン　　略号：HDPE

(5) $n\mathrm{HO-(CH_2)_2-OH} + n\mathrm{HO-\underset{O}{\overset{}{C}}-}$⬡$\mathrm{-\underset{O}{\overset{}{C}}-OH}$

$\longrightarrow \mathrm{H}\left[\mathrm{O-(CH_2)_2-O-\underset{O}{\overset{}{C}}-}⬡\mathrm{-\underset{O}{\overset{}{C}}}\right]_n\mathrm{OH} + (2n-1)\mathrm{H_2O}$

(6)—(b)・(c)

問 2．(1)—(c)・(f)

(2)

$$\mathrm{\underset{CH_2-\underset{O}{\overset{}{C}}-OH}{CH_2-\underset{}{\overset{O}{C}}-OH}} \longrightarrow \mathrm{\underset{CH_2}{\overset{CH_2}{|}}\underset{\underset{O}{\overset{}{C}}}{\overset{\overset{O}{\overset{}{C}}}{}}O} + \mathrm{H_2O}$$

(3) $\mathrm{C_{20}H_{12}N_2O_2}$　(4) $1.5\,\mathrm{g}$

問 3．(1)—(f)

(2)熱や圧力により元の単量体に戻し（15字以内）

(3)(i) $\mathrm{\{CH_2-CH_2\}_n} + 3n\mathrm{O_2} \longrightarrow 2n\mathrm{CO_2} + 2n\mathrm{H_2O}$

(ii)ポリエチレン：71 mol　PET：52 mol　(iii)1.5 倍

◀解　説▶

≪合成樹脂，有機化合物の反応と性質，リサイクル≫

問 1．(1)　炭素間二重結合をもつ単量体は，付加重合により高分子化合物
となる。

(2)　ポリ塩化ビニルの構造式は右の通りで，平均重合度
を n とすると，平均分子量は $62.5n$ で表される。平均　$\mathrm{\left[CH_2-\underset{Cl}{\overset{}{CH}}\right]_n}$

分子量が 7.50×10^4 のとき，平均重合度 n は

　　　$62.5n = 7.50 \times 10^4$

　∴　$n = 1.2 \times 10^3$

(3)　(a)・(d)　ポリスチレンは，繰り返し単位構造にベンゼン環を有するた

め，硬い性質をもつ高分子化合物である。また，気泡を含ませてできたポリスチレンを発泡スチロールといい，断熱材や衝撃吸収材料として利用されている。

(b) 耐薬品性および難燃性に優れていて，硬質のものは水道管に，軟質のものは電線被覆などに用いられるこの合成樹脂は，ポリ塩化ビニルである。

(c) 光の透過性に優れ硬く有機ガラスとも呼ばれ，光ファイバーとしても利用されるこの合成樹脂は，ポリメタクリル酸メチルである。

(4) ポリエチレンは，重合反応の条件により低密度ポリエチレン（LDPE）と高密度ポリエチレン（HDPE）とに分けられる。前者は，枝分かれが多く，結晶領域が少なく低密度のため，柔軟で強度が小さいが光の透過性が高く，透明なポリ袋などに用いられる。一方，後者は，分子が密に並んだ結晶領域が多く高密度のため，軟化点も高く，強度も大きいが，光の透過性が低く乳白色で，ポリ容器などに用いられる。

(5) 末端の H と OH を省略した場合，その分を水の係数部分に加えるため，下記のように反応式が変わる。混同しないように注意する必要がある。

$$n\mathrm{HO-(CH_2)_2-OH} + n\mathrm{HO-\underset{O}{C}-\!\!\!\!\langle\!\!\!\rangle\!\!\!\!-\underset{O}{C}-OH}$$

$$\longrightarrow \left[\mathrm{O-(CH_2)_2-O-\underset{O}{C}-\!\!\!\!\langle\!\!\!\rangle\!\!\!\!-\underset{O}{C}}\right]_n + 2n\mathrm{H_2O}$$

(6) (a)～(e)のそれぞれの試薬を反応させて得られる生成物は以下の通りである。PET と同じくエステル結合をもつのは，(b)・(c)である。

(a)

p-ヒドロキシアゾベンゼン
（p-フェニルアゾフェノール）

(b)

アセチルサリチル酸

(c)

$$CH_2-O-\overset{\overset{O}{\|}}{C}-C_{15}H_{31}$$
$$CH-O-\overset{\overset{O}{\|}}{C}-C_{15}H_{31}$$
$$CH_2-O-\overset{\overset{O}{\|}}{C}-C_{15}H_{31}$$

グリセリンとパルミチン酸
3分子からなる油脂

(d)

$$\overset{N-\overset{\overset{O}{\|}}{C}-CH_3}{\underset{H}{\,}}$$

アセトアニリド

(e)

1,2-ジブロモシクロヘキサン

問2．(1)(c) 誤り。安息香酸は強酸性ではなく，弱酸性を示す。

(f) 誤り。マレイン酸とフマル酸は鏡像異性体の関係ではなく，幾何異性体の関係である。

(2) 2つのカルボキシ基から水1分子がとれた形の化合物を酸無水物という。

(3) 有機色素2は，炭素C数が20，窒素N数が2，酸素O数が2と数えられ，飽和結合している化合物 $C_nH_mN_lO_k$ の水素H数 m は

$$m = 2n + 2 + l = 2 \times 20 + 2 + 2 = 44$$

また，有機色素2の化合物内の不飽和度 $U = 16$ である。上記の水素H数から不飽和度の分だけ引くと，有機色素2の水素H数が求まる。

$$44 - 2 \times 16 = 12$$

したがって，有機色素2の分子式は $C_{20}H_{12}N_2O_2$

(4) 化合物1を出発物質としているので，化合物2は1分子の化合物1から合成できると考えられる。必要な化合物1を x〔g〕とすると

$$\frac{x}{118} \times \frac{25}{100} \times 312 = 1.00 〔g〕$$

∴ $x = 1.51 \fallingdotseq 1.5$〔g〕

問3．(1)・(2) プラスチックのリサイクル方法として，マテリアルリサイ

クル，ケミカルリサイクル，サーマルリサイクルがある。マテリアルリサイクルは，製品を回収・選別し，粉砕して洗浄・乾燥したのち，溶融して成形し次の製品を作る手法である。ケミカルリサイクルは，製品を回収し，熱や圧力を加えて元の単量体や，その他の低分子化合物に変えてから，化学工業の材料として再利用する手法である。

(3) (i)・(ii) サーマルリサイクルは，回収した製品の多くを，粉砕して固形（ペレット）化したり，粉体・ガス化してから，他の可燃ゴミと共に焼却して，その燃焼熱を回収し，発電などに再利用する手法である。ポリエチレンおよび PET 1 mol の完全燃焼により排出される二酸化炭素はそれぞれ $2n$〔mol〕，$10n$〔mol〕である。ポリエチレンと PET のそれぞれ 1.00 kg あたりの燃焼に伴って排出される二酸化炭素は

$$\text{ポリエチレン}：\frac{1.00\times10^3}{28n}\times2n=71.4\fallingdotseq71\text{〔mol〕}$$

$$\text{PET}：\frac{1.00\times10^3}{192n}\times10n=52.0\fallingdotseq52\text{〔mol〕}$$

(iii) ポリエチレンと PET を燃焼させて，同じ熱量 Q〔J〕を得る場合を考える。Q〔J〕の熱量を得るために必要なポリエチレンおよび PET の質量は

$$\text{ポリエチレン}：1.00\times10^3\times\frac{Q}{46.0\times10^6}\text{〔g〕}$$

$$\text{PET}：1.00\times10^3\times\frac{Q}{23.0\times10^6}\text{〔g〕}$$

(ii)で求めた 1.00×10^3 g あたり発生する二酸化炭素量を掛けて，同じ熱量 Q〔J〕を得る場合に発生する CO_2 の物質量を求めると

$$\text{ポリエチレン}：\frac{1.00\times10^3\times Q}{46.0\times10^6}\times\frac{71.4}{1.00\times10^3}=\frac{71.4Q}{46.0\times10^6}\text{〔mol〕}$$

$$\text{PET}：\frac{1.00\times10^3\times Q}{23.0\times10^6}\times\frac{52.0}{1.00\times10^3}=\frac{52.0Q}{23.0\times10^6}\text{〔mol〕}$$

よって，ポリエチレンの CO_2 に対する PET の CO_2 は

$$\frac{\dfrac{52.0Q}{23.0\times10^6}}{\dfrac{71.4Q}{46.0\times10^6}}=\frac{52.0\times2}{71.4}=1.45\fallingdotseq1.5\text{ 倍}$$

別解 与えられた発熱量より，同じ熱量を発生するのに必要な PET の質量は，ポリエチレンの $\dfrac{46.0\times10^6}{23.0\times10^6}=2.00$ 倍である。

(ii)より，同じ質量の PET から発生する CO_2 の量はポリエチレンの $\dfrac{52.1}{71.4}$ 倍であるから，同じ発熱量のとき，PET の CO_2 の量は，ポリエチレンの

$$\dfrac{52.1}{71.4}\times2.00=1.45\fallingdotseq1.5 \text{ 倍}$$

❖講 評

　試験時間は 2 科目 120 分。大問 2 題の出題である。難易度は基本～やや難レベルで，深い知識を求められる設問もあった。2019 年度は例年通り，理論・無機・有機の各分野から偏りなく出題された。また有機分野においては，高分子に重きを置いた出題であった。論述問題は 2019 年度も出題されていない。

　Ⅰ　問 1・問 5 では銅・アルミニウムの製錬と銀の性質について基本的な知識が問われた。問 2 の黄銅鉱から硫化銅（Ⅰ）を生成する反応を化学反応式で記すのは，正答率が低いと思われる。問 3 では単純にヘスの法則を用いる問題だが，Cu_2S 1.00 mol あたりへの換算を忘れやすい。問 4 では理論電気量（kAh）といった慣れない単位を扱うため，戸惑った受験生も多かったと思われるが，単位に注目すれば解きやすい。問 6 は基本的な溶解度積の計算問題であった。問 7・問 8 は金属イオンの沈殿・錯イオン化の問題で，平易な問題もある一方，Ag^+ と $S_2O_3^{2-}$ の錯イオンの化学式や，Fe^{3+} と SCN^- の錯イオンの化学式を記すなど，差がつきやすい問題も出題された。

　Ⅱ　問 1 で出題された合成樹脂は，どれも基本的で見慣れたものであったため必ず正答したい。問 2 は見慣れない化合物ではあったが，基本的な知識であったため正答しやすい。(4)の収量計算は，反応に関するヒントが与えられておらず，意図を読み取りにくく正答しにくかったと思われる。問 3 はリサイクルに関する出題で，対策が手薄になりがちな分野ではあるが，近年出題が増えつつあるため理解しておく必要がある。(3)(iii)の計算は，題意を読み解くのが簡単ではなかったと思われる。

MEMO

MEMO

教学社 刊行一覧

2024年版 大学入試シリーズ（赤本）
国公立大学（都道府県順）

378大学555点 全都道府県を網羅

全国の書店で取り扱っています。店頭にない場合は、お取り寄せができます。

1 北海道大学（文系－前期日程）	62 新潟大学（人文・教育〈文系〉・法・経済科・医〈看護〉・創生学部）	115 神戸大学（理系－前期日程）医
2 北海道大学（理系－前期日程）医	63 新潟大学（教育〈理系〉・理・医〈看護を除く〉・歯・工・農学部）医	116 神戸大学（後期日程）
3 北海道大学（後期日程）		117 神戸市外国語大学 DL
4 旭川医科大学（医学部〈医学科〉）医	64 新潟県立大学	118 兵庫県立大学（国際商経・社会情報科・看護学部）
5 小樽商科大学	65 富山大学（文系）	119 兵庫県立大学（工・理・環境人間学部）
6 帯広畜産大学	66 富山大学（理系）医	120 奈良教育大学／奈良県立大学
7 北海道教育大学	67 富山県立大学	121 奈良女子大学
8 室蘭工業大学／北見工業大学	68 金沢大学（文系）	122 奈良県立医科大学（医学部〈医学科〉）医
9 釧路公立大学	69 金沢大学（理系）医	123 和歌山大学
10 公立千歳科学技術大学	70 福井大学（教育・医〈看護〉・工・国際地域学部）	124 和歌山県立医科大学（医・薬学部）医
11 公立はこだて未来大学 総推	71 福井大学（医学部〈医学科〉）医	125 鳥取大学医
12 札幌医科大学（医学部）医	72 福井県立大学	126 公立鳥取環境大学
13 弘前大学医	73 山梨大学（教育・医〈看護〉・工・生命環境学部）	127 島根大学医
14 岩手大学	74 山梨大学（医学部〈医学科〉）医	128 岡山大学（文系）
15 岩手県立大学・盛岡短期大学部・宮古短期大学部	75 都留文科大学	129 岡山大学（理系）医
16 東北大学（文系－前期日程）	76 信州大学（文系－前期日程）	130 岡山県立大学
17 東北大学（理系－前期日程）医	77 信州大学（理系－前期日程）医	131 広島大学（文系－前期日程）
18 東北大学（後期日程）	78 信州大学（後期日程）	132 広島大学（理系－前期日程）医
19 宮城教育大学	79 公立諏訪東京理科大学 総推	133 広島大学（後期日程）
20 宮城大学	80 岐阜大学（前期日程）医	134 尾道市立大学 総推
21 秋田大学医	81 岐阜大学（後期日程）	135 県立広島大学
22 秋田県立大学	82 岐阜薬科大学	136 広島市立大学
23 国際教養大学 総推	83 静岡大学（前期日程）	137 福山市立大学 総推
24 山形大学医	84 静岡大学（後期日程）	138 山口大学（人文・教育〈文系〉・経済・医〈看護〉・国際総合科学部）
25 福島大学	85 浜松医科大学（医学部〈医学科〉）医	139 山口大学（教育〈理系〉・理・医〈看護を除く〉・工・農・共同獣医学部）医
26 会津大学	86 静岡県立大学	140 山陽小野田市立山口東京理科大学 総推
27 福島県立医科大学（医・保健科学部）医	87 静岡文化芸術大学	141 下関市立大学／山口県立大学
28 茨城大学（文系）	88 名古屋大学（文系）	142 徳島大学医
29 茨城大学（理系）	89 名古屋大学（理系）医	143 香川大学医
30 筑波大学（推薦入試）医 総推	90 愛知教育大学	144 愛媛大学医
31 筑波大学（前期日程）医	91 名古屋工業大学	145 高知大学医
32 筑波大学（後期日程）	92 愛知県立大学	146 高知工科大学
33 宇都宮大学	93 名古屋市立大学（経済・人文社会・芸術工・看護・総合生命理・データサイエンス学部）	147 九州大学（文系－前期日程）
34 群馬大学医		148 九州大学（理系－前期日程）医
35 群馬県立女子大学	94 名古屋市立大学（医学部）医	149 九州大学（後期日程）
36 高崎経済大学	95 名古屋市立大学（薬学部）	150 九州工業大学
37 前橋工科大学	96 三重大学（人文・教育・医〈看護〉学部）	151 福岡教育大学
38 埼玉大学（文系）	97 三重大学（医〈医〉・工・生物資源学部）医	152 北九州市立大学
39 埼玉大学（理系）	98 滋賀大学	153 九州歯科大学
40 千葉大学（文系－前期日程）	99 滋賀医科大学（医学部〈医学科〉）医	154 福岡県立大学／福岡女子大学
41 千葉大学（理系－前期日程）医	100 滋賀県立大学	155 佐賀大学医
42 千葉大学（後期日程）医	101 京都大学（文系）	156 長崎大学（多文化社会・教育〈文系〉・経済・医〈保健〉・環境科〈文系〉学部）
43 東京大学（文科）DL	102 京都大学（理系）医	
44 東京大学（理科）DL 医	103 京都教育大学	157 長崎大学（教育〈理系〉・医〈医〉・歯・薬・情報データ科・工・環境科〈理系〉・水産学部）医
45 お茶の水女子大学	104 京都工芸繊維大学	
46 電気通信大学	105 京都府立大学	158 長崎県立大学
47 東京医科歯科大学医	106 京都府立医科大学（医学部〈医学科〉）医	159 熊本大学（文・教育・法・医〈看護〉学部）
48 東京外国語大学 DL	107 大阪大学（文系）DL	160 熊本大学（理・医〈看護を除く〉・薬・工学部）医
49 東京海洋大学	108 大阪大学（理系）医	
50 東京学芸大学	109 大阪教育大学	161 熊本県立大学
51 東京藝術大学	110 大阪公立大学（現代システム科学域〈文系〉・文・法・経済・商・看護・生活科〈居住環境・人間福祉〉学部－前期日程）	162 大分大学（教育・経済・医〈看護〉・理工・福祉健康科学部）
52 東京工業大学		
53 東京農工大学		163 大分大学（医学部〈医学科〉）医
54 一橋大学（前期日程）DL	111 大阪公立大学（現代システム科学域〈理系〉・理・工・農・獣医・医・生活科〈食栄養〉学部－前期日程）医	164 宮崎大学（教育・医〈看護〉・工・農・地域資源創成学部）
55 一橋大学（後期日程）		
56 東京都立大学（文系）	112 大阪公立大学（中期日程）	165 宮崎大学（医学部〈医学科〉）医
57 東京都立大学（理系）	113 大阪公立大学（後期日程）	166 鹿児島大学（文系）
58 横浜国立大学（文系）	114 神戸大学（文系－前期日程）	167 鹿児島大学（理系）医
59 横浜国立大学（理系）		168 琉球大学医
60 横浜市立大学（国際教養・国際商・理・データサイエンス・医〈看護〉学部）		
61 横浜市立大学（医学部〈医学科〉）医		

2024年版　大学入試シリーズ（赤本）
国公立大学 その他

169	〔国公立大〕医学部医学科 総合型選抜・学校推薦型選抜 医総推
170	看護・医療系大学〈国公立 東日本〉
171	看護・医療系大学〈国公立 中日本〉
172	看護・医療系大学〈国公立 西日本〉
173	海上保安大学校／気象大学校
174	航空保安大学校
175	国立看護大学校
176	防衛大学校 総推
177	防衛医科大学校（医学科）医
178	防衛医科大学校（看護学科）

※No.169～172の収載大学は赤本ウェブサイト（http://akahon.net/）でご確認ください。

私立大学①

北海道の大学（50音順）
- 201 札幌大学
- 202 札幌学院大学
- 203 北星学園大学・短期大学部
- 204 北海学園大学
- 205 北海道医療大学
- 206 北海道科学大学
- 207 北海道武蔵女子大学・短期大学
- 208 酪農学園大学（獣医学群〈獣医学類〉）

東北の大学（50音順）
- 209 岩手医科大学（医・歯・薬学部）医
- 210 仙台大学 総推
- 211 東北医科薬科大学（医・薬学部）医
- 212 東北学院大学
- 213 東北工業大学
- 214 東北福祉大学
- 215 宮城学院女子大学 総推

関東の大学（50音順）
あ行（関東の大学）
- 216 青山学院大学（法・国際政治経済学部－個別学部日程）
- 217 青山学院大学（経済学部－個別学部日程）
- 218 青山学院大学（経営学部－個別学部日程）
- 219 青山学院大学（文・教育人間科学部－個別学部日程）
- 220 青山学院大学（総合文化政策・社会情報・地球社会共生・コミュニティ人間科学部－個別学部日程）
- 221 青山学院大学（理工学部－個別学部日程）
- 222 青山学院大学（全学部日程）
- 223 麻布大学（獣医、生命・環境科学部）
- 224 亜細亜大学
- 225 跡見学園女子大学
- 226 桜美林大学
- 227 大妻女子大学・短期大学部

か行（関東の大学）
- 228 学習院大学（法学部－コア試験）
- 229 学習院大学（経済学部－コア試験）
- 230 学習院大学（文学部－コア試験）
- 231 学習院大学（国際社会科学部－コア試験）
- 232 学習院大学（理学部－コア試験）
- 233 学習院女子大学
- 234 神奈川大学（給費生試験）
- 235 神奈川大学（一般入試）
- 236 神奈川工科大学
- 237 鎌倉女子大学・短期大学部
- 238 川村学園女子大学
- 239 神田外語大学
- 240 関東学院大学
- 241 北里大学（理学部）
- 242 北里大学（医学部）医
- 243 北里大学（薬学部）
- 244 北里大学（看護・医療衛生学部）
- 245 北里大学（未来工・獣医・海洋生命科学部）
- 246 共立女子大学・短期大学
- 247 杏林大学（医学部）医
- 248 杏林大学（保健学部）
- 249 群馬医療福祉大学・短期大学部 新
- 250 群馬パース大学 総推

- 251 慶應義塾大学（法学部）
- 252 慶應義塾大学（経済学部）
- 253 慶應義塾大学（商学部）
- 254 慶應義塾大学（文学部）総推
- 255 慶應義塾大学（総合政策学部）
- 256 慶應義塾大学（環境情報学部）
- 257 慶應義塾大学（理工学部）
- 258 慶應義塾大学（医学部）医
- 259 慶應義塾大学（薬学部）
- 260 慶應義塾大学（看護医療学部）
- 261 工学院大学
- 262 國學院大學
- 263 国際医療福祉大学 医
- 264 国際基督教大学
- 265 国士舘大学
- 266 駒澤大学（一般選抜T方式・S方式）
- 267 駒澤大学（全学部統一日程選抜）

さ行（関東の大学）
- 268 埼玉医科大学（医学部）医
- 269 相模女子大学・短期大学部
- 270 産業能率大学
- 271 自治医科大学（医学部）医
- 272 自治医科大学（看護学部）／東京慈恵会医科大学（医学部〈看護学科〉）
- 273 実践女子大学 総推
- 274 芝浦工業大学（前期日程〈英語資格・検定試験利用方式を含む〉）
- 275 芝浦工業大学（全学統一日程〈英語資格・検定試験利用方式を含む〉・後期日程）
- 276 十文字学園女子大学
- 277 淑徳大学
- 278 順天堂大学（医学部）医
- 279 順天堂大学（スポーツ健康科・医療看護・保健看護・国際教養・保健医療・医療科・健康データサイエンス学部）総推
- 280 城西国際大学 新
- 281 上智大学（神・文・総合人間科学部）
- 282 上智大学（法・経済学部）
- 283 上智大学（外国語・総合グローバル学部）
- 284 上智大学（理工学部）
- 285 上智大学（TEAPスコア利用方式）
- 286 湘南工科大学
- 287 昭和大学（医学部）医
- 288 昭和大学（歯・薬・保健医療学部）
- 289 昭和女子大学
- 290 昭和薬科大学
- 291 女子栄養大学・短期大学部
- 292 白百合女子大学
- 293 成蹊大学（法学部－A方式）
- 294 成蹊大学（経済・経営学部－A方式）
- 295 成蹊大学（文学部－A方式）
- 296 成蹊大学（理工学部－A方式）
- 297 成蹊大学（E方式・G方式・P方式）
- 298 成城大学（経済・社会イノベーション学部－A方式）
- 299 成城大学（文芸・法学部－A方式）
- 300 成城大学（S方式〈全学部統一選抜〉）
- 301 聖心女子大学
- 302 清泉女子大学

- 303 聖徳大学・短期大学部
- 304 聖マリアンナ医科大学 医
- 305 聖路加国際大学（看護学部）
- 306 専修大学（スカラシップ・全国入試）
- 307 専修大学（学部個別入試）
- 308 専修大学（全学部統一入試）

た行（関東の大学）
- 309 大正大学
- 310 大東文化大学
- 311 高崎健康福祉大学 総推
- 312 拓殖大学
- 313 玉川大学
- 314 多摩美術大学
- 315 千葉工業大学
- 316 千葉商科大学
- 317 中央大学（法学部－学部別選抜）
- 318 中央大学（経済学部－学部別選抜）
- 319 中央大学（商学部－学部別選抜）
- 320 中央大学（文学部－学部別選抜）
- 321 中央大学（総合政策学部－学部別選抜）
- 322 中央大学（国際経営・国際情報学部－学部別選抜）
- 323 中央大学（理工学部－学部別選抜）
- 324 中央大学（6学部共通選抜）
- 325 中央学院大学
- 326 津田塾大学
- 327 帝京大学（薬・経済・法・文・外国語・教育・理工・医療技術・福岡医療技術学部）
- 328 帝京大学（医学部）医
- 329 帝京科学大学 総推
- 330 帝京平成大学 総推
- 331 東海大学（医〈医〉学部を除く一般選抜）
- 332 東海大学（文系・理系学部統一選抜）
- 333 東海大学（医学部〈医学科〉）医
- 334 東京医科大学（医学部〈医学科〉）医
- 335 東京家政大学・短期大学部 総推
- 336 東京経済大学
- 337 東京工科大学
- 338 東京工芸大学
- 339 東京国際大学
- 340 東京歯科大学
- 341 東京慈恵会医科大学（医学部〈医学科〉）医
- 342 東京情報大学
- 343 東京女子大学
- 344 東京女子医科大学（医学部）医
- 345 東京電機大学
- 346 東京都市大学
- 347 東京農業大学
- 348 東京薬科大学（薬学部）総推
- 349 東京薬科大学（生命科学部）総推
- 350 東京理科大学（理学部〈第一部〉－B方式）
- 351 東京理科大学（創域理工学部－B方式・S方式）
- 352 東京理科大学（工学部－B方式）
- 353 東京理科大学（先進工学部－B方式）
- 354 東京理科大学（薬学部－B方式）
- 355 東京理科大学（経営学部－B方式）
- 356 東京理科大学（C方式、グローバル方式、理学部〈第二部〉－B方式）

2024年版　大学入試シリーズ（赤本）
私立大学②

357 東邦大学（医学部） 医
358 東邦大学（薬学部）
359 東邦大学（理・看護・健康科学部）
360 東洋大学（文・経済・経営・法・社会・国際・国際観光学部）
361 東洋大学（情報連携・福祉社会デザイン・健康スポーツ科・理工・総合情報・生命科・食環境科学部）
362 東洋大学（英語〈3日程×3カ年〉） 新
363 東洋大学（国語〈3日程×3カ年〉） 新
364 東洋大学（日本史・世界史〈2日程×3カ年〉） 新
365 東洋英和女学院大学
366 常磐大学・短期大学 総
367 獨協大学
368 獨協医科大学（医学部） 医

な行（関東の大学）
369 二松学舎大学
370 日本大学（法学部）
371 日本大学（経済学部）
372 日本大学（商学部）
373 日本大学（文理学部〈文系〉）
374 日本大学（文理学部〈理系〉）
375 日本大学（芸術学部）
376 日本大学（国際関係学部）
377 日本大学（危機管理・スポーツ科学部）
378 日本大学（理工学部）
379 日本大学（生産工・工学部）
380 日本大学（生物資源科学部）
381 日本大学（医学部） 医
382 日本大学（歯・松戸歯学部）
383 日本大学（薬学部）
384 日本大学（医学部を除く-N全学統一方式）
385 日本医科大学 医
386 日本工業大学
387 日本歯科大学
388 日本社会事業大学 新 推
389 日本獣医生命科学大学
390 日本女子大学
391 日本体育大学

は行（関東の大学）
392 白鷗大学（学業特選抜・一般選抜）
393 フェリス女学院大学
394 文教大学
395 法政大学（法〈法律・政治〉・国際文化・キャリアデザイン学部-A方式）
396 法政大学（法〈国際政治〉・文・経営・人間環境・グローバル教養学部-A方式）
397 法政大学（経済・社会・現代福祉・スポーツ健康学部-A方式）
398 法政大学（情報科・デザイン工・理工・生命科学部-A方式）
399 法政大学（T日程〈統一日程〉・英語外部試験利用入試）
400 星薬科大学 総 推

ま行（関東の大学）
401 武蔵大学
402 武蔵野大学
403 武蔵野美術大学
404 明海大学
405 明治大学（法学部-学部別入試）
406 明治大学（政治経済学部-学部別入試）
407 明治大学（商学部-学部別入試）
408 明治大学（経営学部-学部別入試）
409 明治大学（文学部-学部別入試）
410 明治大学（国際日本学部-学部別入試）
411 明治大学（情報コミュニケーション学部-学部別入試）
412 明治大学（理工学部-学部別入試）

413 明治大学（総合数理学部-学部別入試）
414 明治大学（農学部-学部別入試）
415 明治大学（全学部統一入試）
416 明治学院大学（A日程）
417 明治学院大学（全学部日程）
418 明治薬科大学 総
419 明星大学
420 目白大学・短期大学部

ら・わ行（関東の大学）
421 立教大学（文系学部-一般入試〈大学独自の英語を課さない日程〉）
422 立教大学（国語〈3日程×3カ年〉）
423 立教大学（日本史・世界史〈2日程×3カ年〉）
424 立教大学（文学部-一般入試〈大学独自の英語を課す日程〉）
425 立教大学（理学部-一般入試）
426 立正大学
427 早稲田大学（法学部）
428 早稲田大学（政治経済学部）
429 早稲田大学（商学部）
430 早稲田大学（社会科学部）
431 早稲田大学（文学部）
432 早稲田大学（文化構想学部）
433 早稲田大学（教育学部〈文科系〉）
434 早稲田大学（教育学部〈理科系〉）
435 早稲田大学（人間科・スポーツ科学部）
436 早稲田大学（国際教養学部）
437 早稲田大学（基幹理工・創造理工・先進理工学部）
438 和洋女子大学 総 推

中部の大学（50音順）
439 愛知大学
440 愛知医科大学（医学部） 医
441 愛知学院大学・短期大学部
442 愛知工業大学 総
443 愛知淑徳大学
444 朝日大学
445 金沢医科大学（医学部） 医
446 金沢工業大学
447 岐阜聖徳学園大学・短期大学部 総 推
448 金城学院大学
449 至学館大学 総
450 静岡理工科大学
451 椙山女学園大学
452 大同大学
453 中京大学
454 中部大学
455 名古屋外国語大学 総 推
456 名古屋学院大学 総
457 名古屋学芸大学 総
458 名古屋女子大学・短期大学部 総 推
459 南山大学（外国語〈英米〉・法・総合政策・国際教養学部）
460 南山大学（人文・外国語〈英米を除く〉・経済・経営・理工学部）
461 新潟国際情報大学
462 日本福祉大学
463 福井工業大学
464 藤田医科大学（医学部） 医
465 藤田医科大学（医療科・保健衛生学部）
466 名城大学（法・経営・経済・外国語・人間・都市情報学部）
467 名城大学（情報工・理工・農・薬学部）
468 山梨学院大学

近畿の大学（50音順）
469 追手門学院大学 総 推
470 大阪医科薬科大学（医学部） 医
471 大阪医科薬科大学（薬学部） 推
472 大阪学院大学 総 推

473 大阪経済大学 総 推
474 大阪経済法科大学 総 推
475 大阪工業大学 総 推
476 大阪国際大学・短期大学部 総 推
477 大阪産業大学 総
478 大阪歯科大学（歯学部）
479 大阪商業大学 総 推
481 大阪成蹊大学・短期大学 総 推
482 大谷大学 総
483 大手前大学・短期大学 総 推
484 関西大学（文系）
485 関西大学（理系）
486 関西大学（英語〈3日程×3カ年〉）
487 関西大学（国語〈3日程×3カ年〉）
488 関西大学（文系選択科目〈2日程×3カ年〉）
489 関西医科大学（医学部） 医
490 関西医療大学 総
491 関西外国語大学・短期大学部 総 推
492 関西学院大学（文・法・商・人間福祉・総合政策学部-学部個別日程）
493 関西学院大学（神・社会・経済・国際・教育学部-学部個別日程）
494 関西学院大学（全学部日程〈文系型〉）
495 関西学院大学（全学部日程〈文系型〉）
496 関西学院大学（全学部日程〈理系型〉）
497 関西学院大学（共通テスト併用日程・英数日程）
498 畿央大学
499 京都外国語大学・短期大学 総 推
500 京都光華女子大学・短期大学部 総 推
501 京都産業大学（公募推薦入試） 推
502 京都産業大学（一般選抜入試〈前期日程〉）
503 京都女子大学 総
504 京都先端科学大学 総 推
505 京都橘大学 総 推
506 京都ノートルダム女子大学 総 推
507 京都薬科大学 総
508 近畿大学・短期大学部（医学部を除く-推薦入試） 推
509 近畿大学・短期大学部（医学部を除く-一般入試前期）
510 近畿大学（英語〈医学部を除く3日程×3カ年〉） 新
511 近畿大学（理系数学〈医学部を除く3日程×3カ年〉） 新
512 近畿大学（国語〈医学部を除く3日程×3カ年〉） 新
513 近畿大学（医学部-推薦入試・一般入試前期） 医 推
514 近畿大学・短期大学部（一般入試後期） 医
515 皇學館大学 総 推
516 甲南大学
517 神戸学院大学 総 推
518 神戸国際大学 総 推
519 神戸女学院大学 総
520 神戸女子大学・短期大学 総 推
521 神戸薬科大学 総 推
522 四天王寺大学・短期大学部 総 推
523 摂南大学（公募制推薦入試） 推
524 摂南大学（一般選抜前期日程）
525 帝塚山学院大学 新 推
526 同志社大学（法、グローバル・コミュニケーション学部-学部個別日程）
527 同志社大学（文・経済学部-学部個別日程）
528 同志社大学（神・商・心理・グローバル地域文化学部-学部個別日程）
529 同志社大学（社会学部-学部個別日程）

2024年版　大学入試シリーズ（赤本）

私立大学③

530	同志社大学（政策・文化情報〈文系型〉・スポーツ健康科〈文系型〉学部―学部個別日程）	546	立命館大学（英語〈全学統一方式3日程×3カ年〉）	564	安田女子大学・短期大学 総推
531	同志社大学（理工・生命医科・文化情報〈理系型〉・スポーツ健康科〈理系型〉学部―学部個別日程）	547	立命館大学（国語〈全学統一方式3日程×3カ年〉）		四国の大学（50音順）
				565	徳島文理大学
		548	立命館大学（文系選択科目〈全学統一方式2日程×3カ年〉）	566	松山大学
532	同志社大学（全学部日程）				九州の大学（50音順）
533	同志社女子大学 総推	549	立命館大学（IR方式〈英語資格試験利用型〉・共通テスト併用方式）／立命館アジア太平洋大学（共通テスト併用方式）	567	九州産業大学
534	奈良大学			568	九州保健福祉大学 総推
535	奈良学園大学 総推			569	熊本学園大学
536	阪南大学	550	立命館大学（後期分割方式・「経営学部で学ぶ感性+共通テスト」方式）／立命館アジア太平洋大学（後期方式）	570	久留米大学（文・人間健康・法・経済・商学部）
537	姫路獨協大学				
538	兵庫医科大学（医学部） 医			571	久留米大学（医学部〈医学科〉） 医
539	兵庫医科大学（薬・看護・リハビリテーション学部）	551	龍谷大学・短期大学部（公募推薦入試） 総推	572	産業医科大学（医学部） 医
		552	龍谷大学・短期大学部（一般選抜入試）	573	西南学院大学（商・経済・法・人間科学部―A日程）
540	佛教大学		中国の大学（50音順）		
541	武庫川女子大学・短期大学部	553	岡山商科大学 総推	574	西南学院大学（神・外国語・国際文化学部―A日程／全学部―F日程）
542	桃山学院大学／桃山学院教育大学 総推	554	岡山理科大学 総推		
543	大和大学・大和大学白鳳短期大学 総推	555	川崎医科大学 医	575	福岡大学（医学部医学科を除く—学校推薦型選抜・一般選抜系統別日程）
		556	吉備国際大学 総推		
544	立命館大学（文系―全学統一方式・学部個別配点方式）／立命館アジア太平洋大学（前期方式・英語重視方式）	557	就実大学 総推	576	福岡大学（医学部医学科を除く―一般選抜前期日程）
		558	広島経済大学		
		559	広島国際大学 総推	577	福岡大学（医学部〈医学科〉―学校推薦型選抜・一般選抜系統別日程） 医 推
		560	広島修道大学		
545	立命館大学（理系―全学統一方式・学部個別配点方式・理系型3教科方式・薬学方式）	561	広島文教大学 総推	578	福岡工業大学
		562	福山大学／福山平成大学	579	令和健康科学大学
		563			

医 医学部医学科を含む
総推 総合型選抜または学校推薦型選抜を含む
DL リスニング音声配信　新 2023年 新刊・復刊

掲載している入試の種類や試験科目、収載年数などはそれぞれ異なります。詳細については、それぞれの本の目次や赤本ウェブサイトでご確認ください。

akahon.net

[赤本|] [検索]

難関校過去問シリーズ

出題形式別・分野別に収録した
「入試問題事典」
定価 2,310～2,530円（本体 2,100～2,300円）

19大学71点

61年、全部載せ！
要約演習で、
総合力を鍛える

東大の英語
要約問題 UNLIMITED

先輩合格者はこう使った！
「難関校過去問シリーズの使い方」

国公立大学

東大の英語25カ年［第11版］
東大の英語リスニング20カ年［第8版］ⓒ
東大の英語 要約問題 UNLIMITED
東大の文系数学25カ年［第11版］
東大の理系数学25カ年［第11版］
東大の現代文25カ年［第11版］
東大の古典25カ年［第11版］
東大の日本史25カ年［第8版］
東大の世界史25カ年［第8版］
東大の地理25カ年［第8版］
東大の物理25カ年［第8版］
東大の化学25カ年［第8版］
東大の生物25カ年［第8版］
東工大の英語20カ年［第7版］
東工大の数学20カ年［第8版］
東工大の物理20カ年［第4版］
東工大の化学20カ年［第4版］
一橋大の英語20カ年［第8版］
一橋大の数学20カ年［第8版］

一橋大の国語20カ年［第5版］
一橋大の日本史20カ年［第5版］
一橋大の世界史20カ年［第5版］
京大の英語25カ年［第12版］
京大の文系数学25カ年［第12版］
京大の理系数学25カ年［第12版］
京大の現代文25カ年［第2版］
京大の古典25カ年［第2版］
京大の日本史20カ年［第3版］
京大の世界史20カ年［第3版］
京大の物理25カ年［第9版］
京大の化学25カ年［第9版］
北大の英語15カ年［第8版］
北大の理系数学15カ年［第8版］
北大の物理15カ年［第2版］
北大の化学15カ年［第2版］
東北大の英語15カ年［第8版］
東北大の理系数学15カ年［第8版］
東北大の物理15カ年［第2版］

東北大の化学15カ年［第2版］ⓒ
名古屋大の英語15カ年［第8版］
名古屋大の理系数学15カ年［第8版］
名古屋大の物理15カ年［第2版］
名古屋大の化学15カ年［第2版］
阪大の英語20カ年［第9版］
阪大の文系数学20カ年［第3版］ⓒ
阪大の理系数学20カ年［第9版］
阪大の日本史20カ年［第3版］
阪大の物理20カ年［第8版］
阪大の化学20カ年［第6版］
九大の英語15カ年［第8版］
九大の理系数学15カ年［第7版］ⓒ
九大の物理15カ年［第2版］
九大の化学15カ年［第2版］
神戸大の英語15カ年［第9版］
神戸大の数学15カ年［第5版］
神戸大の国語15カ年［第3版］

私立大学

早稲田の英語［第10版］
早稲田の国語［第8版］
早稲田の日本史［第8版］ⓒ
早稲田の世界史
慶應の英語［第10版］
慶應の小論文［第2版］
明治大の英語［第8版］
明治大の国語
明治大の日本史
中央大の英語［第8版］
法政大の英語［第8版］
同志社大の英語［第10版］ⓒ
立命館大の英語［第10版］
関西大の英語［第10版］
関西学院大の英語［第10版］

ⓒ リスニングCDつき
ⓒ 2023年 改訂

共通テスト対策関連書籍

共通テスト対策も赤本で

❶ 過去問演習

2024年版 共通テスト赤本シリーズ 全13点

A5判／定価1,210円（本体1,100円）

- これまでの共通テスト本試験 全日程収載!! +プレテストも
- 英語・数学・国語には，本書オリジナル模試も収載！
- 英語はリスニングを11回分収載！ 赤本の音声サイトで本番さながらの対策！

- 英語 リスニング／リーディング※1 DL
- 数学Ⅰ・A／Ⅱ・B※2
- 国語※2
- 日本史B
- 世界史B
- 地理B
- 現代社会
- 倫理，政治・経済／倫理
- 政治・経済
- 物理／物理基礎
- 化学／化学基礎
- 生物／生物基礎
- 地学基礎
  付録：地学

DL 音声無料配信　※1 模試2回分収載　※2 模試1回分収載

❷ 自己分析

赤本ノートシリーズ 過去問演習の効果を最大化

▶共通テスト対策には

赤本ノート（共通テスト用）　赤本ルーズリーフ（共通テスト用）

共通テスト赤本シリーズ／Smart Startシリーズ　全28点に対応!!

▶二次・私大対策には

大学入試シリーズ 全555点に対応!!

赤本ノート（二次・私大用）

❸ 重点対策

Smart Startシリーズ 共通テスト スマート対策　3訂版

基礎固め＆苦手克服のための**分野別対策問題集!!**

- 英語（リーディング）DL
- 英語（リスニング）DL
- 数学Ⅰ・A
- 数学Ⅱ・B
- 国語（現代文）
- 国語（古文・漢文）
- 日本史B
- 世界史B
- 地理B
- 現代社会
- 物理
- 化学
- 生物
- 化学基礎・生物基礎
- 生物基礎・地学基礎

共通テスト本番の内容を反映！ 全15点好評発売中！

DL 音声無料配信

A5判／定価1,210円（本体1,100円）

手軽なサイズの実戦的参考書

目からウロコのコツが満載！ **直前期にも！**

満点のコツ シリーズ　　赤本ポケット

いつも受験生のそばに──赤本

大学入試シリーズ+α
入試対策も共通テスト対策も赤本で

入試対策
赤本プラス
赤本PLUS+

赤本プラスとは、過去問演習の効果を最大にするためのシリーズです。「赤本」であぶり出された弱点を、赤本プラスで克服しましょう。

- 大学入試 すぐわかる英文法
- 大学入試 ひと目でわかる英文読解
- 大学入試 絶対できる英語リスニング DL
- 大学入試 すぐ書ける自由英作文
- 大学入試 ぐんぐん読める英語長文(BASIC)
- 大学入試 ぐんぐん読める英語長文(STANDARD)
- 大学入試 ぐんぐん読める英語長文(ADVANCED)
- 大学入試 最短でマスターする
  数学I・II・III・A・B・C 新
- 大学入試 突破力を鍛える最難関の数学 新
- 大学入試 ちゃんと身につく物理 新
- 大学入試 もっと身につく物理問題集
  ①力学・波動 新
- 大学入試 もっと身につく物理問題集
  ②熱力学・電磁気・原子 新

入試対策
英検® 赤本シリーズ

英検®(実用英語技能検定)の対策書。
過去問集と参考書で万全の対策ができます。

▶過去問集(2023年度版)
- 英検®準1級過去問集 DL
- 英検®2級過去問集 DL
- 英検®準2級過去問集 DL
- 英検®3級過去問集 DL

▶参考書
- 竹岡の英検®準1級マスター DL
- 竹岡の英検®2級マスター CD DL
- 竹岡の英検®準2級マスター CD DL
- 竹岡の英検®3級マスター CD DL

入試対策
赤本プレミアム

赤本の教学社だからこそ作れた、過去問ベストセレクション

- 京大数学プレミアム[改訂版]
- 京大古典プレミアム
- 東大数学プレミアム 新
- 東大現代文プレミアム 新

DL リスニングCDつき　音声無料配信
新 2023年刊行　◎新課程版

入試対策
赤本メディカルシリーズ

過去問を徹底的に研究し、独自の出題傾向をもつメディカル系の入試に役立つ内容を精選した実戦的なシリーズ。

- [国公立大]医学部の英語[3訂版]
- 私立医大の英語[長文読解編][3訂版]
- 私立医大の英語[文法・語法編][改訂版]
- 医学部の実戦小論文[3訂版]
- [国公立大]医学部の数学
- 私立医大の数学
- 医歯薬系の英単語[4訂版]
- 医系小論文 最頻出論点20[3訂版]
- 医学部の面接[4訂版]

入試対策
体系シリーズ

国公立大二次・難関私大突破へ、自学自習に適したハイレベル問題集。

- 体系英語長文
- 体系英作文
- 体系数学I・A
- 体系数学II・B
- 体系現代文
- 体系古文
- 体系日本史
- 体系世界史
- 体系物理[第6版]
- 体系物理[第7版] 新 ◎
- 体系化学[第2版]
- 体系生物

入試対策
単行本

▶英語
- Q&A即決英語勉強法
- TEAP攻略問題集 CD
- 東大の英単語[新装版]
- 早慶上智の英単語[改訂版]

▶数学
- 稲荷の独習数学

▶国語・小論文
- 著者に注目! 現代文問題集
- ブレない小論文の書き方 樋口式ワークノート

▶理科
- 折戸の独習物理

▶レシピ集
- 奥薗壽子の赤本合格レシピ

入試対策 共通テスト対策
赤本手帳

- 赤本手帳(2024年度受験用) プラムレッド
- 赤本手帳(2024年度受験用) インディゴブルー
- 赤本手帳(2024年度受験用) ナチュラルホワイト

入試対策
風呂で覚えるシリーズ

水をはじく特殊な紙を使用。いつでもどこでも読めるから、ちょっとした時間を有効に使える!

- 風呂で覚える英単語[4訂新装版]
- 風呂で覚える英熟語[改訂新装版]
- 風呂で覚える古文単語[改訂新装版]
- 風呂で覚える古文文法[改訂新装版]
- 風呂で覚える漢文
- 風呂で覚える日本史[年代][改訂新装版]
- 風呂で覚える世界史[年代][改訂新装版]
- 風呂で覚える倫理[改訂版]
- 風呂で覚える化学[3訂新装版]
- 風呂で覚える百人一首[改訂版]

共通テスト対策
満点のコツシリーズ

共通テストで満点を狙うための実戦的参考書。重要度の増したリスニング対策は「カリスマ講師」竹岡広信が一回読みにも対応できるコツを伝授!

- 共通テスト英語(リスニング) 満点のコツ DL
- 共通テスト古文 満点のコツ
- 共通テスト漢文 満点のコツ
- 共通テスト化学基礎 満点のコツ
- 共通テスト生物基礎 満点のコツ

入試対策 共通テスト対策
赤本ポケットシリーズ

▶共通テスト対策
- 共通テスト日本史[文化史]

▶系統別進路ガイド
- デザイン系学科をめざすあなたへ
- 心理学科をめざすあなたへ[改訂版]

赤本ウェブサイトが便利!!

 志望大学の赤本の刊行状況を確認できる!

 「発売日お知らせメール」で志望大学の赤本発売日を逃さない!

 「赤本取扱い書店検索」で赤本を置いている書店を見つけられる!

今すぐアクセス!

赤本ウェブサイト
http://akahon.net/
赤本 検索

受験に役立つ様々な情報も発信中!

YouTube や TikTok で受験対策!

赤本ブログ

有名予備校講師のオススメ勉強法など,受験に役立つ記事が充実!

赤本チャンネル

大学別講座や共通テスト対策など,役立つ動画を公開中!

YouTube　　　　　　　　　　　TikTok

2024年版　大学入試シリーズ　No.59
横浜国立大学(理系)

編　集　教学社編集部
発行者　上原　寿明
発行所　教学社

〒606-0031
京都市左京区岩倉南桑原町56
電話 075(721)6500
振替 01020-1-15695

2023年8月25日　第1刷発行
定価は裏表紙に表示しています
ISBN978-4-325-25518-5

印刷　共同印刷工業

- 乱丁・落丁等につきましてはお取替えいたします。
- 本書に関する最新の情報（訂正を含む）は，赤本ウェブサイト http://akahon.net/ の書籍の詳細ページでご確認いただけます。
- 本書は当社編集部の責任のもと独自に作成したものです。本書の内容についてのお問い合わせは，赤本ウェブサイトの「お問い合わせ」より，必要事項をご記入の上ご連絡ください。電話でのお問い合わせは受け付けておりません。なお，受験指導など，本書掲載内容以外の事柄に関しては，お答えしかねます。また，ご質問の内容によってはお時間をいただく場合がありますので，あらかじめご了承ください。
- 本書の無断複製は著作権法上の例外を除き禁じられています。本書を代行業者等の第三者に依頼してスキャンやデジタル化することは，たとえ個人や家庭内の利用でも著作権法違反です。
- 本シリーズ掲載の入試問題等について，万一，掲載許可手続等に遺漏や不備がありますと思われるものがございましたら，当社編集部までお知らせください。